유교 윤리 사상 | 공자의 대동 사회와 정명 사상

- 큰 도(道)가 행해지면 모든 사회가 공정해진다. 현명한 사람과 능력이 있는 사람이 지도자로 뽑히고 신의가 존중되며 친목이 두터워진다. 사람들은 남의 부모를 자신의 부모와 똑같이 생각하고 남의 자식을 자기 자식과 똑같이 생각한다. 노인은 여생을 편안히 마치고 젊은이는 자신의 능력과 적성에 맞게 일하게 되고 어린이들은 곱고 바르게 자라게 된다. 성년 남자에게는 어울리는 직분을 주며 여자에게는 합당한 남편이 있도록 해준다. 홀아비, 과부, 고아처럼 의지할 곳 없는 사람들은 모두 편안히 보호받을 수 있다. …… 이러한 세계를 대동(大同)이라 한다.
- 공자는 질서 있고 안정된 사회를 이룩하는 데 가장 중요한 것은 이른바 정명(正名)의 확립이라고 생각하였다. 어느 날 제경공이 공자에게 정치하는 도리를 묻자 공자는 "임금은 임금, 신하는 신하, 아버지는 아버지, 아들은 아들 노릇을 해야 한다."라고 대답하였다.

공자는 이상 사회로 대동 사회를 제시하였다. 대동 사회는 도덕적 인간으로 구성되며, '크게 하나 됨(대동)'을 이룬 사회이다. 모든 사람이 서로 사랑하고 함께 어우러져 살아가며, 각자 주어진 역할에 충실하여 인(仁)과 예(禮)가 사회 전체에 구현된 사회이다. 공자는 사회 혼란의 원인을 인간의 도덕적 타락과 잘못된 정치로 보았으며, 이를 해결하기 위한 방안으로 정명 사상을 주장하였다. 이는 사회 구성원 모두가 자신의 맡은 바 책임을 다하는 것을 말한다.

유교 윤리 사상 | 인간 본성에 대한 맹자와 고자의 논쟁

고자가 말하였다. "인간의 본성은 여울물과 같다. 물의 방향을 동쪽으로 터놓으면 동쪽으로 흐르고 서쪽으로 터놓으면 서쪽으로 흐르니, 인간의 본성이 원래 선하고 선하지 않고 하는 구분이 없는 것이 마치 물이 원래 동서의 구분이 없는 것과 같다." 맹자가 말하였다. "물이야 진실로 동서로 흐르는 방향의 구분이 정해지지 않은 것이지만, 그러나 위에서 아래로 흐르거나 아래서 위로 흐르는 분별도 없다고 하겠는가? 사람의 본성이 원래 선하다는 것은 물이 위에서 아래로 흐르는 것처럼 자연스러운 것이다."

고자는 인간의 본성이란 선천적으로 선악이 정해진 것이 아니며 본인의 인격 수양 노력 여부에 따라 후천적으로 결정된다고 보았다(성무선악설). 그러나 맹자는 물이 반드시 위에서 아래로 흐르듯 인간의 본성도 선천적으로 선한 본성을 가지고 태어난다고 보았다(성선설).

유교 윤리 사상 | 맹자의 윤리 사상

사람은 모두 남에게 차마 어찌하지 못하는 착한 마음씨인 양심을 가지고 있다. 예를 들어 갓난아기가 우물에 빠지려 하는 것을 보면, 누구나 반드시 그 아이를 구하려고 할 것이다. 이것은 다만 남의 고통을 그대로 보아 넘길 수 없는 마음에서 비롯된 것이다.

맹자는 인간에게는 선천적으로 선한 도덕심인 사단(四端)이 갖추어져 있다고 주장하였다. 맹자에 따르면 도덕적 마음인 사단은 어린싹과 같은 실마리, 곧 가능성에 불과하다. 따라서 도덕적인 삶을 살아가기 위해서는 선천적 도덕 자각 능력인 양지(良知)와 선천적 도덕 실천 능력인 양능(良能)을 바탕으로 도덕적 마음을 잘 간직하고 기르며 확충하는 수양이 필요하다. 맹자는 수양을 통해 사단을 확충할 때 인의예지(仁義禮智)라는 사덕(四德)에 이를 수 있다고 보았다.

유교 윤리 사상 | 순자의 윤리 사상

- 도공이 흙을 주물러서 그릇을 만들면 그릇은 도공의 손에서 만들어진 것이요, 도공의 성(性)에서 비롯된 것은 아니다. 목수가 나무를 잘라서 그릇을 만들면, 그릇은 목수의 손으로 만든 것이요, 목수의 성에서 비롯된 것이 아니다. 이렇듯 성인(聖人)은 사려(思慮)와 인위(人爲)를 거듭하여 예의와 법도를 일으킨다.
- 교화[敎]를 펴지 않고 벌만 준다면 형벌(刑罰)이 많아도 사악함을 이겨낼 수 없을 것이며, 교화만 펴고 형벌을 가하지 않는다면 간사한 백성들을 징계하지 못할 것이다. 상과 벌을 주되 원칙이 없다면 풍속이 험악해져 백성이 하나되지 못할 것이다. … (중략)… 현명한 군주는 반드시 예(禮)를 닦아서 조정을 가지런히 하고 법(法)을 바로 세워 관직을 가지런히 한다.

순자에 따르면, 인간의 본성은 악하기 때문에 성(性)에서 도덕적인 어떤 것이 비롯될 수 없다. 그렇기 때문에 인간은 옛 성현과 어진 사람들이 만든 예의와 법도를 통해 교화되어야 한다. 이때 예의와 법도는 초월적인 하늘이 인간에게 제시해준 것이 아니라 성인이 만든 것이다.

성악설을 주장한 순자와 동일한 인성관을 가진 인물이 한비자이다. 두 사람 모두 성악설을 전제한다는 점에서는 동일하지만 교화를 통해 악한 본성을 선하게 만들 수 있다고 주장하는 사람은 순자뿐이다. 순자만이 예를 통해 인간의 악한 본성을 변화시킬 수 있다고 본 것이다. 그러므로 위의 글은 형벌과 교화를 모두 중시했다는 내용을 통해 순자의 주장임을 알 수 있다.

유교 윤리 사상 | 주희와 왕수인의 윤리 사상

- 대저 하나의 사물이 있으면 반드시 하나의 이(理)가 있으니 그 이를 궁구하여 밝히는 것이 바로 격물(格物)이다. 책을 읽어서 도의를 강구하여 밝히고, 혹은 사물에 응하여 그 마땅함과 그름을 처리하는 것과 같은 것이 모두 궁리(窮理)이다.
- 이(理)는 마음[心]의 이치이다. 이가 부모에게 발현되면 효(孝)가 되고, 임금에게 발현되면 충(忠)이 된다. 천변만화(千變萬化)하여 끝이 없을지라도 어느 하나 나의 마음에서 발현되지 않은 것이 없다.

주희는 인간의 본래 선한 본성이 감정과 욕구에 의해 가려질 수 있다고 보았다. 그래서 기질을 순화시키기 위한 방법으로 거경궁리, 격물치지, 존양성찰, 존천리 거인욕 등을 제시하였다. 반면, 왕수인은 본래부터 갖는 양지와 양능을 잘 실천하면 별도의 이론적 학습 과정 없이도 선한 본성을 실현하며 살 수 있다고 보았다.

주희에 따르면 모든 사물에는 이(理)가 들어 있기 때문에 그 하나하나를 끝까지 탐구하여 그 속에 담긴 천리(天理)를 깨닫는 것이 유학자의 과업이다. 하지만 현실적으로 모든 사물을 대상으로 탐구할 수는 없기 때문에 유추를 통해 만물의 이치를 깨달아야 한다. 반면, 왕수인은 누구나 양지(良知)를 가지고 있고 사물에는 뜻[意]이 있다고 보아, 격물과 치지는 둘이 아니며 지행(知行)도 하나라고 주장하였다. 이러한 왕수인이 주장한 양명학은 자신의 마음속에서 참다운 앎이 이루어진다고 보았기 때문에 성리학에 비해 보다 현실 지향적이며, 실천을 중시하는 경향을 보였다.

한국 유교 윤리 사상 | 이이의 심성론과 이기론

- 정(情)의 선한 측면은 맑고 밝은 기(氣)를 타고 천리를 따라 곧바로 나오니 그것이 사단(四端)이다. 정의 불선한 측면 또한 이(理)에 뿌리를 둔 것이지만, 이미 더럽고 흐린 기에 가려져서 이를 해치니 사단이 되지 못한다.
- 기(氣)의 본연(本然)은 맑고 깨끗하지만 천만 가지로 차별이 생겨 온갖 변화가 나타난다. 이러한 변화 과정에서 그 본연을 유지하기도 하고 잃어버리기도 한다. 이(理)는 만물 어디에서나 본연 그대로 천리이지만, 기에 담겨 있으므로 기가 맑으면[淸] 리가 그대로 드러나고, 기가 흐리면[濁] 인욕으로 드러나게 된다.

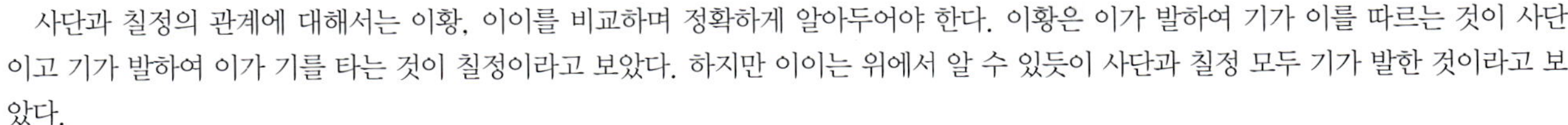

　사단과 칠정의 관계에 대해서는 이황, 이이를 비교하며 정확하게 알아두어야 한다. 이황은 이가 발하여 기가 이를 따르는 것이 사단이고 기가 발하여 이가 기를 타는 것이 칠정이라고 보았다. 하지만 이이는 위에서 알 수 있듯이 사단과 칠정 모두 기가 발한 것이라고 보았다.

　이는 어디에서든 본연 그대로의 천리이다. 어디에서든 이는 통하는 것이다. 하지만 기는 본래 맑고 깨끗하지만 운동을 하면서 변화가 생겨난다. 그래서 이와 기가 만나서 생겨나는 구체적인 사물들은 기의 상태에 따라서 드러나는 모습이 다르다. 이이에 따르면 기는 특정한 것에 국한되는 것이다. 물을 이라고 생각하고 기를 컵이라고 생각해 본다면, 컵의 모양에 따라 물의 모양도 바뀌는 것을 알 수 있다. 즉, 기에 따라서 천리가 드러날 수도 있고 인욕이 드러날 수도 있다는 것이다.

한국 유교 윤리 사상　　정약용의 덕(德)

　인(仁)은 천리(天理)가 아니고 바로 인덕(人德)이다. 공자가 "사욕을 극복하고 예로 돌아가는 것이 인이 된다."라고 말한 것은 인욕이 극복된 뒤에야 인이 될 수 있다는 것을 밝힌 것이다. 만약 인욕을 극복하기도 전에 먼저 마음에 존재하는 인이 있어 인욕과 싸워 이긴다면, 오히려 이것은 인이 있은 이후에도 사욕과 싸우게 되는 셈이 된다. 그렇다면 인이란 것은 선악이 정해지기 전의 것이 되니 어찌 이치에 맞겠는가?

　기존의 성리학에 따르면 사단은 하늘에서 부여 받아 본래 갖고 태어난 선한 마음이다. 그런데 정약용은 이와 달리 덕을 후천적인 것으로 이해하였다. 위의 글에서 알 수 있듯이, '사욕을 극복하기도 전에 마음속에 덕이 있다는 것'은 곧 '덕이 있어도 사욕을 극복하기 위해 싸워야 한다'는 의미가 된다. 그래서 정약용은 덕을 선천적인 것이 아니라, 일상적인 행위의 실천을 통해 형성되는 후천적인 것으로 이해하였다.

불교 윤리 사상　　선종의 수행법

　향엄(香嚴)은 깨달음을 얻기 위해 위산(潙山)에게 갔다. 위산은 "네 존재의 본질에 대하여 말해 보라."는 질문을 던졌고, 향엄은 대답을 못한 채 위산에게 답을 구했다. 그러나 위산은 "얘기를 해 줄 수 있으나, 그랬다간 나를 원망하게 될 것이다."라며 거절했다. 향엄은 실망한 채 걸식을 하며 떠돌다가, 어느 날 무심코 집어던진 자갈 하나가 대나무에 부딪쳐 나는 소리를 듣고 깨달음을 얻게 되었다.

　천태종과 화엄종으로 대표되는 교종은 경전을 공부함으로써 깨달음을 얻어야 한다고 보았다. 하지만 선종은 교종이 경전을 통해 얻는 부분적인 지식에만 집착한다고 비판하였다. 그래서 선종은 경전 공부가 아닌 '돈오'라는 수행법을 강조하였다. 돈오는 갑자기 깨닫는다는 뜻으로 어떠한 것을 통해 문득 깨달음을 얻는 것이다.

도가 도교 윤리 사상　　장자의 윤리 사상

　사물은 저것 아닌 것이 없고, 또한 이것 아닌 것도 없다. 저 쪽에서 보면 보이지 않으나 이쪽에서 보면 보인다. 그러므로 "저것은 이것에서 나오고, 이것은 저것 때문에 생긴다."라고 한다. …(중략)… 옳음이 있기에 그름이 있고 그름이 있기에 옳음이 있다. 그리하여 성인은 천(天)에 비추어 본다.

　위의 내용은 불교의 연기설의 내용과 비슷하여 잘못 해석할 가능성이 높다. 하지만 마지막의 '성인은 천(天)에 비추어 본다.'는 말에서 불교가 아님을 알 수 있다. 성인이 만물을 차별하지 않고 공평하게 대하는 하늘에 비춘다는 점은 곧 만물을 차별하지 않는 평등의 상태에 있음을 말하는 것이다. 이는 장자의 제물 사상과 같다.

서양 윤리 사상　소크라테스의 윤리 사상 : 무지의 자각

> 이 사람보다야 내가 더 현명하다. 왜냐하면 이 사람이나 나나 좋은 것[善]에 대해 전혀 아는 바가 없기는 마찬가지지만, 이 사람은 자기가 모르면서도 아는 듯이 생각하고 있고 나는 모르고 있으므로 분명히 모른다고 생각하고 있는 것이다. 비록 대수롭지 않은 일이지만, 모르는 것을 모른다고 생각하는 것으로 보아 내가 이 사람보다 더 현명한 것 같다.

　소크라테스는 인간이 도덕적으로 선(善)하다는 것을 믿었고, 무엇이 도덕적으로 선한 행위인가를 아는 사람은 그에 따라 선한 행위를 할 것이라고 확신하였다. 그는 인간이 악한 행위를 하는 것은 선함에 대한 무지(無知)에서 비롯된다고 생각하였다. 소크라테스는 '자신이 가장 현명한 자'라는 델피 신탁을 확인하기 위해 아테네에서 가장 지혜로운 정치가, 시인, 장인을 차례로 찾아가 대화를 나눈 결과, 그들보다 자신이 더 현명한 것은 자신의 무지함을 알고 있기 때문이라는 결론을 내렸다. 따라서 무지의 지(知), 자신의 무지함을 아는 것이 진리 탐구의 출발점이 되는 것이다.

서양 윤리 사상　소크라테스의 윤리 사상 : 주지주의(主知主義)

> - 아무도 자발적으로 악한 행위를 하지 않는다. 아름다운 것과 좋은 것을 아는 사람은 결코 그 반대의 것을 택하지 않을 것이다. 그리고 아름다운 것과 좋은 것에 대하여 무지하면 그것을 행할 수는 없는 것이며, 설사 그것을 추구한다 하더라도 실패하게 될 것이다.
> - 만일 덕이 정신적인 것 중의 하나이고 유익한 것임에 틀림없다면 덕은 마땅히 지식이어야 하네. 왜냐하면 정신적인 모든 성질들은 그 자체만으로는 유익하지도 해롭지도 않지만 지식을 동반하는가 아니면 어리석음을 동반하는가에 따라 해롭게도 유익하게도 되기 때문이네. 이제 이러한 주장에 따르면 덕이란 어쨌든 유익한 것이므로 마땅히 지식의 일종이어야만 하네.

　소크라테스에 의하면, 인간은 누구도 자발적으로 자신에게 해로운 행위를 하지 않는다. 따라서 덕이 무엇인지 아는 사람은 절대 부정의하거나 나쁜 행위를 할 수 없다. 결국 용기, 절제, 정의 등 각각의 덕에 관한 지혜를 갖춘 사람은 실제로 덕 있는 사람이 되고, 그 결과 행복을 얻을 수 있다. 이러한 주장을 가리켜 주지주의 또는 지덕복 합일설이라고 한다.

서양 윤리 사상　플라톤의 교육관과 철인 정치론

> 10대까지의 소년, 소녀들은 부모와 떨어져 공동체 생활을 하면서 시와 음악, 체육 교육을 받는다. 20대에는 산술, 기하학, 천문학 등을 공부하며, 30대가 되면 철학과 변증법 등의 수업을 통해 사고의 훈련을 받는다. 교육의 각 단계에서 다음 단계로 넘어갈 사람들이 선별되며, 다음 단계로 가지 못하는 사람들이 순차적으로 생산자와 수호자가 된다. 최종적으로 선발된 사람은 전쟁에서 직접 지휘를 해 보거나 관직을 맡는 등 실질적인 경험을 쌓을 수 있다. 이 같은 단계를 모두 거친 사람이 철인이 된다.

　플라톤이 위와 같이 엄격한 교육 과정을 제시한 것은 철인을 만들고 선발하기 위함이다. 철인에게는 가능한 최대의 공동선을 실현하기 위해 진리에 대한 통찰력과 도덕적인 자기 수양이 요구된다. 이러한 체계적이고 엄격한 교육 과정을 통해 선발된 철인은 소수이지만 국가를 통치하는 중책을 맡게 되고, 이는 철인 정치론의 근거라 할 수 있다.
　플라톤은 인간의 영혼의 세 가지 부분이 각각 제 기능을 잘 수행하여 조화를 이룰 때 정의의 덕이 실현된다고 보았다. 그리고 이러한 관점을 국가로 확대하여 이상 국가도 구성원을 세 계층으로 나누고 각각 제 기능을 잘 수행하여 조화를 이룰 때 정의로운 국가가 된다고 하였다.

서양 윤리 사상 　아리스토텔레스의 중용(中庸)의 덕

감정 혹은 행위	부족한 상태	중용의 상태	과도한 상태
두려워하는 것	비겁	용기	만용
즐거움을 원하는 것	무감각	절제	방종
돈을 쓰는 것	인색	절약	낭비
명예를 추구하는 것	비굴	긍지	오만

　아리스토텔레스는 '마땅함'에 중용의 특성이 있다고 생각했다. 왜냐하면, 어떤 감정과 행위가 지나치거나 모자라면 비난을 받고 중간적인 수준을 유지하면 칭찬을 받기 때문이다. 따라서 중용은 지나침과 모자람의 중간 상태이며 상황과 조건에 따라 달라질 수 있는 적절하고 알맞은 상태이다. 이는 단순한 양쪽의 산술 평균을 의미하지 않는다. 또한, 아리스토텔레스는 모든 행위와 감정이 중용의 상태를 가질 수 있다고 생각하지 않았다. 예를 들어 파렴치함이나 시기와 같은 감정과 절도나 살인과 같은 행위는 그 자체로 이미 나쁜 것이기에 중용의 상태를 말할 수 없으며, 그런 감정과 행위는 항상 잘못된 것이다.

서양 윤리 사상 　스토아학파의 윤리 사상

　세상에는 우리의 의지대로 할 수 있는 일과 할 수 없는 일이 있습니다. 사물에 대해 의견을 제시하고 의욕을 느끼고, 그것을 원하거나 피하는 것과 같이 스스로 하는 의지적 활동은 우리 뜻대로 할 수 있는 것입니다. …… 그러나 육체, 재산, 평판, 권력 등 우리 자신의 행위가 아닌 것은 우리 뜻대로 할 수 없고, 다른 것에 예속되어 있는 부자유한 것입니다.

　스토아학파는 선(善), 덕(德), 행복의 기초는 우리 의지대로 변화시킬 수 있는 우리의 내면에서 찾아야 한다고 하며, 우리를 선한 사람으로 만드는 것은 우리의 성취가 아니라, 우리의 태도 또는 행위의 동기라고 하였다. 이처럼 외부 상황을 변화시킬 수 없는 것으로 본 것은 스피노자와의 공통점이다. 스토아학파는 결과와 무관하게 '해야만 하는' 행위가 있다고 보았는데, 그것을 '의무'라고 하였다. 스토아학파의 이러한 생각은 칸트의 의무론에 영향을 주었다.

서양 윤리 사상 　아우구스티누스의 윤리 사상

　아우구스티누스는 플라톤이 이데아론에서 완전한 이데아의 세계와 불완전한 현실의 세계를 구분한 것처럼 신의 나라와 인간의 나라를 구분하였다. 또한, 플라톤이 악(惡)의 이데아를 별도로 존재하는 것이 아니라 선(善)의 이데아에 대한 부조화로 설명하듯이 아우구스티누스도 악을 선과 대립하는 것이 아니라 선의 결핍에 의해 생겨나는 것으로 이해하였다.

　아우구스티누스는 그리스 시대의 플라톤 사상을 수용하여 교리를 체계화하였다. 그러나 플라톤은 이데아를 이성적 인식의 대상으로 보았던 반면, 아우구스티누스는 신을 실존적으로 만나야 할 인격적 존재라고 설명한 점에서 차이가 있다. 그리고 아우구스티누스는 플라톤의 4주덕에 사도 바울이 제시한 3원덕(믿음, 소망, 사랑)을 합쳐 7주덕을 실천할 것을 강조하였고, 그중 사랑을 통해 영혼을 정화하고 최고의 선을 이룩할 수 있다고 강조하였다.

심층자료 톺아보기

 칼뱅의 프로테스탄티즘의 직업윤리

> 모든 사람이 같게 창조된 것은 아니다. 어떤 사람에게는 영원한 삶이 예정되어 있고, 또 어떤 사람에게는 영원한 벌이 예정되어 있다. 그러므로 성서가 밝힌 것처럼, 우리는 신이 누구를 구제할 것인지와 누구를 멸망시킬 것인지를 그 영원불멸의 섭리 속에 미리 정해 놓았다고 말할 수 있다.

칼뱅은 모든 직업이 하느님의 거룩한 부름에 의한 것이므로 목사나 사제뿐만 아니라 일반적인 직업도 하느님이 허락한 거룩한 일이라고 보았다. 따라서 자신의 직업에 충실하고 성실하게 살 것을 강조하였다.

 흄의 주정주의(主情主義) 윤리 사상

> 유용성은 우리의 동의, 시인을 불러일으킨다. 이는 일상적 관찰을 통해 알 수 있다. 그렇다면 무엇을 위한 유용성일까? 물론 누군가의 이익을 위함일 것이다. 도대체 누구의 이익일까? 우리 자신의 것만은 아닐 것이다. 왜냐하면, 우리의 시인은 종종 멀리까지 미치기 때문이다. …… 만약 이 유용성이 항상 자신만을 겨냥한 것이 아니라면, 우리는 결론적으로 '사회의 행복에 기여하는 모든 것은 곧바로 우리의 시인과 호감을 불러일으킨다'고 말할 수 있지 않을까? 여기에 도덕의 기원을 설명해 주는 원리가 놓여 있다.

흄은 공감(共感)과 유용성을 바탕으로 한 사회적 동의나 시인은 도덕적으로 가치 있다고 판단하였다. 이렇게 볼 때 동정심이나 이타심 같은 감정은 인간에게 공유된 감정인 동시에 인류에게 유용성이 있으므로 사회적 선을 가져온다. 이와 같이 사회적 유용성을 강조한 흄의 윤리 사상은 공리주의 윤리의 기반이 되었다.

 스피노자의 윤리 사상

> 나는 신을 절대적으로 무한한 존재, 즉 모든 것이 각각 영원하고 무한한 본질을 표현하는 무한한 속성으로 이루어진 실체로 이해한다. 신 이외에는 어떠한 실체도 존재할 수 없고 파악될 수도 없다. 모든 것은 신 안에 있으며, 생성되는 모든 것은 오직 신의 무한한 본성의 법칙에 의해 생기고, 또 신의 본질의 필연성에서 생긴다.

스피노자는 범신론에서 신은 자신의 존재 원인이며, 그 자체로 실체인 자연으로 인식하였다. 그는 자연은 자연법칙으로 운행되고, 이는 우연이 아닌 필연인 기계론적인 인과 관계라고 보았다. 이러한 필연의 질서는 곧 이 세계가 이미 결정되어 있다는 결정론으로 귀결되었고, 이러한 입장에서 인간은 자유 의지를 가지고 주체적이고 능동적으로 삶을 살아가는 존재가 되지 못한다. 오히려 스피노자는 인간이 자유 의지를 가지고 있다는 것은 인식의 오류, 즉 착각이라고 하며 단지 자연의 인과적 필연성을 이성적으로 통찰하고 이해함으로써 마음의 평정을 얻을 수 있다고 보았다.

스피노자에 의하면, 인간이 누릴 수 있는 자유는 자연의 필연성에 대한 이성적 인식을 통해서 가능하다. 이때 우리의 정신은 우주와 하나가 되며, 우리는 만물의 근원을 매개로 나 자신과 다른 사물들이 분리되지 않고 서로 연결되어 있음을 깨닫게 된다. 그리하여 다른 존재들을 나와 동일한 존재로서 사랑하고, 나 자신을 위해 추구하는 선(善)을 남을 위해서도 추구할 수 있게 된다. 스피노자는 이렇게 모든 것을 이성적으로 관조하는 데서 오는 평온한 행복이야말로 인간에게 가능한 유일한 최고선이라고 보았다.

 밀의 질적 공리주의의 정당성과 이타심

> 만족한 돼지이기보다는 불만족한 인간인 편이 더 낫고, 만족한 바보이기보다는 불만족한 소크라테스인 편이 더 낫다. 그리고 만을 바보나 돼지가 이와 다른 의견을 가지고 있다면, 그것은 이들이 이 문제에 있어 오직 그들 자신의 측면에서만 알고 있기 때문이다. 그러나 이들과 비교되는 상대편, 즉 사람이나 소크라테스는 양쪽 측면을 모두 알고 있는 것이다.

밀은 저급 쾌락과 고급 쾌락을 구분하면서 질적으로 서로 다른 쾌락을 모두 경험한 사람들은 당연히 더 우월하고 바람직한 정신적 쾌락을 추구할 것으로 여겼다. 그리고 밀은 자신의 쾌락과 더불어 다른 사람의 쾌락도 함께 추구해야 한다고 보아, 타인의 행복까지도 실현되기를 원하는 이타심을 중요하게 생각하였고, 공익을 실현하는 것을 도덕의 본질로 삼았다. 공익을 실현하기 위한 개인적 제재는 외적 제재보다 양심에 의한 내적 제재를 더 강조하였다.

서양 윤리 사상 — 칸트의 선의지

이 세상에서, 아니 이 세상 밖에서까지라도, 무제한적으로 선하다고 생각될 수 있는 것은 오로지 선의지뿐이다. 지성, 기지, 판단력 이외에 정신의 재능이라 불릴 수 있는 것들, 또 용기, 결단력, 끈기 같은 기질상의 속성들도 틀림없이 여러 가지 점에서 좋고 바람직하다고 할 수 있다. 그러나 우리가 흔히 성품이라 일컫는 이러한 천부적 재능이나 기질조차 그것을 사용하는 의지가 선하지 못하다면 지극히 악하고 해로운 것이 될 수도 있다.

칸트가 설명한 선의지는 오로지 옳은 것만을 지향하는 의지이다. 다른 여느 선한 가치는 상황과 여건에 따라 선하지 않은 것으로 여겨질 수 있지만, 선의지는 그 자체로 선한 것이며 다른 가치들에게 선함을 부여한다. 이러한 선의지를 중심으로 행위의 결과나 행위 자체보다 행위자의 의지에 주목한다는 점에서 동기를 중시하는 칸트의 입장을 엿볼 수 있다.

서양 윤리 사상 — 로스의 조건부 의무와 실제적 의무

- 조건부 의무들이 상충할 때 우선순위 규칙
  1. 보다 큰 선을 산출하는 행위가 우선
  2. 무심결에 이루어진 행위보다 심사숙고해서 분명하게 행하는 행위가 우선
  3. 불확실한 상황에서는 '양심적인 사람들'의 다수 견해가 우선

현대 의무론자인 로스는 칸트주의의 비현실성 문제를 해결하고자 조건부 의무 개념을 제시하였다. 조건부 의무란 언뜻 의무라고 판단할 수 있는 것이지만 아직 실제적 의무가 아니며, 현실적 상황에 따라 얼마든지 실제적 의무가 될 수 있는 의무이다. 이런 까닭에 어떤 조건부 의무는 다른 조건부 의무와 갈등을 일으키지 않을 경우에만 실제적 의무가 될 수 있는 가정상의 효력을 지닌다. 만일 두 조건부 의무가 갈등을 일으키면 행위자는 그 중요성을 따져 두 의무 가운데 어떤 것이 실제적으로 이행되어야 할 의무인지를 결정할 수 있다. 우리의 도덕적 직관은 현실 상황에서 얼마든지 그러한 결정을 내릴 수 있다고 보는 것이다. 이처럼 로스는 현실적인 도덕 문제의 해결에 어려움을 겪는 칸트주의의 문제점을 극복하고자 칸트의 절대적 의무 개념을 탈피하였다. 현대 도덕 철학으로서 로스의 의무론은 칸트주의의 여러 장점과 더불어 도덕 규칙의 올바름을 강조하는 의무론적 시야를 넓힌 노력의 일환으로 평가할 수 있다.

서양 윤리 사상 — 사르트르의 제1원칙

'인간은 스스로 만들어 가는 것 이외에는 아무것도 아니다.' 이것이 실존주의의 제1원칙이다. 사람들은 이것을 주체성이라고 부른다. 이것이 인간을 돌이나 탁자보다 더 존엄한 것으로 만든다. 인간은 미래를 향해 자신을 던지는 것, 미래 속에 자신을 집어넣는 것을 의식하는 존재이다. 실존주의의 첫 걸음은 모든 사람으로 하여금 그 자신의 실존에 대해 주인이 되게 하고 자신의 실존에 대해 전적으로 책임을 지게 하는 것이다. 사람이 자기 자신에 대해 책임이 있다고 말할 때, 그는 자기 자신에 대해서만 책임이 있는 것이 아니라, 다른 모든 사람에 대해 책임을 진다는 뜻이다.

사르트르는 인간은 신에 의지하지 말고 스스로 자기 자신의 모든 것을 선택하고 그에 대해 전적으로 책임을 져야 한다고 하였다. 이러한 관점에서 그는 인간이 사회를 바꾸는 데 적극적으로 참여할 것을 강조하였다.

사회사상 — 시민적 덕성과 공화주의

시민적 덕성은 시민들이 공동의 이익에 관심을 가지고 그것에 복무하는 마음가짐과 자세를 의미한다. 따라서 시민적 덕성은 자신만의 사익을 추구하려는 경향과 대비된다. …… 공동체의 유지와 번영을 목표로 하는 공화주의는 구성원의 자발적인 참여와 적극적인 복무의 필요성을 주장한다. 이를 위해 구성원들이 갖추어야 하는 것이 바로 시민적 덕성이다. 시민적 덕성은 주인 의식과 배려의 정신에서 나온다. 주인 의식은 공동체의 구성원으로서 억압과 차별이 존재하지 않을 때 가능하다. …… 시민적 덕성은 개개인의 윤리 문제가 아니라 사회에 널리 퍼져 있는 공정하고 자유로운 분위기 속에서만 나타날 수 있는 공동체의 문제이다. 그것이 공동체 구성원 개개인의 마음과 행동을 움직이는 것이다.

공화주의는 공동체의 시민으로서 이행해야 할 의무와 공동체적 삶의 중요성을 강조한다. 왜냐하면 공화주의는 개인적 자유와 권리의 실현이 정치 공동체의 존재 없이는 불가능하다고 보기 때문이다. 그래서 공화주의는 개인선뿐만 아니라 정치 공동체에 참여함으로써 실현되는 공동선도 중시한다. 그러나 공동선을 지나치게 강조할 경우 개인이 사적으로 누려야 할 자유와 권리를 보장받지 못하는 문제가 생길 수 있다.

사회사상 — 홉스의 사회 계약론

홉스는 "리바이어던"에서 인간이란 이기적인 동물이므로 '만인의 만인에 대한 투쟁'이 벌어지는 자연 상태에서 벗어나고자 사회 계약을 맺어 국가를 만들 것을 주장한다. '리바이어던'은 시민보다는 훨씬 더 강력한 거인으로, 시민 위에서 신처럼 군림하면서 시민의 생활 전반에 걸쳐 절대적인 권력을 행사하는 것으로 서술되어 있다. 홉스는 일반 시민의 인간다움을 보장해 주는 강력한 군주(절대 군주, 혹은 국가)뿐만 아니라 시민 모두가 만족할 수 있는 국가 체제를 만들어야 한다고 주장한다. 그래야 사회 공동체의 질서가 잘 유지되고 강력한 국가로 이어질 수 있다고 보았기 때문이다.

홉스의 이기주의에 기초한 계약론적 윤리 사상은 이기적인 인간들 사이에서도 윤리가 필요하다는 것을 보여 주는 계몽적인 역할을 수행한 측면이 있었던 반면, 인간의 이타적이고 사회적인 본성을 경시함으로써 도덕의 근거를 위협한다는 비판을 받기도 하였다.

사회사상 — 루소의 사회 계약론

"공동의 힘을 다해 각자의 몸과 재산을 지켜 보호해 주고, 저마다가 모든 사람과 결합하면서도 자기 자신에게만 복종해 전과 다름없이 자유롭도록 해 주는 그러한 형식을 찾아낼 것." 사회 계약이 그 해답을 주는 근본 문제란 이런 것이다. …… 우리는 각자 자기 몸과 모든 힘을 공동의 것으로서 일반 의지의 지도 아래 둔다. …… 이는 인간이 자유로워지도록 (일반 의지에 의해) 강요당할 것 말고는 다른 것을 뜻하지 않는다. 왜냐하면 그것이야말로 각 시민을 조국에 바침으로써 그를 모든 개인적 종속으로부터 보호해 주는 조건이기 때문이다.

루소는 사유 재산의 발생과 함께 인간은 불평등한 상황에 처하게 되었으며 자유가 속박되었다고 주장하였다. 따라서 개인은 주권자의 일원으로서 입법자가 되는 계약을 통해서만 시민적 자유를 회복할 수 있다고 보았다. 루소에 따르면 각 개인은 정치 공동체의 구성원이 되면서 자연 상태에서의 자유를 포기하지만, 스스로가 주권자이고 입법자인 공동체 내에서 자연 상태에서의 자유에 상응하는 시민적 자유를 재발견하게 된다. 나아가 루소는 정치 공동체는 각 개인의 사적 이익을 초월하여 오로지 공공의 이익만을 지향하는 보편적인 의지인 일반 의지에 근거하여 운영되어야 한다고 주장하였다. 이러한 루소의 주장은 공동선의 실현과 인민 주권의 원리를 중시하는 자유 민주주의에 영향을 주었다.

BON.본 N제

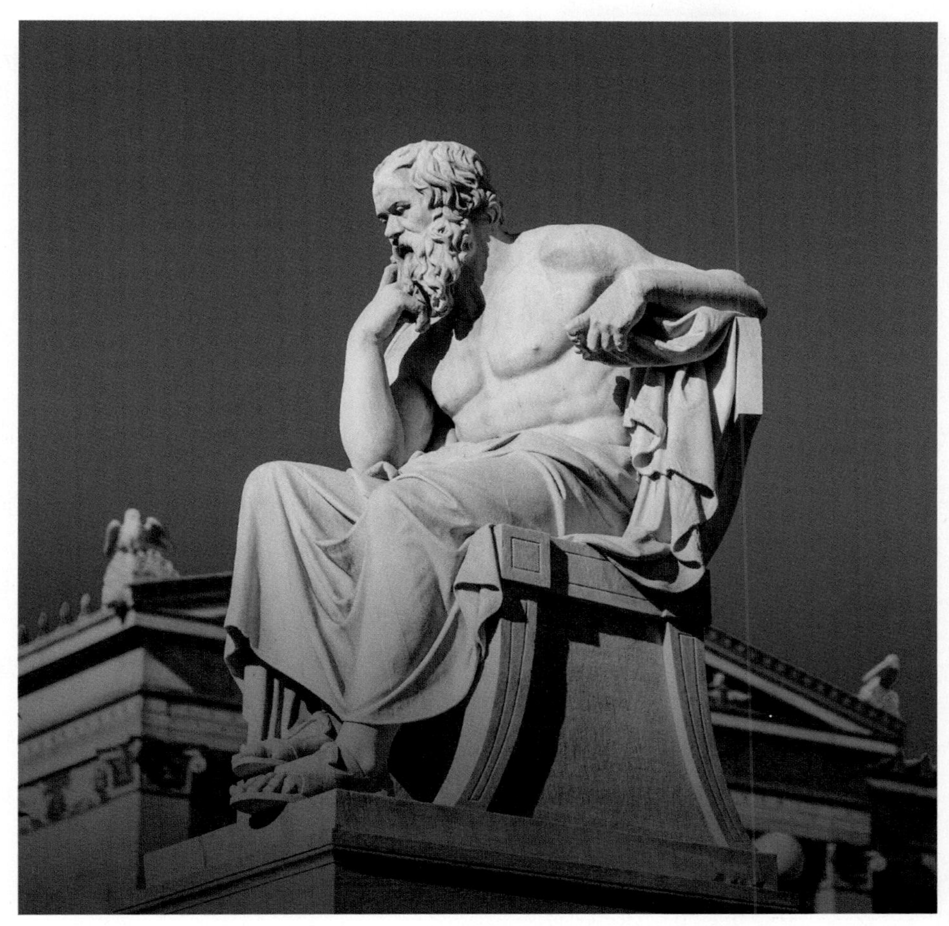

윤리와 사상

Structure
구성과 특징

부록편

윤리와 사상에서 다뤄지는 고난도 심층자료를 선정하여 핵심 개념을 보다 정확하게 이해할 수 있도록 하였습니다.

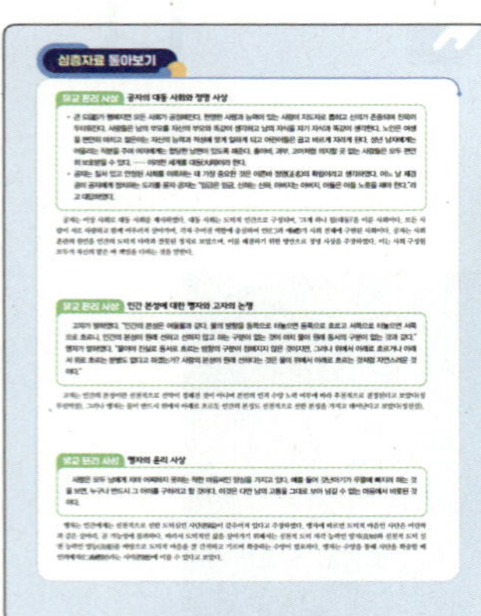

핵심 개념 정리

❶ **내용 정리** : 2015 교육 과정 교과서에서 학교 시험에 출제될 가능성이 높은 주제를 선정하여 기본 개념과 중요 개념을 쉽고 보기 좋게 정리하였습니다.

❷ **자료로 살펴보기** : 다수의 교과서에서 다룬 자료만을 골라 자세히 분석하고 정리하였습니다. 개념과 함께 관련지어 학습하세요.

❸ **학생용 첨삭** : 개념 이해를 돕기 위해 핵심 개념과 어려운 용어를 쉽게 풀어서 첨자로 제공합니다.

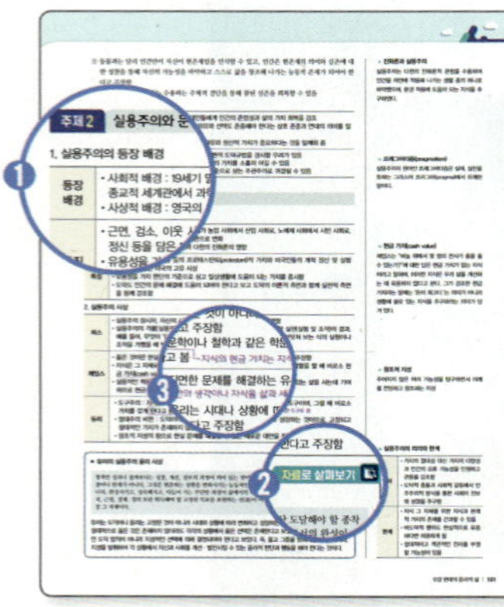

핵심 개념 CHECK

❶ **주제별 구성** : 주제별 개념 정리 후, 곧바로 개념을 점검할 수 있도록 구성하였습니다. 이해가 부족한 부분은 바로 앞 핵심 개념 정리를 통해 확인하세요.

❷ O/X 문제 풀이를 통해 개념 이해 정도를 보다 정확하게 확인할 수 있도록 구성하였습니다. 실제 기출된 함정 선지를 활용하여 실전을 완벽하게 대비할 수 있도록 하였습니다.

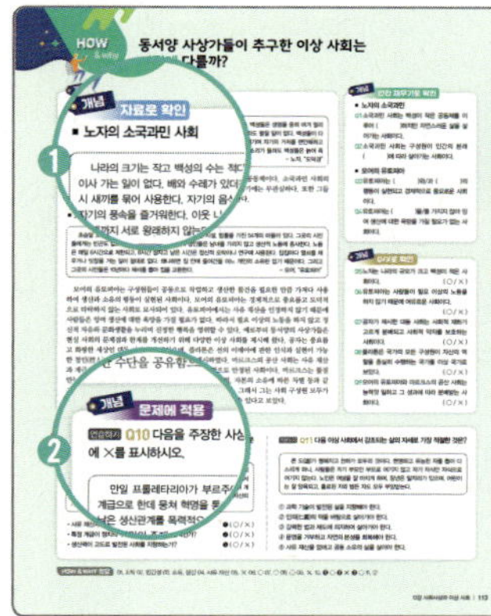

HOW & WHY

❶ 심화 자료를 자료에서부터 문제 적용에까지 한 번에 점검할 수 있는 자료 분석 코너입니다. 문제 풀이 교재에서 놓치기 쉬운 자료 분석을 별도로 제공하여 깊이 있는 자료 분석을 제공합니다.

❷ [자료로 확인] – [빈칸 채우기로 확인] – [문제에 적용]을 통해 자료 분석에서 문제 적용까지 단계적으로 개념을 확인할 수 있습니다.

기출+예상 문제로 주제 정복하기

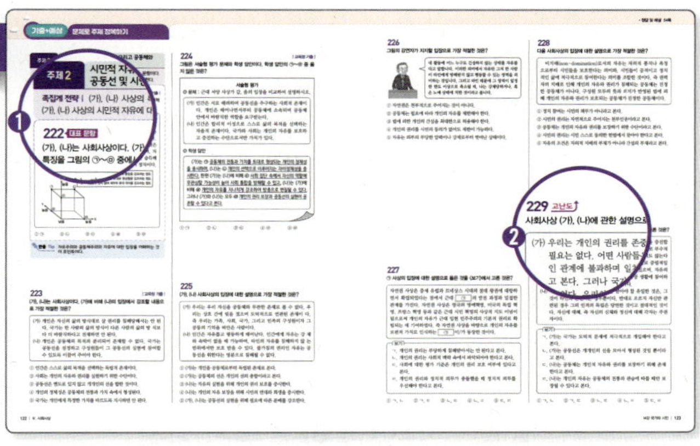

❶ **족집게 전략, 대표 문항** : 수능에서 출제 가능성이 가장 높은 대표 문항을 선별하여 문제 접근 전략을 알려줍니다. 또한 주요 개념의 출제 패턴이나 문제 풀이에 도움이 되는 방법을 한 줄 TIP으로 제시해 줍니다.

❷ 기출 문항과 예상 문제를 모두 다뤄 수능을 완벽하게 대비할 수 있도록 하였습니다. 특히 고난도 문항은 1등급을 갈랐던 문항을 제시하여 특수한 문항에도 잘 대처할 수 있도록 하였습니다.

해설편

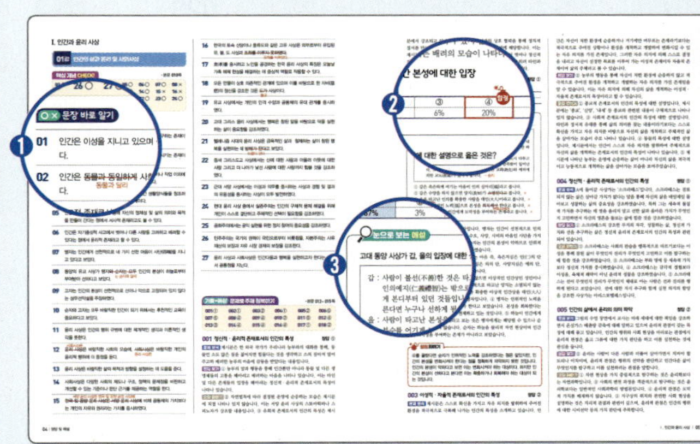

❶ **O/X 문장 바로 알기** : O/X 확인 문제의 경우 빠른 정답과 눈으로 확인하는 정답을 함께 수록하여 학습자의 학습 속도 조절을 용이하게 하였습니다. 학습자가 쉽게 이해하고 넘어간 경우 빠른 정답으로 확인하고 문제 풀이로 바로 넘어갈 수 있으며, 학습자가 개념 이해가 어렵다고 판단한 경우, 눈으로 보는 해설을 통해 정확하게 오개념을 잡아낼 수 있습니다.

❸ **눈으로 보는 해설** : 문항 첨삭을 통해 해설을 빠르게 이해시켜 주는 시스템입니다. 자료 및 제시문 분석, 정답 설명, 오답 선지의 틀린 부분을 바로바로 확인할 수 있습니다.

❷ **고난도 문항 해설** : 오답 선택지 선택률 20% 이상 또는 정답률 50% 이하의 문항을 선정하여 함정 선지와 함정을 피하는 방법을 알려 줍니다.

Contents
차례

I 인간과 윤리 사상

01강 인간의 삶과 윤리 및 사회사상

I 단원 개념 NAVIGATION

인간의 특성을 이해하고 인간 본성에 대한 다양한 관점을 비교할 수 있나요?

예 →

우리 삶에서 윤리 사상과 사회사상이 필요한 까닭을 이해하고 설명할 수 있나요?

→

한국 및 동·서양의 윤리 사상과 사회사상이 현대인의 삶에 어떤 의미가 있는지 설명할 수 있나요?

→

윤리 사상과 사회 사상의 관계를 이해하고 이에 대해 토론할 수 있나요?

→

I. 인간과 윤리 사상 학습 완료

아니오

08쪽

08쪽

09쪽

09쪽

01강 인간의 삶과 윤리 및 사회사상	주제 1 인간에 대한 관점	· 윤리적 존재 · 성선설 · 성악설 · 성무성악설 · 사단 · 사덕
	주제 2 인간의 삶에서 윤리 사상과 사회사상의 중요성	· 윤리 사상 · 사회사상 · 자아 탐색 · 삶의 목적 및 가치 체계
	주제 3 한국 및 동·서양 윤리 사상의 역할	· 화해와 통합의 정신 · 도덕적 인격 수양 · 자비 · 세계 시민 · 보편적 도덕 법칙
	주제 4 사회사상의 역할	· 자유주의 · 공화주의 · 민주주의 · 자본주의 · 세계 시민주의

▶ 인간의 특성 중 윤리적 인간에 주목하자.

인간의 특성에 대한 문제는 주로 1번 문제로 자주 출제된다. 그리 어렵지는 않지만 여러 가지 인간의 특성을 묶어 제시문으로 나오면 어떤 특성을 설명하고 있는지 헷갈릴 수 있다. 제시문과 연결시켜 각각의 특성을 정리하도록 하자.

▶ 한국과 동양 사상의 특징과 서양 윤리 사상의 특징을 비교해 보자.

2015 개정 교육과정에서 새로 포함된 내용이기 때문에 출제될 가능성이 높다. 한국과 동양 윤리 사상의 인간관과 서양 윤리 사상의 인간관을 비교해서 기억해 두어야 한다. 또, 두 사상이 현대인의 삶에 어떤 현재적 의의를 가지고 있는지를 두 사상의 특징과 연결시켜서 정리하도록 하자.

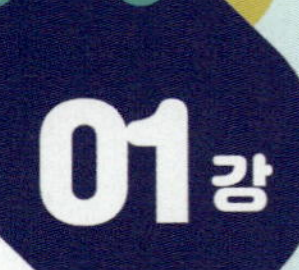

01강 인간의 삶과 윤리 및 사회사상

주제 1   인간에 대한 다양한 관점

1. 인간의 다양한 특성

이성적 존재	이성을 통해 자신과 세계에 대해 끊임없이 사유하고 해석함
사회적 존재	여러 사람들과 사회를 구성하고 인간만의 삶의 방식을 공유하고 발전시킴
정치적 존재	국가를 이루고 개인과 공동체의 문제에 대해 협의하고 조정함
서사적 존재	공동체의 이야기를 통해 자신의 정체성 및 삶의 의미와 목적을 만들어 감
도구적 존재	자신의 필요에 따라 다양한 유·무형의 도구를 만들어 사용함
유희적 존재	생존이나 직업을 위한 일 이외에 삶의 재미와 즐거움을 추구함
문화적 존재	언어, 제도, 지식, 가치 등 인간 생활양식의 총체인 문화를 창조하고 계승함
예술적 존재	다양한 예술 활동을 통해 미적 가치를 추구함
종교적 존재	유한한 세계를 넘어 초월적이고 무한한 것을 추구함
윤리적 존재	• 보편적으로 타당한 선(善)을 파악하는 능력과 부끄러움을 아는 마음을 지님 • 스스로 도덕 법칙을 수립하고 실천하며 반성할 수 있는 도덕적 자율성을 지님 • 이성적 판단과 윤리적 규범 체계에 따라 도덕적 행동을 의식적으로 수행함

2. 인간 본성에 대한 관점

성선설	• 인간에게 천부적으로 선한 도덕심이 갖추어져 있다는 입장 • 선한 도덕심을 잘 유지하고 확충하기 위해 노력해야 한다고 봄
	• 대표자 : 맹자, 루소 ┐ 인간은 사단(四端)과 사덕(四德)을 지닌 존재임
성악설	• 인간의 본성이 악하다는 입장 (인간은 이익을 좋아하고 남을 질투하는 존재임) • 인간의 악한 본성을 그대로 두면 다툼과 사회적 혼란을 피하기 어려움 • 교육과 제도를 통해 인간의 욕망을 적절히 제어하고 교화할 것을 강조함
	• 대표자 : 순자, 홉스 ┐ 본성은 악하고 인위적으로 노력해야 선을 이룰 수 있음
성무선악설	• 인간의 본성은 선이나 악으로 결정되어 있지 않다고 보는 입장 • 인간다움의 실현을 위해서는 주변 환경과 교육 등 후천적 요인이 중요하다고 봄
	• 대표자 : 고자, 로크 └ 타고난 것은 식욕과 성욕뿐이라고 봄

주제 2   인간의 삶에서 윤리 사상과 사회사상의 중요성

1. 윤리 사상의 의미와 중요성

의미	• "어떻게 사는 것이 바람직하고 좋은 삶인가?"라는 물음에 대한 체계적인 대답 • 바람직하고 좋은 삶에 대한 방향을 제시함
필요성	• 자아 탐색의 근거 제공 : "나는 어떤 존재인가?"라는 물음과 관련됨 • 삶의 목적 및 가치 체계 제공 : "무엇을 위해 살아야 하는가?"라는 물음과 관련됨 • 도덕적 행동 지침 및 판단 근거 제공 : "무엇을 해야 하는가?", "어떻게 행동해야 하는가?"라는 물음과 관련됨

2. 사회사상의 의미와 중요성

의미	사회적 삶에서 나타나는 현상에 대한 해석과 사회 체제나 제도의 바람직한 모습 및 구현에 대한 체계적인 사유
필요성	• 이상 사회의 모습을 설계하고 그 실현 방안 모색에 도움을 줌 • 다양한 사회 문제, 제도, 정책을 비판하고 개선할 수 있는 기준 및 판단 근거를 제공함 • 사회적 존재로서 개인의 삶의 방식과 인간의 사회적 삶을 이해하기 위한 체계적인 틀을 제공함

✳ 이성

인간의 이성은 단순한 지능이나 계산 능력이 아니라 인간의 사유 능력 전체를 가리킨다.

✳ 서사적 존재

'서사'는 이야기를 뜻하는 말이다. 현대 덕 윤리학자인 매킨타이어는 공동체로부터 분리된 존재를 '자발적 존재'로 규정하고 이에 대한 대안으로 공동체 속에서 자신의 삶의 정체성을 형성하고 삶의 의미와 목적을 만들어가는 존재를 '서사적 존재'로 제시하였다.

✳ 유희적 존재

인간은 의도와 목적을 가지고 삶의 재미를 추구하는 존재이다. 동물과 다르게 인간은 유희를 통해 창조적으로 삶의 기쁨을 표현하고 스트레스를 해소할 수 있다.

✳ 문화와 예술

문화는 인간 생활 양식의 모든 것을 뜻하는 말로 의식주, 언어, 풍습, 종교, 학문, 예술, 제도 등을 포함한다. 예술은 미적 가치를 추구하는 인간의 활동으로, 문화에 포함되는 개념으로 볼 수 있다.

✳ 사단과 사덕

• 사단 : 인간이 선천적으로 지닌 네 가지 선한 마음

측은지심	다른 사람을 불쌍하고 가엾게 여기는 마음
수오지심	자신의 불의를 부끄러워하고 미워하는 마음
사양지심	양보하고 공경하는 마음
시비지심	옳고 그름을 분별하는 마음

• 사덕 : 군자가 지켜야 할 네 가지 덕. 인(仁), 의(義), 예(禮), 지(智)

＊ 풍류 사상

유·불·도가 전래되기 이전부터 우리 조상들이 생활 지침으로 삼아 온 고유 사상

＊ 풍류도(風流道)

화랑도(花郞徒)의 생활 규범이자 정신적 지침으로, 풍류 사상을 바탕으로 했기 때문에 풍류도, 풍월도라고도 한다.

＊ 자비(慈悲)

남을 사랑하고 가엾게 여김. 또는 나와 남을 하나로 여길 때 자연스럽게 생기는 넓고 깊은 사랑으로 남을 사랑하고 남의 고통을 연민하는 마음

주제 3 한국 및 동·서양 윤리 사상의 역할

1. 한국 윤리 사상의 특징과 그 역할

화해와 통합의 정신	• 건국 신화, 토속 신앙, 풍류 사상, 풍류도 등의 고유한 정신적 바탕 위에 유·불·도 사상이 조화를 이룸 → 화해와 통합의 정신을 가르쳐 줌
효(孝)와 공동체의 유대 중시	• 효(孝), 노인 공경, 공동체의 유대를 중시함 → 현대 사회의 가족 해체 현상을 해결하는 중심 역할을 함

2. 동양 윤리 사상의 특징과 그 역할

유교	• 개인의 도덕적 인격 수양 및 타인과 더불어 사는 공동체 강조 → 현대 사회의 개인주의와 이기주의로 발생하는 다양한 윤리 문제 해결에 도움을 줌 • 의로움과 청렴함을 강조 → 현대 사회의 부패를 예방하는 전통 사상으로서의 중심 역할을 함
불교	• 만물의 상호 의존적 관계를 바탕으로 한 자비의 실천 강조 → 인간을 포함한 모든 생명의 소중함을 인식하고 존중해야 함을 가르쳐 줌
도가	• 자연의 순리에 따르는 삶을 강조 → 인간성을 훼손하고 억압하는 사회 구조나 제도, 물질에 관한 과도한 집착을 비판함. 자기 중심적 사고에서 벗어나 편견 없이 공정한 판단과 의사 결정을 하는 토대를 제공함

3. 서양 윤리 사상의 특징과 그 역할

고대 그리스 윤리 사상	• 행복을 삶의 목적으로 보고 그 실현 방안으로 덕 있는 삶을 제시함 • 앎과 행복의 관계를 강조함 ┌→ 특히 아리스토텔레스는 인간의 삶의 궁극적 목적이 행복이며 행복을 위해서는 덕이 반드시 필요함을 강조함
헬레니즘 시대 윤리 사상	• 육체적 쾌락이 아닌 정신적 쾌락과 금욕이 개인의 행복에서 중요함을 제시함 • 세계 시민으로 나아가기 위한 이론적 바탕을 제시함 ┌→ 세계화 시대에 필요한 윤리적 태도를 형성하는 데 기여함
중세 그리스도교 윤리 사상	• 사랑과 배려를 가까운 공동체뿐만 아니라 익명의 이웃에까지 확장할 것을 가르쳐 줌
근대 윤리 사상	• 도덕적 판단과 행동의 원천인 이성과 감정을 탐구함 • 윤리적 삶에서 합리적인 판단과 공감의 역할 및 그 중요성을 일깨워 줌 • 인간으로서 마땅히 지켜야 할 보편적 도덕 법칙이 있음을 강조한 사상 → 칸트의 의무론적 윤리 • 최선의 결과를 가져오는 행위가 옳다고 보며 최대 다수의 행복을 강조한 사상 → 벤담과 밀의 공리주의 윤리
현대 윤리 사상	• 개별 인간의 구체적 문제 해결을 위해 스스로 결단하고 선택하는 주체적인 삶을 강조한 사상 → 실존주의 • 우리의 삶을 실질적으로 개선하기 위한 문제 해결의 유용성을 강조한 사상 → 실용주의

주제 4 사회사상의 역할

1. 사회사상의 분류

자유주의	국가의 부당한 간섭이나 침해로부터 개인의 자유와 권리를 보장하는 사상적 근거를 제공함
공화주의	공적인 삶과 공공성을 중시하며 공익 실현을 위한 정치 참여의 중요성을 강조함
민주주의	국가의 권력이 국민으로부터 나온다는 사실을 확인하는 사상적 근거를 제공함
자본주의	사유 재산과 자유로운 시장 경제를 보장하는 사상적 근거를 제공함
세계 시민주의	인류를 국적, 민족, 인종과 관계없이 보편적 가치와 권리를 지닌 시민으로 간주함

2. 윤리 사상과 사회사상의 관계

(1) **윤리 사상** : 인간의 본질과 바람직한 인간의 모습을 탐구함

(2) **사회사상** : 바람직한 공동체의 모습을 탐구함

(3) **윤리 사상과 사회사상의 관계** : 윤리 사상과 사회사상은 모두 궁극적으로 인간다움과 행복을 실현하고자 하는 점에서 공통점을 지니며, 윤리 사상과 사회사상은 상호 보완적 관계임

＊ 윤리 사상과 사회사상의 탐구 대상

	차이점	공통점
윤리 사상	인간 본성에 대한 이해를 바탕으로 바람직한 인간의 모습 탐구	인간 존엄성의 존중과 실현
사회 사상	사회 현상의 해석을 바탕으로 바람직한 공동체의 모습 탐구	

＊ 윤리 사상과 사회사상의 영향

개인적 삶에 미치는 영향	사회적 삶에 미치는 영향
• 삶에 대한 성찰과 반성의 기회로 삼음 • 개인의 판단, 행동, 인격 형성에 영향	구성원들이 지지하는 사회사상에 따라 그 사회의 제도, 정책, 관습이 바뀜

핵심 개념 CHECK!

• 정답 및 해설 04쪽

✎ 다음 확인 문제 중 옳은 것에 ○, 옳지 않은 것에 ✕를 표기하세요.

주제 1　인간에 대한 다양한 관점

01 인간은 이성을 지니고 있으며 정신적·윤리적 가치를 추구하는 존재이다.　○ ✕

02 인간은 동물과 동일하게 사회를 구성하고 문화를 발전시키는 존재이다.　○ ✕

03 종교적 존재로서의 인간의 특성은 생존을 위한 활동이나 직업 이외에 삶의 재미와 즐거움을 추구하는 것에 잘 나타나 있다.　○ ✕

04 인간은 언어, 지식, 기술, 예술, 가치관 등 인간 생활양식들을 창조하고 계승 발전시킨다는 점에서 문화적 존재이다.　○ ✕

05 인간은 공동체의 이야기를 통해 자신의 정체성 및 삶의 의미와 목적을 만들어 간다는 점에서 서사적 존재라고도 볼 수 있다.　○ ✕

06 인간은 자기 중심적 사고에서 벗어나 다른 사람을 고려하고 배려할 수 있다는 점에서 윤리적 존재라고 할 수 있다.　○ ✕

07 맹자는 인간에게 선천적으로 네 가지 선한 마음인 사단(四端)을 지니고 있다고 보았다.　○ ✕

08 함정　동양의 유교 사상가 맹자와 순자는 모두 인간의 본성이 하늘로부터 부여받아 선하다고 보았다.　○ ✕

09 고자는 인간의 본성이 선천적으로 선이나 악으로 고정되어 있지 않다는 성무선악설을 주장하였다.　○ ✕

10 순자와 고자는 모두 바람직한 인간이 되기 위해서는 후천적인 교육이 중요하다고 보았다.　○ ✕

주제 2　인간의 삶에서 윤리 사상과 사회사상의 중요성

11 윤리 사상은 인간의 행위 규범에 대한 체계적인 생각과 이론적인 생각을 뜻한다.　○ ✕

12 함정　윤리 사상은 바람직한 사회의 모습에, 사회사상은 바람직한 개인의 윤리적 행위에 더 중점을 둔다.　○ ✕

13 윤리 사상은 바람직한 삶의 목적과 방향을 설정하는 데 도움을 준다.　○ ✕

14 사회사상은 다양한 사회의 제도나 구조, 정책의 문제점을 비판하고 개선할 수 있는 기준이나 판단 근거를 제공하는 역할을 한다.　○ ✕

주제 3　한국 및 동·서양 윤리 사상의 역할

15 함정　한국 및 동양 윤리 사상은 서양 윤리 사상에 비해 공동체의 가치보다는 개인의 자유와 권리라는 가치를 중시하였다.　○ ✕

16 한국의 토속 신앙이나 풍류도와 같은 고유 사상은 외부로부터 유입된 유, 불, 도 사상과 조화를 이루지 못하였다.　○ ✕

17 효(孝)를 중시하고 노인을 공경하는 한국 윤리 사상의 특징은 오늘날 가족 해체 현상을 해결하는 데 중심적 역할로 작용할 수 있다.　○ ✕

18 모든 만물이 상호 의존적인 관계에 있으며 이를 바탕으로 한 자비(慈悲)의 정신을 강조한 것은 도가 사상이다.　○ ✕

19 유교 사상에서는 개인의 인격 수양과 공동체의 유대 관계를 중시하였다.　○ ✕

20 고대 그리스 윤리 사상에서는 행복은 참된 앎을 바탕으로 덕을 실현하는 삶임을 강조하였다.　○ ✕

21 헬레니즘 시대의 윤리 사상은 금욕적인 삶과 절제하는 삶이 참된 행복을 실현하는 데 방해가 된다고 보았다.　○ ✕

22 함정　중세 그리스도교 사상에서는 신에 대한 사랑과 아울러 이웃에 대한 사랑 그리고 더 나아가 낯선 사람에 대한 사랑까지 힘쓸 것을 강조하였다.　○ ✕

23 근대 서양 사상에서는 이성과 의무를 중시하는 사상과 경험 및 결과의 유용성을 중시하는 사상이 모두 발전하였다.　○ ✕

24 현대 윤리 사상 중에서 실존주의는 인간의 구체적 문제 해결을 위해 개인이 스스로 결단하고 주체적인 선택이 필요함을 강조하였다.　○ ✕

주제 4　사회사상의 역할

25 공화주의에서는 공익 실현을 위한 정치 참여의 중요성을 강조하였다.　○ ✕

26 민주주의는 국가의 권력이 국민으로부터 비롯됨을, 자본주의는 사유 재산의 보장과 자유 시장 경제의 보장을 강조한다.　○ ✕

27 윤리 사상과 사회사상은 인간다움과 행복을 실현하고자 한다는 점에서 공통점을 지닌다.　○ ✕

인간 본성에 대한 다양한 관점은 어떻게 다를까?

개념 | 자료로 확인

■ 맹자의 성선설

> 물에 동서의 구분이 없지만 위아래의 구분도 없겠는가? 사람의 본성이 선한 것은 물이 아래로 흐르는 것과 같다. 사람은 선하지 않음이 없고, 물은 아래로 흐르지 않음이 없다.
>
> – 맹자 "맹자"

맹자는 고자의 성무선악설을 비판하면서 물이 위아래의 구분이 있는 것처럼 인간의 본성은 선하지 않음이 없다고 주장하였다.

■ 순자의 성악설

> 성(性)과 위(僞)는 다른 것이다. 성은 하늘로부터 타고난 것이기에 배우거나 노력으로 이룰 수 없다. 그렇지만 위는 배우면 행할 수 있고 노력하면 이룰 수 있다. 사람은 배고프면 먹을 것을 찾고, 피곤하면 쉬고자 하며, 추우면 따듯하고자 한다. 배고파도 어른을 위해 사양하는 것, 자식을 위해 힘들어도 쉬지 않고 일하는 것은 모두 성에 어긋나는 것이다.
>
> – 순자 "순자"

순자에 따르면, 인간의 타고난 성정(性情)은 악하며 인간이 선하게 되는 것은 인위적인 노력의 결과이다. 순자는 이러한 악한 본성을 변화시켜야 한다고 보았다.

■ 고자의 성무선악설

> 본성은 소용돌이치는 물과 같아서 동쪽으로 트면 동쪽으로 흐르고, 서쪽으로 트면 서쪽으로 흐른다. 사람의 본성에 선함과 선하지 않음의 구분이 없는 것은 물에 동쪽과 서쪽의 구분이 없는 것과 같다.
>
> – 맹자 "맹자"

고자는 인간의 타고난 본성은 식욕과 성욕뿐이며, 인간의 본성은 선하지도 악하지도 않다고 보았다.

개념 | 빈칸 채우기로 확인

■ 맹자의 성선설

Q1 맹자는 고자의 (　　　)을/를 비판하면서 인간의 본성이 선하다는 성선설을 주장하였다.

Q2 맹자는 모든 인간에게 네 가지 선한 마음인 (　　　)이/가 내재해 있다고 보았다.

■ 순자의 성악설

Q3 순자는 하늘로부터 타고난 것은 (　　　)이며 이는 배우거나 노력으로 이룰 수 없다고 보았다.

Q4 순자는 인간의 본성이 (　　　)하다고 보는 성악설을 주장하였으며 이러한 본성을 (　　　)시켜 인위를 일으켜야 한다고 보았다.

Q5 순자는 (　　　)와과 제도를 통해 인간의 욕망을 적절히 제어하고 교화할 것을 강조하였다.

■ 고자의 성무선악설

Q6 고자는 인간의 타고난 본성은 (　　　)와/과 (　　　)뿐이라고 보았다.

Q7 고자는 인간의 본성에 선함과 선하지 않음의 구분이 없으며, 선하고 악하게 되는 것은 선천적인 것이 아니라 (　　　)인 요인에 의해 정해진다고 보았다.

개념 | 문제에 적용

연습하기 Q8 다음을 주장한 사상가가 긍정할 질문에 ○를, 부정할 질문에 ✕를 표시하시오.

> 사람이 배울 수 있는 것은 그 본성이 착하기 때문이라고 주장하는데 그것은 인간의 본성을 잘 알지 못하고 인간의 본성과 인위의 구별을 잘 살피지 못한 것이다. 본성이란 하늘이 부여한 것이니 배울 수 있는 것도 인고 인위적으로 해서 되는 것도 아니다. 그러나 예의(禮義)란 성인이 만들어 낸 것으로 사람들이 배워서 할 수 있고 노력해서 이룰 수 있는 것이다.

- 성(性)과 위(僞)는 구분해야 하는가?　　　❶ (○ / ✕)
- 하늘로부터 부여받은 인간의 본성은 선한 것인가?　　❷ (○ / ✕)
- 성인이 되려면 인간 본성을 변화시킬 필요가 있는가?　❸ (○ / ✕)
- 인간의 본성대로 살면 다툼과 혼란이 발생하는가?　　❹ (○ / ✕)

적용하기 Q9 다음은 동양 사상가의 입장으로 가장 적절한 것은?

> 모든 사람에게 '남에게 차마 어찌하지 못하는 마음[不忍人之心]'이 있다고 말하는 것은, 어린아이가 우물로 기어 들어가는 것을 보면 누구나 깜짝 놀라며 측은한 마음이 들기 때문이다. 측은, 수오, 사양, 시비의 마음이 없으면 사람이라고 할 수 없다.

① 인간의 본성을 규정하려는 시도 자체는 바람직하지 않다.
② 인간의 본성은 물이 아래로 흐르듯이 선하지 않음이 없다.
③ 인간의 본성은 시시각각 변하는 것으로 정해져 있지 않다.
④ 인간은 나면서부터 이익과 편안함을 좋아하는 악한 존재이다.
⑤ 인간의 본성은 식욕과 성욕뿐이며 후천적으로 선해질 수 있다.

HOW & WHY 정답 01. 성무선악설 02. 사단 03. 성(性) 04. 악, 변화 05. 교육 06. 식욕, 성욕 07. 후천적 08. ❶ ○ ❷ ✕ ❸ ○ ❹ ○ 09. ②

주제 1~2 인간에 대한 다양한 관점 ~ 인간의 삶에서 윤리 사상과 사회사상의 중요성

족집게 전략 | 제시문에 나타난 농부의 말과 행동을 통한 인간의 특성을 파악하는 문제이다. 정신적·윤리적 존재로서의 인간의 특성이 자주 출제되니 이를 중심으로 다양한 인간의 특성을 잘 이해하고 제시문을 통해 찾는 훈련을 해 두어야 한다.

001 대표 문항 | 평가원 기출 |

다음 글의 농부의 행위에서 나타난 인간의 특성으로 가장 적절한 것은?

> 한 외국 작가가 한국을 방문하였을 때, 소달구지에 볏단을 싣고 가는 농부를 보았다. 그런데 그 농부도 자신의 지게에 볏단을 짊어지고 가는 것이 아닌가. 의아하게 생각한 그 작가가 물었다. "소달구지를 두고 왜 당신이 볏단을 지고 가시죠?" 농부는 대답했다. "사람이나 짐승이나 힘든 건 마찬가지 아니겠소?" 작가는 생각했다. '소의 짐마저 덜어주려는 마음! 내가 한국에서 보고 싶었던 바로 그 모습이야.' 그 작가는 그 후 한국을 '고상한 사람들이 사는 보석 같은 나라'라고 말했다.

① 다른 생명체들의 고통을 헤아릴 수 있는 존재이다.
② 자연법칙에 따라 결정된 운명에 순응하는 존재이다.
③ 유희적 활동을 통해 문화를 창조할 수 있는 존재이다.
④ 타인과의 상호 협력을 통해 정치 질서를 만드는 존재이다.
⑤ 세속에서 벗어나 정신적 자유를 추구할 수 있는 존재이다.

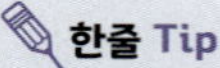

한줄 Tip 농부의 행위에 나타난 정신적·윤리적 존재로서의 인간의 특성을 파악하는 것이 포인트야!

002 고난도↑ | 교육청 기출 |

고대 동양 사상가 갑, 을의 입장에 대한 설명으로 옳은 것은?

> 갑 : 사람이 불선(不善)한 것은 타고난 재질[才]의 잘못이 아니다. 인의예지(仁義禮智)는 밖으로부터 내게 주어진 것이 아니라 내게 본디부터 있던 것들이다. 그러므로 타고난 본성대로만 따른다면 누구나 선하게 될 수 있다.
> 을 : 사람이 타고난 본성을 따르고 감정을 좇는다면 반드시 다투고 분수를 어기게 되며, 이치를 어지럽히게 되어 난폭함이 일어난다. 그러므로 반드시 스승과 법도에 따른 교화(敎化)와 예의에 의한 교도(敎導)가 있어야 한다.

① 갑은 측은하게 여기는 마음이 인의 실마리[端]라고 본다.
② 갑은 수양을 하지 않으면 양지(良知)가 소멸된다고 본다.
③ 을은 타고난 인의를 확충한 사람을 대인(大人)이라고 본다.
④ 을은 인위적인 노력[僞]으로 본성을 회복해야 한다고 본다.
⑤ 갑, 을은 하늘이 인간에게 도덕성을 부여하는 존재라고 본다.

003 | 평가원 기출 |

다음 글에 나타난 인간의 특성으로 가장 적절한 것은?

> 농부 엘제아르는 쓸모없는 황무지를 맑은 물이 흐르고 새들이 노래하는 숲으로 가꾸고자 30여 년 동안 나무를 심었다. 두 차례의 전쟁이 지나갔지만 그는 아주 철저하면서도 단순하게 자신의 일을 묵묵히 해 나갔다. 나무 한 그루도 존재하지 않았던 땅은 거대한 숲으로 변했고 숲 속에서는 샘물이 넘쳐 흐르게 되었다. 그는 오직 자신의 노력만으로 황무지를 거대한 숲으로 만들어 냈다.

① 신앙을 통해 내세의 영원한 행복을 추구하는 존재이다.
② 불굴의 의지를 가지고 삶의 가치를 실현하는 존재이다.
③ 타인과의 정서적 유대를 통해 삶의 의미를 찾는 존재이다.
④ 도덕적 당위보다 자연적인 본능에 따라 살아가는 존재이다.
⑤ 인과 법칙에 따라 결정된 운명에 순응하며 살아가는 존재이다.

004 | 교육청 기출 |

그림은 어느 사상가를 검색한 인터넷 화면이다. A에 들어갈 사상가가 강조한 삶의 태도로 가장 적절한 것은?

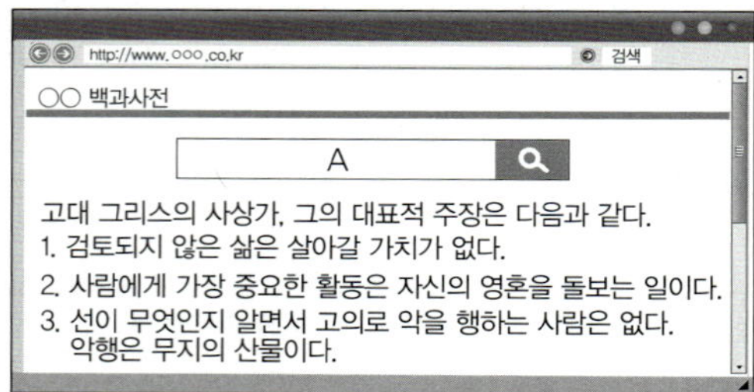

① 참된 앎을 추구하고 자신의 삶을 성찰해야 한다.
② 자신이 속한 사회의 관습을 맹목적으로 따라야 한다.
③ 정신적 가치보다 세속적 부와 명예를 중시해야 한다.
④ 감각적 경험을 중시하며 육체적 쾌락을 추구해야 한다.
⑤ 선에 대한 지식 추구보다 실천 의지의 함양을 중시해야 한다.

005

(가)에 들어갈 진술로 가장 적절한 것은?

① 자연 현상을 가치중립적으로 탐구하는 것
② 행위의 선악과 인간다운 삶을 탐구하는 것
③ 사회의 변천 과정을 객관적으로 탐구하는 것
④ 도덕적 가치가 배제된 미적 가치를 탐구하는 것
⑤ 지구상의 위치와 관련하여 사회 현상을 탐구하는 것

006

다음 대화에서 신이 강조하고 있는 인간의 특성으로 가장 적절한 것은?

> 괴테의 희곡 "파우스트"에서 악마 메피스토펠레스는 파우스트 박사를 타락시킬 수 있다며 신과 내기를 한다. 신은 이러한 내기를 제안하는 악마에게 다음과 같이 말한다. "인간은 노력하는 한 방황하는 법이다. 하지만 너는 언젠가 부끄러운 얼굴로 나타나 이렇게 고백하게 될 것이다. '착한 인간은 어두운 충동 속에서도 무엇이 올바른 길인지 잘 알고 있더군요.'라고."

① 인간은 주어진 운명에 순응하며 자연의 법칙에 종속된 존재이다.
② 인간은 초월적 존재인 절대자를 믿고 마음의 위안을 추구하는 존재이다.
③ 인간은 이해(利害)관계를 떠나 재미를 적극적으로 추구하는 존재이다.
④ 인간은 언어, 지식, 기술, 의식주 등을 창조하고 계승하며 발전시키는 존재이다.
⑤ 인간은 본능적 충동을 극복하고 옳고 그름을 판단하여 선을 실천할 수 있는 존재이다.

007

㉠, ㉡에 대한 설명으로 옳은 것은?

> ┌──┐ ㉠ └──┘ 은/는 "어떻게 사는 것이 바람직하고 좋은 삶인가?"라는 물음에 대한 체계적인 대답이며 바람직하고 좋은 삶에 대한 방향을 제시한다. 한편 ┌──┐ ㉡ └──┘ 은/는 사회적 삶에서 나타나는 현상에 대한 해석과 사회 체제나 제도의 바람직한 모습 및 구현에 대한 체계적인 사유이다. 또한 이는 복잡한 사회 현상에 관한 해석, 인간의 삶과 사회의 관계 등을 이론적으로 체계화한 사상이라고도 할 수 있다.

① ㉠은 ㉡과 달리 사회 제도나 정책을 판단하는 직접적 근거가 된다.
② ㉡은 ㉠과 달리 자아를 발견하고 성찰할 수 있도록 도움을 준다.
③ ㉠은 ㉡에 비해 바람직한 사회와 공동체가 무엇인지에 대해 탐구하고자 한다.
④ ㉡은 ㉠에 비해 바람직한 인간의 구체적인 모습과 이상적 인간상에 대해 탐구하고자 한다.
⑤ ㉠, ㉡은 서로 상호 보완적인 관계에 있다.

008

갑, 을의 입장을 다음의 그림으로 표현할 때, A~C에 해당하는 적절한 진술만을 〈보기〉에서 있는 대로 고른 것은?

(가)	갑 : 인간의 성(性)은 고여서 맴도는 물과 같다. 동쪽으로 터주면 동쪽으로 흐르고 서쪽으로 터주면 서쪽으로 흐른다. 태어난 그대로의 것[生]이 곧 성이다. 을 : 인간의 성(性)이 선하지 않음이 없음은 물이 위에서 아래로 흐름과 같다. 물의 동서의 구분은 없지만 위아래의 구분도 없겠는가? 물은 위에서 아래로 흐르지 않음이 없다.

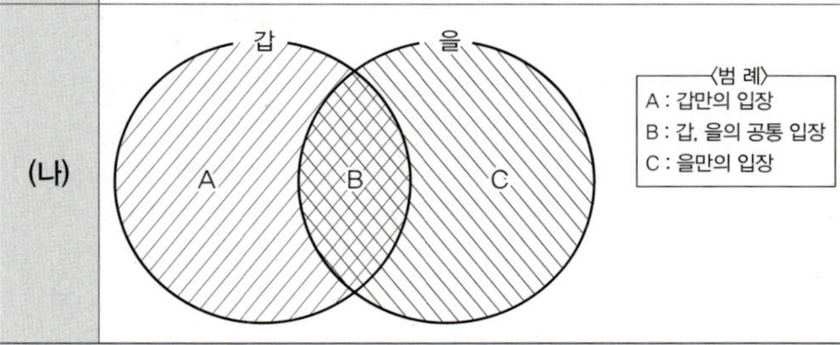

> **[보기]**
> ㄱ. A : 인간의 본성은 선이나 악으로 정해져 있지 않다.
> ㄴ. B : 이상적 인간이 되기 위해서는 부단한 수양이 필요하다.
> ㄷ. B : 인간이 선한 것은 하늘로부터 부여받은 이치 때문이다.
> ㄹ. C : 사단과 사덕이 내재함을 통해 인간 본성이 선함을 알 수 있다.

① ㄱ, ㄴ   ② ㄱ, ㄷ   ③ ㄷ, ㄹ
④ ㄱ, ㄴ, ㄹ   ⑤ ㄴ, ㄷ, ㄹ

009

고대 중국 사상가 갑, 을, 병의 입장에 대한 설명으로 옳은 것은?

> 갑 : 본성은 버드나무와 같고, 의로움은 버드나무로 만든 나무 술잔과 같다. 인간의 본성을 어질고 의롭다고 하는 것은 마치 버드나무를 나무 술잔으로 여기는 것과 같다.
> 을 : 사람은 모두 남에게 차마 어찌하지 못하는 마음을 가지고 있다. 측은해 하는 마음이 없으면 사람이 아니고, 부끄러워하는 마음이 없으면 사람이 아니며, 사양하는 마음이 없으면 사람이 아니며, 시비를 가리는 마음이 없으면 사람이 아니다.
> 병 : 사람은 나면서부터 이로움을 좋아하는데, 이것을 따르기 때문에 쟁탈이 생기고 사양함이 없어진다. 사람은 나면서부터 질투하고 미워하는데, 이것을 따르기 때문에 남을 해치고 상하게 하는 일이 생기며 충성과 믿음이 없어진다. 이에 본성의 교화가 필요하다.

① 갑은 인간의 본성이 선한 것으로 정해져 있다고 본다.
② 을은 인간의 본성이 선하므로 악행의 가능성은 없다고 본다.
③ 병은 인간의 타고난 본성에 따라 살아야 한다고 본다.
④ 을은 병과 달리 인간은 사단과 사덕을 타고났다고 본다.
⑤ 갑, 을은 병과 달리 선하게 살아가려면 후천적 노력이 필요하다고 본다.

주제 3~4　한국 및 동·서양 윤리 사상의 역할 ~ 사회사상의 역할

족집게 전략 | 제시문에 나타난 한국 및 동·서양 윤리 사상의 역할과 사회사상의 역할의 중요성을 파악하는 문제이다. 한국 및 동·서양 윤리 사상과 사회사상의 역할을 잘 파악하고 기억해 두어야 한다.

010 대표 문항
다음을 통해 추론할 수 있는 내용으로 적절하지 <u>않은</u> 것은?

> 홍콩 A 기업의 회장인 리○○의 좌우명이자 경영 철학은 "의롭지 못하게 모은 재물은 나에게 뜬구름과 같다."이다. 이는 "논어"의 한 구절을 그대로 가져온 것이다. 그는 "진정한 부는 자신이 번 돈을 사회를 위해 쓰려는 마음에 있다."라고 말하면서, 정직과 신뢰를 무엇보다 중요한 가치로 삼아 기업을 경영해 왔다. 이러한 그의 경영 철학은 그가 경영하는 기업이 사람들로부터 존경받고 신뢰받도록 만들었고 이는 결과적으로 기업 성장의 원동력이 되었다. 실제로 그는 언제나 공자의 사상을 끊임없이 되새기고 탐구하는 데 열중한다. 그리고 이를 바탕으로 기업을 경영한 것이 성공 비결이라고 말한다.

① 윤리 사상은 개인이 어떻게 살아가야 하는지 가르침을 줄 수 있다.
② 윤리 사상은 사회와 동떨어진 개인의 삶에만 주로 영향을 미칠 수 있다.
③ 윤리 사상은 기업인으로서 추구해야 할 가치가 무엇인지 지침을 줄 수 있다.
④ 윤리 사상은 시대를 뛰어 넘어 많은 사람들에게 윤리적 가치를 심어 줄 수 있다.
⑤ 윤리 사상은 개인뿐만 아니라 공동체가 나아가야 할 방향을 제시해 줄 수도 있다.

 **한줄 Tip** 윤리 사상의 역할과 사회사상의 역할의 차이점을 알고 구분할 수 있어야 해!

011
다음 사례를 통해 추론할 수 있는 내용으로 가장 적절한 것은?

> 한때 A 국가에서는 큰 가뭄으로 100만 명 가량이 식량난으로 사망하였다. 그런데 같은 가뭄을 경험한 B 국가에서는 식량난으로 사망한 사람이 없었다. 왜 이러한 차이가 나타난 것일까? 이를 연구한 한 사상가는 A 국가는 당시 군부 독재 국가였던 반면, B 국가는 민주주의가 제대로 작동하는 나라였다는 점을 들었다. 그에 따르면 민주주의가 구현된 국가에서는 같은 문제가 발생했을 때 반드시 정치 지도자의 책임을 묻고, 대안으로서의 사회적 장치를 마련해 나갈 수 있다. 그러나 독재 국가에서는 정치 지도자의 책임을 언제나 묻기 어려우며, 따라서 문제 해결을 위한 대처가 제대로 이루어지지 않을 수 있다.

① 사회사상은 윤리 사상과 독립적으로 연구되고 시행되어야 한다.
② 사회사상은 사회 전체에 영향을 미칠 뿐 개인들의 삶과는 무관하다.
③ 모든 사회사상은 각각 추구하는 가치들이 서로 다르지 않고 동일하다.
④ 한 사회가 어떤 사회사상을 선택하느냐는 그 사회의 발전이나 쇠퇴와는 관련이 없다.
⑤ 사회사상은 사회 문제를 해결하여 구성원들의 안전과 복지를 실현하는 토대가 될 수 있다.

012
다음 사상가가 지지할 내용만을 〈보기〉에서 고른 것은?

> 국가의 수호자들은 전적으로 필요한 것이 아닌 한 어떤 사유 재산도 가져서는 아니 되네. 황금이나 은으로 만든 잔으로 술을 마셔서도 아니 되네. 이들로 하여금 가능한 한 가장 훌륭한 수호자이기를 그만 두게 하거나 다른 시민들에 대해 해코지를 하도록 하는 것이 안 되게끔 해야 하네. 이렇게 함으로써 이들은 자신도 구하며 나라도 구원할 것일세.

〈보기〉
ㄱ. 개인이 지닌 바람직한 윤리 사상은 사회 발전과 사회사상의 토대이다.
ㄴ. 통치자의 덕성 함양은 사회 공동체의 정의 실현과 무관하지 않다.
ㄷ. 한 개인의 윤리 사상의 정립은 사회사상의 발전과 독립적으로 전개되어야 한다.
ㄹ. 윤리 사상과 사회사상은 서로 대립적이라기보다는 상보적 관계로 이해할 수 있다.

① ㄱ, ㄴ　　　② ㄱ, ㄷ　　　③ ㄷ, ㄹ
④ ㄱ, ㄴ, ㄹ　　⑤ ㄴ, ㄷ, ㄹ

013
다음을 통해 추론할 수 있는 한국 윤리 사상의 특징으로 가장 적절한 것은?

> 시대가 흘러도 여전히 한국 사람들은 설이나 추석과 같은 명절에 엄청난 교통 체증과 복잡함을 뚫고 부모를 찾아 인사를 드리고 조상에게 감사하는 마음을 품고 차례를 지내고 성묘를 한다. 또한 시간이 부족하고 힘이 들어도 그동안 못 뵈었던 친척, 지인, 친구들을 만나 서로 인사를 하고 함께 음식을 나누며 많은 이야기를 나누는 기회로 삼는다. 서양 사람들은 쉽게 이해하지 못하는 부분이기도 하며 신기해하는 한국 사람들만의 전통이자 풍습이다.

① 경제적 효율성과 신속성을 최고의 가치로 삼는다.
② 개인의 자유와 권리를 가족 공동체보다 우선시한다.
③ 자신의 근본에 대한 감사와 공동체의 유대감을 강조한다.
④ 자연을 다스리고 정복하기보다는 자연과 조화를 추구한다.
⑤ 다양한 외래 사상들을 배척하지 않고 수용하는 관용을 지향한다.

014

사회사상 (가), (나)에 대한 옳은 설명만을 〈보기〉에서 있는 대로 고른 것은?

(가)	백성이 나라의 근본이다. 하늘이 본다 함은 우리 백성들이 본 것으로 하고 하늘이 듣는다 함은 우리 백성들은 들은 것으로 한다.
(나)	모든 사람은 평등하게 태어났고, 창조주는 몇 개의 양도할 수 없는 권리를 부여했으며, 이러한 권리에는 생명, 자유, 그리고 행복 추구가 있다. 이 권리를 확보하기 위하여 인류는 정부를 조직했으며, 이 정부의 정당한 권력은 인민의 동의로부터 유래하고 있다.

〔보기〕
ㄱ. (가)는 군주가 백성의 뜻을 경청해야 한다고 본다.
ㄴ. (가)는 통치자가 피치자들의 선거에 의해 선출되어야 한다고 본다.
ㄷ. (나)는 국가의 모든 구성원이 자유롭고 평등한 개인들이라고 본다.
ㄹ. (가), (나)는 통치자가 피치자를 사랑하고 위하는 정치를 해야 한다고 본다.

① ㄱ, ㄴ　　　② ㄱ, ㄷ　　　③ ㄴ, ㄹ
④ ㄱ, ㄷ, ㄹ　　　⑤ ㄴ, ㄷ, ㄹ

015

동양 윤리 사상 (가), (나), (다)에 대한 설명으로 옳지 <u>않은</u> 것은?

(가) 인의예지(仁義禮智)의 사덕을 바탕으로 사람의 도리를 중시하며 이상적 인간상으로 군자(君子)와 성인(聖人)을 들 수 있다.
(나) 모든 사물은 인(因), 연(緣)에 의해 맺어져 있으며 사람은 누구나 불성(佛性)을 지닌 존재이므로 모두에게 자비를 베풀어야 한다.
(다) 인간은 타고난 소박한 본성에 따라야 하며 인위를 버리고 무위(無爲)의 삶, 자연의 순리에 따르는 삶을 살아야 한다.

① (가)는 개인의 도덕적 수양과 공동체적 삶을 강조한다.
② (나)는 모든 생명의 소중함을 인식하고 존중해야 함을 강조한다.
③ (다)는 인간 중심적 사고방식과 가치관을 버려야 한다고 강조한다.
④ (가), (다)는 (나)와 달리 생명체를 소중히 여기고 인간과 자연의 상생을 강조한다.
⑤ (가)는 인의(仁義)의 덕을, (나)는 자비(慈悲)를 사람들에게 베풀 것을 강조한다.

016

다음을 통해 알 수 있는 한국 윤리 사상의 특징으로 가장 적절한 것은?

단군 건국 신화에는 하늘로부터 내려온 환웅과 땅으로부터 비롯된 웅녀가 결합하여 아들을 낳으니 이가 단군이라는 내용이 담겨져 있다. 또한 풍류도는 화랑도, 국선도, 원화도라고도 하며 유, 불, 도의 가르침을 포함한 우리의 고유사상이다.

① 자연에 대한 인간의 지배와 정복을 정당화시켜 주었다.
② 공동체적 삶보다 개인의 자유와 권리 보장을 강조하였다.
③ 고유 사상보다 외래 사상에 초점을 두어 문화를 발전시켰다.
④ 인간과 자연, 다양한 사상들의 화해와 통합의 정신을 제시하였다.
⑤ 외래 사상의 유입을 차단하고 민족 주체성을 강조하려 하였다.

017

다음은 서양 윤리 사상의 흐름을 정리한 것이다. (가)~(마)에 대한 설명으로 옳은 것은?

(가) 고대 그리스 윤리 사상 : 행복과 덕
(나) 헬레니즘 시대 윤리 사상 : 마음의 평안과 절제
(다) 중세 그리스도교 윤리 사상 : 신에 대한 사랑과 영원한 행복
(라) 근대 윤리 사상 : 이성주의와 경험주의
(마) 현대 윤리 사상 : 실존주의, 실용주의

① (가)는 참된 앎을 통한 덕과 행복의 관계를 강조하였다.
② (나)는 마음의 평안을 누리기 위해 유일신과 하나됨을 강조하였다.
③ (다)는 신에 대한 사랑이 낯선 타인에게는 미치지 못함을 강조하였다.
④ (라)에서는 도덕 판단의 원천을 이성으로 보는 입장은 등장하지 않았다.
⑤ (마)는 언제 어디서나 지켜야만 하는 보편적 도덕 법칙만을 따를 것을 강조하였다.

018

다음을 통해 추론할 수 있는 윤리 사상과 사회사상의 관계에 대한 설명으로 가장 적절한 것은?

국가가 훌륭해지는 것은 행운의 소관이 아니라, 지혜와 윤리적 결단의 산물이다. 훌륭한 국가가 되려면 국정에 참여하는 시민들이 훌륭해야 한다. 그런데 우리의 시민들은 모두 국정에 참여한다. 따라서 우리는 어떻게 해야 사람이 훌륭해질 수 있는지 고찰해 보아야 한다.

① 윤리 사상과 사회사상은 서로 독립된 개별적 사상들일 뿐이다.
② 윤리 사상과 사회사상은 상호 보완적이며 서로 영향을 주고받는다.
③ 윤리 사상이 없이 사회사상만으로 바람직한 사회를 구성할 수 있다.
④ 윤리 사상이 정립되면 사회사상은 저절로 바람직한 방향으로 나아간다.
⑤ 사회사상은 바람직한 개인의 삶에 대한 체계적인 생각인 윤리 사상에 영향을 미칠 수 없다.

II

동양과 한국 윤리 사상

II단원 개념 NAVIGATION

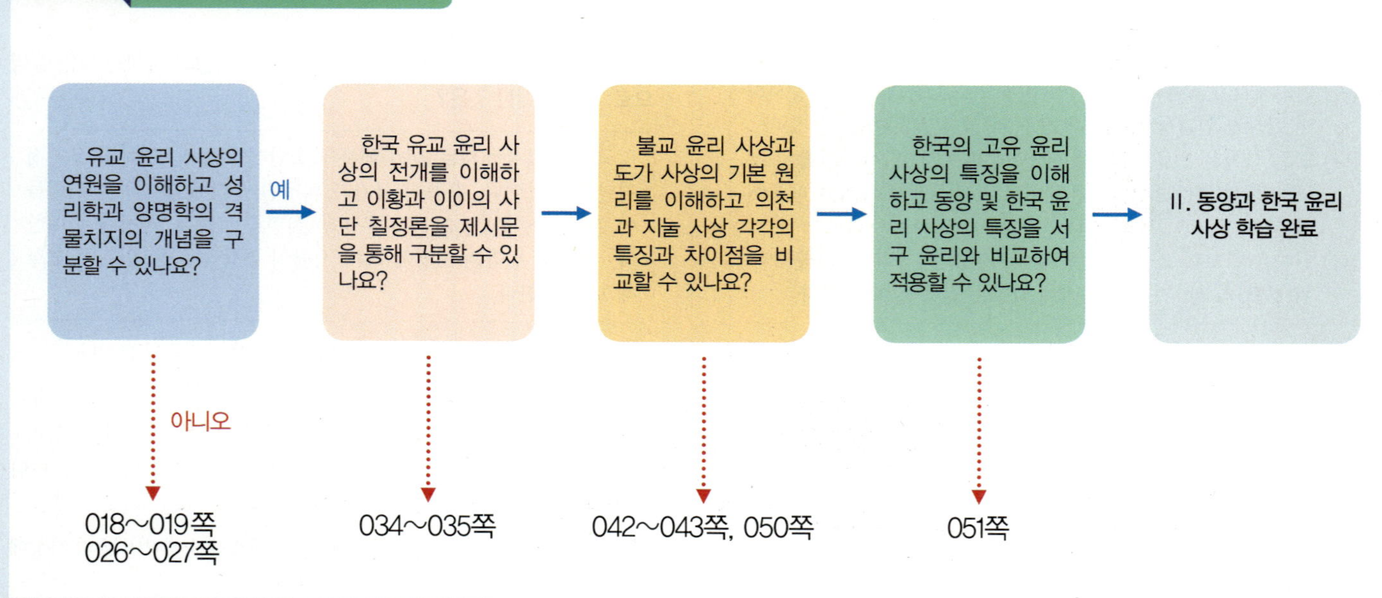

02강 동양과 한국 윤리 사상의 연원	주제 1 동양 윤리 사상의 연원	· 농경 문화 · 유기체적 세계관과 자연관
	주제 2 동양 윤리 사상의 특징	· 유기체적 세계관 · 공존과 공생 · 개인의 인격 수양
	주제 3 한국 윤리 사상의 연원과 특징	· 인본주의 · 현세 지향 · 화합과 조화의 정신

| 03강
인의 윤리 | 주제 1 도덕의 성립 근거 | · 덕치   · 군자   · 양지   · 양능
· 역성혁명   · 예치   · 화성기위 |
| | 주제 2 도덕 법칙의 탐구 방법 | · 성즉리설   · 심즉리설
· 격물치지   · 선지후행   · 지행합일 |

| 04강
도덕적 심성 | 주제 1 도덕 감정 | · 사단칠정   · 이귀기천   · 이기호발
· 이기지묘   · 이통기국 |
| | 주제 2 도덕 본성 | · 경세치용   · 이용후생   · 실사구시
· 성기호설   · 단시설 |

| 05강
자비의 윤리 ·
분쟁과 화합 | 주제 1 깨달음과 깨달음의 길 | · 윤회   · 부파 불교   · 대승 불교
· 연기설   · 삼법인설   · 사성제
· 팔정도   · 보살   · 중도 사상 |
| | 주제 2 한국 불교의 전통과 윤리적 특징 | · 일심 사상   · 화쟁 사상   · 무애행
· 교관겸수   · 내외겸전   · 돈오점수
· 정혜쌍수   · 보살행   · 조화 사상 |

| 06강
무위자연의 윤리와
한국과 동양 윤리
사상의 의의 | 주제 1 도가 사상의 전개와 영향 | · 무위자연   · 상선약수   · 소국과민
· 좌망   · 심재   · 소요유
· 제물   · 상대주의   · 평등주의 |
| | 주제 2 조선 후기 윤리 사상 및 동양의 이상적 인간상 | · 인본주의   · 조화와 평화 애호
· 풍류 사상   · 시천주   · 해원상생 |

▶ 공자, 맹자, 순자는 성리학을 이해하기 위한 바탕!

시험에서 주로 어렵게 나오는 부분은 성리학과 양명학을 비교하는 내용이다. 하지만 성리학과 양명학을 비교하는 고난도 문제의 바탕은 맹자의 유교 사상에서 도출된다. 성리학과 양명학의 바탕이 되는 공자, 맹자, 순자의 사상을 정확하게 이해해 두어야 성리학과 양명학의 심통성정(心統性情)을 다룬 고난도 문제까지 쉽게 풀 수 있다는 점을 기억해야 한다.

▶ 동양 윤리 사상은 개념 이해와 문제 풀이를 중심으로 공부하자.

주로 유교 사상 파트에서 고난도 문제들이 출제된다는 점을 기억하고 공부에 임하자. 특히 주희와 왕수인을 비교하는 문제, 이황과 이이를 비교하는 문제 모두 성리학을 바탕으로 한다는 점을 기억하고 성리학에서 해석하는 사덕(四德)과 성(性), 정(情)의 개념을 정확하게 이해해 두어야 한다. 개념을 암기하는 것에 그치지 말고 많은 문제를 풀어보면서 복잡하게 꼬인 선지를 이해하는 연습을 반드시 해야 한다.

02강 동양과 한국 윤리 사상의 연원

주제 1 동양 윤리 사상의 연원

1. 등장 배경 →농경 중심의 사회는 정착 생활을 필요로 하기 때문에 자연스럽게 공동체 형성으로 이어짐

(1) **집단적 노동력의 필요성** : 가족 공동체 형성 → 가족 간의 윤리에 주목하여 가족 윤리를 바탕으로 사회 및 국가의 윤리를 정립하려는 논의 전개

(2) **자연의 절대적 영향력 인정** : 자연의 원리를 통해 인간의 본성을 설명하였고, 인간 삶의 목적과 방향을 설정하려는 노력을 경주함

2. 주요 사상 : 유, 불, 도 삼교(三敎)의 사상 – 각각의 인간관에 기초하여 인간의 행복과 사회적 질서 실현을 위한 원리와 방법을 제시함 →유 불 도 모두 욕심을 버리고 인격 수양을 통한 행복과 바람직한 사회를 지향함

유교	• 인(仁)의 윤리를 바탕으로 개인의 도덕적 완성과 이상적 사회 실현에 주목함 • 인간을 위로는 자연이 만물을 생성하는 마음을 이어받고, 아래로는 하늘이 부여한 이치를 실현해야 하는 중간자적 존재로 바라봄 • 수양을 통한 개인의 도덕적 완성, 도덕적 실천을 통한 사회 공동체에의 기여를 중시함
불교	• 현실의 고통에서 벗어나 진정한 행복에 이르기 위한 길을 탐색함 • 인간을 어리석음으로 말미암아 고통 속에 살아가는 존재, 수행을 통해 깨달음에 이를 수 있는 존재로 여김 • 수행을 통해 자신의 참모습을 깨닫고, 나와 남 그리고 모든 존재의 소중함을 깨달아 자비(慈悲)의 윤리를 실천할 것을 강조함
도가	• 우주의 근원을 도(道)로 규정하고, 우주와 자연의 질서에 순응하는 무위자연(無爲自然)의 삶을 제시함 • 인간을 소박한 본성을 지닌 존재로 바라봄 • 인위적 가치와 규범 및 제도가 인간의 본성을 그르치기 때문에 자연에 따라 소박한 삶을 살 것을 강조하고 이의 실현을 위한 소규모 공동체를 지향함

주제 2 동양 윤리 사상의 특징

1. 개인의 인격 수양 강조

(1) **유교**

① 자신이 먼저 수양하고 백성을 편안하게 하는 수기치인(修己治人)

② 이상적 인간상 : 군자 – 자신의 인격 수양을 바탕으로 타인을 사랑하는 사람

(2) **불교** →내가 무엇을 누구에게 베풀었다는 마음조차 완전히 잊는 온전한 베풂을 강조함

① 무엇을 누구에게 베풀었다는 마음조차 없이 온전한 자비를 베풀어야 함

② 이상적 인간상 : 보살 – 스스로는 깨달음을 구하고 중생 구제에 힘쓰는 사람

(3) **도가** →도가의 이상적 인간상으로 지인(至人), 진인(眞人), 신인(神人), 천인(天人) 등이 있음

① 인위에서 벗어나 자연에 순응하는 삶, 무위자연의 삶

② 이상적 인간상 : 지인(至人), 진인(眞人) – 일체의 대립과 구별을 넘어서 만물과 하나 되는 절대 자유의 경지에 도달한 사람

2. 공존과 공생의 사회관

(1) **유교**

① 개인의 도덕적 수양을 바탕으로 사회적 실천을 강조한 수기안인(修己安人)

② 모든 사람이 한 가족처럼 더불어 잘 사는 대동 사회를 지향함

(2) **불교**

① 모든 존재와 생명은 서로 연결되어 있다는 생각으로 자비를 추구함

＊ 농경 문화와 동양 윤리 사상

가족 단위의 농경 문화

⇩

• 자연 숭배
• 가족 윤리의 발전
• 자연 법칙에서 인간의 윤리 도출

⇩

유기체적 세계관과 자연관

＊ 인(仁)

유교에서 강조하는 덕목. '인간다움', '다른 사람을 사랑하는 것'을 뜻한다. 공자의 입장에서 볼 때 타고난 내면적 도덕성을 말한다.

＊ 자비(慈悲)

남을 사랑하고 가엾게 여김 또는 부처나 보살이 중생에게 고통을 덜어 주고 안락하게 해 주려는 일

＊ 무위자연(無爲自然)

도가에서 강조하는 삶의 태도로, '인간의 힘이 더해지지 않은 자연 그대로의 상태'를 말한다.

＊ 수기안인(修己安人)

자기 자신을 먼저 수양한 후에 다른 사람을, 즉 백성을 편안하게 한다는 뜻으로 군주의 도덕적 자질이며 통치자에게 요청되는 내용이다. 수기치인(修己治人)과 유사한 뜻으로 쓰인다.

＊ 구제(救濟)

재해를 입거나 어려운 처지에 있는 사람을 돕는 것을 말한다. 중생 구제, 중생 제도를 동일한 의미로 사용한다. 제도(濟度)는 중생을 고통의 바다에서 건져 내 극락으로 이끌어 준다는 뜻이다.

② 사회적 차별을 넘어 모든 중생의 구제를 염원함

③ 모든 중생이 번뇌와 괴로움에서 벗어나는 불국 정토를 지향함

(3) 도가

① 자연과의 공존을 통해 소박하고 만족할 줄 아는 삶을 살 것을 강조함

② 문명의 발달이 없고 백성들이 무지한 상태에 있는 소국과민을 지향함

3. 유기체적 세계관

(1) 유교 : 자연 세계의 원리를 인간 도덕규범의 원천으로 파악

(2) 불교 : 모든 존재가 상호 의존 관계에 있다는 것을 강조함

(3) 도가 : 자연과 인간이 분리될 수 없는 하나라고 봄

1. 한국 윤리 사상의 연원

고조선의 건국 신화	• 민족의식의 원형이자 윤리 의식의 바탕 • 하늘에 대한 숭배[敬天] 사상과 자연과 하나가 되고자 하는[天人合一] 의식이 드러남 • 홍익인간(弘益人間) : '인간을 널리 이롭게 한다.'는 고조선의 건국 이념 • 인본주의, 현세 지향적 가치관, 조화 정신, 자연 친화, 생명 존중, 평화 애호 정신 등을 보임
무속(巫俗) 신앙	• 주술사(무당) : 하늘과 인간, 자연과 인간을 매개하는 역할 수행 • 무당을 통해 복을 기원하고 나쁜 기운을 물리치려는 믿음 • 고대인들의 사유 체계를 반영 • 노래와 춤으로 이루어진 굿을 통해 하늘을 도움을 얻고자 함 　→ 죽은 사람의 혼을 달래며 마음의 안정과 위안을 추구함 • 집단 굿을 통해서는 모두 함께 어울려 마을의 안녕과 풍요를 빌면서 공동체 의식을 형성함

　└ 고구려의 동맹, 동예의 무천, 부여의 영고 등이 우리나라의
　　대표적인 제천행사이자 집단 굿이라 할 수 있음

2. 한국 윤리 사상의 특징

(1) 인본주의

① 인간을 존중하고 존엄히 여기는 사상으로 계승, 발전

└ 동학의 인내천(人乃天)은 '사람이 곧 하늘이다.'라는 뜻으로 인간 존중 사상을 대표하는 사상임

② 고조선의 건국 신화 : 환웅이 인간 세상에 내려와 살기를 원함, 곰과 호랑이도 인간이 되기를 원함

③ 유교의 민본주의, 성리학, 동학의 인간 존중 사상

└ 유교 사상에서는 백성을 나라의 근본으로 삼는 민본주의 사상을 강조하였음

(2) 현세 지향적 가치관

① 민간 신앙 : 현세에서 행복한 삶을 살기를 추구함

② 고조선의 건국 신화 : 홍익인간(인간을 널리 이롭게 함)

③ 무속신앙 : 풍성한 수확과 공동체의 안녕을 기원함

④ 한국 유교 : 도덕적 인간과 사회를 현실에서 구현하고자 노력함

(3) 화합과 조화 정신

└ 환웅을 하늘로 웅녀를 땅으로 보면 천지의 조화, 환웅을 인간으로 웅녀를 동물(자연)으로 보면 인간과 자연의 조화로 볼 수 있음

① 고조선 건국 신화 : 환웅과 웅녀의 결합

② 무속 신앙 : 하늘과 인간의 합일을 염원, 자연과 인간의 화합과 조화

③ 원효의 사상 : 불교 이론과 실천 사이의 갈등과 논쟁을 화해시키고자 함

④ 의천과 지눌의 사상 : 교종과 선종의 화해와 통합을 시도

⑤ 한국 유교 : 사회적 안정을 추구하며 화합과 조화 정신 강조

⑥ 근대 신흥 종교(동학, 증산교, 원불교) : 유·불·도 사상의 조화

(4) 도덕적 삶의 강조

└ 동학 : 경천사상 + 유, 불, 도
증산교 : 무속신앙 + 도가
원불교 : 기존 불교 개혁

① 고조선 건국 신화 : 평화 애호 정신

② 한국 유교 : 인격 완성의 방안 탐구, 수양과 실천 강조

③ 한국 불교 : 깨달음을 위한 다양한 수행 방법 제시

④ 한국 윤리 사상은 기본적으로 유·불·도 사상을 바탕으로 도덕적 삶의 실현 방법을 지속적으로 탐구함

✱ **민본주의(民本主義)**

백성이 나라의 근본이라고 보는 동양에서 강조된 정치사상으로, 맹자를 비롯한 유교 사상에서 많이 찾아볼 수 있다.

✱ **성리학**

중국 송나라 때 주희에 의해 체계화된 유학의 한 종류로, 기존의 훈고학에 만족하지 않고 우주의 본질과 인간의 본성에 대한 논의에 힘쓴다. 우리나라에서는 이황, 이이가 대표적인 성리학자로 인정받는다.

✱ **한국 윤리 사상의 주요 흐름**

유교	• 이황, 이이 • 실학 사상
불교	• 원효 • 의천, 지눌
도가·도교	전통 사상 및 민간 신앙과 융합
고유 사상	• 건국 신화 • 무속 신앙, 화랑도 • 근대 신흥 종교

핵심 개념 CHECK!

• 정답 및 해설 08쪽

🔹 다음 확인 문제 중 옳은 것에 ○, 옳지 않은 것에 ×를 표기하세요.

주제 1 동양 윤리 사상의 연원

01 동양 윤리 사상이 발전하게 된 배경에 농경 문화의 특성이 존재한다. ○ ×

02 함정 동양의 농경 문화의 발전은 공동체주의보다는 개인주의를 발전시키는 데 기여하였다. ○ ×

03 동양의 농경 문화는 자연의 절대적 영향력을 인정하였으며 이로 인한 자연과의 조화를 이루는 데 기여하였다. ○ ×

04 유교, 불교, 도가 사상은 모두 인격 수양과 올바른 사회 실현을 추구하였다. ○ ×

05 유교는 인(仁)을 바탕으로 이상적 사회 실현이 아닌 개인의 인격 수양에 치중하였다. ○ ×

06 불교 사상은 인간만이 불성(佛性)을 지닌 존재이며 수행하면 누구나 부처가 될 수 있다고 보았다. ○ ×

07 불교는 현실의 고통이 소멸된 열반의 세계를 지향하였다. ○ ×

08 함정 도가 사상은 인위적인 사회 규범과 제도 때문에 사회가 혼란하다고 보고 모든 인간이 모여 사는 공동체를 해체해야 한다고 보았다. ○ ×

주제 2 동양 윤리 사상의 특징

09 유교 사상에서는 먼저 자신이 수양하고 동시에 타인에게 인(仁)을 베푸는 군자(君子)를 이상적 인간상으로 제시하였다. ○ ×

10 함정 불교에서는 세상의 모든 존재가 상호 연결되어 있다고 본다. ○ ×

11 불교에서는 모든 중생이 번뇌와 괴로움에서 벗어나 해탈할 것을 강조한다. ○ ×

12 도가 사상에서는 무위자연의 삶을 살아가는 보살을 이상적 인간상으로 제시하였다. ○ ×

13 불교 사상에서는 자신은 진리 탐구에 힘쓰며 중생의 구제를 염원하고 이를 위해 힘쓰는 사람을 이상적 인간상으로 제시하였다. ○ ×

14 함정 유교에서는 모든 사람이 더불어 어울려 사는 소국과민, 도가에서는 욕심을 버리고 소박한 삶을 살아가는 대동 사회를 이상적인 사회로 제시하였다. ○ ×

주제 3 한국 윤리 사상의 연원과 특징

15 함정 고조선 건국 신화에는 인본주의, 현세 지향적 가치관, 화합과 조화의 정신이 모두 담겨 있다. ○ ×

16 고조선 건국 신화나 무속 신앙에서는 인간과 자연이 별개가 아닌 서로 조화를 이루어야 하는 존재임을 인정한다. ○ ×

17 홍익인간은 인간을 널리 복되게 한다는 고조선의 건국 이념이다. ○ ×

18 고조선 건국 신화에는 하늘과 땅의 조화, 갈등이나 지배가 아닌 조화와 평화 애호 정신이 담겨 있다. ○ ×

19 무속 신앙은 하늘에 제사를 지내며 복을 빌고 집단 굿의 형태를 통해 공동체 의식을 형성하는 데 기여하였다. ○ ×

20 함정 고조선 건국 신화는 곰과 호랑이의 대립 구도를 설정함으로써 평화 애호 정신을 발휘하지 못했다는 평가를 받는다. ○ ×

21 고조선 건국 신화에서 환웅과 웅녀의 결합을 통해 천지의 조화, 인간과 자연의 조화를 추구하였음을 알 수 있다. ○ ×

22 한국 윤리 사상에는 인간을 중시하고 존중하는 인본주의 정신이 드러나 있다. ○ ×

23 원효의 화쟁 사상, 의천과 지눌의 사상, 근대 신흥 종교 사상 등에서 화합과 조화의 정신을 찾아볼 수 있다. ○ ×

24 무속 신앙은 무당의 힘을 빌려 복을 기원하고 나쁜 기운을 물리쳐 내세에서의 행복한 삶을 기약하는 데 초점을 두었다. ○ ×

25 민간 신앙이나 한국의 유교 사상에서는 현세 지향적 가치관을 찾아볼 수 있다. ○ ×

26 한국 불교 사상은 깨달음을 위한 다양한 수행 방법을 제시하였다. ○ ×

27 한국 불교는 대립보다는 조화의 정신을 강조하였다. ○ ×

28 한국의 유교 사상은 인간 내면과 도덕적 가치의 문제를 깊이 탐구하였다. ○ ×

29 한국 윤리 사상은 인간과 자연의 관계를 이분법적으로 이해한다. ○ ×

30 함정 한국 윤리 사상은 유교, 불교, 도가 사상 모두 개인의 도덕적 삶의 실현 및 인격 완성의 방법을 꾸준히 탐구하였다고 볼 수 있다. ○ ×

인간 본성에 대한 다양한 관점은 어떻게 다를까?

개념 | 자료로 확인

■ 동양 윤리 사상의 자연관

> • 하늘을 아버지라 하고 땅을 어머니라고 한다. 나는 그 사이에 어우러져 있다. 천지 안에 가득찬 기를 내 몸으로 여기고, 천지를 이끄는 원리를 나의 본성으로 여긴다. — 장재 "서명"
> • 천지는 나와 같은 뿌리를 지니고 있고, 만물은 나와 한 몸이다. — 승조 "조론"
> • 천지는 나와 나란히 생겨나고, 만물은 나와 하나이다. — "장자"

　동양 윤리 사상에서는 인간과 우주 만물이 서로 의존하고 존재하고, 균형과 조화를 이루고 있다고 본다. 유교의 천인합일, 불교의 연기설(세상의 모든 존재는 인(因)과 연(緣)에 의해 서로 연결되어 있음), 도가의 물아일체 등은 모두 인간과 자연의 조화와 화해, 상생, 상호 의존을 잘 보여준다.

■ 동양 윤리 사상의 인간관

> • 정령(政令)으로 이끌고 형벌(刑罰)로 규범화한다면 백성들은 형벌만 면하고자 하고 잘못에 대한 수치심은 없을 것이다. 덕(德)으로 이끌고 예로 규범화한다면 잘못에 대한 수치심이 발생하여 바르게 될 것이다. — "논어"
> • 중생들이 살고 있는 세계인 삼계는 안락함이 없는 것이 마치 불타는 집과 같아 모든 고통[苦]이 충만하니 매우 두렵다. — "묘법연화경"
> • 지혜로운 사람과 능력 있는 사람을 숭상하지 않으면 사람들이 다투지 않게 될 것이고 구하기 어려운 물건을 귀하게 여기지 않으면 사람들이 도둑질을 하지 않게 될 것이다. — 노자 "도덕경"

　동양 윤리 사상에서는 인간이 수양을 통해 인격을 완성하고 행복한 삶에 이를 수 있다고 보았다. 유교 사상에서는 법이나 형벌이 아닌 도덕과 예의로써 백성을 다스린다면 수치심을 스스로 알게 되어 바르게 될 것이라고 보았다. 불교 사상에서는 인간의 모습이 고통이라고 보고 고통의 원인인 탐욕과 집착에서 벗어나 수행을 통해 해탈에 이를 것을 강조하였다. 도가 사상에서는 세상 사람들이 말하는 지혜나 능력을 버리고 자연스러운 소박한 성품에 따라 무위와 무욕의 삶을 살아갈 것을 강조하였다.

개념 | 빈칸 채우기로 확인

■ 동양 윤리 사상의 자연관

Q1 동양의 유교 사상에서는 하늘과 인간이 하나라고 보는 (　　　) 사상을 강조하였다.

Q2 동양의 불교 사상에서는 세상의 모든 존재가 원인과 조건에 의해 서로 연결되어 있다는 (　　　)을/를 제시하였다. 이는 자연과 자연, 인간과 자연의 상호 의존성을 강조하는 것이다.

Q3 만물이 서로 의존하여 서로 간의 균형과 협동을 통해 조화를 이룬다고 보는 관점을 (　　　) 세계관과 자연관이라고 한다.

Q4 농업은 많은 노동력이 필요할 뿐만 아니라 (　　　)의 변화에도 큰 영향을 받는다. 따라서 동양에서는 (　　　) 단위의 노동 공동체를 형성하고 (　　　)에 의존하는 삶을 영위하게 되었다. 이러한 삶의 특성은 (　　　) 중심의 윤리가 발전하는 계기가 되었다.

■ 동양 윤리 사상의 인간관

Q5 공자는 법이나 형벌이 아닌 (　　　)과 (　　　)로써 백성을 다스릴 때 백성들이 부끄러워하는 마음을 갖게 되어 저절로 바르게 되고 교화될 것이라고 보았다.

Q6 불교 사상가 석가모니는 인간의 모든 삶이 (　　　)(으)로 가득 차 있다고 보았으며 이에서 벗어나 수행을 통해 (　　　), 즉 해탈에 이를 것을 강조하였다.

Q7 노자는 인간 중심적 가치관과 인위적인 사회 규범을 버리고 타고난 (　　　)한 성품에 따라 살아갈 것을 강조하였다.

개념 | 문제에 적용

연습하기 Q8 다음을 주장한 사상가가 긍정할 질문에 ○를, 부정할 질문에 ✕를 표시하시오.

> 정령(政令)으로 이끌고 형벌(刑罰)로 규범화한다면 백성들은 형벌만 면하고자 하고 잘못에 대한 수치심이 없을 것이다. 덕(德)으로 이끌고 예로 규범화한다면 잘못에 대한 수치심이 발생하여 바르게 될 것이다.

• 법으로 다스리지 말고 덕으로 다스려야 하는가? ❶ (○ / ✕)
• 백성들에게 어떠한 법도 적용하지 말아야 하는가? ❷ (○ / ✕)
• 백성들이 스스로 부끄러운 마음을 갖도록 군주가 힘써야 하는가? ❸ (○ / ✕)
• 수기안인(修己安人)을 실천하는 군자를 이상적 인간상으로 삼아야 하는가? ❹ (○ / ✕)

적용하기 Q9 다음은 동양 사상가의 입장으로 가장 적절한 것은?

> 지혜로운 사람과 능력 있는 사람을 숭상하지 않으면 사람들이 다투지 않게 될 것이고 구하기 어려운 물건을 귀하게 여기지 않으면 사람들이 도둑질을 하지 않게 될 것이다.

① 인간은 자연의 순리대로 살아갈 수 없는 주체적 존재이다.
② 인간은 타고난 소박한 본성에 따라 순리대로 살아야 한다.
③ 인의(仁義)의 규범을 바탕으로 성인(聖人)이 되려 노력해야 한다.
④ 인간 중심적 가치관으로 우주 만물과 사물의 본질을 통찰해야 한다.
⑤ 다툼과 혼란을 줄이기 위해 물질적 풍요 달성과 문명의 이기 활용에 힘써야 한다.

HOW & WHY 정답 01. 천인합일 02. 연기설 03. 유기체적 04. 자연, 가족, 자연, 가족 05. 도덕, 예의 06. 고통, 열반 07. 소박 08. ❶ ○ ❷ ✕ ❸ ○ ❹ ○ 09. ②

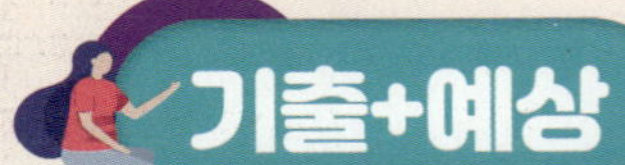

주제 1~2 　동양의 윤리 사상의 연원과 특징

족집게 전략 | 제시문에 나타난 동양 사상가의 입장을 파악하는 문제이다. 유교 사상의 입장을 주로 묻지만, 불교나 도가 사상과 비교하거나 불교 및 도가 사상의 입장을 선지로 제시하는 경우가 많으므로 고르게 이해해 두어야 한다.

019 · 대표 문항　　　　　| 교육청 기출 |

다음 고대 동양 사상가의 주장으로 옳은 것만을 〈보기〉에서 있는 대로 고른 것은?

> ○ 인(仁)한 사람은 자기가 서고자 하면 남도 세워 주고, 자기가 두루 통하고 싶으면 남도 두루 통하게 해 준다. 내 처지로부터 남의 처지를 가늠해 보는 것이 인을 행하는 올바른 방법이다.
> ○ 자기를 극복하여 예(禮)로 돌아가는 것이 인이다. 자기를 극복하여 예로 돌아가면 천하의 모든 이들도 인으로 돌아가게 될 것이다.

> 보기
> ㄱ. 사욕을 이겨내고 예를 회복해야 한다.
> ㄴ. 군주는 도덕과 예의로 백성을 다스려야 한다.
> ㄷ. 친소(親疏)의 구별이 없는 사랑을 실천해야 한다.
> ㄹ. 어진 마음을 바탕으로 타인의 마음을 헤아려야[恕] 한다.

① ㄱ, ㄴ　　　② ㄱ, ㄷ　　　③ ㄷ, ㄹ
④ ㄱ, ㄴ, ㄹ　　　⑤ ㄴ, ㄷ, ㄹ

 **한줄 Tip**　공자의 말에서 인(仁)과 예(禮)를 강조하고 있다는 점을 파악하는 것이 포인트야!

020　　　　　| 교육청 기출 |

다음 사상가의 입장에서 지지할 견해에 모두 '✓'를 표시한 학생은?

> 　비구들이여, 출가자가 가까이하지 않아야 할 두 가지 극단이 있다. 두 가지 극단은 무엇인가? 그것은 감각적 욕망에 탐닉하는 것과 고행(苦行)에 몰두하는 것이다. 비구들이여, 여래(如來)는 이러한 두 가지 극단에 의지하지 않고 중도(中道)를 완전히 깨달았다. 이처럼 중도는 안목을 만들고 지혜를 만들며, 고요함과 최상의 지혜와 바른 깨달음과 열반(涅槃)으로 인도한다.

입장　　　　　　　　　　　　　　　　학생	갑	을	병	정	무
쾌락과 고행의 양극단에서 벗어난 수행을 해야 한다.	✓	✓		✓	
연기(緣起)를 깨달아 자비를 실천해야 한다.	✓			✓	✓
무아(無我)를 자각하여 탐욕을 버려야 한다.			✓	✓	✓
현실에서 벗어나 불성(佛性)을 형성해야 한다.		✓	✓		✓

① 갑　　② 을　　③ 병　　④ 정　　⑤ 무

021　　　　　| 교육청 기출 |

다음 사상의 입장으로 옳지 **않은** 것은?

> ○ 이것이 있기 때문에 저것이 있고, 이것이 생기기 때문에 저것이 생긴다. 이것이 없기 때문에 저것이 없고, 이것이 사라지기 때문에 저것이 사라진다.
> ○ 세상의 모든 것은 생멸(生滅)하고 변화하며, '나'라고 하는 불변의 실체는 없다. 변하는 모든 것은 고통[苦]이다. 이를 깨달아야 해탈할 수 있다.

① 인간의 현실적 삶의 모습은 고통이다.
② 인간의 자아는 영원히 변하지 않는다.
③ 진리를 깨달아야 고통에서 벗어날 수 있다.
④ 세상의 모든 것은 서로 의존하여 존재한다.
⑤ 만물은 원인과 조건에 의해 생겨나고 소멸한다.

022　　　　　| 교육청 기출 |

(가)를 주장한 사상가의 입장에서 볼 때, (나)의 ㉠에 들어갈 진술로 가장 적절한 것은?

(가)	도(道)는 언제나 억지로 하는 일이 없지만[無爲] 하지 않는 일도 없다. 통치자가 이 도를 지킨다면, 만물은 저절로 잘 자라게 될 것이다. 이를 억지로 하려 한다면 나는 그것을 소박함으로 가라앉힐 것이다. 소박함이란 욕심이 없는 것이다. 욕심이 없어서 고요해지면 천하는 저절로 안정될 것이다.
(나)	통치자 : 어떻게 해야 사회 혼란을 극복할 수 있습니까? 사상가 : ＿＿＿＿＿＿＿㉠＿＿＿＿＿＿＿

① 백성을 형벌로써 엄격히 다스려야 합니다.
② 백성을 인의(仁義)의 덕으로 이끌어야 합니다.
③ 백성이 자연의 순리를 따르도록 해야 합니다.
④ 백성에게 예절과 법도(法度)를 가르쳐야 합니다.
⑤ 백성의 이로움을 위해 문명을 발전시켜야 합니다.

023　　　　　| 교육청 기출 |

다음을 주장한 고대 동양 사상가의 입장에서 볼 때, 이상적 인간인 ㉠에 대한 설명으로 가장 적절한 것은?

> ○ 하루라도 사욕(私慾)을 이기고 예(禮)로 돌아간다면 천하가 모두 인(仁)을 따르게 될 것이다. 인의 실현은 자신에게 달린 것이지 다른 사람에게 달린 것이 아니다.
> ○ (㉠)은/는 의리(義理)에 밝고, 소인은 이익에 밝다.
> ○ (㉠)은/는 잘못의 원인을 자신에게서 찾고, 소인은 남에게서 찾는다.

① 혁명을 통해 군주를 물러나게 한 통치자이다.
② 혈통에 따라 지위와 재산을 물려받은 귀족이다.
③ 보수를 받은 만큼 직무를 수행하는 공직자이다.
④ 덕의 실천으로 이기적 본성을 극복한 인격자이다.
⑤ 인격을 수양하여 덕을 갖추게 된 도덕적 존재이다.

024 고난도↑

갑, 을 사상가의 입장을 다음의 그림으로 표현할 때, A~C에 해당하는 적절한 진술만을 〈보기〉에서 있는 대로 고른 것은?

> 갑 : 사회 혼란의 원인은 도덕적 타락에 있으며 타고난 내면적 도덕성인 인(仁)을 회복해야 한다. 하루라도 자기 사욕을 극복하고 예를 회복하는 것이 바로 인(仁)이다.
>
> 을 : 세상의 모든 존재는 인(因)과 연(緣)에 의해 생겨나고 일어나며 소멸하고 사라진다. 타고난 불성(佛性)을 깨달아 부단한 수행을 통해 탐욕과 집착을 버릴 때 해탈할 수 있다.

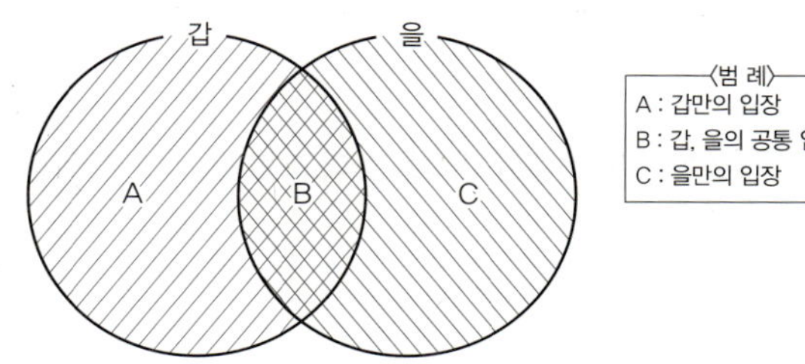

> 〈보기〉
> ㄱ. A : 인의(仁義)를 버리고 무위(無爲)의 삶에 힘써야 한다.
> ㄴ. B : 세상 만물은 상호 의존적이고 보완적인 유기체이다.
> ㄷ. B : 노력하지 않고 저절로 이상적 인간이 되는 것은 아니다.
> ㄹ. C : 세상의 모든 것은 변화하며 인간의 삶 전체가 고통이다.

① ㄱ, ㄴ ② ㄱ, ㄷ ③ ㄷ, ㄹ
④ ㄱ, ㄴ, ㄹ ⑤ ㄴ, ㄷ, ㄹ

025

㉠에 들어갈 내용으로 가장 적절한 것은?

> 불교에서는 연기설을 강조하였다. 연기설에 따르면, 어떤 것도 독자적으로 생겨나거나 존재할 수 없다. 만물은 수많은 원인과 조건에 따라 서로 관계를 맺으면서 생겨나고 공존하기 때문이다. 따라서 불교에서는 ______㉠______

① 자연은 인간과 독립적으로 존재하는 개별적 실체라고 본다.
② 인간과 자연의 공존을 추구하는 것은 사실상 불가능하다고 본다.
③ 인간만이 불성을 지니고 있으며 깨달음을 얻을 수 있다고 본다.
④ 자연을 인간의 번영을 위한 수단적 가치로 인정해야 한다고 본다.
⑤ 만물의 상호 의존성을 깨닫고 서로에게 감사하는 삶을 살아야 한다고 본다.

026

다음에 나타난 동양 윤리 사상의 공통된 특징으로 가장 적절한 것은?

> ○ 하늘을 아버지라 하고 땅을 어머니라고 한다. 나는 그 사이에 어우러져 있다. 천지 안에 가득 찬 기를 내 몸으로 여기고, 천지를 이끄는 원리를 나의 본성으로 여긴다.
> ○ 천지는 나와 같은 뿌리를 지니고 있고, 만물은 나와 한 몸이다.
> ○ 천지는 나와 나란히 생겨나고, 만물은 나와 하나이다.

① 개인의 도덕적 완성과 더불어 이상 사회의 실천을 강조한다.
② 가족 윤리를 바탕으로 사회 및 국가의 윤리의 정립을 강조한다.
③ 인간과 자연이 서로 조화를 이루는 유기체적 세계관을 강조한다.
④ 백성의 뜻을 하늘의 뜻으로 삼는 민본주의 정치의 실현을 강조한다.
⑤ 현세에서의 도덕적 실천과 내세에서의 행복을 동시에 추구할 것을 강조한다.

027

㉠에 들어갈 내용으로 가장 적절한 것은?

> 동양의 윤리 사상은 ______㉠______
> 유교, 불교, 도가 사상에서는 이러한 관점에서 각각의 사상적 특징에 따른 이상적인 사회의 모습을 제시하였다. 예를 들어, 유교에서는 인(仁)의 윤리를 바탕으로 모든 사람이 더불어 잘 사는 대동 사회(大同社會)를 이상 사회로 제시했고, 불교에서는 자비의 윤리에 따라 모든 중생이 번뇌와 괴로움에서 벗어나는 불국(佛國)정토(淨土)를 제시했으며, 도가에서는 무위자연(無爲自然)의 윤리를 바탕으로 탐욕과 경쟁으로부터 벗어나 소박한 삶을 추구하는 소국과민(小國寡民)을 제시하였다.

① 인간과 자연을 이분법적으로 구분하는 관점을 강조하였다.
② 개인의 인격 도야와 인격 완성을 추구하는 데 주력하였다.
③ 인간의 이성으로 자연을 지배하고 정복할 수 있다는 관점을 강조하였다.
④ 개인을 중심에 두는 개체적 관점보다는 관계를 중시하는 공동체적 관점을 강조하였다.
⑤ 인간의 타고난 본성을 변화시켜 이상적 인간이 되고 이상적 사회를 이루어야 함을 강조하였다.

028

다음에서 강조하고 있는 동양 윤리 사상의 특징으로 가장 적절한 것은?

> 동양에서는 자연이 최고의 질서입니다. 최고의 질서란 그것의 상위 질서를 인정하지 않는다는 의미입니다. 자연 이외의 어떠한 힘도 인정하지 않으며, 자연에 대하여 지시적 기능을 하는 어떠한 존재도 상정하지 않고 있다는 사실입니다. 자연이란 본디부터 있는 것이며 어떠한 지시나 구속을 받지 않는 스스로 그러한 것입니다. 글자 그대로 자연(自然)이며 그런 점에서 최고의 질서입니다.

① 개체적 삶보다는 공동체적 삶과 유기적 인간관계를 중시한다.
② 인간의 이성에 대한 신뢰를 바탕으로 자연을 지배하고 정복한다.
③ 부단한 인격 수양과 자기완성을 통해 이상적 인간상을 제시한다.
④ 다른 종교나 사상과의 조화보다는 독자적인 사상의 형성과 전개를 추구한다.
⑤ 자연의 운행과 변화 질서에 관심을 가지고 인간과 자연의 조화 및 통일을 추구한다.

주제 3　한국 윤리 사상의 연원과 특징

족집게 전략 | 제시문에 공통적으로 나타난 한국 윤리 사상의 특징을 파악하는 문제이다. 고조선 건국 신화에서 환웅과 웅녀의 결합, 의천의 교종과 선종의 조화, 동학의 유, 불, 도 삼교의 합일 등은 모두 조화와 화합을 추구하는 한국 윤리 사상의 특징을 나타내는 것임을 잘 숙지해 두어야 한다.

---

029 대표 문항　| 교육청 기출 |

다음 글에서 공통으로 추론할 수 있는 한국 윤리 사상의 특징으로 가장 적절한 것은?

○ 환웅이 잠시 변해 웅녀와 혼인을 하여 단군왕검을 낳았다.
　　　　　　　　　　　　　　　　　　　　　　　 – 단군의 건국 이야기
○ 교(敎)나 선(禪)의 양 극단에서 벗어나 교선(敎禪)을 고루 갖추어야 한다.　　　　　　　　　　　　　　　　 – 의천
○ 나의 도(道)는 원래 유(儒)도 아니고 불(佛)도 아니고 선(仙)도 아니다. 나의 도는 유불선 합일이니라.　　 – 최제우

① 하늘을 숭배한다.
② 조화를 추구한다.
③ 생명을 존중한다.
④ 공정성을 중시한다.
⑤ 자율성을 강조한다.

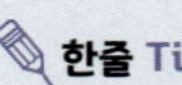 **한줄 Tip** 환웅과 웅녀의 결합, 교종과 선종의 조화, 삼교의 합일 등을 통해 조화와 화합을 추구한 한국 윤리 사상의 특징을 파악하는 것이 핵심이야.

030　| 교육청 기출 |

㉠에 들어갈 내용으로 적절하지 <u>않은</u> 것은?

교사 : 오늘날에도 계층 간의 대립, 종교 간의 갈등, 이해 집단 간의 다툼, 국가 간의 갈등 등 여전히 해결되지 않은 문제들이 있어요. 이러한 문제 해결의 이론적 기반이 될 수 있는 한국 사상으로는 어떤 것들이 있을까요?
학생 : 대립보다는 조화를 추구한 ［　㉠　］ 사상을 들 수 있습니다.

① 원효의 화쟁(和諍)
② 이이의 이통기국(理通氣局)
③ 의천의 교관겸수(敎觀兼修)
④ 이항로의 위정척사(衛正斥邪)
⑤ 단군 신화의 천인합일(天人合一)

031　| 교육청 기출 |

다음 사상가에 대한 설명으로 옳은 것은?

○ 대승은 참으로 고요하고 한없이 그윽하다. 크다고 할까 하니 속이 없는 것에 들어가도 오히려 부족하고, 작다고 할까 하니 밖이 없는 것을 감싸고도 오히려 남음이 있다.
○ 일심(一心)이란 무엇인가? 더러움과 깨끗함은 본래 둘이 아니고, 참과 거짓 또한 서로 다르지 않다. 그러므로 일(一)이라고 한다. 본성이 스스로 신묘하게 이해하므로 심(心)이라고 한다.

① 교종을 중심으로 선종을 통합하고자 하였다.
② 개인의 해탈을 강조한 소승 불교를 중시하였다.
③ 갈등하고 대립하는 종파들을 조화시키고자 하였다.
④ 세속과 진리를 구분하는 분별적 지혜를 추구하였다.
⑤ 왕실과 귀족 중심의 불교 문화 발전을 위해 노력하였다.

032　| 교육청 기출 |

그림에서 학생들이 모두 적절한 대답을 했다고 볼 때, (가)에 들어갈 내용으로 가장 적절한 것은?

① 천주교와 서양 문물을 적극 수용했습니다.
② 성리학적 사회 질서의 유지를 강조했습니다.
③ 일원상의 진리를 수행의 표본으로 삼았습니다.
④ 신분의 차별이 없는 평등 사회를 지향했습니다.
⑤ 하늘과 인간을 별개의 독립된 실체로 보았습니다.

033　| 교육청 기출 |

그림은 한국 전통 사상의 형성 과정을 도식화한 것이다. ㉠~㉣에 대한 설명으로 옳지 <u>않은</u> 것은?

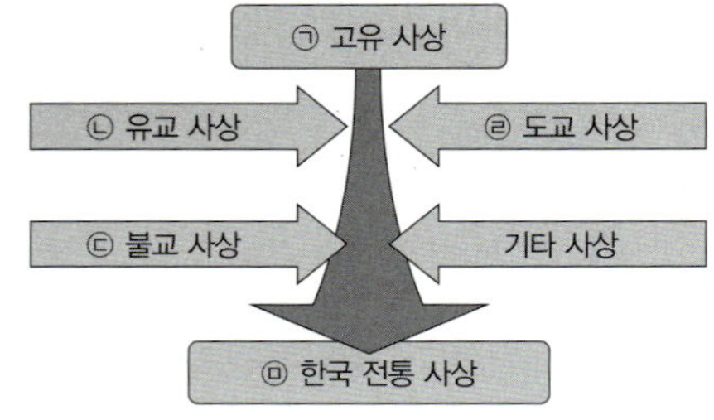

① 단군의 건국 이야기에 담긴 사상은 ㉠에 해당한다.
② ㉡은 도덕적 수양과 실천을 강조한다.
③ ㉢은 인간의 내면적 깨달음을 중시한다.
④ 풍류도는 ㉡, ㉢, ㉣과 통하는 정신을 포함하고 있다.
⑤ ㉤은 구성원들 간의 화합보다는 경쟁을 더 중시한다.

034

다음 건국 신화에 나타난 한국 윤리 사상의 특징만을 〈보기〉에서 있는 대로 고른 것은?

> 환인의 아들 환웅이 있었는데 하늘 아래에 자주 뜻을 두고 인간 세상을 탐내어 구하였다. 아버지가 아들의 뜻을 알고서 내려다보니 '삼위태백'이 '인간을 널리 이롭게' 할 수 있어, 천부인(天符印) 셋을 주며 내려가서 다스리도록 하였다. 현세에서 통치 감화할 때 곰 한 마리와 범 한 마리가 같은 굴에 살면서 늘 환웅에게 인간이 되기를 기원하였다. 쑥과 마늘을 먹으며 햇빛을 피한 지 삼칠일 만에 곰은 여자가 되었으나 범은 이것을 지키지 못해 사람이 되지 못하였다. 곰 여인은 혼인할 상대가 없음에 늘 신단수 아래에서 잉태하기를 빌었다. 환웅이 이에 거짓으로 변하여 혼인을 하고, 웅녀가 아들을 잉태하여 낳으니 그 이름을 단군왕검이라 하였다.

> **보기**
> ㄱ. 인간을 중시하는 인본주의 사상을 지니고 있다.
> ㄴ. 인간과 자연이 서로 조화와 화합을 이룰 수 있다.
> ㄷ. 평화 애호보다는 자유로운 경쟁과 승리 쟁취를 강조한다.
> ㄹ. 하늘에 대한 숭배와 천인합일(天人合一) 의식을 지니고 있다.

① ㄱ, ㄴ   ② ㄱ, ㄷ   ③ ㄷ, ㄹ
④ ㄱ, ㄴ, ㄹ   ⑤ ㄴ, ㄷ, ㄹ

035

다음에서 강조하고 있는 한국 윤리 사상의 특징으로 가장 적절한 것은?

> 고조선의 건국 신화에서는 '인간을 널리 복되게 한다'는 홍익인간의 이념이 나타나 있다. 또한 굿을 통해 풍성한 수확과 공동체의 안녕을 기원한 무속 신앙 등은 사람들의 좋은 삶을 염원한 것으로 파악할 수 있다. 이러한 가치관은 이 세상을 살면서 행복한 삶을 살기를 추구했던 모습을 나타내 준다.

① 현세 지향적인 가치관을 강조하였다.
② 인간과 자연의 조화와 공존을 추구하였다.
③ 개인의 인격 수양을 통한 이상적 인간상을 제시하였다.
④ 경쟁을 통한 승리가 아닌 평화 애호 정신을 강조하였다.
⑤ 외래 사상을 수용하려는 개방적 삶의 태도를 강조하였다.

036

다음에 나타난 한국 윤리 사상의 특징으로 가장 적절한 것은?

> 신라의 최치원은 난랑비 서문에서 "우리나라에 현묘(玄妙)한 도가 있으니 이를 풍류(風流)라고 한다. 그 내용에는 유교, 불교, 도교의 요소가 이미 포함되어 있다. 집에 들어가 효(孝)하고 나와서는 나라에 충(忠)하는 것은 공자의 가르침이요, 무위(無爲)의 일에 처하며 말없는 가르침을 실천하는 것은 노자의 가르침이며, 모든 악을 짓지 않으며 모든 선을 받아들이는 것은 석가모니의 가르침이다.

① 여러 사상을 포섭하는 조화 정신을 지녔다.
② 농경 문화의 영향으로 자연의 절대적 영향력을 인정하였다.
③ 하늘을 백성으로 뜻으로 삼는 민본주의 사상을 발전시켰다.
④ 현세에서의 도덕 실천보다는 내세에서의 행복을 추구하였다.
⑤ 자연을 인간의 근본으로 삼는 자연 친화 사상을 강조하였다.

037 고난도↑

다음은 한국 윤리 사상을 소개한 것이다. (가)~(마)에 대한 설명으로 옳은 것은?

> (가) 고조선의 건국 신화 : 환웅과 웅녀의 결합
> (나) 무속 신앙 : 무당을 통한 인간의 행복 기원
> (다) 풍류 사상 : 많은 사람들을 교화한 고유 사상
> (라) 동학 : 사람이 곧 하늘이라는 인내천 사상
> (마) 원효의 화쟁 사상, 의천과 지눌의 교종과 선종의 통합

① (가)는 인간이 자연보다 언제나 우위에 있어야 함을 강조하였다.
② (나)는 집단 굿의 형태로도 발전하여 공동체 의식 형성에 기여하였다.
③ (다)는 풍류 사상은 유, 불, 도 삼교의 내용이 포함되어 있지 않은 순수한 민족 고유 사상이다.
④ (라)는 서양의 선진 문물과 민주주의 사상에 대한 개방적 수용을 강조하였다.
⑤ (마)는 다양한 불교 종파들 간의 경계를 설정하고 독립적인 이론과 수양법 발전에 주력하였다.

038

㉠에 들어갈 내용으로 가장 적절한 것은?

> 한국 윤리 사상에는 [㉠   ] 이는 '인간을 널리 이롭게 할 만하다'라는 홍익인간 정신에서 잘 드러난다. 이러한 정신은 인간을 존중하고, 모두가 평화롭게 공존하면서 서로를 이롭게 하는 삶을 살아야 한다는 점을 보여 주고 있다. 이러한 특징들은 고구려와 신라를 세우는 과정에서 하늘과 땅, 사람들 간의 조화가 드러난다는 점, 그리고 평화로운 세상을 지향한다는 점이 그것이다.

① 평화와 인류애를 지향하는 인본주의 정신이 담겨 있다.
② 인간과 자연은 서로 독립된 개별적 실체임이 강조되고 있다.
③ 승자와 패자를 가르는 분열의 논리를 지향하고 있음이 나타나 있다.
④ 인간 세계보다는 천상 세계에서의 행복을 추구하려는 경향이 담겨 있다.
⑤ 외래 사상을 거부하고 주체적 사상 체계를 확립하려는 정신이 담겨 있다.

03강

인의 윤리

 도덕의 성립 근거

1. 공자의 사상

(1) **제자백가** : 춘추 전국 시대의 정치적 혼란을 해결하고 새로운 질서를 이루고자 등장한 다양한 사상
과 학설
└→ 유가, 도가, 묵가, 법가 등을 들 수 있음

(2) **기본 관점**

① 사회 혼란의 원인 : 인간의 도덕적 타락과 통치자의 잘못된 정치

② 혼란의 극복 방안 : 인(仁)의 실현, 예(禮)의 실천, 정명(正名)의 구현, 재화의 고른 분배, 덕치
(德治)의 실현

(3) **인과 예 사상**

	└→ 존귀함과 비천함, 가까움과 먼 정도
인(仁)	• 인간됨의 본질을 이루는 사랑의 정신, 사회적 존재로 완성된 인격체의 인간다움 • 존비(尊卑)친소(親疏)의 구별을 전제로 하며 시비(是非)선악(善惡)을 분별해서 실천하는 사랑 • 인(仁)을 실천하기 위한 기본 덕목 : 효(孝), 제(悌) └→ 옳고 그름, 선과 악 • 인(仁)을 실천하는 구체적 방법 : 충(忠), 신(信)
예(禮)	• 인(仁)의 정신을 담고 있는 외면적 사회 규범 • 인을 실현하기 위해 반드시 필요한 규범 → 자신의 사욕을 극복하고 진정한 예를 회복할 때 인이 이루어진다고 함

(4) **정치 · 경제 · 사회사상**

정명(正名)	자신의 신분과 직책에 맞는 역할과 의무를 다해야 함[君君臣臣父父子子]
덕치(德治)	군주가 도덕과 예의로써 백성을 교화하는 정치
수기안인(修己安人)	통치자가 먼저 군자다운 인격을 닦은 후 백성을 다스리고 편안하게 함
대동 사회(大同社會)	인륜이 구현되고 인재가 중용되며 재화가 고르게 분배되고 사회적 약자가 보살핌을 받는 평화롭고 도덕적인 공동체

└→ 임금은 임금답고 신하는 신하다우며 아버지는
아버지답고 자식은 자식다워야 함

2. 맹자의 사상

(1) **기본 관점**

① 사회 혼란의 원인 : 사적 이익의 추구

② 혼란의 극복 방안 : 인(仁)과 의(義)의 실현

(2) **성선설(性善說)**

└→ 공자가 살았던 시대보다 더 혼란했던 전국 시대에 맹자는 사랑의 마음인
인(仁)과 더불어 옳음, 정의를 추구하는 의(義)를 강조하였음

불인인지심(不忍人之心)	남에게 차마 어찌하지 못하는 선한 마음
사단(四端)	• 선천적으로 타고난 도덕적인 마음, 성선설의 근거 • 측은지심, 수오지심, 사양지심, 시비지심
양지와 양능	• 양지(良知) : 생각하지 않고도 알 수 있는 것 → 선천적인 도덕 자각 능력 • 양능(良能) : 배우지 않고도 할 수 있는 것 → 선천적인 도덕 실천 능력

(3) **정치 사상**

└→ 범부 즉, 평범한 지아비, 평범한 성인남자를 이르는 말임

왕도(王道) 정치	도덕적 마음에 바탕을 두고 인(仁)에 기초한 정치, 덕으로 다스리는 덕치(德治)임
역성(易姓)혁명	백성을 저버린 군주는 일개의 범부(凡夫)에 불과하므로 교체되어야 한다는 사상
항산(恒産), 항심(恒心)	경제적 안정[항산(恒産)]은 도덕적 마음[항심(恒心)]을 유지하는 토대가 되므로 군주는 백성의 생계유지 보장에 힘써야 함

3. 순자의 사상

(1) **천인분이(天人分二) 관점** : 자연과 인간의 일을 구분하여 인간의 능동성을 강조함

＊ 정명(正名)

바를 정(正), 이름 명(名)이며 '명분을 바르게 하다.'라는 뜻이다. 자신의 이름, 즉 신분에 맞는 역할, 책임, 의무를 다해야 한다는 사상을 말한다.

＊ 수기안인(修己安人)

자기 자신을 먼저 수양한 후에 다른 사람을, 즉 백성을 편안하게 한다는 뜻으로 군주의 도덕적 자질이며 통치자에게 요청되는 내용이다. 수기치인(修己治人)과 유사한 뜻으로 쓰인다.

＊ 불인인지심(不忍人之心)

남의 불행과 고통을 차마 그대로 보아 넘기지 못하는 마음 또는 차마 남에게 잔인하게 하지 못하는 선한 마음을 가리킨다. 맹자가 성선설의 근거로 내세운 인간의 선한 마음이다.

＊ 사단(四端)과 사덕(四德)

사단은 맹자가 성선설의 근거로 제시한 네 가지 선한 마음이다. 사단은 측은, 수오, 사양, 시비지심이며 사덕은 인의예지(仁義禮智)를 말한다.

• 측은지심 : 인(仁)의 단(端)

• 수오지심 : 의(義)의 단(端)

• 사양지심 : 예(禮)의 단(端)

• 시비지심 : 지(智)의 단(端)

＊ 패도(覇道)

인의(仁義)를 무시하고 무력이나 권모술수로 백성을 다스리는 일. 왕도(王道)의 반대말이다.

(2) 성악설(性惡說)

성악설	인간은 본래 이익을 좋아하고 타인을 질투하고 미워하는 존재임
화성기위(化性起僞)	인간의 악한 본성을 변화시켜 인위적인 예(禮)를 일으켜 세워야 함
예(禮)	인간의 악한 본성을 교화하고 규제하는 외면적 규범

(3) **정치 사상** : 예치(禮治) – 예를 통한 사회와 국가의 통치, 덕의 유무로 지위를 정하고 능력에 따라 관직을 맡기며 재화를 공평하게 분배해야 함

주제 2 도덕 법칙의 탐구 방법

1. 성리학

(1) **성즉리(性卽理)** : 인간의 본성이 곧 이치임. 도덕적 행위의 근거를 우주 자연의 이치와 연결 지어 규정함. 송나라 때 주희가 체계화함

(2) **핵심 사상**
> 도가 및 불교 사상을 비판적으로 수용하여 선진 유학(춘추 전국 시대 유학)을 재해석하고 체계화함

이기론	• 우주 만물의 근원을 이(理)와 기(氣)의 결합으로 설명한 이론 • 이(理)는 만물을 낳는 무형의 근본 원리, 기(氣)는 만물을 이루는 유형의 재료임 • 이기불상리(理氣不相離) : 만물은 '이'와 '기'로 구성되어 있으므로 서로 분리될 수 없음 • 이기불상잡(理氣不相雜) : 사물의 원리인 '이'와 재료인 '기'는 역할이 다르므로 뒤섞일 수 없음 • 이와 기는 논리적으로는 분명하게 구분되지만, 사물에서는 별개로 분리될 수 없음
심성론	• 인간의 본성은 하늘이 부여한 이치임 → 성즉리(性卽理) • 성(性)에는 인의예지가 모두 갖추어져 있음 • 마음은 성과 정을 통괄함[심통성정(心統性情)] • 성은 마음의 본체로서 사덕(四德)이며 정은 마음의 작용으로서 사단과 칠정이 있음 • 성은 본연지성(本然之性)과 기질지성(氣質之性)으로 구분됨 • 본연지성은 순선하나 기질지성은 기질의 맑고 흐린 정도에 따라 차이가 있음 → 올바른 사람이 되려면 기질을 맑게 변화시켜야 함
수양론	• 거경궁리(居敬窮理) : 경건한 자세를 유지하면서 사물의 이치를 탐구함 • 격물치지(格物致知) : 사물의 이치를 탐구하여 앎을 지극히 함 • 존양성찰(存養省察) : 양심을 보존하고 본성을 함양하여 반성하고 살핌 • 존천리거인욕(存天理去人欲) : 천리를 보존하고 인욕을 제거함
경세론	• 수기안인(修己安人)의 원리에 근거하여 정치와 사회 문제의 해결을 추구해야 함 • 덕치(德治)와 예치(禮治)를 통한 민본(民本)과 위민(爲民)을 강조함

> 존천리거인욕은 성리학과 양명학의 공통점. 주희뿐만 아니라 왕수인도 동의할 내용임

2. 양명학

(1) **심즉리(心卽理)** : 인간의 마음이 곧 이치로, 도덕 법칙은 선천적으로 마음에 내재함. 명나라 때 왕수인이 체계화함

> 주희의 성즉리를 비판하면서 마음이 곧 이치라고 주장함. 육구연의 심학(心學)을 계승하여 마음속의 양지를 강조하면서 왕수인이 체계화한 학문임

(2) **핵심 사상**

심즉리(心卽理)	• 인간의 마음이 곧 하늘의 이치이며 마음이 도덕 판단의 준거임 • 마음 밖에는 이치가 없고 마음 밖에는 사물도 없음
치양지(致良知)	• 마음의 양지를 자각하고 그대로 따를 것을 강조함 • 사람은 누구나 천리로서의 양지를 지니고 있으며, 이 양지를 자각하고 실천할 수 있음 • 사람은 누구나 사욕을 극복하고 양지를 적극적으로 발휘하기만 하면 이론적 학습 과정을 거치지 않아도 인간의 본질이 구현됨 • 존천리거인욕(存天理去人欲) : 양지의 실현을 방해하는 마음의 사욕을 극복하여 순선한 마음을 유지해야 함
격물치지(格物致知)	• 주자가 해석한 격물치지를 비판하면서 격물치지를 새롭게 해석함 • 격물(格物) : 마음의 바르지 못함을 없앰으로써 마음을 바로잡아야 함 • 치지(致知) : '치양지(致良知)', 즉 마음의 양지를 개별 사물들에서 실현하는 것
지행합일(知行合一)	• 주자가 먼저 알고 난 후 행한다는 선지후행(先知後行), 앎과 행함으로 함께 나아간다는 지행병진(知行竝進)을 주장한 것과 달리 왕수인은 지행합일(知行合一)을 주장함 • 지행합일(知行合一) : 앎으로서의 지(知)와 실천으로서의 행(行)은 본래부터 별개가 아니며 분리될 수 없다고 주장함. 앎은 행함의 시작이고 행함은 앎의 완성임

＊ 공자와 맹자

공자		맹자
덕치	⇨	왕도 정치
정명 사상	⇨	역성혁명

＊ 순자와 맹자의 공통점과 차이점

맹자는 내면의 선한 본성을 더욱 확충해 나갈 것을 강조하였으나, 순자는 내면의 악한 본성을 억제하고 도덕과 예의를 실천할 것을 강조한 점에서 차이가 있다. 그러나 맹자와 순자 모두 내면의 수양을 통해 도덕의 실현을 추구했다는 공통점이 있다.

＊ 칠정(七情)

사람의 일곱 가지 감정. 기쁨(喜) · 노여움(怒) · 슬픔(哀) · 즐거움(樂) · 사랑(愛) · 미움(惡) · 욕심(欲)

＊ 성리학의 본연지성과 기질지성

> (주자) 선생께서 기질지성에 대해 말씀하였다. 본성을 물에 비유하면, 근본은 모두 맑다. 깨끗한 그릇에 담으면 맑지만, 깨끗하지 않은 그릇에 담으면 냄새가 나고, 더러운 그릇에 담으면 흐려진다.
> – "주자어류"

본연지성은 인간의 순선한 본성을 말한다. 기질지성은 타고난 기질에 따라 결정되는 것으로 기질의 맑고 탁함에 따라 선 또는 악으로 흐를 수 있다. 따라서 성리학에서는 본연지성을 유지하고 기질지성이 악으로 흐르지 않도록 끊임없는 수양을 강조한다.

＊ 양지

맹자가 처음 주장한 개념으로, 따로 배우지 않아도 선과 악을 알 수 있는 능력을 말한다.

핵심 개념 CHECK!

• 정답 및 해설 12쪽

다음 확인 문제 중 옳은 것에 ○, 옳지 않은 것에 ×를 표기하세요.

주제 1 도덕의 성립 근거

01 제가백가 사상에는 유가, 법가, 명가, 도가 등이 있다. ○ ×

02 함정 공자는 사회 혼란의 원인이 인간의 타고난 악한 본성과 이기적 욕심 때문이라고 보았다. ○ ×

03 공자에게 있어서 인(仁)은 사랑의 정신이자 사회적 존재로 완성된 인격체의 인간다움을 뜻한다. ○ ×

04 함정 공자에게 있어 예는 내면적 도덕성이며 인(仁)은 이러한 예(禮)를 사회적으로 표현한 외면적 사회 규범이다. ○ ×

05 공자의 "군군신신(君君臣臣) 부부자자(父父子子)"는 자신의 신분에 맞는 역할을 다하는 정명(正名) 정신을 잘 표현한 내용이다. ○ ×

06 공자와 맹자는 모두 통치자가 먼저 군자다운 인격을 닦은 후 백성을 다스려야 한다는 수기안인(修己安人)을 강조하였다. ○ ×

07 맹자는 불인인지심(不忍人之心)과 사단(四端)을 근거로 인간의 본성이 선함을 주장하였다. ○ ×

08 함정 공자와 맹자는 모두 백성을 위하지 않고 백성을 저버린 군주는 교체되어야 한다는 역성혁명을 주장하였다. ○ ×

09 맹자는 항산(恒産)은 항심(恒心)을 유지하는 토대가 되기 때문에 군주가 백성의 항산 보장에 힘써야 한다고 주장하였다. ○ ×

10 함정 맹자가 말하는 왕도 정치는 도덕적 마음에 바탕을 두고 인(仁)에 기초한 정치이며 백성을 도덕적으로 교화하는 덕치(德治)이다. ○ ×

11 함정 순자는 공자, 맹자와 마찬가지로 자연과 인간의 일이 서로 독립되어 있다는 천인분이(天人分二)를 주장하였다. ○ ×

12 맹자는 인간의 본성이 후천적인 노력을 통해 선해질 수 있음을 인정하였다. ○ ×

13 맹자는 경제적 안정을 백성들의 도덕성 실현의 바탕으로 보았다. ○ ×

14 순자는 능력에 따라 관직을 맡기며 재화를 공평하게 분배해야 한다고 주장하였다. ○ ×

15 순자는 정치도 교육도 모두 예(禮)를 중심으로 해야 한다고 주장하였다. ○ ×

16 순자는 인간의 본성을 변화시켜 인위를 일으켜야 한다는 화성기위(化性起僞)를 주장하였다. ○ ×

주제 2 도덕 법칙의 탐구 방법

17 성리학은 중국 송나라 때 주희가 불교, 도가 사상을 비판적으로 수용하여 선진 유학을 재해석하고 체계화한 학문이다. ○ ×

18 성리학은 인간의 본성이 곧 이치라고, 양명학은 인간의 마음이 곧 이치라고 제시하였다. ○ ×

19 함정 성리학과 양명학은 모두 천리(天理)를 보존하고 인욕(人欲)을 제거해야 한다고 주장하였다. ○ ×

20 성리학에서 이(理)는 사물의 근본 원리이며 기(氣)는 사물을 이루는 재료이다. ○ ×

21 함정 이와 기는 논리적으로는 구분되지만 개념적으로는 구분되지 않는다. ○ ×

22 주희는 마음이 성(性)과 정(情)을 통괄한다는 심통성정(心統性情)을 주장하였다. ○ ×

23 주희는 이와 기는 서로 분리될 수도 없고 서로 뒤섞일 수도 없다는 '이기불상리', '이기불상잡'을 주장하였다. ○ ×

24 주희는 모든 사물에 이치가 있다고 본다. ○ ×

25 주희는 격물치지(格物致知)를 '사물에 나아가 그 이치를 궁리함으로써 나의 앎을 극진히 하는 것'으로 해석하였다. ○ ×

26 왕수인은 육구연의 심학(心學)을 계승하여 주희의 성리학을 비판적으로 수용하면서 양명학을 체계화하였다. ○ ×

27 왕수인은 격(格)을 이르다(至)는 의미로 이해한다. ○ ×

28 왕수인은 격물치지(格物致知)를 '마음의 바르지 못함을 제거하고 바로잡아 사물에서 양지를 실현하는 것'이라고 해석하였다. ○ ×

29 왕수인은 사람은 누구나 천리로서의 양지를 지니고 있어 이 양지를 잘 발휘하기만 하면 성인(聖人)이 될 수 있다고 보았다. ○ ×

30 함정 왕수인은 주희와 마찬가지로 앎은 행함의 시작이요, 행함은 앎의 완성이라는 '지행합일'을 주장하였다. ○ ×

31 주희는 왕수인과 달리 앎과 행함에는 선후가 있다고 보았으며 앎과 행함이 함께 나아간다는 '지행병진(知行竝進)'을 주장하였다. ○ ×

32 주희와 왕수인 모두 학문의 목적은 성인이 되는 데 있다고 보았다. ○ ×

33 왕수인의 양명학은 한국 윤리 사상 중 강화학파의 형성에 영향을 미쳤다. ○ ×

격물치지에 대한 주희와 왕수인의 해석 차이는 무엇일까?

개념 | 자료로 확인

■ 주희의 격물치지

○ 격(格)이란 '~에 이르는 것'이고, 물(物)이란 일체의 사물 또는 현상이다. 따라서 격물이란 사물의 이치(理致)에 나아가 깊게 탐구하여 그 지극함에 이르고자 하는 것이다.

○ 나의 앎을 지극히 하려고 하면 사물에 나아가 그 이치를 궁구해야 한다. 인간의 마음은 영특하여 지각을 가지고 있고 천하의 사물에는 이치가 있다. 사람들이 그 이치를 다 궁구하지 않기 때문에 앎이 극진하지 못하다. 사물의 이치를 궁구하여 그 끝까지 이르기를 구하며 힘쓰기를 오래 하면 어느 날 하루아침에 환하게 확 트이어 관통함에 이르게 된다. 이를 일러 격물이라고 하면 앎의 지극함이라고 한다.

주희는 성즉리(性卽理)를 주장하며, 만물에 이치가 내재되어 있다고 보았다. 따라서 그는 격물치지를 '사물에 나아가 그 이치를 탐구하여 나의 앎을 극진히 하는 것'으로 해석하였다.

■ 왕수인의 격물치지

○ 주희는 '사물에 있는 것이 이치다.'라고 했지만 정확하게 말하면 '마음이 사물에 있으면 그것이 이치가 된다.'라고 해야 한다.

○ 내 마음의 양지(良知)를 사물 하나하나에 온전하게 실현하는 것을 '격물치지'라고 한다. 내 마음의 양지가 곧 천리이다. 내 마음의 양지인 천리를 사물 하나하나에 온전하게 실현하면 사물 하나하나는 모두 그 이치를 얻게 된다. 내 마음의 양지를 온전하게 실현하는 것이 치지이며, 사물 하나하나가 모두 그 이치를 얻는 것이 격물이다.

왕수인은 심즉리를 주장하며, 마음이 곧 이치이며 마음 밖에는 어떠한 사물도 어떠한 이치도 존재하지 않는다고 보았다. 따라서 그는 격물치지를 '마음의 바르지 못함을 없앰으로써 즉 마음의 일을 바로잡아 내 마음의 양지를 각각의 사물에서 실현하는 것'으로 해석하였다.

■ 성리학과 양명학 비교

성리학과 양명학은 유교 경전인 "대학(大學)"에 나오는 격물치지의 해석에서 커다란 견해 차이를 보였다. 성리학자인 주희는 격물을 사물마다 내재된 이치를 탐구하는 것으로 해석하였다. 그러나 양명학자인 왕수인은 격물을 마음을 바로잡는 것으로 해석하고 사물의 이치를 끊임없이 탐구할 것을 강조하는 성리학을 비판하고 모든 이치가 담겨 있는 마음(心)의 중요성을 강조하였다.

개념 | 빈칸 채우기로 확인

■ 주희의 격물치지

Q1 주희는 격물치지를 사물에 나아가 그 (   )을/를 탐구하여 나의 앎을 극진히 하는 것으로 해석하였다.

Q2 주희는 인간의 본성이 곧 이치라고 보는 (   )을/를 주장하였으며, 모든 만물에 이치가 갖추어져 있다고 보았다.

■ 왕수인의 격물치지

Q3 왕수인은 내 마음의 (   )이/가 곧 천리라고 보았으며 격물치지를 내 마음의 (   )을/를 온전히 실현하여 개별 사물 하나하나가 모두 그 이치를 얻게 되는 것이라고 해석하였다.

Q4 왕수인은 인간의 마음이 곧 이치라고 보는 (   )을/를 주장하였으며 마음 밖에는 어떠한 이치도 존재하지 않는다는 '심외무리(心外無理)'를 주장하였다.

■ 성리학과 양명학 비교

Q5 (   )은/는 모든 사물에 이치가 있다고 보는 반면에, (   )은/는 마음 밖에는 이치가 없다고 주장한다. 즉, 마음이 없으면 이치도 존재하지 않으며, 마음이 없으면 사물 또한 존재하지 않는다.

Q6 주희는 먼저 알고 난 후 행한다는 (   )을/를 주장했으나, 왕수인은 지행합일을 주장하였다.

개념 | 문제에 적용

연습하기 **Q7** 다음을 주장한 사상가가 긍정할 질문에 ○를, 부정할 질문에 ╳를 표시하시오.

> 치지는 격물에 있다는 말은, 앎을 지극히 하려면 사물에 나아가 그 이치를 끝까지 탐구해야 한다는 뜻입니다. 배우는 사람들은 이미 알고 있는 것을 실마리로 하여, 사물을 더욱 궁구함으로써 이(理)에 이르러야 합니다.

- 사물에도 인간의 마음에도 모두 이치가 존재하는가? ❶ (○ / ╳)
- 치지(致知)를 마음의 양지를 실현하는 것으로 해석해야 하는가? ❷ (○ / ╳)
- 인간의 마음은 성(性)과 정(情)을 통괄하고 주재하는가? ❸ (○ / ╳)
- 사물의 이치를 열심히 궁구해야 참된 앎에 이를 수 있는가? ❹ (○ / ╳)

적용하기 **Q8** 다음은 동양 사상가의 입장으로 가장 적절한 것은?

> 이(理)란 마음의 조리(條里)이다. '이'가 부모에게 발현되면 효(孝)가 되고, 임금에게 발현되면 충(忠)이 되며, 친구에게 발현되면 신(信)이 된다. 끊임없이 변하더라도 나의 한 마음에서 발현되지 않는 것이 없다.

① 성인이 되려면 이론적이고 학문적 탐구에 매진해야 한다.
② 인간이 태어날 때부터 선을 행할 능력을 지닌 것은 아니다.
③ 마음속의 양지를 발현하는 것은 바람직한 인격 완성의 길이 아니다.
④ 인간의 마음 밖에는 어떠한 이치도 어떠한 사물도 존재하지 않는다.
⑤ 앎과 행함에는 선후와 경중이 있으므로 먼저 알고 나중에 행해야 한다.

WHAT & HOW 정답 01. 이치 02. 성즉리 03. 양지, 양지 04. 심즉리 05. 주희, 왕수인 06. 선지후행 07. ❶ ○ ❷ ╳ ❸ ○ ❹ ○ 08. ④

주제 1 도덕의 성립 근거

족집게 전략 | 제시문에 나타난 공자의 예(禮)를 파악하는 문제이다.
제시문에서 공자는 진정한 예를 회복하는 것이 필요하다고 보았다.

039 대표 문항
| 교육청 기출 |
다음을 주장한 고대 동양 사상가의 입장으로 옳지 <u>않은</u> 것은?

> ○ 사치하는 사람은 불손하게 되고, 지나치게 아끼는 사람은 고
>   루하게 된다. 불손한 것보다는 고루한 것이 낫다.
> ○ 예(禮)는 사치하는 것보다는 검소한 것이 낫고, 상(喪)은 형식
>   을 잘 갖추는 것보다는 슬퍼하는 것이 낫다. 예가 아니면 보
>   지도, 듣지도, 말하지도, 행동하지도 말아야 한다.

① 사치와 인색은 모두 예에 맞는 행동이 아니다.
② 사욕(私欲)을 이겨내지 않으면 예를 회복할 수 없다.
③ 사회적 지위에 따라 예의 표현에 차이가 있어야 한다.
④ 형식을 버리고 공경의 마음을 갖추면 예를 다한 것이다.
⑤ 어짊[仁]을 바탕으로 하지 않은 예는 허례(虛禮)일 뿐이다.

✏ **한줄 Tip** 검소함 및 형식에 얽매이지 않고 진정한 예(禮)를 강조한 공
자임을 파악하는 것이 포인트야!

040 고난도↑
| 평가원 기출 |
**고대 동양 사상가 갑, 을의 입장에 대한 옳은 설명을 〈보기〉에서 고른
것은?**

> 갑 : 사람들이 모두 본성[性情]을 따르게 되면 틀림없이 혼란한
>   상태[暴]에 이르게 된다. 이에 반드시 스승[師]과 법도[法]에
>   따른 교화가 있어야 하며 예의의 도리를 가르쳐야 한다.
> 을 : 사람들을 무력으로 복종시키려 하면서 인(仁)을 행하는 것처
>   럼 꾸미는 것은 패도(覇道)이다. 덕으로써 인을 행하는 왕도
>   (王道)를 실천하면 사람들이 진심으로 복종하게 된다.

〔보기〕
ㄱ. 갑은 예를 기준으로 삼아 욕망[欲]을 충족시켜야 한다고 본다.
ㄴ. 을은 백성은 먼저 항심을 갖춰야 항산을 유지할 수 있다고
  본다.
ㄷ. 을은 인의(仁義)를 해치는 군주는 추방될 수 있다고 본다.
ㄹ. 갑, 을은 법이나 예에 의한 정치를 모두 부정해야 한다고 본다.

① ㄱ, ㄴ   ② ㄱ, ㄷ   ③ ㄴ, ㄷ   ④ ㄴ, ㄹ   ⑤ ㄷ, ㄹ

041
| 평가원 기출 |
다음 고대 중국 사상가의 입장을 〈보기〉에서 고른 것은?

> 나무가 곧아 먹줄에 맞는다 해도 구부려야 바퀴가 되고, 쇠는
> 숫돌에 갈아야 날카로워진다. 그러니 본성을 변화시켜 인위를 일
> 으켜야 인간은 비로소 선해진다. 사람들이 본성을 그대로 따르게
> 되면 틀림없이 혼란한 상태에 이르게 된다.

〔보기〕
ㄱ. 인간은 누구나 노력[僞]을 통해 이상적 인간이 될 수 있다.
ㄴ. 본성의 선한 단서를 확충하여 도덕적 덕을 실현해야 한다.
ㄷ. 인의(仁義)는 배움을 통해 후천적으로 얻어지는 것이다.
ㄹ. 선왕의 가르침을 익히기보다는 스스로 예법을 제정해야 한다.

① ㄱ, ㄴ   ② ㄱ, ㄷ   ③ ㄴ, ㄷ   ④ ㄴ, ㄹ   ⑤ ㄷ, ㄹ

042
| 평가원 기출 |
**다음 가상 편지를 쓴 고대 동양 사상가가 강조하는 삶의 태도로 가장
적절한 것은?**

> ○○에게
>   인간의 본성에 관한 자네의 편지는 잘 읽었는데, 나의
> 생각은 자네와 다르다네. 인간의 본성은 악한 것이니 그것
> 이 선하다고 하는 것은 거짓이네. 인간의 본성은 나면서부
> 터 이익을 좋아하는데, 이것을 따르기 때문에 다투게 되
> 어, 양보하는 마음이 없어진다네. 그렇다면 인간을 인간이
> 라 할 수 있는 근거가 무엇이겠는가? 인간은 분별[辨]하
> 는 능력을 가지고 있다는 것이네. 분별에는 분수를 지키는
> 것보다 큰 것이 없고, 분수를 지키는 것에는 예(禮)보다
> 큰 것이 없네. …(후략)…

① 모든 인위적인 규범을 초월하여 자연의 섭리에 순응해야 한다.
② 사단(四端)을 확충하여 인간의 사사로운 욕망을 극복해야 한다.
③ 만물에 고정된 실체가 없음[空]을 깨달아 집착에서 벗어나야 한다.
④ 본성을 변화시켜 예의와 법도에 충실하도록 노력해야 한다.
⑤ 일체의 욕구를 배제하고 정신적으로 평안한 삶을 추구해야 한다.

043
| 평가원 기출 |
고대 중국 사상가 갑, 을의 입장만을 〈보기〉에서 있는 대로 고른 것은?

> 갑 : 정치는 이름을 바로잡는 것[正名]에서 시작된다. 이름이 바
>   로 잡히지 않으면 예악(禮樂)이 세워지지 않고, 예악이 세워
>   지지 않으면 형벌의 집행이 공정하게 되지 않는다.
> 을 : 선비가 머물러야 할 곳은 어디인가? 바로 인(仁)이다. 선비
>   가 걸어야 할 길은 어디에 있는가? 바로 의(義)이다. 인에 머
>   물며 의를 따르면 대인(大人)의 일이 이루어진다.

〔보기〕
ㄱ. 갑 : 군자는 자신의 이익보다는 형벌의 공정성을 우선시한다.
ㄴ. 갑 : 어진 사람은 선한 사람과 악한 사람을 분별 없이 사랑한다.
ㄷ. 을 : 왕도 정치는 백성의 생업 문제 해결에서 시작되어야 한다.
ㄹ. 갑, 을 : 예(禮)는 인간의 도덕적 삶에 필수적인 사회 규범이다.

① ㄱ, ㄴ   ② ㄱ, ㄷ   ③ ㄴ, ㄹ
④ ㄱ, ㄷ, ㄹ   ⑤ ㄴ, ㄷ, ㄹ

044

(가)의 고대 동양 사상가 갑, 을의 입장을 (나) 그림으로 표현할 때, A~C에 해당하는 적절한 진술만을 〈보기〉에서 있는 대로 고른 것은?

(가)	갑 : 자기의 이기심을 극복하고 예(禮)로 돌아가는 것이 바로 인(仁)입니다. 하루라도 자기의 이기심을 극복하고 예로 돌아가면, 천하가 인에 귀의할 것입니다. 인을 실천하는 것이 자신에게 달린 것이지 다른 사람에게 달린 것이겠습니까? 을 : 군자의 본성[性]은 비록 그의 뜻이 크게 행해진다 하더라도 더 늘어나지 않고, 비록 궁하게 지낸다 하더라도 줄어들지 않는다. 군자의 본성에 속하는 인의예지는 그의 마음[心]에 뿌리를 두고 있다.

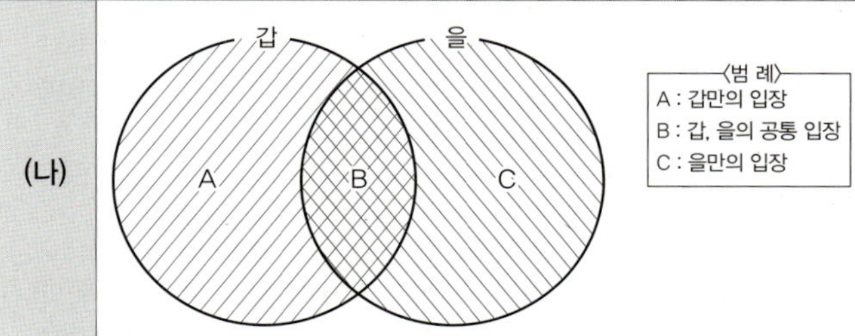

〈보기〉
- ㄱ. A : 인간 본성의 선함은 불인인지심(不忍人之心)을 통해 알 수 있다.
- ㄴ. B : 군주가 인격수양에 힘쓰며 도덕과 예의로써 다스려야 한다.
- ㄷ. B : 부단한 수양을 통해 인의(仁義)의 덕을 실현해야 한다.
- ㄹ. C : 백성을 위하지 않고 백성을 저버린 군주는 교체되어야 한다.

① ㄱ, ㄴ 　② ㄱ, ㄷ 　③ ㄷ, ㄹ
④ ㄱ, ㄴ, ㄹ 　⑤ ㄴ, ㄷ, ㄹ

045

고대 동양 사상가 갑, 을의 입장에 대한 설명으로 옳은 것은?

갑 : 천하에 도가 있으면 나라는 보존되고 도가 없으면 나라는 위태롭게 된다. 현명한 임금은 군자를 등용하여 법도를 밝힌다. 도는 임금이 밟아야 할 길이고, 군자는 예의를 다스리는 자이다. 사람의 본성[性]은 교화를 거친 후에 선에 부합된다.

을 : 천하에 도가 있으면 예악이 천자로부터 나오고 도가 없으면 예악이 제후로부터 나온다. 현명한 임금은 덕으로 정치를 행한다. 군자는 도를 도모하고 신하는 도로써 임금을 섬긴다. 사람이 도를 넓힐 수 있는 것이지 도가 사람을 넓힐 수 있는 것이 아니다.

① 갑은 예(禮)는 인간이 나면서부터 지니고 있는 사회규범이라고 본다.
② 갑은 인간의 본성이 악하더라도 이를 바꾸려 해서는 안 된다고 본다.
③ 을은 덕(德)과 예(禮)로 다스리는 정치보다 형(刑)과 법(法)으로 다스리는 정치가 바람직하다고 본다.
④ 을은 임금과 신하가 서로 이해(利害)에 근거한 계약 관계이어야 한다고 본다.
⑤ 갑, 을은 모두 욕구를 제어하고 인의(仁義)와 예(禮)의 실천에 힘써야 한다고 본다.

046

고대 동양 사상가 갑, 을의 입장에 대한 옳은 설명만을 〈보기〉에서 있는 대로 고른 것은?

갑 : 인(仁)은 사람의 마음이고, 의(義)는 사람의 길이다. 학문에는 다른 길이 없다. 그 방치된 마음을 구하는 것뿐이다.

을 : 사람은 이익을 바라는 욕망을 성품으로 타고난다. 하지만 이익이 의로움을 이기면 난세가 되므로, 성인이 예의를 제정해서 직분을 나누었다.

〈보기〉
- ㄱ. 갑은 집의(集義)을 통해 호연지기(浩然之氣)를 기를 때 대장부가 될 수 있다고 본다.
- ㄴ. 을은 인간의 타고난 이기적 욕구로 인해 성인(聖人)에 도달할 수는 없다고 본다.
- ㄷ. 갑은 을과 달리 성인이 되기 위해 타고난 사단을 확충해야 한다고 본다.
- ㄹ. 을은 갑과 달리 사람이 선하게 되는 것은 성(性)이 아니라 위(僞)로부터 말미암는 것이라고 본다.

① ㄱ, ㄴ 　② ㄱ, ㄷ 　③ ㄴ, ㄹ
④ ㄱ, ㄷ, ㄹ 　⑤ ㄴ, ㄷ, ㄹ

047

갑은 긍정, 을은 부정의 대답을 할 질문만을 〈보기〉에서 있는 대로 고른 것은?

갑 : 사람이 배우지 않고도 할 수 있는 바는 양능(良能)이고, 생각하지 않고도 알 수 있는 바는 양지(良知)이다. 부모를 사랑함은 인(仁)이요, 어른을 공경함은 의(義)이다.

을 : 선왕이 예의를 제정하여 분별한 것은 귀천의 등급과 장유(長幼)의 차별을 두고자 함이다. 이를 통해 사람들이 각자의 일을 맡아 각각 그 마땅함을 얻도록 한 것이다.

〈보기〉
- ㄱ. 불인인지심(不忍人之心)을 근거로 백성을 통치해야 하는가?
- ㄴ. 타고난 사단을 확충할 때 성인(聖人)이 될 수 있는가?
- ㄷ. 선왕(先王)이 제정한 예에 따라 본성을 변화시켜야 하는가?
- ㄹ. 백성을 저버린 군주라도 그 군주의 권위를 인정해야만 하는가?

① ㄱ, ㄴ 　② ㄴ, ㄷ 　③ ㄷ, ㄹ
④ ㄱ, ㄴ, ㄹ 　⑤ ㄱ, ㄷ, ㄹ

주제 2 도덕 법칙의 탐구 방법

족집게 전략 | 제시문에서 주자와 왕수인을 구별하고 각각의 입장과 공통된 입장을 파악하는 문제이다. 사물의 이치 탐구를 강조한 주희와 양지를 온전히 발휘할 것을 강조한 왕수인을 잘 파악해야 한다.

048 대표 문항
| 평가원 기출 |

동양 사상가 갑, 을의 입장으로 적절하지 <u>않은</u> 것은?

> 갑 : "치지(致知)는 격물(格物)에 달려 있다."라고 한 것은 나의 앎을 다하고자 함이 사물에 나아가 그 이치를 궁구함에 있음을 뜻한다. 그러므로 배우는 사람은 천하의 사물에 나아가 이미 알고 있는 그 이치에 따라 더욱 궁구하여 그 지극함에 이르러야 한다.
>
> 을 : 만약 '격물'을 '천하 만물 모두를 연구하는 것'으로 해석 한다면, 천하의 만물을 어떻게 다 연구한다는 말인가? 지금 초목에 대하여 연구했다고 해도 어떻게 나 자신을 진실하게 만들 수 있겠는가? 그래서 나는 '격'은 '바로잡는다[正]'의 뜻으로, '물'은 '일[事]'이라는 의미로 해석한다.

① 갑 : 마음을 항상 경건하게 하여 사물의 이치를 탐구해야 한다.

② 갑 : 도덕적 수양을 통해 탁하고 치우친 기질을 변화시켜야 한다.

③ 을 : 마음을 벗어나서는 이치도 없을 뿐만 아니라 사물[事]도 없다.

④ 을 : 경전에 대한 학습을 통하여 양지(良知)를 획득할 수 있다.

⑤ 갑, 을 : 천리를 보존하고 이기적 욕망을 제거해야 이상적 인간이 된다.

✏️ **한줄 Tip** 격물치지를 사물의 이치 탐구로 연결시킨 주희와 치지를 치양지로 연결시킨 왕수인을 잘 구별해 내는 것이 포인트야!

049
| 교육청 기출 |

갑, 을의 입장에 대한 설명으로 옳은 것은?

> 갑 : 하늘이 만물을 낼 때, 기(氣)로 형체를 이루고 이(理) 또한 부여한다. 만물은 그 이를 덕으로 삼으니 그것이 성(性)이다. 맑지 않고 두텁지 않은 기에 이가 자리 잡으면 사욕(私欲)이 이를 이긴다.
>
> 을 : 하늘은 성의 근원이고 성은 마음의 본체이니 마음을 다하면 성을 다하는 것이다. 마음 밖에 이도 물(物)도 없으니, 이를 밖에서 찾는 것은 의(義)가 밖에 있다고 보는 것이다.

① 갑은 사람에게는 성이 있지만 사물에는 성이 없다고 본다.

② 을은 효의 이치는 부모에게 있고 내 마음에는 없다고 본다.

③ 갑은 을과 달리 성은 마음을 벗어나 있지 않다고 본다.

④ 을은 갑과 달리 개별 사물들도 이치를 갖추고 있다고 본다.

⑤ 갑, 을은 하늘로부터 부여받은 이치가 곧 성이라고 본다.

050
| 교육청 기출 |

그림은 서술형 평가 문제와 학생 답안이다. 학생 답안의 ㉠~㉤ 중 옳지 <u>않은</u> 것은?

> **서술형 평가**
>
> ◎ **문제** : 동양 사상가 갑, 을의 입장을 비교하여 서술하시오.
>
> > 갑 : 지(知)와 행(行)의 선후(先後)와 경중(輕重)을 구분해야 한다면, 선후를 논할 때는 마땅히 지를 우선해야 한다. 그리고 경중을 논할 때는 마땅히 행을 중시해야 한다.
> >
> > 을 : 지는 행의 시작이고 행은 지의 완성이다. 지의 진지하고 독실(篤實)한 면이 바로 행이고, 행의 밝게 깨닫고 정밀하게 살피는 면이 바로 지이다.
>
> ◎ **학생 답안**
>
> > 갑, 을의 입장을 비교해 보면, 갑은 ㉠ 격물(格物)이란 사물에 나아가 그 이치를 탐구하는 것이라고 보았으며, ㉡ 지와 행은 구분되므로 상호 영향을 주지 않는다고 보았다. 이에 비해 을은 ㉢ 격물이란 개개 사물이 내 마음의 양지(良知)를 얻는 것이라고 보았으며, ㉣ 인식으로서의 지와 실천으로서의 행은 본래 하나라고 보았다. 한편 갑, 을은 공통적으로 ㉤ 지와 행의 일치가 도덕적 삶의 핵심이라고 보았다.

① ㉠   ② ㉡   ③ ㉢   ④ ㉣   ⑤ ㉤

051
| 평가원 기출 |

갑, 을은 동양 사상가들이다. 갑은 긍정, 을은 부정의 대답을 할 질문만을 〈보기〉에서 있는 대로 고른 것은?

> 갑 : 마음은 몸을 주재하는 것으로, 그 본체는 성(性)이고 천리(天理)이며 참된 앎[良知]이다. 마음의 본체는 천하의 이치를 포괄하고 있으면서 옳고 그름을 알지 못함이 없다.
>
> 을 : 마음은 몸을 주재하는 것으로, 그 본체는 성(性)이고 작용은 정(情)이다. 마음은 성과 정을 통괄[統]하고, 그 밝은 덕은 온갖 이치를 갖추고 있으면서 만사에 감응하지 않음이 없다.

〈보기〉

ㄱ. 천지만물은 선한 마음에서 의미를 지니며 실재하게 되는 것인가?

ㄴ. 도덕적 행위는 먼저 도덕적 지식을 확립해야 가능한 것인가?

ㄷ. 격물(格物) 공부는 마음의 그릇된 의념[意]을 바로잡는 것인가?

ㄹ. 사욕을 제거하고 천리를 보존하여 본성을 길러야 하는가?

① ㄱ, ㄴ   ② ㄱ, ㄷ   ③ ㄴ, ㄹ

④ ㄱ, ㄷ, ㄹ   ⑤ ㄴ, ㄷ, ㄹ

052
|교육청 기출|

(가)를 주장한 사상가의 입장에서 볼 때, (나)의 퍼즐 속 세로 낱말 (C)에 대한 설명으로 가장 적절한 것은?

(가)	앎[知]은 실행[行]의 시작이고 실행은 앎의 완성이다. 이 사실을 깨닫는다면 앎에 대해서만 말하더라도 실행은 저절로 그 안에 있게 되고, 실행에 대해서만 말하더라도 앎은 저절로 그 안에 있게 된다.
(나)	(A) (C) (B) [가로 열쇠] (A) : 말한 그대로 실천하여 말[言]과 행위[行]가 하나로 같아짐 (B) : 사물의 이치를 빨리 깨닫고 사물을 정확하게 처리 하는 정신적 능력 　　예) 플라톤의 4주덕 : ○○, 용기, 절제, 정의 [세로 열쇠] (C) : … 개념

① 도덕적 인식[知]을 도덕적 실천[行]보다 중시해야 한다는 것이다.
② 경전에 대한 학습에 의존하여 양지(良知)를 최대로 확충하는 것이다.
③ 마음 밖 사물에 나아가 그 이치를 지극한 데까지 궁구하는 것이다.
④ 내 마음의 양지인 천리를 각각의 사물에서 온전히 실현하는 것이다.
⑤ 마음의 본체인 성(性)과 그 작용인 정(情)을 통괄하여 주재하는 것이다.

053

동양 사상가 갑, 을의 입장에 대한 옳은 설명만을 〈보기〉에서 있는 대로 고른 것은?

> 갑 : 성(性)은 곧 이(理)이다. 마음에서는 성이라 부르고 일에서는 이라 부른다. 성이란 사람이 하늘로부터 부여받은 이여서 온전하게 선하지 않음이 없다.
> 을 : 심(心)이 곧 이(理)이다. 천하에 마음 밖의 일이 없고, 마음 밖의 이치가 없다. 마음이 사사로운 욕심에 가려지지 않은 것이 곧 천리이니, 마음 밖에서 조금이라도 보탤 필요가 없다.

〔보기〕
ㄱ. 갑은 사물에 나아가 그 이치를 끝까지 궁구해야 한다고 본다.
ㄴ. 을은 선후를 논하면 지(知)가 먼저이며 경중을 논하면 행(行)이 먼저라고 본다.
ㄷ. 갑, 을은 앎과 행함이 일치되는 삶을 추구해야 한다고 본다.
ㄹ. 갑, 을은 타고난 성품을 보존하고 나쁜 욕심을 제거해야 한다고 본다.

① ㄱ, ㄴ　　　② ㄱ, ㄷ　　　③ ㄴ, ㄹ
④ ㄱ, ㄷ, ㄹ　　　⑤ ㄴ, ㄷ, ㄹ

054 고난도↗
|평가원 기출|

(가)를 주장한 사상가의 입장에서 볼 때, (나)의 ㉠에 들어갈 진술로 가장 적절한 것은?

(가)	○ 양지(良知)는 사람에게 본래 있는 것이지만, 궁리(窮理)를 하지 못하는 것은 이미 알고 있고 통달한 데 만족하여 아직 알지 못하고 통달하지 못한 것을 궁구하지 않기 때문이다. ○ 마음은 본래 한 몸을 주재하는 것이지만 그 체(體)는 허령(虛靈)하여 천하의 이치를 모두 아우를 수 있다. 이치는 비록 온갖 일에 흩어져 있지만 그 용(用)이 미묘하여 실로 한 사람의 마음 밖에 있지 않다.
(나)	㉠ 그러면 어느 날 갑자기 모든 이치를 훤히 깨닫게[豁然貫通] 될 것이다.

① 본성[性]이 선하게 변화될 수 있도록 사물의 이치를 탐구하라.
② 참된 앎이 발휘될[致良知] 수 있도록 이기적 욕망을 제거하라.
③ 헤아리지 않고도 알 수 있는 능력[良知]을 갖추도록 궁리를 하라.
④ 앎과 행위가 본래 하나임을 자각하고 일상에서 항상 선행을 하라.
⑤ 사물에 나아가 그 이치를 깊이 있게 탐구하여 앎을 극진히 하라.

055

동양 사상가 갑, 을의 입장에 대한 옳은 설명만을 〈보기〉에서 있는 대로 고른 것은?

> 갑 : 마음은 사람의 신묘하고 밝은 곳이다. 뭇 이치를 갖추고 있으면서 온갖 일에 대응한다. 성은 마음이 갖추고 있는 이(理)이고, 정(情)은 마음의 작용이다.
> 을 : 마음이 곧 이치이다. 측은히 여기는 것으로 말하면 인(仁)이라 하고, 마땅함을 얻는 것으로 말하면 의(義)라 하며, 상황에 맞는 것으로 말하면 이(理)라 한다.

〔보기〕
ㄱ. 갑은 도덕적 앎과 도덕적 실천은 함께 나아가는[並進] 것이라고 본다.
ㄴ. 을은 천지만물은 선한 마음에서 의미를 지니며 실재하게 되는 것이라고 본다.
ㄷ. 갑은 을과 달리 양심을 보존하고 부단히 성찰하는 자세를 지녀야 한다고 본다.
ㄹ. 을은 갑과 달리 이론적 학습 과정을 거치지 않아도 성인이 될 수 있다고 본다.

① ㄱ, ㄴ　　　② ㄱ, ㄷ　　　③ ㄷ, ㄹ
④ ㄱ, ㄴ, ㄹ　　　⑤ ㄴ, ㄷ, ㄹ

04강 도덕적 심성

주제 1 도덕 감정

1. 유교의 수용과 발전

삼국 시대	주체적으로 수용하여 정치 이념, 도덕규범과 생활 원리, 법률 및 제도, 교육 등에서 활용됨
고려 시대	성리학을 수용하여 자연과 인간을 탐구하고 정치적 · 사회적 개혁을 진행함
조선 시대	• 성리학을 바탕으로 개인의 도덕적 완성과 이상 사회 구현을 추구함 • 대표 사상가 : 이황, 이이

2. 이황의 사상

(1) **이기호발설**

① '이(理)'와 '기(氣)' 모두 각각 발할 수 있음 (이와 기의 능동성, 작용성 인정)

② 사단 : 이가 발하고 기가 이를 따른 것

③ 칠정 : 기가 발하고 이가 기를 탄 것

(2) **이귀기천설**

① 이는 존귀하고 기는 비천함

② 이는 순선무악하며 기는 선과 악이 혼재함

③ 이기불상리보다 이기불상잡을 강조함

(3) **사단칠정론**

① 사단 : 이가 발하여 드러난 도덕적 감정. 순선무악(純善無惡) ┌ 순수하게 선하여 악이 없음

② 칠정 : 기가 발하여 드러난 일반적 감정. 가선가악(可善可惡) → 선할 수도 있고 악할 수도 있음

③ 사단과 칠정을 엄격하게 구분함 → 도덕적 기준과 인간의 욕망을 착각하는 것을 방지하려고 함

(4) **수양론**

① 경을 통해 인간의 욕망을 막고 우주 자연의 원리와 하나 됨을 추구함

② 거경(居敬)과 궁리(窮理)의 병행을 강조함
  └ 이황은 "거경과 궁리는 새의 두 날개와 같다."라고 말함

3. 이이의 사상

(1) **기발이승일도설**

① 기가 발하고 이가 기를 타는 한 가지 길만 있음 (기의 능동성과 작용성만 인정)

② 사단과 칠정 : 기가 발하고 이가 기를 탄 것

③ 형태와 작용이 없는 이는 발하는 까닭이고 형태와 작용이 있는 기는 발하는 것임

(2) **이통기국론**
  └ 이이는 "어떤 그릇에 담기더라도 그 내용물은 언제나 동일한 것처럼 그릇 모양의 다름이 기국(氣局)이고, 내용물의 동일함이 이통(理通)이다."라고 말함

① 이는 보편적인 것이어서 두루 통하고 기는 특수한 것으로 국한됨

② 형체가 없어 보편적으로 실재하는 이는 통하는 것이고, 형체가 있는 기는 국한되는 것임

③ 이기불상잡보다 이기불상리를 강조함

(3) **이기지묘**

① 이와 기는 하나이면서 둘이고 둘이면서 하나인 묘합의 관계

② 이와 기는 묘하게 어우러져 있음

(4) **사단칠정론**

① 사단, 칠정 : 기가 발하고 이가 기를 탄 것

② 칠포사(七包四) : 사단은 칠정의 순선한 측면임. 칠정은 사단을 포함할 수 있지만 사단은 칠정을 포함할 수 없음

✳ 이기불상잡(理氣不相雜)

이와 기는 서로 섞일 수 없다는 뜻

✳ 이기불상리(理氣不相離)

이와 기는 서로 분리될 수 없다는 뜻

✳ 이(理)와 기(氣)의 관계

이기불상리 (理氣不相離)	이기불상잡 (理氣不相雜)
이와 기는 서로 떨어지지 않는 관계 → 이와 기의 조화 강조	이와 기는 서로 뒤섞이지 않는 관계임 → 이와 기의 분리 강조

주자는 이와 기의 관계에 대해 이기불상리와 이기불상잡의 측면이 동시에 존재함을 주장하였다. 이황과 이이는 이러한 주자의 견해를 수용하였지만 이황은 상대적으로 이기불상잡의 측면을, 이이는 이기불상리의 측면을 더욱 강조하였다.

✳ 이황의 경(敬)

이황은 모든 일의 근본을 경에 두어 "경은 마음의 주재자이고 모든 일의 근본"이라고 하였다. 즉 이 세상의 중심은 사람이며, 사람의 중심은 마음이고 그 마음의 주재자가 바로 경(경건함)이라는 것이다.

✳ 무실(務實)

실질적인 것에 힘쓴다는 의미로 이이는 도덕적 차원의 성실성뿐만 아니라 사회 · 제도적 차원의 실천성을 강조한다.

✳ 경장(更張)

거문고의 줄을 팽팽하게 고쳐 맨다는 데서 유래한 말로, 기존의 제도나 관습을 개혁한다는 의미이다.

✳ 이이의 성(誠)

성실함을 뜻하며, 이이는 성을 하늘의 진실한 이치(理致)이자 마음의 본체라고 하였다.

(5) **수양론**

① 경(敬)을 통해 성(誠)에 이를 것을 강조함

② 교(矯)기질(氣質) : 기질을 바로잡음으로써 도덕적 본성으로서의 '이'를 실현해야 함

(6) **사회 경장론** : 민본과 위민의 이상을 현실에 실현하기 위한 무실(務實)과 시대 변화에 따른 개혁론인 경장(更張)을 주장함 → 도덕과 더불어 실리를 추구함으로써 훗날 실학 형성에 기여함

주제 2 도덕 본성

1. 실학의 등장

(1) **시대적 배경**

① 임진왜란, 병자호란 이후 사회적 혼란 속에서도 성리학이 국가적 어려움을 극복할 길을 제시하지 못하고 이론적 논쟁에만 치중하고 명분만을 중시하는 폐단을 낳음

② 청나라 고증학 및 서구 문물의 수용 → 현실을 중시하는 정치적 · 학문적 분위기 발생
└ 민중의 실생활에 도움을 줄 수 있는 학문을 해야 한다는 사회적 분위기가 대두함

(2) **성리학과 실학의 차이점**

성리학	대체로 개인의 도덕적 수양에 집중함
실학	• 현실적 사회 문제 해결을 중시함 → 민생의 구제와 국부의 증대를 목표로 사회 개혁을 주장함 • 위정자들을 비롯한 지배 계급의 윤리적 건전성을 회복하는 것에 관심을 기울임

→ 실학은 경세치용, 이용후생, 실사구시를 강조함
· 경세치용 : 세상을 다스리는 일과 실제 생활에 도움이 되는 학문을 추구함
· 이용후생 : 생활에 이롭게 쓰이고 삶을 풍요롭게 하는 학문을 추구함
· 실사구시 : 사실에 입각해서 옳음을 구함

2. 정약용의 사상

(1) **인간관**

① 자율적 존재 : 현실적이고 혈기적인 존재임

② 자주지권을 지닌 존재 : 하늘이 인간에게 자주지권을 부여하였음. 인간은 선하고자 하면 선을 행할 수 있고 악을 행하고자 하면 악을 행할 수 있는 자유 의지를 지닌 존재임

③ 도덕적 실천에 힘쓰며 자신의 선택과 행위에 책임을 져야 하는 존재임

(2) **심성론**

① 성기호설(性嗜好說) : 인간의 성(性)은 선을 좋아하고 악을 싫어하는 마음의 경향성, 즉 기호임

영지의 기호	• 인간만이 지니는 도덕적 기호로 선을 좋아하고 악을 미워하는 경향 • 인간이 존귀한 이유가 됨
형구의 기호	• 인간과 동물이 지닌 생리적 기호로 육체적이고 감각적인 것을 좋아하는 경향 • 육체적 욕구 차원에서 생기는 기호

② 인간의 욕구 긍정 : 인간의 욕구는 생존과 더불어 도덕적인 삶을 위해 필요한 추동력임

③ 욕구를 평등하게 발현하는 인간의 자율성을 강조함

(3) **덕론**

① 사덕이 인간에게 본성적으로 주어져 있다는 성리학적 심성론을 비판함

② 사덕은 사단을 확충함으로써 일상생활 속에서 실천을 통해 후천적으로 형성되는 것임

③ 사단은 심(心)이라고는 할 수 있으나, 성(性)도 아니고 이(理)도 아니고 덕(德)도 아님

④ 사단은 사덕이 내재함을 알려주는 실마리[단서]가 아니라 시작점[시초]에 불과함

3. 한국 유교 윤리 사상의 현대적 의의

(1) **개인의 도덕성 강조** : 인간 존재 본연의 도덕적 가능성을 논하고 실천 방법을 탐구함

(2) **도덕적 공동체 문화의 강조** : 도덕 주체의 자각을 강조하여 개인과 사회의 도덕적 역량을 키울 수 있는 지침을 제공함 **예** 선비 정신, 예의와 염치, 효도와 공경 등

핵심 개념 CHECK!

• 정답 및 해설 15쪽

🖊 다음 확인 문제 중 옳은 것에 ○, 옳지 않은 것에 ✕를 표기하세요.

주제 1 도덕 감정

01 유교 사상은 우리나라에서 정치 이념, 도덕규범, 교육 등에서 많이 활용되었다. ○ ✕

02 조선 시대 유교는 성리학을 바탕으로 도덕적 완성과 이상 사회 구현을 추구하였다. ○ ✕

03 (함정) 이황은 이와 기의 능동성과 작용성을 모두 인정하였다. ○ ✕

04 (함정) 이황은 보편적 이는 두루 통하고 특수한 기는 국한된다고 주장하였다. ○ ✕

05 이황은 사단을 일반적 감정, 칠정을 도덕적 감정이라고 보았다. ○ ✕

06 이황은 사단과 칠정의 연원이 다르지 않다고 보았다. ○ ✕

07 이황은 거경과 궁리는 새의 두 날개와 같다고 비유하면서 거경과 궁리의 병행을 강조하였다. ○ ✕

08 이황은 사단과 칠정을 개념적으로 분리할 수 있다고 보았다. ○ ✕

09 이황은 경(敬)의 실천을 통한 인격 수양을 강조하였다. ○ ✕

10 (함정) 이이는 기가 발하고 이가 기를 타는 한 가지 길만 가능하다는 기발이승일도를 주장하였다. ○ ✕

11 (함정) 이이는 이와 기가 하나이면서 둘이고 둘이면서 하나인 묘합의 관계를 맺고 있다고 보았다. ○ ✕

12 이이는 칠정은 사단을 포함할 수 있지만 사단은 칠정을 포함할 수 없다고 보았다. ○ ✕

13 이이는 기질을 바로잡음으로써 도덕적 본성으로서의 이(理)를 실현해야 한다고 보았다. ○ ✕

14 이이는 이황과 달리 사단과 칠정 모두 기가 발하고 이가 기를 탄 감정이라고 보았다. ○ ✕

15 (함정) 이이는 이(理)는 무위하고 기(氣)는 유위하다고 보았다. ○ ✕

16 이이의 사상은 훗날 실학 사상에 영향을 주었다. ○ ✕

17 이이는 이와 기의 운동성과 자발성을 모두 인정하였다. ○ ✕

18 (함정) 이이는 이기불상리보다 이기불상잡을 강조하여 이와 기를 분리시켜 생각하려 하였다. ○ ✕

19 이이는 칠정과 사단을 부분과 전체의 관계로 인식하였다. ○ ✕

주제 2 도덕 본성

20 임진왜란과 병자호란으로 백성의 삶이 피폐해지면서 실생활에 도움이 되는 실용적 학문에 대한 요구가 증가하였다. ○ ✕

21 실학은 조선 시대 후기 기존의 성리학이 이론적 논쟁과 명분에만 치우치는 폐단을 낳는 상황에서 등장하였다. ○ ✕

22 실학의 형성에는 청나라 고증학의 영향과 서구 문물의 유입 등이 작용하였다. ○ ✕

23 (함정) 성리학에 비해 실학은 현실적 사회 문제 해결을 중시하였다. ○ ✕

24 실학은 경세치용, 이용후생, 실사구시 등을 강조하였다. ○ ✕

25 (함정) 정약용은 인간의 본성이 본래부터 선한 방향으로 정해져 있다고 보았다. ○ ✕

26 정약용은 인간을 현실적이고 혈기적인 존재로 보았다. ○ ✕

27 정약용은 하늘이 인간에게 자주지권을 부여하였다고 보았다. ○ ✕

28 (함정) 정약용은 인간의 본성이 곧 이치라는 기존의 성리학적 심성론을 그대로 계승하여 더욱 심화·발전시켰다. ○ ✕

29 정약용은 선을 좋아하고 악을 미워하는 경향을 영지의 기호라고 보았다. ○ ✕

30 정약용은 형구의 기호는 인간만이 지니는 기호라고 보았다. ○ ✕

31 정약용은 사단은 심(心)이라고는 할 수 있으나 성(性)이 아니라고 주장하였다. ○ ✕

32 정약용에 따르면 사단은 사덕이 내재함을 알려주는 실마리이다. ○ ✕

33 정약용은 사덕을 인간 본성에 내재한 것이 아니라 후천적으로 형성되는 것이라고 보았다. ○ ✕

34 정약용은 인간의 욕구를 생존과 더불어 도덕적인 삶을 살아가기 위한 추동력이라고 보았다. ○ ✕

35 정약용은 인간을 자율적이고 주체적인 존재로 보았다. ○ ✕

36 정약용은 사덕이 선천적으로 내재되어 있다고 본다. ○ ✕

37 정약용은 사단은 후천적으로 획득된다고 본다. ○ ✕

이황과 이이의 이기론과 사단칠정론의 차이는 **무엇**일까?

개념 · 자료로 확인

■ 이황과 이이의 이기론

> ○ 주자가 "이는 감정과 의지가 없고 조작 능력도 없다."라고 말한 것은 이 본연의 체(體)를 말한 것이며, "그것이 때에 따라 발현되고 이르지 않는 데가 없다."라고 말한 것은 이의 신묘한 생성 작용을 말한 것이다.
> – 퇴계집 –
>
> ○ 이와 기는 원래 서로 떨어질 수 없는 까닭에 마치 하나의 사물인 것 같다. 그러나 이와 기는 서로 다른 것이다. 이는 무형이고 기는 유형이며 이는 무위이고 기는 유위이기 때문이다.
> – 율곡집 –

이황은 주자의 주장에 근거하여 기의 작용성과 더불어 이도 신묘한 생성 작용을 지니고 있다고 보았다. 즉 이도 발할 수 있고 기도 발할 수 있다는 이기호발을 주장하였다. 한편 이이는 이는 무형, 무위이고 기는 유형, 유위이므로 이는 발하는 까닭일 뿐이며 기만 발할 수 있다는 기발이승일도를 주장하였다.

■ 이황과 이이의 사단칠정론

> ○ 맹자는 성선의 이치를 드러내어 밝히면서 사단을 가지고 말하였으니, 사단이 이에서 발하여 선하지 않음이 없다는 것을 알 수 있다. 또한 주자는 "사단은 이의 발이고 칠정은 기의 발이다."라고 말하였다. 대개 사단은 이에서 발하여 선하지 않음이 없으므로 이의 발이라 한 것은 진실로 의심할 것이 없다.
> – 퇴계집 –
>
> ○ 주자의 '이에서 발한다, 기에서 발한다.'라는 말의 본뜻은 '사단은 오로지 이만을 말하고 칠정은 기를 겸하여 말한다.'라는 것일 뿐이다. 그럼에도 퇴계는 주자의 말에 근거해서 '사단은 이가 발하여 기가 따른 것이고, 칠정은 기가 발하여 이가 탄 것이다.'라고 주장하였다. 그중에서 이른바 기발이승만 옳다.
> – 율곡집 –

이황은 사단은 이가 발하고 기가 이를 따른 것, 칠정은 기가 발하고 이가 기를 탄 것이라고 보았다. 이이는 사단과 칠정 모두 기가 발하고 이가 기를 탄 것이라고 보았다. 사단은 칠정의 선한 측면이므로 분리될 수 없다는 이이의 주장과 달리 이황은 사단과 칠정의 원천이 분명히 구분된다는 것을 강조하였다. 즉, 이황은 사단과 칠정의 유래를 구분하였으나 이이는 이황의 견해를 비판하고 사단과 칠정이 모두 기에서 유래된 것임을 주장하였다. 다시 말해 이이에 따르면, 인간의 내면에 사단과 칠정이라는 두 개의 마음이 존재하는 것이 아니라 사단이란 칠정이 선하게 드러난 것이다.

개념 · 빈칸 채우기로 확인

■ 이황과 이이의 이기론

Q1 이황은 이도 발할 수 있고 기도 발할 수 있다는 (　　　)을/를 주장하였다.

Q2 이황은 이는 존귀하고 기는 비천하다고 보는 (　　　)을/를 주장하였다.

Q3 이이는 이는 능동성과 작용성이 없으며 기만 능동성과 작용성이 있어 발할 수 있다고 보면서 기가 발하고 이가 기를 타는 한 가지 길만 가능하다는 (　　　)을/를 주장하였다.

■ 이황과 이이의 사단칠정론

Q4 이황은 사단의 연원과 칠정의 연원이 각각 (같다 / 다르다)고 보았다.

Q5 이이는 이황과 달리 (　　　)와/과 (　　　)이/가 모두 기가 발하고 이가 기를 탄 것이라고 보았다.

Q6 이황과 이이는 사단과 칠정이 모두 (성(性) / 정(情))이라고 보았다.

Q7 (　　　)은/는 사단을 칠정의 선한 측면이라고 주장하였다.

개념 · 문제에 적용

연습하기 Q8 다음을 주장한 사상가가 긍정할 질문에 ○를, 부정할 질문에 ✕를 표시하시오.

> 무형 무위이면서 유형 유위인 것의 주재가 되는 것은 이요, 유형 유위이면서 무형 무위인 것의 그릇이 되는 것은 기이다. 이는 무형이고 기는 유형이므로 이는 통하고 기는 국한된다. 이는 무위이고 기는 유위이므로 기가 발하면 이가 타게 된다.

- 보편성을 지닌 이는 통하고 특수성을 지닌 기는 국한되는가?　❶(○ / ✕)
- 사단을 칠정을 포함할 수 있는가?　❷(○ / ✕)
- 개개 사물에서 이와 기는 오묘하게 어우러져 있는가?　❸(○ / ✕)
- '이가 발하고 기가 이를 따른다.'는 명제는 틀린 것으로 보아야 하는가?　❹(○ / ✕)

적용하기 Q9 다음 동양 사상가의 입장으로 가장 적절한 것은?

> 정(情)에 사단과 칠정의 분별이 있는 것은 성(性)에 본연지성과 기질지성의 분별이 있는 것과 같다. 사단과 칠정이 모두 이기(理氣)를 벗어나는 것은 아니다. 그러나 각각의 유래와 관련하여 주되거나 중요한 것을 가리켜 말한다면 어떤 것은 이라고 하고 어떤 것은 기라고 하는 것이 어찌 불가하겠는가?

① 사단은 이가 발한 정이고 칠정은 기가 발한 정이다.
② 사단과 칠정은 모두 모든 인간이 지닌 순수한 도덕적 감정이다.
③ 사단은 칠정의 선한 측면일 뿐이며 사단과 칠정의 연원은 같다.
④ 칠정은 사단을 포함할 수 있으나 사단은 칠정을 포함할 수 없다.
⑤ 사단과 칠정 모두 기가 발하여 이가 기를 탄 것으로 보아야 한다.

주제 1 도덕 감정

족집게 전략 | 제시문에 나타난 이이의 이기론을 파악하는 문제이다. 제시문에서 이이는 물과 그릇의 비유를 통해 이는 두루 통하고 기는 국한된다는 이통기국을 주장하였다.

056 대표 문항
| 평가원 기출 |

다음 한국 사상가의 입장으로 가장 적절한 것은?

> 이(理)는 물에 비유할 수 있는데, 물이 본래 맑은 것은 사람의 성(性)이 본래 선(善)한 것과 같고, 물을 담는 그릇의 깨끗하고 더러움이 똑같지 않은 것은 사람의 기질이 각각 다른 것과 같다. 그릇이 움직이면 물도 움직이는 것은 기(氣)가 발(發)할 때에 이가 타는[乘] 것이다. 그릇이 움직이면 물도 반드시 움직이지만 물이 스스로 움직이지 못하는 것은 이가 스스로 발하지 않는 것과 같다.

① 기와 달리 이는 무형(無形)의 존재이지만 운동성을 지닌다[有爲].
② 칠정(七情)은 기가 발할 때 이가 올라탄 것으로 순선한 감정이다.
③ 이는 보편적인 것으로 두루 통하지만[通] 기는 국한된다[局].
④ 발현하게 하는 까닭[所以]은 기이고 발현하는 것은 이(理)이다.
⑤ 기질을 바로 잡는[矯] 수양으로 본연지성을 변화시킬 수 있다.

한줄 Tip 물과 그릇의 비유를 통해 이이의 이통기국 사상을 파악하는 것이 포인트야!

057 고난도↑
| 평가원 기출 |

한국 사상가 갑, 을의 입장에 대한 설명으로 가장 적절한 것은?

> 갑 : 이치[理]에 감정과 의지, 그리고 조작이 없다는 것은 그 본체가 그렇다는 것일 뿐, 그 쓰임[用]의 차원에서 보면 이치는 그 만나는 곳에 따라 발현하여 이르지 않음이 없다. 내가 사물의 이치를 알지 못하는 것이 걱정스러울 뿐, 이치가 스스로 이를[自到] 수 없음을 걱정하지는 않는다.
>
> 을 : 기(氣)가 치우치거나 온전하면 이치도 치우치거나 온전한데, 실제로 치우치거나 온전한 것은 기[氣局]뿐이고 이치는 그 두루 미치는 특성[理通] 때문에 손상되지 않는다. 기는 본래 깨끗하지만 그 깨끗함을 상실하기도 하는데, 이것은 기에 운동성이 있기 때문이다.

① 갑은 칠정이 사단과 달리 선악 중 어느 하나로 정해져 있는 것으로 본다.
② 을은 기질지성이 교정되면 본연지성으로 변할 수 있다고 본다.
③ 갑은 을과 달리 이와 기가 결합한 기질지성을 인간의 본성으로 본다.
④ 을은 갑과 달리 이와 기가 개념적으로는 구분될 수 있다고 본다.
⑤ 갑, 을은 모두 본성이 마음에서 발현된 결과를 사단이라고 본다.

058
| 평가원 기출 |

그림은 서술형 평가 문제와 학생 답안이다. 학생 답안의 ㉠~㉤ 중 옳지 않은 것은?

> **서술형 평가**
>
> ◎ 문제 : 한국 사상가 갑, 을의 입장을 비교하여 설명하시오.
>
> 갑 : 맹자는 사단(四端)의 발(發)을 마음이라는 표현으로 설명하였다. 이처럼 본래 마음은 이(理)와 기(氣)의 합이지만 이(理)를 위주로 표현할 수 있다. 이를 위주로 말하면 사단은 이가 발함에 기가 따르는 것이다.
>
> 을 : 맹자는 사단을 논할 때 반드시 성선(性善)을 사단의 근본으로 삼았다. 이것은 인의예지를 실천하는 일[行事]로 말한 것이다. 귀한 손님이 왔을 때 공경하면서도 절하여 맞이하지 않는다면 예(禮)라고 할 수 없다.

> ◎ **학생 답안**
>
> 갑과 을의 입장을 비교해 보면, 갑은 ㉠ <u>사양지심(辭讓之心)을 인간의 마음에 예라는 덕(德)이 내재함을 알게 해 주는 실마리로 보았으며</u>, ㉡ <u>사욕을 제거하기 위해 마음을 한곳에 집중하여 흐트러지지 않게 하는 수양[主一無適]이 필요하다고 보았다.</u> 반면 을은 ㉢ <u>인간이 사양지심을 실천하여 후천적으로 형성된 덕을 예라고 보았으며</u>, ㉣ <u>인간과 동물 모두에게 부여된 영지(靈知)의 기호를 확충하는 수양이 필요하다고 보았다.</u> 한편 갑, 을은 모두 ㉤ <u>사단을 인간이 태어날 때부터 가지고 있는 마음으로 보았다.</u>

① ㉠   ② ㉡   ③ ㉢   ④ ㉣   ⑤ ㉤

059
| 교육청 기출 |

한국 사상가 갑, 을의 입장에 대한 설명으로 옳은 것은?

> ○○에게
>
> 갑은 어린 아이가 우물에 들어가는 것을 보고 측은하게 여기는 것은 기(氣)이며 측은의 근본은 인(仁)이라 하였고, 발(發)하는 것은 기이며 발하는 소이(所以)는 이(理)라고 하였습니다. 제가 보기에 이것은 현상으로부터 본원(本源)을 본 것입니다. 한편 을은 본연지성(本然之性)을 기질과 섞어 말하지 않았고, 사단(四端)을 이가 발하고 기가 따르는 것이라고 하였습니다. 제가 보기에 이것은 본원으로부터 다양한 현상을 본 것입니다.

① 갑은 사단과 칠정의 연원이 다르다고 본다.
② 갑은 이와 기가 모두 운동성을 지닌다고 본다.
③ 을은 사단을 칠정에 포함되는 선한 것으로 본다.
④ 을은 이와 기는 각각 발할 수 있지만 함께 있다고 본다.
⑤ 갑, 을은 사단은 본성이지만 칠정은 감정이라고 본다.

060

그림은 서술형 평가 문제와 학생 답안이다. 학생 답안의 ㉠~㉤ 중 옳지 <u>않은</u> 것은? | 평가원 기출 |

서술형 평가

◎ 문제 : 한국 사상가 갑, 을의 입장을 비교하여 설명하시오.

갑 : 사단(四端)과 칠정(七情)으로 각각 구분해서 말하면 사단에 있어서의 이(理)는 칠정에 있어서의 기(氣)의 관계와 같다. 사단이 바깥 사물의 자극을 받아 움직이는 것도 칠정의 경우와 같다. 다만 사단은 이가 발(發)함에 기가 따르는 것이며, 칠정은 기가 발함에 이가 타는 것이다.

을 : 사단은 칠정의 선한 측면이고, 칠정은 사단을 포함한 것이다. 따라서 칠정 밖에 다른 정(情)은 없다. 사단은 다만 선한 정의 다른 이름이니, 사단은 칠정 안에 있는 것이다. 어찌 사단과 칠정의 양변이 있겠는가?

◎ 학생 답안

갑과 을의 입장을 비교해 보면, 갑은 ㉠ <u>이와 기는 모두 발하는 것이며,</u> ㉡ <u>인(仁)은 이가 발한 것이지만 측은하게 여기는 마음[惻隱之心]은 기가 발한 것이라고 보았다.</u> 이에 비해 을은 ㉢ <u>이는 발하게 하는 까닭일 뿐 스스로 발할 수 없다고 보았으며,</u> ㉣ <u>사단과 칠정의 연원이 같다고 보았다.</u> 한편 갑, 을은 모두 ㉤ <u>경건한 마음[敬]을 항상 유지하고 지켜야 한다고 주장하였다.</u>

---

① ㉠　　② ㉡　　③ ㉢　　④ ㉣　　⑤ ㉤

061

다음을 주장한 한국 사상가의 입장만을 〈보기〉에서 있는 대로 고른 것은?

"이(理)는 감정도 의지도 없고 조작하고 만들어 내는 능력도 없다[無造作]."라고 한 것은 이의 본연의 체(體)를 말한 것이다. 그런데 본체의 무위(無爲)만을 보고 생성 작용이 드러나는 운행을 알지 못하여 이(理)를 죽은 물건으로 간주한다면, 도(道)에서 너무도 거리가 먼 것이 아닌가?

〔보기〕

ㄱ. 기에 동정(動靜)이 있듯이 이에도 동정이 있다.
ㄴ. 이는 발하는 것이 아니라 발하는 까닭일 뿐이다.
ㄷ. 사단은 이가 발한 성(性)이고 칠정은 기가 발한 정(情)이다.
ㄹ. 원리적 개념인 이는 존귀하고 현상적 개념인 기는 비천하다.

① ㄱ, ㄴ　　② ㄱ, ㄹ　　③ ㄴ, ㄷ
④ ㄱ, ㄷ, ㄹ　　⑤ ㄴ, ㄷ, ㄹ

062

(가)의 한국 사상가 갑, 을의 입장을 (나) 그림으로 표현할 때, A~C에 해당하는 적절한 진술만을 〈보기〉에서 있는 대로 고른 것은?

(가)	갑 : 본연의 성과 기질의 성이 다르듯이 사단과 칠정에도 구별이 있다. 주자는 "이에 동정이 없다면 기가 어찌 스스로 동정하겠는가?"라고 말하였다. 대개 이가 동하면 기가 좇아서 생하며 기가 동하면 이가 좇아서 나타난다. 을 : 기질의 성은 본연의 성을 겸한다. 이런 까닭에 칠정은 사단을 겸할 수 있다. 주자의 "이에서 발한다. 기에 발한다."라는 말은 '사단은 오로지 이만을 말하고 칠정은 기를 겸하여 말한다.'라는 뜻일 뿐이다.
(나)	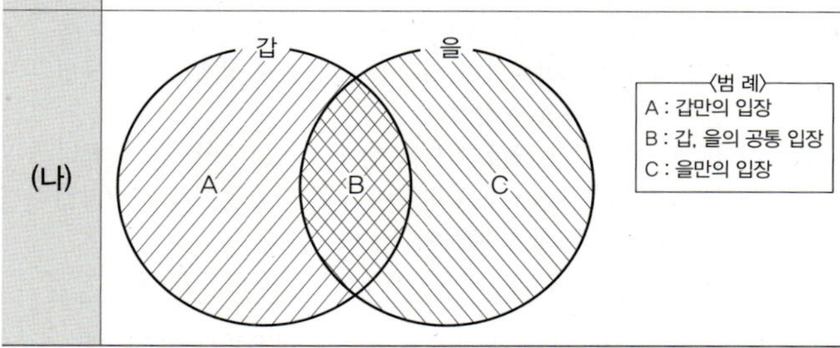

〔보기〕

ㄱ. A : 이는 사단의 연원이고 기는 칠정의 연원이다.
ㄴ. B : 칠정은 기가 발하고 이가 기를 탄 감정이다.
ㄷ. B : 사단은 타고난 마음이지만 사덕은 후천적인 것이다.
ㄹ. C : 기가 발하고 이가 기를 타는 한 가지 길만 가능하다.

① ㄱ, ㄴ　　② ㄱ, ㄷ　　③ ㄷ, ㄹ
④ ㄱ, ㄴ, ㄹ　　⑤ ㄴ, ㄷ, ㄹ

063

갑은 긍정, 을은 부정의 대답을 할 질문만을 〈보기〉에서 있는 대로 고른 것은?

갑 : 사단과 칠정은 다 같은 정(情)인데 어찌하여 이름을 달리하겠는가? 진실로 이 없는 기가 없고 기 없는 이가 없지만 가리켜 말하는 것이 다르면 양자의 구별이 있게 된다.

을 : 사단은 칠정을 겸(兼)할 수 없으나 칠정은 사단을 겸할 수 있다. 사단은 전체를 아우르는 점에서는 칠정만 못하고 칠정은 순수한 점에서는 사단만 못하다고 할 수 있다.

〔보기〕

ㄱ. 사단은 칠정에 포함되며 칠정의 선한 측면일 뿐인가?
ㄴ. 사단은 이가 발하고 기가 이를 따른 순선한 감정인가?
ㄷ. 사단은 이의 작용으로 칠정은 기의 작용으로 말미암은 것인가?
ㄹ. 사단의 연원과 칠정의 연원이 각기 다른 것으로 보아야 하는가?

① ㄱ, ㄴ　　② ㄱ, ㄷ　　③ ㄷ, ㄹ
④ ㄱ, ㄴ, ㄹ　　⑤ ㄴ, ㄷ, ㄹ

주제 2 도덕 본성

족집게 전략 | 제시문에서 정약용의 성기호설과 자주지권을 파악하는 문제이다. 선을 좋아하고 악을 미워하는 경향성을 말하는 내용에서 성기호설을, 선을 행할 수도 악을 행할 수도 있다는 내용에서 자주지권을 파악해야 한다.

064 대표 문항 고난도
| 평가원 기출 |

다음 한국 사상가의 입장만을 〈보기〉에서 있는 대로 고른 것은?

> ○ 불효자도 효자라고 칭찬하면 기뻐한다. 사람은 본래 선을 좋아하고 악을 부끄러워하기 때문에 불효자도 실제로는 잘못인 줄 알면서도 기뻐하는 것이다.
> ○ 사람들이 선하고자 한다면 선을 행할 수 있고, 악하고자 한다면 악을 행할 수 있는 것은 하늘이 모든 사람들에게 자주지권(自主之權)을 부여했기 때문이다.

[보기]
ㄱ. 인간의 본성은 하늘의 이치[天理]이자 마음의 경향성이다.
ㄴ. 인간은 자유로운 선택을 통해 선행이나 악행을 할 수 있다.
ㄷ. 선한 행위는 본성에 내재된 사덕(四德)을 실천하는 것이다.
ㄹ. 형구(形軀)의 기호는 인간과 동물 모두에게 부여된 성이다.

① ㄱ, ㄴ 　　② ㄱ, ㄷ 　　③ ㄴ, ㄹ
④ ㄱ, ㄷ, ㄹ 　　⑤ ㄴ, ㄷ, ㄹ

 **한줄 Tip** 성이 선을 좋아하는 기호라는 점, 인간의 자율적 선택권을 지닌다고 자주지권을 지닌다는 점을 파악하는 것이 포인트야!

065
| 평가원 기출 |

한국 사상가 갑, 을의 입장에 대한 옳은 설명을 〈보기〉에서 고른 것은?

> 갑 : 사람의 본성은 이와 기가 합해진 것이다. 이가 기 속에 있는 것을 기질지성(氣質之性)이라 하고, 기질 속의 이만을 홀로 가리켜 말한 것을 본연지성(本然之性)이라 한다. 본연지성과 기질지성은 하나의 성이지만, 주(主)로 말한 것이 달라 두 개의 이름이 있을 뿐이다. 성이 이미 하나인데, 정에 이발과 기발의 다름이 있다고 한다면, 성을 아는 것이 아니다.
> 을 : 사람의 본성은 도의(道義)와 기질(氣質)이 합해진 것이다. 식욕을 추구하는 성향을 기질지성이라 하고, 선을 좋아하고 악을 싫어하는 성향을 도의지성(道義之性)이라 한다. 짐승도 먹이를 던져 주면 먹으려 한다. 사람과 짐승의 본성을 똑같이 기질지성이라고 하면 사람을 깎아내리는 것이고, 똑같이 도의지성이라고 하면 금수를 끌어올리는 것이다.

[보기]
ㄱ. 갑은 탁하고 편벽된 기질이 불선(不善)의 원인이 된다고 본다.
ㄴ. 을은 인간만이 선천적인 도의의 본성을 지니고 있다고 본다.
ㄷ. 을은 갑과 달리 사람이 시비 분별의 마음을 본래 갖추고 있다고 본다.
ㄹ. 갑, 을은 도덕적인 행위로 인의(仁義)의 덕이 형성된다고 본다.

① ㄱ, ㄴ 　② ㄱ, ㄷ 　③ ㄴ, ㄷ 　④ ㄴ, ㄹ 　⑤ ㄷ, ㄹ

066
| 평가원 기출 |

(가)를 주장한 한국 사상가의 입장에서 볼 때, (나)의 퍼즐 속 세로 낱말 (B)에 대한 설명으로 가장 적절한 것은?

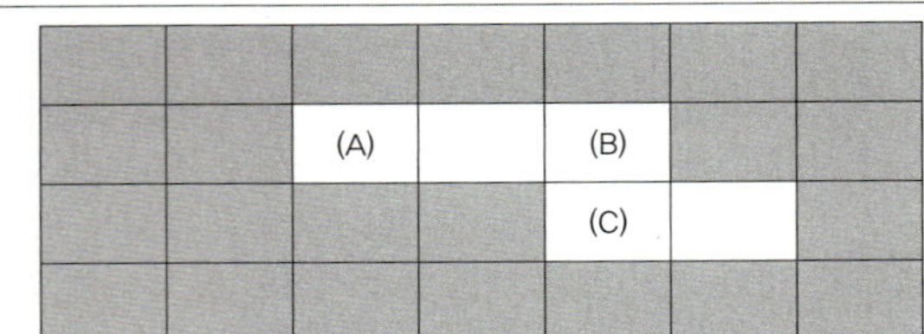

(가)	사람의 성(性)이 선을 좋아함으로 인해 측은(惻隱)과 사양(辭讓)의 마음이 있고, 악을 싫어함으로 인해 수오(羞惡)와 시비(是非)의 마음이 있다. 그리고 사심(四心)이 있음으로 인해 사덕(四德)을 이룰 수 있다.
(나)	(퍼즐 그림: (A), (B), (C) 칸) [가로 열쇠] (A) : 주희의 사상을 비판하고 심학(心學)을 체계화한 명 대(明代) 사상가의 이름. 호는 양명(陽明) (C) : 고려 시대에 천태종을 개창한 한국 불교 사상가의 자(字). 시호는 대각국사(大覺國師) [세로 열쇠] (B) : …… 개념

① 모든 인간이 지니고 있는 사랑의 정신과 정의로운 마음이다.
② 사양과 시비의 마음의 근거라고 할 수 있는 선천적인 덕이다.
③ 덕으로 자라날 수 있는 싹이나 뿌리에 해당하는 선한 마음이다.
④ 예의를 배우고 익혀 이기적인 본성을 교화할 때 형성되는 덕이다.
⑤ 측은과 수오의 마음을 일상에서 확충함으로써 얻게 되는 덕이다.

067
| 평가원 기출 |

(가)의 한국 사상가 갑, 동양 사상가 을의 입장을 (나) 그림으로 표현할 때, A∼C에 들어갈 내용으로 옳지 않은 것은?

(가)	갑 : 사람이 잉태되면 하늘은 선을 좋아하고 악을 싫어하는 기호인 영명한 본체를 부여한다. 동물은 억지로 인간이 하는 것을 할 수 없다. 사람은 자주의 권한[自主之權]도 부여받아, 선하고자 하면 선을 행할 수 있고 악하고자 하면 악을 행할 수 있다. 을 : 사람과 만물이 생겨나면 이치 또한 부여받는데, 각각 부여받은 이치를 본성[性]으로 삼는다. 기질의 맑고 탁한 차이로 인해 사람과 동물의 차이가 생겨난다. 사람은 기질의 차이에 따라 선을 행하기도 하고 불선을 행하기도 한다.
(나)	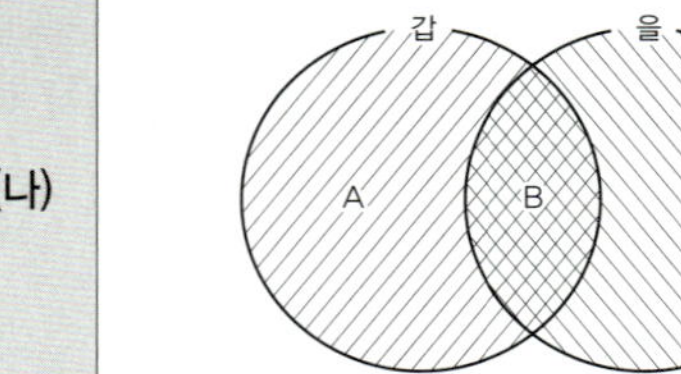

① A : 덕을 좋아하는 성향[嗜好]은 하늘이 사람에게 부여한 본성이다.
② A : 예(禮)의 덕은 사양하는 마음을 실천하여 후천적으로 형성된다.
③ B : 인격을 수양하는 궁극 목적은 도덕적인 사회를 실현하는 것이다.
④ C : 만물에 부여된 형이상의 본성에도 인의예지가 갖추어져 있다.
⑤ C : 사단(四端)은 인간이 태어나면서 선천적으로 지니는 선한 감정이다.

068

| 평가원 기출 |

한국 사상가 갑, 을의 입장에 대한 설명으로 옳은 것은?

갑 : 맹자는 성선(性善)의 이치를 드러내어 밝히면서 사단(四端)을 가지고 말하였으니, 사단은 이(理)가 발(發)한 것이라 선하다는 것을 알 수 있다. 또한 주자는 "사단은 이의 발이고, 칠정(七情)은 기(氣)의 발이다."라고 말했다. 대개 사단은 이가 발하여 선한 것이므로 이의 발이라 한 것이다.

을 : 성인(聖人)은 사단을 인의예지의 근본으로 보고 여기서부터 공부를 일으키고 기초를 닦아 확충하게 하였다. 만약 사단의 이면(異面)에 인의예지가 잠복해서 주인이 된다면, 이것은 맹자의 확충 공부가 그 근본을 버리고 그 끝을 잡는 격이 될 것이다.

① 갑은 마음 밖의 사덕(四德)을 통해 사단이 발휘된다고 본다.
② 갑은 사단이 인간의 본성으로 칠정의 선한 측면일 뿐이라고 본다.
③ 을은 선을 좋아하는 마음의 기호(嗜好)가 사덕이라고 본다.
④ 을은 일상에서 사단을 부단히 실천함으로써 사덕이 형성된다고 본다.
⑤ 갑, 을은 사단의 형성을 위하여 본성을 변화시켜야 한다고 본다.

069

다음을 주장한 한국 사상가의 입장만을 〈보기〉에서 있는 대로 고른 것은?

기질(氣質)의 성(性)은 단 것을 좋아하고 쓴 것을 싫어하며 향기를 좋아하고 악취를 싫어하는 것이며, 천명(天命)의 성은 선을 좋아하고 악을 미워하여 의를 좋아하고 탐욕을 미워하는 것이다. 하늘이 나에게 성을 부여할 때 선을 좋아하는 감정과 선을 가릴 수 있는 능력을 함께 주었다.

〈보기〉
ㄱ. 인간의 성은 선으로 고정된 것이 아니다.
ㄴ. 천명으로 주어진 인(仁)은 측은지심으로 표출된다.
ㄷ. 욕구는 인간의 생존과 도덕적 삶을 위한 원동력이 된다.
ㄹ. 타고난 기질에 따라 선한 사람이나 악한 사람이 되는 것이다.

① ㄱ, ㄴ   ② ㄱ, ㄷ   ③ ㄴ, ㄹ
④ ㄱ, ㄷ, ㄹ   ⑤ ㄴ, ㄷ, ㄹ

070

다음을 주장한 한국 사상가의 입장만을 〈보기〉에서 있는 대로 고른 것은?

기린은 선한 것으로 정해져 있어 선한 것이 공(功)이 되지 않고, 승냥이는 악한 것으로 정해져 있는 악한 것이 죄가 되지 않는다. 하지만 인간은 선을 행하고자 하면 선을 행할 수 있고 악을 행하고자 하면 악을 행할 수 있는 마음의 권능을 지닌다. 따라서 인간이 선을 행하면 자신의 공이 되고 악을 행하면 자신의 죄가 된다.

〈보기〉
ㄱ. 인간 본성은 선하지만 사욕으로 악해지는 것이다.
ㄴ. 사양지심은 예의 실마리가 아니라 시작점에 불과하다.
ㄷ. 측은의 마음을 계속 밀고 나가면 비로소 인이 성립된다.
ㄹ. 사단과 사덕은 인간 본성에 부여받은 주체적인 이치이다.

① ㄱ, ㄴ   ② ㄱ, ㄹ   ③ ㄴ, ㄷ
④ ㄱ, ㄷ, ㄹ   ⑤ ㄴ, ㄷ, ㄹ

071

한국 유교 사상가 갑, 을, 병 모두 부정의 대답을 할 질문으로 가장 적절한 것은?

갑 : 천리는 무위인 것으로서 반드시 기(氣)의 기틀을 타야 움직이는 것이니, 기가 움직이지 않고 이(理)가 움직인다는 것은 있을 수 없다.

을 : 칠정과 기의 관계는 사단과 이의 관계와 같다. 그 이름이 모두 가리키는 바가 있으므로 주(主)가 되는 바에 따라 나누어 귀속시킬 수 있다.

병 : 사심(四心)이 바로 사단이며, 사덕(四德)은 사단을 확충한 것이다. 측은(惻隱)을 확충하여 자상함의 극치에 이르면 인(仁)이 천하를 뒤덮게 된다. 그러나 확충하지 못하면 인이라는 명칭은 끝내 성립할 수 없다.

① 사덕은 천리가 아니며 사단을 실천해야 이루어지는 것인가?
② 사덕은 사단을 통해서 그 존재를 알 수 있는 선천적인 것인가?
③ 사덕은 하늘로부터 부여받은 본성에 내재하는 선한 것인가?
④ 사단은 사람에게 있는 마음이고 사덕의 시작이 되는 것인가?
⑤ 사단은 선을 좋아하는 기호에 따라 행동하여 형성되는 것인가?

072

다음을 주장한 한국 사상가의 입장만을 〈보기〉에서 있는 대로 고른 것은?

요임금과 순임금이 맑은 기질을 받아서 성현이 된 것이 아니고, 걸왕과 주왕이 탁한 기질을 받아서 악인이 된 것이 아니다. 사람의 선악이 결정되어 있는 것이라면 요순은 저절로 선한 것이고 걸주는 저절로 악한 것이다. 그렇다면 사람을 자기 행동을 선택하는 주체라고 볼 수 없게 된다.

〈보기〉
ㄱ. 사단은 성(性)도 이치도 덕(德)도 아니다.
ㄴ. 본성에 인의예지라는 덕이 내재되어 있는 것이 아니다.
ㄷ. 사단과 사덕을 서로 영향을 주고받아 서로 형성되는 것이다.
ㄹ. 사덕을 확충하여 지속적으로 실천하지 않으면 사단이라는 이름은 성립되지 않는다.

① ㄱ, ㄴ   ② ㄱ, ㄷ   ③ ㄷ, ㄹ
④ ㄱ, ㄴ, ㄹ   ⑤ ㄴ, ㄷ, ㄹ

05강

자비의 윤리·분쟁과 화합

주제 1 | **깨달음과 깨달음의 길**

1. 불교의 기원

성립 배경	• 기원전 6세기경 전통 브라만교가 권위를 상실함. 육사외도와 같은 새로운 사상이 등장함 • 창시자인 부처[佛], 부처가 깨닫고 설법한 진리[法], 출가한 사람을 중심으로 한 수행 공동체[僧]를 토대로 하나의 종교 체제를 갖춤
이론 체계	• 인간의 삶에서 고통의 원인을 찾고 고통에서 벗어나고자 함 • 진리를 깨닫지 못하는 어리석음[無明]으로 인하여 윤회의 고통에서 벗어나지 못함

2. 초기 불교의 가르침 → 인연생기(因緣生起)의 준말 : 원인, 조건, 생겨남, 일어남

연기설 (緣起說)		• 모든 존재와 현상은 원인[因]과 조건[緣]에 의해 생성, 소멸함 • 모든 사물과 현상은 독립적으로 존재할 수 없음, 즉 상호 의존성을 지님
사성제 (四聖諦)	고성제(苦聖諦)	인간의 삶은 고통임. 생로병사(生老病死)가 대표적 고통임 : 사고(四苦)
	집성제(集聖諦)	고통의 원인은 무명(無明)과 애욕(愛慾)임
	멸성제(滅聖諦)	무명과 애욕을 없애면 더 이상 고통이 없는 열반에 이르게 됨
	도성제(道聖諦)	무명과 애욕을 없애기 위해서는 중도(中道)를 닦아야 함. 중도의 구체적 내용이 팔정도(八正道)임
삼법인 (三法印)	제행무상(諸行無常)	세상의 모든 것은 불변하는 것이 아니라 끊임없이 생멸, 변화함
	제법무아(諸法無我)	'나'라고 주장할 만한 불변하는 실체는 존재하지 않음
	일체개고(一切皆苦)	끊임없이 변화하는 모든 것은 고통일 수밖에 없음
	열반적정(涅槃寂靜)	깨달음을 통해 이르게 되는 열반은 고요한 경지임

3. 불교의 전개
→ 세 가지의 진실한 가르침인 제행무상, 제법무아, 일체개고를 말함. 여기에다 열반적정을 더하여 사법인이라고 부르기도 함

부파불교 (部派佛敎)	• 개인의 해탈을 중시함 → 개인의 내면에 몰입하여 사회와 분리된 엄격한 종교성을 추구함 • 아라한(阿羅漢) : 부파 불교의 이상적 인간으로, 가장 높은 경지에 오른 수행자를 말함 • 출가 수행자가 아니고서는 성취하기 어려운 교리를 강조하여 비판을 받음
대승불교 (大乘佛敎)	• 중생과 함께하는 대중적인 측면을 강조함 → 자신뿐만 아니라 타인의 깨달음도 중시함 • 보살(菩薩) : 대승 불교의 이상적 인간으로, 위로는 깨달음을 얻고자 노력하고 아래로는 중생 구제를 추구함 • 공(空) 사상 : 모든 현상과 존재가 고정불변의 독자적 실체를 지니지 않는다고 보는 사상

	중관(中觀) 사상	• 모든 존재는 실체가 없는 공(空)임 → 모든 것은 연기에 의해 존재하므로 사물의 독자적인 실체나 속성인 자성(自性)은 존재하지 않음 • 모든 것이 있음과 없음의 양극단이 아닌 중도의 자리에 머문다고 주장함 • 중도에 따라 양극단에 빠지지 않고 올바른 길을 찾아 실천할 때 깨달음을 얻을 수 있음 → 많은 사람이 함께 타고 가는 깨달음에 이를 수 있는 '큰 수레'라는 뜻임
	유식(唯識) 사상	• 구체적인 사물의 실체를 부정하면서도 감각하고 지각하며 사고하는 마음의 작용은 존재한다고 주장함 → 사물은 오직[唯] 마음[識]의 작용으로만 존재함 • 일체유심조(一切唯心造) : 현상을 구성하는 모든 것은 우리의 마음이 만들어 낸 것임 → 마음에 대한 깊은 논의와 마음을 닦는 수행에 관심을 가짐

4. 교종과 선종
→ "법화경"을 주요 경전을 삼음. 교(敎)와 실천에 해당하는 관(觀)이 어우러져야 한다는 교관이문(敎觀二門)을 주장함

교종	• 교(敎)의 강조 : 경전의 교리를 통해 진리를 깨닫고 실천하는 삶 중시 • 대표적 종파로 천태종, 화엄종, 정토종 등이 있음 • 지나치게 이론적이고 엄격한 성격으로 말미암아 대중에게 널리 퍼지지 못함
선종	• 불성에 대한 직관을 중시하였으며 마음을 한곳에 모아 고요한 경지에 들어가는 선(禪)을 강조 • 중생 스스로가 자신의 본성이 곧 부처임을 자각하는 돈오(頓悟)를 강조

→ 부처가 거주한다는 정토와 아미타불의 존재를 믿으며, 이승에서 염불을 하여 극락정토에 태어날 것을 기원하는 종파

＊ 애욕(愛慾)

애정과 욕심을 이르는 말로 인간의 괴로움이 끊임없이 무엇인가를 갈망하는 것

＊ 삼독(三毒)

사람의 착한 마음을 해치는 세 가지 번뇌. 곧, 탐욕(욕심)·성냄·어리석음을 이름

→ 석가모니가 깨달은 네 가지 성스러운 진리를 말함. 괴로움의 원인과 그것을 멸하는 길을 밝힌 것임

＊ 오온(五蘊)

물질과 정신을 오분(五分)한 것. 물질적 육체인 색(色), 의식이나 감정인 수(受), 마음속의 표상인 상(想), 현재의 작용인 행(行), 주체적 인식과 판단인 식(識)

＊ 불교의 세계관과 인간관

연기적 세계관	모든 존재가 하나로 연결되어 있다는 자타불이(自他不二)의 관점 → 자비(自悲)
평등적 세계관	모든 인간은 불성이 있어 부처가 될 수 있는 평등하고 존귀한 존재임
주체적 인간관	외부나 절대적 존재의 도움 없이 스스로 수행하여 깨달음을 얻을 수 있음

＊ 선종의 핵심 종지(宗旨)

이심전심	진리는 마음에서 마음으로 전하는 것
불립문자	말이나 문자에 집착하지 않는 것
교외별전	경전과는 별도로 전하여 가르치는 것
직지인심	자신의 마음을 직접 바라보는 것
견성성불	자신의 마음속의 불성을 깨달으면 누구나 부처가 될 수 있음

1. 불교의 수용과 전개 과정

수용 배경	삼국 시대 왕권 강화, 체제 정비, 민심 안정 차원에서 불교를 수용함
전개 과정	• 통일 신라 : 교종이 성행하며 경전 연구와 여러 이론의 정립이 본격화됨. 원효의 영향으로 불교의 대중화가 진전됨. 말기에는 선종이 수용되었으며 지방 호족들의 전폭적 지지를 받은 선종이 교종과 더불어 양대 세력이 됨 • 선종과 교종의 갈등으로 이를 해결하기 위한 의천과 지눌의 통합 노력이 나타남

2. 원효의 사상

일심(一心) 사상	• 깨끗함과 더러움 등의 상대적 구분을 벗어난 절대적인 '어떤 것'으로서의 마음 • 중생의 마음에 청정한 본래의 마음인 진여(眞如)와 선악이 뒤섞여 있는 현실의 마음인 생멸(生滅)의 두 측면이 있지만 서로 별개의 것이 아니라는 주장 • 모든 존재, 종파, 이론은 다르면서도 같고 같으면서도 다르므로 서로 다툴 필요가 없음
화쟁(和諍) 사상	• 다툼과 대립에서 벗어나 서로 다른 주장과 견해를 조화롭게 화합하도록 이끄는 것 • 원융회통(圓融會通) : 모든 종파와 사상을 분리시켜 고집하지 말고, 보다 높은 차원에서 하나로 종합해야 함 • 화쟁은 궁극적으로 일심으로 돌아가기 위함이며, 일심으로 돌아가는 것은 화쟁의 완성임
무애행 (無碍行)	• 보살의 정신에 따라 출가 수행자의 계율에 구속되지 않고 형식과 방법에서 벗어남 • 보통 사람도 성불할 수 있다는 내용으로 불교의 대중화에 기여함

일심 사상 주석 : 불교에서 의미하는 중생심의 근원이 되는 참되고 한결같은 마음

원융회통 주석 : 원만하게 융화를 이루고 서로 만나 통함. 다양한 종파와 이론적 대립을 소통시키고 더 높은 차원에서 통합하려는 불교 사상

3. 의천의 사상

선교 통합	• 고려 초 선종과 교종의 대립이 극심해지면서 국가적 문제로 부각됨 • 원효의 사상을 계승하여 교종과 선종의 대립을 해결하고 조화를 이루고자 함 • 교종인 천태종을 중심으로 선종을 통합하고자 함
수행 방법	• 교관겸수(敎觀兼修) : 경전의 가르침인 교(敎)와 마음을 바라보는 관(觀)을 함께 닦아야 함 • 내외겸전(內外兼全) : 선종에서 강조하는 마음 수양[內]과 교종에서 강조하는 교리 공부[外]를 함께 행해야 함

4. 지눌의 사상

선교 통합	• 원효의 사상을 계승하여 종파와 교리를 화합하려는 성격을 보임 • 선종인 조계종을 중심으로 교종을 통합하고자 함, 선 수행의 한 부분으로 교학 공부를 받아들임 • 정혜결사 운동을 통해 이익과 명예를 추구하기보다 정과 혜를 함께 닦자고 주장함
수행 방법	• 선교(禪敎)일원(一元) : 선종과 교종은 본래부터 하나임 • 돈오(頓悟)점수(漸修) : 단박에 깨친 후에도 점진적으로 닦는 수행이 필요함, 즉, 돈오 이후에도 몸에 밴 나쁜 습관이나 기운을 점차 소멸시켜 나가야 함 • 정혜쌍수(定慧雙修) : 점수(漸修)의 구체적 내용. 마음을 고요한 경지에 이르도록 하는 선정[定]과 사물의 실상을 파악하는 지혜[慧]를 함께 닦는 수행법. '정'은 마음의 본체, '혜'는 마음의 작용 • 간화선(看話禪) : 화두(話頭)를 들고 수행하는 참선 방법

5. 한국 불교의 특징

조화 사상	• 다른 사상과 비교적 갈등 없이 서로 조화를 이루며 함께 공존함 　– 원효의 화쟁 : 수많은 교종 이론의 주장을 인정하고 더 높은 차원에서 통합하고자 함 　– 의천과 지눌 : 각각 교종의 입장 및 선종의 입장에서 교종과 선종을 통합하고자 함 　– 산신각, 칠성각 : 불교, 민간 신앙, 도교의 신앙 대상을 함께 조화시킴
보살행	• 자신의 깨달음과 함께 다른 사람을 구제하는 마음을 강조함 　– 원효 : 더 많은 사람이 깨달음을 얻게 하고자 무애행을 통해 자비의 윤리 실천 　– 지눌 : 선교 일치 정신에 입각한 수행 공동체인 정혜결사를 만들어 소박하고 절제된 수행을 추구함으로써 대중의 호응을 이끌어 냄
호국 불교	• 나라의 위기를 불교의 힘을 극복하려고 함 　– 신라 원광법사가 화랑도에게 전해준 세속오계(世俗五戒) 　– 고려 시대 대장경 간행 및 조선 승려들의 의병 투쟁 　– 불국토 사상 : 이 땅이 부처의 나라임을 믿고 부처가 있는 이상향으로 강조하는 사상

＊ 화쟁(和諍)
• 화(和)는 조화, 화합, 화해를 뜻한다.
• 쟁(諍)은 주장과 견해 사이의 다툼과 대립을 뜻한다. 즉, 화쟁은 모든 쟁론을 불식시키고 화해함을 뜻한다.

＊ 무애행(無碍行)
실천과 수행에 일정한 형식이나 방법이 없음을 강조한 것으로, 걸림이 없는 실천의 방법을 뜻한다. 원효는 표주박에 무애(無碍)를 새기고 전국을 돌아다니며, 사람들에게 '나무아미타불'만 염불하면 극락에 갈 수 있다고 가르쳤다.

＊ 화두(話頭)
선을 시작하는 사람들에게 정진을 돕기 위해 사용하는 간결하고 역설적인 문구나 물음. 선종에서는 이러한 화두를 제시하고 그것에 대해 의심을 깨뜨리기 위해 몰입하는 간화선(看話禪)을 수행법으로 제시하였다.

핵심 개념 CHECK!

• 정답 및 해설 19쪽

✍️ 다음 확인 문제 중 옳은 것에 ○, 옳지 않은 것에 ✕를 표기하세요.

주제 1 깨달음과 깨달음의 길

01 불교는 부처가 깨닫고 설법한 진리, 출가한 사람을 중심으로 한 수행 공동체 등을 토대로 종교 체제를 갖추기 시작했다. ○ ✕

02 함정 불교 사상에서는 무명(無明)을 추구하여 윤회의 고통에서 벗어날 것을 강조하였다. ○ ✕

03 연기는 인연생기(因緣生起)의 준말로 모든 현상과 존재의 상호 연관성을 강조한다. ○ ✕

04 함정 인간 삶 그 자체로 고통이라는 것은 '고성제'에 해당하는 내용이다. ○ ✕

05 탐욕과 집착 등은 불교에서 고통의 원인에 해당한다. ○ ✕

06 중도(中道)의 구체적 내용은 바로 팔정도(八正道)이다. ○ ✕

07 제법무아(諸法無我)는 '나'라고 주장할 만한 불변하는 실체는 존재하지 않는다는 것이다. ○ ✕

08 함정 열반적정은 깨달음을 통해 이르게 되는 열반은 고요한 경지라는 뜻이다. ○ ✕

09 부파 불교는 대승 불교에 비해 중생과 함께 하는 대중적 측면을 강조하고 중생 제도를 목표로 한다. ○ ✕

10 함정 보살은 위로는 진리를 구하고 아래로는 중생을 구제하는 데 힘쓰는 이상적 인간상이다. ○ ✕

11 함정 부파 불교의 이상적 인간상은 보살, 대승 불교의 이상적 인간상은 아라한이다. ○ ✕

12 중관(中觀) 사상은 모든 것이 연기에 의해 존재하므로 사물의 독자적인 실체나 자성은 존재하지 않는다고 본다. ○ ✕

13 교종은 이심전심(以心傳心), 불립문자(不立文字), 교외별전(敎外別傳) 등을 핵심 종지(宗旨)로 삼는다. ○ ✕

14 불교는 모든 존재의 상호 연관성을 강조하는 연기적 세계관, 모든 사람은 불성을 지닌 평등하고 존귀한 존재라는 평등적 세계관을 지닌다. ○ ✕

15 부처는 불변하는 자아(自我)에 대한 인식을 강조하였다. ○ ✕

16 제행무상은 모든 것이 변화한다는 진리를 담고 있다. ○ ✕

17 불교는 초월적인 신과 하나되는 삶을 추구한다. ○ ✕

주제 2 한국 불교의 전통과 윤리적 특징

18 우리나라에서 불교는 왕권을 강화하고 민심을 안정시키는 차원에서 수용되었다. ○ ✕

19 통일신라 시대 말기에는 선종이 발달하여 우리나라에 교종과 선종이 양대 세력으로 성립되었다. ○ ✕

20 함정 원효는 불교의 대중화는 물론 교종과 선종의 통합에도 기여하였다. ○ ✕

21 원효는 일심을 깨끗함과 더러움 등의 상대적 구분에서 벗어난 절대적인 '어떤 것'으로서의 마음이라고 보았다. ○ ✕

22 함정 원효는 모든 존재, 모든 종파, 모든 이론은 다르면서도 같은 것이기 때문에 서로 다툴 필요가 없으며 화합해야 한다고 주장하였다. ○ ✕

23 원효는 모든 종파와 사상을 분리시켜 고집하지 말고 보다 높은 차원에서 하나로 종합해야 한다는 원융회통의 논리를 폈다. ○ ✕

24 함정 원효는 보살의 정신에 따라 민중들도 출가 수행자의 엄격한 계율을 예외 없이 지키고 따를 것을 강조하였다. ○ ✕

25 의천은 천태종을 중심으로 선종을 통합하고자 하였다. ○ ✕

26 의천은 교학 공부와 지관 수행을 함께 해 나가는 교관겸수를 주장하였다. ○ ✕

27 의천은 마음 수양과 교리 공부를 함께 온전히 해야 한다는 내외겸전을 강조하였다. ○ ✕

28 함정 지눌은 단박에 깨치고 단박에 닦는다는 돈오돈수(頓悟頓修)를 강조하였다. ○ ✕

29 지눌은 화두를 들고 수행하는 참선 방법인 간화선(看話禪)을 제시하였다. ○ ✕

30 지눌은 정(定)은 마음의 본체요, 혜(慧)는 마음의 작용이라고 하였다. ○ ✕

31 원효의 화쟁 사상, 의천의 교관겸수, 지눌의 정혜쌍수 등은 우리나라 불교의 조화 사상을 알려주는 대표적 사례들이다. ○ ✕

32 원효는 백성 중심의 불교를 귀족 중심의 불교로 발전시켰다. ○ ✕

33 원효는 여러 종파의 다양한 이론이 서로 다른 관점을 제시하고 있을 뿐 모두 진리를 담고 있다는 점에서 같은 것이라고 보았다. ○ ✕

의천, 지눌은 각각 어떻게 교선의 통합을 주장하였을까?

개념 — 자료로 확인

■ 의천의 교선 통합

> ○ 교(敎)를 공부하는 사람은 내적인 것을 버리고 외적인 것을 구하는 일이 많고, 선(禪)을 익히는 사람은 밖의 것을 잊고 내적으로 밝히기를 좋아한다. 이 둘은 모두 편벽된 집착이고 양극단[이변(二邊)]에 치우친 것이다.
> — 대각국사 문집 —
>
> ○ 진수대법사가 강학하시던 중에 "관(觀)을 배우지 않고 경(經)만 전수하면 비록 모든 인과(因果)를 듣더라도 삼중(三重)의 성덕(性德)을 통달하지 못할 것이요, 경을 전수하지 않고 관만 배우면 비록 삼중성덕을 깨닫더라도 모든 인과를 분별하지 못할 것이다. 그렇다면 관도 배우지 않으면 안 되고 경도 전수하지 않으면 안 된다."라고 하셨다. 내가 교관에 마음을 극진히 하는 것은 이 말씀을 가슴속에 간직하고 있기 때문이다.
> — 대각국사 문집 —

의천은 교종을 공부하는 사람은 내적인 것을 버리고 외적인 것만을 구하려는 경향이 강하고, 선종을 공부하는 사람은 외부의 대상을 잊고 내면에만 몰두하는 경향이 강하다고 하였다. 그리고 이는 모두 양극단에 치우친 것으로 양자를 고루 갖추어 조화를 이루어야 한다고 보면서 교관겸수(敎觀兼修)와 내외겸전(內外兼全)을 강조하였다.

■ 지눌의 돈오점수와 선교 일치

> ○ 깨달음 후에도 오래도록 비추어 보고 살펴야 한다. 망념이 홀연히 일어나면 절대 따라가지 말고 버리고 또 버려야 무위(無爲)에 이르면 바야흐로 궁극의 경지에 도달할 수 있다. 선지식들이 깨달은 다음에도 마음을 길들이는 수행[목우행(牧牛行)]을 하는 것이 바로 이 때문이다.
> — 수심결 —
>
> ○ 비록 돈오돈수가 최상의 근기라야 들어갈 수 있는 문(門)이라고 하지만, 만약 과거를 거슬러 올라가면 이미 여러 생을 깨달음에 의지해서 닦아서 점점 익혀 오다가 금생에 이르러서 듣자마자 깨달음이 열려서 한순간에 모두 마친 것이다. 그래서 이 또한 먼저 깨닫고 뒤에 닦은 것이다.
> — 수심결 —

단박에 깨치고 단박에 닦는 돈오돈수(頓悟頓修)를 강조한 혜능과 달리, 지눌은 자신이 이미 완성된 부처라는 점을 단박에 깨치는 돈오 이후에도 점진적으로 습기(習氣)를 소멸시켜 나가는 점수(漸修)가 필요하다고 보았다. 지눌은 점수가 필요한 이유에 대해 깨닫기 이전의 그릇된 습기(습관)로부터 벗어나기 위함이라고 하였다.

개념 — 빈칸 채우기로 확인

■ 의천의 교선 통합

Q1 의천은 교종의 입장에서 (　　　)을/를 통합하고자 하였다.

Q2 의천은 교학 공부와 지관 수행을 함께 해야 한다는 (　　　)을/를 주장하였다.

■ 지눌의 돈오점수와 선교 일치

Q3 지눌은 선종의 입장에서 (　　　)을/를 통합하고자 하였다.

Q4 지눌은 단박에 깨친 뒤에도 (　　　)을/를 점차 소멸시켜 나가는 (　　　)을/를 주장하였다.

Q5 지눌은 점수의 구체적인 내용으로 선정과 지혜를 함께 닦아야 한다는 (　　　)을/를 주장하였다.

Q6 정은 마음의 고요한 (　　　)을/를 의미하고, 혜는 마음의 지적 (　　　)을/를 의미한다.

Q7 지눌은 점수가 필요한 이유를 깨닫기 이전의 그릇된 (　　　)(으)로부터 벗어나기 위함이라고 하였다.

Q8 의천의 내외겸전, 지눌의 정혜쌍수 사상은 모두 (　　　)의 정신을 담고 있다.

개념 — 문제에 적용

연습하기 Q9 다음을 주장한 사상가가 긍정할 질문에 ○를, 부정할 질문에 ✕를 표시하시오.

> 교(敎)를 공부하는 사람은 내적인 것을 버리고 외적인 것을 구하는 일이 많고, 선(禪)을 익히는 사람은 밖의 것을 잊고 내적으로 밝히기를 좋아한다. 이 둘은 모두 편벽된 집착이고 양극단에 치우친 것이다.

- 천태종을 중심으로 선종과의 조화를 추구할 수 있는가? ❶ (○ / ✕)
- 교종과 선종의 조화를 추구하는 것은 불가능한 것인가? ❷ (○ / ✕)
- 내적인 공부는 선(禪)이며 외적인 공부는 교(敎)라 할 수 있는가? ❸ (○ / ✕)
- 자신들이 믿는 종파의 견해만을 옳다고 고집하지 말아야 하는가? ❹ (○ / ✕)

적용하기 Q10 다음은 동양 사상가의 입장으로 가장 적절한 것은?

> 단박에 깨치고 단박에 닦는 사람도 이미 여러 생에 걸쳐 깨달음에 의지해 점진적으로 닦아 오다가, 이번 생에 이르러 듣는 즉시 깨달아 한 번에 모두 마친 것일 뿐이다. 요컨대, 돈오와 점수 두 가지 문이 있을 뿐이다.

① 선(禪)은 부처의 마음이고 교(敎)는 부처의 말씀이다.
② 경전에 의지하지 않고서는 어떠한 깨달음도 얻을 수 없다.
③ 자신의 본성이 불성임을 깨닫기만 하면 온전한 부처가 된다.
④ 단박에 깨치는 돈오와 점진적 수행인 점수는 조화될 수 없다.
⑤ 돈오한 이후에는 더 이상 닦을 필요가 없으며 돈수만이 있을 뿐이다.

HOW & WHAT 정답 01. 선종 02. 교관겸수 03. 교종 04. 습기, 돈오점수 05. 정혜쌍수 06. 본체, 작용 07. 습기(습관) 08 조화 09. ❶ ○ ❷ ✕ ❸ ○ ❹ ○ 10. ①

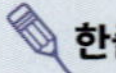

주제 1 깨달음과 깨달음의 길

족집게 전략 | 제시문에 나타난 공(空) 사상을 파악하고 불교 사상의 입장을 고르는 문제이다. 부처의 진리를 법(法)이라 하고 어떤 대상에도 머무르는 바가 없다는 내용을 통해 공(空) 사상에 대한 내용임을 빠르게 인식해야 한다.

073 대표 문항 | 평가원 기출 |

다음 동양 사상의 입장만을 〈보기〉에서 있는 대로 고른 것은?

○ 모든 법(法)은 생겨나지도 없어지지도 않으며, 지속되지도 단절되지도 않으며, 같지도 다르지도 않으며, 오지도 가지도 않는다.
○ 만약 모든 상(相)을 상이 아닌 것으로 볼 수 있다면 곧 여래를 보는 것이다. 어떤 대상에도 머무는 바 없이 그 마음을 내야 한다.

〔보기〕
ㄱ. 분별적 인식을 통해 궁극적 깨달음에 도달해야 한다.
ㄴ. 멸제(滅諦)에서 벗어나기 위해 보시를 실천해야 한다.
ㄷ. 모든 존재에 고정된 실체가 없음[空]을 깨달아야 한다.
ㄹ. 연기의 법칙을 깨달아 자신에 대한 집착을 버려야 한다.

① ㄱ, ㄴ   ② ㄴ, ㄹ   ③ ㄷ, ㄹ
④ ㄱ, ㄴ, ㄷ   ⑤ ㄱ, ㄷ, ㄹ

✏ **한줄 Tip** 대승불교의 공(空) 사상을 잘 파악하는 것이 하는 것이 포인트야!

074 | 평가원 기출 |

다음 동양 사상의 입장만을 〈보기〉에서 있는 대로 고른 것은?

꽃의 뿌리 · 줄기 · 잎 · 꽃술 · 향기가 꽃은 아니지만 꽃은 이것들을 떠날 수 없다. 나도 이와 같다. 육체[色]가 나는 아니지만 나는 육체를 떠날 수 없다. 감수[受] · 표상[想] · 의지[行] · 인식[識]이 나는 아니지만 나는 이것들을 떠날 수 없다. 이 다섯 가지[五蘊]를 바르게 통찰해야 나에 대한 모든 번뇌가 사라진다.

〔보기〕
ㄱ. 인연생기[緣起]에 의한 모든 것은 일시적인 현상일 뿐이다.
ㄴ. 현생의 업(業)이 원인이 되어 그 결과로 다음 생이 이어진다.
ㄷ. 바른 수행으로 무명(無明)을 실천해야 해탈에 이르게 된다.
ㄹ. 다섯 가지 요소로 구성된 인간의 자아는 무상(無常)하지 않다.

① ㄱ, ㄴ   ② ㄴ, ㄷ   ③ ㄷ, ㄹ
④ ㄱ, ㄴ, ㄹ   ⑤ ㄱ, ㄷ, ㄹ

075 | 평가원 기출 |

다음 대화에서 스승이 강조하는 삶의 태도로 가장 적절한 것은?

① 세속적인 가치를 버리고 철학적, 예술적 논변을 즐기며 산다.
② 서로 차별 없이 사랑을 베풀고 하늘의 뜻을 존중하는 삶을 산다.
③ 탐냄, 성냄, 어리석음을 버리고 인생의 윤회를 추구하며 산다.
④ 만물 간의 의존성을 자각하고 극단에 치우치지 않는 삶을 산다.
⑤ 만물의 실체를 정립하기 위해 대자연의 섭리에 귀의하며 산다.

076 고난도↑ | 평가원 기출 |

(가)를 주장한 고대 동양 사상가의 입장에서 볼 때, (나)의 퍼즐 속 세로 낱말 (A)에 대한 설명으로 옳지 <u>않은</u> 것은?

(가)	○ 자기 자신을 등불로 삼고 자기 자신에 의지하라. 진리[法]에 의지하고 진리를 스승으로 삼아라. ○ 연기(緣起)를 보는 자는 곧 진리를 보며, 진리를 보는 자는 곧 연기를 본다.
(나)	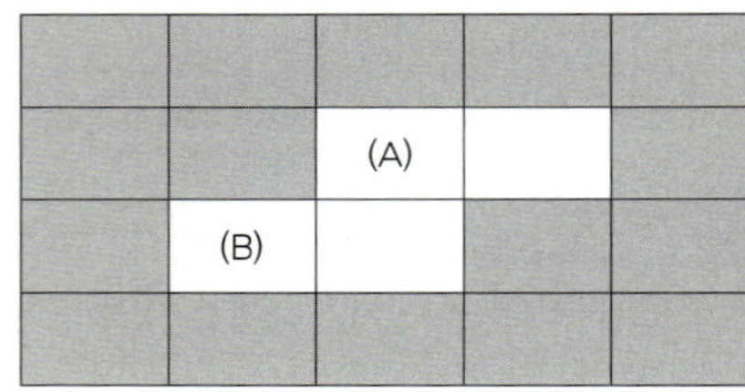 [가로 열쇠] (A) : 인위적이거나 강제적 작위가 없음을 나타내는 말 예 노자의 '○○ 자연' 사상 (B) : 외부 사물과 나 자신을 가리키는 말 예 장자의 '○○ 일체' 사상 [세로 열쇠] (A) : …… 개념

① 변화하는 현상계 속에는 어떠한 '나'도 존재할 수 없다는 말이다.
② 독립적인 실체로 간주될 만한 '나'는 존재하지 않는다는 말이다.
③ 불멸하는 '나'가 존재한다는 주장에 반대하기 위해 제기된 말이다.
④ 그릇된 인식을 바로잡아 '나'에 대한 집착을 끊어 버리라는 말이다.
⑤ 모든 존재가 인연의 화합으로 이루어져 독자적 '나'가 없다는 말이다.

077

다음 사상이 강조하는 내용만을 〈보기〉에서 있는 대로 고른 것은?

비유하면 세 개의 갈대가 아무것도 없는 땅 위에 서려고 할 때 서로 의지해야 설 수 있는 것과 같다. 만일 그 가운데 한 개를 제거해 버리면 두 개의 갈대는 서지 못하고, 그 가운데 두 개의 갈대를 제거해 버리면 나머지 한 개도 역시 서지 못한다. 그 세 개의 갈대는 서로 의지해야 설 수 있는 것이다.

〈보기〉
ㄱ. 모든 존재들도 인간도 상호 의존적 관계에 있다.
ㄴ. 불성(佛性)을 지닌 인간은 그렇지 않은 다른 생명체보다 우월하다.
ㄷ. 연기를 깨닫는 자는 다른 사람을 사랑하고 참된 깨달음에 이를 수 있다.
ㄹ. 자신이 지은 업(業)에 따라 윤회의 삶을 살게 되며 윤회에서 벗어날 수 있는 길은 없다.

① ㄱ, ㄴ 　　② ㄱ, ㄷ 　　③ ㄷ, ㄹ
④ ㄱ, ㄴ, ㄹ 　　⑤ ㄴ, ㄷ, ㄹ

078

다음 동양 사상의 입장으로 옳은 것은?

수행자가 해야 할 세 가지 공부가 있다. 나쁜 짓을 하지 않기 위해 계율을 지키는 공부[戒學], 청정한 선정(禪定)에 머무르는 공부[定學], 네 가지 거룩한 진리[四聖諦]를 참되게 아는 공부[慧學]가 그것이다.

① 쾌락과 애욕(愛慾)에서 벗어나 깨달음을 위한 고행(苦行)에 집중해야 한다.
② 무명(無明)과 애욕(愛慾)이 고통의 원인임을 깨닫고 윤회(輪廻)에 이르러야 한다.
③ 하늘이 부여한 선한 본성을 최대한 확충하여 선(善)을 이루어야 한다.
④ 불성(佛性)을 형성하기 위해 양극단에 치우치지 않는 수행인 중도(中道)에 힘써야 한다.
⑤ 만물이 무상(無常)하며 '나'라고 할 만한 실체가 없음을 깨닫고 해탈(解脫)에 이르러야 한다.

079

다음 동양 사상의 입장만을 〈보기〉에서 있는 대로 고른 것은?

보시하는 사람은 탐욕을 끊게 되고, 인욕하는 사람은 분노를 떠나며, 선행을 쌓는 사람은 어리석음을 벗어나게 된다. 이 세 가지를 갖추어 실천하면 열반에 이르게 될 것이다. 가난하여 보시할 수 없더라도 다른 사람이 보시하는 것을 보고 기뻐하면 그 복은 보시하는 사람과 다를 것이 없다.

〈보기〉
ㄱ. 연기(緣起)에 대한 자각에서 자비(慈悲)를 실천할 수 있다.
ㄴ. 탐욕과 성냄과 어리석음을 버리고 집착에서 벗어나야 한다.
ㄷ. 모든 생명체는 불성(佛性)이 없지만 함부로 해쳐서는 안 된다.
ㄹ. 오온(五蘊)으로 구성된 인간의 불변하는 정체성을 찾아야 해탈할 수 있다.

① ㄱ, ㄴ 　　② ㄱ, ㄹ 　　③ ㄴ, ㄷ
④ ㄱ, ㄷ, ㄹ 　　⑤ ㄴ, ㄷ, ㄹ

080

다음 동양 사상에서 강조하는 삶의 태도로 옳은 것을 〈보기〉에서 있는 대로 고른 것은?

○ 태어남도 괴로움이다. 늙음도 괴로움이다. 병도 괴로움이다. 죽음도 괴로움이다. 싫어하는 대상들과 만나는 것도 괴로움이다. 좋아하는 대상들과 헤어지는 것도 괴로움이다. 원하는 것을 얻지 못하는 것도 괴로움이다. 요컨대 취착의 대상인 다섯 가지 무더기 자체가 괴로움이다.
○ 여덟 가지 구성 요소를 가지 성스러운 도가 있으니, 즉 바른 견해, 바른 사유, 바른 말, 바른 행위, 바른 생활, 바른 정진, 바른 마음 챙김, 바른 삼매이다.

〈보기〉
ㄱ. 계 · 정 · 혜의 삼학을 통해 무명(無明)에 이르러야 한다.
ㄴ. 팔정도(八正道)의 수행을 통해 열반의 세계를 향해 가야 한다.
ㄷ. 세상에 존재하는 모든 것이 고통임[一切皆苦]을 알고 벗어나야 한다.
ㄹ. 인간을 초월한 절대자에게 귀의함을 통해 참된 깨달음에 도달해야 한다.

① ㄱ, ㄴ 　　② ㄱ, ㄹ 　　③ ㄴ, ㄷ
④ ㄱ, ㄷ, ㄹ 　　⑤ ㄴ, ㄷ, ㄹ

주제 2 한국 불교의 전통과 윤리적 특징

족집게 전략 | 제시된 사상가가 원효와 지눌임을 파악하고 이들의 입장을 찾는 문제이다. 진여문과 생멸문을 통한 일심 사상을 강조한 원효, 돈오의 문과 점수의 문 두 가지를 강조한 지눌을 잘 파악하고 이들의 입장에 대한 세심한 학습이 필요하다.

---

081 대표 문항
| 평가원 기출 |

그림은 한국 불교 사상가 갑, 을의 가상 대화이다. 갑, 을의 입장으로 **옳지 않은** 것은?

① 갑 : 진여와 생멸의 두 가지 문은 결국 일심으로 귀결될 수 있다.
② 갑 : 일체의 쟁론(爭論)도 일심으로 보면 근본적으로 차이가 없다.
③ 을 : 깨달음의 수행에는 언제나 정(定)과 혜(慧)가 함께 있어야 한다.
④ 을 : 돈오 이후에 점수를 통해 모든 습기(習氣)를 단박에 제거해야 한다.
⑤ 갑, 을 : 무아(無我)를 철저히 깨달아야 중생의 구제가 가능하다.

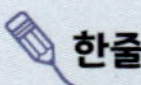
한줄 Tip 일심(一心)을 강조한 원효, 돈오점수(頓悟漸修)를 강조한 지눌을 빨리 파악하는 것이 포인트야!

---

082 고난도
| 평가원 기출 |

한국 불교 사상가 갑, 을의 입장에 대한 설명으로 옳은 것은?

> 갑 : 나의 스승은 "관(觀)도 배우지 않으면 안 되고, 경(經)도 전수하지 않으면 안 된다."라고 말씀하셨다. 내가 교관에 지극히 마음을 다하는 것은 이 말씀을 가슴속에 간직하고 있기 때문이니, 화엄을 전수하더라도 관문은 반드시 배워야 한다.
> 을 : 점수문에 속하는 열등한 수행이더라도 마음을 다스리는 데에는 필요하다. 망상이 들끓으면 우선 정(定)으로 그 마음을 다스려 본래의 고요함으로 되돌리고, 혜(慧)로 멍한 상태를 다스리면 결국 대자유인이 될 것이다.

① 갑은 내적인 교(敎)와 외적인 선(禪)을 함께 닦아야 한다고 본다.
② 을은 정혜를 함께 닦는 것을 수심(修心)의 요체로 삼아야 한다고 본다.
③ 갑은 을과 달리 단박에 깨닫고 단박에 닦아야 한다고 본다.
④ 을은 갑과 달리 참선을 통해 악한 본성을 제거해야 한다고 본다.
⑤ 갑, 을은 화두(話頭)를 들고 수행하는 간화선이 필요하다고 본다.

083
| 평가원 기출 |

갑은 중국 불교 사상가, 을은 한국 불교 사상가이다. 갑, 을의 입장을 〈보기〉에서 고른 것은?

> 갑 : 자성(自性)에는 잘못됨도 없고 어리석음도 없고 어지러움도 없다. 생각마다 반야로써 비추어 보아 법의 모습[法相]에서 벗어나면 자유자재하게 되니 세울 것이 무엇이 있겠는가? 자성을 스스로 깨달음은 단박에 깨닫고 단박에 닦는 것이다.
> 을 : 자성이 부처와 다르지 않다는 것을 깨달았더라도 습기(習氣)를 단번에 제거하기는 어렵다. 따라서 깨달음에 의지하여 닦아 나가 점차로 익힘으로써 공덕을 이루어야 한다. 이것을 일러 점차로 닦는 것[漸修]이라 한다.

〈보기〉
ㄱ. 갑 : 단박에 깨닫기 위해 선(禪) 수행과 경전 공부에 매진해야 한다.
ㄴ. 을 : 참선(參禪) 수행으로 본성을 자각하면 보살행이 필요 없다.
ㄷ. 을 : 정(定)과 혜(慧)를 함께 닦는 것이 수심(修心)의 방법이다.
ㄹ. 갑, 을 : 자신의 마음을 직관하여 단박에 깨달아야[頓悟] 한다.

① ㄱ, ㄴ ② ㄱ, ㄷ ③ ㄴ, ㄷ ④ ㄴ, ㄹ ⑤ ㄷ, ㄹ

084
| 평가원 기출 |

한국 사상가 갑, 을의 입장에 대한 옳은 설명만을 〈보기〉에서 있는 대로 고른 것은?

> 갑 : 일심(一心)과 두 개의 문[二門] 안에 일체의 불법(佛法)이 포함되어 있다. 진(眞)과 속(俗)은 둘이 아니지만[無二], 하나를 고수하지도 않는다. 둘이 아니므로 곧 일심이다.
> 을 : 돈(頓)과 점(漸) 두 개의 문은 모든 깨달은 자가 걸었던 길이다. 예로부터 그들은 먼저 깨닫고[悟] 뒤에 닦아[修], 그로 인해 깨달음을 얻었다.

〈보기〉
ㄱ. 갑은 마음과 별개인 현상이 불변의 실체로 존재한다고 본다.
ㄴ. 갑은 일심이 화쟁(和諍)을 가능하게 하는 근거가 된다고 본다.
ㄷ. 을은 깨친 뒤에도 정혜(定慧)를 닦는 것이 필요하다고 본다.
ㄹ. 갑, 을은 경전의 이해만으로 완전한 해탈에 이를 수 있다고 본다.

① ㄱ, ㄴ ② ㄱ, ㄹ ③ ㄴ, ㄷ
④ ㄱ, ㄷ, ㄹ ⑤ ㄴ, ㄷ, ㄹ

085

| 평가원 기출 |

(가)의 한국 사상가 갑, 을의 입장을 (나) 그림으로 표현할 때, A~C에 들어갈 적절한 진술만을 〈보기〉에서 있는 대로 고른 것은?

(가)	갑 : 교(敎)를 공부하는 사람은 내적인 것을 버리고 외적인 것에만 몰두하고 선(禪)을 공부하는 사람은 외적인 것을 버리고 내적인 것에 몰두한다. 이는 모두 편벽되고 이변(二邊)에 치우친 것이다. 을 : 선(禪)은 부처의 마음이요 교(敎)는 부처의 말씀이다. 부처의 마음과 조사의 말씀이 서로 다르지 않으니 함께 조화를 이룰 수 있다. 선과 교는 일원이다.
(나)	(그림)

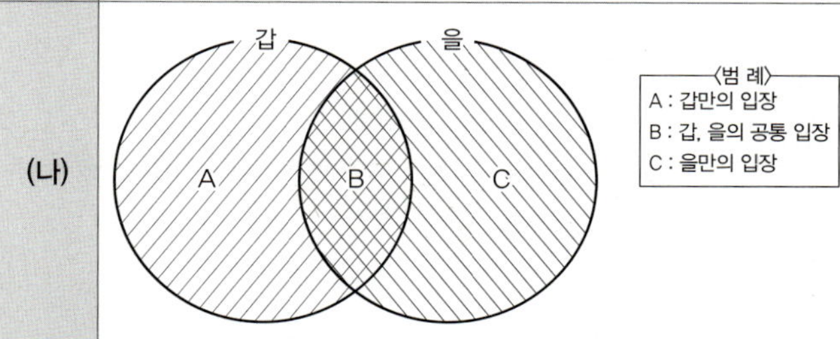

〔보기〕
ㄱ. A : 연기를 깨닫고 중생을 제도하는 일에 힘써야 한다.
ㄴ. B : 교종과 선종을 통합하는 것은 불가능하지 않다.
ㄷ. B : 단박에 깨친 뒤에도 점진적 수행을 게을리 해서는 안 된다.
ㄹ. C : 선 수행의 한 부분으로서 교학을 받아들여야 한다.

① ㄱ, ㄴ　　　② ㄱ, ㄷ　　　③ ㄴ, ㄹ
④ ㄱ, ㄷ, ㄹ　　　⑤ ㄴ, ㄷ, ㄹ

086

한국 불교 사상가 갑, 을의 입장으로 옳은 것은?

갑 : 일심(一心)이 미혹되어 끝없는 번뇌를 일으키는 자는 중생이며, 일심을 깨달아 끝없이 오묘한 작용을 일으키는 자는 부처이다. 그러므로 선정과 지혜를 함께 닦는 결사를 통해 수행에 정진해야 한다.
을 : 모든 존재는 생멸 없이 본래 적정하여 오직 일심이기 때문에, 이를 '진여문'이라고 한다. 이 일심의 본체는 깨달아 잇지만 무명에 따라 생멸을 일으키기 때문에 '생멸문'이라 한다.

① 갑 : 화두를 활용한 선(禪) 수행을 통해 깨달음에 이를 수 있다.
② 갑 : 마음의 본체인 혜(慧)와 마음의 작용인 정(定)을 함께 닦아야 한다.
③ 을 : 불교 경전 공부를 버리고 단박에 깨치는 돈오에 집중해야 한다.
④ 을 : 화쟁(和諍)의 논리를 바탕으로 교종과 선종의 통합을 추구해야 한다.
⑤ 갑, 을 : 중생 제도보다는 개인의 종교성과 해탈에 집중해야 한다.

087

다음을 주장한 한국 사상가의 입장만을 〈보기〉에서 있는 대로 고른 것은?

얼어붙은 연못이 온전히 물이라는 사실을 알더라도, 햇볕의 따뜻한 기운을 빌려야 실제로 녹여서 물로 만들 수 있다. 이와 같이 돈오(頓悟)와 점수(漸修)도 마치 수레의 두 바퀴와 같아서 하나만 있어서는 안 된다.

〔보기〕
ㄱ. 점수의 요체는 선정과 지혜를 함께 닦는 것이다.
ㄴ. 돈오 이후에도 오래된 나쁜 습기는 존재할 수 있다.
ㄷ. 돈오(頓悟)한 후에 돈수(頓修)해야 온전한 부처가 된다.
ㄹ. 미혹함에서 벗어나 깨달음을 얻기 위해 수행이 필요하다.

① ㄱ, ㄷ　　　② ㄱ, ㄹ　　　③ ㄴ, ㄷ
④ ㄱ, ㄴ, ㄹ　　　⑤ ㄴ, ㄷ, ㄹ

088

다음을 주장한 한국 사상가의 입장만을 〈보기〉에서 있는 대로 고른 것은?

일체의 법(法)은 본래부터 말이나 글로 설명할 수 없는 것이어서 결국 차별 없이 평등하게 되고, 변하거나 달라지는 것도 없는 것이어서 오직 일심(一心)일 뿐인 것이다. 그러므로 이러한 일체의 법을 우주 만유의 본체[眞如]라 이르는 것이다.

〔보기〕
ㄱ. 일반 신자들도 교리 공부에 매진해야만 극락에 갈 수 있다.
ㄴ. 나와 너, 나와 세계를 분별하지 않은 진리를 추구해야 한다.
ㄷ. 다양한 종파들 간의 다름을 부정하고 하나의 관점으로 통일시켜야 한다.
ㄹ. 다양한 종파들 간의 갈등과 대립을 보다 높은 차원에서 원만하게 융합해야 한다.

① ㄱ, ㄴ　　　② ㄱ, ㄷ　　　③ ㄴ, ㄹ
④ ㄱ, ㄷ, ㄹ　　　⑤ ㄴ, ㄷ, ㄹ

06강 무위자연의 윤리와 한국과 동양 윤리 사상의 의의

주제 1 　도가 사상의 전개와 영향

1. 노자의 사상 →'작은 나라에 적은 백성'이며 나라가 커지고 백성이 많아지면 인위적인 법이나 규범이 생겨나기 쉽다고 보았음

사회 혼란의 원인과 해결	• 사회 혼란의 원인 : 인간의 그릇된 가치관과 인위적인 사회제도 • 해결 방안 : 도(道)에 따르는 삶 – 무위자연(無爲自然), 무위(無爲)정치, 허정
도(道)의 의미와 특징	• 도(道) : 천지 만물을 낳는 근원이자 자연을 생성하고 운행하는 원리 • 도의 특징 : 인간의 경험과 상식으로 파악할 수 없으며 언어로 규정할 수 없음
이상적 경지와 이상적 인간상	• 무위자연(無爲自然) : 사람의 힘이 더해지지 않은 자연 그대로의 상태 • 상선약수 : 자연에 따르는 삶의 모습. '최고의 선은 물과 같다.' • 성인(聖人) : 물과 같은 삶을 살며 스스로를 낮추고 드러내지 않은 인간
이상 사회와 모습과 정치	• 소국과민 : 문명의 발달이 없는 무위와 무욕의 이상사회. 소박하고 자족하는 이상사회 • 무위정치 : 억지로 다스림이 없는 정치. 통치자의 인위적인 간섭이나 조작이 없는 정치 • 백성들이 무지(無知)와 무욕(無慾)의 삶을 살아가도록 도와주어야 함

→ 인간의 관점이 아닌 도와 자연의 관점에서 볼 때,
만물이 모두 가지런히 동일하게 소중함

2. 장자의 사상

평등주의와 수양 방법	• 도의 관점에서 만물을 바라보면 만물이 모두 귀함. 만물제동 • 좌망(坐忘) : 조용히 앉아서 일체의 구속하는 것들을 잊어버림 • 심재(心齋) : 잡념을 없애고 마음을 비워 깨끗이 하는 것
이상적 경지와 이상적 인간상	• 소요유(逍遙遊) : 도를 깨달아 인위적 기준과 외적 제약에서 벗어난 정신적 자유의 경지 • 제물(齊物) : 시비, 귀천, 미추 등의 차별 의식에서 벗어나 만물을 평등하게 바라봄 • 물아일체(物我一體) : 자연 만물과 내가 하나되는 이상적 경지 • 수양을 통해 절대 자유의 경지에 오른 인간 : 지인(至人), 진인(眞人), 천인(天人), 신인(神人)

3. 도교의 성립과 전개

도가와 도교		• 도가 : 노자와 장자의 사상 – 철학적·세속적 가치를 초월한 삶의 자세와 정신적 자유 강조 • 도교 : 노장 사상을 변형 발전시켜 종교적 형태로 발전한 것 – 길(吉)과 복(福)을 추구하며 불로장생 및 신선 등을 추구함 • 도가와 도교의 공통점 : 도(道)와 자연의 질서에 따르는 삶을 추구함
도교 사상	황로학파	• 황제와 노자를 숭상함. 도가를 토대로 유가, 묵가, 법가 및 신선술을 융합함 • 무위로 백성을 다스리는 제왕의 통치술을 제시함
	태평도	• 황로학파와 민간신앙이 결합하여 성립함 • 인간의 질병과 고통을 악행의 결과로 보아 죄를 고백하고 참회하게 함
	오두미교	• 노자를 교조(教祖)로 하고 도덕경을 경전으로 삼음 • 도덕적 선행을 권장하여 과거의 죄를 고백하고 용서받는 삼관수서를 강조함
	현학	• 도가 사상을 철학적으로 계승함 • 세속적 가치를 멀리하는 청담(淸談)을 즐김. 무정부주의적 입장을 제시함

4. 도가·도교 사상과 한국 고유 사상의 융합

→ 신라의 화랑인 '난랑'을 기리는 비석이 '난랑비'이며 이 비문의 일부가 '난랑비서문'임. 여기에 최지원의 주장이 담겨 있음

삼국시대	• 고구려 : 도교를 공식적으로 수용함. • 백제 : 금동 대향로, 산수문전 – 도교 사상이 성행했음을 알게 해 줌 • 신라 : 최치원의 '난랑비 서문' 풍류 사상 – 삼교의 가르침이 포함되어 있음
고려시대	• 팔관회, 도관 건립, 재초 : 국가 차원에서 도가 사상을 장려함
조선시대	• 양생술을 수용하여 "동의보감" "의방유취" 등 의학 서적에 영향을 줌 • 권선징악을 지향하는 권선서가 널리 퍼짐 • 조선 말기 혼란 속에서 새로운 사회를 건설하고자 하는 민중 종교 사상의 밑바탕이 됨

＊ **허정(虛靜)**

마음에 내재한 일체의 인위적인 것을 비워 낸 본래의 마음 상태

＊ **교조(教祖)**

한 종교나 종파를 처음 세운 사람. 교주(教主) 또는 종조(宗祖)

＊ **삼관수서**

하늘과 땅, 물을 관장하는 신에게 사죄해 병을 치유해 달라고 기원하는 의식

＊ **양생(養生)**

건강을 증진하고 수명을 연장하는 것으로 도교에서는 궁극적으로 불로장생을 추구함

→ 중국 전설상의 임금인 황제(黃帝)와 노자를 함께 숭상하였기 때문에 황로학파라고 부름

→ 오두미교라는 명칭은 교단에 가입하려는 사람들에게 쌀 다섯 말을 받은 것에 유래됨

＊ **도가·도교적 윤리관의 의의와 한계**

의의	• 차별 의식 탈피 : 노자의 무위자연에 따른 삶, 장자의 만물제동 사상을 통해 볼 때 인간이나 자연만물을 차별하지 않고 평등하게 바라보는 태도를 길러줌 • 도덕적 삶 강조 : 세속적 가치의 상대성과 권선징악의 윤리 등을 통해 도덕적 가치를 추구함 소박한 삶의 중요성과 정신적 자유를 지향함 • 환경 문제 해결에 기여 : 인간과 자연의 구분에서 벗어나 자연에 따르는 삶을 강조함
한계	국가의 통치 이념이나 학문으로서의 독자적 영역을 확보하지 못함

* **동도서기(東道西器)**

서양의 그릇(과학기술, 군사력)에 동양의 도(정신 문화, 유교적 가치나 질서)를 담는다는 뜻이다.

* **시천주(侍天主)**

'내 몸에 항상 한울님을 모시고 있다.'는 동학의 사상

* **오심즉여심(吾心卽汝心)**

'내 마음이 곧 네 마음'이라는 동학의 사상

* **사인여천(事人如天)**

하늘과 같이 존귀하게 다른 사람을 섬겨야 한다는 동학의 사상

* **인내천(人乃天)**

사람이 곧 하늘이라는 동학의 사상

* **동양의 이상적 인간상의 공통점**

높은 이상을 추구하며 자아 완성을 위해 수양에 힘씀. 물질적 · 쾌락적 가치보다 정신적 · 도덕적 가치를 중시함

주제 2 · 조선 후기 윤리 사상 및 동양의 이상적 인간상

1. 실학

등장 배경	임진왜란과 병자호란 이후 성리학의 공리공론을 비판하며 도덕의 실천을 강조하고 사회의 문제를 해결하고자 등장함
특징	• 청나라의 고증학과 서양의 과학 및 종교 사상을 비판적으로 수용함 • 도덕규범과 실천의 문제에 관심을 가지고 인간의 욕구를 긍정함 • 경세치용, 이용후생, 실사구시의 방향을 제시함 → 민본주의적, 근대 지향적 성격

2. 강화학파 → 왕수인의 양명학을 받아들여 강화도 지역을 중심으로 정제두가 발전시킴

등장 배경	정제두가 왕수인의 주장을 받아들여 독자적인 학문 체계를 이룩함
특징	• 양명학을 비판적으로 수용하였으며 도교와 불교까지 수용하는 개방적 학문 태도를 보임 • 주체로서의 참된 '나'가 도덕 문제의 판단 기준 → 참다운 마음의 이치를 알고 생활 속에서 이를 실천할 것을 강조함

3. 근대 후기 사상

위정척사	• 성리학에 바탕을 둔 유교적 질서를 지키고 서양의 종교와 문물을 배척함 • 내적으로는 군주와 집권 관료층의 수양을, 외적으로는 척양과 척왜를 주장함 • 주체성을 지키려는 의식과 선비 정신을 강조함 → 의병 운동으로 이어짐
개화사상	• 급진적 개화론 : 전제 군주제와 신분 질서로 대표되는 조선의 유교적 질서를 폐지하고 서양의 근대화된 문물을 수용 주장 • 온건적 개화론 : 유교적 질서[東道]를 지키는 가운데 서양의 과학 기술[西器]을 수용 주장
동학	• 경천사상을 토대로 유, 불, 도 사상을 융합 → 인간존중과 평등의 정신 제시 • 시천주(侍天主), 오심즉여심(吾心卽汝心), 사인여천(事人如天), 인내천(人乃天)
증산교	• 무속신앙과 유, 불, 도 사상을 재해석하여 만든 민족 종교 • 원한을 푸는 해원(解寃), 다른 이와 더불어 사는 상생(相生), 은혜에 보답하는 보은(報恩) 강조
원불교	• 한국형 생활 종교를 주장하며 창시한 것으로 일상생활에서의 수행을 강조 • 일원상(一圓相) : 우주 만물의 근원이자 모든 중생의 청정한 마음을 상징하는 신앙의 대상 • 영육쌍전(靈肉雙全) : 정신과 물질의 균형 있는 발전을 지향

4. 동양의 이상적 인간상의 특징과 공통점

유교의 군자	• 의로움을 추구하고 공공의 이익을 지향하는 인간 • 인의예지의 덕을 갖추고 사회 속에서 도덕적 책임을 자각함 • 위기지학(爲己之學) : 자신의 윤리적 성숙을 추구하는 것으로 남에게 보이기 위한 위인지학(爲人之學)과 대비됨
불교의 보살	• 위로는 깨달음의 지혜를 구하고 아래로는 중생을 교화하고 구제하는 인간 • 자비의 실천을 강조하며 자신뿐만 아니라 타인의 깨달음까지 중시함 • 팔정도와 중도, 육바라밀을 실천해야 함
도가의 진인	• 도를 체득하여 만물 평등의 세계를 지향하는 인간 • 외물의 속박에서 벗어나 자연의 도를 따르는 무위의 삶. 물아일체를 추구함 • 마음을 비우고 고요하게 하는 허정을 통해 인위적 욕심이나 차별적 지식을 버림

5. 동양의 이상적 인간상의 현대적 의의

자기 수양의 필요성	• 부단한 자기 수양과 성찰을 통해 바람직한 삶을 지향하도록 노력해야 함 • 초월적 존재의 도움 없이 스스로의 노력을 통해 이상적 인간상에 이를 수 있음
생명 존중 정신	• 군자(不忍人之心), 보살((慈悲), 지인과 진인(萬物諸同) • 인권과 생명의 가치를 실현하는 사회를 만드는 데 필요한 정신을 찾을 수 있음
도덕적 가치의 중요성	• 군자(도덕적 삶), 보살(자비), 지인과 진인(외물의 속박에서 벗어남) • 물질 만능주의와 이기주의 등을 극복하는 단서가 될 수 있음
조화 정신	• 군자(화이부동), 보살(중도의 깨달음), 지인과 진인(자연과의 조화) • 다양한 갈등을 극복하고 구성원 간 조화를 실현하는 데 필요한 가치 강조

핵심 개념 CHECK!

• 정답 및 해설 23쪽

🔍 다음 확인 문제 중 옳은 것에 ○, 옳지 않은 것에 ✕를 표기하세요.

주제 1 ㅤ 도가 사상의 전개와 영향

01 노자가 볼 때 사회 혼란의 원인은 인간의 그릇된 인식과 인위적인 사회 제도이다. ○ ✕

02 (함정) 도가 사상에서 도(道)는 천지 만물의 근본 원리이며 부단한 지식과 지혜의 축적을 통해 도달해야 하는 것이다. ○ ✕

03 노자는 최고의 삶은 물과 같이 살아가는 삶이라는 '상선약수'를 제시하였다. ○ ✕

04 (함정) 노자는 인위를 행하지 않고 자연에 따르는 무위자연의 삶을 강조하였다. ○ ✕

05 노자는 문명의 발달이 없는 소박한 이상 사회인 소국과민을 제시하였다. ○ ✕

06 (함정) 노자는 백성들이 무지와 무욕의 상태에 있게 해서는 안 된다고 보았다. ○ ✕

07 장자는 외적 제약에서 벗어난 정신적 자유의 경지인 '소요유'를 강조하였다. ○ ✕

08 장자는 물아일체의 경지에 도달하기 위한 수양방법으로 '좌망'과 '심재'를 제시하였다. ○ ✕

09 도가 사상과 도교는 모두 도(道)와 자연의 질서에 따르는 삶을 추구하였다는 점에서 공통점을 지닌다. ○ ✕

10 (함정) 황로학파는 전설상의 임금인 황제를 숭상하고 노자를 비판하였다. ○ ✕

11 (함정) 오두미교는 노자를 교조로 하고 도덕경을 경전으로 삼았다. ○ ✕

12 위진 시대의 현학자들은 철학적이고 예술적 가치보다 세속적 가치와 현실적 문제 해결에 적극적인 태도를 보였다. ○ ✕

13 고려 시대에는 팔관회, 도관 건립 등을 통해 볼 때 국가적 차원에서 도교를 장려하였음을 알 수 있다. ○ ✕

14 도가 및 도교 사상은 인간과 자연의 구분에서 벗어나 자연과 하나 되고 조화되는 삶을 강조하였다. ○ ✕

15 노자는 통치자가 백성들의 생계 수단 마련에 힘써야 한다고 주장하였다. ○ ✕

16 장자는 도의 관점에서 보면 만물이 평등하므로 선악과 옳고 그름을 철저히 구분할 것을 강조하였다. ○ ✕

주제 2 ㅤ 조선 후기 윤리 사상 및 동양의 이상적 인간상

17 실학은 성리학의 공리공론을 비판하고 실제 삶에 도움이 되는 학문을 추구해야 한다는 입장을 취하였다. ○ ✕

18 실학은 경세치용, 이용후생, 실사구시 등을 핵심적인 방향으로 제시하였다. ○ ✕

19 (함정) 정제두는 왕수인의 양명학을 비판하고 심즉리설, 치양지설을 거부하였다. ○ ✕

20 동도서기론은 유교적 질서를 지키는 가운데 서양의 과학 기술을 수용하자는 온건적 개화론의 성격을 지닌다. ○ ✕

21 (함정) 위정척사 사상은 성리학과 양명학, 불교와 도가 등 동양의 정신문명을 지지하고 서양의 문물은 거부하였다. ○ ✕

22 동학은 나랏일을 돕고 백성을 편안하게 해야 한다는 보국안민을 목표로 하였다. ○ ✕

23 (함정) 동학은 성리학적 신분 질서를 지키는 가운데 모든 사람이 한울님을 모시고 있는 귀한 존재라고 주장하였다. ○ ✕

24 동학은 성(誠), 경(敬), 신(信) 등의 수양에 힘쓸 것을 강조하였다. ○ ✕

25 증산교는 원한을 풀고 다른 사람들과 함께 살아가야 한다는 해원상생을 강조하였다. ○ ✕

26 원불교는 일원상의 진리를 우주 만물의 근원이라고 보았으며 생활 속의 불교 수행을 강조하였다. ○ ✕

27 (함정) 원불교에서는 정신과 물질의 균형 있는 발전이 가능하다는 영육쌍전을 강조하였다. ○ ✕

28 유교의 군자는 자기를 위한 것이 아니라 다른 사람에게 인정받을 수 있는 위인지학(爲人之學)을 지향하였다. ○ ✕

29 불교의 보살은 중도를 실천하고 중생과 함께 깨달음을 지향하는 이상적 인간상이다. ○ ✕

30 화이부동을 추구한 군자, 중도의 깨달음을 주장한 보살의 모습을 통해 조화 정신을 찾아볼 수 있다. ○ ✕

31 근대 신흥 종교는 차별이 사라진 사회를 지향한다. ○ ✕

32 증산교는 신분 질서를 바탕에 둔 이상 사회를 제시하였다. ○ ✕

33 증산교는 작은 은혜에도 보답하는 보은(報恩)을 강조하였다. ○ ✕

근대 신흥 종교 사상은 각각 어떤 특징을 지니고 있을까?

개념 | 자료로 확인

■ 동학의 수심정기

> 우리의 도(道)는 무위이화(無爲而化)라. 그 마음을 지키고 그 기운을 바르게 하고[守心正氣] 한울님 성품을 거느리고 한울님의 가르침을 받으면, 자연스럽게 조화가 이루어지는 것이다. 서양 사람은 말에 차례가 없고 글에 분별이 없으며 도무지 한울님을 위하는 단서가 없어 다만 제 몸만 위하여 빌 따름이라. — 최제우, "동경대전"

동학은 모든 사람이 한울님을 모시고 있는 존귀한 존재라고 보면서 모든 사람을 하늘처럼 존귀하게 여길 것을 강조하였다. 또한 마음을 지키고 기운을 바르게 하는 수심정기(守心正氣)를 강조하였다.

■ 증산교의 해원상생

> 선천(先天)에서는 인간 사물이 모두 상극에 지배되어 세상에 원한이 쌓이고 맺혀 삼계(三界)를 채웠으니 천지가 상도(常道)를 잃어 갖가지 재앙과 환란이 일어나고 세상은 참혹하게 되었도다. 그러므로 내가 천지의 도수(度數)를 정리하고 신명을 조화하여 만고의 원한을 풀고 상생(相生)의도로 후천(後天)의 선견을 세워서 세계의 민생을 건지려 하노라. — 강일순, "대순전경"

증산교는 인류가 겪는 모든 재난의 원인은 원한을 품는 일에서 비롯된다고 보았으며, 이상 세계를 건설하기 위해서는 신령계는 물론 천하 사람들의 온갖 원한을 풀어 없애는 천지공사(天地公事)가 필요하다고 주장하였다.

■ 원불교의 영육쌍전

> 우리는 일원상(一圓相)의 진리와 정신수양(情神修養), 사리연구(事理研究), 작업취사(作業取捨)의 삼학으로써 의식주를 얻고 의식주와 삼학으로써 그 진리를 얻어 영육(靈肉)을 쌍전(雙全)하여 개인, 가정, 사회, 국가에 도움이 되게 하자는 것이니라. — 박중빈, "정전"

원불교는 일원상을 우주만물의 근본 원리로 받아들이며 정신수양과 사리연구와 작업취사의 삼학을 통해 정신과 육체를 온전히 해야 한다는 영육쌍전을 강조하였다. 원불교의 일원상은 우주의 근본 원리와 부처의 깨달음을 말하며 중생의 청정한 마음을 상징하여 원불교의 신앙의 대상이자 수행의 표본이다.

개념 | 빈칸 채우기로 확인

■ 동학의 수심정기

Q1 동학은 마음을 지키고 그 기운을 바르게 해야 한다는 (　　　)을/를 강조하였다.

Q2 동학은 남녀, 노소, 신분 차별에서 벗어나 모든 사람이 존귀하고 평등하다는 사해평등주의 혹은 (　　　) 사상을 주장하였다.

■ 증산교의 해원상생

Q3 증산교에서는 원한을 풀고 서로 함께 더불어 살려주는 (　　　)을/를 강조하였다.

Q4 증산교에서는 이상세계 건설을 위해 천하 사람들의 온갖 원한을 풀어 없애는 (　　　)이/가 필요하다고 주장하였다.

■ 원불교의 영육쌍전

Q5 원불교에서는 우주의 근본 원리를 (　　　)(으)로 표현하였다.

Q6 원불교에서는 정신과 육체를 균형 있게 발전시켜 나가야 한다는 (　　　)을/를 강조하였다.

개념 | 문제에 적용

[연습하기] Q7 다음을 주장한 사상가가 긍정할 질문에 ○를, 부정할 질문에 ×를 표시하시오.

> 인의예지(仁義禮智)는 공자의 가르침이요, 수심정기(守心正氣)는 내가 다시 밝힌 것이다. 정성껏 제사를 올리고 주문을 외우며 영원히 섬기겠다고 맹세하는 것은 모든 의혹을 떨쳐 버리고 한평생 성실하게 살아가고자 함이다. 한울님을 모시고 성(誠), 경(敬), 신(信)의 수양을 게을리하지 말아야 한다.

- 남녀 차별과 신분 차별을 모두 철폐해야 하는가? ❶ (○ / ×)
- 봉건적 신분 질서를 버리고 평등을 추구해야 하는가? ❷ (○ / ×)
- 서양의 종교와 문물을 적극적으로 받아들여야 하는가? ❸ (○ / ×)
- 나라 일을 돕고 백성을 편안하게 하는 보국안민을 추구해야 하는가? ❹ (○ / ×)

[적용하기] Q8 다음 한국 사상가의 입장으로 가장 적절한 것은?

> 일원(一圓)은 우주 만유의 본연이며, 모든 부처와 모든 성인의 심인(心印)이며, 일체 중생의 본성이며, 크고 작으며 있고 없음의 분별이 없는 자리이며, 생멸(生滅)의 가고 옴에 변함이 없는 자리이며, 선악의 업보가 끊어진 자리이다.

① 정신과 육체를 조화롭고 균형 있게 발전시켜야 한다.
② 모든 수행자는 출가수행을 통해 깨달음에 이르러야 한다.
③ 생활 속에서의 수행만으로는 온전한 진리를 깨닫기 어렵다.
④ 인간의 악한 본성을 변화시키기 위해 예(禮)를 실천해야 한다.
⑤ 과학을 통한 물질문명은 정신문명을 혼란시키므로 배척해야 한다.

주제 1　도가 사상의 전개와 영향

족집게 전략 | 제시문에 나타난 도가 사상 특히 그 중에서도 장자임을 파악하고 장자의 옳은 입장을 고르는 문제이다. 성인(聖人)은 유교에서만 쓰이는 표현이 아니라 도가는 물론 불교에서도 사용될 수 있는 표현임을 알고 유의해야 한다. 또한 장자의 수양방법, 이상적 인간상, 이상적 경지 등에 대해서도 잘 숙지하고 있어야 한다.

089 ◀ 대표 문항　　　　　　　　　| 평가원 기출 |

다음 고대 동양 사상가의 입장을 〈보기〉에서 고른 것은?

> 성인(聖人)은 아무것에도 얽매이지 않고 마음을 자유로이 노닐게 한다. 그는 지식을 재앙의 근원으로 여기고 예의 규범을 몸을 얽매는 것으로 생각한다. 세상의 도덕을 교제의 수단으로 간주하고 기교를 장사의 솜씨로 여긴다. 성인은 모략을 하지 않으니 어찌 지식이 필요하겠는가.

〈보기〉
ㄱ. 절대 자유의 경지에서 소요(逍遙)하는 삶을 추구해야 한다.
ㄴ. 시비선악을 엄격히 구별하고 정명(正名)을 실천해야 한다.
ㄷ. 선입견과 편견을 버리고 물아일체(物我一體)를 추구해야 한다.
ㄹ. 도덕적 본성의 실현을 위해 신독(愼獨)을 실천해야 한다.

① ㄱ, ㄴ　　② ㄱ, ㄷ　　③ ㄴ, ㄷ　　④ ㄴ, ㄹ　　⑤ ㄷ, ㄹ

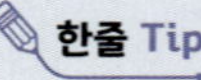 **한줄 Tip**　장자의 이상적 경지인 소요유, 물아일체 등을 잘 파악하는 것이 하는 것이 포인트야!

090 고난도↑　　　　　　　　　| 평가원 기출 |

고대 동양 사상가 갑, 을의 입장에 대한 설명으로 옳은 것은?

> 갑 : 하늘과 땅이 합하여 만물이 생겨나고 본성과 작위[僞]가 합해져 천하가 다스려진다. 하늘은 만물을 생성하지만 분별하지 못하고 땅은 사람들을 살게 하지만 다스리지 못한다. 성인(聖人)은 성정(性情)을 바로잡아 만물을 분별하고 세상을 다스린다.
> 을 : 하늘과 땅이 오래도록 지속되는 것은 자기만을 위해 살지 않기 때문이다. 성인도 자신을 뒤에 세우지만 앞서게 되고 자기를 버리지만 자기를 보존하게 된다. 성인은 억지로 하지 않으니[無爲] 다스려지지 않는 것이 없다.

① 갑은 하늘[天]을 인간에게 도덕적 성정을 부여하는 실체라고 본다.
② 갑은 효제(孝悌)를 인간이 타고난 것이 아니라 교육의 결과로 본다.
③ 을은 사물에 대한 지식의 축적만으로 도(道)를 체득할 수 있다고 본다.
④ 을은 인위적인 예(禮)의 실현을 위해 부쟁(不爭)의 덕이 필요하다고 본다.
⑤ 갑, 을은 인간의 본성[性]은 서로 다르지만 수양을 통해 같아진다고 본다.

091　　　　　　　　　| 평가원 기출 |

가상 대화의 스승이 강조한 삶의 태도로 가장 적절한 것은?

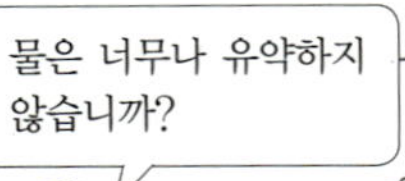

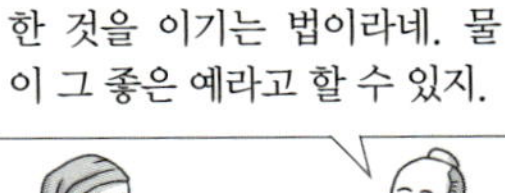

① 타고난 자연의 덕성이 실현될 수 있도록 예(禮)에 따라 행동한다.
② 도의 관점에서 만물을 바라보고 분별적인 지식을 쌓아 나간다.
③ 나와 남의 상호 연계성을 자각하고 남의 해탈을 위해 헌신한다.
④ 만물에 이로움을 줄 수 있도록 타고난 인의(仁義)의 덕을 함양한다.
⑤ 인위적으로 일을 도모하지 않고 겸허한 자세로 소박하게 생활한다.

092　　　　　　　　　| 평가원 기출 |

고대 동양 사상가 갑, 을의 입장에 대한 옳은 설명만을 〈보기〉에서 있는 대로 고른 것은?

> 갑 : 으뜸가는 선(善)은 물과 같다. 성인(聖人)은 만물을 이롭게 하고 다투는 일이 없으며 모두가 싫어하는 낮은 곳에 처한다. 성인의 다스림은 백성들의 마음을 비우고 배를 든든하게 한다.
> 을 : 도(道)는 오로지 빈[虛] 곳에만 모이는 것이니 이렇게 마음을 비움이 심재(心齋)이다. 성인의 다스림은 밖을 다스리는 것이 아니라 자기를 바르게 한 후에 행동하는 것에 그친다.

〈보기〉
ㄱ. 갑은 통치자가 갖추어야 할 무위(無爲)의 덕을 강조한다.
ㄴ. 을은 분별적 지식을 얻는 수행으로서 좌망(坐忘)을 강조한다.
ㄷ. 을은 성인의 다스림을 통한 자연적 본성(性)의 교화를 강조한다.
ㄹ. 갑, 을은 인위(人爲)를 거부하며 자연에 순응하는 삶을 강조한다.

① ㄱ, ㄴ　　　　② ㄱ, ㄹ　　　　③ ㄴ, ㄷ
④ ㄱ, ㄷ, ㄹ　　　⑤ ㄴ, ㄷ, ㄹ

093

|평가원 기출|

고대 동양 사상가 갑, 을의 입장으로 옳지 <u>않은</u> 것은?

> 갑 : 새나 짐승과는 함께 모여 살 수 없으니 내가 세상 사람들과 더불어 살지 않으면 누구와 더불어 살겠는가? 인(仁)은 나에게서 말미암은 것이니, 덕(德)으로 인도하고 예(禮)로 다스려야 사람들이 염치를 알게 된다.
> 을 : 사람들도 새나 짐승과 함께 생활하고 만물과 함께 무리 지어 나란히 어찌 군자와 소인의 구별이 있겠는가? 그들은 마치 무지(無知)한 듯 순진무구하여 덕과 떨어지지 않으며 아무런 욕심도 내지 않는다[無欲].

① 갑 : 통치자는 도덕적 모범을 보임으로써 백성들을 교화해야 한다.
② 갑 : 통치자는 재화의 고른 분배를 통해 사회적 화합을 꾀해야 한다.
③ 을 : 자유롭고 평등한 삶을 위해 문명에 비판적 태도를 취해야 한다.
④ 을 : 덕을 기준으로 사회적 지위를 규정하는 제도를 세워야 한다.
⑤ 갑, 을 : 이상적 삶을 구현하려면 누구나 덕에 따라 살아야 한다.

094

다음 동양 사상가의 입장만을 〈보기〉에서 있는 대로 고른 것은?

> 흰 기러기는 하얗게 되겠다고 매일 목욕하지 않고, 까마귀는 까맣게 되겠다고 매일 먹물을 칠하지 않는다. 흑백의 우열은 논할 가치가 없고, 명예를 다툰다고 위선이 서는 것도 아니다. 샘이 말라 물에서 오도 가도 못하게 되면, 물고기들은 거품으로 서로를 적셔 주면서 삶을 도모하지만, 이는 강과 호수 안에서 서로를 잊고 지내는 것만 못하다.

〈보기〉
ㄱ. 인간이 생각해 낸 모든 가치관은 존중받을 만하다.
ㄴ. 인위적으로 어떤 일을 도모하려는 것은 어리석은 일일뿐이다.
ㄷ. 도의 관점에서 자연의 관점에서 사물을 바라보면 귀천의 구분이 사라진다.
ㄹ. 만물의 근본 원리이자 운행의 법칙인 도를 체득하기 위해 많은 공부와 지식의 축적이 필요하다.

① ㄱ, ㄷ   ② ㄱ, ㄹ   ③ ㄴ, ㄷ
④ ㄱ, ㄴ, ㄹ   ⑤ ㄴ, ㄷ, ㄹ

095

동양 사상 (가), (나)의 입장에 대한 옳은 설명만을 〈보기〉에서 있는 대로 고른 것은?

> (가) 노자와 장자를 대표로 하는 노장 철학이며, 인간의 그릇된 인식과 가치관이 바로 사회 혼란의 원인임을 지적한다. 소박하고 순수한 덕을 회복해야 한다고 보았다.
> (나) 노장 철학에 민간 신앙적 요소가 결합되어 종교화된 것으로, 불로장생, 양생 등 현세에게 복을 빌고 행운과 행복을 추구하려는 현세구복적 신앙의 형태로도 나타났다.

〈보기〉
ㄱ. (가)는 이론적 학습이나 지식을 쌓아 올리는 방법으로는 도(道)를 알 수 없다고 본다.
ㄴ. (나)는 유교나 불교 사상의 가르침을 철저히 배척해야 한다고 본다.
ㄷ. (가), (나)는 도(道)와 자연(自然)의 흐름에 따라 살아가는 삶이 바람직하다고 본다.
ㄹ. (가), (나)는 개인적 차원에서 도(道)를 추구할 뿐 국가적 차원에서 제사나 행사를 치러서는 안 된다고 본다.

① ㄱ, ㄴ   ② ㄱ, ㄷ   ③ ㄴ, ㄹ
④ ㄱ, ㄷ, ㄹ   ⑤ ㄴ, ㄷ, ㄹ

096

갑, 을 사상가들의 입장만을 〈보기〉에서 있는 대로 고른 것은?

> 갑 : 성인(聖人)이 되고자 하는 마음을 끊고 지혜를 버리면 백성의 이익은 백배로 늘어날 것이다. 인자함을 끊고 의리를 버리면 백성들은 효도와 사랑으로 돌아갈 것이다. 교묘한 기교와 이익을 버리면 도둑이 없어질 것이다. 이 세 가지는 문명의 장식일 뿐이다. 그러므로 자연스러움을 드러내고 자연스러움을 끌어안아야 한다.
> 을 : 진인(眞人)은 적은 일에도 거스르지 않고, 성공을 뽐내지 않으며, 일을 꾀하지 않았다. 이런 사람은 잘못되는 일이 있어도 후회하지 않으며, 잘되어도 스스로 만족해하거나 뽐내지 않는다. 이런 사람은 높은 곳에 올라가도 떨지 않고, 물에 빠져도 적지 않고, 불 속으로 들어가도 뜨거워하지 않는다.

〈보기〉
ㄱ. 갑 : 억지로 함이 없는 다스림을 하지 말아야 한다.
ㄴ. 갑 : 인의(仁義)와 예악(禮樂)을 버리면 도(道)가 드러난다.
ㄷ. 을 : 외물에 얽매이지 않고 절대 자유의 경지를 추구해야 한다.
ㄹ. 갑, 을 : 인간 중심적 시각과 문명은 타고난 소박한 본성을 해친다.

① ㄱ, ㄴ   ② ㄱ, ㄹ   ③ ㄴ, ㄷ
④ ㄱ, ㄷ, ㄹ   ⑤ ㄴ, ㄷ, ㄹ

주제 **2** 조선 후기 윤리 사상 및 동양의 이상적 인간상

족집게 전략 | 제시된 사상이 동학과 위정척사임을 파악하고 각각의 입장 및 공통점을 찾는 문제이다. 동학과 위정 척사 모두 효제와 같은 기본적 가르침과 국난 극복을 강조한 점이 공통점임을 잘 파악해 두어야 한다.

097 대표 문항 고난도↑
| 평가원 기출 |
근대 한국 사상가 갑, 을의 입장을 〈보기〉에서 고른 것은?

> 갑 : 사람의 마음은 하늘의 마음[天心]이다. 서양의 학(學)은 제 몸만을 위하고 하늘을 위하지 않는다. 배우는 자는 마음을 지키고 기운을 바르게[守心正氣] 해야 하며, 나라를 돕고 백성을 편안하게[輔國安民] 해야 한다.
> 을 : 이(理)는 선함의 근본이고, 기(氣)는 과불급의 원인이다. 서양은 형기(形氣)를 중시하고 인륜을 저버린다. 유학은 이치를 숭상하고 도리를 중시한다. 올바른 것은 지키고[衛正], 그릇된 것은 배척[斥邪]해야 한다.

〈보기〉
ㄱ. 갑 : 신분 차별과 오륜(五倫)을 부정하고 평등 정신을 실천해야 한다.
ㄴ. 을 : 성리학적 가치를 기반으로 사회질서 유지를 도모해야 한다.
ㄷ. 을 : 민족 정체성을 자각하고 서양의 종교와 문물을 수용해야 한다.
ㄹ. 갑, 을 : 인간의 윤리 의식을 확립하고 도덕적 이상을 실현해야 한다.

① ㄱ, ㄴ   ② ㄱ, ㄷ   ③ ㄴ, ㄷ   ④ ㄴ, ㄹ   ⑤ ㄷ, ㄹ

✏️**한줄 Tip** 위정척사, 동학 사상의 공통점과 차이점을 파악하는 것이 포인트야.

098
| 평가원 기출 |
근대 한국 사상가 갑, 을의 입장에 대한 옳은 설명만을 〈보기〉에서 있는 대로 고른 것은?

> 갑 : 양이(洋夷)들이 사학(邪學)을 널리 전파하는 것은 우리를 약탈하고자 하는 것이다. 국가에 재앙을 끼치는 것이 양적(洋賊) 보다 심한 것이 없으니 정학(正學)을 밝히고 이단(異端)을 배척해야 한다.
> 을 : 내 마음이 곧 네 마음이다. 그 마음을 지키고[守心] 그 기운을 바르게 하며[正氣], 그 본성을 따르고 그 가르침을 받아라. 서양의 학(學)에는 님[天主]의 가르침이 없고, 서양의 도(道)는 허무에 가깝다.

〈보기〉
ㄱ. 갑은 백성의 생업 보장을 전제로 서양 종교의 수용을 주장한다.
ㄴ. 갑은 동양의 도(道)와 서양의 기(器)가 둘이 아님을 주장한다.
ㄷ. 을은 사람이 귀하게 대우받는 만민 평등의 실현을 주장한다.
ㄹ. 갑, 을은 효제(孝悌) 정신의 계승과 국난의 극복을 주장한다.

① ㄱ, ㄴ   ② ㄱ, ㄹ   ③ ㄷ, ㄹ
④ ㄱ, ㄴ, ㄷ   ⑤ ㄴ, ㄷ, ㄹ

099
| 평가원 기출 |
근대 한국 사상가 갑, 을의 입장에 대한 옳은 설명을 〈보기〉에서 고른 것은?

> 갑 : 선천에서는 상극의 이치가 세상을 지배하여 원(冤)과 한(恨)이 쌓여서 참혹한 재앙을 일으키므로, 내가 천지도수를 뜯어 고쳐서 상생의 도로써 선경(仙境)을 열고 조화 정부를 세우겠다.
> 을 : 우주 만유의 본원이요, 모든 부처님과 성인의 심인(心印)인 법신불 일원상(一圓相)을 신앙의 대상과 수행의 표본으로 모시고, 영육쌍전(靈肉雙全)을 통해 개인·가정·사회·국가에 도움이 되게 하고자 한다.

〈보기〉
ㄱ. 갑은 무속과 도교를 배척하고 해원(解冤)을 강조한다.
ㄴ. 을은 시대 변화에 맞춰 물질의 개벽(開闢)만을 강조한다.
ㄷ. 을은 생활 속에서의 보은·평등·불공의 실천을 강조한다.
ㄹ. 갑, 을은 신분과 남녀의 차별을 떠난 평등 사상을 강조한다.

① ㄱ, ㄴ   ② ㄱ, ㄷ   ③ ㄴ, ㄷ   ④ ㄴ, ㄹ   ⑤ ㄷ, ㄹ

100
| 평가원 기출 |
근대 한국 사상가 갑, 을, 병에 대한 설명으로 옳지 않은 것은?

> 갑 : 혼란한 세상을 구하려면 이단(異端)을 먼저 물리쳐야 하고, 이단을 물리치기 위해서는 정학(正學)을 밝혀야 하며, 정학을 밝히려면 천리와 인욕을 구별해야 한다.
> 을 : 우리 도(道)는 무위이화(無爲而化)라. 그 마음을 지키고 그 기운을 바르게 하고 한울님 성품을 따르고 한울님의 가르침을 받으면 자연스런 가운데 조화가 나온다.
> 병: 동양인은 형이상의 도(道)에 밝고 서양인은 형이하의 기(器)에 밝다. 진실로 우리의 도를 잘 행한다면 서양의 기를 행하는 것이 쉬울 것이다.

① 갑은 성리학적 의리 사상을 내세워 서학(西學)을 반대하였다.
② 을은 인간 존중과 성(誠)·경(敬)·신(信)의 수양을 강조하였다.
③ 병은 민생 안정을 위한 서양의 과학 기술 수용을 주장하였다.
④ 갑, 을은 외세 배척과 새로운 세상의 도래[後天開闢]를 주장하였다.
⑤ 갑, 병은 유교의 기본 덕목인 효제충신의 실천을 강조하였다.

101

(가)의 한국 사상가 갑, 을의 입장을 (나) 그림으로 표현할 때, A~C에 들어갈 적절한 진술만을 〈보기〉에서 있는 대로 고른 것은?

(가)	갑 : 동서고금을 막론하고 바꿀 수 없는 것은 도이고 수시로 바뀌어 고정적일 수 없는 것은 기이다. 무엇을 도라고 하는가? 삼강(三綱), 오상(五常), 효제충신(孝弟忠信)이다. 무엇을 기라고 하는가? 예악(禮樂), 형정(刑政), 복식(服飾), 기용(器用)이 이것이다. 을 : 강화(講和)가 한번 이루어지면 사학(邪學)의 서적과 천주(天主)의 초상화가 교역 과정에서 들어올 것이다. 그렇게 되면 얼마 안 가서 사학이 온 나라 안에 퍼질 것이다. 이를 내버려 두고 죄를 묻지 않으면 예의는 시궁창에 빠지고 인간들은 변하여 금수가 될 것이다.
(나)	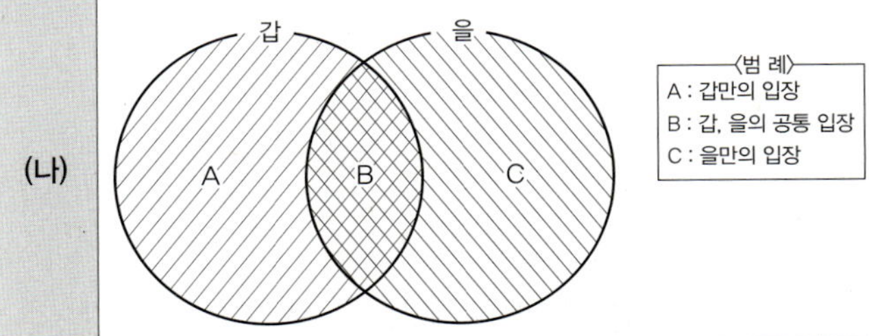

〔보기〕
ㄱ. A : 서양의 과학 기술과 군사력은 필요하다면 받아들여야 한다.
ㄴ. B : 유교적 질서와 가치를 지키는 가운데 국난 극복에 힘써야 한다.
ㄷ. B : 성리학과 양명학을 조화시켜 학문의 실천력을 높여야 한다.
ㄹ. C : 인의예지(仁義禮智)와 경(敬)의 실천을 게을리 해서는 안 된다.

① ㄱ, ㄴ   ② ㄱ, ㄷ   ③ ㄴ, ㄹ
④ ㄱ, ㄷ, ㄹ   ⑤ ㄴ, ㄷ, ㄹ

102

조선 후기 사상가 갑, 을, 병의 입장으로 옳은 것은?

갑 : 내 마음이 곧 네 마음이다. 모든 사람은 그 마음속에 한울님을 모시고 있으니 어찌 내 마음과 네 마음이 다르겠는가?
을 : 천지도수(天地度數)를 뜯어고치며 신도를 바로잡아 만고의 원한을 풀고 상생(相生)의 도로써 선경을 열고 백성을 화하여 세상을 고쳐야 한다.
병 : 우주 만물의 근본 원리인 일원상(一圓相)을 수행의 표본으로 삼아 삼학(三學)을 통해 개인과 가정과 사회 및 국가에 도움이 되게 해야 한다.

① 갑 : 평등 사회 실현을 위해 서구 민주주의를 도입해야 한다.
② 을 : 현세가 아닌 내세에서 이상세계가 실현될 수 있다.
③ 병 : 참된 정신 수양을 위해 출가수행을 으뜸으로 삼아야 한다.
④ 갑, 을 : 기존 불교를 개혁하되 도가 사상은 배척해야 한다.
⑤ 갑, 을, 병 : 새로운 세상에 대한 열망을 가진 백성들의 뜻을 실현해야 한다.

103

다음을 주장한 조선 후기 사상가의 입장만을 〈보기〉에서 있는 대로 고른 것은?

나의 학문은 안에서 구할 뿐이지 밖에서 구하지 않는다. 오직 안에서 스스로 만족할 것을 찾는 것이지 밖의 득실을 일삼지 않는다. 오직 그 마음의 옳고 그름을 모조리 발휘할 것이고 다시는 남의 옳고 그름에 따르지 않는다. 사물의 근본에서 그 진실함을 실현하고 다시는 일을 한 자취에 구애되지 않는다. 내 안에 있을 뿐이다. 어찌 남에게 관여하겠는가?

〔보기〕
ㄱ. 치양지(致良知)와 심즉리(心卽理)는 중요한 원리이다.
ㄴ. 인간은 모두 각자 도덕적 문제의 판단 기준이 되는 주체이다.
ㄷ. 인간 본성에 선을 지향하는 도덕적 지향성이 존재하지 않는다.
ㄹ. 마음의 내적 기준인 양지(良知)에 따라 옳고 그름을 판단해야 한다.

① ㄱ, ㄷ   ② ㄱ, ㄹ   ③ ㄴ, ㄷ
④ ㄱ, ㄴ, ㄹ   ⑤ ㄴ, ㄷ, ㄹ

104

(가), (나), (다) 사상에서 추구하는 이상적 인간상에 대한 옳은 설명만을 〈보기〉에서 있는 대로 고른 것은?

(가) 사람[人]이 사람답지[仁] 못하면 예는 어찌하겠으며, 사람으로서 사람답지 않으면 악을 어찌하겠는가?
(나) 비구들이여, 출가자는 쾌락의 탐닉, 자기학대의 고통이라는 양극단에서 벗어나 중도를 추구해야 한다.
(다) 인위적인 규범과 제도에서 벗어나 도(道)와 자연의 흐름에 따라 타고난 소박한 본성대로 살아야 한다.

〔보기〕
ㄱ. (가) : 위기지학(爲己之學)보다 위인지학(爲人之學)에 힘써야 한다.
ㄴ. (나) : 진리를 깨닫기 위해 노력하되 중생과 함께 열반으로 가야 한다.
ㄷ. (다) : 인위를 버리고 무위를 따르며 소박함을 잃지 않아야 한다.
ㄹ. (가), (나), (다) : 타고난 본성을 실현하고 부단한 자기 수양에 힘써야 한다.

① ㄱ, ㄴ   ② ㄱ, ㄷ   ③ ㄴ, ㄹ
④ ㄱ, ㄷ, ㄹ   ⑤ ㄴ, ㄷ, ㄹ

Ⅲ 서양 윤리 사상

Ⅲ 단원 개념 NAVIGATION

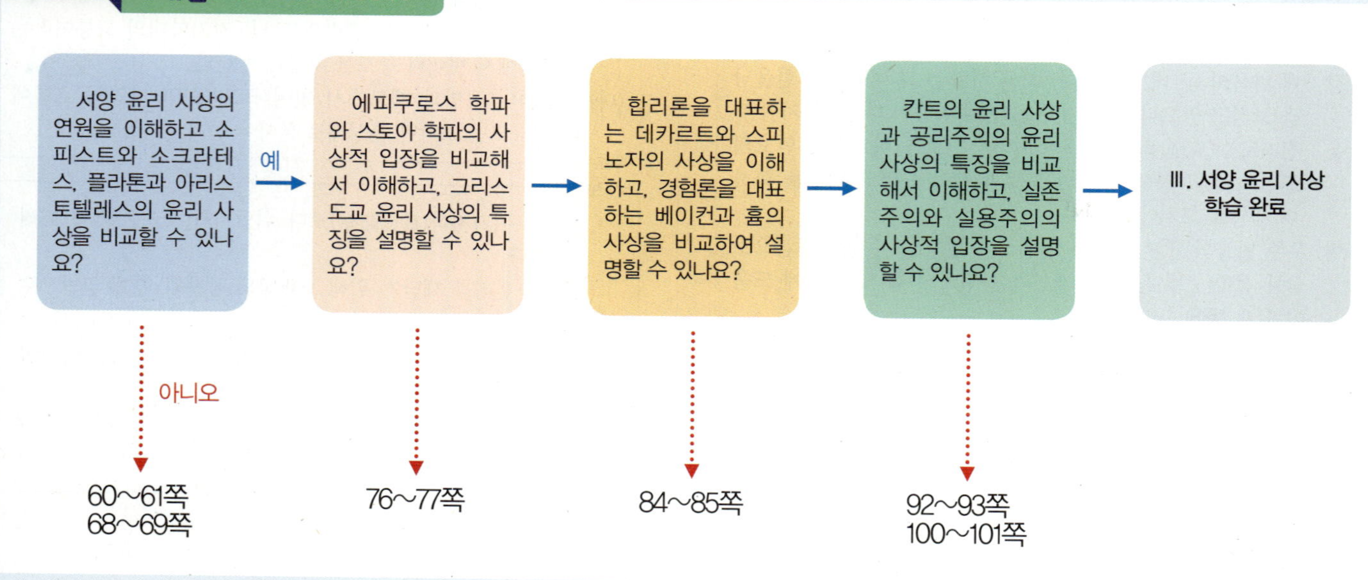

| 07강
서양 윤리
사상의 연원 | 주제 1 | 고대 그리스 사상과 헤브라이즘 | · 자연 철학 | · 헤브라이즘 |
| | 주제 2 | 소피스트와 소크라테스의 윤리 사상 | · 윤리적 상대주의
· 지덕복합일설 | · 윤리적 보편주의
· 문답법(산파술) |

| 08강
덕 있는 삶과
행복 | 주제 1 | 플라톤의 윤리 사상 | · 이데아   · 정의   · 철인 | |
| | 주제 2 | 아리스토텔레스의 윤리 사상 | · 지성적 덕   · 품성적 덕   · 중용 | |

| 09강
행복 추구의 방법
· 신앙과 윤리 | 주제 1 | 에피쿠로스학파와 스토아학파의
윤리 사상 | · 쾌락주의
· 금욕주의 | · 아타락시아
· 아파테이아 |
| | 주제 2 | 아우구스티누스와 아퀴나스의
윤리 사상 | · 산상 수훈
· 스콜라 철학 | · 교부 철학
· 영원법 |

| 10강
도덕의 기초 | 주제 1 | 데카르트와 스피노자의 합리론 | · 방법적 회의 | · 필연적인 질서 |
| | 주제 2 | 베이컨과 흄의 경험론 | · 우상 | · 공감 |

| 11강
옳고 그름의
기준 | 주제 1 | 의무론과 칸트 윤리 사상 | · 실천 이성
· 정언 명령 | · 선의지
· 현대 칸트주의 |
| | 주제 2 | 결과론과 공리주의 | · 양적 공리주의
· 선호 공리주의 | · 질적 공리주의
· 규칙 공리주의 |

| 12강
현대의
윤리적 삶 | 주제 1 | 주체적 결단과 실존주의 | · 주체성
· 한계 상황 | · 죽음에 이르는 병
· 현존재 |
| | 주제 2 | 실용주의와 문제 해결의 유용성 | · 실용주의의 격률
· 도구주의 | · 현금 가치 |

III단원 학습 SOLUTION

▶ 서양의 다양한 윤리 사상을 제대로 이해하고 체계적으로 정리하자!

시험에서 주로 출제되는 부분은 서양의 다양한 윤리 사상과 사상가들의 입장을 제대로 이해하고 있는가이다. 특히 소피스트의 윤리적 상대주의, 소크라테스의 윤리적 보편주의, 플라톤과 아리스토텔레스의 세계관, 에피쿠로스의 쾌락주의, 스토아학파의 금욕주의, 데카르트와 스피노자의 합리론, 베이컨과 홉스의 경험론, 칸트의 의무론, 로스의 현대 칸트주의, 벤담과 밀의 공리주의, 현대 공리주의, 실존주의, 실용주의 등이 자주 출제된다. 따라서 서양의 다양한 윤리 사상과 사상가들의 입장을 제대로 이해하고 체계적으로 정리해야 한다.

▶ 서양의 다양한 사상가들의 입장에 대한 이해와 비교를 통해 공부하자.

서양 윤리 사상의 고난도 문제들은 사상가들의 입장을 순서도나 벤다이어그램 등을 통해 비교하는 형태로 출제된다. 특히 플라톤과 홉스의 국가론 비교, 아퀴나스와 스피노자의 신에 대한 입장 비교, 에피쿠로스와 공리주의 사상적 입장 비교, 흄과 칸트의 사상적 입장 비교 등 시대를 초월하여 사상가들의 입장을 비교하는 문제가 출제된다는 점에 유의하여 문제를 많이 풀어보면서 고난도 문제에 대비해야 한다.

07강 서양 윤리 사상의 연원

주제 1 | 고대 그리스 사상과 헤브라이즘

1. 고대 그리스 사상의 특징과 영향

(1) 등장 배경과 특징

등장 배경	• 아테네에서 시민들의 활발한 정치 참여로 인간의 삶과 사회에 좋은 것과 옳은 것에 대한 토론이 발달함 • 자연의 기원과 변화에 대한 자연 철학자의 이성적 · 논리적 설명을 통해 본질적 · 보편적인 것에 눈을 뜨게 됨 └ 자연 철학자들은 세계를 구성하는 본질적인 요소나 작동 원리 등을 탐구함
특징	• 이성적이고 합리적인 사고와 논변을 중시함 • 사물과 인간의 본질에 큰 관심을 보임

(2) 영향 : 이성과 행복, 윤리의 보편성과 다양성에 대한 논의 등이 서양 윤리 사상에서 꾸준히 다루어지게 됨

2. 헤브라이즘의 특징과 영향

(1) 의미와 특징

┌ 유대교에서는 예수가 일반 민중을 상대로 한 종교적 인격자라는 사실은 인정하지만, 그리스도교가 주장하는 바와 같이 하느님의 아들, 즉 메시아로는 인정하지 않음

의미	고대 유대 민족의 유대교로부터 이후 전개된 그리스도교의 사상, 문화 및 전통
특징	• 절대자로서의 신(神)에 대한 믿음을 강조함 • 보편적인 윤리적 행동 지침이 신의 명령이자 인간 삶의 규율로 제시됨

(2) 영향

① 인간과 세계의 근원으로서의 신, 신과 인간의 관계, 이에 바탕한 인간 삶의 본질과 원리 등에 대한 탐구가 서양 윤리 사상에서 주요한 과제로 다루어지게 됨

② 인간 존재의 존엄성과 그 근거, 그리고 인간이라면 누구나 따라야 할 절대적인 규칙 등에 대한 깊이 있는 탐구가 이루어지는 데 큰 영향을 줌

주제 2 | 소피스트와 소크라테스의 윤리 사상

1. 소피스트와 윤리적 상대주의

(1) 소피스트의 윤리 사상

특징	• 학문의 주제를 자연(자연철학)에서 인간과 사회로 전환함 • 도덕규범은 다양하며 보편타당한 도덕법칙은 존재하지 않는다는 윤리적 상대주의를 제시함 • 상대주의적 윤리관을 바탕으로 현실 삶에서의 세속적 성공을 추구함 • 세속적 가치를 얻는 데 필요한 처세술, 수사학을 가르침

(2) 대표적 사상가

┌ 모두가 동의할 수 있는 보편적인 판단은 없으며, 단지 각자의 상대적인 판단만 있을 뿐이라고 주장

프로타고라스	• 상대주의적 진리관 및 윤리관 주장 • "인간은 모든 것의 척도이다. 존재하는 것에 대해서는 그것이 존재한다는 척도이며, 존재하지 않는 것에 대해서는 그것이 존재하지 않는다는 척도이다." • 인간은 서로의 이익을 위해 공동체를 형성하고, 생존과 번영을 위해 관습과 규범을 제정함 • 각자가 속한 사회와 국가에서 요구하는 방식대로 사는 것이 바람직하고 윤리적인 삶
트라시마코스	• 보편적 가치로서의 정의관이 아닌 세속적 정의관 주장 • "정의는 더 강한 자 및 통치자의 이익이다." ┐ 인간도 동물과 마찬가지로 약육강식의 법칙에 따라 살아야 한다고 주장함 • 법률은 강자들이 자신들의 이익을 추구하기 위해 제정한 것 → 강자들이 요구하는 모든 것이 정의롭고 옳은 것이라는 주장을 담고 있음
고르기아스	• 회의주의적 진리관 주장 • "아무것도 존재하지 않는다. 비록 어떤 것이 존재한다 해도 우리는 그것을 알 수 없다. 우리가 그것을 알 수 있다고 해도 다른 사람에게 전할 수 없다." • 수사학 연구 : 보편적 진리의 탐구보다 수사학을 연구하고 가르치는 것을 강조함

✳ 자연 철학자

자연에 대한 철학적이고 비(非)종교적인 탐구는 고대 그리스로부터 그 기원을 찾을 수 있다. '변화'가 존재하지 않는다고 생각한 파르메니데스, 같은 강물에 두 번 발을 담글 수 없다고 주장하며 무한한 변화를 긍정한 헤라클레이토스, 모든 물질은 원자로 이루어져 있다고 생각한 데모크리토스, 그리고 모든 물질은 물로 이루어져 있다고 주장한 탈레스, 만물의 근원이 공기라 주장한 아낙시메네스 등은 그리스 신들과 관련된 창조 신화에 의존하지 않고 자연 현상을 설명하려고 시도하였다.

✳ 헤브라이즘

헬레니즘과 더불어 서양 사상을 형성해 온 중요한 사조(思潮)이다. 유일인격신(唯一人格神)의 역사적 계시와 이에 대한 신앙을 토대로 하고, 여기서 생기는 신에 의한 우주의 창조와 세계사의 주재(主宰), 이 신과의 계약에 의한 인간의 책임을 주장하는 세계관 및 인간을 영육일체(靈肉一體)로서 파악하는 인간관에서 헬레니즘과 대립된다. 즉 헬레니즘이 우주를 신들로부터의 타락 또는 유출(流出)에서 생긴 것이라고 보는 것과 달리, 헤브라이즘은 우주를 신이 만든 피조계(被造界)로서 파악한다.

✳ 소피스트(sophist)

'지혜(sophia)를 지닌 사람'이라는 뜻으로, 고대 그리스에서 교양이나 학예 특히 수사학을 가르치는 일을 직업으로 삼던 사람을 가리키는 말

✳ 수사학(修辭學)

사상이나 감정 따위를 효과적 · 미적으로 표현할 수 있도록 문장과 언어의 사용법을 연구하는 학문으로, 레토릭(Rhetoric)이라고도 한다.

✳ 회의주의(懷疑主義)

인간의 감각이나 인식은 주관적이고 상대적이므로 절대적이고 보편적인 진리에 도달할 수 없고, 또 진리가 있다하더라도 그것을 알 수 없다는 입장이다.

(3) 의의
① 자연과 만물의 근원에서 인간의 문제에 대한 탐구로 철학적 관심을 전환시키는 데 기여함
② 윤리적 삶의 다양성을 인정하고 다양한 가치를 수용하는 삶의 자세를 지니게 할 수 있음
③ 경험주의, 쾌락주의, 실용주의, 상대주의 윤리 사상의 연원이 됨
(4) 한계
① 명백하게 비도덕적인 개인의 행위가 정당화될 수 있음
② 누구나 지켜야 할 규범은 없으며, 설령 그런 것이 있다고 하더라도 그것이 무엇인지 알 수 없다는 윤리적 회의주의에 빠질 수 있음

2. 소크라테스와 윤리적 보편주의

(1) 특징
① 소피스트들의 윤리적 상대주의를 비판하면서, 인간은 이성을 통해 보편적인 윤리를 파악할 수 있다는 윤리적 보편주의를 주장함
② 현실 삶에서의 세속적 성공보다는 선하고 도덕적인 삶을 추구할 것을 강조함 → "검토되지 않은 삶은 살아갈 가치가 없다."
③ 지식을 모든 덕(德)과 행복의 원천으로 여기는 주지주의(主知主義)적 입장을 취함 → "모든 덕은 참된 앎에서 나오고, 모든 악은 무지에서 비롯된다." └→ 소크라테스에게서는 '의지의 나약함' 문제가 발생하지 않음.

지행합일설 (知行合一說)	선이 무엇인지 알면서 고의로 악을 행하는 사람은 없음 → "어느 누구도 자발적으로 나쁜 일 또는 자신이 나쁘다고 믿는 바를 행하지는 않을 것이다."
지덕복 합일설 (知德福 合一說)	참된 앎은 덕이고 덕은 행복이므로 덕이 있는 사람은 진정한 행복을 누릴 수 있음 → "덕은 곧 지식이며 모든 덕은 하나이다. 덕이 있는 사람이 진정으로 행복한 사람이다. 어떤 것도 덕이 있는 사람에게 해를 입힐 수는 없다."

④ 무지의 자각을 진리 탐구의 기본 조건으로 보고 강조함 → "너 자신을 알라."라는 말을 "너 자신의 무지를 자각하라."라는 의미로 이해함
⑤ 참된 앎을 추구하는 방법으로 문답법(산파술)을 강조함 → 상대가 제시하는 의견에 논리적이고 이성적인 물음을 계속 제기하는 문답법(산파술)을 사용하여 참된 앎에 다가서고자 함
⑥ 인간에게 가장 중요한 일은 각자의 영혼을 최상의 상태로 가꾸는 것이라고 봄

자료로 살펴보기

■ 소크라테스의 윤리 사상

- 덕이 영혼 속에 있는 것들 가운데 하나이고 필연적으로 유익하다면 그것은 지식이어야 하네. 왜냐하면 영혼에 관련된 모든 것들은 그 자체로는 유익하지도 유해하지도 않지만 지식이 더해지느냐 무지가 더해지느냐에 따라 유익하게도 유해하게도 되기 때문이네.
  – 플라톤, "메논"
- 자신이 모르면서도 알고 있다고 믿는 것이 인간이 가진 무지 중에서 가장 큰 무지입니다. 내가 대다수 사람들과 다른 점이 있다면, 그것은 바로 나는 내가 무지하다는 것을 알고 있다는 것입니다. …(중략)…나는 아테네 시민들을 찾아다니면서 신체나 재산이 아니라 각자의 영혼을 최상의 상태로 가꾸라고 설득할 것입니다.
  – 플라톤, "소크라테스의 변명"

소크라테스는 인간이 도덕적으로 선(善)하다는 것을 믿었고, 무엇이 도덕적으로 선한 행위인가 아는 사람은 그에 따라 선한 행위를 할 것이라고 확신하였다. 그는 인간이 악한 행위를 하는 것은 선함에 대한 무지(無智)에서 비롯된다고 생각하였다. 소크라테스는 '자신이 가장 현명한 자'라는 델피 신탁을 확인하기 위해 아테네에서 가장 지혜로운 정치가, 시인, 장인을 차례로 찾아가 대화를 나눈 결과, 그들보다 자신이 더 현명한 것은 자신의 무지함을 알고 있기 때문이라는 결론을 내렸다. 따라서 무지의 지(知), 자신의 무지함을 아는 것이 진리 탐구의 출발점이 되는 것이다.

(2) 의의
① 지식과 도덕 그리고 성찰하는 자세의 중요성을 인식하게 해 줌
② 다원화 사회에서 나타나는 도덕적 갈등이나 혼란을 극복하는 데 도움이 될 수 있음
③ 이성주의, 보편주의, 절대주의 윤리 사상의 연원이 됨
(3) 한계
① 주지주의적인 경향이 강해서 의지나 감정이 지닌 가치를 경시할 수 있음
② 상대주의나 가치 다원주의의 의의를 올바르게 파악하지 못할 수 있음

＊ **덕(德)**

고대 그리스에서 '탁월함', '훌륭함'을 의미한다. 소크라테스는 덕 있는 사람이 되려면 덕이 무엇인지 정확히 알아야 한다고 주장하면서 용기, 절제 등에 관한 보편적 정의(定義)를 찾으려고 노력하였다.

＊ **문답법**

토론할 때 계속적으로 질문하여 상대방이 자기모순에 빠지게 해서 스스로 자신의 무지(無知)를 깨닫게 함으로써 진리를 인식하도록 이끄는 방법이다.

＊ **주지주의(主知主義)**

인간 마음의 지(知), 정(情), 의(意) 중 지성을 감정이나 의지보다 도덕 실천의 핵심 요소로 중시하는 입장. 감정을 상위에 두는 주정주의(主情主義)나 의지를 상위에 두는 주의주의(主意主義)와 비교된다.

핵심 개념 CHECK!

• 정답 및 해설 27쪽

✏️ 다음 확인 문제 중 옳은 것에 ○, 옳지 않은 것에 ✕를 표기하세요.

주제 1 고대 그리스 사상과 헤브라이즘

01 서양 윤리 사상의 뿌리는 고대 그리스 사상과 헤브라이즘에서 찾을 수 있다. ○ ✕

02 (함정) 고대 그리스 아테네 시민들은 여성, 외국인을 포함하여 누구나 민회(民會)에 참여할 수 있었고, 평생에 적어도 한 번은 관직을 수행해야 할 의무를 지니고 있었다. ○ ✕

03 고대 그리스 아테네 시민들은 인간 삶과 사회에 있어 좋은 것이나 옳은 것에 관심을 갖고 이에 대한 토론을 즐겼다. ○ ✕

04 고대 그리스 자연 철학자들은 세계의 기원과 자연의 변화를 이성적이고 논리적인 방식으로 설명하기 위해 노력하였다. ○ ✕

05 고대 그리스 자연 철학자들은 변화무쌍한 세계에서 변하지 않는 본질적이고 보편적인 것에 눈을 뜨고 이를 탐구하였다. ○ ✕

06 (함정) 헤브라이즘은 고대 유대 민족의 유대교로부터 이후 전개된 이슬람교에 이르기까지 그 사상과 문화 및 전통을 아울러 이르는 말이다. ○ ✕

07 (함정) 헤브라이즘의 가장 주요한 특징은 유일무이한 절대자가 존재하지 않는다고 상정하는 것이다. ○ ✕

08 헤브라이즘의 영향으로 살인과 절도에 대한 금지, 부모에 대한 공경 등 보편적인 윤리적 행동 지침이 신의 명령이자 인간 삶의 규율로서 제시되었다. ○ ✕

09 헤브라이즘의 영향으로 인간과 세계의 근원으로서의 신, 신과 인간의 관계, 인간 삶의 본질과 원리 등에 대한 탐구가 서양 윤리 사상에서 주요한 과제로 다루어지게 되었다. ○ ✕

주제 2 소피스트와 소크라테스의 윤리 사상

10 소피스트들은 철학적 관심을 자연과 우주의 질서에서 인간에 대한 탐구로 전환시켰다. ○ ✕

11 소피스트들은 도덕규범의 보편성을 강조하면서, 보편타당한 도덕 법칙이 존재한다는 윤리적 보편주의를 제시하였다. ○ ✕

12 소피스트들이 제시한 윤리적 상대주의는 옳음의 보편적인 기준을 인정하지 않음으로써 가치관의 혼란을 가져올 수 있다. ○ ✕

13 소피스트들은 상대주의적 윤리관을 바탕으로 현실 삶에서의 세속적 성공을 추구하였다. ○ ✕

14 프로타고라스는 '인간은 만물의 척도이다.'라고 하는 인간 척도론을 주장하면서 절대적 진리관을 강조하였다. ○ ✕

15 프로타고라스는 각 개인의 경험만이 진리 판단 및 도덕 판단의 기준이 될 수 있다고 보았다. ○ ✕

16 프로타고라스는 각자가 속한 사회와 국가에서 요구하는 방식대로 사는 것을 바람직하고 윤리적인 삶이라고 보았다. ○ ✕

17 (함정) 트라시마코스는 정의가 더 약한 자 및 피통치자의 이익이라고 주장하였다. ○ ✕

18 고르기아스는 어떠한 진리도 존재하지 않으며 알 수도 없다는 회의주의 진리관을 주장하였다. ○ ✕

19 고르기아스는 수사학보다 보편적 진리의 탐구를 강조하였다. ○ ✕

20 소크라테스는 이성 중심의 전통을 확립하였다. ○ ✕

21 소크라테스는 주지주의와 주의주의 입장이다. ○ ✕

22 (함정) 소크라테스는 인간은 감정을 통해 보편적인 윤리를 파악할 수 있다는 윤리적 보편주의를 주장하였다. ○ ✕

23 소크라테스는 현실 삶에서의 세속적 성공보다는 선하고 도덕적인 삶을 추구할 것을 강조하였다. ○ ✕

24 (함정) 소크라테스는 비도덕적인 행동의 원인을 의지의 나약함이라고 보고, 사람들은 무엇이 옳고 그른지 알면서도 그릇된 삶을 살아간다고 보았다. ○ ✕

25 소크라테스는 참된 앎을 지닌 사람은 덕 있는 사람이 되고, 덕이 있는 사람은 행복한 삶을 살게 된다는 지덕복 합일설(知德福合一說)을 주장하였다. ○ ✕

26 소크라테스는 상대가 제시하는 의견에 논리적이고 이성적인 물음을 계속 제기하는 문답법(산파술)을 사용하여 참된 앎에 다가서고자 하였다. ○ ✕

27 소크라테스는 이성을 바탕으로 성찰하며 살아가는 삶을 강조하였다. ○ ✕

28 (함정) 소크라테스가 주장한 윤리적 보편주의는 다양한 가치만을 강조하여 개인의 자유를 침해하고 사회를 획일화할 수 있다. ○ ✕

29 소크라테스는 의지가 나약하면 선한 것을 알아도 행동하기 어렵다고 보았다. ○ ✕

소피스트와 소크라테스의 윤리 사상은 어떻게 다를까?

■ 소피스트의 윤리적 상대주의

> 각자가 모든 것의 기준이다. 모든 가치는 각자의 의견에 불과할 뿐이다. 동일한 바람도 어떤 사람은 차갑게 느끼지만, 다른 사람은 그렇지 않게 느낄 수 있다. 어떤 것들이 나에게 나타나는 대로 그것들은 나에게는 그렇게 존재하며, 어떤 것들이 당신에게 나타나는 대로 그것들은 당신에게는 그렇게 존재한다.   – "프로타고라스"

소피스트들은 현실적 변화의 세계에 철학적 의미를 부여하여 자유 사상을 북돋우는 진취적이고 계몽적인 사상을 역설하였다. 그리하여 개인에 있어서는 인권, 소유권, 모두의 평등을 주장하였을 뿐만 아니라, 노예 제도를 부정하고 법률과 도덕률의 가변성을 주장하였다. 이것은 법률과 도덕은 사회의 변화에 따라 변화하지 않을 수 없다는 경험주의 윤리 사상의 대두를 보여 준다. 또한, 인식론적 측면에서는 감각주의(Sensationalism)을 주장한 것이고, 이념의 세계에 대한 것보다 현실의 세계를 더 중요시하는 상대주의, 주관주의, 또는 개인주의 사고방식이라 할 수 있다. 대표적인 소피스트인 프로타고라스는 개인의 감각과 경험이 지식과 도덕의 근원이라고 간주하면서, 가치에 대한 판단은 상대적이며 주관적으로 이루어진다고 주장하였다.

■ 소크라테스의 윤리적 보편주의

> 자신이 모르면서도 알고 있다고 믿는 것이 인간이 가진 무지 중에서 가장 큰 무지이다. 내가 대다수 사람들과 다른 점이 있다면, 그것은 바로 이 점에서이다. …(중략)… 빼어난 자여, 그대는 가장 위대하고 슬기와 힘으로 가장 이름이 나 있는 나라인 아테네의 시민이면서, 재물에 대해서는 되도록 많았으면 하고 관심을 쏟으면서, 그리고 세상의 평판과 명예에 대해서는 마음을 쓰면서, 지혜와 진리에 관해서 그리고 자신의 영혼이 온전해지게끔 영혼에 관해서 마음을 쓰거나 생각해보지 않는 것을 어찌 부끄러워하지 않는가?   – 플라톤, "소크라테스의 변명"

소크라테스는 진리 탐구를 위해서 무엇보다 먼저 자신의 무지를 자각해야 함을 강조하였다. 소크라테스는 참된 앎을 모든 덕과 행복의 원천으로 간주하면서, 이성을 통해 보편적인 윤리를 파악하고, 도덕적으로 바람직한 삶을 위한 반성적 성찰을 중시할 것을 강조하였다. 소크라테스에 의하면, 인간은 누구도 자발적으로 자신에게 해로운 행위를 하지 않는다. 따라서 덕이 무엇인지 아는 사람은 절대 부정의하거나 나쁜 행위를 할 수 없다. 결국 용기, 절제, 정의 등 각각의 덕에 관한 지혜를 갖춘 사람은 실제로 덕 있는 사람이 되고, 그 결과 행복을 얻을 수 있다. 이러한 주장을 가리켜 주지주의 또는 지덕복 합일설이라 한다.

■ 소피스트의 윤리적 상대주의

Q1 프로타고라스는 "인간이 모든 것의 척도이다."라는 주장을 통해 가치에 대한 판단은 상대적으로 이루어진다는 윤리적 (　　　)을/를 주장하였다.

Q2 트라시마코스는 "정의는 더 강한 자 및 통치자의 이익이다."는 주장을 통해 (　　　)에 근거한 세속적 정의관을 주장하였다.

Q3 고르기아스는 어떠한 진리도 존재하지 않으며 알 수도 없다는 (　　　) 진리관을 주장하였고 수사학을 중시하였다.

■ 소크라테스의 윤리적 보편주의

Q4 소크라테스는 인간이 이성을 통해 보편적인 윤리를 파악할 수 있다는 윤리적 (　　　)을/를 주장하였다.

Q5 소크라테스는 "모든 덕은 참된 (　　　)에서 나오고, 모든 악은 무지에서 비롯된다."라고 주장하였다.

Q6 소크라테스는 참된 앎은 덕이고 덕은 행복이므로 덕이 있는 사람은 진정한 행복을 누릴 수 있다는 (　　　) 합일설을 제시하였다.

Q7 소크라테스는 참된 앎의 추구 방법으로 상대의 의견에 논리적이고 이성적인 물음을 계속 제기하는 (　　　)을/를 강조하였다.

연습하기 Q8 다음을 주장한 사상가가 긍정의 대답을 할 질문에 ○를, 부정의 대답을 할 질문에 ×를 표시하시오.

> 당신이 어떤 견해를 가지고 있다면 그 견해는 당신에게는 참이다. 그러나 다른 사람들이 그것에 반대되는 견해를 가지고 있다면 당신의 견해는 그들에게는 거짓이다. 당신은 모든 사람의 견해가 참이라고 했으니, 당신의 견해가 거짓이라고 생각하는 사람들의 견해를 참이라고 인정해야 한다. 결국 당신이 옳다고 생각하는 견해는 당신 자신에게도 참이 되지 못한다. 따라서 우리는 이성적이고 논리적인 대화를 통해 모든 인간에게 타당하고 바람직한 삶의 방식을 찾아야 한다.

- 모든 사람에게 보편적으로 적용되는 윤리는 존재하는가? ❶ (○ / ×)
- 자신의 무지를 자각하고 자신의 영혼을 보살펴야 하는가? ❷ (○ / ×)
- 세속적 가치를 얻는 데 필요한 처세술을 중시해야 하는가? ❸ (○ / ×)
- 가치 판단의 기준은 인간의 감각적 경험과 유용성인가? ❹ (○ / ×)

적용하기 Q9 고대 서양 사상가 갑, 을의 입장에 대한 설명으로 옳은 것은?

> 갑 : 인간은 모든 것의 척도이다. 존재하는 것에 대해서는 그것이 존재한다는 척도이며, 존재하지 않는 것에 대해서는 그것이 존재하지 않는다는 척도이다.
> 을 : 앎은 아름다운 것이며 사람을 지배할 수 있는 것이다. 누구든지 좋은 것과 아름다운 것을 알기만 한다면, 그는 앎이 지시하는 것과는 다른 것을 행하지 않을 것이다.

① 갑은 지식을 모든 덕과 행복의 원천으로 본다.
② 갑은 세속적 가치보다 도덕적 가치가 중요하다고 본다.
③ 을은 개인의 감각과 경험이 지식의 근원이라고 본다.
④ 을은 도덕적 실천을 위해 반성적 성찰이 필요하다고 본다.
⑤ 갑, 을은 무지에 대한 자각을 통해 보편적인 진리를 추구해야 한다고 본다.

HOW & WHY 정답 01. 상대주의 02. 경험 03. 회의주의 04. 보편주의 05. 앎 06. 지덕복 07. 문답법(산파술) 08. ❶ ○ ❷ ○ ❸ × ❹ × 09. ④

주제 1　고대 그리스 사상과 헤브라이즘

족집게 전략 | 제시문에 나타난 서양 사상이 무엇인지 파악하고 서양 사상의 특징에 해당하는 내용을 찾아내는 유형의 문제이다. 서양 윤리 사상의 연원이라 볼 수 있는 고대 그리스 사상과 헤브라이즘의 전반적인 특징과 영향에 대해 알아야 한다.

105 대표 문항
| 평가원 기출 |

㉠의 입장에 대한 설명만을 〈보기〉에서 있는 대로 고른 것은?

> 고대 그리스 사상은 자연에 대한 관심에서 출발하였다. '철학의 아버지'로 불리는 탈레스를 비롯한 소크라테스 이전의 그리스 사상가들은 ⃝㉠⃝ (으)로 불리는데, 자연에 대한 이들의 탐구는 서양 윤리 사상의 풍부한 원천이 되었다.

〈보기〉
ㄱ. 신화적 세계관에 의존하여 세계의 기원을 탐구하였다.
ㄴ. 자연에 대한 철학적이고 비종교적인 탐구를 중시하였다.
ㄷ. 자연의 변화를 이성적이고 논리적인 방식으로 설명하였다.
ㄹ. 물, 불, 흙, 공기 등과 같은 요소로 사물의 본질을 설명하였다.

① ㄱ, ㄷ　　　② ㄱ, ㄹ　　　③ ㄴ, ㄹ
④ ㄱ, ㄴ, ㄷ　　　⑤ ㄴ, ㄷ, ㄹ

✏️ 한줄 Tip　고대 그리스 자연 철학자들의 특징을 아는 것이 포인트야!

106

㉠의 사상적 입장에 대한 설명으로 옳지 <u>않은</u> 것은?

> 고대 그리스인은 모든 것을 신화로 설명하며 신탁과 예언에 의존하였다. 그러나 초기의 ㉠ 자연 철학자들은 '세상은 무엇으로 이루어졌는가?'라는 물음을 던지며 물, 불, 흙, 공기 등과 같은 요소로 인간과 자연을 설명하였다. 한편 '어떻게 살 것인가?'라는 삶의 문제도 신탁과 예언보다 합리적인 논의와 이성적인 판단으로 풀어내려고 노력하였고, 인간적인 욕망과 감정도 중시하였다.

① 세계의 기원을 논리적으로 설명하고자 노력하였다.
② 인간의 이성과 경험보다는 신탁과 예언을 중시하였다.
③ 우주의 궁극 원리와 만물의 근원에 대해 주로 탐구하였다.
④ 신화적 세계관에서 벗어나 합리적으로 세계를 탐구하였다.
⑤ 변화무쌍한 세계에서 변하지 않는 보편적인 것에 관심을 가졌다.

107
| 교육청 기출 |

㉠의 사상적 입장에 대한 설명으로 옳지 <u>않은</u> 것은?

> 서양 윤리 사상의 또 다른 뿌리인 ⃝㉠⃝ 은(는) 고대 유대 민족의 유대교로부터 이후 전개된 그리스도교에 이르기까지 그 사상과 문화 및 전통을 아울러 이르는 말이다. ⃝㉠⃝ 의 영향으로 서양 윤리 사상에서 인간과 세계의 근원으로서의 신, 신과 인간의 관계, 이에 바탕한 인간 삶의 본질과 원리 등에 대한 탐구가 주요한 과제로 다루어지게 되었다.

① 보편적인 윤리적 행동 지침을 신의 명령으로 본다.
② 유일무이한 절대자로서의 신에 대한 믿음을 중시한다.
③ 인간은 자신의 힘만으로 완전한 구원과 행복에 이를 수 있다고 본다.
④ 유대교는 신에게서 받은 계명에 따라 세속적 욕망에서 벗어날 것을 강조한다.
⑤ 그리스도교는 유대교의 전통을 계승하면서도 민족을 초월하는 사랑의 보편성을 강조한다.

108

㉠에 비해 ㉡에서 강조할 내용으로 가장 적절한 것은?

> ㉠ 헤브라이즘은 세상이 신에 의해 창조되었다고 설명한다. 창조주인 신이 세상을 창조하였으며, 세상 만물은 모두 신의 피조물이라는 것이다. 그리고 세상의 모든 변화는 신의 뜻에 따른 것이라고 설명한다. 반면, ㉡ 고대 그리스의 자연 철학은 신에 대한 언급 없이 세상의 기원을 설명하려고 노력한다. 예를 들어 기원전 6세기에 활동한 철학자 탈레스는 세상 만물의 구성 요소를 탐구하는 데 힘을 기울였으며, 모든 물질이 물로 이루어져 있다고 주장하였다.

① 신은 계시와 섭리를 통해 인간을 도덕적 삶으로 인도하는 존재이다.
② 인간은 내세에 구원을 받기 위해 신앙생활을 해야 할 종교적 의무를 지닌다.
③ 인간은 이성을 통해 자연적 성향을 따름으로써 영원법에 참여할 수 있다.
④ 세계를 구성하는 본질적인 요소나 작동 원리는 이성을 통해 파악할 수 있다.
⑤ 인간은 현세에서 신의 명령을 따르고 신의 사랑을 실천할 도덕적 의무를 지닌다.

109

㉠의 입장에 대한 설명으로 옳은 것은?

> 고대 그리스의 [　㉠　]은/는 주로 우주의 궁극 원리와 만물의 근원에 대해 탐구하였다. 그들의 물음은 후에 수학적, 과학적 탐구의 중요한 문제가 되었지만 영혼, 법, 제도 등 인간과 사회의 본질에 대한 관심은 적었다. 그 후 '인간의 본성은 무엇인가?', '인간의 바람직한 삶은 무엇인가?'라는 물음을 제시하면서 인간이 바람직한 삶에 대하여 본격적으로 논의를 하게 되었다.

① 인간의 본질을 정해줄 신은 존재하지 않는다고 본다.
② 인간을 포함한 모든 생산된 자연은 신의 양태라고 본다.
③ 자연에 대한 종교적인 탐구를 우선시해야 한다고 본다.
④ 자연 현상을 이성적이고 논리적으로 설명할 수 있다고 본다.
⑤ 신화적 세계관에 의존하여 세계의 기원을 탐구해야 한다고 본다.

110

㉠~㉤ 중 옳지 않은 것은?

> 자연에 대한 철학적이고 비(非)종교적인 탐구는 고대 그리스로부터 그 기원을 찾을 수 있다. ㉠'변화'가 존재하지 않는다고 생각한 파르메니데스, ㉡같은 강물에 두 번 발을 담글 수 없다고 주장하며 무한한 변화를 긍정한 헤라클레이토스, ㉢모든 물질은 원자로 이루어져 있다고 생각한 데모크리토스, 그리고 ㉣모든 물질은 물로 이루어져 있다고 주장한 탈레스, ㉤만물의 근원이 불이라 주장한 아낙시메네스 등은 그리스 신들과 관련된 창조 신화에 의존하지 않고 자연 현상을 설명하려고 시도하였다.

① ㉠　　② ㉡　　③ ㉢　　④ ㉣　　⑤ ㉤

111

㉠의 사상적 입장에서 부정의 대답을 할 질문으로 옳은 것은?

> [　㉠　]은/는 헬레니즘과 더불어 서양사상을 형성해 온 중요한 사조(思潮)이다. 유일인격신(唯一人格神)의 역사적 계시와 이에 대한 신앙을 토대로 하고, 여기서 생기는 신에 의한 우주의 창조와 세계사의 주재(主宰), 이 신과의 계약에 의한 인간의 책임을 주장하는 세계관 및 인간을 영육일체(靈肉一體)로서 파악하는 인간관에서 헬레니즘과 대립된다. 즉 헬레니즘이 우주를 신들로부터의 타락 또는 유출(流出)에서 생긴 것이라고 보는 것과 달리, [　㉠　]은/는 우주를 신이 만든 피조계(被造界)로서 파악한다.

① 절대자인 신은 존재하며 신은 언제나 도덕적인 존재인가?
② 보편적인 윤리적 행동 지침은 신의 명령으로 보아야 하는가?
③ 신에게서 받은 계명에 따라 세속적 욕망에서 벗어나야 하는가?
④ 인간은 도덕적 덕만 갖추어도 완전한 행복에 이를 수 있는가?
⑤ 구약 성서에 기초한 유태인들의 가치관에 기반을 두고 있는가?

112

㉠이 ㉡에 비해 강조할 내용만을 〈보기〉에서 있는 대로 고른 것은?

> ㉠ 헤브라이즘은 ㉡ 헬레니즘과 함께 서양 사상의 두 줄기이다. 헤브라이즘은 고대 이스라엘인의 종교(구약성서)에 근원을 둔다. 헤브라이즘은 BC 13세기로까지 거슬러 올라가는 이스라엘 민족의 신과의 계약이라는 전승(傳承)에서 비롯되며, 아모스, 호세아, 이사야, 예레미야 등의 활약으로 점차 뚜렷한 형태를 갖추게 되었다. 특히 BC 6세기 초기에 남왕국(南王國) 유다가 바빌로니아에 의해 멸망되고 다수의 사람들이 포로가 되면서 구제사상(救濟思想)에 의해 그 정점에 달했다. 이 구제관(救濟觀)은 예수에 의해 실현되었고 그의 제자들에 의해 전파되어, 마침내 그리스도교가 탄생하였다. 그리스도교는 헬레니즘의 영향을 받아 이론적·철학적 성격을 얻게 되었고, 이른바 그리스도교 신학을 형성하였다. 따라서 헤브라이즘은 그리스도교에 의해 서양 사상의 근간을 이루는 것이 되었다.

> **보기**
>
> ㄱ. 인간은 운명이나 필연에 의해 움직이는 존재이다.
> ㄴ. 신에 대한 절대적인 믿음은 누구나 지켜야 하는 규율이다.
> ㄷ. 세계를 구성하는 본질적 요소는 이성을 통해서만 파악할 수 있다.
> ㄹ. 세상은 신에 의해 창조되었으며 만물은 모두 신의 피조물이다.

① ㄱ, ㄷ　　② ㄱ, ㄹ　　③ ㄴ, ㄹ
④ ㄱ, ㄴ, ㄷ　　⑤ ㄴ, ㄷ, ㄹ

주제 2　소피스트와 소크라테스의 윤리 사상

족집게 전략 | 소피스트와 소크라테스의 윤리 사상은 한 사상가에 대해 묻는 문제보다는 둘 이상의 사상가들을 엮어 공통점과 차이점, 서로에게 제기할 수 있는 비판적 견해를 묻는 문제가 주로 출제된다. 특히 대표적인 소피스트인 프로타고라스와 소크라테스의 사상적 입장을 비교해서 알아두어야 한다.

113 대표 문항
| 평가원 기출 |

다음은 고대 서양 사상가의 주장이다. ㉠에 들어갈 내용으로 옳은 것은?

> 검토되지 않은 삶은 살 만한 가치가 없다. 한 개인에게 있어서 가장 중요한 일은 자신의 영혼을 돌보는 것이며, 영혼의 수련을 통해 깨달음에 이르게 된다. 그러나 어떤 사람은 "인간은 모든 것의 척도다."라고 말한다. 이러한 주장에 대하여, 나는 　㉠　

① 연역적 추론을 진리 추구의 방법으로 보는 견해라고 생각한다.
② 인식의 참과 거짓을 구별하지 못하게 되는 견해라고 생각한다.
③ 이성을 통하여 참된 진리를 깨닫게 되는 견해라고 생각한다.
④ 진리의 상대성을 인정하지 않게 되는 견해라고 생각한다.
⑤ 모든 악은 무지에 의한 것으로 보는 견해라고 생각한다.

✎ **한줄 Tip**　소피스트와 소크라테스의 사상적 입장이 어떻게 다른지 아는 것이 포인트야!

114 고난도↑
| 교육청 기출 |

고대 서양 사상가 갑, 을의 입장에 대한 설명으로 가장 적절한 것은?

> 갑 : 참되게 살려는 자는 욕구를 억제해서는 안 된다. 용기와 지혜로써 이를 최대한 충족시켜야 한다. 사람들은 그럴 능력이 없기 때문에 무절제를 부끄러운 것이라고 주장하며 절제와 정의를 칭송한다. 사치, 무절제, 자유가 덕이자 행복이다.
> 을 : 참되게 살려는 자는 덕이 참된 지혜에서 나온다는 것을 알아야 한다. 영혼의 모든 성질들은 지혜를 동반하느냐 무지를 동반하느냐에 따라 유익하게도 해롭게도 되기 때문이다. 덕은 유익한 것이기 때문에 지혜의 일종이어야만 한다.

① 갑은 덕이 욕구 충족과 무관하게 그 자체로 가치 있다고 본다.
② 갑은 이성적 사유를 통해 보편적 진리를 추구해야 한다고 본다.
③ 을은 정신의 탁월성이 지혜만으로도 실현 가능하다고 보다.
④ 을은 나쁜 행동이 무지와 의지의 나약함에서 비롯된다고 본다.
⑤ 갑, 을은 선이 주관적인 것이므로 공통된 정의를 내릴 수 없다고 본다.

115

그림은 고대 서양 사상가 갑, 을의 가상 대화이다. 갑, 을의 입장에 대한 옳은 설명을 〈보기〉에서 고른 것은?

〈 보기 〉
ㄱ. 갑은 도덕 판단의 절대적 기준은 존재하지 않는다고 본다.
ㄴ. 을은 누구도 악을 자발적으로 행하지는 않는다고 본다.
ㄷ. 갑은 이성이, 을은 경험이 참된 앎에서 중요하다고 본다.
ㄹ. 갑, 을은 유덕한 삶과 행복한 삶은 별개의 것이라고 본다.

① ㄱ, ㄴ　　② ㄱ, ㄷ　　③ ㄴ, ㄷ　　④ ㄴ, ㄹ　　⑤ ㄷ, ㄹ

116

다음 고대 서양 사상가가 강조하는 삶의 태도로 옳은 것은?

> 여러분! 더 이상 지혜를 사랑하지 않는다는 조건으로 저를 무죄 방면한다고 할지라도, 제가 살아가는 동안, 그리고 할 수 있는 한, 지혜를 사랑하는 것도, 여러분의 무지를 자각시키는 일도 결코 그만두지 않을 것입니다. 이 점을 고려하여 저의 무죄 방면 여부를 결정하십시오. 설령 몇 번을 죽인다 할지라도 제가 달리 처신하는 일은 없을 테니까요.

① 가치의 상대성을 바탕으로 개인의 판단을 존중해야 한다.
② 대다수가 동의한 의견을 절대적 기준으로 수용해야 한다.
③ 보편적 진리에 대한 주관적 인식과 해석을 허용해야 한다.
④ 도덕의 객관적 기준을 따르고자 하는 신념을 고수해야 한다.
⑤ 공동체에서 통용되는 관습을 도덕 판단의 원리로 강조해야 한다.

117

고대 서양 사상가 갑, 을의 입장에 대한 설명으로 옳은 것은?

> 갑 : 사람마다 감각과 경험이 다르기 때문에 일과 물건에 대한 생각도 서로 다르다. 신 맛의 사과를 좋아하는 사람도 있지만, 싫어하는 사람도 있다. 어떤 것들이 나에게 나타나는 대로 그것들은 나에게는 그렇게 존재한다.
> 을 : 자신이 모르면서도 알고 있다고 믿는 것이 인간이 가진 무지 중에서 가장 큰 무지이다. 내가 대다수 사람들과 다른 점이 있다면, 그것은 바로 내가 무지하다는 것을 알고 있다는 것이다.

① 갑은 가치 판단이 보편적으로 이루어진다고 본다.
② 갑은 인간의 이성이 지식과 도덕의 근원이라고 본다.
③ 을은 참된 앎을 모든 덕과 행복의 원천으로 본다.
④ 을은 개인의 경험이 가치 판단의 기준이라고 본다.
⑤ 갑, 을은 세속적 가치보다 도덕적 가치를 중시해야 한다고 본다.

118

다음을 주장한 고대 서양 사상가가 부정의 대답을 할 질문으로 옳은 것은?

> 신탁이 우리에게 전하고자 하는 것은 이렇습니다. "인간들 중에서 가장 지혜로운 자가 있다면 그는 자신이 가지고 있는 지혜가 아무것도 아니라는 것을 알고 있는 사람이다." 그래서 나는 지금도 신의 명령을 받들어 지혜롭다고 생각되는 사람들을 찾아다니며 탐구를 계속하고 있습니다. …(중략)… 자신이 모르면서도 알고 있다고 믿는 것이 인간이 가진 무지 중에서 가장 큰 무지입니다. 내가 대다수 사람들과 다른 점이 있다면, 그것은 바로 나는 내가 무지하다는 것을 알고 있다는 것입니다. …(중략)… 여러분은 지혜와 힘에 있어서 최고의 평판을 듣고 있는 아테네의 시민입니다. 그런 여러분이 자신의 영혼을 돌보는 일을 게을리 하면서 더 많은 부와 명성을 쌓는 일에만 몰두한다면, 그것이야말로 부끄러워해야 할 일이 아니겠습니까?

① 절대적이고 보편타당한 진리는 존재하는가?
② 자신의 무지를 자각해야 진리를 탐구할 수 있는가?
③ 악행은 지식보다는 의지의 결핍에서 비롯된 것인가?
④ 참된 앎은 영혼의 수련을 통해서 얻어진 깨달음인가?
⑤ 세속적인 가치보다 정신적인 가치를 중시해야 하는가?

119

다음은 고대 서양 사상가 갑, 을의 가상 대화이다. 갑, 을의 입장에 대한 설명으로 옳지 <u>않은</u> 것은?

> 갑 : 정의는 통치자와 더 강한 자의 이익 이외에 다른 것이 아닙니다. 다스림을 받는 이들은 통치자가 제정한 법률을 이행하여야만 하고, 또한 이게 정의입니다.
> 을 : 그런데 힘을 가진 통치자가 법률을 제정할 때 올바르게 제정할 수도 있고 올바르지 못하게 제정할 수도 있지 않겠소?
> 갑 : 아마도 그렇겠죠.
> 을 : 그렇다면 통치자에게 이익이 되는 것뿐만 아니라 그 반대의 것, 즉 이익이 되지 못하는 법률을 제정할 수도 있겠군요?
> 갑 : 그렇겠죠.
> 을 : 그렇다면 선생은 통치자에게 이익이 되지 못하는 것을 이행하는 것도 정의가 된다는 것에 동의하게 되는 것이오. 훌륭한 통치자라면 자신에게 이익이 되는 걸 생각하거나 지시하지 않고, 다스림을 받는 자들에게 이익이 되는 걸 생각하거나 지시할 것이오. 왜냐하면 정의는 덕이자 지식이기 때문이오.

① 갑은 통치자를 섬기는 자들에게 해가 되는 것을 정의라고 본다.
② 갑은 통치자에게 유리하게 제정된 법률을 지키는 것이 정의롭다고 본다.
③ 을은 정의가 피통치자들이나 더 약한 자들의 이익이라고 본다.
④ 을은 정의와 부정의를 구분하는 보편적인 기준은 없다고 본다.
⑤ 갑, 을은 통치자가 제정한 법률을 피통치자가 이행해야 한다고 본다.

120

그림은 고대 서양 사상가들의 가상 대화이다. 갑은 부정, 을은 긍정의 대답을 할 질문만을 〈보기〉에서 있는 대로 고른 것은?

> **보기**
> ㄱ. 각 개인이 도덕적 가치 판단의 기준이 되어야 하는가?
> ㄴ. 참된 앎을 모든 덕과 행복의 원천으로 간주해야 하는가?
> ㄷ. 지혜가 없더라도 용기의 덕을 갖춘 사람이 될 수 있는가?
> ㄹ. 무지에 대한 자각을 통해 보편적인 진리를 추구해야 하는가?

① ㄱ, ㄴ   ② ㄱ, ㄷ   ③ ㄴ, ㄹ
④ ㄱ, ㄷ, ㄹ   ⑤ ㄴ, ㄷ, ㄹ

08강 덕 있는 삶과 행복

주제 1 플라톤의 윤리 사상

1. 이데아론
(1) 세계는 현상계와 이데아계로 구분되며 서로 분리되어 있음 → '동굴의 비유'를 통해 설명함
(2) 이데아계는 완전한 세계이며 오직 이성에 의해서만 파악되는 반면 현상계는 이데아계를 모방한 불완전한 세계이며 감각적 경험에 의해 파악됨
(3) 모든 사물마다 이데아가 있으며, 그 가운데 최고의 이데아는 선(善)의 이데아임
(4) 선의 이데아를 모방하고 실현하려는 삶이 이상적인 삶임
  └ 만물을 비추는 태양처럼 각각의 이데아를 이데아이게 하는 최고의 이데아를 선(善)의 이데아라고 봄

자료로 살펴보기

■ **플라톤의 동굴의 비유**

크고 깊은 동굴 속에 오직 동굴의 벽면만을 바라볼 수 있도록 다리와 목이 묶여 있는 죄수들이 있다. 동굴의 입구 쪽으로 조금 떨어진 곳에는 불이 타오르고 있다. 사람들이 길을 지나다닐 때마다 동굴의 벽면에는 갖가지 그림자가 나타나는데, 평생 그 그림자들만을 보며 살아온 죄수들은 그림자가 곧 진짜 사물의 모습이라고 믿는다. 어느 날 누군가가 죄수 한 명의 결박을 풀고 동굴 밖으로 빠져 나가게 한다. 밖으로 나온 그는 사물 그 자체와 밤하늘의 달과 별을 보게 된다. 그러다가 마침내 그는 태양 자체를 직접 볼 수 있게 되고, 태양이야말로 사계절의 운행과 세상 만물의 근원이고 지배자라는 것을 알게 된다.　　　　　　　－ 플라톤, "국가"

플라톤은 동굴의 비유를 통해, 동굴 밖의 태양(선의 이데아)이 비추는 세계를 본 철인(哲人)들과 동굴 안의 벽에 비치는 그림자를 진리인 것처럼 바라보는 현실 세계의 사람들을 비교하였다.

2. 영혼론과 덕론
  └ 이성은 배우고 헤아리는 부분, 기개는 격정을 느끼는 부분, 욕구는 온갖 것을 탐하는 부분임
(1) 인간의 영혼은 이성, 기개, 욕구 세 부분으로 이루어져 있음
(2) 이성적인 부분은 기개와 욕구를 잘 다스려야 하고, 기개와 욕구는 이성을 잘 따라야 함
(3) 이성은 지혜, 기개는 용기, 욕구는 절제의 덕을 갖추어야 함
  ① 지혜란 각 부분 뿐 아니라 세 부분으로 이뤄진 전체를 위해 무엇이 유익한 것인지 아는 덕
  ② 용기란 이성이 지시하는 대로 두려워할 것과 두려워하지 않을 것을 끝까지 보전하는 덕
  ③ 절제는 지배하는 이성과 지배 받는 기개와 욕구 사이에 반목하지 않는 덕 → 영혼의 세 부분이 모두 갖추어야 할 덕임
(4) 지혜, 용기, 절제의 덕이 서로 조화를 이룰 때 인간 영혼에서 정의(正義)의 덕을 실현하고 행복한 삶을 살 수 있음

3. 이상 국가론
  └ 국가를 인간의 영혼이 확대된 것으로 봄
(1) 영혼이 이성, 기개, 욕구 세 부분으로 구성되듯이 국가도 통치자, 방위자, 생산자 계층으로 구성됨
(2) 통치자는 지혜, 방위자는 용기, 생산자는 절제의 덕을 갖추어야 하며 특히 절제는 모든 계층에 요구되는 덕임
  └ 수호자(통치자, 방위자)는 공적 생활을 위해 재산을 공유하고, 배우자와 자식까지도 공유해야 함
(3) 통치자, 방위자, 생산자 계층의 사람들이 각자의 직분을 충실히 수행하여 전체적으로 조화를 이룰 때, 국가는 정의의 덕을 실현할 수 있음 → 플라톤은 아테네의 민주주의를 중우(衆愚) 정치라고 비판함
(4) 선의 이데아를 인식하여 지혜의 덕을 갖추고 인격과 실무적 경험을 갖춘 철학자가 통치하지 않는 한 악은 사라지지 않음 → 철인(哲人) 통치론을 주장함
  └ 철학과 정치권력의 결합을 역설함

자료로 살펴보기

■ **플라톤의 이상 국가론**

수호자들 중 가장 훌륭한 자들이 영혼의 눈으로 모든 것에 빛을 제공하는 바로 그것을 바라보게 만들어야 한다. 그리하여 이들이 '좋음 자체'를 본(本)으로 삼아서 나라와 개개인들 그리고 자신들을 다스리지 않을 수 없도록 만들어야 한다. 참으로 지혜를 사랑하는 사람들이 한 나라에서 최고 지배자들이 되어 세속적인 명예들을 저속하며 아무런 가치도 없는 것들이라 생각하는 한편, 올바른 것을 가장 중대하고 가장 필요한 것으로 보고, 이를 받들고 증대시켜서 자신들의 나라가 질서 잡게 할 때만이 정의가 가능하다.　　　　　　－ 플라톤, "국가"

플라톤은 이데아론을 토대로 이상 국가와 도덕적인 인간의 모습을 제시하였다. 플라톤은 국가의 모든 구성원이 자신의 본성에 맞는 역할을 충실히 수행할 때 정의로운 국가가 만들어진다고 보았다.

＊ **이데아(Idea)**
사물의 완전한 원형이자 본질로서 영원하고 불변하며 이성으로 파악된다.

＊ **플라톤의 영혼론**

우리 인간의 영혼은 마차에 비유될 수 있습니다. 마차를 끄는 두 마리의 말이 있는데, 한 마리는 말을 잘 듣는 좋은 말이고 다른 말은 채찍을 들어야 말을 듣는 좋지 않은 말입니다. 실제로 마차를 끄는 것은 이 두 마리의 말이죠. ……그러나 말이 마음대로 날뛰면 마차는 위험에 빠지기 때문에 마차가 가야할 방향은 마부가 결정해야 합니다.
　　　　－ 플라톤, "파이드로스"

위 비유에서 '말을 잘 듣는 좋은 말'은 인간 영혼의 기개로, '채찍을 들어야 말을 듣는 말'은 욕구로, 마부는 이성으로 볼 수 있다. 플라톤은 마차가 잘 가려면 무엇보다 마부가 말을 잘 이끌어야 하고, 말들은 마부의 말을 잘 들어야 하듯이 인간 영혼도 이성적인 부분이 욕구와 기개를 잘 다스려야 하고, 욕구와 기개는 이성을 잘 따라야 한다고 보았다.

＊ **상기설**
플라톤의 진리 인식에 대한 학설. 플라톤에 의하면, 진리는 사고에 의해 이해되어지는 것이 아니며 이데아의 시계에서 자유로운 영혼에 주어져 있었으나, 그것이 지상 생활에서의 감상에 의해 감추어지게 되었다고 보았다. 철학한다는 것은 현실 세계의 인간이 이데아의 세계의 진리를 유사한 것을 통한 연상을 통해 상기하는 것을 의미한다.

＊ **플라톤의 철인(哲人) 통치론**
플라톤은 아테네의 민주주의를 중우(衆愚) 정치라고 비판하면서 지혜의 덕을 갖춘 철학자가 국가를 지배하는 것이 바람직하다고 보았다.

주제 2 · 아리스토텔레스의 윤리 사상

1. 행복론

(1) 인간의 모든 행위는 선(善, the good)을 목적으로 추구함 →아리스토텔레스는 세상의 모든 것에는 목적이 있으며, 따라서 인간의 모든 행위에도 목적이 있다고 보았음

(2) 인간 행위의 궁극적인 목적, 즉 최고선(最高善)은 행복임

(3) 행복이란 덕과 일치하는 정신의 활동임 →아리스토텔레스는 진정한 행복은 탁월성으로서의 덕(德)을 갖춘 삶을 통해 얻을 수 있다고 주장함

> **자료로 살펴보기**
>
> **■ 아리스토텔레스의 행복론**
>
> 행복은 모든 것 가운데 가장 바람직한 것이요, 이러한 선(善)들 중 최고의 선이다. 따라서 행복은 궁극적이고 자족적이며, 모든 행동의 목적이라고 할 수 있다. 무엇이 행복인지를 알려면 인간의 기능에 대해서 생각해 보아야 한다. 인간만이 지닌 특별한 기능은 정신의 이성적 활동 능력이다. 인간의 기능을 훌륭하게 수행하는 것은 바로 이성적 활동을 잘 수행하는 것이다. 어떠한 활동이 잘 수행되는 것은 그것에 알맞은 덕을 가지고 수행될 때이다. 그러므로 행복이란 덕과 일치하는 정신의 활동이라고 할 수 있다.
>
> – 아리스토텔레스, "니코마코스 윤리학"
>
> 아리스토텔레스는 행복을 이성에 알맞은 덕스러운 활동으로 이룰 수 있는 최고선(最高善)으로 보았고, '덕'이 필수적으로 요구된다고 주장하였다.

2. 덕론

(1) 덕 : 인간의 고유한 기능인 이성이 탁월하게 발휘되는 상태

(2) 덕의 두 가지 유형

유형	지성적 덕(지적인 덕)	품성적 덕(도덕적인 덕)
특징	• 영혼의 이성적인 부분과 관련된 덕임 • 교육을 통해 얻어지고 길러짐 • 세계에 대한 관조를 가능하게 함	• 영혼의 감정이나 욕구 부분과 관련된 덕임 • 중용의 반복적 실천을 통해 형성됨 • 일상생활에서 올바른 행위를 하게 함
예	철학적 지혜, 실천적 지혜 등	용기, 절제, 긍지 등

(3) 중용

① 지나침과 모자람의 중간 상태 → 산술적 중간이 아니라 가장 적절한 상태임

② 그 자체로 나쁜 감정이나 행동(예 질투, 절도)에는 중용이 없음

③ 무엇이 중용의 상태인지 안다고 하더라도 의지가 나약하여 실천하지 못하는 경우가 있으므로 품성적인 덕의 실천과 관련하여 의지가 중요함

④ 유덕한 사람의 행동을 본받아 덕행을 직접 해보아야 하며, 실천 의지를 길러 실천적 지혜의 지휘를 따라 덕행을 반복해야 갖출 수 있음

> **자료로 살펴보기**
>
> **■ 아리스토텔레스의 중용**
>
> 품성적 덕은 감정과 행동에 관계하고, 이 감정과 행동 속에 과도와 부족 및 중용이 있다. 예를 들어 두려움과 대담함, 또 육욕이나 분노 및 연민, 일반적으로 쾌락과 고통을 느끼는 일을 너무 많이 또는 너무 적게 할 수 있는데, 양쪽 모두 잘하는 것이 아니다. 반면, 이것들을 마땅한 때에, 마땅한 일에 대해, 마땅한 사람들에 대해, 마땅히 추구해야 할 목적을 위해, 그리고 마땅한 방식으로 느끼는 것이 바로 중용이자 최선이고, 이것이 덕의 특징이다.
>
> – 아리스토텔레스, "니코마코스 윤리학"
>
> 아리스토텔레스는 모든 행위나 감정이 중용의 상태를 가질 수 있다고 생각하지 않았다. 예를 들어 파렴치함이나 시기와 같은 감정과 절도나 살인과 같은 행위는 그 자체로 이미 나쁜 것이기에 중용의 상태를 말할 수 없으며, 그런 감정과 행위는 항상 잘못된 것이다.

3. 아리스토텔레스 사상과 현대 덕 윤리

→현대 덕 윤리 사상가들은 특정한 도덕 원리나 규칙만을 제시하는 '행위' 중심의 윤리로는 다양한 도덕 문제를 해결할 수 없다고 보고 '행위자' 중심의 윤리를 강조함

(1) 도덕적 실천과 도덕적인 품성을 강조한 아리스토텔레스의 윤리 사상은 현대 덕 윤리로 계승됨

(2) 현대 덕 윤리 사상가들은 '행위자' 중심의 윤리를 강조함 → 아리스토텔레스와 마찬가지로 좋은 품성의 중요성을 역설하면서 도덕적 품성을 바탕으로 한 자발적인 도덕적 실천을 강조함

＊ 실천적 지혜의 특성

지성적 덕에는 실천적 지혜 이외에도 논리적 추론, 수학, 신학, 시학, 자연학 등 인간의 의지와 관련 없는 지성이나 철학적 지혜 등이 포함된다. 실천적 지혜는 이러한 것들과 달리 품성적 덕의 형성에 직접적인 영향을 미쳐 인간의 감정과 행위를 변화시킬 수 있다는 특성이 있다.

＊ 아리스토텔레스의 현실주의

• 플라톤이 이데아계와 현상계를 구분한 것을 비판함 → 이 세상은 개별적인 실체들로 이루어진 하나의 세계임

• 선은 이데아의 세계가 아니라 현실 세계에 존재하며 현실 세계에서 실현되어야 함

＊ 중용의 구체적 예

부족함	중용	과도함
무감각	절제	방종
비굴	긍지	오만
무기력	온화	성급함
심술궂음	친절	아첨

＊ 아리스토텔레스의 덕 윤리

정의로운 일들을 행함으로써 정의로운 사람이 되며, 절제 있는 일들을 행함으로써 절제 있는 사람이 되고, 용감한 일들을 행함으로써 용감한 사람이 된다.

핵심 개념 CHECK!

• 정답 및 해설 30쪽

✎ 다음 확인 문제 중 옳은 것에 ○, 옳지 않은 것에 ✕를 표기하세요.

주제 1 플라톤의 윤리 사상

01 플라톤은 세계를 현실 세계와 이데아 세계로 구분하였다. ○ ✕

02 플라톤에 따르면 이데아는 사물의 불변하는 본질이자 참된 실재로서 완전한 것이다. ○ ✕

03 함정 플라톤에 따르면 현실에 존재하는 것들은 이데아를 모방한 것으로서 불변하며 완전한 것이다. ○ ✕

04 함정 플라톤은 현실 세계에 대한 지식은 이성에 의해 얻을 수 있지만, 이데아에 대한 지식은 오직 감각을 통해서만 얻을 수 있다고 보았다. ○ ✕

05 플라톤은 각각의 사물에 그것들의 이데아가 있으며, 최고의 이데아는 선(善)의 이데아라고 보았다. ○ ✕

06 플라톤의 이데아론은 일원론적 세계관이다. ○ ✕

07 플라톤은 동굴의 비유를 통해 이데아 세계와 현상의 세계를 설명하였다. ○ ✕

08 플라톤의 동굴의 비유에서 그림자는 이데아를 어느 정도 반영하기는 하지만 그 자체는 아니다. ○ ✕

09 이데아의 세계를 상기한다는 것은 곧 철학한다는 것이다. ○ ✕

10 플라톤은 인간의 영혼을 욕구, 기개, 이성의 세 부분으로 구분하였다. ○ ✕

11 함정 플라톤은 욕구는 지혜, 기개는 용기, 이성은 절제의 덕을 갖추어야 한다고 주장하였다. ○ ✕

12 플라톤은 지혜의 덕, 용기의 덕, 절제의 덕이 조화를 이루는 상태를 정의의 덕이 실현된 상태로 보았다. ○ ✕

13 플라톤은 국가의 구성원을 생산자, 방위자, 통치자의 세 계급으로 구분하였다. ○ ✕

14 함정 플라톤은 생산자는 절제, 수호자는 용기, 통치자는 지혜의 덕을 갖추어야 하며 특히 지혜는 모든 계급에 요구되는 것이라고 주장하였다. ○ ✕

15 플라톤은 선의 이데아를 인식하여 지혜의 덕을 갖추고 인격과 실무적 경험을 갖춘 철학자가 나라를 통치해야 한다고 보았다. ○ ✕

16 플라톤은 영혼의 조화와 이상 국가의 실현 사이에는 아무런 상관 관계가 없다고 보았다. ○ ✕

17 플라톤의 철인 통치자는 이상적인 민주주의를 실현하기 위한 지혜를 가지고 있다. ○ ✕

주제 2 아리스토텔레스의 윤리 사상

18 아리스토텔레스는 세계가 개별적인 실체들로 이루어진 하나의 세계이며, 선(善)은 이데아의 세계가 아닌 현실 세계에 존재한다고 주장하였다. ○ ✕

19 아리스토텔레스는 플라톤의 영향을 받아 이성을 중시하는 사상과 이상주의 윤리를 주창하였다. ○ ✕

20 아리스토텔레스는 세상의 모든 것에는 목적이 있으며, 따라서 인간의 모든 행위에도 목적이 있다고 보았다. ○ ✕

21 아리스토텔레스가 주장한 목적론적 세계관에 따르면 인간의 존재 목적은 행복만이 아니다. ○ ✕

22 함정 아리스토텔레스는 인간 행위의 최고선이 정의(正義)라고 보았다. ○ ✕

23 덕은 어떤 존재가 지닌 고유한 기능을 잘 발휘하는 상태이다. ○ ✕

24 아리스토텔레스에 따르면, 인간이 지닌 고유한 기능은 감각이며, 이 기능을 잘 발휘하는 사람이 유덕한 사람이 된다. ○ ✕

25 아리스토텔레스는 덕을 지성적 덕과 품성적 덕으로 구분하였다. ○ ✕

26 함정 지성적 덕은 영혼의 순수하게 이성적인 기능이 탁월하게 작용할 때 얻을 수 있는 덕이다. 구체적으로 용기, 절제, 친절 등이 있다. ○ ✕

27 품성적인 덕은 영혼의 감각과 욕구의 기능이 이성에 귀를 기울이고 이성의 명령에 따를 때 얻을 수 있는 덕이다. ○ ✕

28 품성적인 덕은 과도함과 부족함 사이의 적절한 상태, 즉 중용을 그 특징으로 한다. ○ ✕

29 아리스토텔레스는 품성적인 덕은 지성적인 덕을 요구한다 보았다. ○ ✕

30 함정 아리스토텔레스는 품성적인 덕의 실천과 관련하여 의지의 중요성을 간과하였다. ○ ✕

31 아리스토텔레스는 품성적인 덕을 쌓는 방법으로 지속적인 도덕적 실천과 도덕적 행동의 습관화를 강조하였다. ○ ✕

32 아리스토텔레스는 진정한 행복은 탁월성으로서의 덕(德)을 갖춘 삶을 통해 얻을 수 있다고 주장하면서, 행복을 덕에 따른 영혼의 활동이라고 정의하였다. ○ ✕

33 함정 중용은 산술적인 중간 상태와 동일하며 각자가 처한 상황마다 중용에 따른 적절한 선택과 행동도 달라진다. ○ ✕

플라톤과 아리스토텔레스의 윤리 사상은 어떻게 다를까?

개념 | 자료로 확인

■ 플라톤의 이상주의적 세계관

> 인식되는 것들에 진리를 제공하고 인식하는 자에게 힘을 주는 것이 '좋음[善]의 이데아'이다. 이 이데아는 인식과 진리의 원인이지만, '인식되는 것'이기도 하다. 그러나 가시적 영역에 있어서의 빛과 시각을 태양과 닮은 것으로 간주하는 것은 옳지만 태양으로 믿는 것은 옳지 않듯이, 인식과 진리를 '좋음'을 닮은 것으로 간주하는 것은 옳으나 '좋음'이라 믿는 것은 옳지 않다. 태양은 보이는 것들에게 '보임'의 힘을 제공해 줄 뿐만 아니라, 생성과 성장, 그리고 영양을 제공해 준다.
>
> – 플라톤, "국가"

플라톤은 세계가 현상계와 이데아계로 구분되며 서로 분리되어 있다고 보고, 각각의 사물에는 그것들의 이데아가 있으며, 최고의 이데아는 좋음[善]의 이데아라고 보았다. 플라톤은 '좋음의 이데아'가 다른 이데아들과 사물이 존재할 수 있게 해 주는 근원이자 인간이 추구해야 할 궁극적인 목표라고 보았다. 플라톤은 현실 세계에 대한 지식은 감각에 의해 얻을 수 있지만, 이데아에 대한 지식은 오직 이성을 통해서만 얻을 수 있다고 보았다. 또, 인간은 이성으로 선의 이데아를 인식하여 참된 진리의 세계에 도달할 수 있다고 보았다.

■ 아리스토텔레스의 현실주의적 세계관

> '인간 자체(이데아)'에 있어서나 '인간'에 있어서나 하나의 동일한 설명, 즉 인간에 대한 설명이 적용되는 한, 그들이 '무엇 자체'를 가지고 도대체 무엇을 의미하는지에 대해 의문을 제기할 수도 있을 것이다. 왜냐하면 '인간 자체'나 '인간' 모두 인간인 한에 있어서는 아무 차이가 없을 것이기 때문이다. 만약 그렇다고 한다면 '좋음 자체'나 '좋음' 역시 좋음인 한에서 아무 차이가 없을 것이다.
>
> – 아리스토텔레스, "니코마코스 윤리학"

아리스토텔레스는 '좋음(善) 자체', 즉 '좋음의 이데아'가 현실 세계와 분리된 이데아의 세계에 존재한다는 주장을 받아들이지 않았다. 좋음이 변화하는 상황과 사람의 관점에 따라 다양하게 해석될 수 있다고 보았기 때문이다. 아리스토텔레스에 의하면, 세계는 개별적인 실체들로 이루어진 하나의 세계이며, 선(좋음, Good)은 이데아의 세계가 아닌 현실 세계에 존재한다.

개념 | 빈칸 채우기로 확인

■ 플라톤의 이상주의적 세계관

Q1 플라톤은 이데아계는 완전한 세계이며 오직 (　　　　)에 의해서만 파악되는 반면 현상계는 이데아계를 모방한 불완전한 세계이며 감각적 (　　　　)에 의해 파악된다고 보았다.

Q2 플라톤은 각각의 사물에 그것들의 이데아가 있으며, 최고의 이데아는 (　　　　)의 이데아라고 보았다.

Q3 플라톤은 '좋음의 이데아'가 다른 이데아들과 사물이 존재할 수 있게 해 주는 (　　　　)이자 인간이 추구해야 할 궁극적인 목표라고 보았다.

■ 아리스토텔레스의 현실주의적 세계관

Q4 아리스토텔레스는 (　　　　)이/가 이데아계와 현상계를 구분한 것을 비판하고 세계가 개별적인 실체들로 이루어진 하나의 세계라고 보았다.

Q5 아리스토텔레스는 선(善)은 이데아의 세계가 아니라 (　　　　) 세계에 존재한다고 보았다.

Q6 아리스토텔레스의 세계관은 (일원론적 / 이원론적) 세계관이다.

Q7 아리스토텔레스는 이성에 알맞은 덕스러운 활동을 통해 (　　　　)에 이를 수 있다고 보았다.

개념 | 문제에 적용

연습하기 Q8 다음을 주장한 사상가가 긍정할 질문에 ○를, 부정할 질문에 ×를 표시하시오.

> 동굴 속 죄수들은 벽면의 그림자 외에는 어떤 것도 보지 못하게 되네. 이처럼 그림자 외에는 아무것도 보지 못하고 그림자가 비치게 되는 이유를 알지 못하는 죄수들은 벽면의 그림자가 진정한 사람이나 동물이라고 믿을 걸세...... 동굴 밖에는 실제 사람들과 동물 등이 살고 있고, 그들은 지금까지 보고 들은 것은 그것들을 본떠서 만든 인형의 그림자에 불과하다는 것을 알게 될 걸세. 그리고 모든 것의 원인이 태양이라는 사실도 알게 될 걸세.

- 동굴 속은 이데아계이고, 동굴 바깥은 현상계를 가리키는가? ❶ (○ / ×)
- 동굴 속의 죄수들은 그림자를 참된 존재라고 믿는 현실 세계의 사람들인가? ❷ (○ / ×)
- 동굴 바깥의 사물들은 여러 이데아들이고, 태양은 인형의 이데아를 상징하는가? ❸ (○ / ×)

적용하기 Q9 고대 서양 사상가 갑, 을의 입장으로 옳지 않은 것은?

> 갑 : 우리는 아름다운 것 자체니, 좋은 것 자체니 하고 말하고, 각각의 것에 하나의 이데아가 있는 것으로 상정하여, 이 하나의 이데아에 따라 그 각각의 것을 '실재하는 것'이라 일컫는다.
>
> 을 : '인간 자체(이데아)'에 있어서나 '인간'에 있어서나 인간에 대한 설명이 적용되는 한, 그들이 어떠한 차이가 있는지 의문을 제기할 수 있다. '좋음 자체'나 '좋음' 역시 좋음인 한에서 아무 차이가 없을 것이다.

① 갑 : 이데아는 사물의 완전하고 이상적인 원형(原形)이다.
② 갑 : 이데아는 육안에는 보이지 않으나 이성에 의해서 파악된다.
③ 을 : 이 세상은 개별적인 실체들로 이루어진 하나의 세계이다.
④ 을 : 선(善)은 이데아의 세계가 아니라 현실의 세계에 존재한다.
⑤ 갑, 을 : 선의 이데아를 모방하고 실현하려는 삶이 이상적인 삶이다.

HOW & WHY 정답 01. 이성, 경험 02. 좋음[善] 03. 근원 04. 플라톤 05. 현실 06. 일원론적 07. 행복 08. ❶× ❷○ ❸× 09. ⑤

주제 1 | 플라톤의 윤리 사상

족집게 전략 | 제시문을 주장한 고대 서양 사상가의 사상적 입장을 파악하는 유형의 문제이다. 플라톤의 윤리 사상을 체계적으로 정리해서 알아두어야 한다.

121 대표 문항
| 평가원 기출 |

(가)를 주장한 고대 서양 사상가의 입장에서 볼 때, (나)의 퍼즐 속 세로 낱말 (A)에 대한 설명으로 옳은 것은?

<table>
<tr><td>(가)</td><td>• '태양'은 보이는 것들에게 보임의 힘을 주고 그것들을 성장할 수 있게 한다. 마찬가지로 '좋음[善]'은 인식되는 것들에게 인식됨을 가능하게 하고 그것들을 존재할 수 있게 한다.
• 나라 안에 세 부분이 있듯이 모든 개인의 영혼 안에도 세 부분이 있다. 인간이 올바르게 되는 것은 나라가 올바르게 되는 방식과 같다.</td></tr>
<tr><td>(나)</td><td>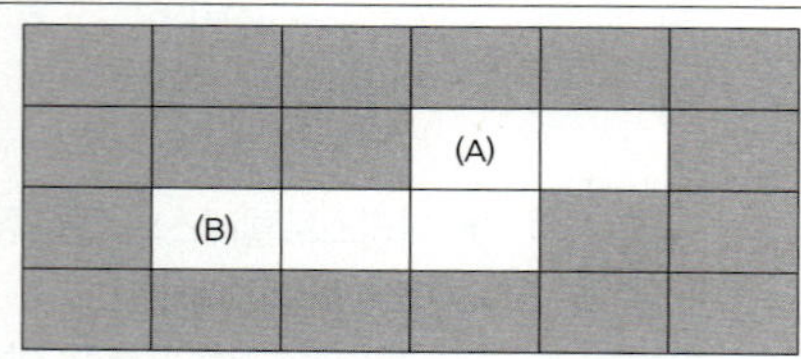
[가로 열쇠]
(A) : 일을 해 나갈 때 차례로 거쳐야 하는 순서와 방법
　　예 롤스의 '순수 □□적 정의'
(B) : 두 사람 이상이 재화를 공동으로 소유하는 제도
　　예 재산 □□□
[세로 열쇠]
(A) : …… 개념</td></tr>
</table>

① 이성의 명령을 따름으로써 발휘되는 기개의 고유한 탁월성이다.
② 영혼의 각 부분이 역할을 다하여 전체적인 조화를 이룬 상태이다.
③ 명예와 승리를 좋아하는 영혼의 부분에서 드러나는 고유의 덕이다.
④ 욕망의 유익과 해악을 헤아리고 계산할 줄 아는 영혼의 탁월성이다.
⑤ 영혼의 건강을 위해 영혼의 세 부분에 공통적으로 요구되는 덕이다.

한줄 Tip 플라톤의 4주덕에 대한 입장을 아는 것이 포인트야!

122
| 평가원 기출 |

다음은 고대 서양 사상가의 주장이다. ㉠에 들어갈 내용으로 가장 적절한 것은?

> 정의로운 국가는 소수의 철인 통치자가 다스리는 국가이다. 참다운 철학자가 통치권을 장악하기 전에는 인류의 불행이 끊이지 않을 것이다. …(중략)… 어떤 사람들은 통치의 권한과 책임을 모든 사람들이 골고루 나누어 가져야 하며 모두가 평등해야 한다고 한다. 나는 이런 사람들의 주장이 '　㉠　'라고 생각한다.

① 다수결에 의한 결정이 합리적임을 간과한 견해이다.
② 철학자에 의한 사회적 유대감 형성을 강조한 견해이다.
③ 선의 이데아가 국가 안에서 실현됨을 긍정한 견해이다.
④ 모든 계급의 조화를 통한 정의의 실현을 강조한 견해이다.
⑤ 참된 지식이 있어야 옳은 결정이 가능함을 무시한 견해이다.

123 고난도
| 평가원 기출 |

다음 고대 서양 사상가의 주장에 대한 설명으로 옳은 것은?

> 각자는 저마다 타고난 성향에 따라 한 가지 일에 배치되어야만 한다. 이는 각자가 자신의 일에 종사함으로써 자연스럽게 나라 전체가 조화로운 '한 나라'로 되도록 하기 위해서이다. …(중략)… 이들 세 계층으로 분류된 사람들 사이의 역할의 교환은 나라에 대한 최대의 해악이다.

① 감정과 욕구를 제거한 이성적 삶을 정의로운 삶으로 본다.
② 절제를 생산에 종사하는 자들만 지니고 있는 덕으로 본다.
③ 현상의 세계 내에 변화하지 않는 참된 존재가 있다고 본다.
④ 영혼과 관련된 덕은 국가에서 요청되는 덕과 다르다고 본다.
⑤ 시민들의 동의와 관계없는 객관적인 도덕 기준이 있다고 본다.

124
| 평가원 기출 |

그림은 고대 서양 사상가 갑, 을의 가상 대화이다. 갑, 을의 입장에 대한 설명으로 옳은 것은?

① 갑은 모든 사람이 따라야 할 절대적 도덕 규범이 있다고 본다.
② 을은 이상 국가의 수호자의 덕에는 앎이 필요 없다고 생각한다.
③ 갑은 보편적인 존재를, 을은 개별적인 존재를 앎의 원천으로 본다.
④ 갑, 을은 인간의 삶에서 도덕에 대한 탐구가 필요하다고 생각한다.
⑤ 갑, 을은 도덕이 주관적인 것이거나 상대적인 것이라고 생각한다.

125
| 교육청 기출 |

㉠과 ㉡에 들어갈 내용으로 가장 적절한 것은?

<table>
<tr><td>(가)</td><td>사람과 국가는 같은 방식에 의해 정의롭게 된다. 사람의 경우에는 자신 안에 있는 영혼의 세 부분이 각각 제 일을 하면 정의롭게 되고, 국가의 경우에도 세 계급이 저마다 제 일을 하면 정의롭게 된다.</td></tr>
<tr><td>(나)</td><td>　㉠　. 그러면 이상적인 인간이 될 것이다.
　㉡　. 그러면 이상 국가가 실현될 것이다.</td></tr>
</table>

	㉠	㉡
①	나약한 의지를 극복하라	국민에 의한 통치를 구현하라
②	철학자를 모범으로 삼아라	모든 생산 수단을 공유화하라
③	주관적 가치 기준을 확립하라	사회의 계급 질서를 철폐하라
④	이성으로 기개와 욕구를 다스려라	지혜로운 자가 지도자가 되게 하라
⑤	경험을 통해 참된 존재를 인식하라	공공 정신이 투철한 수호자를 길러라

① 감각적 경험을 지식과 도덕의 근원으로 삼는다.
② 자신의 욕구를 최대한 충족하는 것을 우선시한다.
③ 현상계를 모방한 이데아계에 대한 지식을 탐구한다.
④ 진위 판단과 가치 판단의 기준인 각 개인을 존중한다.
⑤ 이성을 통해 사물의 완전하고 이상적인 원형을 파악한다.

126

다음을 주장한 고대 서양 사상가의 입장으로 적절하지 <u>않은</u> 것은?

> 인식되는 것들에 진리를 제공하고 인식하는 자에게 힘을 주는 것이 '좋음[善]의 이데아'이다. 이 이데아는 인식과 진리의 원인이지만, '인식되는 것'이기도 하다. 그러나 가시적 영역에 있어서의 빛과 시각을 태양과 닮은 것으로 간주하는 것은 옳지만 태양으로 믿는 것은 옳지 않듯이, 인식과 진리를 '좋음'을 닮은 것으로 간주하는 것은 옳으나 '좋음'이라 믿는 것은 옳지 않다. 태양은 보이는 것들에게 '보임'의 힘을 제공해 줄 뿐만 아니라, 생성과 성장, 그리고 영양을 제공해 준다.

① 좋음의 이데아를 모방하고 실현하려는 삶이 이상적인 삶이다.
② 좋음의 이데아는 인간의 감각적 경험을 통해서 파악될 수 있다.
③ 이데아는 어떤 개별적인 사물이 없어지더라도 계속해서 존재한다.
④ 좋음의 이데아는 다른 이데아들이 존재할 수 있게 해 주는 근원이다.
⑤ 이데아들 사이에는 위계가 있으며 좋음의 이데아가 최상의 이데아이다.

127

다음 가상 대화의 스승이 강조하는 삶의 태도로 가장 적절한 것은?

128

다음을 주장한 사상가가 추구한 이상 국가의 특징만을 〈보기〉에서 있는 대로 고른 것은?

> 수호자들 중 가장 훌륭한 자들이 영혼의 눈으로 모든 것에 빛을 제공하는 바로 그것을 바라보게 만들어야 한다. 그리하여 이들이 '좋음 자체'를 본(本)으로 삼아서 나라와 개개인들 그리고 자신들을 다스리지 않을 수 없도록 만들어야 한다. 참으로 지혜를 사랑하는 사람들이 한 나라에서 최고 지배자들이 되어 세속적인 명예들을 저속하며 아무런 가치도 없는 것들이라 생각하는 한편, 올바른 것을 가장 중대하고 가장 필요한 것으로 보고, 이를 받들고 증대시켜서 자신들의 나라가 질서 잡게 할 때만이 정의가 가능하다.

보기
ㄱ. 모든 구성원은 자신의 본분에 맞는 덕을 갖춘다.
ㄴ. 국가의 중요 정책이 다수결 원리에 따라 결정된다.
ㄷ. 철인이 통치함으로써 철학과 정치권력이 결합된다.
ㄹ. 민중이 정치에 직접 참여하는 민주주의가 실현된다.

① ㄱ, ㄷ   ② ㄱ, ㄹ   ③ ㄴ, ㄹ
④ ㄱ, ㄴ, ㄷ   ⑤ ㄴ, ㄷ, ㄹ

129

다음을 주장한 사상가가 강조한 덕에 대한 입장만을 〈보기〉에서 있는 대로 고른 것은?

> 용기는 수호자 집단 내의 방위자 계층이 갖추어야 할 덕목으로서 두려워할 것들에 대한 소신을 언제나 보전하게 해 주는 능력이다. 절제는 국가나 한 개인에 있어서 보다 나은 쪽과 보다 못한 쪽 중 서로 어느 쪽이 통치를 해야 하는가에 대해 합의하는 것을 의미한다. 용기나 지혜와 달리 절제는 국가 전체에 걸쳐 있어야 하며, 지혜, 용기, 절제가 조화를 이룰 때 정의로운 국가가 될 수 있다.

보기
ㄱ. 통치자는 선의 이데아를 인식하고 용기의 덕을 갖추어야 한다.
ㄴ. 이성은 지혜, 기개는 용기, 욕구는 절제의 덕을 갖추어야 한다.
ㄷ. 지혜, 용기, 절제의 덕이 조화를 이룰 때 정의가 실현될 수 있다.
ㄹ. 생산자가 갖추어야 할 지혜는 모든 계층에게도 요구되는 덕이다.

① ㄱ, ㄴ   ② ㄱ, ㄹ   ③ ㄴ, ㄷ
④ ㄱ, ㄷ, ㄹ   ⑤ ㄴ, ㄷ, ㄹ

주제 2 아리스토텔레스의 윤리 사상

족집게 전략 | 아리스토텔레스의 윤리 사상은 소크라테스와 플라톤과의 공통점과 차이점, 서로에게 제기할 수 있는 비판적 견해를 묻는 문제가 주로 출제되므로 각 사상가들의 입장을 비교해서 정확히 알아두어야 한다.

130 대표 문항
| 평가원 기출 |

고대 서양 사상가 갑, 을의 입장에 대한 설명으로 옳지 <u>않은</u> 것은?

> 갑 : 덕 있는 사람이 되려면 덕을 알아야 한다. 정의나 용기 등은 지혜를 동반하느냐에 따라 해롭거나 유익하게 된다. 덕이란 유익한 것이므로 지혜의 일종이어야만 한다.
> 을 : 도덕적인 덕은 본성적으로 생겨나는 것도 아니고, 또 본성에 반해 생기는 것도 아니다. 우리는 그것을 본성적으로 받아들일 수 있으며 반복된 실천을 통해 완성한다.

① 갑은 지혜롭지 않은 사람은 결코 행복해질 수 없다고 본다.
② 을은 모든 덕이 행위를 지속적으로 습관화하여 형성된다고 본다.
③ 을은 갑과 달리 의지의 나약이 악행의 원인이 될 수 있다고 본다.
④ 갑, 을은 덕의 실천을 위해 반드시 이성의 역할이 필요하다고 본다.
⑤ 갑, 을은 인간의 무지로 인해 악을 행할 가능성이 있다고 본다.

한줄 Tip 소크라테스와 아리스토텔레스의 사상적 입장을 제대로 이해하고 비교할 수 있는지가 포인트야!

131
| 평가원 기출 |

다음 고대 서양 사상가의 입장으로 옳지 <u>않은</u> 것은?

> • 인간의 모든 행위에는 목적이 있다. 그 목적을 선(善)이라고 부른다. 목적은 무한히 이어질 수 없다. 따라서 최종적이고 궁극적인 목적, 즉 최고선(最高善)이 있다. 최고선은 곧 행복이다.
> • 중용의 덕은 지나침으로 인한 악덕과 모자람으로 인한 악덕 사이의 중간에 있다는 점에서 중간을 발견하고 선택하는 것이다. 또한 마땅한 때에, 마땅한 사람에게, 마땅한 정도로, 마땅한 방식 등으로 감정을 드러내거나 행동하는 것을 말한다.

① 중용은 산술적 평균을 의미하는 것이다.
② 중용의 덕은 행복을 얻는 데 반드시 필요하다.
③ 실천적 지혜가 있어야 무엇이 중용인지 알 수 있다.
④ 중용의 덕을 갖추려면 옳은 행위의 습관화가 필요하다.
⑤ 어떤 하나의 행위에서 중용의 덕은 하나이고 악덕은 여럿이다.

132
| 평가원 기출 |

고대 서양 사상가 갑, 을의 입장에 대한 옳은 설명만을 〈보기〉에서 있는 대로 고른 것은?

> 갑 : 많은 사람들은 과도함과 부족함 사이의 적절한 중간을 찾아 반복적으로 행하지 않으면서도 자신들은 덕스러운 사람이 될 수 있다고 생각한다. 이들은 의사의 말을 이해하기는 하지만, 의사가 처방한 바를 행하지 않는 환자와 비슷하다.
> 을 : 만약 어떤 사람이 더 좋은 것을 알고 있다면, 지금 행하고 있는 것을 멈추고 더 좋은 것을 행하려 할 것이다. 그 누구도 나쁘다고 생각하는 것을 스스로 행하지는 않는다. 우리는 무지로 인해 해를 입게 되고 지혜를 통해 해로운 것을 물리칠 수 있다.

〈보기〉
ㄱ. 갑은 그릇된 행위를 자발적으로 행할 가능성을 인정한다.
ㄴ. 을은 부덕한 행위가 지식의 결여에서 비롯된다고 주장한다.
ㄷ. 갑은 을과 달리 타고난 도덕적 덕의 지속적 실천을 강조한다.
ㄹ. 갑, 을은 선한 행위의 실천을 위해 이성의 역할을 중시한다.

① ㄱ, ㄴ   ② ㄷ, ㄹ   ③ ㄱ, ㄴ, ㄷ
④ ㄱ, ㄴ, ㄹ   ⑤ ㄴ, ㄷ, ㄹ

133 고난도
| 평가원 기출 |

갑, 을, 병 사상가들 모두가 부정의 대답을 할 질문으로 가장 적절한 것은?

① 덕은 지식적인 측면과 도덕적인 측면으로 구분되는가?
② 개인의 가치 있는 삶은 공동체 안에서 의미를 갖는가?
③ 반복을 통한 습관화가 지적인 덕을 형성하는가?
④ 악은 의지의 나약함에 의해서 생겨나는가?
⑤ 현실 속에 참된 존재가 있다고 보는가?

134

고대 서양 사상가 갑, 을의 입장에 대한 설명으로 옳지 <u>않은</u> 것은?

① 갑은 모든 사물마다 이데아가 존재한다고 본다.

② 갑은 선(善)의 이데아를 최고의 이데아라고 본다.

③ 을은 인간 행위의 궁극적인 목적을 행복으로 본다.

④ 을은 행복을 덕과 일치하는 영혼의 활동이라고 본다.

⑤ 갑, 을은 덕의 형성에 있어 실천 의지가 중요하다고 본다.

135

고대 서양 사상가 갑, 을의 입장에 대한 설명으로 옳지 <u>않은</u> 것은?

갑 : 각 개인들에게는 국가 안에 있는 것과 같은 영혼의 기능이 있는데, 이 영혼의 기능은 이성, 기개, 그리고 욕구의 세 부분으로 나눠진다. 국가에서 통치자들이 지혜라는 덕을 필요로 하는 것과 마찬가지로 개인 영혼 중 이성적 부분은 지혜를 드러낼 때 탁월하게 자신의 역할을 수행하게 된다.

을 : 덕은 지성적 덕과 품성적 덕으로 구별된다. 지성적 덕은 그 기원과 성장을 주로 교육에 두고 있다. 그런 까닭에 그것은 경험과 시간을 필요로 한다. 반면 품성적 덕은 습관의 결과로 생겨난다. 품성적 덕은 어떤 것도 본성적으로 우리에게 생기는 것은 아니다. 본성적으로 생기는 것이라면, 본성과 다르게는 습관을 들일 수 없기 때문이다.

① 갑은 국가를 인간의 영혼이 확대된 것으로 본다.

② 갑은 지혜를 겸비한 철학자가 나라를 다스려야 한다고 본다.

③ 을은 품성적 덕을 갖추기 위해 실천적 지혜가 필요하다고 본다.

④ 을은 의지의 나약함 때문에 나쁜 것을 알면서도 행할 수 있다고 본다.

⑤ 갑, 을은 지성적 덕과 품성적 덕이 후천적으로 형성된다고 본다.

136

다음은 어느 고대 서양 사상가의 주장이다. ㉠에 들어갈 내용으로 가장 적절한 것은?

어떤 것은 이미 그것이 좋지 않은 것임을 드러내는 이름을 가지고 있다. 예를 들어 악의, 파렴치함, 질투와 같은 감정들, 그리고 행위의 경우 간음, 절도, 살인과 같은 것들이 그런 것이다. 이와 같은 것들은 그것들의 지나침이나 모자람이 나쁘다고 이야기되는 것이 아니라, 그것들 자체 때문에 나쁘다고 이야기된다. 이런 것들에서는 옳다고 할 수 있는 일이 아예 있을 수 없다. 그러므로 [㉠]

① 모든 행위와 모든 감정에 중용이 있는 것은 아니다.

② 지성적 덕은 중용의 반복적 실천을 통해서 형성된다.

③ 실천적 지혜와 같은 품성적 덕이 중용이라고 볼 수 있다.

④ 중용은 지나침과 모자람의 중간 상태로 산술적 평균을 의미한다.

⑤ 중용은 감정적으로 가장 적합하고 올바른 상태라고 느끼는 것이다.

137

(가)의 갑, 을, 병의 입장을 (나) 그림과 같이 탐구하고자 할 때, A~D에 들어갈 옳은 질문만을 〈보기〉에서 있는 대로 고른 것은?

(가)	갑 : 아무것도 존재하지 않는다. 비록 어떤 것이 존재한다 해도 우리는 그것을 알 수 없다. 을 : 존재하는 모든 것은 어떤 목적을 추구한다. 인간 행위가 궁극적으로 지향하는 목적은 행복이다. 병 : 모든 존재와 인식의 근거가 되는 것은 좋음의 이데아이다. 우리는 모든 사물에 이데아가 있는 것으로 상정한다.

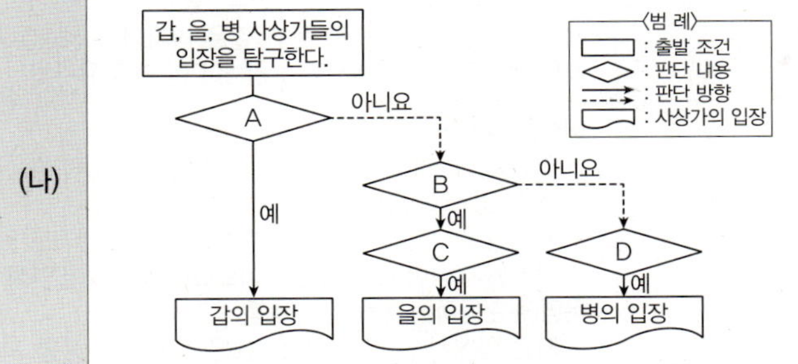

〈보기〉

ㄱ. A : 보편적인 진리를 파악하는 것은 불가능한가?

ㄴ. B : 선(善)은 이데아계가 아니라 현실 세계에 존재하는가?

ㄷ. C : 행복을 위해서는 반드시 덕(德)을 갖추어야 하는가?

ㄹ. D : 이성을 통해 욕구를 제거할 때 행복에 이를 수 있는가?

① ㄱ, ㄴ   ② ㄴ, ㄹ   ③ ㄷ, ㄹ

④ ㄱ, ㄴ, ㄷ   ⑤ ㄱ, ㄷ, ㄹ

09강 행복 추구의 방법·신앙과 윤리

주제 1 에피쿠로스학파와 스토아학파의 윤리 사상

1. 헬레니즘 시대의 윤리 사상

시대적 상황	• 기원전 4세기경 알렉산드로스 대왕이 대제국을 건설하면서 그리스 도시 국가(polis)가 해체됨 • 도시 국가의 시민들은 제국의 신민(臣民)으로 전락한 이후 정치적 무력감에 빠지게 됨
사상의 경향	• 알렉산드로스 대왕이 죽은 후 전쟁과 정치적 불안이 지속되자 사람들은 더 나은 국가의 실현보다는 개인의 평온한 삶의 유지에 관심을 기울이게 됨 • 쾌락을 추구하는 에피쿠로스학파와 금욕을 추구하는 스토아학파 사상이 대표적인 사상이 됨

2. 에피쿠로스학파의 쾌락주의
(1) 에피쿠로스학파 윤리 사상의 특징

쾌락의 추구	• 쾌락은 유일한 선이며 고통은 유일한 악이라고 전제하고, 쾌락은 행복한 삶의 시작이자 끝이라는 쾌락주의 입장을 제시함 • 감각적이고 순간적인 쾌락이 아니라 정신적이고 지속적인 쾌락을 추구함 • 적극적인 욕망의 충족에 따른 쾌락이 아니라 고통을 제거함으로써 주어지는 쾌락을 추구함 → 에피쿠로스학파의 쾌락주의는 소극적 쾌락주의라고 할 수 있음 • 참된 쾌락은 몸의 고통과 마음의 불안이 모두 소멸된 상태인 평정심, 즉 아타락시아(ataraxia)임
평정심에 이르는 방법	• 자연적이고 필수적인 욕구만을 최소한으로 충족하는 소박한 삶을 살아야 함 → 이성으로써 욕구를 분별하고 절제하며 검소한 삶을 살아야 함 • 신, 운명, 죽음 등에 대한 잘못된 믿음을 제거하여 두려움에서 벗어나야 함 → 신은 다른 존재에게 고통을 주지 않고, 운명은 존재하지 않으며, 죽음은 살아있는 동안에는 오지 않고 죽음이 왔을 때는 감각할 수 없음 • 공적인 삶을 멀리하고 사적인 공간에서 친구들과 우정을 나누며 정의롭게 살아야 함 → 공적으로 맺은 인간관계는 집착과 다툼, 좌절과 분노 등 고통과 불안을 일으킴

(2) 에피쿠로스학파 윤리 사상의 영향 : 감각적 경험을 중시한 근대 경험론과 쾌락을 최고선으로 본 공리주의에 영향을 줌

3. 스토아학파의 금욕주의
(1) 스토아학파 윤리 사상의 특징

금욕의 추구	• 어떤 상황에서도 동요하지 않는 정신 상태, 즉 정념의 지배로부터 벗어난 상태인 부동심, 즉 아파테이아(apatheia)를 추구함 • 욕망과 공포, 쾌락, 슬픔 등과 같은 비자연적 정념뿐 아니라, 부모에 대한 사랑과 같은 자연적인 정념에 대해서도 초연해야 함 → 금욕주의
부동심에 이르는 방법	• 이성에 따르는 삶을 살아야 함 　– 이성(logos)이란 우주 만물의 본질이자 만물의 생성과 변화를 이끌어가는 힘으로 '신', '자연' 등으로 표현되기도 함 　– 자연의 일부인 인간은 신적 이성을 나누어 가지고 있음 → 이성은 신과 자연과 인간의 공통된 본성이며, 인간은 이성으로써 자연의 필연적 질서를 파악하고 따를 수 있음 • 운명에 순응하는 삶을 살아야 함 　– 자연 안에서 일어나는 모든 일은 신에 의해 운명 지어진 것으로 바꿀 수도 바꿀 필요도 없음 　– 인간이 바꿀 수 있는 것은 생각, 충동, 욕구, 감정 등 마음과 관련된 것뿐임 • 자연법에 따르는 삶을 살아야 함 　– 자연법이란 우주를 지배하는 이성의 명령이자 자연 법칙임 　– 자연법은 가족, 친구, 동료 시민, 인류 전체에 대한 사랑을 내용으로 함 → 이성을 가진 모든 인간은 평등하다는 세계 시민주의 사상이 전제됨 　– 각 개인은 사회적 역할 뿐 아니라 인류의 공동선을 실현하기 위한 의무를 다해야 함

(2) 스토아학파 윤리 사상의 영향 : 정념의 예속으로부터의 자유를 강조한 스피노자, 이성에 부합한 삶을 강조한 칸트, 자연법을 강조한 아퀴나스와 근대 사상가들에게 영향을 줌

＊ 헬레니즘(Hellenism) 시대

유럽, 아시아, 아프리카에 이르는 대제국을 건설한 알렉산드로스 대왕이 죽은 기원전 323년 이후부터 기원전 30년 로마가 이집트를 지배하기 전까지의 약 300여 년간의 시기

┌ 헬레니즘 시대의 사상가들은 어떻게 해야 행복에 이를 수 있는지를 주요한 탐구 주제로 삼음

＊ 에피쿠로스의 욕구 구분

• 자연적이고 필수적인 욕구 : 의식주에 대한 기본적인 욕구
• 자연적이지만 필수적이지 않은 욕구 : 성적인 욕구
• 자연적이지도 필수적이도 않은 욕구 : 부, 명예
　예 권력 등에 대한 욕구

┌ 에피쿠로스는 감각적이고 순간적인 쾌락을 지나치게 추구하면 이른바 쾌락의 역설에 빠지게 되어 오히려 더 많은 고통을 겪게 된다고 봄

┌ 자연적이고 필수적인 욕구를 충족하지 못하거나 필수적이지 않은 욕구를 충족하면 고통과 불안이 발생한다고 봄

＊ 에피쿠로스의 신에 대한 견해

에피쿠로스는 신의 존재는 인정하나 신은 우주들 사이의 중간 세계에 살며 인간사에 개입하지 않는다고 보았다. 따라서 에피쿠로스는 인간의 세계가 신에 의해 결정되지 않으며, 인간의 행복도 자율적 존재인 인간 자신에 의해 완성된다고 보았다.

＊ 스토아학파의 정념(pathos)

외부의 자극으로 일어나는 마음의 모든 격렬한 움직임을 뜻한다. 충동, 비이성적이거나 자연스럽지 않은 정념(공포, 쾌락, 슬픔 등)은 이성에 따르는 삶을 어렵게 만드는 원인이므로 극복되어야 하지만 자연적인 정념은 인정하였다. 그리고 모든 정념에 대해 초연할 것을 강조하였다.

┌ 이성에 따르는 삶이란 자연의 필연적 질서와 법칙에 순응하는 삶이자 신의 섭리와 예정에 따른 삶을 의미함

＊ 에피쿠로스학파와 스토아학파 비교

공통점	부와 명예 등 외적인 조건의 성취가 아니라 욕망의 절제를 통한 평온한 삶으로서의 행복을 추구함
차이점	에피쿠로스학파는 쾌락을 추구하고 공적인 일을 멀리한 반면 스토아학파는 금욕적 생활과 공동선의 실현을 중시함

┌ 세계 시민주의를 기반으로 한 인류애에 대한 강조는 로마의 만민법으로 계승됨

1. 그리스도교의 기원과 발전

(1) 그리스도교의 기원

유대교	• 이스라엘의 민족 종교로 여호와를 유일신이자 창조주로 믿으며 메시아의 도래와 심판을 믿음 • 유대인만이 신에게 선택받았다는 선민사상과 율법의 엄격한 준수를 강조하는 율법주의를 강조함 └→ 예수는 인류가 신의 사랑, 즉 아가페를 받았으므로 이웃에 대한 차별 없는 사랑이 마땅한 태도라고 주장함
예수의 사상	• 사랑의 윤리 : 유대교의 선민사상과 율법주의 비판 → 산상 수훈을 통해 모든 인간은 존귀하고 평등하며, 율법의 참된 정신은 신을 사랑하고 이웃을 자기 몸처럼 사랑하는 것이라고 설파함 • 보편 윤리 : '남에게 대접받고자 하는 대로 너희도 남을 대접하라'(황금률) → 보편적이고 도덕적인 의무로서의 이웃 사랑 강조

(2) 그리스도교의 발전
└→ 로마에서 그리스도교가 공인된 이후 중세의 교부 철학과 스콜라 철학이 고대 그리스 사상을 수용하여 교리를 체계화하였고, 이후 그리스도교는 점차 세계적인 종교로 발전하게 됨

교부 철학	중세 초기 그리스도교의 교리를 체계화하는데 공헌한 교부들의 사상 및 철학으로 아우구스티누스가 대표 사상가임
스콜라 철학	중세 후기 수도원 부속학교(Schola)를 중심으로 그리스도교의 교리를 철학적으로 논증하려고 한 사상 및 철학으로 아퀴나스가 대표 사상가임

2. 아우구스티누스와 사랑의 윤리

그리스 사상 수용	• 플라톤 사상을 수용하여 완전하고 영원한 천상의 나라와 불완전하고 유한한 지상의 나라를 구분함 → 신을 이데아와 같은 인간이 추구해야 할 최고선으로 봄
사랑의 윤리	• 행복론과 덕론 : 믿음, 소망, 사랑이라는 종교적 덕 중 사랑을 최고의 덕으로 봄 • 신은 최고선이며, 신과의 인격적 만남을 통해 신을 사랑하는 사람만이 선을 실현하며 참된 행복에 이르게 됨 • 모든 인간은 자유 의지의 남용으로 인한 원죄를 갖고 불완전한 상태로 태어나기 때문에 인간의 노력만으로는 신과 이웃을 온전히 사랑할 수 없음 → 원죄로부터의 구원은 오직 신의 은총에 의해서만 가능함 • 악은 선에 반대되는 실체가 아니라 선의 결여이며 신의 창조물이 아니라 인간 행위의 결과임

3. 아퀴나스와 자연법 윤리
└→ 아퀴나스의 스콜라 철학은 신앙 중심이었던 교부 철학에 비해 이성에 대해 더 많은 관심을 가지고 이를 신앙과 조화시키고자 함

그리스 사상 수용	• 아리스토텔레스와 같이 인간의 궁극적인 목적은 행복이며, 행복은 덕에 의해 실현된다고 봄 • 아리스토텔레스의 주요 개념들을 활용하여 신의 존재를 이성적으로 증명함
자연법 윤리	• 자연적인 덕(지성적 덕과 품성적 덕)을 현세에서의 행복을 위한 것이며 최고의 행복으로 나아가는 예비적 단계의 덕으로 봄 → 신에게로 인도해주는 종교적 덕(믿음, 소망, 사랑)이 필요함 • 최고의 행복은 신과 하나가 되는 것이며, 이것은 신의 은총에 의해 내세에서 가능하다고 봄 • 영원법 : 신의 의지로 창조되고 정립된 영원불변하는 질서와 법칙임 • 자연법 : 인간의 이성에 의해 인식된 영원법으로, 자연법의 제1원리는 '선을 행하고 악을 피하라.'임 → 자기 생명을 보존하려는 성향, 종족을 보존하려는 성향, 신에 대해 알고자 하는 성향, 사회적 삶을 살고자 하는 성향에 의해 구체화되고 정당화 됨 • 실정법 : 인간 사회의 질서를 유지하기 위해 만들어진 구체적인 법으로, 자연법이 영원법에 기초하듯 실정법은 자연법에 기초해야 함

└→ 자연법은 이성을 가진 인간이라면 동의할 수밖에 없고 지켜야 하는 보편적인 도덕 법칙임

4. 루터와 칼뱅의 프로테스탄티즘

루터	• '오직 믿음, 오직 은총, 오직 성서' : 구원은 교회 의식이나 선행이 아니라 신의 은총과 신앙에 의해 가능하며, 그리스도교의 진리는 교회나 교황이 아니라 성서에 있음 • 만인 사제주의 : 모든 신앙인은 성직자이자 사제로서 신과 직접 대화할 수 있음
칼뱅	• 예정설 : 구원은 신의 선택에 의해 미리 정해져 있음 • 직업 소명설 : 직업은 신이 각 개인에 내린 소명이며 지상에서 이웃 사랑과 신의 영광을 실현하는 수단임

└→ 루터가 면죄부 판매의 부당성을 지적하는 '95개조 반박문'을 발표하면서 종교 개혁이 촉발됨

＊ 그리스도

'머리에 기름 부음을 받은 자', '거룩한 자'라는 뜻으로, 그리스어로는 크리스토스(Christos), 히브리어로는 메시아이다. 그리스도교는 예수를 메시아로 믿는 종교이다.

＊ 산상 수훈

예수가 작은 산 위에서 행한 설교로 신의 나라 및 참된 행복, 이웃 관계, 재물 등에 대한 신앙인의 올바른 태도가 담겨 있다. 이웃 관계와 관련하여 예수는 "너희는 원수를 사랑하며, 너희를 박해하는 자를 위하여 기도하라."라는 차별 없는 사랑의 윤리를 제시하였다.

• 원죄(原罪)는 성서에 등장하는 최초의 인간 아담이 신의 명령을 따르지 않고 선악을 구분하는 열매를 먹으면서 발생하였다는 죄를 가리킴

＊ 교부(敎父)

'교회의 아버지'라는 뜻으로 신앙이나 교회 생활에 중대한 영향을 미친 사람들을 가리킨다.

> '절제'란 자신을 완전히 신에게 바치는 사랑이며, '용기'란 신 그 자체를 위하여 기꺼이 모든 것을 감당하는 사랑이며, '정의'란 신에게만 헌신하는 사랑이며, '지혜'란 신을 지향하는 데 필요한 것이 무엇인가를 분별할 줄 아는 사랑이다.
> – 아우구스티누스, "가톨릭교회의 도덕에 관하여"

> 이성적 피조물은 영원한 이성 안에 참여한다. 이를 통해 이성적 피조물은 적절한 행동과 목적에 대한 자연적 성향을 지닌다. 이성적 피조물 안에서 영원법의 참여가 바로 자연법이다.
> – 아퀴나스, "신학 대전"

• 아퀴나스는 아리스토텔레스가 추구한 행복은 완전한 행복으로 나아가는 예비적인 단계에 불과하며, 완전한 행복은 내세에 신에게 도달함으로써 주어진다고 봄

＊ 프로테스탄티즘(Protestantism)

종교 개혁 당시 교회의 부패와 타락, 교리에 항의했던 사람들이 기존의 교황 중심의 교회와 구분하여 형성한 그리스도교 사상

＊ 소명(召命)

어떤 특별한 목적을 위한 신의 부름을 일컫는 말

핵심 개념 CHECK!

• 정답 및 해설 34쪽

✎ 다음 확인 문제 중 옳은 것에 ○, 옳지 않은 것에 ✕를 표기하세요.

주제 1 　에피쿠로스학파와 스토아학파의 윤리 사상

01 에피쿠로스는 쾌락은 유일한 선이며 고통은 유일한 악이라고 전제하고, 쾌락은 행복한 삶의 시작이자 끝이라고 보았다. 　○ ✕

02 (함정) 에피쿠로스는 고통을 제거함으로써 주어지는 쾌락이 아니라 적극적인 욕망의 충족에 따른 쾌락을 추구하였다. 　○ ✕

03 에피쿠로스학파는 쾌락의 역설에 빠지지 않기 위해 '고통의 부재(不在)'를 추구하였는데, 이러한 쾌락을 적극적 쾌락이라 한다. 　○ ✕

04 에피쿠로스는 평정심에 이르기 위해 욕망을 절제하고 검소한 삶을 살아야 한다고 강조하였다. 　○ ✕

05 에피쿠로스는 평정심에 이르기 위해 우주, 신, 죽음 등에 대한 잘못된 생각에서 벗어나야 한다고 강조하였다. 　○ ✕

06 (함정) 에피쿠로스는 평정심에 이르기 위해 공적인 삶에 적극적으로 참여해야 한다고 보았다. 　○ ✕

07 (함정) 에피쿠로스는 몸의 고통과 마음의 불안이 모두 소멸한 상태인 평정심, 즉 아파테이아(apatheia)를 참된 쾌락이라고 보았다. 　○ ✕

08 스토아학파는 정념에서 벗어나 부동심에 이르는 방법으로 만물의 본질이자 만물의 생성과 변화를 이끌어 가는 힘인 이성(logos)에 따르는 삶을 제시하였다. 　○ ✕

09 스토아학파는 자연법의 구체적인 내용으로 가족, 친구, 동료 시민, 나아가 인류 전체에 대한 사랑을 제시하였는데, 그 밑바탕에는 이성을 가진 모든 이들은 누구나 평등하다는 세계 시민주의 사상이 깔려 있다. 　○ ✕

10 (함정) 스토아학파에서 주장하는 평온함이란 어떤 상황에서도 동요하지 않는 정신 상태, 즉 정념으로부터 해방된 상태를 의미하며, 이를 부동심, 즉 아타락시아(ataraxia)라고 한다. 　○ ✕

11 자연법 사상에 기초하여 스토아학파는 각 개인은 사회적 역할을 수행해야 할 뿐만 아니라 인류의 공동선을 실현하기 위한 의무를 다해야 한다고 강조하였다. 　○ ✕

12 스토아학파는 사회적 관계에서 오는 고통과 불안을 제거하기 위해 작은 공동체에서 가까운 친구와 우정을 나누며 지적인 교류와 토론에 만족하면서 정의롭게 살 것을 주장하였다. 　○ ✕

주제 2 　아우구스티누스와 아퀴나스의 윤리 사상

13 유대교는 유대 인만이 신에게 선택받았다는 선민 사상과 율법을 엄격하게 지켜야 한다는 율법주의를 특징으로 한다. 　○ ✕

14 아우구스티누스에 의하면, 인간은 신이 인간에게 부여한 자유 의지를 남용하여 원죄를 짓게 되었다고 한다. 　○ ✕

15 아우구스티누스는 플라톤의 사상을 수용하여 그리스도교 신앙과 사랑의 윤리를 체계화하였다. 　○ ✕

16 아우구스티누스는 영원한 천상의 나라와 유한한 지상의 나라를 구분하였다. 　○ ✕

17 (함정) 아우구스티누스는 믿음, 소망, 사랑이라는 종교적 덕 중 믿음을 최고의 덕으로 보았으며, 플라톤이 강조한 절제, 용기, 정의, 지혜도 모두 신에 대한 사랑의 다른 표현으로 해석하였다. 　○ ✕

18 아우구스티누스는 신은 이성적 인식을 넘어서 실존적으로 만나야 할 인격적 존재이므로, 오직 신앙을 통해 신에게 귀의해야 한다고 주장하였다. 　○ ✕

19 아우구스티누스는 신을 온전히 사랑하고 이웃을 진정으로 사랑할 수 있는 길은 오직 신앙을 통해 신과 하나가 되는 것이라고 보았다. 　○ ✕

20 (함정) 아퀴나스는 플라톤과 마찬가지로 인간 행위의 궁극적인 목적을 행복으로 보았으며, 이성을 탁월하게 발휘함으로써 행복한 삶을 살 수 있다고 보았다. 　○ ✕

21 아퀴나스는 이성적 활동을 통해 지적인 덕과 품성적인 덕을 형성하는 것뿐만 아니라 신의 은총 아래 믿음, 소망, 사랑이라는 종교적 덕을 실천하여 신과 하나가 되어야 한다고 주장하였다. 　○ ✕

22 (함정) 아퀴나스에 따르면 세계는 신에 의해 창조되었고 신의 영원한 법칙인 자연법에 의해 다스려진다. 　○ ✕

23 아퀴나스에 따르면 인간은 이성을 통해 자연적 성향을 인식하고 따름으로써 영원법에 참여할 수 있다. 　○ ✕

24 아퀴나스에 따르면 자연법은 인간의 자연적 성향, 즉 자기 생명을 보존하려는 성향, 종족을 보존하려는 성향, 신에 대하여 알고자 하는 성향, 사회적 삶을 영위하고자 하는 성향에 의해 구체화되고 정당화된다. 　○ ✕

25 (함정) 아퀴나스는 영원법이 자연법의 기초가 되듯 인간이 제정한 자연법은 실정법에 기초해야 한다고 강조하였다. 　○ ✕

에피쿠로스학파와 스토아학파의 윤리 사상은 어떻게 다를까?

개념 | 자료로 확인

■ 에피쿠로스학파의 쾌락주의

> 우리가 '쾌락이 목적이다.'라고 할 때의 쾌락은 방탕한 자들의 쾌락이나 육체적인 쾌락이 아니다. 내가 말하는 쾌락은 몸의 고통과 마음의 불안으로부터의 자유이다. 왜냐하면 넘칠 만큼의 음식이나 맛있는 생선 요리와 같이 풍성하게 차려진 식탁에 있는 것들이 쾌락적인 삶을 만들어 주는 것은 아니기 때문이다.
>
> – 에피쿠로스, "쾌락"

에피쿠로스는 쾌락을 모든 가치를 평가하는 최고선으로 보고, 진정한 쾌락은 육체적 쾌락이 아니라 정신적이고 지속적인 쾌락이라고 주장하였다. 에피쿠로스는 욕구를 적극적으로 충족하는 것이 아니라 불필요한 욕구를 갖지 않음으로써 '몸에 고통이 없고 마음에 불안이 없는 평온함'을 유지할 것을 강조하였다.

■ 스토아학파의 금욕주의

> 신들에게서 오는 것은 모두 자연의 섭리로 가득 차 있다. 우연에서 오는 것도 자연으로부터 떠나 있지 않으며, 만물은 섭리에서 흘러나온다. 그러므로 우리는 쾌락을 초월하여야 하며 모든 일이 섭리에서 비롯된 것으로 알고 감수해야 한다.
>
> – 아우렐리우스, "명상록"

스토아학파에 의하면 우주 또는 자연은 이성에 의해 지배되며, 모든 일은 자연의 섭리에 맞게 일어난다. 이런 진리를 알고 있는 사람이 추구해야 할 것은, 무슨 일이 일어나든 그것을 기꺼이 의무와 운명으로 받아들이고 꿋꿋하게 참고 견디는 것이고 오늘을 충실하게 살아가는 것이다. 심지어 죽음도 태어남과 마찬가지로 당연한 일로 받아들여야 한다.

■ 개인의 사회적 역할에 대한 에피쿠로스학파와 스토아학파의 차이

> 에피쿠로스는 사회에서 벗어나 서로 마음이 통하는 사람들끼리 소규모 집단을 이루어 살아갈 것을 권유하면서 정치적인 삶을 감옥에 비유하였다. 그러나 스토아학파는 "어떤 현명한 사람도 결코 고독하게 혼자 살지는 않는다. 왜냐하면 인간은 본성상 사회를 만들고 그 안에서 행위하도록 되어 있기 때문이다."라고 주장하였다.

개념 | 빈칸 채우기로 확인

■ 에피쿠로스학파의 쾌락주의

Q1 에피쿠로스는 (   )을/를 모든 가치를 평가하는 최고선이라고 보았다.

Q2 에피쿠로스에 따르면 참된 쾌락이란 몸의 고통과 마음의 불안이 모두 소멸된 상태, 즉 (   )이다.

Q3 에피쿠로스는 평정심에 이르기 위해 (   )적이고 (   )적인 욕구만을 최소한으로 충족하는 소박한 삶을 살아야 한다고 주장하였다.

■ 스토아학파의 금욕주의

Q4 스토아학파 사상가들은 어떤 상황에서도 동요하지 않는 정신 상태, 즉 정념의 지배로부터 벗어난 상태인 (   )을/를 추구하였다.

Q5 스토아학파 사상에 따르면 (   )(이)란 우주 만물의 본질이자 만물의 생성과 변화를 이끌어가는 힘으로, '신', '자연' 등으로 표현되기도 한다.

Q6 스토아학파 사상가들은 각자에게 주어진 조건과 상황을 변화시키기보다 그것을 자신의 (   )(으)로 받아들여야 한다고 주장하였다.

개념 | 문제에 적용

연습하기 Q7 다음을 주장한 사상가가 긍정의 대답을 할 질문에 ○를, 부정의 대답을 할 질문에 ✕를 표시하시오.

> • 쾌락의 부재로 인해 고통을 느낄 때에는 쾌락을 필요로 하지만, 고통을 느끼지 않는다면 더 이상 쾌락을 필요로 하지 않는다. 쾌락은 행복한 인생의 시작이자 끝이다.
> • 결핍으로 인한 고통이 제거된다면, 단순한 음식도 우리에게 사치스런 음식과 같은 쾌락을 준다. 빵과 물은 그것을 필요로 하는 사람에게 가장 큰 쾌락을 제공한다.

• 쾌락은 유일한 선이고 고통은 유일한 악인가?　❶ (○ / ✕)

• 고통을 제거함으로써 주어지는 쾌락보다 적극적인 욕망의 충족에 따른 쾌락을 우선적으로 추구해야 하는가?　❷ (○ / ✕)

• 참된 쾌락은 몸의 고통과 마음의 불안이 모두 소멸된 상태, 즉 평정심인가?　❸ (○ / ✕)

적용하기 Q8 고대 서양 사상가 갑, 을의 입장으로 옳지 않은 것은?

> 갑 : 사려 깊고 고상하고 정의롭게 살지 않고서 즐겁게 사는 것은 불가능하며, 반대로 즐겁게 살지 않고서 사려 깊고 고상하고 정의롭게 사는 것도 불가능하다. 덕은 즐거운 삶과 연결되어 있으며, 즐거운 삶은 덕과 분리할 수 없다.
> 을 : 우주는 하나의 유일한 실체이며 하나의 유일한 영혼이다. 이 영혼이 신이며, 이 신은 자연이다. 자연 안의 모든 일은 자연을 지배하는 신성한 법칙에 따라서 일어난다. 이러한 법칙은 이성의 법칙이기도 하다.

① 갑 : 쾌락의 적극적 추구보다 고통의 제거를 위해 힘써야 한다.
② 갑 : 자연적이며 필수적인 욕구를 최소한으로 충족시켜야 한다.
③ 을 : 정념은 신과 세계의 본성인 동시에 인간의 본성이다.
④ 을 : 자연의 법칙에 따라 세계의 질서에 순응하는 삶이 바람직하다.
⑤ 갑, 을 : 행복의 실현을 위해 절제하는 삶을 살아야 한다.

HOW & WHY 정답 01. 쾌락 02. 평정심 03. 자연, 필수 04. 부동심 05. 이성 06. 운명 07. ❶ ○ ❷ ✕ ❸ ○ 08. ③

주제 1 에피쿠로스학파와 스토아학파의 윤리 사상

족집게 전략 | 제시문을 주장한 서양 사상가들의 입장을 파악하여 비교하는 유형의 문제이다. 에피쿠로스학파와 스토아학파의 윤리 사상을 체계적으로 정리해서 알아두어야 한다.

138 대표 문항
| 평가원 기출 |

갑, 을은 고대 서양 사상가들이다. 이들에 대한 옳은 설명만을 〈보기〉에서 고른 것은?

> 갑 : 삶이 너에게 해를 끼치는 것도 아니고 삶의 부재가 어떤 악도 아니기 때문에 삶에서 도피하지 말라. 쾌락의 추구는 깊은 성찰에 근거해 조심스러워야 한다.
> 을 : 너는 작가의 의지에 따라 움직이는 배우에 불과하다. 연극의 길고 짧음은 이미 작가에 의해 결정된 것이다. 너는 단지 주어진 역할을 잘 연기해야 한다.

〈보기〉
ㄱ. 갑은 쾌락과의 단절을 삶의 목적으로 강조한다.
ㄴ. 을은 일체의 정념을 극복한 정신적 평정을 추구한다.
ㄷ. 갑은 검소한 삶을, 을은 이성에 따른 자유로운 삶을 지향한다.
ㄹ. 갑, 을은 자연 질서의 파악을 위해 보편적 이성을 강조한다.

① ㄱ, ㄴ ② ㄱ, ㄷ ③ ㄴ, ㄷ ④ ㄴ, ㄹ ⑤ ㄷ, ㄹ

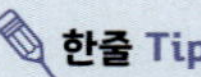 **한줄 Tip** 에피쿠로스학파와 스토아학파의 입장을 비교해서 아는 것이 포인트야!

139
| 평가원 기출 |

다음 편지를 쓴 고대 서양 사상가가 강조하는 삶의 태도로 가장 적절한 것은?

> 메노이케우스에게
> 그동안 잘 지냈는가? 보내 준 편지는 잘 읽었네. 이제 내가 생각하는 쾌락에 대해 자네에게 이야기하려고 하네. 목마르고 배고픈 사람에게 물과 빵은 가장 큰 쾌락을 준다네. 배고픔 때문에 생긴 고통이 사라지고 포만감을 느끼게 되면, 진수성찬도 싸구려 음식과 다를 게 없어지지. 그러니 맛있는 음식을 일부러 찾아다니기보다는 평범한 음식에 익숙해지는 것이 필요하다네. 그러면 비싼 음식의 유혹에 빠지지 않게 되고, 혹 그런 음식을 먹게 되더라도 미련 없이 평범한 음식에 다시 만족하게 된다네. …(후략)…

① 현세의 풍요롭고 만족한 삶을 위해 명예와 권력을 좇아야 한다.
② 공적인 삶에 헌신하고 다른 사람이 추구하는 가치를 존중해야 한다.
③ 부를 축적하여 더 많은 욕망을 충족시킬 수 있도록 노력해야 한다.
④ 쾌락을 죄악으로 생각하고 신의 뜻을 따르려고 최선을 다해야 한다.
⑤ 육체적 고통이 없고 마음에 불안이 없는 평온한 삶을 추구해야 한다.

140 고난도↑
| 평가원 기출 |

고대 서양 사상가 갑, 을의 입장에 대한 옳은 설명만을 〈보기〉에서 있는 대로 고른 것은?

> 갑 : 앞으로 일어날 모든 것이 너와는 관계없으며 너에게는 아무것도 아니다. 그러므로 현재 일어나고 있는 일들이 있는 그대로 일어나기만을 바라야 한다. 이것이 마음의 안정과 자유를 얻을 수 있는 방법이다.
> 을 : 쾌락은 선(善)이지만 모든 쾌락을 추구해야 하는 것은 아니며, 고통은 악이지만 모든 고통을 회피해야 하는 것도 아니다. 이 모두를 올바르게 숙고하고 평가할 수 있을 때 참된 쾌락에 이를 수 있다.

〈보기〉
ㄱ. 갑은 자연 질서에 순응하는 삶의 태도가 중요하다고 본다.
ㄴ. 을은 심신의 불안과 고통이 없는 상태를 쾌락이라고 본다.
ㄷ. 갑은 을과 달리 정치 참여보다 내면의 안정이 중요하다고 본다.
ㄹ. 갑, 을은 행복에 이르기 위해 이성의 역할이 필요하다고 본다.

① ㄱ, ㄴ ② ㄴ, ㄷ ③ ㄷ, ㄹ
④ ㄱ, ㄴ, ㄹ ⑤ ㄱ, ㄷ, ㄹ

141
| 교육청 기출 |

(가)의 고대 서양 사상가 갑, 을의 입장을 (나) 그림으로 탐구할 때, A~C에 들어갈 질문으로 옳은 것은?

(가)	갑 : 쾌락은 행복의 시작이자 끝이지만, 쾌락 때문에 더 큰 불쾌가 초래될 경우 우리는 그 쾌락을 포기한다. 마찬가지로 고통의 시간 뒤에 더 큰 쾌락이 따를 경우, 우리는 그 고통을 쾌락보다 낫다고 본다. 을 : 우리의 의지대로 할 수 있는 일이 있고, 할 수 없는 일이 있다. 오직 그대가 할 수 있는 것만 자기 것으로 하고, 남에 의해 좌우되는 것은 남의 것으로 돌려라. 그러면 누구도 원망하지 않게 될 것이다.
(나)	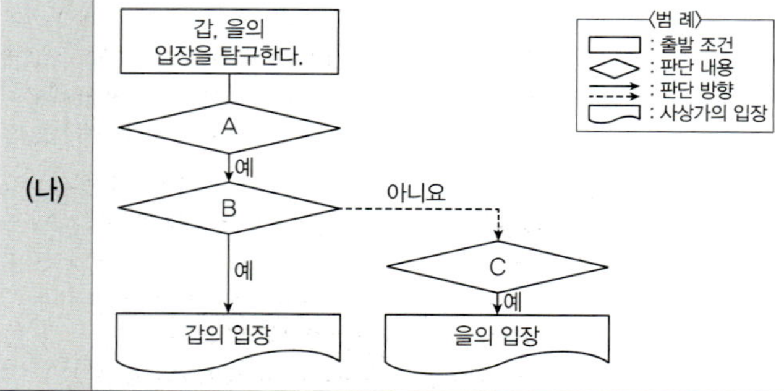

① A : 진정한 행복에 이르기 위해 모든 고통을 감수해야 하는가?
② B : 자기애를 넘어 인류 전체를 사랑하는 삶은 바람직한 것인가?
③ B : 평온한 마음을 누리려면 욕구를 분별하고 절제해야 하는가?
④ C : 최고의 선이란 자유의지를 부정하고 은둔하여 사는 것인가?
⑤ C : 자연의 필연적 질서를 파악해야 정념으로부터 자유로워지는가?

142

다음을 주장한 고대 서양 사상가의 입장으로 가장 적절한 것은?

> • 우리가 '쾌락이 목적이다.'라고 할 때의 쾌락은 방탕한 자들의 쾌락이나 육체적인 쾌락이 아니다. 내가 말하는 쾌락은 몸의 고통과 마음의 불안으로부터의 자유이다.
> • 사려 깊고 고상하고 정의롭게 살지 않고서 즐겁게 사는 것은 불가능하며, 반대로 즐겁게 살지 않고서 사려 깊고 고상하고 정의롭게 사는 것도 불가능하다. 덕은 본성적으로 즐거운 삶과 연결되어 있으며, 즐거운 삶은 덕과 분리할 수 없다.

① 공동체의 정치 활동에 적극적으로 참여해야 한다.
② 자연적이며 필수적인 욕구를 최대한 충족시켜야 한다.
③ 세계 시민으로서의 명예와 명성을 추구하며 살아야 한다.
④ 평정심의 상태를 유지하기 위해 모든 욕구를 제거해야 한다.
⑤ 쾌락의 적극적 추구보다 고통과 근심의 제거를 위해 힘써야 한다.

143

다음을 주장한 고대 서양 사상가의 관점에만 모두 '✓'를 표시한 학생은?

> • 존재하는 것들 가운데 어떤 것들은 우리에게 달려 있는 것들이고, 다른 어떤 것들은 우리에게 달려 있지 않은 것들이다. 우리에게 달려 있는 것들은 믿음, 충동, 욕구, 혐오 등 우리 자신이 행하는 모든 일이고, 우리에게 달려 있지 않은 것들은 육체, 재산, 명성, 지위 등 우리 자신이 행하지 않는 모든 일이다.
> • 욕구의 소망은 네가 욕구하는 것을 얻는 것이지만, 혐오의 소망은 네가 회피하고자 하는 것에 빠지지 않는 것임을 기억하라. 또 욕구하는 것을 얻지 못하는 사람은 불운하지만, 회피하고자 하는 것에 빠지는 사람은 불행하다. 그러므로 만일 네가 너에게 속하는 것들 중에서 자연에 어긋나는 것들만을 회피한다면, 너는 네가 회피한 것들에 결코 빠지지 않을 것이다. 그러나 질병, 죽음, 가난을 회피하려고 한다면, 너는 불행하게 될 것이다.

관점 \ 학생	갑	을	병	정	무
질병, 죽음, 가난은 자연의 섭리에 어긋나는 것이다.	✓	✓		✓	
사회적 지위와 명예에 대한 욕구에서 벗어나야 한다.	✓		✓		✓
자연의 필연적 질서에 순응하는 삶이 바람직한 삶이다.			✓	✓	✓
모든 정념을 제거하고 이성의 명령에 따라 살아야 한다.			✓		✓

① 갑　　② 을　　③ 병　　④ 정　　⑤ 무

144

고대 서양 사상가 갑, 을의 입장에 대한 옳은 설명만을 〈보기〉에서 있는 대로 고른 것은?

> 갑 : 모든 살아 있는 것들은 태어나자마자 쾌락을 추구하고 고통을 혐오한다. 이는 이성과는 무관하게 본성에 이끌려 그렇게 되는 것이다. 따라서 쾌락이 인생의 목적이다. 그런데 여기에서 쾌락이란 방탕한 쾌락이나 관능적인 쾌락이 아니다.
> 을 : 인간의 본성에 맞지 않는 사건은 인간에게 일어날 수 없다. 소의 본성에 맞지 않는 사건이 소에게 일어날 수 없고, 포도나무의 본성에 맞지 않는 사건이 포도나무에게 일어날 수 없다. 누구에게나 통상적이고 자연스러운 일이 일어나는 것인데, 어떻게 우리가 자신의 숙명에 불만을 가질 수 있겠는가.

> 〈보기〉
> ㄱ. 갑은 개인의 쾌락보다는 최대 다수의 쾌락을 추구해야 한다고 본다.
> ㄴ. 을은 자연, 신, 우주와 인간이 이성에 의해 연결된다고 본다.
> ㄷ. 을은 무슨 일이 일어나든 그것을 의무로 받아들여야 한다고 본다.
> ㄹ. 갑, 을은 행복 실현을 위해 절제하는 삶을 살아야 한다고 본다.

① ㄱ, ㄴ　　② ㄱ, ㄷ　　③ ㄴ, ㄹ
④ ㄱ, ㄷ, ㄹ　　⑤ ㄴ, ㄷ, ㄹ

145

(가)의 갑, 을의 입장을 (나) 그림으로 탐구하고자 할 때, A~C에 들어갈 질문으로 옳은 것은?

(가)	갑 : 신들에게서 오는 것은 모두 자연의 섭리로 가득 차 있다. 우연에서 오는 것도 자연으로부터 떠나 있지 않으며, 만물은 섭리에서 흘러나온다. 을 : 쾌락의 부재로 인해 고통을 느낄 때에는 쾌락을 필요로 하지만, 고통을 느끼지 않는다면 더 이상 쾌락을 필요로 하지 않는다. 쾌락이 행복한 인생의 시작이자 끝이다.

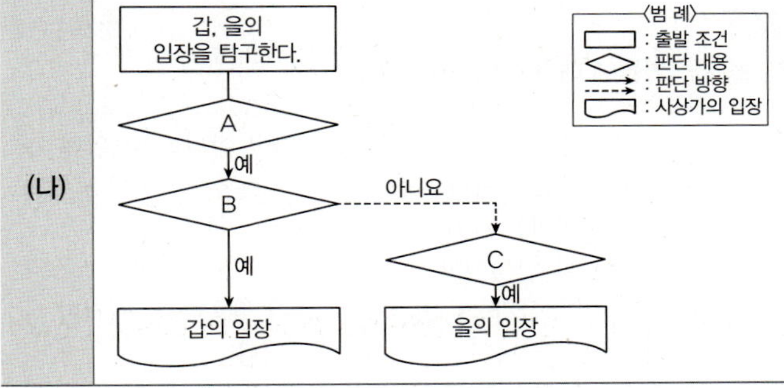

① A : 쾌락은 인간 행위의 궁극적인 목적이자 도덕의 기준인가?
② B : 자유 의지를 통해 운명을 개척하는 삶이 바람직한 삶인가?
③ B : 행위의 결과가 아니라 행위 자체가 이성에 일치해야 하는가?
④ C : 고통과 불안을 제거하기보다는 쾌락을 적극적으로 추구해야 하는가?
⑤ C : 구성원 전체의 행복 증진 여부가 옳고 그름의 기준이 되어야 하는가?

주제 2 아우구스티누스와 아퀴나스의 윤리 사상

족집게 전략 | 아우구스티누스와 아퀴나스의 윤리 사상은 각 사상가의 입장과 공통점과 차이점에 대해 묻는 문제가 주로 출제되므로 각 사상가의 입장을 정확히 정리해서 알아두어야 한다.

146 대표 문항

| 평가원 기출 |

중세 서양 사상가 갑, 을의 입장에 대한 설명으로 옳은 것은?

> 갑 : 신은 우리가 지닌 모든 선한 것들의 이데아, 바로 그 완전한 선이다. 우리는 신을 온 정신을 다해 사랑하고 심지어 나 자신을 경멸할 때, 지상의 나라에서 천상의 나라에 이를 수 있다.
>
> 을 : 신은 피조물들에게서 발견되는 모든 행위와 개념들의 지배자이다. 신의 지혜는 우주를 창조하는 원리이며, 모든 것들이 자신의 목적을 향하여 움직이도록 하는 법칙을 의미하기도 한다.

① 갑은 신을 인격적 존재가 아닌 이성적 인식의 대상으로 본다.
② 을은 인간 혼자 힘으로도 참된 행복에 이를 수 있다고 본다.
③ 갑은 신을 유일한 실체로, 을은 조화로운 자연 그 자체로 본다.
④ 갑, 을은 삶의 궁극적 목적이 신에 의한 구원에 있다고 본다.
⑤ 갑, 을은 도덕적인 덕과 종교적인 덕이 구분될 수 없다고 본다.

✎ **한줄 Tip** 아우구스티누스와 아퀴나스의 사상적 입장을 제대로 이해하고 비교할 수 있는지가 포인트야!

147

| 평가원 기출 |

갑, 을 사상가들에 대한 설명으로 옳은 것은?

> 갑 : 철학과 신학은 대립적 관계에 있는 것이 아니라, 보완적 관계에 있다. 이성과 의지는 함께 완전한 행복, 즉 선의 본질인 신에의 합일이라는 목표를 추구한다.
>
> 을 : 인간이 진리를 인식하고 구원을 받기 위해서는 자기 스스로의 힘만으로는 불가능하며 신의 은총이 필요하다. 이러한 신은 실존적으로 만나야 할 인격적 존재이다.

① 갑은 영원한 행복을 위해 종교적 덕이 필요하다고 본다.
② 을은 실천적 지혜를 최고 단계의 종교적 덕이라고 본다.
③ 갑은 자연 세계를 신 그 자체로, 을은 신의 창조물로 본다.
④ 갑, 을은 이성을 통한 신 존재의 증명이 불가능하다고 본다.
⑤ 갑, 을은 도덕적 실천을 통하여 신과의 합일에 이른다고 본다.

148

중세 서양 사상가 갑, 을의 입장에 대한 설명으로 옳은 것은?

> 갑 : 세계에는 신의 나라와 지상의 나라가 있다. 신에 대한 지식은 이성이 아니라 오직 신의 계시를 통해서 주어지는 것이다. 완전한 행복은 오직 신앙을 통해 신에게 귀의함으로써 얻을 수 있다.
>
> 을 : 신앙은 신과 관계하고 자연적 이성은 세계의 현실과 관계한다. 신앙과 이성은 모두 신으로부터 나온 것이므로 서로 조화를 이룰 수 있다. 영원한 행복을 위해서는 믿음, 소망, 사랑의 실천이 필요하다.

① 갑은 신을 유일한 실체이며 조화로운 자연 그 자체라고 본다.
② 을은 신의 존재를 논리적인 방법으로 증명할 수 있다고 본다.
③ 갑은 최고선을 인간이 스스로, 을은 신의 계시로 실현된다고 본다.
④ 갑은 을과 달리 인간의 지혜가 신의 지혜보다 더 우월하다고 본다.
⑤ 갑, 을은 신앙보다는 이성을 통해 구원을 얻을 수 있다고 본다.

149 고난도↑

| 평가원 기출 |

다음 중세 서양 사상가의 입장에 대한 설명으로 옳은 것은?

> 움직이는 모든 것은 항상 다른 것에 의해서 움직여지고 있다. 그러나 운동의 원인에 대한 소급이 무한히 진행될 수는 없다. 따라서 우리는 결국 그 자신은 움직여지지 않으면서 다른 모든 것을 움직이는 최초의 원인을 생각하게 된다. 우리는 이성적 논증을 통해 이 최초의 원인을 신으로 이해하고 있다. 이런 방식을 통해 철학은 신학과 조화를 이룰 수 있다.

① 신이 창조한 세계 안에서 인간의 자유의지는 없다고 본다.
② 신의 존재는 오로지 신의 계시를 통해서만 증명된다고 본다.
③ 인간 본성은 도덕적 덕의 부단한 실천으로 완성된다고 본다.
④ 인간의 궁극 목적을 절대선 그 자체에 이르는 것이라고 본다.
⑤ 영원한 행복은 인간 스스로의 노력에 의해 이루어진다고 본다.

150

중세 서양 사상가 갑, 을이 공통적으로 강조할 내용으로 가장 적절한 것은?

> 갑 : 플라톤 학파의 철학자들은 신이 결코 물체가 아님을 깨달았고, 따라서 신을 찾아서 모든 물체들을 초월해 간 사람들이었다. 그들은 가변적인 것이라면 무엇도 신이 아님을 깨달았으며, 따라서 최고선을 찾아서 모든 영혼과 가변적인 모든 영혼들을 초월해 간 사람들이다.
> 을 : 아리스토텔레스가 주장한 바와 같이 우리의 행위는 항상 어떤 목적 또는 선을 목표로 삼고 있다. 그러나 인간 행위의 궁극적인 목적은 '행복'이 아니다. 인간의 최고선은 인간 자신의 '완전성'에 있다. 이러한 완전성은 인간이 신과 접촉하고 인간을 위한 신의 계획을 완성함으로써 이루어질 수 있다.

① 인간은 스스로 참된 선을 실현할 수 있다.
② 신은 최고선으로서 조화로운 자연 그 자체이다.
③ 신학과 철학은 어떠한 경우에도 조화를 이룰 수 없다.
④ 영원한 존재인 신과 하나가 될 때 구원을 얻을 수 있다.
⑤ 진정한 행복은 오직 품성적 덕을 갖추었을 때 실현된다.

151

중세 서양 사상가 갑, 을의 입장에 대한 설명으로 옳은 것은?

> 갑 : 이데아는 무(無)에서 만물을 창조한 신의 정신 안에 존재한다. 궁극적 실재는 신이며, 인간은 신과의 실존적 만남을 통해 참다운 삶을 살 수 있다. 그리고 진정으로 신을 사랑함으로써 천상의 국가를 세울 수 있다.
> 을 : 현세적 행복은 진정한 행복의 예비적 단계에 불과하다. 진정한 행복은 오직 신에 대한 관조를 통해서만 얻을 수 있다. 우리는 신이 창조한 피조물들의 속성을 통하여 신이 존재함을 논리적으로 증명할 수 있다.

① 갑은 선의 이데아를 만물의 궁극적인 존재 근거라고 본다.
② 갑은 신을 이데아와 같은 이성적 인식의 대상으로만 본다.
③ 을은 신학적 진리와 철학적 진리가 모순 관계를 이룬다고 본다.
④ 을은 완전한 행복에 이르기 위해 종교적 덕을 실천해야 한다고 본다.
⑤ 갑, 을은 신을 최고선이자 조화로운 자연 그 자체로 본다.

152

(가)의 중세 서양 사상가 갑, 을의 입장을 (나) 그림으로 탐구하고자 할 때, A~C에 들어갈 질문으로 옳지 <u>않은</u> 것은?

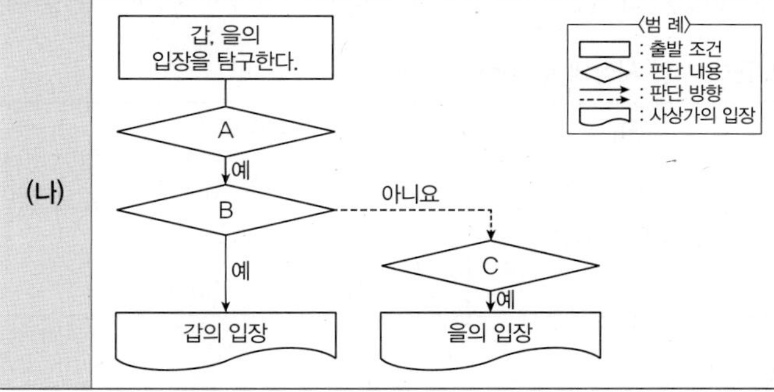

(가)	갑 : 신은 이성적 인식을 넘어서 실존적으로 만나야 할 인격적 존재이다. 신에 대한 사랑이 최고의 덕이며, 지혜, 용기, 절제, 정의 등은 사랑의 다른 측면이다. 을 : 이성을 통해 인식되는 진리는 신앙에 의해 수용되는 진리와 모순되지 않는다. 신앙의 빛과 이성의 빛은 모두 신으로부터 온 것이다.

① A : 신은 영원한 존재이자 완전한 선인가?
② A : 신의 은총에 의해 영혼의 구원이 가능한가?
③ B : 영원한 행복은 인간 스스로의 노력으로 실현될 수 있는가?
④ C : 신의 존재를 이론적으로 증명하는 것은 가능한가?
⑤ C : 신앙과 이성은 대립하지 않고 조화를 이룰 수 있는가?

153

다음 문서를 발표한 종교 사상가가 지지할 견해만을 〈보기〉에서 있는 대로 고른 것은?

> 제6조 교황은 하나님께서 죄를 사하였다는 것을 선언 혹은 시인하는 이외에 어떤 죄든지 사할 힘이 없다.
> 제36조 진심으로 회개하는 그리스도인 모1두 면죄부 없이도 벌이나 죄에서 완전히 해방될 수 있다.
> 제87조 오늘날 가장 큰 부자보다 더 부유한 교황이 성 베드로 성당을 세우고 있는데, 가난한 신자들의 돈보다는 자신의 돈으로 해야 할 것이 아닌가.

〈보기〉

ㄱ. 형식적인 예배 의식보다 개인의 신앙이 더 중요하다.
ㄴ. 신앙인은 성직자를 통하지 않고서는 신을 만날 수 없다.
ㄷ. 진정한 회개를 하면 신의 은총을 누릴 권리를 갖게 된다.
ㄹ. 그리스도교의 진리는 교황이나 성서가 아니라 교회에 있다.

① ㄱ, ㄴ   ② ㄱ, ㄷ   ③ ㄴ, ㄹ
④ ㄱ, ㄷ, ㄹ   ⑤ ㄴ, ㄷ, ㄹ

도덕의 기초

1. 근대 서양 윤리 사상의 등장 배경

(1) **르네상스** : 개성을 존중하고 합리적 사고와 경험을 중시하는 사고방식을 확산시킴

(2) **종교 개혁** : 가톨릭의 권위주의적 전통을 무너뜨리고 신앙의 자유를 중시하는 분위기를 형성함

(3) **자연 과학의 발달** : 기존의 형이상학적이거나 신학적인 세계관을 대체하는 과학적 세계관을 제공함

2. 근대 서양 사상의 두 유형 : 이성주의와 경험주의

구분	이성주의	경험주의
지식의 근원	이성	경험
진리 탐구 방법	연역법	귀납법
대표자	데카르트, 스피노자	베이컨, 흄

3. 데카르트

(1) **이성주의적 진리관** : 감각적 경험을 통해 얻은 지식은 주관적이고 단편적인 것이라고 봄 ⇒ 이성적 추론을 통해 의심의 여지가 없는 확실한 지식 추구 필요

> 데카르트는 감각적 경험이 확실한 지식을 주지 못한다고 보고, 조금이라도 의심스러운 것은 모두 거짓으로 보는 절대적 회의를 지식의 출발점으로 삼음

(2) **방법적 회의(懷疑)** : 확실한 지식을 연역해 내기 위해서는 절대로 의심할 수 없는 명제를 그 출발점으로 삼아야 한다고 보고, 모든 것을 의심해 보는 것

(3) **철학의 제1원리** : "나는 생각한다. 그러므로 나는 존재한다."

⇒ 방법적 회의라는 탐구 방법을 통해 모든 것을 의심할 수 있지만 '의심(생각)하고 있는 나'의 존재만큼은 더 이상 의심할 수 없이 확실하다고 봄

> 방법적 회의는 모든 것을 거짓으로 판단하는 회의론과 달리 지식을 얻기 위한 방법이다.

(4) **근대 이성주의적 사고의 전형** : 이성에 근거한 보편적 지식 추구

자료로 살펴보기

■ **데카르트의 '철학의 제1원리'**

모든 것이 거짓이라고 내가 생각하고 있는 바로 그 순간에도, 그렇게 의심하기 위해서는 의심하고 있는 나 자신은 있어야 한다는 것을 깨달았다. '나는 생각한다. 그러므로 나는 존재한다.'라는 진리는 아주 확고부동하기 때문에 회의론자들의 모든 가정에 의해서도 흔들릴 수 없는 것임을 인식하고 나는 주저 없이 그것을 내가 찾고 있던 철학의 제1원리로 받아들일 수 있다고 판단하였다.

– 데카르트, "방법 서설"

방법적 회의를 통해 확고부동한 진리를 얻으려 했던 데카르트는 '의심하고 있는 내가 여기에 있다.'라는 명제가 자명한 진리이기에 철학의 제1원리로 채택하였고, 이를 토대로 이성적 추리를 통해 그밖의 진리들을 하나하나 연역해 나갔다.

---

4. 스피노자

(1) **범신론(汎神論)** : 신은 자연 바깥에 존재하는 초월적 창조자가 아니라 자연 그 자체라고 봄

⇒ '신 즉 자연'은 존재하는 유일한 실체(實體, substance)이고, 자연의 개별 사물은 하나의 실체가 보여주는 여러 가지 모습인 양태(樣態, mode)라고 주장함

(2) **필연론(必然論)** : 우주는 수학적 질서에 따라 움직이는 하나의 거대한 기계이며, 세상의 모든 일은 필연적인 인과 관계로 연결됨 ⇒ 인간의 자유 의지 부정

(3) **이성주의** : 인간은 이성에 따라 살아갈 때 덕스러워질 수 있고, 이성을 통해 신 또는 자연을 인식할 수 있음

> 스피노자는 이성을 강조하고 정념에 예속되는 삶을 경계하였지만 감정 자체를 배제한 것은 아님

⇒ 정념에 속박된 사람은 외부 원인에 휘둘리고 수동적인 삶을 살게 되며, 자신에게 좋은 것을 알더라도 그것을 하지 못할 수 있다고 봄

(4) **행복과 최고선** : 신, 즉 자연에 대한 이성적 관조(觀照)를 통해 모든 사물의 궁극적인 원인과 질서를 인식함으로써 얻게 되는 마음의 안정과 평화가 행복이자 최고선임

＊ 자연 과학적 방법론

귀납법	연역법
경험주의	이성주의
개별 사례	보편 원리
⇩	⇩
보편 원리	개별 사례
베이컨	데카르트

＊ 르네상스(Renaissance)

14~16세기에 유럽에서 나타난 문예 부흥 운동. 르네상스는 '부활', '부흥'이라는 의미를 가지고 있는 말로서, 일차적으로 고대 그리스 · 로마의 문헌과 미술을 중심으로 하는 고전 문화의 부활을, 이차적으로는 중세 가톨릭적 세계관과 인간관의 속박으로부터 벗어난 자연적 인간성의 부흥을 의미한다.

＊ 연역법

일반적인 원리로부터 논리적 추론을 통해 개별적인 이치를 알아내는 방법

＊ 귀납법

개별적인 사실들에 대한 관찰과 실험을 통해 일반적인 원리를 찾아내는 방법

＊ 방법적 회의(懷疑)

데카르트는 감각적 경험을 통해 얻은 지식은 주관적일 뿐만 아니라 단편적이고 우연한 것이어서 명백한 진리로 믿을 수 있는 것이 못 된다고 보았다. 그래서 의심할 여지없이 확실한 지식을 찾기 위해 일단 모든 것을 의심해 보았는데, 진리를 파악하기 위한 방법적인 의심을 방법적 회의라 한다.

＊ 데카르트의 윤리학에 대한 입장

데카르트는 윤리학을 철학의 마지막 단계로 여기고, 도덕에 있어 이성의 역할을 강조하였다. 이에 따라 이론적 영역과 실천적 영역 모두에서 이성을 올바로 사용할 때 행복한 삶을 영위할 수 있다고 보았다.

■ 스피노자의 세계관

> 신 즉 자연이 세계이며, 모든 일은 신 즉 자연의 법칙에 따라 필연적으로 일어난다. 인간은 무한 실체인 신 즉 자연의 유한한 양태이다. 이성은 인간의 본질적인 특성이며, 이성에 따라 살아갈 때 인간은 덕스러워질 수 있다. 우리가 이성을 통해서 추구하려는 바는 오직 인식일 뿐이니, 신 즉 자연은 우리가 인식할 수 있는 가장 위대한 존재이다. 그러므로 최고의 덕은 모든 사물의 궁극적인 원인과 질서를 인식하는 것이다. ― 스피노자, "윤리학"

스피노자는 자연의 인과적 필연성을 이성적으로 관조하고 이해함으로써 마음의 평정을 얻을 수 있다고 보았다.

주제 2 베이컨과 흄의 경험주의

1. 베이컨

(1) **자연 과학적 지식의 유용성 강조** : 자연 과학적 지식을 통해 자연을 지배하고 인간의 생활 방식을 개선할 수 있다고 믿음 → "아는 것이 힘이다."

(2) **새로운 진리 탐구 방법 주창** : 관찰과 경험을 중시하는 귀납법을 제시함 ┐ 베이컨은 사유와 지식의 원천을 감각적 경험에 두고, 관찰이나 실험에서 얻은 지식을 중시함

(3) **우상론** : 자연에 대한 참된 인식을 방해하는 선입견과 편견을 '우상(偶像 idol)'에 비유함

우상의 종류	특 징	예
종족의 우상	사물을 인간의 관점에서만 보려는 경향에서 비롯된 편견	화단의 꽃들이 활짝 웃고 있다.
동굴의 우상	개인의 특수한 기질, 경험, 환경, 교육 등에서 비롯된 편견	내가 보건대, 참나무가 제일 단단하다.
시장의 우상	언어에 대한 잘못된 인식이나 언어의 오용에서 비롯된 편견	인어는 있다. 그렇지 않다면 '인어'라는 말이 생겼겠어?
극장의 우상	전통, 권위, 학설 등에 대한 무비판적인 믿음에서 비롯된 편견	위대한 플라톤의 주장에 의문을 제기해서는 안 돼.

■ 베이컨의 새로운 학문 방법론

> 지금까지 학문에 종사하는 사람들은 경험에만 의존하거나 독단을 휘둘렀다. 경험에만 의존하는 사람들은 개미처럼 오로지 자료를 모아서 사용하고, 독단을 휘두르는 사람들은 거미처럼 자신의 속을 풀어내서 집을 짓는다. 그러나 꿀벌은 중용을 취한다. 즉 들에 핀 꽃에서 재료를 구해다가 자신의 힘으로 변화시켜 소화한다. 참된 학문의 임무는 이와 비슷하다. 참된 학문은 경험이나 실험을 통해 얻은 재료를 지성의 힘으로 변화시켜 소화해야 하는 것이다. ― 베이컨, "신기관"

베이컨은 참된 지식의 진보를 방해하는 우상을 제시함으로써 인간 내면의 선입견과 편견을 제거하고자 하였다.

2. 흄

→ 사회적 시인과 부인의 감정은 개인의 주관적 감정이 아니라 공통으로 느끼는 사회적 감정임

(1) **도덕적 실천의 동기** : 감정 → 도덕적 판단과 행위에서 중요한 것은 이성이 아니라 감정임

(2) **도덕적 가치** : 어떤 행위를 바라볼 때 느끼는 사회적 시인(是認)과 부인(否認)의 감정을 표현한 것임

(3) **도덕성의 기초** : 다른 사람의 행복과 불행을 함께 느낄 수 있는 공감(共感)의 능력이 도덕성의 기초임 → 사회의 행복에 유용한 행위가 사회적 시인의 감정을 일으킴

(4) **영향** : 사회적 차원의 이익을 부각하는 계기를 제공함으로써 공리주의 윤리의 모태가 됨

> • 이성은 감정의 노예이고 또한 그래야만 한다. 이성은 감정에 봉사하고 복종하는 것 말고 다른 어떤 임무도 요구할 수 없다. ― 흄, "인간 본성에 관한 논고"
> • 만약 유용성이 도덕적 감정의 근원이라면 그리고 이 유용성이 항상 자기 자신과 관련해서만 고려되는 것이 아니라면, 이로부터 사회 전체의 행복에 기여하는 모든 것은 그 자체로 곧바로 우리의 시인(是認)을 받으며 선한 의지가 그것을 추천한다는 사실이 도출된다. ― 흄, "도덕 원리에 관한 연구"

흄은 동정심이나 이타심과 같은 감정은 인간에게 공유된 감정인 동시에 인류에게 유용성이 있으므로 사회적 선을 가져온다고 보았다.

＊ 정념

스피노자는 수동적인 감정을 정념이라고 불렀음. 인간이 만약 슬픔, 마음의 동요, 불안 등과 같은 정념을 조절하고 통제하지 못하게 되면 정념에 예속된다. 스피노자는 정념에 예속된 인간은 올바른 삶을 살 수 없다고 보았다. 그래서 그는 인간이 온갖 정념의 예속에서 벗어나 올바른 삶을 살려면 이성을 온전히 사용하여 모든 사물의 궁극적인 원인과 질서를 인식해야 한다고 주장하였다.

＊ 범신론(汎神論, pantheism)

모든 것에 신이 깃들어 있다는 입장으로, 스피노자가 말하는 신은 자연을 창조한 인격적 신이 아니라 자신의 존재 원인인 자연 그 자체를 의미한다.

＊ 이성적 관조(觀照)

이성을 통해 모든 사물의 궁극적인 원인과 질서를 인식하는 것으로, 자연의 모든 사물이 신의 섭리, 인과 법칙에 의해 결정되어 있음을 이성적으로 깨닫는 것

＊ 흄의 공감

공감은 우리가 서로 감정을 교류할 수 있게 해 주고, 서로를 이해할 수 있게 해 주며, 그리하여 자신의 편협하고 개인적인 관점을 극복할 수 있게 해 주는 자연적 성향이다. 흄은 이 공감이 상상에 의해 일어난다고 보아, 무언가를 느끼는 다른 사람을 볼 때, 우리는 그 느낌과 관련된 어떤 관념을 갖게 되며, 이 관념이 내 안에서 생생한 느낌을 낳는다고 주장하였다.

핵심 개념 CHECK!

· 정답 및 해설 38쪽

✎ 다음 확인 문제 중 옳은 것에 ○, 옳지 않은 것에 ✕를 표기하세요.

주제 1 데카르트와 스피노자의 이성주의

01 서양은 르네상스와 종교 개혁, 자연 과학의 발달을 통해 중세에서 근대로 전환되었다. ○ ✕

02 함정 이성주의는 수학적 논리와 추론에 의해 얻은 지식을 중시하였고, 확실한 원리로부터 이성적 추론을 통해 지식을 얻어 내는 귀납적 방법을 강조하였다. ○ ✕

03 이성주의는 참된 진리는 이성뿐만 아니라 감각적 경험으로도 인식이 가능하다고 하였다. ○ ✕

04 데카르트는 감각적 경험은 단편적이고 우연한 지식으로 확실한 지식을 주지 못한다고 보았다. ○ ✕

05 데카르트는 이성적 추론의 토대가 되는 확실한 원리를 찾기 위하여 방법적 회의를 통해 모든 것을 의심해 보았다. ○ ✕

06 데카르트는 "나는 생각한다. 그러므로 나는 존재한다."를 철학의 제1원리로 삼아 확실한 지식을 연역하고자 하였다. ○ ✕

07 데카르트는 윤리학을 철학의 마지막 단계로 보았다. ○ ✕

08 스피노자는 이성적인 삶을 지향하였으며, 자연을 수학적 질서에 따라 움직이는 하나의 거대한 기계로 보았다. ○ ✕

09 스피노자는 자연에서 일어나는 모든 일은 원인과 결과의 필연적인 관계로 연결되어 있다고 주장하였다. ○ ✕

10 함정 스피노자가 말하는 신은 자연을 창조한 인격적 신을 의미한다. ○ ✕

11 스피노자는 수동적인 감정을 정념이라고 부르고, 인간이 만약 슬픔, 마음의 동요, 불안 등과 같은 정념을 조절하고 통제하지 못하게 되면 정념에 예속된다고 보았다. ○ ✕

12 함정 스피노자는 인간이 온갖 정념의 예속에서 벗어나 올바른 삶을 살려면 감정을 제거하고 이성을 온전히 사용하여 모든 사물의 궁극적인 원인과 질서를 인식해야 한다고 주장하였다. ○ ✕

13 스피노자에 따르면 인간은 자연의 인과적 필연성을 이성적 관조를 통해 인식함으로써 마음의 평정과 진정한 자유를 얻을 수 있다. ○ ✕

14 스피노자는 기계론적 세계관에서 벗어나 자유 의지를 지닌 능동적 존재자로서 인간의 삶을 조명해야 한다고 보았다. ○ ✕

주제 2 베이컨과 흄의 경험주의

15 경험론은 사유와 지식의 원천을 감각적 경험에 두고, 관찰이나 실험에서 얻은 지식을 중시하였다. ○ ✕

16 함정 경험론은 개별적 경험으로부터 일반적 원리를 얻어 내는 연역적 방법을 강조하였다. ○ ✕

17 귀납법은 관찰과 실험을 통해 일반 원리를 발견한다. ○ ✕

18 베이컨은 자연에 대한 과학적 지식을 중시하였다. ○ ✕

19 베이컨은 인간이 지닌 선입관과 편견을 우상(偶像)이라고 칭하며, 우상을 제거하고 자연을 있는 그대로 관찰할 때 올바른 지식을 획득할 수 있다고 주장하였다. ○ ✕

20 베이컨은 우상을 제거하여 얻어 낸 올바른 지식을 이용함으로써 자연을 지배하고 생활 방식을 개선하여 사람들에게 행복을 가져다 줄 수 있다고 보았다. ○ ✕

21 흄은 도덕의 가치를 지적 판단의 대상으로 보았다. ○ ✕

22 함정 흄은 도덕에서 무엇보다 중요한 것이 실천인데, 도덕적 실천의 동기가 될 수 있는 것은 오직 어떤 대상에 대한 이성적 판단이라고 보고, 도덕에 있어 중요한 요인은 감정이 아니라 이성이라고 주장하였다. ○ ✕

23 흄에 따르면 길가에 쓰러진 사람을 도우려는 도덕적 행동을 불러일으키는 동기는 그에 대한 동정이나 연민과 같은 감정이다. ○ ✕

24 흄은 어떤 행동이 그것을 바라보는 사람에게 시인(是認)의 즐거운 감정을 가져다준다면 좋은 것[善]으로, 부인(否認)의 불쾌한 감정을 가져다준다면 나쁜 것[惡]으로 규정하였다. ○ ✕

25 함정 흄은 사회 전체의 이익이나 행복에 긍정적인 영향을 끼치는 행동은 우리에게 부인(否認)의 감정을 불러일으키고 도덕적 행동을 하도록 이끈다고 보았다. ○ ✕

26 흄에 따르면 우리가 사회적이고 보편적으로 시인의 감정을 느끼는 이유는 공감 능력을 가졌기 때문이므로 도덕적인 삶을 살기 위해서는 공감을 통해 사람들에게 쾌감을 불러일으키는 행동을 실천해야 한다. ○ ✕

27 사회의 행복에 유용한 행위를 강조한 흄의 윤리 사상은 공리주의의 사상적 뿌리가 되었다. ○ ✕

데카르트와 베이컨의 진리 탐구 방법은 어떻게 다를까?

개념 | 자료로 확인

■ 데카르트의 이성주의

> 진리를 발견하기 위해서는 조금이라도 의심할 수 있다고 생각되는 모든 것을 버리고 논증적으로 참되다고 안 것 외에는 어떤 것도 참된 것으로 받아들이지 않아야 한다. 즉, 속단과 편견을 조심하여 피해야 하며 의심할 여지가 조금도 없을 정도로 아주 명석하게 내 정신에 나타나는 것 외에는 아무것도 내 판단 속에 넣지 않아야 한다.
> – 데카르트, "방법 서설"

데카르트는 감각적 경험을 통해 얻은 지식은 주관적인 뿐만 아니라 단편적이고 우연한 것이어서 명백한 진리로 믿을 수 있는 것이 못 된다고 보았다. 그래서 의심할 여지 없이 확실한 지식을 찾기 위해 일단 모든 것을 의심해 보았는데, 진리를 파악하기 위한 방법적인 의심을 방법적 회의라 한다. 데카르트는 이성주의자로서 '방법적 회의'를 사용하여 더 이상 의심할 수 없는 확실한 명제를 찾고 이것을 철학의 제1원리로 삼아 다른 진리들을 연역하고자 하였다.

■ 베이컨의 경험주의

> 진리를 발견하는 데는 두 가지 방법이 있다. 하나는 감각과 개별자에서 출발하여 일반적인 명제에 도달한 다음, 그것을 제1원리로 삼아 중간 수준의 공리(公理)를 이끌어 내는 것이다. 다른 하나는 감각과 개별자에서 출발하여 관찰과 경험을 통해 가장 일반적인 명제에 도달하는 방법이다. 이것이야말로 진정한 과학적 방법이다.
> – 베이컨의 "신기관"

베이컨은 감각적 경험을 지식의 근원으로 보는 경험주의를 대표하는 사상가로서 이성적 추론보다는 과학의 실험 정신에 근거한 새로운 진리 탐구 방법인 귀납법을 강조하였다. 베이컨은 자연에 대한 참다운 인식을 통해 인류가 한 단계 더 나아갈 수 있으며, 그 결과 인간의 삶의 방식 또한 더 좋은 방향으로 개선될 수 있을 것으로 기대하였다. 하지만 관찰과 실험을 방해하는 선입견과 편견이 작용할 수 있기 때문에 우상론을 통해 이러한 선입견과 편견을 제거하고자 하였다.

개념 | 빈칸 채우기로 확인

■ 데카르트의 이성주의

Q1 데카르트는 감각적 (　　　)을/를 통해 얻은 지식은 주관적이고 단편적인 것이라고 보았다.

Q2 데카르트는 확실한 지식을 연역해 내기 위해서는 절대로 의심할 수 없는 명제를 그 출발점으로 삼아야 한다고 보고, 모든 것을 의심해 보아야 한다는 방법적 (　　　)을/를 강조하였다.

Q3 데카르트는 "나는 (　　　)한다. 그러므로 나는 존재한다."라는 철학의 제1원리를 제시하였다.

■ 베이컨의 경험주의

Q4 베이컨은 자연 과학적 지식을 통해 (　　　)을/를 지배하고 인간의 생활 방식을 개선할 수 있다고 믿었다.

Q5 베이컨은 아리스토텔레스의 삼단 논법식 연역 추리 방법을 거부하고, 관찰과 경험을 중시하는 (　　　)을/를 제시하였다.

Q6 베이컨은 자연에 대한 참된 인식을 방해하는 선입견과 편견을 (　　　)에 비유하고 이를 타파할 것을 역설하였다.

개념 | 문제에 적용

연습하기 Q7 다음을 주장한 사상가가 긍정의 대답을 할 질문에 ○를, 부정의 대답을 할 질문에 ✕를 표시하시오.

> 나는 진리 탐구를 위해 조금이라도 의심의 여지가 있다고 생각되는 것을 모두 버림으로써 전혀 의심할 수 없는 어떤 것이 내 생각 속에 남아 있을 수 있는지를 보기로 했다. …(중략)… 그러나 이 모든 것이 거짓이라고 내가 생각하고 있는 바로 그 순간에도, 그렇게 의심하기 위해서는 의심하고 있는 나 자신은 있어야 한다는 것을 깨달았다. '나는 생각한다. 그러므로 나는 존재한다.'라는 진리는 아주 확고부동하기 때문에 회의론자들의 모든 가정에 의해서도 흔들릴 수 없는 것임을 인식하고 나는 주저 없이 그것을 내가 찾고 있던 철학의 제1원리로 받아들일 수 있다고 판단하였다.

• 모든 것을 의심할 수 있지만 의심하고 있는 나의 존재는 의심할 수 없는가? ❶ (○ / ✕)

• 개별적인 사실들에 대한 관찰과 실험을 통해 일반적인 원리를 찾아야 하는가? ❷ (○ / ✕)

• 확실한 지식을 찾기 위해서는 모든 것을 의심해 보아야 하는가? ❸ (○ / ✕)

적용하기 Q8 고대 서양 사상가 갑, 을의 입장으로 옳지 않은 것은?

> 갑 : 이성을 온전히 사용하지 못하고 감각에 주어진 것들을 다양하게 판단하기 때문에 우리는 진리를 모르고 있다. 진리를 알기 위해서는 조금이라도 불확실한 모든 것을 일생에 한 번은 의심해 보아야 한다.
>
> 을 : 추론에 의해 결정된 원리는 새로운 성과를 발견하는 데 결코 도움이 되지 않는다. 개별자에서 출발해 올바른 순서를 따라 적절히 도출된 원리들이 새로운 개별자들을 쉽게 보여주고 학문의 증진을 가져온다.

① 갑 : 지식의 원천은 이성에 있으므로 논리적 추론을 중시해야 한다.
② 갑 : 방법적 회의를 통해 의심할 수 없는 확실한 명제를 찾을 수 있다.
③ 을 : 참된 지식에 이르기 위해 인간의 선입견과 편견을 제거해야 한다.
④ 을 : 감각적 경험은 너무 주관적이어서 지식의 근원이 될 수 없다.
⑤ 갑, 을 : 참된 지식을 얻기 위해서는 이성의 역할이 필요하다.

주제 1 데카르트와 스피노자의 이성주의

족집게 전략 | 데카르트의 이성주의와 베이컨의 경험주의를 비교하는 문제가 자주 출제된다. 이성주의를 대표하는 데카르트와 스피노자의 사상과 경험주의를 대표하는 베이컨과 흄의 윤리 사상을 체계적으로 정리해서 알아두어야 한다.

154 대표 문항
| 평가원 기출 |

근대 서양 사상가 갑, 을의 입장에 대한 설명으로 옳은 것은?

> 갑 : 이론에는 많은 시간을 허비하고 관찰과 경험은 소홀히 하게 되면 진리를 발견하기 어렵다. 의심스러운 명제를 자명한 것으로 받아들이지 말고 그러한 전제를 경험적으로 검증할 때 진리가 얻어진다.
>
> 을 : 진리를 찾기 위해서는 의심할 수 있는 것은 모두 의심해 보아야 한다. 아무리 의심하려고 해도 도저히 의심할 수 없는 것을 찾았다면 그것을 근본 원리라고 말할 수 있다. 진리는 그것으로부터 얻어진다.

① 갑은 위대한 사상가의 주장은 비판 없이 수용할 것을 강조한다.
② 을은 "나는 생각한다. 고로 존재한다."를 인식의 제1원리로 본다.
③ 갑은 연역적으로, 을은 귀납적으로 진리를 얻을 수 있다고 본다.
④ 갑, 을은 인간은 태어나면서부터 지식을 가지고 있음을 강조한다.
⑤ 갑, 을은 지식을 얻기 위해서는 이성적 추론이 필요없다고 본다.

✏️ **한줄 Tip** 베이컨과 데카르트의 사상적 입장을 비교해서 아는 것이 포인트야!

155
| 평가원 기출 |

근대 서양 사상가 갑, 을의 입장에 대한 설명으로 가장 적절한 것은?

> 갑 : 이성은 누구에게나 공평하게 분배되어 있다. 그런데 그 이성도 착오를 범할 수 있기 때문에 모든 것을 의심해 보아야 한다. 그렇게 하여 얻은 진리는 생각하는 나는 필연적으로 존재한다는 것이다.
>
> 을 : 악덕과 덕은 단순히 관념들의 비교 혹은 이성에 의해 발견될 수 없다. 우리가 악덕과 덕의 차이를 구분할 수 있는 것은 그것들이 일으키는 어떤 인상 또는 감정에 의해서이다. 도덕적 선악은 판단되기보다는 오히려 느껴지는 것이다.

① 갑은 명백하고 자명한 진리에 도달할 수 있는 방법은 없다고 본다.
② 갑은 인간의 공감 능력을 토대로 도덕의 체계를 세워야 한다고 본다.
③ 을은 인간의 이성이 도덕적으로 행동하는 데 기여할 수 없다고 본다.
④ 을은 사회적 유용성이 행위의 정당성을 판단하는 기준이 된다고 본다.
⑤ 갑, 을은 경험과 관찰을 통해서도 참된 진리를 파악할 수 있다고 본다.

156 고난도↑
| 평가원 기출 |

갑, 을 사상가들에 대한 설명으로 옳은 것은?

> 갑 : 인간의 궁극적 목적은 가장 위대한 최고선인 신(神)이다. 신은 무한한 선이므로 오직 신만이 우리의 의지를 넘칠 만큼 가득 채울 수 있다. 그러므로 종교적 덕의 실천과 신의 은총이 있어야 내세에 영원한 행복에 이를 수 있다.
>
> 을 : 신 또는 자연이 세계이며, 모든 일은 자연의 법칙에 따라 필연적으로 일어난다. 그러므로 인간의 의지는 자유로운 원인이 아니라 필연적 원인이다.

① 갑은 도덕적 덕과 종교적 덕을 동일한 것으로 본다.
② 갑은 신을 이성에 의해서 인식될 수 있는 존재로 본다.
③ 을은 신을 실존을 통해 만나야 할 인격적 존재로 본다.
④ 을은 행복을 완전한 존재인 신에 귀의하는 것으로 본다.
⑤ 갑, 을은 완전한 신과 현실 세계를 분리된 것으로 본다.

157
| 평가원 기출 |

(가)를 주장한 근대 서양 사상가의 입장에서 볼 때, (나)의 퍼즐 속 세로 낱말 (A)에 대한 설명으로 옳은 것은?

(가)	우주 만물은 신의 양태이며, 인간에게 있어 유일한 최고선은 이성을 통해 모든 사물의 궁극적인 원인과 질서를 파악함으로써 오는 평온함, 즉 행복이다.

	[가로 열쇠] (A) : 자기 민족을 중심으로 모든 것을 바라보는 관점. 　　　○○○ 중심주의 (B) : 성리학에서 말하는 '본래 그러한 성품'. □□지성 [세로 열쇠] (A) : …… 개념
(나)	

① 경험에 의해 파악되는 필연적 질서이다.
② 이성적 관조를 통해 극복해야 할 대상이다.
③ 우주 만물을 창조한 완전한 신 그 자체이다.
④ 인간 의지에 의해 작동되는 유기적 체계이다.
⑤ 인과 법칙에 따라 움직이는 거대한 기계이다.

158

다음을 주장한 사상가의 입장만을 〈보기〉에서 있는 대로 고른 것은?

> 진리를 발견하기 위해서는 조금이라도 의심할 수 있다고 생각되는 모든 것을 버리고 논증적으로 참되다고 안 것 외에는 어떤 것도 참된 것으로 받아들이지 않아야 한다. 즉, 속단과 편견을 조심하여 피해야 하며 의심할 여지가 조금도 없을 정도로 아주 명석하게 내 정신에 나타나는 것 외에는 아무것도 내 판단 속에 넣지 않아야 한다.

〈보기〉
ㄱ. 새로운 지식을 얻기 위해 연역 추리를 중시해야 한다.
ㄴ. 정신과 물질은 서로 다른 독립된 실체임을 알아야 한다.
ㄷ. 인간의 감각적 경험을 진리 탐구의 출발점으로 삼아야 한다.
ㄹ. 방법적 회의를 통해 확실한 명제를 찾을 수 있음을 알아야 한다.

① ㄱ, ㄴ ② ㄱ, ㄷ ③ ㄷ, ㄹ
④ ㄱ, ㄴ, ㄹ ⑤ ㄴ, ㄷ, ㄹ

159

근대 서양 사상가 갑, 을의 입장으로 적절하지 <u>않은</u> 것은?

> 갑 : 경험에서 진리를 탐구해 발견을 이끌어내는 데는 두 가지 방법이 있다. 하나는 개별적 예로부터 갑자기 추상적인 일반 명제를 조급하게 추리하는 것이다. 또 하나는 충분한 경험을 바탕으로 질서정연하게 가장 일반적인 명제에 도달하는 것으로, 이것이 현명한 방법이다.
>
> 을 : 이성을 온전히 사용하지 못하고 감각에 주어진 것들을 다양하게 판단하기 때문에 우리는 진리를 모르고 있다. 진리를 알기 위해서는 조금이라도 불확실한 모든 것을 의심해 보고, 더 이상 의심할 수 없는 확실한 명제를 찾아야 한다.

① 갑 : 감각적 경험은 주관적이어서 지식의 근원이 될 수 없다.
② 갑 : 자연에 대한 참된 인식을 방해하는 선입견과 편견을 버려야 한다.
③ 을 : 지식의 원천은 이성이므로 논리적 추론을 중시해야 한다.
④ 을 : 방법적 회의를 통해 의심할 수 없는 확실한 명제를 찾아야 한다.
⑤ 갑, 을 : 참된 지식을 얻기 위해 새로운 학문 방법을 적용해야 한다.

160

가상 대화의 사상가가 강조하는 삶의 태도로 가장 적절한 것은?

① 합리적인 신앙을 통해 인격신에게 절대적으로 귀의한다.
② 세상의 모든 일은 우연성에 의해 이루어짐을 받아들인다.
③ 자유 의지를 통해 자연의 기계적 인과 질서에서 벗어난다.
④ 자연과의 합일을 통해 유일한 실체로서의 자아를 확립한다.
⑤ 신과 신적 본성의 필연성에서 따라 나오는 활동을 인식한다.

161

(가)를 주장한 사상가의 입장에서 볼 때, (나)의 ㉠에 들어갈 진술로 가장 적절한 것은?

(가)	• 사물의 본성에는 어떤 것도 우연적으로 주어진 것이 없으며, 모든 것은 일정한 방식으로 존재하고 작용하게끔 신적 본성의 필연성에 의해 결정되어 있다. • 현자(賢者)는 영혼의 흔들림이 거의 없이 자신과 신과 사물을 어떤 영원한 필연성에 의해서 인식하며 언제나 영혼의 참다운 만족을 얻는다.
(나)	㉠_______ 그러면 최고의 행복을 누릴 수 있다.

① 쾌락의 추구와 고통의 회피를 삶의 목적으로 삼아라.
② 자연을 산출한 초월적 원인인 신과의 합일을 추구하라.
③ 자유 의지를 발휘하여 자연의 필연적 질서에서 벗어나라.
④ 기하학적 질서에 따라 생산되는 만물을 이성적으로 관조하라.
⑤ 인간은 자연으로부터 독립된 실체임을 인식하고 자율적으로 살아라.

주제 2 베이컨과 흄의 경험주의

족집게 전략 | 베이컨과 데카르트, 베이컨과 듀이, 흄과 데카르트, 흄과 스피노자, 흄과 칸트, 흄과 듀이 등 사상가들을 비교하는 문제가 주로 출제되므로 각 사상가의 입장을 정확히 정리해서 알아두어야 한다.

162 대표 문항
| 평가원 기출 |

근대 서양 사상가 갑, 현대 서양 사상가 을의 입장에 대한 설명으로 옳지 <u>않은</u> 것은?

> 갑 : 자연에 대한 더 나은 해석은 오직 사례에 의해, 적절하고 타당한 실험에 의해 얻을 수 있다. 감각은 실험을 판단할 수 있을 뿐이고, 실험이 자연과 사물을 판단할 수 있다. 인간은 자연의 사용자로서 자연의 질서를 고찰한 것만큼 무엇인가를 할 수 있다.
>
> 을 : 자연과학에서 중시하는 탐구는 도덕에서도 중시되어야 한다. 도덕은 결과가 옳은 것으로 확정되기 전까지 가설로 여겨져야 한다. 실수는 도덕적 죄가 아니라 지성을 사용하는 잘못된 방법에 대한 교훈이며 더 나은 미래에 대한 가르침이다. 도덕적 삶은 유연하고, 생생하며, 성장하는 것이다.

① 갑은 전통과 권위에 대한 비판적 검토의 자세가 필요하다고 본다.
② 갑은 귀납법과 실험이 학문 연구의 주된 방법이 되어야 한다고 본다.
③ 을은 이론과 지식이 불변의 목적인 도덕을 위한 도구가 된다고 본다.
④ 을은 문제 해결에 유용한 것으로 확인된 가설이 진리로 간주된다고 본다.
⑤ 갑, 을은 과학적 발견을 통해 인류의 성장과 진보가 가능하다고 본다.

✎ **한줄 Tip** 베이컨과 듀이의 사상적 입장을 비교해서 아는 것이 포인트야!

163
| 평가원 기출 |

서양 윤리 사상가 갑이 〈문제 상황〉 속의 L씨에게 해 줄 수 있는 조언으로 가장 적절한 것은?

> 갑 : 이성은 정념의 노예이다. 행동은 이성에서 발생하는 것이 아니라 이성에 의해 안내될 뿐이다. 혐오 또는 선호가 어떤 대상을 향해 일어나는 것은 고통 또는 쾌락에 대한 예상 때문이다.
>
> 〈문제 상황〉
> 택시 기사 L씨는 손님이 내리고 난 뒤, 300만 원의 현금이 든 가방을 발견했다. L씨는 수년간 병원 치료를 받다 보니 경제적으로 어려운 처지이다. 그래서 돈 가방을 경찰에 신고해야 할지 망설이고 있다.

① 돈 가방을 분실한 사람의 불행에 공감해야 합니다.
② 주어진 상황을 이용하여 자신의 행복을 추구해야 합니다.
③ 자기 처지를 내세우기보다는 신의 계율을 따라야 합니다.
④ 정언 명법에 따라 보편적으로 타당한 행위를 해야 합니다.
⑤ 돈을 분실한 사람을 배려하기보다 자기 이익을 존중해야 합니다.

164
| 평가원 기출 |

(가)를 주장한 서양 사상가의 관점에서 볼 때, (나)의 퍼즐 속 세로 낱말 (A)에 대한 설명으로 옳은 것은?

(가)	도덕 판단은 내적 감정의 결과이다. 어떤 행위가 시인(是認)의 감정을 유발할 때, 우리는 그 행위에 대해 '선하다' 또는 '옳다'고 말한다. 부인(否認)의 감정을 유발할 때, 우리는 행위에 대해 '악하다' 또는 '그르다'라고 말한다.
(나)	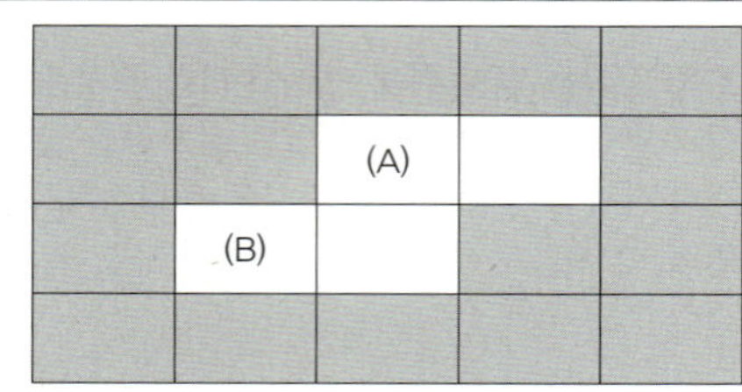

[가로 열쇠]
(A) : 이(理)는 보편적이며 기(氣)는 제한적이라고 보는 이이(李珥)의 ○○ 기국론
(B) : 부처가 될 수 있는 품성

[세로 열쇠]
(A) : …… 개념

① 객관적 실재로서의 선과 악을 인식할 수 있는 능력이다.
② 감정의 명령을 따르고 그것의 실현을 도와주는 능력이다.
③ 타인의 행복이나 불행에 대해 함께 느낄 수 있는 능력이다.
④ 어떤 상황에서도 동요하지 않는 정신 상태로 이끄는 능력이다.
⑤ 행위의 동기를 유발하여 인간을 선한 행위로 이끄는 능력이다.

165 고난도↑
| 평가원 기출 |

근대 서양 사상가 갑, 을의 입장에 대한 옳은 설명을 〈보기〉에서 고른 것은?

> 갑 : 나는 오직 내가 생각하는 존재, 즉 정신이나 이성으로서의 존재라는 말의 뜻을 비로소 알게 되었다. 이에 따라 나는 이제 드디어 나의 존재에 대한 물음에 답할 수 있게 되었다. 나는 바로 생각하는 존재였다.
>
> 을 : 나는 언제나 이른바 '나 자신'이라는 것의 심층에 들어가 보면 개별적 지각들, 즉 사랑과 미움, 고통과 쾌감을 경험하고 있는 나를 발견하였다. 여기서 이성은 나의 행동과 정념에 어떤 영향도 미칠 수 없었다.

〈보기〉
ㄱ. 갑은 경험과 관찰로는 확실한 지식을 얻을 수 없다고 본다.
ㄴ. 을은 인과 법칙이 심리적 성향과 습관에서 비롯된다고 본다.
ㄷ. 갑은 을과 달리 제1원리를 방법적 회의의 출발점으로 본다.
ㄹ. 을은 갑과 달리 사유하는 자아의 존재를 의심할 수 없다고 본다.

① ㄱ, ㄴ   ② ㄱ, ㄷ   ③ ㄴ, ㄷ   ④ ㄴ, ㄹ   ⑤ ㄷ, ㄹ

166

근대 서양 사상가 갑, 을의 입장으로 가장 적절한 것은?

> 갑 : 추론에 의해 결정된 원리는 새로운 성과를 발견하는 데는 결코 도움이 되지 않는다. 자연의 심오함은 논증의 심오함보다 훨씬 더 뛰어나기 때문이다. 개별자에서 출발해 올바른 순서를 따라 적절히 도출된 원리들은 새로운 개별자들을 쉽게 보여주고, 따라서 학문의 증진을 가져온다.
>
> 을 : 모든 것을 의심하고자 하는 사람도, 의심하고 있는 동안은 자기가 있다는 것을 의심할 수 없다. 그리고 자기 자신에 대하여는 의심할 수 없으면서도 나머지 모든 것을 의심하는 것은 우리의 신체가 아니라 우리들의 정신 혹은 우리들의 생각이다. 따라서 이 생각의 존재, 즉 현존을 제 1원리로 삼아야 한다.

① 갑 : 과학적 실험보다 수학적 추론을 통해 진리를 알 수 있다.
② 갑 : 지식의 원천은 이성이므로 논리적 추론을 중시해야 한다.
③ 을 : 지식을 얻는 데 이성은 아무런 역할도 할 수 없다.
④ 을 : 삼단 논법식 연역 추리로는 새로운 지식을 얻을 수 없다.
⑤ 갑, 을 : 자연을 인간 중심적인 관점에서 바라보아야 한다.

167

근대 서양 사상가 갑, 을의 입장에 대한 설명으로 옳은 것은?

> 갑 : 이성에 의해 시간과 사정이 허락하는 한 이웃을 도와주어야 한다. 최고의 행복은 오직 신을 인식하는 데서 성립하며, 우리에게 완벽한 마음의 평화를 가져다준다. 따라서 정념에 좌우되는 삶에서 벗어나야 한다.
>
> 을 : 이성은 우리가 고통을 피할 수 있도록 정보를 전해줄 뿐이다. 그러나 정보 자체가 무엇을 행해야 하는지를 결정하는 것은 아니다. 정념은 행위에 직접적 영향을 미치지만 이성 그 자체는 아무 힘도 발휘하지 못한다.

① 갑은 인간이 자연의 일부로서 자연 법칙의 지배를 받는다고 본다.
② 을은 어떠한 경우에도 이성이 정념에 도움을 주지 않는다고 본다.
③ 갑은 을과 달리 이성이 도덕적 실천의 근원이 될 수 없다고 본다.
④ 을은 갑과 달리 모든 일은 필연적 인과 관계를 맺고 있다고 본다.
⑤ 갑, 을은 정념에서 벗어나야만 진정한 자유를 얻을 수 있다고 본다.

168

(가)의 근대 서양 사상가 갑, 을의 입장을 (나) 그림으로 탐구하고자 할 때, A~C에 들어갈 질문으로 옳은 것은?

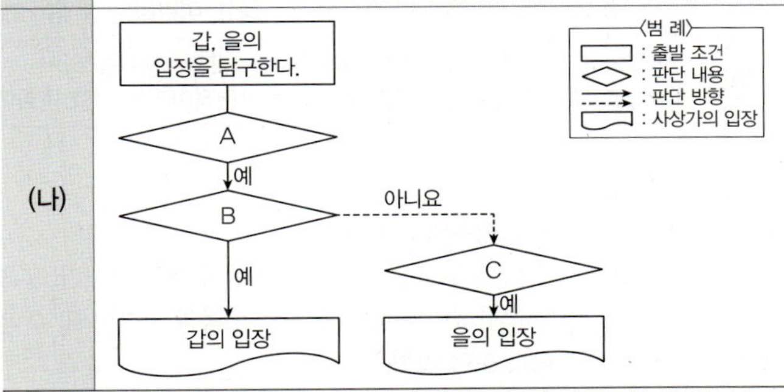

① A : 감정은 이성의 노예이고 노예이어야만 하는가?
② B : 사회보다 개인적 차원의 유용성을 중시해야 하는가?
③ B : 선악은 감정이 아니라 이성을 통해 판단해야 하는가?
④ C : 개인의 행복과 사회 전체의 행복은 별개로 이루어지는가?
⑤ C : 인간은 누구나 쾌락을 추구하고 고통을 피하고자 하는가?

169

근대 서양 사상가 갑, 을의 입장에 대한 설명으로 옳지 <u>않은</u> 것은?

① 갑은 사회적으로 유용한 행위가 도덕적이라고 본다.
② 갑은 선악이 판단되기보다는 느껴지는 것이라고 본다.
③ 을은 의무 의식이 동기가 된 행위가 도덕적이라고 본다.
④ 을은 실천 이성의 명령에 따르는 행위를 도덕적이라고 본다.
⑤ 갑, 을은 도덕이 행복을 실현하기 위한 수단이라고 본다.

11 강 옳고 그름의 기준

주제 1 | 의무론과 칸트주의

1. 의무론

의미	• 행위의 옳고 그름을 판단하는 기준은 행위의 결과가 아니라 인간이 지켜야 할 도덕 법칙이나 의무라고 보는 관점 • 도덕 법칙이나 의무를 따르는 행위는 옳고, 위반하는 행위는 그르다는 입장
특징	• 결과에 상관없이 도덕 법칙이나 의무를 따르는 행위를 중시 • 옳고 그름의 기준은 시공을 초월하여 보편적이기에 상황 변화에 적응이 어려울 수 있음

2. 칸트의 윤리 사상

(1) 행복주의, 쾌락주의, 경험주의 비판

① 도덕은 행복이나 다른 무엇을 실현하기 위한 수단이 아니라 그 자체가 목적

② 쾌락을 추구하는 경향성이나 동정심 등은 도덕의 기반이 될 수 없음

(2) 선의지와 의무, 준칙과 도덕 법칙

① 선의지 : 오직 어떤 행위가 옳다는 이유만으로 그 행위를 실천하려는 의지이며, 도덕 법칙을 따르려는 의지 → 칸트는 행위의 선악을 결정하는 것은 행위의 결과가 아니라 행위의 동기인 의지라고 봄

② 의무 : 도덕 법칙에 대한 존경심으로 인해 그 도덕 법칙이 명령하는 행위를 하지 않을 수 없는 필연성

③ 준칙(準則, maxim) : 개인의 주관적 행위 원리, 격률(格率)이라고도 함

④ 도덕 법칙 : 이성적 존재가 따라야 할 절대적이고 보편타당한 실천 법칙, 정언 명령의 형식

자료로 살펴보기

■ 칸트의 의무론적 윤리 사상

> 이 세상에서, 아니 이 세상 밖에서까지라도, 무제한적으로 선하다고 생각될 수 있는 것은 오로지 선의지뿐이다. …… 우리가 흔히 성품이라 일컫는 이러한 천부적 재능이나 기질조차 그것을 사용하는 의지가 선하지 못하다면 지극히 악하고 해로운 것이 될 수도 있다.
> — 칸트, "도덕 형이상학 정초"

칸트가 설명한 선의지는 오로지 옳은 것만을 지향하는 의지이다. 다른 여느 선한 가치는 상황과 여건에 따라 선하지 않은 것으로 여겨질 수 있지만, 선의지는 그 자체로 선한 것이며 다른 가치들에게 선함을 부여한다. 이러한 선의지를 중심으로 행위의 결과나 행위 자체보다 행위자의 의지에 주목한다는 점에서 우리는 동기를 중시하는 칸트의 입장을 엿볼 수 있다.

---

(3) 칸트의 정언 명령

① 제1정언 명령(보편성 정식) : 네 의지의 준칙(격률)이 언제나 동시에 보편적 입법의 원리가 될 수 있게 행위하라. → 예외 없는 무조건적 보편화 가능성을 강조

② 제2정언 명령(인간성 정식) : 너 자신과 다른 모든 사람의 인격을 결코 단순히 수단으로만 대하지 말고 언제나 동시에 목적으로 대하도록 행위 하라. → 인간의 존엄성 강조

(4) 도덕적 행위, 도덕과 행복 → 칸트는 선의지의 지배를 받는 행위, 실천 이성의 명령을 따르는 행위, 의무에서 비롯된 행위 또는 의무 의식이 동기가 된 행위를 도덕적 행위라고 봄

① 도덕적 행위 : 정언 명령을 따르는 행위 = 도덕 법칙에 대한 자발적 존중에서 비롯된 행위

　예 양심, 선의지, 실천 이성, 의무 의식에 맞는 것이 아니라 양심, 선의지, 실천 이성, 의무 의식으로부터 나온 행위만이 도덕적으로 정당함

② 도덕과 행복은 양립(공존) 가능하지만, 행복을 증진하는 것이 직접적인 의무일 수 없음

3. 로스의 조건부 의무론(현대 칸트주의)

(1) 의미

① 어떤 상황에서 우선 머릿속에 떠오르는 '아무래도 ~하지 않을 수 없다.'라는 직관적 의무를 말함

② 정언 명령보다는 느슨한 원칙으로 도덕 법칙도 인간의 직관과 상식에 따라 유보 가능함. 예를 들면 '거짓말 하지 말라'라는 원칙은 '살인하지 말라'라는 원칙에 의해 유보 가능함

＊ 칸트의 의무 의식

자연적 경향성에 따라 생각할 때에는 싫은 일이지만 어떤 도덕적 요구에 따라 그 일을 마땅히 수행해야만 한다고 생각하는 마음을 의미한다.

＊ 경향성

자신의 이익이나 쾌락을 추구하려는 욕구나 두려움, 동정심과 같은 인간이 자연스럽게 갖는 감정

＊ 가언 명령과 정언 명령

'만약 A하려면 B하라'는 형식이 가언명령이고, '무조건 ～을/를 해야 한다'는 형식이 정언명령이다.

＊ 순수이성과 실천이성

순수이성은 '경험으로부터 독립하여 (선험적으로) 어떤 것을 인식하는 능력'이고, 실천이성(practical reason)은 '순수이성을 통해 인식한 도덕 원리를 실천적, 자율적 의지로 바뀌어 실천하게 하는 능력'이다.

＊ 직관(直觀)

사유 혹은 추리를 통하지 않고, 즉각적이고 직접적으로 사물이나 사태를 인식하는 능력

(2) **조건부 의무들**

① 약속 지키기, 성실, 호의에 대한 감사, 선행, 정의, 자기 계발, 해악 금지의 의무

② 서로 충돌하기 전까지는 조건부 의무임. 충돌하게 되면 직관적으로 더 중요한 의무를 따라야 함

(3) **조건부 의무의 적용**

① 하나의 의무는 또 다른 의무와 갈등하기 전까지 잠정적인 조건부 의무로 우리를 구속함

② 의무들 사이에 구체적 갈등이 발생할 경우 약한 의무는 유보되고 강한 의무가 실제적 의무가 됨

주제 2 결과론과 공리주의

1. 결과론

(1) **의미와 특징**

의미	• 행위의 옳고 그름을 행위의 결과에 의해 평가하려는 이론 • 행위의 결과가 좋다면 동기와 관계없이 그 행위를 옳다고 보는 이론
특징	• 행위 자체는 본질적 가치를 지니지 않으며, 좋은 결과를 얻기 위한 수단으로서의 가치임 • 대체로 행복이나 쾌락을 좋은 결과로, 고통이나 불행을 나쁜 결과로 봄

(2) **결과론의 대표 사상** : 공리주의

① 쾌락주의적 인간관 : 인간은 누구나 쾌락을 추구하고 고통을 피하려는 존재임

② 쾌락주의적 윤리관 : 쾌락은 선이고 고통은 악이며, 고통의 부재 또는 쾌락을 의미하는 행복이 삶의 목적임
　└→ 쾌락을 추구하고 고통을 피하려는 인간의 자연적 경향성을 도덕 원리의 근거로 삼음

③ 도덕의 원리 : '공리의 원리' 또는 '최대 행복의 원리'

2. 벤담의 양적 공리주의

의미	• 개인적 차원의 행복주의를 사회적 차원으로 확대 • '최대 다수의 최대 행복'을 추구하는 공리의 원리를 도덕과 입법의 원리를 제시
특징	• 모든 쾌락은 질적 차이는 없고 양적 차이만 있음 → 쾌락의 양을 계산할 수 있음 • 쾌락 계산 기준 : 강도, 지속성, 확실성, 근접성, 다산성, 순수성, 범위
의의	• 이해 당사자들의 행복을 공평하게 고려하여 사익과 공익의 조화를 추구 • 노예, 여성에 대한 불평등, 동물 학대 등을 비판하며 공리에 맞게 개혁을 요구
한계	쾌락의 질적 차이를 무시함으로써 '배부른 돼지의 철학'을 추구하는 천박한 철학이라는 비판을 받음

3. 밀의 질적 공리주의

의미	• 쾌락의 양뿐만 아니라 질적 차이도 고려 • 쾌락을 모두 경험해본다면 질적으로 낮은 쾌락이 아닌 질적으로 높은 쾌락을 추구함
특징	• 벤담의 쾌락주의, 공리주의를 계승 • 공리주의를 사회 체제에 적용하여 자유민주주의를 정당화, 여성의 종속을 비판
한계	지나치게 지적인 것을 선호하여 쾌락주의를 위협하며 엘리트주의로 흐를 수 있음

4. 현대 공리주의

(1) **행위 공리주의와 현대 규칙 공리주의**

① 행위 공리주의 : 유용성의 원리를 개별 행위에 직접 적용하여 계산하는 공리주의

② 행위 공리주의의 한계 : 일반적인 상식이나 직관과 어긋나는 행위를 정당화하거나 개별 행위의 유용성을 계산하기 어려울 수 있음

③ 현대 규칙 공리주의 : 유용성의 원리를 개별 행위가 아닌 일반화할 수 있는 도덕 규칙에 적용

(2) **현대 선호 공리주의**

① 행복을 쾌락으로 한정한 고전적 공리주의와는 달리 더 포괄적인 선호(選好)를 통해 설명

② 싱어의 '이익 평등 고려' : 쾌락과 고통을 느끼는 모든 개체(인간과 동물)의 이익(선호)을 평등하게 고려, 동물에게도 공리(유용성)의 원리를 적용, 도덕적 배려의 범위를 확대

③ 한계 : 개체마다 다른 선호를 보편화할 수 있는가는 문제와 행위자의 선호가 터무니없거나 사소한 것일 때 실제로 좋은 결과로 이어지기 어려울 수 있음

✱ 조건부 의무(prima facie)

특별한 상황이 발생할 경우 예외가 인정되는 의무로, 로스의 조건부 의무의 예로는 약속을 지켜야 한다는 계약 이행의 의무, 가능한 한 선을 극대화한다는 선행의 의무, 타인에게 해를 끼치지 말아야 한다는 악행 금지의 의무, 정의의 의무, 호의에 대한 감사의 의무, 자기 개선의 의무 등이 있다.

✱ 거짓말을 보는 관점

행위 자체의 도덕성을 강조하는 칸트는 '거짓말은 그 자체로 옳지 않다.'고 본다. 이에 반해 일반화할 수 있는 공리의 규칙을 강조하는 규칙 공리주의는 '거짓말이 더 큰 해악을 가져올 수 있기에 옳지 않다.'고 보며, 구체적인 상황 판단을 강조하는 행위 공리주의는 '선의의 거짓말을 할 수 있다.'고 본다.

✱ 쾌락의 계산법

강도	얼마나 강한가?
지속성	얼마나 오래가는가?
확실성	얼마나 확실한가?
근접성	얼마나 빨리 얻는가?
생산성	얼마나 반복적으로 얻을 수 있는가?
순수성	얼마나 고통이 없고 부작용 없이 순수한가?
파급 범위	얼마나 많은 사람에게 영향을 미치는가?

현대 선호 공리주의는 행위의 영향을 받는 당사자들의 선호를 최대한 만족시키는 행위를 옳다고 봄

✱ 공리와 개인의 희생

"공리주의는 다른 사람들의 선을 위해서라면 자신의 최대 선까지도 희생할 수 있는 힘이 인간에게 있다고 본다. 다만 희생 그 자체가 곧 선이라고 인정하지 않을 뿐이다. 행복의 총량을 증가시키지 않는 희생은 무용지물로 간주된다."

– 밀, "공리주의"

핵심 개념 CHECK!

• 정답 및 해설 42쪽

✎ 다음 확인 문제 중 옳은 것에 ○, 옳지 않은 것에 ✕를 표기하세요.

주제 1 의무론과 칸트주의

01 의무론적 윤리는 결과에 상관없이 의무를 중시한다. ○ ✕

02 의무론적 윤리는 목적의 수단화를 반대한다. ○ ✕

03 아리스토텔레스는 습관의 도덕적 중요성을 인정하지만, 칸트는 부정한다. ○ ✕

04 아리스토텔레스와 칸트는 도덕적 행위에 있어서 의지를 중시한다. ○ ✕

05 함정 칸트는 행위의 목적에 의해 도덕적 가치가 결정된다고 본다. ○ ✕

06 칸트에 따르면 도덕 원리에 대한 존경심에서 나온 행위만이 도덕적 행위가 된다. ○ ✕

07 함정 칸트는 도덕 원리가 행복을 추구하는 동기에 의해 규정된다고 본다. ○ ✕

08 칸트는 이성만으로는 도덕 법칙을 알기 어렵다고 보았다. ○ ✕

09 칸트는 동기의 순수성이 결여된 행위는 도덕적으로 무가치하다고 본다. ○ ✕

10 함정 칸트에 따르면 인간은 누구나 실천 이성을 가지므로 비도덕적 행위를 하지 않는다. ○ ✕

11 칸트에 따르면 도덕 법칙은 절대적이고 보편타당한 실천 법칙으로 가언 명령의 형식으로 나타난다. ○ ✕

12 정언 명령 제1정식은 인간성의 정식이다. ○ ✕

13 칸트에 따르면 인간을 수단으로 대할 때에도 언제나 동시에 목적으로 대우해야 한다. ○ ✕

14 칸트에 따르면 도덕적 행위와 행복의 추구는 양립할 수 없다. ○ ✕

15 로스에 따르면 모든 도덕 문제를 해결할 수 있는 일원론적 도덕 원리는 없다. ○ ✕

16 로스에 따르면 절대적인 것처럼 보이는 도덕 법칙도 다른 도덕원칙에 의해 유보될 수 있다. ○ ✕

17 로스에 따르면 의무들이 상충하는 경우 실제적 의무는 직관에 의해 결정된다. ○ ✕

18 로스는 칸트주의가 지니는 비현실성을 해결하기 위해 절대적 의무 개념에서 탈피해 조건부 의무를 제시하였다. ○ ✕

주제 2 결과론과 공리주의

19 공리주의는 사회 전체의 이익만을 추구한다. ○ ✕

20 공리주의의 등장은 산업 혁명과는 관계가 없다. ○ ✕

21 결과론적 윤리는 도덕성의 평가를 결과로 한다. ○ ✕

22 벤담은 행복과 쾌락을 동일시하였다. ○ ✕

23 벤담은 개개인의 이익의 총합을 넘어선 사회의 이익이 있다고 본다. ○ ✕

24 벤담은 쾌락의 추구와 고통의 감내를 행위의 동기로 삼는다. ○ ✕

25 아리스토텔레스와 벤담은 인간이 삶의 목적으로서 행복을 추구해야 한다고 본다. ○ ✕

26 벤담과 칸트 모두는 행위의 도덕 원리를 준수하면 행복한 삶이 보장된다고 본다. ○ ✕

27 벤담과 칸트 모두는 행위의 도덕성을 판단할 수 있는 객관적 원리가 있다고 본다. ○ ✕

28 벤담과 칸트 모두는 남을 이롭게 하는 행위라도 반드시 옳은 행위는 아니라고 본다. ○ ✕

29 함정 에피쿠로스와 벤담 모두는 진정한 정신적 쾌락을 위해 모든 육체적 쾌락을 억제해야 한다고 본다. ○ ✕

30 벤담이 생각하는 입법의 목적은 공동체 구성원인 개인들의 행복 총합의 증대이다. ○ ✕

31 질적 공리주의자인 밀은 쾌락의 우월성을 분별할 때 비교되는 두 쾌락을 모두 경험한 사람들이 공통적으로 선호하는 쾌락인지를 검토한다. ○ ✕

32 질적 공리주의자인 밀은 저급한 쾌락이 아닌 고상한 쾌락을 추구할 때 행복을 누릴 수 있다고 본다. ○ ✕

33 밀은 옳고 그름이 그 행위의 의지나 동기에 비추어 판단되어야 한다고 본다. ○ ✕

34 행위 공리주의는 도덕 규칙들 간의 갈등을 해결할 수 있는 기준을 제시하지 못한다. ○ ✕

35 규칙 공리주의는 일상생활 속에서 행위의 결과, 특히 먼 미래에 일어날 일의 결과를 정확히 예측하기 어렵다는 문제점을 어느 정도 극복할 수 있다. ○ ✕

36 함정 규칙 공리주의는 상식적으로 비도덕적 행위라고 생각하는 행위들을 정당화할 수 있다는 위험성을 지니고 있다. ○ ✕

칸트의 의무론과 공리주의의 결과론은 어떻게 다를까?

개념 — 자료로 확인

■ 칸트의 의무론

> ○ 선의지라는 개념을 명백하게 하기 위해 우리는 의무라는 개념을 다루어야 한다. 의무란 법칙에 대한 존경심 때문에 어떤 행위를 하지 않을 수 없는 것을 가리킨다.
> ○ 인간에게 있어서, 그리고 모든 이성적 피조물에게 있어서 도덕적 필연성은 강요이자 강제이다. 그리고 거기에 근거한 모든 행위는 의무로 생각되어야 한다. 따라서 도덕 법칙은 하나의 완전한 존재자의 의지에게는 신성(神性)의 법칙이지만, 모든 유한한 이성적 존재자의 의지에게는 의무의 법칙이다.
> — 칸트, "윤리 형이상학 정초"

칸트는 인간을 철저하게 자연법칙의 지배를 받는 존재로 보는 당시의 인간관을 강하게 비판하면서, 인간은 고유한 도덕 법칙을 가지고 있는 존엄한 존재라는 것을 강조하였다. 칸트에게 있어 도덕 법칙이란 실천 이성이 부과한 자율적인 명령으로, 인간이라면 누구나 어떤 상황에서도 예외 없이 따라야 하는 무조건적이고 절대적인 정언(定言) 명령이다. 따라서 도덕적 행위는 선의지의 지배를 받는 행위이자 의무 의식이 동기가 된 행위이다.

■ 공리주의의 결과론

> ○ 인간은 쾌락의 총량을 최대화하고 고통의 총량을 최소화하기 위해 행동한다. 행위의 옳고 그름을 평가하는 유일한 기준은 행위에 의해서 생겨날 쾌락과 고통의 양이다.
> ○ 쾌락의 산출과 고통의 회피는 개인은 물론이고 입법자가 살펴보아야 할 목적이다. 어떤 행동이 공동체의 이익을 증가시킨다는 것은 공동체 전체라는 이해 당사자의 쾌락의 합계를 증가시키는 것이다. 쾌락은 강도, 지속성, 확실성, 근접성, 다산성, 순수성, 그리고 범위에 따라 측정될 수 있다.
> — 벤담, "도덕과 입법의 원리 서설"

벤담은 행복을 쾌락 또는 고통의 부재로 보고, 개개인의 행복이 사회 전체의 행복과 연결된다고 보아 '최대 다수의 최대 행복'을 도덕과 입법의 원리로 제시하였다. 벤담은 모든 쾌락과 고통에는 질적 차이란 없으며 오직 양적 차이만이 존재한다고 주장하였다. 이에 반해, 밀은 저급 쾌락과 고급 쾌락을 구분하면서 질적으로 서로 다른 쾌락을 모두 경험한 사람은 당연히 더 우월하고 바람직한 정신적 쾌락을 추구할 것으로 여겼다. 그리고 밀은 자신의 쾌락과 더불어 타인의 쾌락도 함께 추구해야 한다고 보아 공익을 실현하는 것을 도덕의 본질로 삼았다.

개념 — 빈칸 채우기로 확인

■ 의무론과 칸트주의

Q1 칸트에 따르면 순수한 실천 이성은 우리가 행복에 대한 모든 요구를 포기할 것을 의욕하는 것은 아니다. 그것이 의욕하는 바는 오직 의무가 문제시될 때 (   )을/를 전혀 고려하지 말아야 한다는 것이다.

Q2 칸트에 따르면 의무는 도덕법칙에 대한 존경심으로 인해 그 법칙이 명령하는 행위를 하지 않을 수 없는 (   )이다.

Q3 로스는 칸트 윤리 사상의 난점이라 할 수 있는 도덕적 의무 간의 상충 문제를 해결하기 위해 정언 명령보다 느슨한 (   )의무를 제시하였다.

■ 공리주의의 결과론

Q4 벤담은 '최대 다수의 최대 행복'을 추구하는 (   )의 원리를 도덕과 입법의 원리로 제시하였다.

Q5 (   )은/는 쾌락의 양만이 아니라 질적 차이도 고려해서, 질적으로 낮은 단순한 감각적 쾌락보다 내적 교양이 뒷받침된 정신적 쾌락을 추구하는 것이 더 바람직하다고 본다.

Q6 (   ) 공리주의는 공리의 원리를 개별 행위가 아니라 행위의 규칙에 적용한다.

Q7 현대 공리주의자인 (   )은/는 감각을 지닌 모든 동물들에게까지 공리의 원리를 확장할 것을 주장한다.

개념 — 문제에 적용

연습하기 Q8 다음을 주장한 사상가가 긍정할 질문에 ○를, 부정할 질문에 ×를 표시하시오.

> 공리란 이해 당사자에게 이익, 쾌락, 좋음, 행복을 산출하거나 고통, 악, 불행의 발생을 막는 경향을 가진 어떤 대상의 속성을 의미한다. 공동체는 가공의 조직체로서 그 구성원으로 간주되는 개인들로 이루어진다. 공동체의 이익이란 그것을 구성하는 여러 구성원들의 이익의 총합이다.

- 공리나 최대 행복의 원리를 도덕의 기초로 보아야 하는가?　❶ (○ / ×)
- 이해 당사자들의 행복을 차등적으로 고려해야 하는가?　❷ (○ / ×)
- 행위의 결과보다는 행위를 하게 된 의지나 동기를 중시해야 하는가?　❸ (○ / ×)
- 개인적 이익과 사회적 이익의 조화를 추구해야 하는가?　❹ (○ / ×)

적용하기 Q9 고대 서양 사상가 갑, 을의 입장으로 옳지 <u>않은</u> 것은?

> 갑 : 누구나 태어날 때부터 쾌락을 추구하고 고통을 피하려고 한다. 쾌락은 계량화(計量化)할 수 있다. 쾌락의 추구는 행복이다. 그리고 우리는 '최대 다수의 최대 행복'을 원칙으로 삼아야 한다.
> 을 : 배부른 돼지보다는 배고픈 인간이 되는 것이 더 바람직하고, 만족스러운 바보보다는 불만족스러운 소크라테스가 되는 것이 더 바람직하다. 또한 자기의 쾌락과 행복만이 아니라 타인의 행복까지도 추구해야 한다.

① 갑은 삶의 목적을 쾌락과 행복의 추구라고 본다.
② 갑은 비도덕적 행위에 대한 외적인 규제가 필요하다고 본다.
③ 을은 인격의 존엄을 바탕으로 내적인 제재를 중시한다.
④ 을은 방법적 회의를 통해 확실한 지식을 얻을 수 있다고 본다.
⑤ 갑, 을은 행위의 옳고 그름을 결과에 비추어 판정한다.

HOW & WHY 정답 01. 행복 02. 필연성 03. 조건부 04. 공리 05. 밀 06. 규칙 07. 싱어 08. ❶ ○ ❷ × ❸ × ❹ ○ 09. ④

주제 1 **의무론과 칸트주의**

족집게 전략 | 칸트는 매년 수능에 출제되는 사상가이다. 칸트의 인간관, 실천이성, 정언명령, 도덕 법칙 등에 대한 깊이 있는 이해가 필요하다.

---

170 대표 문항
| 평가원 기출 |

다음 근대 서양 사상가의 입장으로 옳은 것은?

> 자유의 이념은 나를 자유의 법칙을 따르는 세계의 구성원으로 만든다. 이를 통해 나는 선의지를 의식하고, 나의 모든 행위는 언제나 의지의 자율성에 알맞게 된다. 선의지는 감각적 욕망을 따르는 악한 의지에게 '해야만 하는 것'이라는 도덕 법칙을 만들어 준다. 그런데 자유의 법칙을 따르는 세계의 구성원으로서 나에게 그 법칙은 내가 '하려고 하는 것'이다.

① 자율적이지 않지만 의무에 맞는 행위는 도덕적인 행위이다.
② 인간의 자연적인 경향성에 근거한 도덕 법칙을 설정해야 한다.
③ 선의지에 따른 행위가 현세의 행복을 항상 보장하는 것은 아니다.
④ 의무는 개인에게 도덕 법칙을 강제하는 것이므로 자율성에 어긋난다.
⑤ 자신의 준칙이 보편화 가능하지 않아도 도덕 법칙이 될 수 있다.

 **한줄 Tip** 칸트가 강조한 선의지, 자율성, 도덕 법칙 등에 대해 정확히 이해하는 것이 포인트야!

171
| 평가원 기출 |

근대 서양 사상가 갑, 을의 입장으로 옳은 것은?

> 갑 : 사회 전체의 행복에 기여하는 모든 것은 그 자체로 우리의 시인(是認)을 얻는다. 공감이 아니라면 우리는 사회를 위한 포괄적인 관심을 전혀 갖지 못한다. 어떤 성질이나 성격을 칭찬하는 이유는 그것이 사회 전체의 행복을 증진하기 때문이다.
>
> 을 : 행복의 원리가 준칙(準則)을 제공할 수 있기는 하지만, 결코 의지의 법칙으로 쓰일 준칙을 제공할 수는 없다. 행복에 대한 인식은 경험 자료에 의거하기 때문이다. 행복의 원리는 보편적 규칙을 줄 수가 없다.

① 갑 : 이성은 도덕적 판단과 실천에 어떠한 영향도 줄 수 없다.
② 갑 : 행위에 대한 정서적 반응은 도덕적 구별의 근거가 될 수 없다.
③ 을 : 보편화할 수 있는 준칙은 도덕 법칙에 위배되지 않는다.
④ 을 : 의무에 맞는 모든 행위는 의무로부터 비롯된 것이다.
⑤ 갑, 을 : 도덕 판단의 근거는 모든 이성적 존재들의 행복 증진이다.

---

172 고난도↑
| 평가원 기출 |

다음 근대 서양 사상가의 입장에 대한 설명으로 옳은 것은?

> 인간은 분명 신성하지 않으나, 그의 인격 속의 인간성은 그에게 신성한 것이 아닐 수 없다. 우리는 우리가 선택하고 힘을 행사할 수 있는 피조물들을 모두 수단으로만 사용할 수 있다. 오직 인간만이 목적 그 자체이다. 그의 자유가 가지는 자율성 때문에 그는 신성한 도덕 법칙의 주체가 된다.

① 모든 준칙은 보편성을 가지며 도덕 법칙의 예외는 없다고 본다.
② 인간의 자연적 경향성도 도덕 법칙의 근원이 될 수 있다고 본다.
③ 선한 의지와 무관한 인간의 도덕적 행위도 존재할 수 있다고 본다.
④ 이성적인 사람은 누구나 보편적 도덕 법칙을 입법할 것이라고 본다.
⑤ 도덕 법칙의 보편성 여부는 개인의 관점에 따라 달라져야 한다고 본다.

173

근대 서양 사상가 갑, 현대 서양 사상가 을의 입장으로 옳지 않은 것은?

> 갑 : 도덕적 의무는 도덕 법칙에 대한 존경을 의지 규정의 근거로 삼는 것이다. 그러나 유한한 이성적 존재자인 인간이 그것을 준수하기에는 너무 나약하다. 따라서 도덕 법칙은 의무이자 강제로 작용한다. 단지 '의무에 적합한' 행위가 아니라 '의무로부터 비롯된' 행위만이 도덕적 가치를 갖는다.
>
> 을 : 도덕 원리는 그 자체 이외의 어떤 증거도 필요 없이 자명한 것이다. 구체적 상황에서 하나의 행위가 한 관점에서 일견 옳다고 하더라도 더 중요한 다른 관점들에서는 그르다면 실제적 의무가 될 수 없다. 특정 상황에서 가장 옳은 행위 수행만이 실제적 의무가 된다.

① 갑 : 동정심에 근거한 행위가 의무에 적합할 경우 무조건적으로 선하다.
② 갑 : 보편화 가능하지 않은 행위의 준칙은 도덕법칙과 일치될 수 없다.
③ 을 : 절대적인 구속력을 가지는 자명한 하나의 도덕 원리는 없다.
④ 을 : 의무들이 상충하는 경우 실제적 의무는 직관에 의해 결정된다.
⑤ 갑, 을 : 행위의 결과와 유용성보다 도덕적 의무가 우선한다.

174
| 평가원 기출 |

서양 사상가 갑, 을의 입장에 대한 설명으로 옳은 것은?

> 갑 : 도덕성은 판단되기보다는 느껴진다고 말하는 것이 더 적절하며, 우리는 모든 사람들이 공유할 수 있는 정서를 통해 도덕적 판단의 일치에 이를 수 있다.
>
> 을 : 도덕성은 법칙으로부터 유발되는 의무의 관념이 동시에 행위로 나타나는 것이며, 단지 의무에 맞기만 해서는 안 되고 의무로부터 비롯된 것이어야 한다.

① 갑은 도덕적 판단과 행위에서 유용성은 중요하지 않다고 본다.
② 을은 감정에 따른 행동은 도덕적 가치를 갖지 못한다고 본다.
③ 갑은 공감의 능력을, 을은 선의지를 후천적인 것이라고 본다.
④ 갑, 을은 이성이 도덕적 행위를 이끄는 원동력이라고 본다.
⑤ 갑, 을은 도덕적 가치가 객관적으로 실재한다고 본다.

175

다음을 주장한 사상가의 관점에만 모두 '✓' 표시를 한 학생은?

> ○ 이 세상 안에서뿐만 아니라 이 세상 밖에서조차도 제한 없이 선하다고 여길 수 있는 것은 오직 선의지뿐이라고 생각할 수밖에 없다.
> ○ 인간에게 있어서, 그리고 모든 이성적 피조물에게 있어서 도덕적 필연성은 강요이자 강제이다. 그리고 거기에 근거한 모든 행위는 의무로 생각되어야 한다. 따라서 도덕 법칙은 하나의 완전한 존재자의 의지에게는 신성(神性)의 법칙이지만, 모든 유한한 이성적 존재자의 의지에게는 의무의 법칙이다.

관점 \ 학생	갑	을	병	정	무
도덕적 행위는 의무 의식이 동기가 된 행위이다.	✓	✓		✓	
도덕 법칙은 실천 이성이 부과한 자율적인 명령이다.	✓			✓	✓
도덕은 행복이나 다른 무엇을 실현하기 위한 수단이다.			✓	✓	✓
인간의 모든 행위는 철저하게 자연 법칙의 지배를 받는다.		✓	✓		✓

① 갑　　　② 을　　　③ 병　　　④ 정　　　⑤ 무

176

근대 서양 사상가 갑, 을의 입장에 대한 설명으로 옳은 것은?

① 갑은 감정이 도덕적 실천의 동기가 될 수 없다고 본다.
② 갑은 개인적 시인의 감정을 느끼게 하는 행위가 도덕적이라고 본다.
③ 을은 도덕적 행위를 실천 이성의 명령에 따르지 않는 것이라고 본다.
④ 을은 도덕 법칙에 대한 자발적 존중에서 비롯된 행위를 도덕적이라고 본다.
⑤ 갑, 을은 사회적으로 유용한 행위를 도덕적 가치가 있다고 본다.

177

근대 서양 사상가 갑은 부정, 현대 서양 사상가 을은 긍정의 대답을 할 질문만을 〈보기〉에서 있는 대로 고른 것은?

> 갑 : 그 자체로 유일하게 선한 선의지는 타고난 건전한 지성 안에 이미 들어 있기 때문에 배울 필요가 없고 일깨우기만 하면 된다. 이러한 선의지라는 개념을 명백히 하기 위해 우리는 의무라는 개념을 다루어야 한다. 의무란 법칙에 대한 존경심 때문에 어떤 행위를 하지 않을 수 없는 것을 가리킨다.
> 을 : 약속 지키기, 성실, 호의에 대한 감사, 선행, 정의, 자기 계발, 해악 금지 등의 의무들은 서로 충돌하기 전까지는 잠정적으로 우리를 구속한다. 그러나 만약 이러한 도덕적 의무 사이의 갈등이 발생하게 되면, 더 약한 의무는 사라지고 더 강한 의무가 우리의 실제적 의무로 드러나게 된다.

〈보기〉
ㄱ. 자연적 경향성이나 동정심이 도덕성의 기반인가?
ㄴ. 행위의 결과와 유용성보다 도덕적 의무가 우선하는가?
ㄷ. 절대적으로 보이는 도덕 원칙도 상식에 따라 유보될 수 있는가?
ㄹ. 의무들이 상충하는 경우 실제적 의무는 직관에 의해 결정되는가?

① ㄱ, ㄴ　　　② ㄱ, ㄷ　　　③ ㄷ, ㄹ
④ ㄱ, ㄴ, ㄹ　　　⑤ ㄴ, ㄷ, ㄹ

178

다음 사상가의 입장에서 〈사례〉 속 'A'의 행위에 대해 제시할 평가로 가장 적절한 것은?

> • 도덕적 명령은 다른 어떤 목적을 달성하기 위한 수단이 아니라 그 자체가 목적이다.
> • 인간의 의지가 도덕 법칙을 따르기 위해서는 본능적 욕구의 저항을 극복해야 하며, 이러한 이유로 도덕 법칙은 우리에게 의무로 다가온다.
>
> **〈사례〉**
> A는 버스에서 내려 집으로 오는 길에 무거운 짐을 들고 가시는 할머니를 보았다. 그는 안타까운 마음이 들어 할머니의 짐을 대신 들어드렸다.

① 결과적으로 어려운 사람을 도왔기 때문에 도덕적 행위이다.
② 동정심이 아니라 의무감에서 도왔기 때문에 도덕적 행위이다.
③ 사회 구성원의 행복 증진에 기여했기 때문에 도덕적 행위이다.
④ 자연적 감정에서 비롯되었기 때문에 도덕적 행위로 보기 어렵다.
⑤ 인간의 자유 의지가 발휘되었기 때문에 도덕적 행위로 보기 어렵다.

평가 원 기출

주제 2 결과론과 공리주의

족집게 전략 │ 결과론과 공리주의 사상은 대표적인 사상가인 벤담과 밀을 비교하는 문제, 행위 공리주의, 규칙 공리주의, 선호 공리주의를 비교하는 문제, 의무론과 칸트주의와 비교하여 묻는 문제가 주로 출제된다. 따라서 벤담, 밀, 규칙공리주의, 선호공리주의, 칸트, 로스의 사상적 입장을 비교해서 알아두어야 한다.

---

179 대표 문항
| 평가원 기출 |

근대 서양 사상가 갑, 을의 입장으로 옳은 것만을 〈보기〉에서 고른 것은?

> 갑 : 최대 다수의 최대 행복이 도덕과 입법의 기본 원리이다. 이러한 원리는 이성과 법의 손길로 더없이 행복한 구조를 세우려는 목적을 지닌 체계의 토대가 된다.
> 을 : 행복의 원리가 준칙들을 제공할 수는 있지만, 결코 의지의 법칙들로 쓰일 준칙들을 제공할 수는 없다. 행위의 도덕성은 오직 보편적 도덕 법칙에 의해서만 확보될 수 있다.

〈보기〉
ㄱ. 갑 : 도덕은 행복한 삶을 실현하기 위한 수단이 될 수 없다.
ㄴ. 을 : 도덕의 목적은 모든 이성적 존재들의 행복 증진이다.
ㄷ. 을 : 의무가 문제일 때는 자신의 행복을 고려하지 말아야 한다.
ㄹ. 갑, 을 : 보편적 도덕 원리를 따라야 도덕적 행위가 된다.

① ㄱ, ㄴ   ② ㄱ, ㄷ   ③ ㄴ, ㄷ   ④ ㄴ, ㄹ   ⑤ ㄷ, ㄹ

✎ 한줄 Tip   공리주의와 칸트주의의 사상적 입장이 어떻게 다른지 아는 것이 포인트야!

180
서양 사상가 갑, 을의 주장으로 옳은 것은?

> 갑 : 선의지에 스스로의 의도를 성취할 만한 능력이 전혀 없다 해도, 또한 이 의지가 아무리 노력을 해도 이루는 것이 아예 없다 해도, 선의지는 마치 보석과도 같이 그 자체로 빛나며 스스로의 모든 가치를 그 자체에 간직한다.
> 을 : 강렬하고 지속적이며 확실하고 근접해 있으며 생산적이고 순수한 것. 쾌락과 고통에도 이와 같은 성향이 있으니, 그와 같은 것이 쾌락이라면 당연히 추구해야 하는 법. 사적이라면 당신의 목표로 삼고, 공적이라면 널리 전파하라.

① 갑 : 선의지는 인간의 일반적인 자연적 경향성에 근거해야 한다.
② 갑 : 무조건적 선은 이성적 존재의 의지 안에서 발견될 수 있다.
③ 을 : 개인이 갖는 쾌락과 사회 전체의 선은 양립이 불가능하다.
④ 을 : 고급 쾌락들을 경험한 전문가의 식견에 따라 행동해야 한다.
⑤ 갑, 을 : 행위자의 품성을 배제하고 행위의 도덕성을 판단할 수 없다.

---

181 고난도↑
| 평가원 기출 |

(가)의 근대 서양 사상가 갑, 을의 입장을 (나) 그림으로 표현할 때, A~C에 들어갈 적절한 내용만을 〈보기〉에서 있는대로 고른 것은?

(가)	갑 : 행복은 고통이 없는 것이며, 불행은 쾌락의 결핍이다. 어떤 종류의 쾌락은 다른 종류의 쾌락보다 더 바람직하기에 정신적 쾌락을 추구해야 한다. 을 : 행복을 추구하는 행위는 의무에서 행해질 때에만 도덕적으로 가치 있다. 경향성으로부터 행해진 행복 추구 행위는 도덕적으로 가치가 없다.
(나)	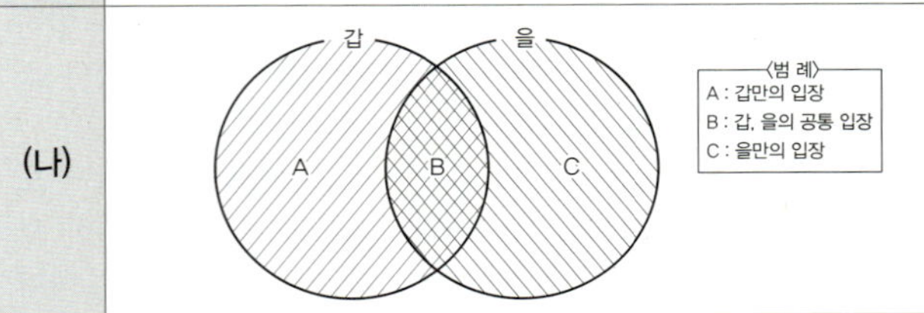

〈보기〉
ㄱ. A : 행위가 행복의 총량을 극대화해도 옳지 않을 수 있다.
ㄴ. B : 행위에 대한 도덕 판단의 기준이 되는 보편적 원칙이 있다.
ㄷ. B : 남을 이롭게 하는 행위라도 반드시 옳은 행위는 아니다.
ㄹ. C : 그 자체로 선한 것은 오로지 선의지 밖에 없다.

① ㄱ, ㄷ   ② ㄱ, ㄹ   ③ ㄴ, ㄹ
④ ㄱ, ㄴ, ㄷ   ⑤ ㄴ, ㄷ, ㄹ

182
| 평가원 기출 |

(가)의 근대 서양 사상가 갑, 을의 입장을 (나) 그림으로 표현할 때, A~C에 들어갈 적절한 내용만을 〈보기〉에서 있는대로 고른 것은?

(가)	갑 : 행복은 이성의 이상(理想)이 아니라 경험에 근거한 상상력의 이상이다. 이성의 사명은 선의지를 낳은 것이며, 선의지는 행복을 누리기 위한 자격 조건이어야 한다. 을 : 행복은 양과 질 모두의 관점에서 가능한 한 고통을 피하고 쾌락을 향유하는 것이다. 행복 증진에 기여하는 정도에 비례하여 옳고 그름이 결정된다.
(나)	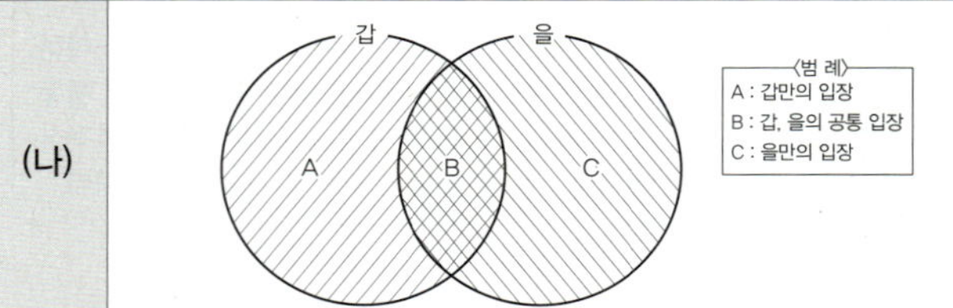

〈보기〉
ㄱ. A : 준칙에 따르는 모든 명령은 무조건적 의무의 요구이다.
ㄴ. B : 타인을 배제한 개인적 행복을 도덕원리로 삼을 수 없다.
ㄷ. B : 보편적 도덕원리를 통해 행위의 도덕성 여부를 판단해야 한다.
ㄹ. C : 도덕원리가 개인의 행복과 항상 일치하는 것은 아니다.

① ㄱ, ㄴ   ② ㄱ, ㄹ   ③ ㄴ, ㄷ
④ ㄱ, ㄷ, ㄹ   ⑤ ㄴ, ㄷ, ㄹ

183

근대 서양 사상가 갑, 을의 입장으로 가장 적절한 것은?

> 갑 : 인간은 누구나 자신의 이성 안에서 의무의 이념을 발견할 수 있다. 이성이 정해 주는 도덕 법칙의 위엄이 그 이념을 거역하려는 모든 경향성을 압도할 수 있다.
> 을 : 도덕 판단의 기준은 쾌락과 고통이라는 두 군주에게 달려 있다. 쾌락 추구와 고통 회피가 입법의 주된 목적이어야 하며, 쾌락과 고통의 양은 계산될 수 있다.

① 갑 : 타인에 대한 동정심이 도덕적 행위의 동기여야 한다.
② 갑 : 의무를 따르고자 할 때에도 자신의 행복을 고려해야 한다.
③ 을 : 사회 전체의 행복을 증진시키는 도덕 원리를 따라야 한다.
④ 을 : 감각적 쾌락을 배제하고 정신적 쾌락을 추구해야 한다.
⑤ 갑, 을 : 유용성을 도덕 판단의 유일한 근거로 보아야 한다.

[184~185] 다음은 근대 서양사상가 갑, 을의 가상 대화이다. 물음에 답하시오.

> 갑 : 쾌락이 곧 행복이며 삶의 목적입니다. 쾌락의 양을 계산하여 최대 행복을 산출하는 것이 선(善)입니다.
> 을 : 제가 보기에 당신은 '___㉠___'는 점을 간과하고 있습니다. 왜냐하면 도덕적 명령은 그 자체가 목적이며, 의무로 주어지기 때문입니다.

184

㉠에 들어갈 내용으로 가장 적절한 것은?

① 도덕 법칙은 상황에 따라 달리 적용되어야 한다.
② 행위의 결과에 비추어 도덕 판단을 내려서는 안 된다.
③ 유용성의 원리에 부합하지 않는 행위는 비도덕적이다.
④ 개인의 행복을 배제한 도덕 이론을 주장해서는 안 된다.
⑤ 도덕적 명령은 사회적 공감 여부에 따라 수용되어야 한다.

185

갑, 을의 입장에서 〈문제 상황〉 속 A에게 제시할 적절한 조언을 〈보기〉에서 고른 것은?

> **〈문제 상황〉**
> 학교 수업을 마치고 귀가하던 고등학생 A에게 무거운 짐을 들고 가시던 이웃집 할머니가 도와 달라고 부탁하였다. A는 거짓 핑계를 대고 집에 갈지, 할머니를 도와 드릴지 망설이고 있다.

> **〈보기〉**
> ㄱ. 동정심을 발휘하여 쉬고 싶은 욕구를 이겨 내렴.
> ㄴ. 사회 구성원 전체의 행복을 위해 할머니를 도와 드리렴.
> ㄷ. 할머니를 돕는 일에 조건이 필요하지 않음을 명심하렴.
> ㄹ. 노인 공경은 관습이기 때문에 도덕적 의무임을 명심하렴.

	갑	을		갑	을
①	ㄱ	ㄴ	②	ㄱ	ㄹ
③	ㄴ	ㄷ	④	ㄴ	ㄹ
⑤	ㄹ	ㄷ			

186

다음을 주장한 근대 서양 사상가의 입장을 〈보기〉에서 고른 것은?

> 다수에게 쾌락을 가져다주는 행위는 옳고 고통을 가져다주는 행위는 그르며, 쾌락의 양과 질은 함께 고려되어야 한다. 두 개의 쾌락이 있을 때 두 개를 모두 경험한 사람들 전부, 혹은 거의 대부분이 특정한 것을 선호해야 한다는 의무감에 구애받지 않고 선호하는 것이 있다면, 바로 그것이 질적으로 더 높은 수준의 쾌락이다.

> **〈보기〉**
> ㄱ. 쾌락을 가져다주거나 고통을 감소시키는 행위가 도덕적 행위이다.
> ㄴ. 최대 다수에게 최대의 행복을 가져다주는 행위가 도덕적 행위이다.
> ㄷ. 자연적 경향성을 극복하고 정언 명령을 따르는 행위가 도덕적 행위이다.
> ㄹ. 그 자체로서 유일하게 선한 선의지의 지배를 받는 행위가 도덕적 행위이다.

① ㄱ, ㄴ   ② ㄱ, ㄷ   ③ ㄴ, ㄷ   ④ ㄴ, ㄹ   ⑤ ㄷ, ㄹ

187

(가) 사상의 입장에서 상황 (나)의 갑에게 제시할 조언으로 가장 적절한 것은?

> (가) 어떤 행위가 가능한 다른 대안들보다 사회에 더 큰 선을 산출하는 규칙들의 집합에 속하는 규칙에 의해 요구되는 행위일 때, 그리고 오직 그때에만 그 행위는 옳다.
> (나) 갑은 귀금속 상인이고 을은 반지를 구입하고자 온 손님이다. 갑에게 선택 가능한 행위는 진실을 말하는 것과 거짓말을 하는 것밖에는 없다고 하자. 을에게 거짓말을 하면 더 비싸게 팔 수 있음을 알기에 갑은 고민 중이다.

① 자신의 선을 극대화하기 위해 거짓말을 하세요.
② 보편적 입법의 원리에 따라 항상 진실만을 말하세요.
③ 가능한 다른 행위만큼의 선을 산출하도록 말하세요.
④ 선을 추구하고 악을 피하라는 자연법에 따라 말하세요.
⑤ 공리를 극대화할 가능성이 가장 큰 규칙에 따라 말하세요.

12강 현대의 윤리적 삶

주제 1 주체적 결단과 실존주의

1. 실존주의의 등장 배경

(1) 근대 이성주의의 한계

① 근대 이성주의는 객관성과 보편성 추구에 치우쳐 개인이 겪는 구체적 삶의 문제를 도외시

② 풍요와 편리함을 위한 이성의 도구적 기능만을 강조하여 비인간화 및 인간 소외를 초래

(2) 과학 기술 문명의 역기능

① 과학 기술 발전으로 인한 무기 발전과 두 차례의 세계 대전과 같은 대규모 전쟁은 사람들에게 심각한 불안과 이성에 대한 불신을 갖게 함

② 물질적 풍요와 편리함을 위한 도구적 기능을 강조함으로써 인간 소외, 환경 오염 등을 야기

2. 실존주의 사상

(1) 키르케고르

① '주체성이 진리이다' : 실존적 상황에서는 객관성이 아니라 오직 주체성만이 답을 줄 수 있으며, 진리는 개별적이고 주관적인 것임

② 인간은 선택의 상황에서 늘 불안을 느끼는데, 이때 주체적 결정을 회피하면서 빠지게 되는 절망을 '죽음에 이르는 병'이라고 부름

③ 실존 : '이것이냐 저것이냐'를 선택해야 하는 구체적인 상황에 처한 개인

④ 불안과 절망을 극복하고 참된 실존을 회복하기 위해 '신 앞에서 선 단독자'로서 생각하고 행동할 것을 강조함
└ 신 앞에 선 단독자는 누구나 스스로 자신의 운명을 개척하고 책임져야 한다는 주체성과 독립성을 강조한 말임

⑤ 참된 실존에 이르는 과정 : 심미적 실존 단계 → 윤리적 실존 단계 → 종교적 실존 단계

(2) 야스퍼스 → 야스퍼스는 한계 상황을 직시하고 타자와 연대하여 실존을 회복할 것을 강조함

① 한계 상황 : 죽음, 고통, 다툼, 죄의식, 전쟁 등 인간이 어떠한 수단을 동원해도 피하거나 변화시킬 수 없는 상황, 인간은 이를 직면하고 절망과 좌절을 경험

② 이성에 기반을 둔 객관성과 보편성을 통해서는 해결할 수 없는 한계 상황을 인식하고 이를 직시해야 참된 실존에 이를 수 있으며, 초월자에 대한 참된 경험도 할 수 있다고 주장함

(3) 사르트르

① 인간의 본질을 정해 줄 신은 존재하지 않으므로 인간의 본질은 존재하지 않는다고 주장함

② "실존은 본질에 앞선다." : 인간은 '이 세상에 던져진 존재'로서 먼저 실존한 후에 자신의 주체적인 선택을 통해 스스로를 형성해 가는 존재임

③ 자유의 부조리 : 인간은 선택할 수 있는 자유는 가지고 있지만, 자유 자체는 선택할 수 없음

④ 주체성과 자유 : 인간은 신에 의지하지 않고 스스로 자기 자신의 모든 것을 선택하고 그에 대한 전적인 책임을 져야 하는 존재임

> **자료로 살펴보기**
>
> **■ 사르트르의 제1원칙**
>
> '인간은 스스로 만들어 가는 것 이외에는 아무 것도 아니다.' 이것이 실존주의의 제1원칙이다. 사람들은 이것을 주체성이라고 부른다. 이것이 인간을 돌이나 탁자보다 더 존엄한 것으로 만든다. 인간은 미래를 향해 자신을 던지는 것, 미래 속에 자신을 집어넣는 것을 의식하는 존재이다. 실존주의의 첫 걸음은 모든 사람으로 하여금 그 자신의 실존에 대해 주인이 되게 하고 자신의 실존에 대해 전적으로 책임을 지게 하는 것이다. 사람이 자기 자신에 대해 책임이 있다고 말할 때, 그는 자기 자신에 대해서만 책임이 있는 것이 아니라, 다른 모든 사람에 대해 책임을 진다는 뜻이다. – 사르트르, "실존주의는 휴머니즘이다"
>
> 사르트르는 인간은 신에 의지하지 말고 스스로 자기 자신의 모든 것을 선택하고 그에 대해 전적으로 책임을 져야 한다고 하였다. 이러한 관점에서 그는 인간이 사회를 바꾸는 데 적극적으로 참여할 것을 강조하였다.

(4) 하이데거 하이데거는 현존재를 지금 여기에 있는 현실적인 인간 존재로 규정함 →

① 현실의 인간은 자신이 '죽음에 이르는 존재'임을 알고 늘 불안과 염려 속에서 살아가는 현존재(Dasein)라고 주장함
└ 하이데거는 불안이야말로 진정한 자신을 발견할 수 있는 계기가 된다고 봄

＊ 실존(實存, existence)

본질(essence)과 대비되는 표현이며, 라틴어 'ex(밖으로)'와 'sistere(나타나다)'의 합성어로, 구체적인 시간과 공간에 살아가는 인간의 주체적이며 개별적이고 현실적인 존재 방식을 의미한다.

＊ 키르케고르

1813~1855, 덴마크의 철학자. 경건한 기독교인 아버지와 후처인 어머니 사이에서 태어나 평생 죄의식과 죽음 사이에서 고민하였다. 특히 그는 헤겔 철학에 비판적이었다. 헤겔이 추상적 관념 체계 속에서 모든 것을 포용하려 했지만 정작 가장 중요한, 구체적인 개인, 즉 실존을 빠뜨렸다고 보았다.

＊ 야스퍼스

1883~1969, 독일의 철학자. 서구 사회가 제기하는 기계 문명, 대중 사회적 사회, 정치 상황, 특히 제1차 세계대전 후의 가치전환적인 사상적 위기에 대한 깊은 성찰이 기조를 이루었다.

＊ 사르트르

1905~1980, 프랑스 실존주의 철학자. 실존은 본질에 앞선다고 주장하며 무신론적 실존주의를 주장하였다. 즉, 그는 인간의 본질을 계획하는 신이 존재하지 않는다고 보며, 실존의 불안에 빠진 인간이 자유와 책임으로부터 도피하는 것을 불성실이라고 표현하였다.

＊ 하이데거

1889~1976, 독일의 철학자. 실존을 지금, 여기에 있는 현존재라고 규정하였다. 현존재(dasein)는 '거기에(da) 있는(sein) 자'라는 의미이며, 시·공간적으로 한정된 구체적인 인간을 의미한다. 즉 현존재는 '지금'이라는 시간과 '여기'라는 장소에 한정되어 불안과 염려 속에서 살아가는 세계 속의 존재이다.

② 동물과는 달리 인간만이 자신이 현존재임을 인식할 수 있고, 인간은 현존재의 의미와 실존에 대한 성찰을 통해 자신의 가능성을 파악하고 스스로 삶을 창조해 나가는 능동적 존재가 되어야 한다고 주장함

③ 죽음을 회피하기보다는 수용하는 주체적 결단을 통해 참된 실존을 회복할 수 있음

3. 실존주의의 의의와 한계

의미	• 삶의 의미를 잃고 살아가는 현대인들에게 인간의 존엄성과 삶의 가치 회복을 강조 • 자신의 삶이 중요한 만큼 타인의 자유와 선택도 존중해야 한다는 상호 존중과 연대의 의미를 일깨워 줌 • 외향적 · 물질적 조건들보다 내면의 자유와 정신적 가치가 중요하다는 것을 일깨워 줌
한계	• 인간의 개별성을 지나치게 강조하여 보편적 도덕규범을 경시할 우려가 있음 • 개인의 삶을 중시한 나머지 공동체적 삶의 가치를 소홀히 여길 수 있음 • 개인의 주관 의견이나 판단을 도덕의 기준으로 삼는 주관주의로 귀결될 수 있음

주제 2 실용주의와 문제 해결의 유용성

1. 실용주의의 등장 배경

등장 배경	• 사회적 배경 : 19세기 말 미국 사회가 농업 사회에서 산업 사회로, 노예제 사회에서 시민 사회로, 종교적 세계관에서 과학적 세계관으로 변화 • 사상적 배경 : 영국의 경험론과 다윈의 진화론의 영향
특징	• 근면, 검소, 이웃 사랑 등의 프로테스탄트(protestant)적 가치와 미국인들의 개척 정신 및 실험 정신 등을 담은 미국의 고유 사상 • 유용성을 가치 판단의 기준으로 삼고 일상생활에 도움이 되는 가치를 중시함 • 도덕도 인간의 문제 해결에 도움이 되어야 한다고 보고 도덕의 이론적 측면과 함께 실천적 측면을 함께 강조함

2. 실용주의 사상

퍼스	• 실용주의 창시자, 자신의 사상을 실용주의(pragmatism)라고 명명함 • 실용주의의 격률[실용적 준칙] : 어떤 개념의 의미는 그 대상에 대한 실천(실험 및 조작)의 결과. 예를 들어, 무엇이 '단단하다'는 개념의 의미는 그 대상을 다른 것과 부딪쳐 보는 식의 실험이나 조작을 가했을 때 발생하는 결과들로 이루어진다는 것
제임스	• 옳은 것이란 현실적으로 어떻게 해야 하는지를 안내할 수 있어야 한다고 주장함 • 지식은 그 자체로서 가치를 지니는 것이 아니라, 우리의 삶을 향상하는 역할을 할 때 비로소 현금 가치(cash value)를 갖는다고 주장함 • 실용적인 학문뿐만 아니라 문학이나 철학과 같은 학문도 사람들이 의미 있는 삶을 사는데 기여하므로 현금 가치를 지닌다고 봄 └─ 지식의 현금 가치는 지식의 유용성을 의미함
듀이	• 도구주의 : 지식은 우리가 직면한 문제를 해결하는 유용한 수단이나 도구이며, 그럴 때 비로소 가치를 갖게 된다고 봄 └─ 인간의 생각이나 지식을 삶과 세계를 개선하기 위한 도구로 봄 • 절대주의 비판 : 도덕이나 윤리는 시대나 상황에 따라 변화하고 성장하는 것이므로, 고정되고 절대적인 가치가 존재하지 않는다고 주장함 • 창조적 지성의 힘으로 현실 문제를 해결할 수 있는 새로운 대안을 찾아야 한다고 주장함

자료로 살펴보기 🔍

■ 듀이의 실용주의 윤리 사상

정적인 성과나 결과보다는 성장, 개선, 진보의 과정이 의미 있는 것이다. …… 목적은 더 이상 도달해야 할 종착점이나 한계가 아니다. 그것은 현존하는 상황을 변화시키는 능동적인 과정이다. 최종적인 목표로서의 완성이 아니라, 완성시키고, 성숙해지고, 다듬어 가는 부단한 과정이 삶에서의 목표이다. 건강, 부, 학식과 마찬가지로 정직, 근면, 절제, 정의 또한 획득해야 할 고정된 목표를 표현하는 선(善)이 아니다. …… 유일한 도덕적 목적은 성장 그 자체이다.
– 듀이, "철학의 재구성"

듀이는 도덕이나 윤리는 고정된 것이 아니라 시대와 상황에 따라 변화하고 성장하는 것으로 보았다. 하지만 듀이는 절대적으로 옳은 것은 존재하지 않더라도 각각의 상황에서 옳은 선택은 존재한다고 보았으며, 옳은 선택은 절대적인 도덕 법칙이 아니라 지성적인 선택에 의해 결정되어야 한다고 보았다. 즉, 옳고 그름을 밝혀내는 것이 아니라, 지성을 발휘하여 각 상황에서 자신과 사회를 개선 · 발전시킬 수 있는 윤리적 판단과 행동을 해야 한다는 것이다.

✱ 진화론과 실용주의

실용주의는 다윈의 진화론적 관점을 수용하여 인간을 자연에 적응해 나가는 생물 종의 하나로 파악했으며, 환경 적응에 도움이 되는 지식을 추구하였다.

✱ 프래그머티즘(pragmatism)

실용주의의 원어인 프래그머티즘은 실재, 실천을 뜻하는 그리스어 프라그마(pragma)에서 유래한 말이다.

✱ 현금 가치(cash value)

제임스는 "바늘 위에서 몇 명의 천사가 춤을 출 수 있는가?"에 대한 답은 현금 가치가 없는 지식이라고 말하며, 이러한 지식은 우리 삶을 개선하는 데 유용하지 않다고 본다. 그가 강조한 현금 가치라는 말에는 '돈이 최고다.'는 의미가 아니라 생활에 쓸모 있는 지식을 추구하라는 의미가 담겨 있다.

✱ 창조적 지성

주어지지 않은 여러 가능성을 탐구하면서 미래를 전망하고 창조하는 지성

✱ 실용주의의 의의와 한계

의미	• 가치의 절대성 대신 가치의 다양성과 인간의 오류 가능성을 인정하고 관용을 강조함 • 도덕적 충돌과 사회적 갈등에서 민주주의적 방식을 통한 사회의 진보와 성장을 추구함
한계	• 지식 그 자체를 위한 지식과 본래적 가치의 존재를 간과할 수 있음 • 비도덕적 행위도 현실적으로 유용하다면 허용하게 됨 • 절대적이고 객관적인 진리를 부정할 가능성이 있음

핵심 개념 CHECK!

· 정답 및 해설 46쪽

✎ 다음 확인 문제 중 옳은 것에 ○, 옳지 않은 것에 ✕를 표기하세요.

주제 1   주체적 결단과 실존주의

01 실존주의는 인간의 본질을 이성에서 찾던 기존의 사상과 달리 개인의 자유와 책임, 주체성 등을 강조하는 사상이다.   ○ ✕

02 실존주의의 선구자인 키르케고르는 인간은 실존적 상황에서 피할 수 없는 선택에 대한 불안을 느끼고, 주체적 결단을 회피하면서 절망에 빠지게 되는데 이런 절망을 죽음에 이르는 병이라고 본다.   ○ ✕

03 함정 키르케고르는 윤리적 단계에 이르러서야 인간은 신 앞에 선 단독자로서 주체적 결단을 내림으로써 참된 실존에 이른다고 본다.   ○ ✕

04 함정 키르케고르는 실존이 본질에 앞선다고 주장하며 인간은 어떤 결정된 목적 없이 이 세계에 내던져진 존재로서 자신의 결단을 통해 자기 자신의 모습을 만들어 가야 한다고 본다.   ○ ✕

05 키르케고르는 무신론적 실존주의자로, 초기 실존 단계를 미적 실존으로 보았다.   ○ ✕

06 야스퍼스는 인간은 한계 상황에서 경험하는 절망과 좌절을 발판 삼아 참된 자기 실존을 이해할 수 있다고 한다.   ○ ✕

07 함정 키르케고르의 영향을 받은 사르트르는 죽음, 고통, 전쟁, 책임 등과 같이 인간이 피할 수 없는 상황을 한계 상황이라고 한다   ○ ✕

08 사르트르는 인간의 본질을 정해 줄 신이 존재하므로 인간에게는 마땅히 실현해야 할, 미리 결정된 본질이 없다고 본다.   ○ ✕

09 사르트르는 자유로운 선택과 그에 따르는 책임을 강조하였다.   ○ ✕

10 하이데거는 지금, 여기에 있는 현실적인 인간을 현존재라고 한다.   ○ ✕

11 하이데거가 말하는 현존재의 본질은 그 실존 속에 숨어있는 것으로, 이 존재자가 무엇인가를 나타내는 것이 아니라, 존재를 나타내는 것이다.   ○ ✕

12 함정 실존주의는 인간의 개별성을 간과함으로써 보편적인 도덕규범을 부정할 우려가 있고, 개인의 주관적 의견이나 판단을 도덕의 기준으로 삼는 주관주의로 귀결될 가능성이 크다.   ○ ✕

13 실존주의는 상호 존중과 연대의 의미를 일깨워 줄 뿐만 아니라 다른 사람도 나와 마찬가지로 존엄한 존재라는 사실을 깨닫게 해 준다.   ○ ✕

주제 2   실용주의와 문제 해결의 유용성

14 실용주의에서는 어떤 것이 경험과 관찰을 통해 삶에 유용한 결과를 가져오는 것으로 검증되면, 그것은 진리로 수용된다.   ○ ✕

15 함정 실용주의는 지식과 규범을 우리가 변화하는 세계에 적응해서 살아가는 데 필요한 일종의 도구로 봄으로써 절대적 진리, 고정불변의 보편적인 도덕규범이나 원리, 궁극적인 목적 등을 추구하고자 하는 사상이다.   ○ ✕

16 실용주의는 도구적 가치만을 지나치게 강조한 나머지 본래적 가치를 인정하지 않는다는 비판을 받는다.   ○ ✕

17 실용주의는 성과의 유무를 도덕적 판단의 기준으로 삼는다.   ○ ✕

18 실용주의는 진리가 실생활을 이롭게 한다고 보았다.   ○ ✕

19 퍼스는 실용주의의 선구자로서 '실용주의 격률'이라는 개념을 통해 과학적 탐구의 방법을 거친 지식의 중요성을 강조하였다.   ○ ✕

20 제임스는 '소의 발자국을 따라가면 집이 나온다.'라는 생각이 문제 해결에 도움을 주었다면 가치가 있다고 본다.   ○ ✕

21 듀이는 지식이나 이론 등은 그 자체가 목적이 아니라 삶의 과정에서 끊임없이 부닥치는 문제 상황을 해결하기 위한 수단으로서 활용되고, 실천을 위해 유용하다고 평가될 때 가치를 지닌다고 본다는 점에서 도구주의로 불린다.   ○ ✕

22 함정 듀이는 도덕이나 윤리가 시대나 상황에 따라 변화하고 성장하기 때문에 고정적이고 절대적인 가치나 원리가 존재해야 한다고 주장한다.   ○ ✕

23 듀이는 지식과 관념의 본연의 가치를 중시하였다.   ○ ✕

24 듀이는 상황에 맞게 지식이나 이론을 수정하고 발전시킴으로써 삶의 개선과 사회의 진보를 이끌어 낼 수 있다고 본다.   ○ ✕

25 듀이는 성장 자체를 도덕의 유일한 목적이라고 본다.   ○ ✕

26 함정 듀이는 어떤 절대적인 가치나 원리를 믿고 그것에 따라 판단할 것을 주장한다.   ○ ✕

27 실용주의는 지식 그 자체를 위한 지식과 지식의 본래적 가치를 중시한다.   ○ ✕

28 실용주의는 현실 문제 해결을 통한 개인의 삶과 사회의 개선을 도덕적이라고 본다.   ○ ✕

실존주의와 실용주의 사상가들은 어떤 주장을 했을까?

개념 | 자료로 확인

■ 키르케고르의 실존주의

> 철학의 모든 체계를 탐구하고 그것을 모두 개관하고 개별 체계 속에 깃든 불합리를 지적한다고 해서 그것이 무슨 소용이 있다는 말인가? …(중략)… 그 기본이란 소위 객관적인 것과는 다르다. 객관적인 것은 결코 나의 본래의 것이 아니다. 나의 실존의 가장 깊은 뿌리와 관계가 있는 것, 말하자면 나로 하여금 신적인 것에 깊이 접하게 하는 것, 설사 온 세계가 무너져 버리더라도 내가 꽉 붙들고 놓지 않는 것, 이런 것이 나에게 부족하다.
>
> ─ 키르케고르, "일기 · 유고"

키르케고르가 23세 때 쓴 일기에는 그의 실존주의 사상의 핵심이 담겨 있다. 나와 아무 상관도 없는 객관적 진리가 아니라 나에게 진리인 진리를 발견하고 내가 그것을 위해 살거나 죽기를 진심으로 바라는 이념을 찾는 것, 곧 나로 하여금 참으로 나 자신이 되게 하는 이념을 찾는 것이 중요하다고 키르케고르는 역설한다. 키르케고르는 실존적 상황에서는 주체성만이 답을 주기에, 주체성이 진리이고 진리는 주관적이라고 주장하였다. 키르케고르는 실존을 '항상 이것이냐 저것이냐'를 선택해야 하는 구체적 상황에 놓인 개인이라고 본다.

■ 듀이의 실용주의

> 개념, 이론, 사고 체계 등이 아무리 정교하고 사리에 맞는다고 하더라도 가설로 여겨져야 한다. …(중략)… 이것은 개념, 이론, 사고 체계가 언제나 사용을 통해 발전할 수 있다는 것을 아는 것이다. 그것들은 도구이다. 모든 도구가 그러하듯이 그것들의 가치는 그 자체에 있는 것이 아니라 그것들의 사용 결과에서 나타나는 것이다.
>
> ─ 듀이, "철학의 재건"

듀이는 자신의 실용주의를 도구주의 또는 실험주의라고 불렀다. 이것은 다윈의 진화론적 관점에서 인간의 지식, 이론, 학문을 인간이 환경에 적응하기 위해 만들어 낸 도구라고 보는 견해이다. 듀이는 철학이 다양한 사회적 문제를 해결하기 위한 도구가 되어야 한다고 본다. 이러한 도구주의적 관점에서 보면 영원불변의 궁극적인 진리는 존재하지 않으며, 진리라고 부를 수 있는 것은 우리가 처한 환경에서 당면한 문제들을 해결할 수 있게 해 줌으로써 우리를 더 나은 단계로 나아가게 하는 어떤 것일 뿐이다.

개념 | 빈칸 채우기로 확인

■ 키르케고르의 실존주의

Q1 키르케고르는 불안과 절망을 극복하고 참된 실존을 회복하기 위해 (   ) (으)로서 생각하고 행동할 것을 강조하였다.

Q2 키르케고르에 의하면 참된 실존에 이르는 과정은 심미적 단계, 윤리적 단계, (   ) 단계이다.

Q3 절망을 죽음에 이르는 병으로 본 유신론적 실존주의자는 (   )이다.

Q4 키르케고르는 실존적 상황에서는 (   ) 만이 답을 주며, 진리는 주관적이라고 보았다.

■ 듀이의 실용주의

Q5 듀이는 인간의 지식을 삶과 세계를 개선하기 위한 (   )(으)로 보았다.

Q6 듀이는 자신의 사상을 가리킬 때 실용주의보다 (   )(이)라는 용어를 더 즐겨 사용하였다.

Q7 듀이는 교육을 (   )을/를 지속해 나가기 위한 수단으로 보았다.

Q8 (   )은/는 지식의 실용성을 지나치게 강조하여, 순수한 지식의 중요성을 간과했다는 비판을 받기도 한다.

개념 | 문제에 적용

연습하기 Q9 다음을 주장한 사상가가 긍정할 질문에 ○를, 부정할 질문에 ╳를 표시하시오.

> 인간이 참된 실존을 목표로 살아가는 과정에는 3단계가 있다. 제1단계는 심미적 단계로서 인간은 쾌락을 추구하다가 허망함을 느끼고 결국 절망하게 된다. 이 절망을 통해 제2단계인 윤리적 단계로 나아간다. 이 단계에서 인간은 자신의 실존을 자각하고 인생을 올바르게 살려고 노력하지만 자신의 불완전성을 깨닫고 자신이 큰 죄인임을 절감하여 역시 절망에 이르게 된다. 마지막 제3단계는 종교적 단계이다. 여기서 인간은 자신의 힘으로 살려고 하지 않고, 모든 것을 신에게 맡기고 신의 명령에 따라 살아가고자 한다.

- 신 앞에 선 단독자로서 생각하고 행동할 때 참된 실존을 회복하는가? ❶ (○ / ╳)
- 실존적 상황에서는 주체성만이 답을 줄 수 있는가? ❷ (○ / ╳)
- 인간의 본질을 정해 줄 신은 존재하지 않는가? ❸ (○ / ╳)

적용하기 Q10 고대 서양 사상가 갑, 을의 입장으로 옳지 <u>않은</u> 것은?

> 갑 : 삶에 있어서 중요한 것은 신이 진정으로 내가 행하기를 바라고 있는 것이 무엇인가를 아는 것이다. 이는 곧 진리를 발견하는 것인데, 나에게 진리란 개별적인 것이고 주관적인 것이다.
>
> 을 : 실존은 본질에 앞선다. 인간은 그 어떤 도움도 없이 매 순간 스스로를 발명하도록 선고받았다. 인간은 자신이 지금 어떤 것인가에 대해 책임이 있다.

① 갑은 신에게 귀의해야만 참된 자기 자신이 될 수 있다고 본다.

② 갑은 심미적 실존이 윤리적 실존으로 이행하려면 주체적 결단이 필요하다고 본다.

③ 을은 인간이 자유 자체를 선택할 수 있다고 본다.

④ 을은 인간의 주체적 의지로 자신과 세계의 허무함을 극복해야 한다고 주장한다.

⑤ 갑, 을은 참된 자신의 삶을 살기 위해 주체적인 선택을 중시한다.

WHAT & WHY 정답 01. 신 앞에 선 단독자 02. 종교적 03. 키르케고르 04. 주체성 05. 도구 06. 도구주의 07. 성장 08. 실용주의 09. ❶ ○ ❷ ○ ❸ ╳ 10. ③

족집게 전략 | 실존주의 사상가별 공통점과 차이점을 정확하게 아는지를 묻는 문제가 매년 출제된다. 유신론적 실존주의인 키르케고르, 야스퍼스와 무신론적 실존주의인 하이데거, 사르트르를 구분해서 이해하여야 한다.

188 대표 문항
| 평가원 기출 |

현대 서양 사상가 갑, 을의 입장으로 옳지 **않은** 것은?

> 갑 : 절망할 수 있음은 인간이 동물보다 우월한 점이다. 그런데 사실 절망은 큰 불행이며 타락이다. 절망의 반대는 신앙이며, 신 안에 있을 때 인간은 절망에서 해방될 수 있다.
> 을 : 현존재는 불안을 통해 자신의 가장 고유한 존재 방식을 알아차리기 시작하며, 본래적 자신의 존재를 깨달을 수 있다. 또한 현존재는 '세계−내−존재'이다.

① 갑 : 인간은 참된 신앙을 가진 상태에서도 절망할 수 있다.
② 갑 : 감각적 쾌락을 추구하는 삶은 심미적 실존 단계에 속한다.
③ 을 : 현존재인 인간은 불안과 염려 속에서 살아가는 존재자이다.
④ 을 : 현존재는 불안을 통해 실존적 삶의 가능성을 깨닫는다.
⑤ 갑,을 : 인간은 독자적 결단을 통해 자신의 참된 실존을 깨닫는다.

✎ **한줄 Tip** 키르케고르의 유신론적 실존주의, 하이데거의 현존재의 개념을 아는 것이 포인트야!

189
| 평가원 기출 |

그림의 강연자가 강조하는 삶의 태도로 가장 적절한 것은?

① 규범의 속박에서 벗어나 타고난 본성인 이성의 명령을 따른다.
② 사회적 삶을 거부하고 주체적으로 설정한 원칙에 따라 행위한다.
③ 자유롭게 자신의 삶을 창조하고 자신의 행위에 대해 책임을 진다.
④ 감정과 욕망을 배제하고 언제 어디서나 보편적인 규범을 지킨다.
⑤ 절대자에게 모든 것을 맡기고 그의 명령을 따르기로 결단을 한다.

190
| 평가원 기출 |

현대 서양 사상가 갑, 을의 입장에 대한 설명으로 옳은 것은?

> 갑 : 인간은 정신이며, 정신은 곧 자아이다. 자아는 자기와 맺는 관계이며, 이런 관계는 무한과 유한의 종합이다. 이 역설적인 상황에서 생기는 절망은 '죽음에 이르는 병'이다. 각자는 신 앞에 선 단독자로 도약하지 않고서는 이 병을 극복할 수 없다.
> 을 : 인간의 실존은 그의 본질에서 인식되는 것이 아니라 피할 수 없는 투쟁, 고통, 죽음, 죄에 대한 책임과 같은 '한계 상황'에서 발견된다. 인간은 그 상황에서 좌절을 통해 자신을 넘어서는 존재 자체로 나아갈 때 참된 실존에 도달한다.

① 갑은 합리적 사유를 통해 객관적인 실존을 찾아야 한다고 본다.
② 갑은 윤리적 삶을 통해 불안과 절망을 온전히 극복할 수 있다고 본다.
③ 을은 참된 실존을 찾으려면 타자와의 연대를 배제해야 한다고 본다.
④ 을은 초월자와 단절해야 인간이 한계 상황을 극복할 수 있다고 본다.
⑤ 갑,을은 자유로운 결단을 통해 개인의 참된자아를 회복해야한다고 본다.

191 고난도↗
| 평가원 기출 |

갑, 을 사상가의 입장에서 모두 긍정의 대답을 할 질문으로 가장 적절한 것은?

> 갑 : 인간은 자신의 선택을 통해 감각적 쾌락을 추구하는 단계로부터 윤리 규범에 순응하는 단계를 거쳐서 신에게 귀의하는 단계로 나아가게 된다.
> 을 : 인간은 '현존재'에 대한 물음을 통해서 존재의 의미를 묻는 존재자이다. 인간은 자신이 죽음에 이르는 존재라는 것을 수용함으로써 자신의 본래적 모습을 만날 수 있게 된다.

① 인간은 불안을 계기로 참된 자기 자신을 찾아가게 되는가?
② 인간의 진정한 삶은 이성의 법칙에 충실히 따르는 것인가?
③ 삶에의 의지를 부정하여 주관적 진리를 극복하고자 하는가?
④ 인간의 보편적 본질을 추구해 주체적 삶을 실현해야 하는가?
⑤ 인간은 윤리 규범을 따름으로써 궁극적 행복을 얻을 수 있는가?

192

갑, 을 사상가들에 대한 옳은 설명만을 〈보기〉에서 있는 대로 고른 것은?

> 갑 : 인간은 신의 형상으로 창조된 존재이다. 그러나 죄악으로 타락한 인간의 진리 인식과 구원은 자력만으로 불가능하며 신의 은총이 필요하다. 이러한 신은 실존적으로 만나야 할 인격적 존재이다.
> 을 : 인간은 '신 앞에 선 단독자'로서 실존하는 주체이다. 따라서 과학 기술 문명 속에서 비인간화되고 소외된 현실의 문제를 극복하기 위해서 신과의 직접적 대면이 중요하다.

> **보기**
> ㄱ. 갑은 신을 유일한 실체이며 조화로운 자연이라고 생각했다.
> ㄴ. 갑은 최고선의 실현을 위해 절대자에게 귀의하고자 했다.
> ㄷ. 을은 참된 실존을 위해 보편적, 객관적 진리를 추구했다.
> ㄹ. 을은 불안과 죽음의 문제를 극복하고자 주체적 결단을 강조했다.

① ㄱ, ㄴ ② ㄱ, ㄷ ③ ㄴ, ㄹ
④ ㄱ, ㄴ, ㄹ ⑤ ㄴ, ㄷ, ㄹ

193

갑, 을 사상가들에 대한 설명으로 옳은 것은?

> 갑 : 의심스럽고 잘못하기 쉬운 점들을 반성하면서, 내 정신 속의 모든 오류를 뿌리 뽑았다. 그렇다고 내가 의심하기 위해 의심한 회의주의자는 아니었다. 내 모든 계획은 스스로 참된 진리를 찾기 위한 것이었다.
> 을 : 인간은 항상 하나의 살아 있는 존재로서 진리를 추구한다. 처음에는 자기와 이웃의 관계에서 진리를 추구하지만, 결국 인간은 신과 직접 대면한 단독자로서 결단하게 된다.

① 갑은 참된 진리를 찾기 위해 주관적 지식을 중시했다.
② 을은 공동체와의 참된 조화를 통해 삶의 모순을 극복했다.
③ 을은 생명의 역동적 힘이 요구하는 맹목적 의지를 중시했다.
④ 갑은 자아를 인식의 주체로, 을은 상대화의 대상으로 보았다.
⑤ 갑은 사유를 통해, 을은 주체적 삶을 통해 진리를 추구했다.

194

현대 서양 사상가 갑, 을의 입장에 대한 설명으로 옳은 것은?

> 갑 : 심미적 단계의 인간은 절망에 빠지게 되고, 여기서 이것이냐 저것이냐의 선택에서 결단을 통해 윤리적 단계로 도약한다. 이 단계에서도 자신의 불완전성으로 절망하게 되어, 결단을 통해 신의 명령에 따라 살아가는 종교적 단계로 도약한다.
> 을 : 인간의 본질은 존재하지 않는다. 왜냐하면 그 본질을 생각하는 신이 존재하지 않기 때문이다. 인간은 그가 행동하는 모든 것에 대해 자유롭게 선택하고 결과에 대해 책임지는 주체적 존재이다. 그래서 인간은 자유로우며 고독하다.

① 갑은 감각적 향락을 버리는 주체적 결단을 내려야 한다고 본다.
② 갑은 윤리적 단계에서 인간의 유한성이 온전히 극복된다고 본다.
③ 을은 불안을 극복하기 위해서는 신에게 의지해야 한다고 본다.
④ 을은 보편타당한 진리를 인식함으로써 실존이 회복된다고 본다.
⑤ 갑, 을은 합리적 사유로써 주관적 견해를 극복해야 한다고 본다.

195

서양 사상가 갑, 을의 입장으로 옳지 <u>않은</u> 것은?

> 갑 : 세상에서 일어나는 일들이 네가 바라는 대로 일어나길 바라지 말고, 오히려 일어나는 일들이 실제로 일어나는 대로 일어나기를 바라도록 해라. 죽음은 전혀 두려운 것이 아니다. 오히려 죽음이 두렵다는 믿음이 두려운 것이다.
> 을 : 세상 사람들은 모두가 죽는다는 사실을 인정하면서도, '나는 아직 죽지 않았다.'라고 안도한다. 그러나 우리는 언제든지 죽을 수 있다는 사실을 직시해야 한다. 이는 대체 불가능한 각자의 고유성을 자각하는 것이다.

① 갑 : 두려움은 주관적인 판단에서 비롯된 불필요한 정념이다.
② 갑 : 죽음의 공포는 최고의 정신적 쾌락을 누릴 때 극복된다.
③ 을 : 인간만이 죽음을 예견하고 존재의 의미를 물을 수 있다.
④ 을 : 불안은 진정한 자신을 발견할 수 있는 계기가 될 수 있다.
⑤ 갑, 을 : 죽음은 인간의 삶에서 맞닥뜨릴 수밖에 없는 사건이다.

주제 2 실용주의와 문제 해결의 유용성

족집게 전략 | 제시문에 나타난 실용주의가 무엇인지 파악하고 실용주의의 특징에 해당하는 내용을 찾아내는 유형의 문제가 주로 출제된다. 서양 윤리 사상의 흐름에서 실용주의가 갖는 전반적인 특징과 영향에 대해 알아야 한다.

196 대표 문항

| 평가원 기출 |

그림의 강연자가 지지할 주장으로 옳지 <u>않은</u> 것은?

많은 사람들은 학문의 탐구를 통해 오류가 없는 지식을 찾을 수 있다고 믿었습니다. 그러나 이제는 지식에 대한 그러한 믿음을 바꾸어야 합니다. 아름다움과 종교 등에 관한 사변적 지식은 도구적 목적과 다른 길을 가고 있습니다. 사변적 지식은 도구적 목적과 관련될 때에만 일상의 일부가 되며, 우리의 삶 깊은 곳까지 실질적인 영향을 줄 수 있습니다. 이처럼 과학도 진리 그 자체를 위한 학문이 아니라 사회적 목적에 유용한 것이 되어야 합니다. 일상과 무관하게 진리 그 자체를 목적으로 삼는 사변적 학문과 과학은 사회에 무책임한 학자들에게 위안을 줄 뿐입니다.

① 과학적 지식과 도덕적 지식 모두 삶을 개선할 때 가치를 가진다.
② 과학적인 검증으로 확실하고 절대적인 진리를 발견해야 한다.
③ 지식은 인간의 환경 적응 능력을 향상하기 위한 도구가 되어야 한다.
④ 문제 상황을 해결하는 데 유용한 이론과 지식을 중시해야 한다.
⑤ 학문적인 탐구는 사회의 진보나 성장을 위한 수단이 되어야 한다.

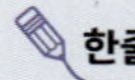 **한줄 Tip** 실용주의의 대표자인 듀이는 지식을 삶과 세계를 개선하기 위한 도구로 보고, 상대적 진리관을 강조했다는 것을 아는 것이 포인트야!

197

다음 사상가의 입장에 대한 설명으로 옳은 것은?

사유 과정은 시행착오를 통해 문제를 해결해 가는 과정이다. 이런 과정을 통해 알게 되는 진리, 관념 등은 현실적 활동의 도구이다. 왜냐하면 지성은 영원한 진리를 관조하는 것이 아니라 생에 봉사하는 실제적인 것이기 때문이다.

① 불변하는 객관적 진리를 학문 탐구의 목표로 본다.
② 도덕규범은 불변하는 도덕 원리에 의해 정당화되는 것으로 본다.
③ 확실한 진리로부터의 연역을 문제 해결의 방법으로 본다.
④ 진리란 절대적이지 않을 뿐 아니라 알 수도 없는 것으로 본다.
⑤ 문제 해결에 도움이 안 되는 이론과 실천은 가치 없는 것으로 본다.

198

다음 사상에 대한 설명으로 옳은 것은?

삶의 목적은 영원히 지속되는 성숙의 과정 속에 있다. 만약 어떤 철학이 인간의 가장 고귀한 희망에 역행하거나 실망을 안겨 준다면, 그런 철학은 무의미하다. 즉 그것이 인간 내면의 힘과 취향에 적합하지 않고 실생활, 노동, 자연과의 대결 등에서 관철될 수 없다면, 인간에 의해 결코 수용되지 못할 것이다.

① 감각적 경험의 측면보다는 연역적 사유의 측면을 중시한다.
② 진리는 상황에 맞추어 변화하고 성장한다는 것을 강조한다.
③ 과학의 내재적 가치를 중시하고 도구적 가치를 경시한다.
④ 학문의 쓰임새보다는 본질을 탐구하는 자세를 지향한다.
⑤ 도덕이나 윤리 규범이 지니는 불변적 속성을 강조한다.

199

근대 서양 사상가 갑, 현대 서양 사상가 을의 입장에 대한 설명으로 옳지 <u>않은</u> 것은?

갑 : 자연에 대한 더 나은 해석은 오직 사례에 의해, 적절하고 타당한 실험에 의해 얻을 수 있다. 감각은 실험을 판단할 수 있을 뿐이고, 실험이 자연과 사물을 판단할 수 있다. 인간은 자연의 사용자로서 자연의 질서를 고찰한 것만큼 무엇인가를 할 수 있다.

을 : 자연과학에서 중시하는 탐구는 도덕에서도 중시되어야 한다. 도덕은 결과가 옳은 것으로 확정되기 전까지 가설로 여겨져야 한다. 실수는 도덕적 죄가 아니라 지성을 사용하는 잘못된 방법에 대한 교훈이며 더 나은 미래에 대한 가르침이다. 도덕적 삶은 유연하고, 생생하며, 성장하는 것이다.

① 갑은 전통과 권위에 대한 비판적 검토의 자세가 필요하다고 본다.
② 갑은 귀납법과 실험이 학문 연구의 주된 방법이 되어야 한다고 본다.
③ 을은 이론과 지식이 불변의 목적인 도덕을 위한 도구가 된다고 본다.
④ 을은 문제 해결에 유용한 것으로 확인된 가설이 진리로 간주된다고 본다.
⑤ 갑, 을은 과학적 발견을 통해 인류의 성장과 진보가 가능하다고 본다.

200

다음을 주장한 사상가의 관점에만 '✓'를 표시한 학생은?

> 개념, 이론, 사고 체계 등이 아무리 정교하고 사리에 맞는다고 하더라도 가설로 여겨져야 한다. 그것들은 최종적인 것으로서가 아니라 그것들을 검사하는 행동의 토대로서 받아들여져야 한다. 모든 도구가 그렇듯이 그것들의 가치는 그 자체에 있는 것이 아니라 그것들의 사용 결과에서 나타나는 것이다.

관점 \ 학생	갑	을	병	정	무
인간의 사고와 견해는 오류 가능성을 가지고 있다.	✓	✓		✓	
진리는 유용성 산출 여부와 관계없이 그 자체로 가치를 지닌다.	✓		✓		✓
과학적 지식과는 달리 도덕이나 윤리는 변화하지 않는 최고선이다.			✓	✓	✓
지식은 그 자체가 목적이기보다 문제를 해결하는 유용한 수단이나 도구이다.	✓			✓	✓

① 갑　　② 을　　③ 병　　④ 정　　⑤ 무

201

(가)의 갑, 을 사상가들의 입장을 (나) 그림으로 표현할 때, A∼C에 해당하는 옳은 진술만을 〈보기〉에서 있는 대로 고른 것은?

(가)	갑 : 도덕은 최종적인 목표로서 완성되는 것이 아니라 성장하고 진보하는 것이다. 그러므로 최선의 도구를 찾아 문제를 해결하고 현실을 개선해 나가는 것이 선이다. 을 : 도덕성의 기초는 공감이며, 공감은 우리가 덕을 평가하는 원천이다. 그러므로 공감을 통해 쾌감을 주는 행위가 선이다.

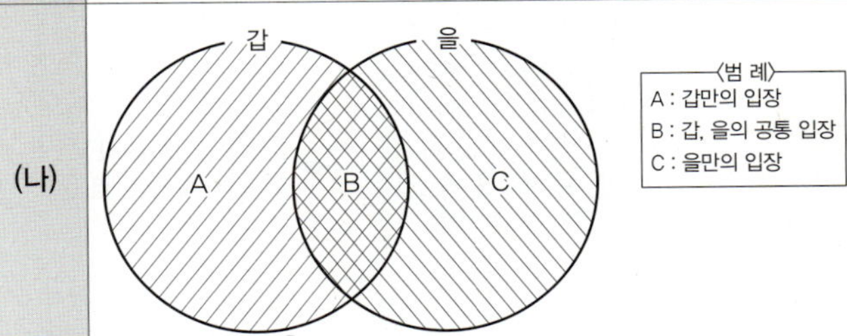

〈보기〉
ㄱ. A : 도덕적 진리는 오류 가능성이 없다고 본다.
ㄴ. B : 행위의 도덕성을 판단하는 기준을 동기라고 본다.
ㄷ. B : 사회적으로 유익한 행위는 도덕적 가치가 있다고 본다.
ㄹ. C : 도덕 판단과 도덕적 행위의 유일한 원천을 감정으로 본다.

① ㄱ, ㄴ　　② ㄱ, ㄷ　　③ ㄷ, ㄹ
④ ㄱ, ㄴ, ㄹ　　⑤ ㄴ, ㄷ, ㄹ

202

(가)의 갑, 을, 병 사상가들의 입장을 (나) 그림으로 표현할 때, A∼D에 해당하는 옳은 진술을 〈보기〉에서 고른 것은?

(가)	갑 : 최선의 도구를 찾아 문제를 해결하는 것이 선(善)이다. 그러므로 도덕도 성장하고 진보한다. 을 : 행위의 옳음과 그름을 판정하는 유일한 기준은 그 행위가 산출하는 쾌락과 고통의 양이다. 병 : 도덕의 기초는 타인과 함께 느끼는 공감이다. 그러므로 공감을 통해 쾌감을 느끼게 하는 행위는 선하다.

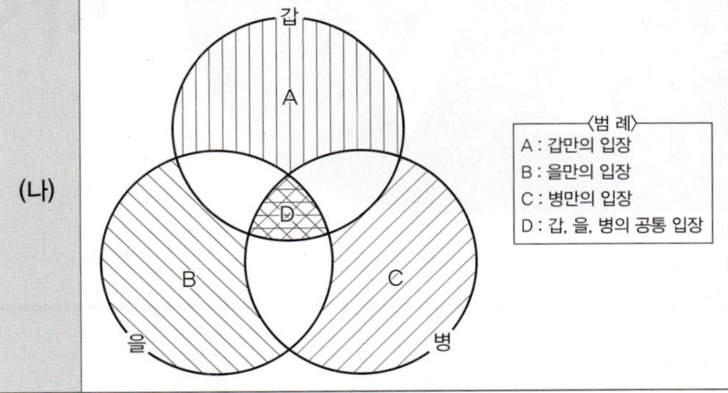

〈보기〉
ㄱ. A : 선험적 지식에 의한 행위 기준이 삶의 개선에 필요하다.
ㄴ. B : 저급한 쾌락과 고상한 쾌락을 구분해 가치를 판단한다.
ㄷ. C : 도덕 판단의 근거와 도덕 행동의 동기는 오직 감정이다.
ㄹ. D : 사회의 이익에 기여하는 행위는 도덕적 가치를 지닌다.

① ㄱ, ㄴ　　② ㄱ, ㄷ　　③ ㄴ, ㄷ　　④ ㄴ, ㄹ　　⑤ ㄷ, ㄹ

203

현대 서양 사상가인 갑, 을의 입장으로 가장 적절한 것은?

> 갑 : 도덕적 행위의 과정을 선험적으로 결정할 수는 없다. 행위자 자신의 선택은 항상 어떤 창조적 상황 속에서의 선택이다. 구체적 경우에 자유는 그 자유 그 자체를 요구하는 목적 이외에는 어떠한 다른 목적도 가질 수 없다.
> 을 : 행위의 과정을 정당화하는 데 과거의 결정과 낡은 원리는 결코 전반적으로 의존할 만한 것이 될 수 없다. 어떤 특정한 사례에서 목적은 성장하며 판단 기준은 개선된다. 도덕적 삶이란 유연하고 생생하며 성장하는 것이다.

① 갑 : 신 앞에 선 단독자로서 스스로 운명을 개척해야 한다.
② 갑 : 도덕 법칙은 합리적 행위자들의 의무로 선택된 것이다.
③ 을 : 지식과 관념은 시대적 문제를 해결하는 도구일 뿐이다.
④ 을 : 고통을 느끼는 존재의 이익을 공평하게 고려해야 한다.
⑤ 갑, 을 : 최대 행복의 극대화를 행위의 목적으로 삼아야 한다.

IV 사회사상

IV단원 개념 NAVIGATION

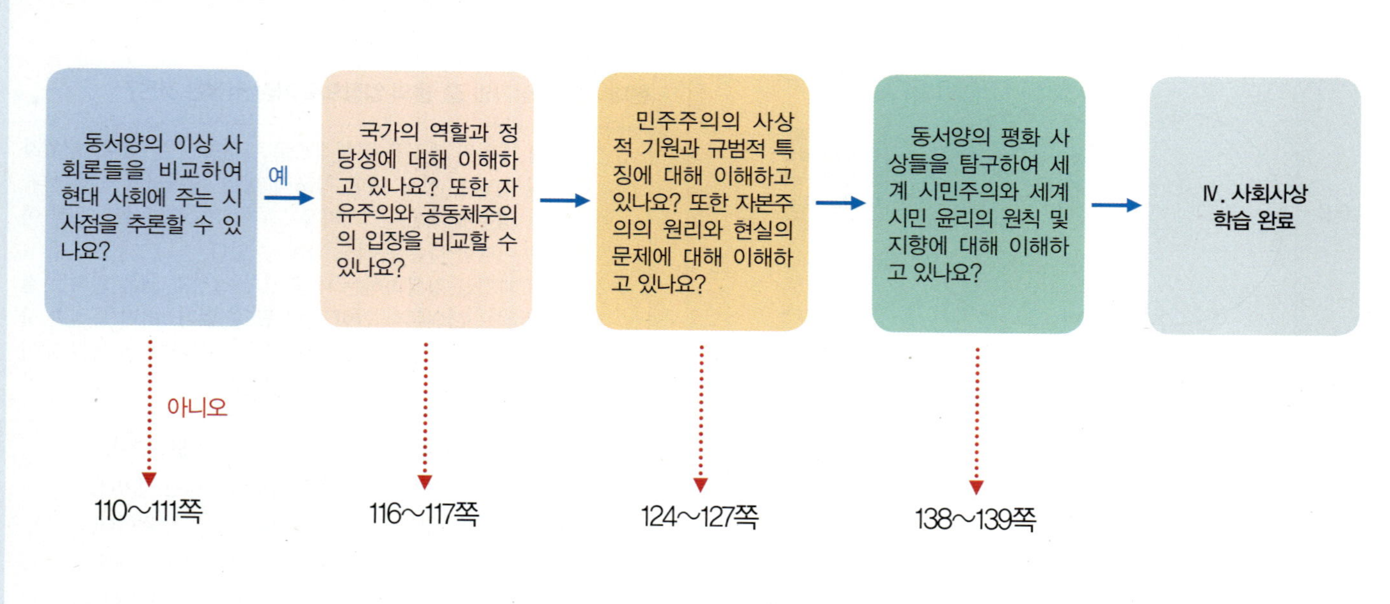

13강 사회사상과 이상 사회	주제 1 사회사회의 지향과 동서양의 이상 사회론	• 대동 사회 • 플라톤의 이상국가 • 공산사회	• 소국과민 • 유토피아 • 뉴 아틀란티스

14강 국가와 시민	주제 1 국가에 대한 동서양의 사상	• 유교 • 아리스토텔레스 • 공화주의 • 사회 계약론 • 마르크스 • 민본 정치 • 저항권 • 국가 소멸론	
	주제 2 시민적 자유와 권리의 근거 그리고 공동체와 공동선 및 시민적 덕성	• 유교 • 아리스토텔레스 • 공화주의 • 사회 계약론 • 마르크스 • 민본 정치 • 저항권 • 국가 소멸론	

15강 민주주의와 자본주의	주제 1 근대 민주주의의 지향과 자유 민주주의	• 민주주의 • 사회 계약론 • 밀의 자유론	
	주제 2 도덕적 자율성과 책임성 및 시민의 소통과 유대	• 대의 민주주의 • 참여 민주주의 • 심의 민주주의 • 시민 불복종	
	주제 3 자본주의의 규범적 특징과 기여	• 고전적 자본주의 • 수정 자본주의 • 신자유주의 • 소유 권리론	
	주제 4 자본주의에 대한 비판과 대안들	• 빈부 격차 • 물질 만능주의 • 인간 소외 • 롤스의 정의론 • 마르크스주의 • 민주 사회주의	

16강 평화	주제 1 동서양의 다양한 평화 사상	• 갈퉁의 평화론 • 유교 • 묵자 • 에라스뮈스 • 생피에르 • 칸트의 영구 평화 • 아퀴나스 • 왈처	
	주제 2 지구적 협력과 해외 원조에 대한 입장	• 세계 시민주의 • 롤스 • 싱어 • 노직	

▶다양한 사회사상의 입장을 비교하여 이해하는 것이 필요해!

국가의 기원과 정당성에 대한 동서양의 사상에 대한 내용을 비교하는 문제가 출제된다. 또한 다양한 자본주의의 입장을 비교하는 문제도 많이 출제된다. 그리고 자본주의의 입장과 마르크스주의와 민주 사회주의를 비교하는 문제도 자주 출제된다. 따라서 이러한 문제에 적응하기 위해서는 각 사회사상의 입장을 정확하게 파악하고 있어야 한다.

▶새롭게 교육과정에 들어온 주제들에 대해 자세하게 공부하자.

시민 불복종, 동서양의 다양한 평화 사상, 정의 전쟁론, 해외 원조와 관련된 내용은 2015개정 교육과정에 새롭게 들어온 주제들이다. 새롭게 윤리와 사상의 주제로 반영된 만큼 출제될 가능성이 높은 내용들이기 때문에 각 주제들의 핵심 내용에 대해 자세하게 학습하고 관련된 기출 문항들을 많이 풀어 보아야 한다.

13강 사회사상과 이상 사회

주제 1 사회사상의 지향과 동서양의 이상 사회론

1. 사회사상
(1) 의미와 형성

의미	인간의 사회적 삶에서 나타나는 현상에 대한 체계적인 사유와 해석
형성	• 사회는 사회적 존재인 인간에게 삶의 바탕임 • 인간이 사회에 관심을 가지고 개선하기 위해 노력하는 과정에서 사회사상이 형성됨

(2) 기능과 특징

기능	• 사회 현상을 설명하고 이해하는 데 도움이 되는 이론적 틀을 제공함 • 사회 현상을 평가하는 규범적 기준을 제시함 • 이상적인 사회를 이루기 위한 구체적 대안과 지침을 제시함
특징	• 시대의 흐름에 따라 지속해서 변화하는 '사회'를 탐구 대상으로 삼음 • 탐구 대상인 사회의 변화에 따라 사회사상도 끊임없이 변화함 • 사회 현상을 분석하고 설명하는 데 그치지 않고 사회를 더 바람직하게 변화시키고자 함

2. 이상 사회의 의미와 추구 이유
(1) **의미** : 인간이 가장 바람직하다고 여기고 또 그렇게 이루어지기를 바라는 사회임
(2) **추구 이유**
　① 현실을 개혁하는 데 필요한 기준과 목표를 제시하기 때문임
　② 인간에게 더 나은 사회를 만들고자 하는 신념과 실천 의지를 부여하기 때문임
　　　　　　　　　　　　　　　└▶ 사회 진보와 발전을 이끄는 원동력
　┌─ 온 세상이 평화롭게 함께 번영함
3. 동서양의 다양한 이상사회론
(1) 공자의 대동 사회(大同社會)
　① 성인이 다스리는 나라로서, 인(仁)이 모든 사람에게 확대된 도덕적 사회
　② 현명하고 유능한 인재가 등용되는 신분적 차별이 없는 사회
　③ 사회적 재화가 고르게 분배되며, 사회적 약자가 보호받는 사회
　④ 자기 부모나 자식을 구분하는 가족 이기주의에 얽매이지 않고 타인을 배려하는 도덕 공동체

자료로 살펴보기

■ 공자의 대동 사회

> 큰 도(道)가 행해지고 천하가 모두의 것이다. 현명하고 유능한 사람을 뽑아 나라를 다스리게 하며, 사람들은 자기 부모만 부모로 여기지 않고 자기 자식만 자식으로 여기지 않는다. 노인들은 여생을 잘 마칠 수 있고, 장년들에게는 일자리가 있으며, 어린아이는 잘 양육되고, 외롭고 홀로된 자나 병든 자들은 모두 보살핌을 받는다. … 재화가 헛되이 버려지지 않지만 그것을 결코 자기만을 위해 쓰지 않으며, 스스로 일하는 것을 싫어하지 않지만 자신만을 위해서 일하지 않는다. 그래서 음모를 꾸미는 일이 생기지 않고 훔치거나 해치는 일도 일어나지 않는다. 그러므로 집집마다 문을 잠그지 않는다. 이를 일러 대동(大同)이라고 한다.
> 　　　　　　　　　　　　　　　　　　　　　　　　　　　　　　　－ "예기"

공자가 추구한 대동 사회는 유능한 사람이 중용되고, 재화가 고르게 분배되며, 사람들이 가족주의에 얽매이지 않는 평화로운 공동체이다.

(2) 노자의 소국과민(小國寡民) 사회
　① 백성이 작은 공동체를 이루어 소박하지만 자연스러운 삶을 살아가는 사회
　② 나라의 규모가 작고 백성이 적은 사회
　③ 문명의 이기(利器)에 무관심하고 자연의 순리에 따라 물과 같은 무위(無爲)의 삶을 살아가는 사회
　④ 예(禮)와 같은 인간의 자유로운 삶을 제약하는 인위를 거부하고, 구성원이 인간의 본래 자연성에 따라 살아가는 사회
　　　　　　　　　└▶ 실생활을 편리하게 하는 이로운 기구나 기계

---

* **사회적 존재**

인간이 개인으로서 존재하고 있어도 그 개인이 유일적(唯一的)으로 존재하고 있는 것이 아니라, 끊임없이 타인과의 관계 하에 존재하고 있다. 즉, 개인은 사회 없이는 존재할 수 없다.

* **사회사상의 변천**

사회사상은 이론적으로 유럽에서 근대 이후로 발달되어 왔다. 르네상스와 종교 개혁은 중세의 신학적 우주관으로부터 인간을 해방하였고 인간의 현세적 행복 추구와 정신적 자유의 관념을 넓혔다. 19세기가 되면서 공리주의 사상은 '최대 다수의 최대 행복'이라는 표어를 내걸고 자유주의적 개혁을 주장하였다. 그러나 프랑스 혁명과 산업 혁명이 낳은 정치적·사회적 혼란은 자유주의 사상에 대한 반발을 유발하였고, 이후 전통을 공유하는 민족 공동체를 강조하는 민족주의, 정치적 평등을 강조하는 민주주의, 사회적 평등을 요구하는 사회주의 등 다양한 사회사상이 등장하였다.

* **대동 사회**

중국적 유토피아 사상으로, 계급적 차별과 착취가 없는 자유·평등·평화의 사회를 구상한다. '대동(大同)'이란 《예기》〈예운편〉에 "권력을 독점 하는 자 없이 평등하며, 재화 는 공유되고 생활이 보장되며, 각 개인이 충분히 재능을 발휘할 수가 있고, 범죄도 없는 세상"이라고 정의되어 있다.

* **무위**

무위는 유위(有爲), 인위(人爲)의 반대이며 인간의 지적 오류에 의해 제정되고 실천되는 제도[禮]나 행위를 부정하는 개념이다. 노자는 도를 따르고 지키는 것을 덕이라 하였다. 따라서 덕은 도처럼 '무위(無爲)'여야 하며, 결코 '아무것도 하지 않음'은 아니다.

(3) **플라톤의 이상 국가**
① 국가를 구성하는 세 계급인 생산자, 방위자, 통치자가 각각 절제, 용기, 지혜의 덕을 잘 발휘하여 조화를 이룬 사회
② 오랜 교육과 훈련을 통해 좋음의 이데아에 관한 인식과 실현이 가능한 철학자가 다스리는 사회
③ 통치자가 사유 재산을 지니거나 가족을 이루지 않는 사회

■ 플라톤의 이상 국가

철학자들이 모든 나라의 왕이 되거나, 아니면 현재의 왕이나 최고 권력자들이 진정으로 철학을 하게 되지 않는 한, 그리하여 정치권력과 철학 중 어느 하나만을 추구하면서 나머지 한쪽은 거들떠보지 않는, 오늘날의 수많은 사람들이 벌이는 작태를 철저하게 금지하고 그 두 가지를 하나로 결합하지 않는 한, 모든 나라에 있어서, 아니 인류 전체에 있어서 악은 사라지지 않을 것이다.

– 플라톤, "국가"

플라톤은 지혜의 덕을 갖춘 철학자가 통치자가 되어 나라를 다스릴 때 이상 국가가 실현될 수 있다고 보았다. 플라톤이 추구한 이상 국가는 통치자, 방위자, 생산자 세 계층의 사람들이 각자의 직분을 충실하게 수행하여 조화를 이룬 국가이다.

(4) **모어의 유토피아**
① 생산과 소유의 평등이 실현되고 경제적으로 풍요로운 사회
② 사람들이 필요 이상의 노동을 하지 않기 때문에 여유로우며, 도덕적으로 타락하지 않은 사회
③ 사유 재산을 가지지 않아 잉여 생산에 대한 욕망을 가질 필요가 없는 사회

(5) **베이컨의 뉴 아틀란티스**
↳ 노동자가 자기의 생존 및 노동력의 재생산에 필요한 정도 이상의 것을 생산했을 때의 그 초과분 잉여 가치를 뜻하며 자본가가 점유하게 됨.
① 베이컨은 그의 책 『뉴 아틀란티스』에서 과학 기술자가 지배하는 신비의 섬을 배경으로, 과학 기술의 발전을 바탕으로 이루어진 이상 사회의 모습을 제시
② 과학 기술이 발달하여 인간 생활이 풍요로워지고 복지가 증진되는 사회

(6) **마르크스의 공산 사회**
① 자본주의 사회의 모순을 비판하면서 공산 사회를 이상 사회로 제시
② 계급이 소멸되고 생산력이 고도로 발전되어 경제적으로 안정된 사회
③ 자신의 능력에 따라 일하고 필요에 따라 분배받는 평등한 사회
④ 사유 재산제와 국가가 철폐되어 모두가 정치의 주체가 되는 사회

(7) **롤스의 질서 정연한 사회**
① 질서 정연한 사회란 각 성원의 선을 증진해 줄 뿐만 아니라 공적 정의관에 따라 효율적으로 규제되는 사회임
② 질서 정연한 사회의 조건으로 "모두가 동일한 정의의 원칙을 받아들이고, 사회의 기본 제도가 일반적으로 이러한 원칙을 충족하고 있으며, 그 사실이 널리 알려져 있어야 한다."라고 보았음

4. 이상 사회의 지향과 현대적 의의

(1) **이상 사회의 공통적 지향점**
① 다툼이 없는 평화로운 사회를 지향
② 경제적으로 평등한 사회를 지향
③ 도덕적인 사회를 지향

(2) **이상 사회의 현대적 의의**
① 동서양의 이상 사회는 공평한 경제 제도에 바탕을 둔 분배 정의의 실현이 중요함을 일깨워 줄 수 있음
↳ 사회 재화(社會財貨), 특히 사회의 경제적 생산물의 합리적 분배 형태
② 동서양의 이상 사회는 관용적이고 다원적인 사회를 실현하는 데 도움을 줄 수 있음
③ 동서양의 이상 사회는 인간이 존엄과 품위를 유지하면서 살아갈 수 있는 사회상을 제시할 수 있음
④ 동서양의 이상 사회를 통해서 개인과 공동체의 조화로운 관계를 탐구할 수 있음
⑤ 동서양의 이상 사회는 평화로운 사회의 모습과 그 조건을 제시해 왔고 이러한 가르침을 바탕으로 평화로운 사회로 나아가기 위한 방안을 제시할 수 있음

✱ 유토피아

근대 이래 서양에서는 이상 사회를 '유토피아(Utopia)'라고 불렀다. 유토피아라는 말은 1516년 영국의 사상가 모어의 『유토피아』라는 책의 제목에서 유래하였다. 유토피아는 그리스어인 '없는(ou)'과 '장소(topos)'의 합성어로 '아무 데도 없는 곳'이라는 뜻을 지닌다.

✱ 베이컨의 뉴 아틀란티스

우리가 만든 물을 마시면 건강이 증진되고 생명이 연장됩니다. 우리는 유성의 체계와 운동을 모방한 거대한 건물도 만들었습니다. 여기에서 눈, 비, 우박 등을 인공적으로 내리게 하며, 천둥과 번개를 만들 수도 있습니다. …… 한 번 먹고 나면 오랫동안 먹지 않아도 살 수 있는 고기, 빵, 음료수도 개발하였습니다.

– 베이컨, "뉴 아틀란티스"

뉴 아틀란티스는 베이컨이 꿈꾸었던 이상 사회로, 새로운 과학 기술의 발전을 통해 인간 생활이 풍요로워지고 복지가 이루어지는 사회이다.

✱ 롤스의 정의의 원칙

• 제1원칙
모든 사람은 기본적 자유에 관한 동등한 권리를 가져야 한다[평등한 자유의 원칙].
• 제2원칙
사회·경제적 불평등은 다음 두 조건을 만족할 때 허용된다. 첫째, 최소 수혜자에게 최대 이익이 되고[차등의 원칙], 둘째, 그와 같은 불평등은 모든 이에게 개방된 직위나 직책에 결부되어야 한다[공정한 기회균등의 원칙]

– 롤스, "정의론"

롤스가 제시한 질서 정연한 사회는 정의의 원칙이 실현되는 사회이다. 모든 구성원에게 기본적 자유와 권리를 보장해주며, 사회적 약자나 소수자의 이익을 극대화하는 사회이다.

핵심 개념 CHECK!

· 정답 및 해설 50쪽

📝 다음 확인 문제 중 옳은 것에 ○, 옳지 않은 것에 ×를 표기하세요.

주제 1 사회사상의 지향과 동서양의 이상사회론

01 사회사상은 인간의 사회적 삶에서 나타나는 현상에 대한 체계적인 사유와 해석을 담고 있다. ○ ×

02 인간은 사회 속에서 다른 사람들과 교류하면서 생존에 필요한 것을 얻을 뿐만 아니라 더 나은 삶을 추구하며 살아간다. ○ ×

03 함정 사회사상은 개인의 삶을 설명하고 평가할 수 있는 일정한 기준이나 체계적인 사상적 틀을 제공하는 것을 주요 과제로 삼는다. ○ ×

04 사회사상은 타락한 정치 공동체를 개혁하여 구성원들이 도덕적으로 살아갈 수 있는 이상 사회를 제시한다. ○ ×

05 함정 사회사상은 시대의 흐름에 따라 지속해서 변화하는 '개인'을 탐구 대상으로 삼는다. ○ ×

06 사회사상은 사회 현상을 분석하고 설명하는 데 그치지 않고 사회를 더 바람직하게 변화시키고자 한다. ○ ×

07 이상 사회는 현실에서 이루어진 적이 없으므로 이상 사회를 추구하는 것은 무의미하다. ○ ×

08 함정 동서양 사상가들이 지향하는 이상 사회의 모습은 시대와 지역에 상관없이 모두 동일하다. ○ ×

09 이상 사회가 제시하는 기준과 목표는 더 나은 사회로 나아갈 수 있는 원동력으로 작용한다. ○ ×

10 공자는 신분 차별이 없고, 재화가 고르게 분배되며, 약자를 보호하는 이상 사회를 추구하였다. ○ ×

11 대동 사회란 성인이 다스리는 나라로서, 인(仁)이 모든 사람에게 확대된 도덕적 사회이다. ○ ×

12 함정 대동 사회는 현명하고 유능한 인재가 등용되는 신분적 차별이 있는 사회이다. ○ ×

13 대동 사회는 자기 부모나 자식을 구분하는 가족 이기주의에 얽매이지 않고 타인을 배려하는 도덕 공동체이다. ○ ×

14 소국과민 사회는 작은 영토에 적은 수의 백성으로 구성되는 사회이다. ○ ×

15 소국과민 사회는 인위적인 제도와 규범을 바탕으로 인간 본연의 본성에 따라 살아가고자 하는 사회이다. ○ ×

16 함정 소국과민 사회는 예(禮)와 같은 인간의 자유로운 삶을 제약하는 인위를 거부하고, 구성원이 인간의 본래 자연성에 따라 살아가는 사회이다. ○ ×

17 함정 플라톤은 선의 이데아에 관한 인식을 못한 사람이라도 국가를 다스릴 수 있다고 본다. ○ ×

18 플라톤은 국가의 구성원을 통치자, 군인, 생산자 계층으로 구분하고 각자에게 합당한 덕이 있다고 본다. ○ ×

19 플라톤은 각 계층의 사람이 자신의 역할과 본분에 해당하는 덕을 잘 발휘하여 조화를 이룰 때 정의로운 국가가 실현된다고 본다. ○ ×

20 뉴 아틀란티스는 과학 기술이 발달하여 인간 생활이 풍요로워지고 복지가 증진되는 사회이다. ○ ×

21 마르크스는 자본주의 사회의 모순과 부패를 비판하면서 공산 사회를 이상 사회로 주장한다. ○ ×

22 공산 사회는 계급이 소멸되고 생산력이 고도로 발전되어 경제적으로 안정된 사회이다. ○ ×

23 함정 공산 사회는 자신의 능력에 따라 일하고 성과에 따라 분배받는 평등한 사회이다. ○ ×

24 마르크스는 물질 만능주의와 같은 도덕적 타락, 사기나 도둑질과 같은 범죄, 자본의 소유에 따른 차별 등과 같은 사회 문제들이 사유 재산 제도 때문에 발생한다고 보았다. ○ ×

25 공산 사회는 사유 재산제와 국가가 철폐되어 모두가 정치의 주체가 되는 사회이다. ○ ×

26 질서 정연한 사회는 각 성원의 선을 증진해 줄 뿐만 아니라 공적 정의관에 따라 효율적으로 규제되는 사회이다. ○ ×

27 함정 롤스는 사회 전체에 이익을 준다면 그로 말미암아 고통 받는 개인이나 집단이 존재한다고 해도 정의롭다고 본다. ○ ×

28 모어가 추구한 이상 사회인 유토피아는 생산과 소유의 평등이 실현되고 도덕적으로 타락하지 않은 사회이다. ○ ×

29 공자는 경쟁을 통해서 사익을 최대한 추구할 것을 주장하였다. ○ ×

30 플라톤은 지도자는 대중의 뜻을 모아 주요 정책을 결정해야 한다고 보았다. ○ ×

31 노자는 인간의 본래적 자연성에 따라 살면서 성인의 가르침에 따라 예를 실천해야 한다고 주장하였다. ○ ×

32 베이컨은 자연을 인간이 원하는 대로 변화시킬 수 있으며, 과학 기술의 발전으로 인간의 활동 영역이 넓어진다고 보았다. ○ ×

33 베이컨과 모어는 물질적으로 풍요로우면 곧 이상 사회가 된다고 보았다. ○ ×

동서양 사상가들이 추구한 이상 사회는 어떻게 다를까?

개념 | 자료로 확인

■ 노자의 소국과민 사회

> 나라의 크기는 작고 백성의 수는 적다. 많은 도구가 있더라도 쓸 일이 없다. 백성들은 생명을 중히 여겨 멀리 이사 가는 일이 없다. 배와 수레가 있더라도 탈 일이 없고, 갑옷과 무기가 있더라도 펼칠 일이 없다. 백성들이 다시 새끼를 묶어 사용한다. 자기의 음식을 달게 여기고 자기의 옷을 아름답게 여기며 자기의 거처를 편안해하고 자기의 풍속을 즐거워한다. 이웃 나라가 바라다보이고 닭 우는 소리와 개 짖는 소리가 들려도 백성들은 늙어 죽을 때까지 서로 왕래하지 않는다. — 노자, "도덕경"

노자가 추구한 이상 사회는 나라의 규모가 작고 인구가 적은 공동체이다. 소국과민 사회의 백성들은 욕심이 적고, 분별적 지혜가 없으며, 인위적 문명의 이기에는 무관심하다. 또한 그들은 생명을 소중히 여기며, 자연의 흐름에 따라 소박하게 살아간다.

■ 모어의 유토피아

> 초승달 모양의 섬 유토피아에는 같은 말과 비슷한 풍습, 시설, 법률을 가진 54개의 마을이 있다. 그곳의 시민들에게는 빈곤도 없고 사치나 낭비도 없다. 이 섬의 성인들은 남녀를 가리지 않고 생산적 노동에 종사한다. 노동은 매일 6시간으로 제한되고, 8시간 잠자고 남은 시간은 정신적 오락이나 연구에 사용된다. 집집마다 열쇠를 채우거나 빗장을 거는 일이 절대로 없다. 왜냐하면 집 안에 들어간들 어느 개인의 소유란 없기 때문이다. 그리고 그곳의 시민들은 10년마다 제비를 뽑아 집을 교환한다. — 모어, "유토피아"

모어의 유토피아는 구성원들이 공동으로 작업하고 생산한 물건을 필요한 만큼 가져다 사용하여 생산과 소유의 평등이 실현된 사회이다. 모어의 유토피아는 경제적으로 풍요롭고 도덕적으로 타락하지 않는 사회로 묘사되어 있다. 유토피아에서는 사유 재산을 인정하지 않기 때문에 사람들은 잉여 생산에 대한 욕망을 가질 필요가 없다. 따라서 필요 이상의 노동을 하지 않고 정신적 자유와 문화생활을 누리며 진정한 행복을 영위할 수 있다. 예로부터 동서양의 사상가들은 현실 사회의 문제점과 한계를 개선하기 위해 다양한 이상 사회를 제시해 왔다. 공자는 풍요롭고 화평한 세상인 대동 사회를 꿈꾸었으며, 플라톤은 선의 이데아에 관한 인식과 실현이 가능한 철인(哲人)이 다스리는 국가를 이상 국가로 제시하였다. 마르크스의 공산 사회는 사유 재산과 계급이 소멸하고 생산력이 고도로 발전되어 경제적으로 안정된 사회이다. 마르크스는 물질 만능주의와 같은 도덕적 타락, 사기나 도둑질과 같은 범죄, 자본의 소유에 따른 차별 등과 같은 사회 문제들이 사유 재산 제도 때문에 발생한다고 보았다. 그래서 그는 사회 구성원 모두가 생산 수단을 공유함으로써 비인간적인 사회적 모순을 극복할 수 있다고 보았다.

개념 | 빈칸 채우기로 확인

■ 노자의 소국과민

Q1 소국과민 사회는 백성이 작은 공동체를 이루어 (　　　)하지만 자연스러운 삶을 살아가는 사회이다.

Q2 소국과민 사회는 구성원이 인간의 본래 (　　　)에 따라 살아가는 사회이다.

■ 모어의 유토피아

Q3 유토피아는 (　　　)와/과 (　　　)의 평등이 실현되고 경제적으로 풍요로운 사회이다.

Q4 유토피아는 (　　　)을/를 가지지 않아 잉여 생산에 대한 욕망을 가질 필요가 없는 사회이다.

개념 | O/X로 확인

Q5 소국과민은 나라의 규모가 크고 백성이 적은 사회이다. (○ / ×)

Q6 유토피아는 사람들이 필요 이상의 노동을 하지 않기 때문에 여유로운 사회이다. (○ / ×)

Q7 공자가 제시한 대동 사회는 사회적 재화가 고르게 분배되고 사회적 약자를 보호하는 사회이다. (○ / ×)

Q8 플라톤은 국가의 모든 구성원이 자신의 역할을 충실히 수행하는 국가를 이상 국가로 보았다. (○ / ×)

Q9 모어의 유토피아와 마르크스의 공산 사회는 능력껏 일하고 그 성과에 따라 분배받는 사회이다. (○ / ×)

개념 | 문제에 적용

연습하기 Q10 다음을 주장한 사상가가 긍정할 질문에 ○를, 부정할 질문에 ×를 표시하시오.

> 만일 프롤레타리아가 부르주아(자본가 계급)에 대항하는 투쟁에서 반드시 계급으로 한데 뭉쳐 혁명을 통해 스스로 지배 계급이 되고, 또 지배 계급으로서 낡은 생산관계를 폭력적으로 폐지하게 된다면 그들은 이 생산관계와 아울러 계급적 대립의 존재 조건과 모든 계급을 폐지하게 될 것이다. 따라서 자기 자신의 계급적 지배까지도 폐지하게 될 것이다.

- 사유 재산제와 국가가 철폐된 사회가 이상 사회인가? ❶(○ / ×)
- 부르주아가 정치의 주체가 되는 사회가 이상적인가? ❷(○ / ×)
- 생산력이 고도로 발전된 사회를 지향하는가? ❸(○ / ×)

적용하기 Q11 다음 이상 사회에서 강조되는 삶의 자세로 가장 적절한 것은?

> 큰 도(道)가 행해지고 천하가 모두의 것이다. 현명하고 유능한 자를 뽑아 다스리게 하니, 사람들은 자기 부모만 부모로 여기지 않고 자기 자식만 자식으로 여기지 않는다. 노인은 여생을 잘 마치게 하며, 장년은 일자리가 있으며, 어린이는 잘 양육되고, 홀로된 자와 병든 자도 모두 부양받는다.

① 과학 기술이 발전된 삶을 지향해야 한다.
② 인의(仁義)의 덕을 바탕으로 살아가야 한다.
③ 강력한 법과 제도에 의지하여 살아가야 한다.
④ 문명을 거부하고 자연의 본성을 회복해야 한다.
⑤ 사유 재산을 없애고 공동 소유의 삶을 살아야 한다.

HOW & WHY 정답 01. 소박 02. 인간성 03. 소유, 생산 04. 사유 재산 05. × 06. ○ 07. ○ 08. ○ 09. × 10. ❶○ ❷× ❸○ 11. ②

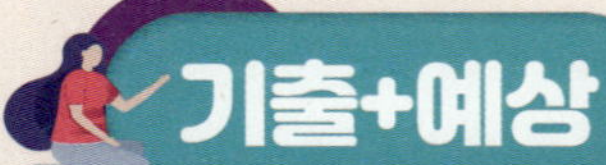

주제 1 사회사상의 지향과 동서양의 이상사회론

족집게 전략 | 갑, 을 사상가가 제시하는 이상 사회를 파악하여 비교하는 문항이다. 각 사상가들의 이상사회에 대한 특징에 대해 이해하고 있어야 한다.

---

204 대표 문항
| 평가원 기출 |

서양 사상가 갑, 을의 이상 사회에 대한 입장으로 옳은 것은?

> 갑 : 정의로운 국가는 저마다 타고난 성향에 따라 지혜, 용기, 절제의 덕을 갖춘 통치자, 군인, 생산자의 계급으로 구성되며, 통치자는 사적 재산을 소유하지 않는다.
> 을 : 생산 수단을 갖지 못한 사람들이 단결하여 혁명을 일으켜야 한다. 이를 통해 스스로 지배 계급이 되어 낡은 생산 관계를 폐지하면 궁극적으로 계급도 폐지될 것이다.

① 갑 : 지혜의 덕이 이상적인 통치의 필수 조건이 된다.
② 갑 : 모든 구성원들의 합의를 통해 정책을 결정한다.
③ 을 : 각자의 능력과 성과에 따라 재화가 분배된다.
④ 을 : 국가 기능의 확대로 복지가 최대한 보장된다.
⑤ 갑, 을 : 생산과 소유에서 절대적 평등이 실현된다.

✏️ **한줄 Tip** 플라톤의 이상 국가의 철인 정치론의 내용을 이해하는 것이 포인트야!

---

205 고난도
| 평가원 기출 |

그림의 A, B에 들어갈 옳은 질문만을 〈보기〉에서 있는 대로 고른 것은?

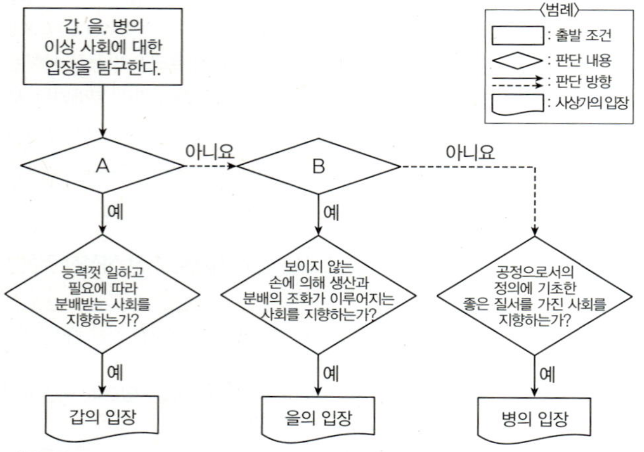

〈보기〉
ㄱ. A : 개인의 타고난 능력의 발휘를 긍정하는가?
ㄴ. A : 계급 투쟁을 통한 평등한 사회의 실현을 지향하는가?
ㄷ. B : 경제 활동에 있어 개인의 사적 소유권을 긍정하는가?
ㄹ. B : 정부 개입을 최소화하는 자유방임주의를 지향하는가?

① ㄱ, ㄴ   ② ㄱ, ㄷ   ③ ㄴ, ㄹ
④ ㄱ, ㄷ, ㄹ   ⑤ ㄴ, ㄷ, ㄹ

---

206 고난도
| 평가원 기출 |

서양 사상가 갑, 을의 이상 사회에 대한 설명으로 옳은 것은?

> 갑 : 각 가족의 가장들은 마을 한복판에 있는 시장에서 가족이 사용할 물품들을 필요한 만큼 가져간다. 이러한 마을들이 모여 경제적으로 풍요롭고 도덕적으로 타락하지 않은 사회를 이룬다.
> 을 : 각 계층의 사람들은 저마다 타고난 성향에 따라 조화롭게 맡은 바 역할을 탁월하게 수행한다. 이 국가의 통치자 계층은 지혜의 덕을 지닌 철학자들로서 법률을 제정하여 국가를 다스린다.

① 갑 : 공동으로 노동하여 개인의 사유 재산이 풍족한 사회이다.
② 갑 : 경제적 풍요로 인해 사회 안에 규범이 존재하지 않는 사회이다.
③ 을 : 각 계층 간 자유로운 역할 교환으로 조화를 이룬 사회이다.
④ 을 : 수호자 중에 선발된 지혜로운 소수가 통치하는 사회이다.
⑤ 갑, 을 : 구성원 모두가 물질적 재화 생산에 참여하는 사회이다.

207
| 평가원 기출 |

서양 사상가 갑, 을의 입장으로 옳은 것은?

> 갑 : 사회 계약은 각자 자신의 재산을 공동체에 전적으로 양도하여 일반 의지의 지도하에 둘 것을 명령한다. 공동체는 개인의 재산을 박탈하는 것이 아니라 정당한 소유를 약속하고 재산 소유자를 공공 재산의 위탁을 받은 사람으로 인정한다.
> 을 : 자본주의 사회에서 자본은 자립적이고 인격적인 반면 사람은 비자립적이고 비인격적이다. 이러한 사회에서 노동자는 자본을 증식시키기 위한 존재로 전락한다. 자본이 구성원의 공동 재산으로 변하면 재산의 계급적 성격이 상실된다.

① 갑 : 일반 의지에 복종하는 행위는 개인의 소유권을 침해한다.
② 갑 : 주권은 양도될 수 없지만 특정인에 의해 대표되어야 한다.
③ 을 : 경쟁을 통한 자본의 축적은 계급 간의 갈등을 약화시킨다.
④ 을 : 자본주의 사회에서 노동은 인간을 자본의 예속에서 해방시킨다.
⑤ 갑, 을 : 인간의 경제적 불평등은 사유 재산의 발생에서 비롯된다.

208
| 교육청 기출 |

그림은 동·서양 사상가들의 가상 대화이다. 갑, 을, 병이 추구하는 이상 사회에 대한 설명으로 옳은 것은?

① 갑은 다수결 원리를 바탕으로 한 민주 사회를 주장하였다.
② 을은 사적 소유와 계급이 소멸된 공산 사회를 주장하였다.
③ 병은 지위에 맞는 역할을 다하는 대동 사회를 추구하였다.
④ 갑, 을은 모든 사람의 재산이 공유된 평등 사회를 추구하였다.
⑤ 을, 병은 사회 제도와 규범이 정비된 도덕 사회를 지향하였다.

209

갑, 을 사상가의 공통적인 입장을 〈보기〉에서 고른 것은?

> 갑 : 오랜 교육과 엄격한 훈련을 통해 '좋음의 이데아'라고 하는 도덕적 선에 관한 절대적 지식을 성취한 현명한 철학자들이 통치자로서 다스리며, 통치자들은 지혜, 군인 계급은 용기, 생산자 계급은 절제의 덕을 발휘함으로써 실현되는 정의로운 사회이다.
> 을 : 사람이 천지 만물과 서로 융합하여 한 덩어리가 되는 사회로, 큰 도가 행해지고 어진 사람과 능력 있는 자가 버려지지 않으며, 가족주의에 얽매이지 않고 노인은 자기의 생을 편히 마치며, 젊은이는 모두 일할 수 있고 노약자, 병자, 불쌍한 자들이 부영되며, 길에 재물이 떨어져도 줍지 않는 세상이다.

〔보기〕
ㄱ. 인격과 지혜를 갖춘 사람이 통치자가 되어야 한다.
ㄴ. 모든 개인의 자유와 평등을 최대한 보장해야 한다.
ㄷ. 모든 사회 구성원들이 생산적 노동에 참여해야 한다.
ㄹ. 사회 구성원들은 각자 자신의 역할을 충실히 수행해야 한다.

① ㄱ, ㄴ   ② ㄱ, ㄹ   ③ ㄴ, ㄷ   ④ ㄴ, ㄹ   ⑤ ㄷ, ㄹ

210

다음 이상사회에 대한 설명으로 옳은 것을 〈보기〉에서 고른 것은?

> 유토피아 섬에는 같은 언어, 풍습, 제도, 법률을 가진 54개의 넓은 도시가 있다. … (중략) … 집마다 두 짝으로 된 문은 손으로 살짝 밀기만 해도 쉽게 열려서 누구나 들어갈 수 있다. 어느 집에도 개인의 소유물은 없기 때문이다. 그들은 10년마다 제비를 뽑아서 집을 교환한다. … (중략) … 유토피아인은 모두가 열심히 생업에 종사한다. 그들은 하루에 6시간 일하고, 8시간 동안 잠을 잔다. 일하고, 잠자고, 밥 먹는 시간 외에는 누구나 자기 마음대로 시간을 쓸 수 있다.

〔보기〕
ㄱ. 여성은 생산적 노동에 종사하지 않는 사회이다.
ㄴ. 인위적인 것에 얽매이지 않고 사용하지 않는 사회이다.
ㄷ. 경제적으로 걱정이 없으며 구성원들이 도덕적인 사회이다.
ㄹ. 모든 인간이 소유와 생산에 있어서 평등이 실현된 사회이다.

① ㄱ, ㄴ   ② ㄱ, ㄷ   ③ ㄴ, ㄷ   ④ ㄴ, ㄹ   ⑤ ㄷ, ㄹ

211

다음 이상 사회에 대한 설명으로 옳은 것은?

> 용기나 지혜는 나라의 중요한 덕이다. 전자의 덕은 나라를 용기 있는 나라를 만들며, 후자의 덕은 지혜로운 나라로 만든다. 하지만 절제는 그렇지 못하다. 절제는 음(音)의 조화처럼 서로 다른 음정이 모여 같은 노래를 합창함으로써 마련된다. … (중략) … 한 나라가 올바른 나라가 되는 것은 나라 안에 있는 성향이 다른 세 부류, 즉 통치자, 수호자, 생산자 각각 그들의 지위에 맞는 직분을 수행했을 때이다.

① 작은 나라에 적은 수의 백성이 사는 사회이다.
② 사회적 약자가 배려를 받는 민주적인 사회이다.
③ 지도자는 구성원에 의해 직접 선출되는 사회이다.
④ 지혜롭고 현명한 통치자가 나라를 다스리는 사회이다.
⑤ 인위적인 것을 거부하고[無爲] 인간 본연의 본성을 따르는 사회이다.

212

(가), (나)는 이상 사회이다. 이에 대한 설명으로 옳은 것은?

> (가) 도가 실현된 세상에서는 천하가 모두의 것이 된다. 현명하고 유능한 사람을 뽑아 나라를 다스리게 하며, 자기 부모나 자식만 사랑하지 않고 남의 부모나 자식도 사랑한다.
> (나) 영토가 작고 인구가 적으며, 사람들은 각종 도구가 있어도 사용하지 않는다. 배와 수레가 있어도 타는 일이 없고, 갑옷과 무기가 있어도 쓸 일이 없다.

① (가)는 인의(仁義)의 덕을 바탕으로 살아가는 사회이다.
② (가)는 인위적인 규범에서 벗어난 삶을 사는 사회이다.
③ (나)는 과학 기술의 문명이 고도로 발전된 사회이다.
④ (나)는 공동 소유를 지향하고 거대한 제국으로 이루어진 사회이다.
⑤ (가)와 (나)는 문명을 거부하고 무위의 삶을 사는 사회이다.

213

다음 사상가의 입장을 〈보기〉에서 고른 것은?

> 지금까지 존재한 모든 사회의 역사는 계급 투쟁의 역사이다. 자유민과 노예, 귀족과 평민, 영주와 농도, 길등 장인과 직인, 한마디로 억압자와 피억압자는 항상 서로 대립하면서 때로는 숨겨진 때로는 공공연한 싸움을 벌였다. …… 모든 지배 계급을 공산주의 혁명 앞에 떨게 하라. 프롤레타리아가 잃을 것은 쇠사슬밖에 없으며 얻을 것은 온 세상이다. 전 세계의 노동자여, 단결하라!

〔보기〕
ㄱ. 역사 발전의 최종 단계는 프롤레타리아 독재이다.
ㄴ. 사유 재산과 계급 및 국가의 소멸된 사회가 이상적이다.
ㄷ. 역사적 필연성에 따라서 자본주의 체제는 붕괴될 것이다.
ㄹ. 정치적 이상을 실현하기 위해 폭력적 방법을 사용해서는 안 된다.

① ㄱ, ㄴ   ② ㄱ, ㄷ   ③ ㄴ, ㄷ   ④ ㄴ, ㄹ   ⑤ ㄷ, ㄹ

14강 국가와 시민

주제 1 국가에 대한 동서양의 사상

1. 국가의 기원과 본질에 대한 관점
_{부모를 섬기는 도리와 나라를 다스리는 원리의 근본은 다르지 않다는 것}

유교	• 가족의 질서가 확장된 공동체를 국가의 기원이자 본질로 보았음 • 인륜을 실현하여 백성들이 도덕적인 삶을 살 수 있도록 하는 것이 군주가 해야 할 일
아리스토텔레스	• 인간의 사회적·정치적 본성에 의해 생겨난 인간 간의 결합을 국가의 기원 • 국가는 개인의 자아실현과 도덕적 능력 계발을 가능하게 하는 도덕 공동체 • 국가의 본질은 국민의 행복을 추구하는 데 있음
공화주의	• 법과 공동선에 기반을 두고 주권자인 시민이 만든 정치 공동체를 공화국(republic)의 기원 _{개인만을 위한 것이 아니라 국가나 사회와 같은 공동체나 온 인류를 위한 선을 뜻한다. 공공선(公共善)이라고도 한다.} • 시민의 자유를 보장하기 위해 법에 의한 지배를 강조함 • 자유를 위해 공동선에 대한 시민의 헌신을 중시
사회 계약론	• 국가의 기원이 자신의 권리를 보장받기 위해 개인이 동의한 계약에 있다고 봄 • 국가의 본질을 개인의 자유와 권리 등을 보장받기 위한 수단이라고 봄

사회 계약론	홉스	개인은 절대 군주에게 자신의 권리를 전면 양도함
	로크	개인이 모든 권리를 국가에 양도하는 것은 아님, 정치적 저항권 행사 가능
	루소	주권은 항상 국민에게 속하며, 양도할 수 없음, 직접 민주주의 지향

마르크스	• 국가는 소수의 지배 계급이 다수의 피지배 계급을 억압하고 착취하기 위한 수단 • 국가는 지배 계급의 특권을 유지하기 위한 수단이자 지배 계급의 이익을 대변하는 도구 • 계급과 국가는 사라지고 모두가 평등한 공산 사회가 도래할 것이라고 봄

2. 국가의 역할과 정당성에 대한 동서양 사상
_{맹자의 민본주의 사상은 민심을 잃으면 군주를 바꿀 수도 있다는 역성혁명 사상과 서로 호응을 이룬다.}

유교	• 군주의 일은 민본 정치를 통해 위민(爲民)을 실현하고, 국가를 인륜이 실현되는 도덕 공동체로 만드는 것임 → 군주가 해야 할 일과 일치함 • 국가는 백성들이 도덕적인 삶을 살 수 있도록 경제적 안정을 이루어야 하며, 방위력을 길러 백성의 생명과 재산을 보호해야 함 • 맹자는 백성들이 신뢰하지 못하는 군주는 내쫓을 수도 있다고 보았음
아리스토텔레스	• 시민이 행복한 삶을 살도록 이끄는 것이 국가의 역할이라고 보았음 • 시민이 정치에 참여할 수 있는 제도를 마련해 영혼의 탁월성을 발휘할 수 있도록 할 때 국가는 정당성을 인정받을 수 있다고 보았음
공화주의	• 예속되지 않을 자유를 모든 시민이 누릴 수 있도록 국가가 역할을 해야 함 • 시민의 정치 참여를 활성화하고 법치를 보장하여 독재를 방지하고 국가를 공공의 것으로 만듦으로써 국가의 정당성이 확보됨 • 국가 안에서 모든 시민이 한 사람이나 다수의 자의에 종속될 때, 국가는 그 정당성을 잃어버릴 수 있음 _{공화주의자들은 소수가 국가 권력을 독점하여 사적 이익을 추구하는 것을 경계한다.}
사회 계약론	• 국가의 역할은 개인의 생명권, 자유권, 재산권 등을 보장하는 것 • 국가는 정치권력을 국가에 양도한 본래의 목적을 제대로 수행함으로써 정당성을 확보함
마르크스	• 국가의 역할은 자본주의 체제 아래 자본가 계급을 보호하는 일에 한정됨 • 국가 자체는 정당성을 지니지 못하며 소멸시켜야 함

3. 현대 국가의 역할과 정당성

(1) 현대 국가의 역할

① 국민의 생명, 재산, 자유 등을 보장

② 국민의 복지와 행복을 위한 노력

③ 국민의 도덕성과 시민성 함양을 위한 노력

(2) 현대 국가의 정당성 : 민주주의를 바탕으로 복지 국가를 실현할 때 정당성을 인정받을 수 있음

✱ 가족

유교에서 말하는 가족은 혈연관계에 근거한 집단일 뿐만 아니라 때로는 일정 규모의 정치 공동체를 의미하는 말로도 사용되었다.

✱ 마르크스의 국가관

마르크스는 국가를 '영토' 개념으로 이해하기보다는 기구 혹은 조직 개념으로 이해했다. 마르크스에 따르면, 계급투쟁이 지속되어 온 인류 역사에서 국가는 지배 계급의 지배와 이익을 위해 봉사한 기구에 불과하다. 그래서 마르크스는 기구에 불과한 국가는 다른 기구를 통해 그 역할을 대체하면 그만이기 때문에 소멸시켜도 된다고 보았다.

✱ 로크가 제시한 저항권의 정당성

• 첫째, 자의적 권력을 남용하는 폭정은 반드시 반란을 낳는다.

• 둘째, 혁명은 공사 처리에 있어 사소한 잘못이 있을 때마다 일어나는 것이 아니다.

• 셋째, 권력을 가진 이들이 무력으로 법과 제도를 파괴하는 행위가 진정한 반란이다.

• 넷째, 정부의 목적은 인류의 복지이다.

    – 김만권, "그림으로 이해하는 정치사상"

주제 2 시민적 자유와 권리의 근거 그리고 공동체와 공동선 및 시민적 덕성

→ 법에 보장된 일정한 권리와 의무를 지닌 자유롭고 평등한 사람으로, 정치에 참여할 권한과 자격을 가진 사람들을 말한다.

1. 시민적 자유와 권리의 근거

자유주의	• 자유주의는 자연권이 시대나 장소에 상관없이 인간에게 보편적으로 내재해 있다고 봄 • 자유주의는 개인주의를 바탕으로 하며 자유를 최상의 가치로 삼음 • 자유주의자들은 소극적 자유를 중시하며 개인의 권리와 정치적 의무가 충돌할 때, 권리를 우선시함 • 개인의 권리를 제약하거나 개인에게 어떤 의무를 부과하려면 반드시 시민의 자발적인 동의(명시적 동의와 묵시적 동의)를 얻어야 함 • 국가의 존립 목적은 시민들이 스스로의 선택에 따라 자유로운 삶을 영위할 수 있도록 하는 것으로 그러기 위해 국가는 중립성을 유지해야 함 • 법의 간섭을 최소화해야 함, 즉 다른 시민의 자유와 권리를 침해할 때 외에는 공권력과 법이 개인의 행동을 제약할 수 없음 └ 국가는 구성원들이 서로 다른 신념 체계를 지닐 수 있음을 인정하고 어떤 특정한 가치나 삶의 방식을 따르도록 강제해서는 안 된다는 의미이다.
공화주의	• 개인의 자유를 극대화함으로써 공동체적 삶을 소홀히 할 수 있다는 자유주의의 문제점을 보완하기 위해 등장 • 공적인 일에 관심을 가지고 참여하며, 공동체에 필요한 기여와 헌신을 의무로 여기고 실천하려는 자세와 능력을 갖춘 사람을 이상적인 시민으로 봄 • 시민적 자유와 권리는 천부적인 것이 아니라 시민에게만 인정되고 국가의 번영에 해를 끼치지 않는 한도 내에서만 허용되는 제한적인 것임 • 권력의 타락을 방지하고 개인의 자유와 권리를 증진하기 위해 법에 의한 지배를 강조함

2. 공동체와 공동선 및 시민적 덕성

→ 개인을 포함한 공동체를 위한 선(善), 즉 공동체 전체에 이익이 되는 공익성으로 공공선이라고도 함

(1) 공동체와 공동선에 대한 두 관점

구분	자유주의	공화주의
인간관	자신의 삶을 스스로 계획하고 결정할 수 있는 자율적 존재	의무와 공동체적 삶을 중시하는 공동체의 시민
시민적 자유와 권리	• 개인의 자유와 권리의 근거를 자연권 사상에 두고 있음 • 법은 다른 시민의 자유와 권리를 침해할 때 외에는 개인의 행동을 제약할 수 없으며, 법의 간섭은 최소한으로만 이루어져야 함	• 천부적으로 주어지는 것이 아닌, 공동체의 법과 제도적 노력에 의해 실현될 수 있음 • 자유는 권력자의 자의적 지배가 없는 상태를 의미함
공동체	• 개인의 자유와 권리를 보장하기 위한 수단 • 사익보다 중요한 공익이란 없고, 개인의 자유와 권리를 보장하는 것이 곧 공동선	• 공동선을 자기 삶의 이념으로 받아들인 개인으로 구성된 것 • 공익은 사익에 우선하고, 공동선을 실현하려는 노력을 통해 개인의 선도 증진
문제점	개인선을 지나치게 강조할 경우 의무와 공동선에 대해 무관심할 수 있음	공동선을 지나치게 강조할 경우 개인의 자유와 권리를 훼손할 수 있음
조화	자유주의적 시민성과 공화주의의 공동체주의적 시민성은 서로 양립 가능하며 조화를 이룰 수 있음	

(2) 시민적 덕성 : 관용과 애국심

└ 사사로운 이익이나 적은 일에 얽매이지 않고 전체적인 관념에서 판단하고 행동하는 것

구분	자유주의	공화주의
관용	개인의 가치관과 생각, 취향이 타인에게 피해를 주지 않는 이상 허용되고 존중되어야 한다고 봄	서로의 차이를 단순히 허용하는 것을 넘어 비지배의 조건을 보장하기 위해 타인의 자율성을 존중하는 것
애국심	• 헌법의 기본 이념에 대한 국민적 동의와 충성을 의미하는 헌법 애국주의를 가리킴 • 국가의 정치 체제를 규정하는 헌법의 기본 이념에 대한 국민의 동의와 충성을 의미함	• 시민의 자유를 지켜주는 정치 공동체와 동료 시민에 대한 대승적 · 자발적 사랑(카리타스, caritas)을 의미함 • 민족주의적 애국심과 구분되며, 헌법 애국주의와도 차이가 있음

(3) 자유주의와 공화주의의 공통점 : 개인성과 공동선의 조화를 이루기 위한 노력의 일환으로 관용, 애국심 등과 같은 시민적 덕성의 함양을 강조함

✱ 소극적 자유와 적극적 자유

적극적 자유란 '~로의 자유', 즉 자기 지배로서의 자유를 말하는 것으로 이것에는 자기를 규율하는 '자율'의 의미와 집단에 의해 집단을 규율하는 '자치'의 의미가 있다. 이것에 대해 '소극적 자유'란 '~에서의 자유 ', 즉 강제에서의 자유를 말하는 것으로 이것에는 타자의 간섭에서의 자유와 자신의 내부의 강제상태에서의 자유라는 의미가 있다.

✱ 명시적 동의와 묵시적 동의

자유주의자인 로크는 의무를 명시적 의무와 묵시적 의무로 구분하고, 어떤 나라에 거주한다는 사실 자체로 묵시적 동의가 성립하므로 의무가 발생할 수 있다고 보았다. 그러나 명시적이건 묵시적이건 모든 의무는 동의에 기초해야 한다고 보았다. 롤스 역시 구성원들이 헌법 원리에 합의해야, 시민의 정치적 의무가 정당성을 확보한다고 보았다.

✱ 비지배로서의 자유

비재배로서의 자유는 타인의 자의적인 지배에서 벗어나는 것이 핵심이다. 자유주의에서 말하는 간섭의 부재에서 더 나아가 타인에게 사적으로 종속되지 않는 상태를 지향한다. 공화주의자들은 이러한 자유가 시민의 참여 속에서 공동 결정으로 만들어진 법에 의해 가능하다고 보았다. 따라서 공화주의에서의 법은 시민의 자유를 보장하는 수단이 된다.

✱ 하버마스의 헌법 애국주의

하버마스는 문화 간의 평화로운 공존을 보장하면서도 다양한 문화를 하나로 묶는 통합의 필요성을 제기하고, 그 방법으로 헌법 애국주의를 제시한다. 이것은 종족적 민족주의를 대체하는 새로운 윤리적 통합의 이데올로기이다. 헌법 애국주의는 특정한 민주적 절차와 법 원칙, 그리고 그러한 기반 위에 형성된 정치적 문화에 대한 공동체 구성원의 충성심에 바탕을 둔다.

핵심 개념 CHECK!

• 정답 및 해설 53쪽

다음 확인 문제 중 옳은 것에 ○, 옳지 않은 것에 ✕를 표기하세요.

주제 1 국가에 대한 동서양의 사상

01 아리스토텔레스는 인간의 본성에 의해 생겨난 인간 간의 결합을 국가의 기원으로 보았다. ○ ✕

02 공화주의는 시민의 자유 보장을 위해 법에 의해 다스려지는 공동체가 바람직한 국가라고 보았다. ○ ✕

03 함정 사회 계약론은 국가를 개인의 권익을 위한 수단이 아니라 도덕 공동체 그 자체로 이해하였다. ○ ✕

04 유교에서는 구성원 각자는 자신의 역할에 따른 사회적 책임에 충실해야 하고, 국가는 백성이 선(善)에 이르도록 교화해야 한다고 보았다. ○ ✕

05 함정 아리스토텔레스는 국가는 구성원이 인간다운 삶을 실현할 수 있는 최선의 공동체가 아니라고 보았다. ○ ✕

06 공화주의는 개인보다 공동체, 즉 공화국을 우선시하고 사적인 삶보다 공화국에 참여하는 공적인 삶을 더 가치 있다고 여긴다. ○ ✕

07 유교는 백성의 도덕성 함양이 아니라 백성의 경제적 안정을 군주의 의무로 보았다. ○ ✕

08 함정 공화주의는 계급을 바탕으로 국가의 기원과 본질을 설명한다. ○ ✕

09 마르크스는 국가는 소수의 지배 계급이 다수의 피지배 계급을 억압하고 착취하기 위한 수단으로 발생한 것이라고 보았다. ○ ✕

10 유교는 백성의 뜻은 곧 하늘의 뜻이므로 군주는 백성들을 위한 정치를 펼쳐야 한다고 보았다. ○ ✕

11 아리스토텔레스는 시민이 정치에 참여할 수 있는 제도를 마련해 영혼의 탁월성을 발휘할 수 있도록 할 때 국가는 정당성을 인정받을 수 있다고 보았다. ○ ✕

12 함정 공화주의에서는 법치만 이루어진다면 시민의 참여는 불필요하다고 보았다. ○ ✕

13 아리스토텔레스는 국가의 기원을 사람들 사이에서 이루어진 계약의 산물로 본다. ○ ✕

14 공화주의는 국가의 기원을 시민의 자유 보장을 위해 군주가 만든 것으로 본다. ○ ✕

15 마르크스는 지배 계급이 피지배 계급을 억압하고 착취하기 위한 수단으로 국가가 발생한 것이라고 본다. ○ ✕

16 현대의 국가는 민주주의를 바탕으로 복지 국가를 실현할 때 정당성을 인정받을 수 있다. ○ ✕

주제 2 시민적 자유와 권리의 근거 그리고 공동체와 공동선 및 시민적 덕성

17 자유주의는 개인의 자유가 무엇보다 소중한 가치라고 보는 입장이다. ○ ✕

18 함정 자유주의는 정치 공동체의 일원으로서만 개인은 자아 정체성을 실현할 수 있다고 보았다. ○ ✕

19 자유주의에서의 관용이란 타인의 가치관을 존중하는 것이라고 보았다. ○ ✕

20 함정 공화주의는 공동선보다는 개인의 행복과 자아실현 등 개인선의 추구를 중시한다. ○ ✕

21 공화주의의 애국심은 혈연, 지연, 전통에 기초한 선천적 애착을 강조한다. ○ ✕

22 소극적 자유는 국가와 타인에게 구속당하지 않고 행동할 수 있는 사적 영역을 보장함으로써 실현될 수 있다. ○ ✕

23 공화주의는 인간의 상호 의존성을 중시하며, 시민을 개체적 존재가 아니라 사회적 존재로 보는 사상이다. ○ ✕

24 공화주의자들은 자유의 근거를 시민들 스스로가 심의하고 제정한 헌법에서 그 근거를 찾는다. ○ ✕

25 공화주의에서 말하는 자유는 권력자의 자의적 지배가 없는 상태이다. ○ ✕

26 함정 자유주의는 개인의 이익 추구를 위해 공익을 경시해야 한다고 보았다. ○ ✕

27 공화주의는 공동체의 시민으로서 이행해야 할 의무와 공동체적 삶의 중요성을 강조한다. ○ ✕

28 자유주의에서는 시민이 동의한 법과 제도를 바탕으로 하는 법치(法治)도 중시한다. ○ ✕

29 자유주의는 자유와 권리의 근거를 자연권 사상에 두고 있다. ○ ✕

30 함정 공화주의는 특정인의 지배로 인해 개인의 자유와 권리가 침해되는 공동체를 바람직한 공동체라고 보았다. ○ ✕

31 자유주의는 개인의 자유를 위협하는 체제와 제도를 반대한다. ○ ✕

32 자유주의는 다른 시민의 자유와 권리를 침해할 때 외에는 법이 개인의 행동을 제약할 수 없다고 본다. ○ ✕

33 공화주의는 시민적 자유와 권리가 천부적으로 주어진다고 본다. ○ ✕

사회 계약론자인 홉스와 로크의 국가관은 어떻게 다를까?

개념 ▸ 자료로 확인

■ 홉스의 국가관

> 국가란 하나의 인격(person)으로서, 다수의 인간이 상호 계약에 의해 스스로가 그 인격이 하는 행위의 본인이 된다. 국가의 목적은 그 인격이 공동의 평화와 방어에 필요하다고 생각할 때 다수의 모든 힘과 수단을 적절히 이용할 수 있도록 하는 데 있다. 그리고 이 인격을 담당한 자를 주권자라 칭하며, 주권을 가지고 있다고 말한다. 그리고 그 이외의 모든 인간을 그의 국민이라 부른다.
>
> — 홉스, "리바이어던"

홉스에 따르면 전쟁 상황과 같은 자연 상태에서 공포에 떨며 살던 사람들은 자신들의 생명을 지키기 위해 사회 계약을 통해 국가를 성립시켰으며 자발적으로 그의 국민이 되었다. 따라서 홉스는 국민에게 주권을 위임받은 국가는 외적의 침입과 개인 상호 간의 권리 침해를 방지하는 등 계약의 목적을 실행해야 한다고 주장하였다.

■ 로크의 국가관

> 정치권력은 모든 사람이 자연 상태에서 가지고 있다가 사회의 수중에 넘긴 것이며, 사회는 권력을 구성원의 복지와 재산의 보존을 위해서 사용해야 한다는 명시적 또는 묵시적 신탁과 함께 스스로 선택한 통치자에게 넘긴 것이다. …… 그러므로 그 권력이 위정자의 손에 있을 때에도 사회 구성원의 생명, 자유, 소유물을 보존하는 것 이외의 다른 목적이나 척도를 가질 수 없다.
>
> — 로크, "통치론"

로크는 국가를 운영하는 정부가 정치권력을 본래 목적대로 수행하지 못할 때 정당성을 상실하므로 시민은 정부를 해체할 수 있다고 주장하였다.

홉스, 로크 루소 등과 같은 사회 계약론자들은 국가의 기원이 자신의 권리를 보장받기 위해 개인이 동의한 계약에 있다고 본다. 각 개인은 국가가 없는 자연 상태에서 자신의 권리를 제대로 보장받지 못하기 때문에 계약을 통해 이 상황에서 벗어나려고 한다는 것이다. 홉스는 자기 생명은 보존하고 평화를 획득하기 위해, 로크는 개인의 생명권뿐만 아니라 재산권, 자유권과 같은 권리를 보장하기 위해 계약을 통해 국가를 만들었다고 보았다. 한편 루소는 자연 상태에서 누리던 자유를 보장받기 위해 국가를 형성했다고 보았다. 이처럼 사회 계약론은 국가를 개인의 자유와 권리 등을 보장받기 위한 수단으로 인식하였다.

개념 ▸ 빈칸 채우기로 확인

■ 홉스의 국가관

Q1 홉스는 국가의 우선적인 역할은 사회 질서와 (　　　　)을/를 유지하는 것이라고 보았다.

Q2 홉스는 (　　　　)의 개인들이 만인에 대한 만인의 투쟁 상태에 놓여 있다고 하였다.

■ 로크의 국가관

Q3 로크는 개인의 생명권뿐만 아니라 (　　　　)와/과 (　　　　)와/과 같은 권리를 보장하기 위해 계약을 통해 국가를 만들었다고 보았다.

Q4 로크는 정부가 개인의 권리를 심각하게 침해하거나 공동선을 해칠 경우, 시민들이 정치적 (　　　　)을/를 행사할 수 있다고 주장하였다.

개념 ▸ O/X로 확인

Q5 홉스는 각 개인이 자신의 신체와 생명을 부당하게 위협당한다면, 개별적으로 반발할 수 있다고 보았다. (○ / ×)

Q6 로크는 국가가 개인의 소유권을 동의 없이 침해하는 것도 정당하다고 보았다. (○ / ×)

Q7 홉스는 모든 시민이 예속되지 않을 자유를 누릴 수 있도록 국가가 적극적인 역할을 해야 한다고 보았다. (○ / ×)

Q8 로크는 국가가 시민의 자연권적 기본권을 침해할 경우 시민이 저항할 수 있다고 보았다. (○ / ×)

개념 ▸ 문제에 적용

적용하기 Q9 다음을 주장한 사상가가 긍정할 질문에 ○를, 부정할 질문에 ×를 표시하시오.

> 인간은 본래 모두 자유롭고 평등하며 독립된 존재이므로, 어떤 인간도 자신의 동의 없이 이러한 상태를 떠나서 다른 사람의 정치권력에 복종할 수 없다. 어떤 사람이 자신의 자연적 자유를 포기하고 시민 사회의 구속을 받아들이는 유일한 방도는 재산을 안전하게 누리고 공동체에 속하지 않은 사람들로부터 좀 더 많은 안전을 확보하면서, 상호 간에 편안하고 안전하며 평화스러운 삶을 영위하기 위해 다른 사람들과 함께 공동체를 결성하기로 합의하는 것이다.

- 국가는 자연권적 기본권을 보장하는 역할을 해야 하는가?　❶ (○ / ×)
- 자신의 권리를 절대 군주에게 전면 양도해야 하는가?　❷ (○ / ×)
- 각 개인은 이성과 양심을 지니고 살아가는가?　❸ (○ / ×)

적용하기 Q10 다음 서양 사상가의 입장에 대한 설명으로 옳은 것은?

> 입법권은 일정한 목적을 위해서만 활동할 수 있는 신탁된 권력이므로 입법부가 그들에게 맡겨진 신탁에 반해서 행동하는 것이 발견될 때 입법부를 폐지하거나 변경할 수 있는 권력은 여전히 인민에게 있다. 그리고 권력을 회수한 자들은 자신들의 안전과 안보를 위해서 최선이라고 생각하는 곳에 그 권력을 새롭게 맡길 수 있다.

① 사회 계층에 따라 자연권 행사가 다르다고 본다.
② 절대 군주의 권력에 제한을 가해서는 안 된다고 본다.
③ 국민을 정치의 주체가 아니라 통치의 대상이라고 본다.
④ 국민은 군주에 대해 정치적인 저항을 해서는 안 된다고 본다.
⑤ 정부가 정당성을 상실하면 시민은 정부를 해체할 수 있다고 본다.

HOW & WHY 정답 01. 평화 02. 자연 상태 03. 재산권, 자유권 04. 저항권 05. ○ 06. × 07. × 08. ○ 09. ❶ ○ ❷ × ❸ ○ 10. ⑤

주제 1　국가에 대한 동서양의 사상

족집게 전략 | 갑, 을 사상가가 제시하는 사회 계약론의 특징을 파악하여 비교하는 문항이다. 갑, 을 사상가의 국가 권력에 대한 입장을 이해하고 있어야 한다.

214 대표 문항
| 평가원 기출 |

그림은 서술형 평가 문제와 학생 답안이다. 학생 답안의 ㉠~㉤ 중 옳지 않은 것은?

서술형 평가

◎ 문제 : 근대 서양 사상가 갑, 을의 입장을 비교하여 설명하시오.

> 갑 : 모든 사람이 자신의 힘 이외에는 어떤 안전 대책도 존재하지 않는 전쟁 상태인 자연 상태에 있는 것보다 막강한 권력에 의해 지배받는 상태에 있는 것이 훨씬 낫다. 공공의 칼에 의해 이행이 보장되지 않는 계약은 단지 빈말과 허풍에 불과하다.
>
> 을 : 모든 사람이 절대 군주에 복종해야 하는 상태보다 타인의 부당한 의사를 따르지 않아도 되는 자연 상태가 훨씬 낫다. 사람들이 자연 상태에서 가졌던 사적 재판권을 최고 권력인 입법부에 위임한 시민 사회는 절대 군주제와 양립 불가능하다.

◎ 학생 답안

> 갑, 을의 입장을 비교해 보면, 갑은 ㉠ 사람들의 자기 보존 욕구가 계약 체결의 동기가 된다고 보았으며, ㉡ 자연 상태에서는 공통의 권력이 존재하지 않는다고 주장하였다. 을은 ㉢ 인간이 제정한 법률에 의해 자연권이 형성된다고 보았으며, ㉣ 계약의 목적을 위배하여 정당성을 상실한 정치 권력에 대해 시민이 저항할 수 있는 권리가 있다고 주장하였다. 한편 갑, 을은 모두 ㉤ 국가 권력의 정당성이 개인들의 합의에서 비롯된다고 보았다.

① ㉠　　② ㉡　　③ ㉢　　④ ㉣　　⑤ ㉤

✏️ **한줄 Tip**　홉스와 로크의 국가 권력에 대한 대응의 자세에 대해 이해하는 것이 포인트이다.

215

다음 사상가의 입장으로 옳은 것은?

> 현대 대의제 국가에서는 마침내 부르주아가 배타적인 정치적 지배권을 쟁취했다. 현대 국가의 집행부는 부르주아 전체의 공동 업무를 관장하는 위원회에 불과하다.

① 국가는 계약을 통해 형성된 도덕 공동체이다.
② 국가는 개인의 존재와 이익 보존을 위한 결사체이다.
③ 국가는 지배 계급의 이익을 증진하기 위한 수단이다.
④ 계급 간의 갈등이 사라지면 국가의 역할은 확대된다.
⑤ 국가는 정치적 본성에 의해 생겨난 인간 간의 결합이다.

216
| 교육청 기출 |

(가)의 갑, 을 사상가들의 입장을 (나) 그림으로 탐구하고자 할 때, A~C에 들어갈 질문으로 옳은 것은?

(가)	갑 : 국가는 사람들의 안전 보장을 목적으로 한다. 이는 리바이어던이 절대 권력으로 평화를 유지하고 사회를 방위할 때 달성될 수 있다.
	을 : 모든 정치 운동은 노동자 계급의 경제적 해방을 목적으로 한다. 이는 노동자 계급의 투쟁으로 모든 계급 지배가 폐지될 때 달성될 수 있다.

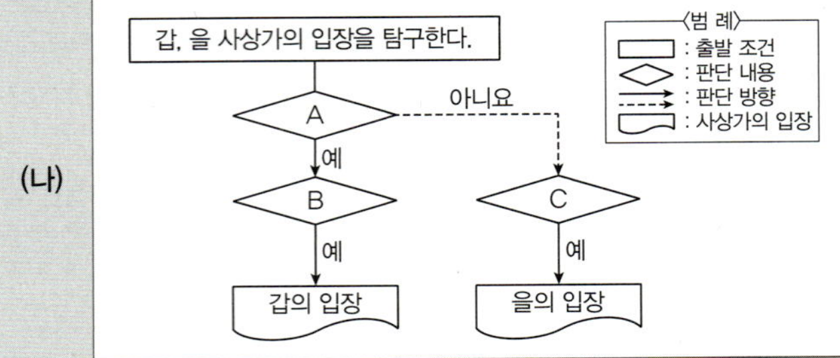

① A : 주권자인 모든 국민을 통치의 주체로 보아야 하는가?
② B : 생산수단이 공유되는 평등한 사회를 추구해야 하는가?
③ B : 군주에게 절대권을 부여하여 사회 혼란을 극복해야 하는가?
④ C : 국가는 불평등 해소보다 사적 소유권 보장에 힘써야 하는가?
⑤ C : 자본가와 노동자의 상호 협력으로 사회를 통합해야 하는가?

217
| 평가원 기출 |

근대 서양 사상가 갑, 을의 입장을 〈보기〉에서 고른 것은?

> 갑 : 자연 상태에서 인간은 자유롭고 평등하지만 사유 재산의 발생과 더불어 불평등과 예속의 상태에 놓이게 된다. 그러한 상태에서 벗어나기 위해서 각자는 신체와 모든 힘을 공동의 것으로 삼아 일반 의지의 최고 지도하에 두어야 한다.
>
> 을 : 자연 상태에서 인간은 평등한 자유의 주체로서 각자 자연권을 향유하며 자기 보존을 위해 경쟁한다. 그러한 경쟁은 만인의 만인에 대한 전쟁 상태를 초래하기 때문에 사람들은 전쟁 상태에서 벗어나기 위해 국가에 자신들의 권리를 양도해야 한다.

〈보기〉

ㄱ. 갑 : 주권은 구성원의 동의하에 군주에게 양도되어야 한다.
ㄴ. 갑 : 일반 의지에 대한 복종은 자기 자신에 대한 복종이다.
ㄷ. 을 : 자연 상태에서 자기 보존을 위한 폭력은 부정의한 것이다.
ㄹ. 갑, 을 : 정치권력의 정당성은 사회 구성원의 동의에 기초한다.

① ㄱ, ㄴ　　② ㄱ, ㄷ　　③ ㄴ, ㄷ　　④ ㄴ, ㄹ　　⑤ ㄷ, ㄹ

218

|평가원 기출|

갑은 고대, 을은 근대 사회사상가이다. 갑, 을의 입장에 대한 설명으로 옳은 것은?

> 갑 : 인간은 자연스럽게 가족과 마을을 형성하고, 마지막으로 최종적이고 완전한 결사체에 도달하게 되는데, 그것이 바로 국가이다. 그러므로 인간은 본성적으로 국가에 속하도록 되어 있다. 국가에 속하지 않은 고립된 자는 동물이거나 아니면 신일 것이다.
>
> 을 : 인간이 자연적 자유를 포기하고 국가의 구속을 받게 되는 유일한 길은 공동사회 구성에 동의하는 것이다. 그럼으로써 다수의 결정에 구속되어야 한다는 의무를 짊어지게 된다. 그러나 국가가 시민의 재산을 보호하지 못할 경우 시민은 동의를 철회할 수 있다.

① 갑은 가족이 마을이나 국가보다 완전한 최고의 공동체라고 본다.
② 갑은 정치적 의무를 개인의 자발적 선택에서 비롯된 것으로 본다.
③ 을은 국가 권력은 분할되거나 다른 사람에게 위임될 수 없다고 본다.
④ 을은 묵시적 동의로도 개인에게 정치적 의무가 발생할 수 있다고 본다.
⑤ 갑, 을은 정치적 의무를 인간이 가지는 자연적 의무의 하나로 본다.

219

갑은 고대 사상가, 을은 근대 사상가이다. 갑은 부정, 을은 긍정의 대답을 할 질문으로 가장 적절한 것은?

> 갑 : 공화국은 인민의 일들이다. 그러나 인민은 아무렇게나 모인 한 무리의 사람을 뜻하는 것이 아니라 법을 존중하고 공동의 이익을 인정하고 동의한 사람들의 모임이다.
>
> 을 : 원래 자유를 사랑하고 타인을 지배하기 좋아하는 존재인 인간이 국가의 틀 안에서 살기로 한 궁극적 이유는 자기 보존과 그것에 따른 만족한 생활에 대한 전망이나 예상에 기인한다. 즉 인간은 자연 상태의 비참한 전쟁 상황으로부터 빠져나오고 싶다고 생각했기 때문이다.

① 국가는 사회 구성원들의 자유를 보장해야 하는가?
② 국가는 주권자인 시민이 만들어 낸 정치 공동체인가?
③ 국가는 역사의 필연적 발전 단계에 따라 소멸되는가?
④ 주권을 위임받은 국가는 계약의 목적을 실행해야 하는가?
⑤ 시민의 자유를 보장하기 위해 법에 의한 지배가 필요한가?

220 고난도↑

그림은 서술형 평가 문제와 학생 답안이다. 학생 답안의 ⊙~⑩ 중 옳지 않은 것은?

> **서술형 평가**
>
> ◎ 문제 : 근대 서양 사상가 갑, 을의 사상적 특징에 대해 비교하여 서술하시오.
>
> 갑 : 모든 사람이 자신의 힘 이외에는 어떤 안전 대책도 존재하지 않는 전쟁 상태인 자연 상태에 있는 것보다 막강한 권력에 의해 지배받는 상태에 있는 것이 훨씬 낫다. 공공의 칼에 의해 이행이 보장되지 않는 계약은 단지 빈말과 허풍에 불과하다.
>
> 을 : 개인과 개인이 연합하여 공동의 힘으로 각자의 생명과 재산을 보호하고 보존하는 일종의 연합 형태를 발견하고, 일반 의지에 따라 각 개인은 전체와 결합하지만, 종전처럼 자신에게만 복종하고, 그전처럼 자유를 잃지 않는 연합 형태야말로 사회 계약으로 이루어야 할 근본적인 과제이다.

> ◎ 학생 답안
>
> 갑, 을의 사상적 특징을 비교하면, 갑은 ⊙ <u>국가가 강력한 권력을 가지려면 절대적인 군주가 필요하다고 보았으며</u>, ⓒ <u>군주의 권력은 개인 생명의 보존권을 제한할 수 있다고 주장하였다</u>. 을은 ⓒ <u>자연 상태는 평화롭고 평등하였지만, 사유 재산을 형성하면서 불평등이 시작되었다고 보았으며</u>, ② <u>주권은 항상 국민에게 속하며 양도될 수 없는 것이라고 주장하였다</u>. 한편 갑, 을은 모두 ⑩ <u>국가를 개인들이 합의하여 인위적으로 만든 것으로 보았다.</u>

① ⊙   ② ⓒ   ③ ⓒ   ④ ②   ⑤ ⑩

221

다음 고대 동양 사상가의 입장으로 옳지 않은 것은?

> 일반 백성은 고정적인 생업이 없으면 흔들림 없는 도덕적인 마음도 없어진다. 그러므로 현명한 군주는 백성의 생업을 마련해 주는데, 반드시 위로는 부모를 섬기기에 충분하게 하고 아래로는 처자를 먹여 살릴 만하게 하여, 풍년에는 언제나 배부르고 흉년에는 죽음을 면하게 된다.

① 국정 운영의 책임의 주체는 백성이다.
② 군주는 백성을 위한 정치를 펼쳐야 한다.
③ 백성들의 뜻을 저버린 군주는 교체할 수 있다.
④ 군주의 역할은 위민(爲民)의 실현하는 것이다.
⑤ 백성의 도덕적 삶의 실현을 위해 경제적 안정을 이루어야 한다.

주제 2   시민적 자유와 권리의 근거 그리고 공동체와 공동선 및 시민적 덕성

족집게 전략 | (가), (나) 사상의 특징을 파악하여 비교하는 문항이다. (가), (나) 사상의 시민적 자유에 대한 입장을 이해하고 있어야 한다.

222 대표 문항
| 평가원 기출 |

(가), (나)는 사회사상이다. (가) 사상에 비해 (나) 사상이 갖는 상대적 특징을 그림의 ㉠~㉤ 중에서 고른 것은?

> (가) 자유는 가치를 스스로 선택하는 능력에 달려 있다. 개인은 불가침적인 권리를 지니므로 공동선을 위한다는 명목으로 누구도 타인을 강제할 수 없다. 도덕과 정치를 결합하려는 시도는 강제되지 않을 개인의 권리를 침해하므로 부당하다.
>
> (나) 자유는 '함께하는 자치'에 달려 있다. 자치를 공유하는 것은 공동선에 대해 동료 시민들과 숙고하는 것을 의미하며, 자치를 공유하기 위해서는 시민들이 바람직한 품성을 습득해야 한다. 자치에 필수적인 품성을 길러 내는 것이 정치이다.

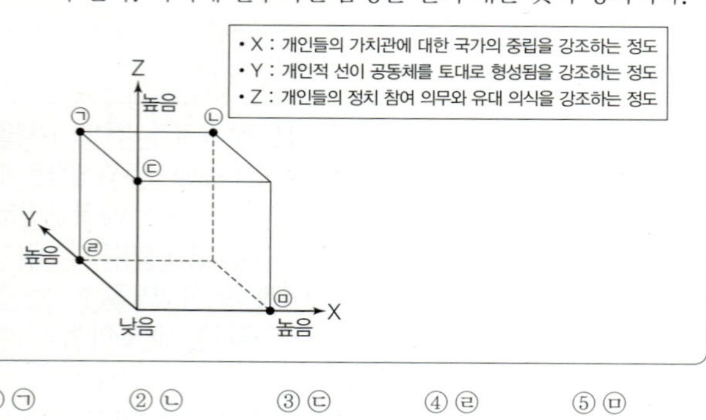

① ㉠   ② ㉡   ③ ㉢   ④ ㉣   ⑤ ㉤

✎ **한줄 Tip**   자유주의와 공동체주의의 자유에 대한 입장을 이해하는 것이 포인트이다.

223
| 교육청 기출 |

(가), (나)는 사회사상이다. (가)에 비해 (나)의 입장에서 강조할 내용으로 가장 적절한 것은?

> (가) 개인은 자신의 삶의 방식대로 살 권리를 침해당해서는 안 된다. 국가는 한 사람의 삶의 방식이 다른 사람의 삶의 방식보다 더 바람직하다고 전제하면 안 된다.
>
> (나) 개인은 공동체의 목적과 분리되어 존재할 수 없다. 국가는 공동선을 설정하고 구성원들이 그 공동선의 실현에 참여할 수 있도록 이끌어 주어야 한다.

① 인간은 스스로 삶의 목적을 선택하는 독립적 존재이다.
② 사회는 개인의 자유와 권리를 실현하기 위한 수단이다.
③ 공동선은 별도로 있지 않고 개개인의 선을 합한 것이다.
④ 개인의 정체성은 공동체의 전통과 가치 속에서 형성된다.
⑤ 국가는 개인에게 특정한 가치를 따르도록 지시하면 안 된다.

224
| 교육청 기출 |

그림은 서술형 평가 문제와 학생 답안이다. 학생 답안의 ㉠~㉤ 중 옳지 않은 것은?

> **서술형 평가**
>
> ◎ 문제 : 사회사상 (가), (나)의 특징을 비교하여 서술하시오.
>
> > (가) 인간은 서로 배려하며 공동선을 추구하는 사회적 존재이다. 개인은 태어나면서부터 공동체에 소속되며 공동체 안에서 바람직한 역할을 요구받는다.
> >
> > (나) 인간은 합리적 이성으로 스스로 삶의 목적을 선택하는 자율적 존재이다. 국가와 사회는 개인의 자유를 보호하고 증진하는 수단으로서만 가치가 있다.
>
> ◎ 학생 답안
>
> > (가)는 ㉠ 공동체의 전통과 가치를 토대로 형성되는 개인의 정체성을 중시하며, (나)는 ㉡ 개인의 선택으로 이루어지는 자아정체성을 중시한다. 한편 (가)는 (나)에 비해 ㉢ 사회 집단 속에서 자신의 역할에 무관심할 가능성이 높아 사회 통합을 방해할 수 있고, (나)는 (가)에 비해 ㉣ 개인의 자유를 지나치게 강조하여 방종으로 변질될 수 있다. 그러나 (가)와 (나)는 모두 ㉤ 개인의 권리 보장과 공동선의 실현이 공존할 수 있다고 본다.

① ㉠   ② ㉡   ③ ㉢   ④ ㉣   ⑤ ㉤

225

(가), (나) 사회사상의 입장에 대한 설명으로 가장 적절한 것은?

> (가) 우리는 우리 자신을 공동체와 무관한 존재로 볼 수 없다. 우리는 상호 간에 빚을 졌으며 도덕적으로 연관된 존재이 다. 즉 우리는 가족, 사회, 국가, 그리고 민족의 구성원이자 그 공동의 기억을 떠안은 사람이다.
>
> (나) 인간은 자유롭고 평등하게 태어난다. 인간에게 자유는 강제와 속박이 없을 때 가능하며, 타인의 자유를 침해하지 않는 범위에서만 보호 받을 수 있다. 불가침의 권리인 자유는 공동선을 위한다는 명분으로 침해될 수 없다.

① (가)는 개인을 공동체로부터 독립된 존재로 본다.
② (가)는 공동체의 선은 개인의 선의 총합이라고 본다.
③ (나)는 자유의 실현을 위해 개인의 권리 보호를 중시한다.
④ (나)는 개인의 자유 보장을 위해 시민의 연대와 희생을 중시한다.
⑤ (가), (나)는 공동선의 실현을 위해 필요에 따른 분배를 강조한다.

226
그림의 강연자가 지지할 입장으로 가장 적절한 것은?

① 자연권은 천부적으로 주어지는 것이 아니다.
② 공동체는 필요에 따라 개인의 자유를 제한해야 한다.
③ 법에 의한 개인의 간섭을 최대한으로 허용해야 한다.
④ 개인의 권리를 시민의 동의가 없어도 제한이 가능하다.
⑤ 자유는 외부의 부당한 압력이나 강제로부터 벗어난 상태이다.

227
㉠ 사상의 입장에 대한 설명으로 옳은 것을 〈보기〉에서 고른 것은?

자연권 사상은 중세 유럽과 르네상스 시대의 절대 왕권에 대항하면서 확립되었다는 점에서 근대 ㉠ 의 발전 과정과 밀접한 관계를 가진다. 자연권 사상은 영국의 명예혁명, 미국의 독립 혁명, 프랑스 혁명 등과 같은 근대 시민 혁명의 사상적 지도 이념이 됨으로써 개인의 자유가 근대 입헌 민주주의의 기본적 권리로 확립되는 데 기여하였다. 즉 자연권 사상을 바탕으로 개인의 자유를 보편적 가치로 인식하는 ㉠ 이/가 등장한 것이다.

〔보기〕
ㄱ. 개인의 권리는 부당하게 침해받아서는 안 된다고 본다.
ㄴ. 개인의 권리는 사회적 맥락 속에서 파악되어야 한다고 본다.
ㄷ. 사회에 대한 평가 기준은 개인의 권리 보호 여부에 있다고 본다.
ㄹ. 개인의 권리와 정치적 의무가 충돌했을 때 정치적 의무를 우선해야 한다고 본다.

① ㄱ, ㄴ　　② ㄱ, ㄷ　　③ ㄴ, ㄷ　　④ ㄴ, ㄹ　　⑤ ㄷ, ㄹ

228
다음 사회사상의 입장에 대한 설명으로 가장 적절한 것은?

비지배(non-domination)로서의 자유는 자의적 통치나 폭정으로부터 시민들을 보호한다는 의미와, 시민들이 공적이고 정치적인 삶에 적극적으로 참여한다는 의미를 조합한 것이다. 즉 권력자의 지배로 인해 개인의 자유와 권리가 침해되는 공동체는 진정한 공동체가 아니다. 구성원 모두의 뜻과 의지가 반영된 법에 의해 개인의 자유와 권리가 보호되는 공동체가 진정한 공동체이다.

① 정치 참여는 시민의 책무가 아니라고 본다.
② 시민의 권리는 자연적으로 주어지는 천부인권이라고 본다.
③ 공동체는 개인의 자유와 권리를 보장하기 위한 수단이라고 본다.
④ 시민의 권리는 시민 스스로 동의한 헌법에서 찾아야 한다고 본다.
⑤ 자유의 조건은 자의적 지배의 부재가 아니라 간섭의 부재라고 본다.

229 고난도↑
사회사상 (가), (나)에 관한 설명으로 옳은 것을 〈보기〉에서 고른 것은?

(가) 우리는 개인의 권리를 존중해야 하지만 그들의 선을 증진할 필요는 없다. 어떤 사람들은 자유와 정치 참여는 서로 부수적인 관계에 불과하며 일치할 필요도 없고 연결되지도 않는다고 본다. 그러나 국가는 개인의 삶의 문제에 결코 중립적일 수 없다. 우리의 본성은 정치적 존재라는 데 있으며, 자유의 실현은 오직 공동선을 숙고하고, 국가의 공공 생활에 참여하는 우리 역량을 발휘하는 데서만 가능하다.
(나) 개인의 행동 중에 사회의 제제를 받아야 할 유일한 것은, 그것이 타인과 관련되는 경우뿐이다. 반대로 오로지 자신만 관련된 경우 그의 인격의 독립은 당연한 것이고 절대적인 것이다. 자신에 대해, 즉 자신의 신체와 정신에 대해 각자는 주권자이다.

〔보기〕
ㄱ. (가)는 국가는 도덕적 문제에 적극적으로 개입해야 한다고 본다.
ㄴ. (가)는 공동선은 개개인의 선을 모아서 형성된 것일 뿐이라고 본다.
ㄷ. (나)는 공동체는 개인적 자유와 권리를 보장하기 위해 존재한다고 본다.
ㄹ. (나)는 개인의 자유는 공동체의 전통과 관습에 따를 때만 보장될 수 있다고 본다.

① ㄱ, ㄴ　　② ㄱ, ㄷ　　③ ㄴ, ㄷ　　④ ㄴ, ㄹ　　⑤ ㄷ, ㄹ

15강 민주주의와 자본주의

주제 1 근대 민주주의의 지향과 자유 민주주의

1. 민주주의의 사상적 기원과 원칙

(1) 민주주의의 의미

① 그리스어로 인민을 뜻하는 '데모스(demos)'와 통치를 뜻하는 '크라토스(kratos)'가 합쳐진 말
→ 개인이나 소수가 지배하는 군주제나 귀족제와는 달리 인민이 지배하는 통치 형태

② 모든 인민이 동등한 자유와 평등한 권리를 가지는 존재라고 보고 '인민의, 인민에 의한, 인민을 위한 정치'를 추구
└ 소수에 의한 지배가 아니라 다수에 의한 지배를 의미한다.

③ 인민이 주권자로서 권력을 가지고 스스로 권력을 행사하는 정치 제도, 또는 그러한 정치를 지향하는 사상이나 정치적 지배 원리

(2) 민주주의의 사상적 기원

① 고대 그리스의 도시 국가였던 아테네에서 처음으로 등장

② 아테네는 자격을 갖춘 시민이라면 누구나 정치에 참여할 수 있는 직접 민주주의 사회

③ 시민들은 민회에 모여 자유롭게 의견을 교환하고, 중요한 정치적 사안을 직접 결정
└ 고대 그리스·로마 도시 국가에 있었던 정기적인 시민 총회로 직접 민주제의 한 형태이다.

(3) 민주주의의 기본 원칙

모든 시민의 동등한 참여 권한과 기회의 원칙	• 모든 시민은 직접 또는 대표자를 통해 헌법, 법률 및 정책과 관련하여 정치 권력을 행사할 수 있어야 하며, 정치권력을 행사할 때는 누구도 차별받거나 배제되어서는 안 됨 • 구성원 모두에게 공공의 일에 참여할 수 있는 동등한 권한과 기회를 부여
권력 구성과 집행에 대한 시민의 통제 원칙	• 통치 권력이 시민의 권리를 제대로 보장하지 못하거나 주어진 권한을 넘어서서 권력을 마음대로 행사할 때 시민이 바로잡을 수 있어야 함 • 시민은 정치 지도자를 선출할 뿐만 아니라 선출된 지도자를 감시하고 결과에 대해 책임을 물을 수 있음

2. 근대 자유 민주주의의 지향

(1) 근대 자유 민주주의와 사회 계약론

① 사회 계약론은 절대 왕정 시대의 전제 정치와 불평등한 사회 구조를 개혁하고 근대 민주주의를 확립하는 기초가 되었음

② 로크와 루소의 사회 계약론

로크	• 자연 상태에서는 개인의 생명과 자유, 재산에 대한 권리가 확실히 보장될 수 없으므로 개인은 계약을 맺어 자신의 권리를 보장해 줄 수 있는 정치 공동체의 구성원이 됨 • 권력의 기원을 시민에게서 찾는 인민 주권, 법에 따라 통치하고 그에 따라 살아가는 법치주의, 특정 세력에게 권력이 집중되는 것을 막기 위한 권력 분립을 주장
루소	• 사유 재산의 발생과 함께 인간은 불평등한 상황에 처하게 되었으며 자유가 속박되었음 • 개인은 주권자의 일원으로서 입법자가 되는 계약을 통해서만 시민적 자유를 회복할 수 있음 • 정치 공동체는 오로지 공공의 이익만을 지향하는 보편적 의지인 일반 의지에 근거하여 운영되어야 함

└ 법을 제정하는 권력과 법을 집행하는 권력을 분리해야 한다는 의미이다.

자료로 살펴보기

■ 루소의 일반 의지와 시민적 자유

"공동의 힘을 다해 각자의 몸과 재산을 지켜 보호해 주고, 저마다가 모든 사람과 결합하면서도 자기 자신에게만 복종해 전과 다름없이 자유롭도록 해 주는 그러한 형식을 찾아낼 것." 사회 계약이 그 해답을 주는 근본 문제란 이런 것이다. …… 이는 인간이 자유로워지도록 (일반 의지에 의해) 강요당할 것 말고는 다른 것을 뜻하지 않는다. 왜냐하면 그것이야말로 각 시민을 조국에 바침으로써 그를 모든 개인적 종속으로부터 보호해 주는 조건이기 때문이다.
– 루소, "사회 계약론"

루소는 사유 재산의 발생과 함께 인간은 불평등한 상황에 처하게 되었으며 자유가 속박되었다고 주장하였다. 따라서 개인은 주권자의 일원으로서 입법자가 되는 계약을 통해서만 시민적 자유를 회복할 수 있다고 보았다. 루소에 따르면 각 개인은 정치 공동체의 구성원이 되면서 자연 상태에서의 자유를 포기하지만, 스스로가 주권자이고 입법자인 공동체 내에서 자연 상태에서의 자유에 상응하는 시민적 자유를 재발견하게 된다.

＊ 인민

국가나 사회의 일반 대중을 의미하며, 라틴어 포풀루스(populus)에서 유래하였다. 근대 시민 혁명을 거치면서 인민은 단순한 피지배자가 아니라 국가와 사회의 주인으로 인식되고 있다.

＊ 군주제

국가의 최고 권력을 가진 군주가 국가의 중요한 일을 결정하고 시행하는 정치 제도이다. 군주가 법에 제한받지 않고 통치하는 전제(절대) 군주제와 군주의 권한이 법으로 제한되는 입헌 군주제가 있다. 오늘날 입헌 군주제를 취하는 국가에서는 일반적으로 군주는 명목적인 원수이며 실질적인 통치권은 없다.

＊ 민회

민회는 입법의 중추이자 중요 의제에 대한 최종 결정 기관이었는데, 아테네에서는 모든 남자 시민이 20세가 되면 민회에 참가하여 중요한 정치 문제를 직접 토의하고 결정할 자격을 얻었다. 민회는 1년에 최소한 40회 이상 소집되었으며 허다한 일상적 안건의 심의에도 6천 명의 정족수가 필요했다.

＊ 루소의 일반의지

국가란 그 구성원인 국민 개개인의 자유의사(自由意思)의 상호계약에 의해 형성된 것으로, 그 계약에 의거하여 성립된 공적 인격(公的 人格)의 의사가 곧, 일반의지(또는 일반의사)라고 했다. 다시 말해서 일반의지란 이기적인 개인으로서의 독립성과 사익성(私益性)을 버리고 사회계약의 당사자가 되는 공적 주체(公的 主體)로서의 시민의 의지, 즉 시민에 의해 제정된 각종 법규범 등이 그것이다.

주제 2 　도덕적 자율성과 책임성 및 시민의 소통과 유대

1. 현대 민주주의의 규범적 특징

(1) 대의 민주주의

특징	• 시민들이 투표를 통해 대표자를 선출하고, 선출된 대표자가 그들의 의사를 전달하고 실현하는 민주주의의 한 형태 • 모든 시민이 정치적 의사 결정과정에 직접 참여하기 어렵다는 현실적 한계가 있기 때문에 근대 이후 민주주의의 기본적인 형태로 자리 잡았음 • 대의 민주주의 사회에서 인민의 지배는 대표를 통해 간접적으로 이루어짐
한계	• 대표자가 다수의 의사를 온전히 대표하기는 어렵다는 점에서 대표의 실패라는 문제가 나타나기도 함 • 엘리트 민주주의의 성격을 가지고 있기 때문에 시민들의 정치적 소외감을 강화하고, 냉소주의를 조장할 우려가 있음 • 다수 집단의 의사만을 대표하여 소수의 의견을 배제하고, 사회 통합을 저해할 수도 있음

(2) 참여 민주주의

특징	• 다수의 시민이 의사 결정 과정에 자발적으로 참여하는 형태의 민주주의를 뜻함 • 시민은 자문 위원회나 공청회, 청문회 참여, 시민 단체 활동 등을 통해 정부의 정채 결정과 집행 과정에 직접적인 영향력을 행사할 수 있음 • 시민 다수가 공동체의 의사 결정 과정에 참여할 기회를 부여하여 자율성과 책임성의 범위를 시민 전체에게로 확대함
한계	• 참여한 시민이 자신이나 자신이 속한 집단의 이해관계만을 우선시하는 등 이기적 태도를 보일 경우 시민 전체의 의지가 왜곡될 수 있음 • 모든 시민이 정치적 의사 결정에 동등하게 참여하기가 어려움→각자가 처한 사회적·경제적 여건에 따라 정치에 대한 관심이나 참여의 정도에 차이가 나기 때문임

(3) 심의 민주주의 →국회나 행정 기관에서 일의 관련자역 의견을 들어보는 공개적인 모습

특징	• 시민들이 서로 소통하면서 집단의 의사를 형성해 가는 민주적 과정을 강조하는 방식 • 공공의 문제를 토론하고 심의하는 과정에 참여함으로써, 집단의 의사 형성에 관여하는 것 • 여러 분야의 전문가가 모여 민주적인 심의를 진행함으로써 사회문제를 해결할 수 있다고 봄
한계	심의 과정에서 모든 시민이 동등한 기회를 부여받지 못하거나 합리적인 의사소통이 결여된 시민이 심의 과정에 참여할 경우 심의 결과에 대한 정당성과 적절성의 문제가 생길 수 있음

2. 민주주의의 실현과 시민 불복종

(1) 민주 사회에서 시민이 자세 : 구성원의 기본권을 침해하거나 소수자를 부당하게 차별하는 정치 공동체의 법이나 정책을 시정하기 위해 노력해야 함

(2) 시민 불복종

① 의미 : 구성원의 기본권 침해나 소수자를 부당하게 차별하는 정치 공동체의 법이나 정책을 시정하기 위한 노력의 하나로, 의도적이고 공공연한 불법 행위임

② 롤스
- 공공적이고 비폭력이며 양심적이긴 하지만 법에 반하는 정치적 행위임
- 정상적인 민주적 절차가 실패할 때 시도할 수 있는 최후의 수단임
- 공공의 정의관에 어긋나는 것에 대한 저항임

③ 하버마스
- 시민들이 합리적인 의사소통을 통해 합의한 원칙에 어긋나는 법이나 정책에 대한 저항임
- 비폭력적이어야 하며 규범을 위반한 것에 대한 처벌을 감수한 전제하에서 행해져야 함

④ 소로
- 양심을 시민 불복종의 판단 기준으로 삼아, 양심에 어긋나는 법과 정책에는 복종하지 않을 수 있다고 봄
- 모든 사람은 시민이기 이전에 인간이며 법에 대한 존경심보다는 정의에 대한 존경심을 가져야 한다고 봄

＊ 엘리트 민주주의

의사 결정 능력을 가진 능숙하고 창의적인 엘리트를 선출하고, 그의 중심적 역할을 강조하는 민주주의의 유형이다. 일반 시민들은 정치적 사안을 파악하기 위한 정보가 부족하거나 관심이 없어 조작당하기 쉬우므로, 투표를 통해 선출된 지배 엘리트에게 통치를 맡겨야 한다고 본다.

＊ 심의 민주주의의 성공 조건

심의 민주주의가 민주주의의 이념을 실현하는 데 성공하기 위해서는 세 가지 조건을 충족할 필요가 있다. 첫째, 심의 능력을 갖춘 심의 참가자는 심의 과정에서 동등한 지위를 보장받아야 한대[평등의 조건]. 둘째, 심의 참가자가 자신의 정체성과 관계없이, 이성적 사유에 근거하여 자신의 의사를 자유롭게 표현할 수 있어야 한대[자유의 조건]. 예를 들어, 심의 참가자의 도덕적·종교적 정체성이나 관점 등이 참여의 조건이 되어서는 안 된다. 마지막으로, 심의 참가자는 제도나 정책을 옹호 혹은 비판할 때, 동료 시민들이 받아들일 수 있는 이유를 제시함으로써 서로 간의 이해에 도달할 수 있어야 한대[이성의 조건].

　　　　　　　　　– 임혁백, 『세계화 시대의 민주주의』

＊ 롤스의 시민 불복종 정당화 조건

롤스는 시민 불복종이 정당화되기 위해서는 다음 조건을 충족시켜야 한다고 주장한다. 첫째, 법에 상당한 부정의가 존재해야 하고, 그러한 부정의의 시정이 고로 거부되어야 한다. 둘째, 정의에 반하는 실질적이고 명확한 침해가 있어야 하고, 셋째, 다른 사람이 같은 정도의 부정의한 상태에 있을 때, 유사한 방식으로 저항할 수 있는 권리가 있다고 인정해야 한다.

＊ 하버마스의 시민 불복종

시민 불복종은 정당성과 합법성 사이에 위치해야만 하며, 그래야만 민주적 법치 국가가 정당화의 역할을 가진 헌법 원칙들과 더불어 실정법적으로 구체화된 자신의 모든 현상들 위에 서 있다는 사실을 암시해 주는 기호로 작용할 수 있다. 이 국가는 결국 모두가 납득할 만한 법질서의 정당성 외의 다른 이유에서 비롯된 복종을 시민들에게 요구하지 않기 때문에 시민 불복종은 성숙한 정치 문화의 필수적 구성 요소에 속한다.

└→16세기 무렵 유럽에서 신대륙의 발견과 새로운 항로의 개척을 계기로 상업이 발달하기 시작하면서 형성되었다.

1. 자본주의의 규범적 특징과 전개 과정

(1) 자본주의의 의미: 사유 재산 제도에 바탕을 두고, 합리적으로 이윤을 추구할 수 있도록 자유로운 경제 활동을 보장하는 자유 시장 경제 체제

(2) 자본주의의 특징

　① 각 개인의 경제적 자율성과 사적 소유권을 최대한 보장함

　② 이윤 추구를 위해 시장에서의 자유 경쟁을 허용함

(3) 자본주의의 등장 배경

　① 역사적 배경

　　• 지리상의 발견과 국가 간의 교역 활대에 따라 자급자족적인 봉건 경제가 허물어지고 시장에서의 자유 교환을 중심으로 하는 자본주의가 형성됨

　　• 부르주아의 등장 : 부르주아는 종교 권력과 봉건 신분 질서에 대항하여 종교 개혁과 시민 혁명을 일으켜 개인의 가치와 인간의 자유를 신장함으로써 자본주의를 발달시킴

　② 사상적 배경

자유주의	• 개인의 자유를 존중하고, 봉건적 체제의 구속과 국가의 부당한 간섭을 거부하는 사상 • 사유 재산과 경제적 자유를 보장하는 토대
프로테스탄티즘	• 칼뱅의 사상에 영향을 받은 프로테스탄티즘은 근면, 검소, 성실을 강조하며 합리적인 이윤 추구를 긍정함 • 각 개인이 부를 축적하는 것을 도덕적으로 정당화함으로써, 건전한 직업의식과 소유권 개념이 형성되고 발달하는 데 기여함

(4) 자본주의의 전개 과정

고전적 자본주의 (=자유방임주의적 자본주의) └→개인의 경제 활동의 자유를 최대한으로 보장하고, 이에 대한 국가의 간섭을 가능한 한 배제하려는 경제 사상 및 정책이다.	• 대표 사상가 : 애덤 스미스 • 각 개인의 경제적 자율성을 최대한 보장하여 개개인이 시장에서 자신의 이익을 자유롭게 추구할 수 있을 때 사회 전체의 부도 증가한다고 보았음 • 보이지 않는 손의 역할을 통해 자원이 효율적으로 배분된다고 보아, 시장에 대한 국가의 간섭은 최대한 배제해야 한다고 보았음 • 문제점 : '보이지 않는 손'이 제대로 작동하지 않아 효율적으로 자원을 배분하지 못하거나 공정한 소득 분배가 이루어지지 못하는 시장 실패의 상황이 발생하게 되었음
수정 자본주의	• 대표 사상가 : 케인스 • 정부의 역할을 최소화해야 한다는 고전적 자본주의에서 벗어나 정부가 경제 활동에 적극적으로 개입해야 한다는 주장이 등장하였음 • 정부의 적극적인 시장 개입을 통해 불황과 실업을 극복하고 복지를 확대해야 한다고 주장함 └→사회 간접 자본 및 공공재 공급 증대, 사회적 서비스 증대, 빈부 격차 교정, 완전 고용 달성 등이 있다. • 문제점 : 정부의 거대화, 무능과 부패와 같은 정부 실패라는 문제가 나타났으며, 수정 자본주의 역시 자본주의의 문제를 근본적으로 해결할 수는 없었음
신자유주의	• 대표 사상가 : 하이에크 • 정부의 실패를 시정하기 위해서 1980년대를 전후로 하여 시장 경제의 효율성을 강조하며 등장하였음 • 정부의 시장 개입에 반대하며 정부의 기능을 축소하고 개인의 자유와 시장 경제를 확대해야 한다고 주장하였음 • 구체적인 정책 : 공기업 민영화, 복지 정책의 감축, 노동 시장의 유연화 등 • 문제점 : 시장 실패와 같은 부작용이 다시 초래될 수 있음

2. 자본주의의 윤리적 기여

(1) 자본주의의 윤리적 장점

　① 개인의 자유와 권리 증진

　　• 자본주의는 개인의 자유와 권리 보호를 중시하는 경제 체제로서 개인의 경제 활동의 자유와 사적 소유권을 보호하고 증진함

　　• 개인은 자유롭게 직업을 선택하고 계약을 맺을 수 있으며, 자유로운 생산 활동과 소비 활동을 통해 얻은 결과물을 자유롭게 처분할 수 있는 권리를 지님

✳ **프로테스탄티즘**

> 현세적인 프로테스탄트의 금욕은 전력을 다해 재산을 낭비하는 향락에 반대해 왔고 소비, 특히 사치재 소비를 봉쇄해 버렸다. 반면에 이 금욕은 재화 획득을 전통주의적인 윤리의 장애에서 해방하는 심리적 결과를 낳았으며, 이익 추구를 합법화했을 뿐만 아니라 직접 신의 뜻이라고 간주함으로써 이익 추구에 대한 질곡을 뚫고 나왔다.
> ― 베버, 『프로테스탄티즘 윤리와 자본주의 정신』 ―

프로테스탄티즘은 금욕주의적 삶의 태도뿐만 아니라 자본주의의 성장 및 발전에 있어서 종교적 기반을 제공하였다.

✳ **보이지 않는 손**

개인이 오직 자신만의 이익(사익)을 위해 경쟁하는 과정에서 누가 의도하거나 계획하지 않아도 사회 구성원 모두에게 유익한 결과(공익)를 가져오게 된다는 시장 경제의 암묵적인 자율 작동 원리이다.

✳ **시장 실패와 정부 실패**

시장 실패: 시장 경제에서 '보이지 않는 손'이 제대로 작동하지 않아 효율적인 자원 배분이나 공정한 소득 분배가 이루어지지 못하는 상황

정부 실패: 시장에 대한 정부의 개입이 정부의 거대화에 따른 비효율성, 무능과 부패와 같은 문제를 초래하는 상황

✳ **노동 시장의 유연화**

경기 상승이나 침체 등 노동 수요의 변화를 가져오는 외부 환경 변화에 대응하여 인적 자원이 신속하고도 효율적으로 배분 또는 재배분되는 노동 시장의 능력을 말한다.

② 개인의 자율성과 창의성 증진
- 자본주의에서 모든 거래는 시장에서 자유롭게 이루어지며 무엇을 얼마만큼 생산하고 소비할 것인지는 개인이 자율적으로 판단하고 선택함
- 더 많은 이익을 얻기 위해 서로 경쟁하는 과정에서 개인의 창의성이 발휘됨
③ 경제적 효율성 제고 : 자본주의는 시장에서의 자유 경쟁을 보장하여 경제의 효율성을 높임으로써 경제가 지속적으로 발전하게 함

(2) 자본주의의 윤리적 기여
① 자본주의는 윤리적 장점을 바탕으로 개인의 자유를 확대하고 생산량의 획기적인 증대를 이룩하여 사람들이 더 풍요로운 삶을 살 수 있게 함
② 자본주의의 경제적 성공을 바탕으로 자유주의가 더 발전할 수 있었으며 교육과 예술도 진일보할 수 있었음

주제 4 자본주의에 대한 비판과 대안들

1. 자본주의에 대한 비판적 시각들

사회 · 경제적 불평등	• 개인들은 선천적인 능력, 물려받은 재산, 교육 받은 정도 등에서 차이 → 노동의 기회나 소득의 차이가 점점 벌어짐 • 어느 정도 빈부 격차가 발생하는 것은 자연스러운 현상 → 경제적 불평등의 정도가 심화되면 사회가 양극화되어 사회 갈등이 발생함 • 사회 발전과 통합을 가로막는 원인이 되기도 함
물질 만능주의	• 자본주의의 특성으로 말미암아 나타나는 근본적인 병폐 중 하나 • 자본과 같은 물질적 가치가 삶을 평가하는 절대적인 기준이자 만능의 도구라는 인식함 • 물질 자체가 목적이 되어 정신적 가치는 수단으로 전락하는 문제가 발생할 수 있음
인간 소외 현상	• 기계와 같은 도구에 예속되어, 인간이 거대한 기계의 부품처럼 취급당하게 된 것 • 인간은 자신의 존엄성과 같은 본질적 가치를 상실하는 상황과 마주하게 됨

2. 자본주의에 대한 대안적 시도

→ 배금주의(拜金主義)라고도 한다. 배금주의란 돈을 최고의 가치로 여기고 숭배하여 삶의 목적을 돈 모으기에 두는 태도를 뜻한다.

롤스의 정의론	• 정의론을 바탕으로 국가의 시장 개입을 도덕적으로 정당화 • 정의로운 사회 : 자연적이고 사회적인 조건의 우연성이 개인의 자유 실현과 삶의 전망에 미칠 영향을 최소화하는 사회
공상적 사회주의	• 사유 재산권의 폐해를 지적하고 평등, 조화, 이타적 행위 등에 기초한 공동체 생활을 추구한 초기 사회주의 • 산업 사회의 현실적 기반을 인정하고 그 기반 위에서 일부 지식인을 중심으로 한 대중 교육 활동 등을 통해 사회주의의 이상을 실현하고자 함 • 마르크스의 비판 : 구체적 사회 개혁을 목표로 하는 운동과는 거리가 먼 공상적 수준에 머무름 • 대표 사상가 : 생시몽, 푸리에, 오언
마르크스 주의	• 자본주의의 근본적인 문제점이 생산 수단의 사적인 소유와 자유 시장 경제에 있다고 봄 • 프롤레타리아에 의한 생산 수단의 공유와 계획 경제를 주장 • 사유 재산 · 계급 · 국가가 소멸하고, 모두가 평등하게 살아가는 공산 사회를 지향
민주 사회주의	• 사회주의를 비판적으로 계승하여, 평화적이고 민주적인 방법으로 사회를 점진적으로 개혁 • 공유제를 바탕으로 하되 농업, 수공업, 소매업, 중소 공업 등 중요한 부분의 사적 소유를 인정함 • 사회 보장 제도의 확대를 주장함으로써, 서구의 복지 자본주의의 발전에 기여

→ 능력에 따라 일하고 필요한 만큼 가져가는 사회이다.

→ 시장의 역할을 제한하고 중앙 정부가 그 역할을 수행하는 경제 체제로, 중앙 집권적 통제에 따라 생산, 분배, 소비가 계획되고 관리되는 것이다.

3. 바람직한 자본주의 사회를 실현하기 위한 노력

개인적 차원	• 공정한 경쟁을 통해 합리적으로 이윤을 추구하며 양심에 어긋나지 않는 경제 행위를 해야 함 • 천민자본주의나 물질을 최고의 가치로 여기는 물질 만능주의에서 벗어나야 함
사회적 차원	• 공동체 의식을 바탕으로 상생과 나눔의 문화를 조성해 나가야 함 • 경제적 불평등에 따른 부작용을 최소화할 수 있는 정책과 제도를 시행해야 함
국제적 차원	• 세계 시민 의식을 바탕으로 국제 정의를 실현해야 함 • 경제적 불평등은 국가 간에도 발생하므로 국제 사회에서의 정의 실현을 통해 국가 간 불평등을 해소해야 함

→ 국제 정의는 크게 형사적 정의와 분배적 정의를 추구함으로써 실현될 수 있다.

✳ 사회주의

인간 개개인의 의사와 자유를 최대한 보장하기보다는 사회 전체의 이익을 중요하게 여기는 사회사상

✳ 사회주의 사상의 기원

플라톤의 이상 사회	수호자(통치자와 방위자) 계층의 재산 공유와 국가에 의한 자녀의 공동 양육이 이루어짐
초기 기독교 사상	공동 작업을 토대로 한 소박한 생활을 강조함
모어의 사상	공동 생산과 생산물의 공유를 강조함

✳ 프롤레타리아

부르주아와 달리 생산 수단을 소유하지 못해 노동력을 제공하며 살아가는 빈곤한 노동자 계급

✳ 민주 사회주의

인간의 기본적인 필요는 생산성과 분배에 가장 먼저 고려되어야 한다. 하지만 개인이 자기의 능력에 따라 일할 의욕을 빼앗겨서는 안 된다. 사회주의자는 노력에 따라 보수를 받을 개인의 권리를 자명한 것으로 받아들인다.

— "프랑크푸르트 선언"

서구 사회주의자는 1951년 "프랑크푸르트선언"을 통해 민주 사회주의의 진로를 밝혔다. 이들은 마르크스주의의 급진적 폭력 혁명론을 비판하고 자유 속에서 민주주의적인 방법으로 사회주의 이상을 추구할 것을 강조한다.

✳ 천민 자본주의

돈에 집착한 나머지 공정성을 상실하고 독점, 투기, 불로 소득에 대한 집착, 정경 유착 등을 추구하는 타락한 자본주의

핵심 개념 CHECK!

· 정답 및 해설 57쪽

🔍 다음 확인 문제 중 옳은 것에 ○, 옳지 않은 것에 ✕를 표기하세요.

주제 1 근대 민주주의의 지향과 자유 민주주의

01 민주주의는 인민 주권의 원리를 바탕으로 이루어지는 정치 형태이다. ○ ✕

02 민주주의는 사회에서 시민은 정치 지도자를 감시하고 결과에 대해 책임을 물을 수 있다. ○ ✕

03 함정 자유 민주주의와 근대의 사회 계약론은 무관한 것이다. ○ ✕

04 로크는 정치 공동체의 권력의 남용을 막기 위해 법치주의와 권력 분립을 주장하였다. ○ ✕

05 함정 루소는 정치 공동체는 공공의 이익을 초월하여 개인의 사적 이익을 지향하는 보편적인 의지를 일반 의지로 보았다. ○ ✕

06 민주주의는 고대 그리스의 민주 정치에 기원을 두고 있다. ○ ✕

07 근대의 사회 계약론은 인간의 존엄과 자유가 개인들 간의 계약으로 형성된다고 보았다. ○ ✕

주제 2 도덕적 자율성과 책임성 및 시민의 소통과 유대

08 참여 민주주의는 다수의 시민이 의사 결정 과정에 자발적으로 참여하는 형태의 민주주의이다. ○ ✕

09 참여 민주주의는 시민 다수가 공동체의 의사 결정 과정에 참여할 기회를 부여하여 자율성과 책임성의 범위를 시민 전체에게로 확대한다. ○ ✕

10 함정 대의 민주주의는 시민이 모든 정치적 의사 결정에 참여하는 정치 형태이다. ○ ✕

11 심의 민주주의는 시민이 직접 공적 심의 과정에 참여해 정책을 결정하는 형태의 민주주의를 뜻한다. ○ ✕

12 함정 심의 민주주의는 정책 결정 과정에서 전문가 집단의 의견만을 받아들여 정책을 결정한다. ○ ✕

13 롤스는 시민 불복종은 공공적이고 비폭력적이며 양심적이어야 한다고 보았다. ○ ✕

14 하버마스는 시민 불복종을 시민들이 합리적인 의사소통을 통해 합의한 원칙에 어긋나는 법이나 정책에 대한 저항으로 정의하였다. ○ ✕

15 심의 민주주의는 개인의 고정된 선호가 변화하지 않도록 심의를 진행해야 한다고 본다. ○ ✕

주제 3 자본주의의 규범적 특징과 기여

16 자본주의는 각 개인의 경제적 자율성과 사적 소유권을 최대한 보장한다. ○ ✕

17 프로테스탄티즘은 각 개인이 부를 축적하는 것을 도덕적으로 정당화함으로써, 건전한 직업의식과 소유권 개념이 형성되고 발달하는 데 기여한다. ○ ✕

18 함정 고전적 자본주의는 정부가 경제 활동에 적극적으로 개입해야 한다고 보았다. ○ ✕

19 케인스는 정부의 적극적인 시장 개입을 통해 불황과 실업을 극복하고 복지를 확대해야 한다고 주장한다. ○ ✕

20 함정 신자유주의는 사기업의 공기업화, 복지 정책의 확대 등을 주장한다. ○ ✕

21 애덤 스미스는 정부의 무분별한 시장 개입을 비판하였다. ○ ✕

22 신자유주의는 공정한 소득 분배가 이루어지지 못하는 시장 실패의 상황에 대한 비판으로 등장하였다. ○ ✕

주제 4 자본주의에 대한 비판과 대안들

23 자본주의는 빈부 격차를 심화시킬 수 있다. ○ ✕

24 빈부 격차의 심화는 사회의 양극화로 이어질 수 있으며, 사회 발전과 통합을 가로막는 원인이 되기도 한다. ○ ✕

25 함정 케인스는 국가의 개입이 항상 시장 경제의 효율성을 저해한다고 보았다. ○ ✕

26 인간 소외란 인간이 만들어 낸 물질에 의해 인간이 지배당하거나 물질적 가치만을 쫓으면서 인간성을 상실하는 현상을 말한다. ○ ✕

27 함정 민주 사회주의는 농업, 수공업, 소매업, 중소 공업 등 중요한 부분의 사적 소유를 인정하지 않는다. ○ ✕

28 기업은 공정한 경쟁을 통해 합리적으로 이윤을 추구하려는 자세를 가져야 하며, 경제 활동에서도 경제 질서를 준수해야 한다. ○ ✕

29 마르크스는 자본주의가 노동자 계급에 대한 착취와 소외를 조장한다고 보았다. ○ ✕

수정 자본주의와 민주 사회주의는 어떻게 다를까?

 자료로 확인

■ 케인스의 수정 자본주의

> 재무부 관리들이 낡은 병들에 지폐를 가득 채워 폐광에 적당한 깊이로 묻고 탄갱을 지면까지 도시의 쓰레기로 덮은 후 사기업들로 하여금 그 지폐를 다시 퍼내게 한다면 실업은 사라질 것이다. 또한 그 파급 효과에 의해 사회의 실질 소득과 자본도 크게 늘어날 것이다. 사실 주택 등을 짓는 것이 더 합리적이겠지만, 그렇게 하는 데 정치적으로나 현실적으로 어려움이 있다면, 어쨌든 이렇게라도 하는 것이 아무것도 하지 않는 것보다 낫다.
> — 케인스, "고용, 이자, 화폐의 일반 이론"

케인스는 공황이나 실업과 같은 문제가 기업의 투자 감소와 국민들의 소비 저하로부터 발생한다고 보았다. 따라서 정부가 다양한 공공 정책을 펼치면 기업 투자의 불확실성에서 비롯된 문제도 완화될 수 있고 국민이 기본적인 실제 구매력을 잃지 않도록 유효 수요도 창출할 수 있다고 보았다.

■ 민주 사회주의

> 사회주의의 달성은 필연적인 것은 아니다. 그것은 모든 신봉자 하나하나의 공헌을 필요로 한다. 전체주의적 방법과 달라서 사회주의는 국민들로 하여금 피동적인 역할에 머물게 하지 아니할 뿐만 아니라 반대로 국민들의 철저하고도 적극적인 참가 없이는 성공할 수 없다고 생각한다. 사회주의는 최고의 형태에 있어서의 민주주의이다.
> — "프랑크푸르트 선언"

민주 사회주의는 급진적인 폭력 혁명을 추구한 마르크스주의와 달리 의회 민주주의의 민주적 절차와 방법에 의해 사회를 개혁하려는 것이다.

수정 자본주의와 사회주의는 모두 자본주의의 대안으로서 등장하였다. 수정 자본주의는 고전적 자본주의의 대안으로, 효율적으로 자원을 배분하거나 공정한 소득 분배가 이루어지지 못하는 시장 실패의 상황을 극복하기 위해 정부가 경제 활동에 적극적으로 개입할 것을 주장하였다. 수정 자본주의의 입장을 체계적으로 제시한 사람은 케인스로, 정부의 적극적인 시장 개입을 통해 불황과 실업을 극복하고 복지를 확대할 것을 주장하였다. 민주 사회주의 역시 사회 보장 제도의 확대를 주장하였고, 그 결과 서구 복지 자본주의 발전에 이바지하였다.

 빈칸 채우기로 확인

■ 수정 자본주의

Q1 시장 경제에서 (   )이/가 제대로 작동하지 않아 효율적으로 자원을 배분하거나 공정한 소득 분배가 이루어지지 못하는 시장 실패의 상황이 발생하였다.

Q2 케인스는 ( ) 실패의 문제를 정부가 다양한 정책과 규제를 통해 해결할 수 있다고 보았다.

■ 민주 사회주의

Q3 의회를 통한 점진적 ( )(으)로 사회주의를 실현할 것을 강조한다.

Q4 사회 보장 제도의 확대를 주장하여 서구 ( ) 자본주의의 발전에 이바지하였다.

 O/X로 확인

Q5 자본주의는 빈부 격차, 물질 만능주의, 인간 소외 등의 문제를 발생시켰다. (○ / ×)

Q6 케인스는 국가의 개입이 항상 시장 경제의 효율성을 저해한다고 보았다. (○ / ×)

Q7 민주 사회주의는 진정한 사회주의 건설을 위해 국가에 의한 사회 보장 제도를 점진적으로 축소할 것을 주장한다. (○ / ×)

Q8 민주 사회주의는 공익보다 사익을 우선할 것을 강조한다. (○ / ×)

 문제에 적용

적용하기 09 다음을 주장한 사상가가 긍정할 질문에 ○를, 부정할 질문에 ×를 표시하시오.

> 인간은 늘 다른 사람으로부터 도움을 받아야만 한다. 그러나 남들의 호의에만 의존하는 것은 헛된 일이다. 남들의 이기심을 자기에게 유익한 방향으로 유도할 수 있고, 그가 원하는 것을 해 주는 것이 그들에게도 이롭다는 사실을 보여줄 수 있다면, 그 사람은 보다 유리한 입장에 서게 될 것이다. 우리가 식사를 할 수 있는 것은 정육점 주인, 양조장 주인, 빵집 주인의 자비심 때문이 아니라 자기 자신의 이익에 대한 그들의 관심 때문이다.

- 개인이 자신의 이익을 자유롭게 추구하도록 두어야 하는가? ❶(○ / ×)
- 정부는 유효 수요를 늘리는 정책을 추진해야 하는가? ❷(○ / ×)
- 인간은 이성과 도덕적 공감 능력을 가지고 있는가? ❸(○ / ×)

적용하기 Q10 다음 사회사상에 대한 설명으로 옳은 것을 〈보기〉에서 고른 것은?

> 마르크스주의에 기초한 공산주의의 실현이 불가능하다고 보고 평화적이고 민주적인 방법을 통해 점진적으로 사회를 개혁해야 한다고 주장하였다. 민주주의의 원리인 의회주의와 언론·사상의 자유를 강조하고 사회 보장 제도의 확대를 주장하였다.

〈보기〉
ㄱ. 국가 소멸을 최종 목표로 설정한다.
ㄴ. 정치적 이상을 실현함에 있어 점진적 방법을 중시한다.
ㄷ. 국가의 역할은 국방과 치안 유지에 한정된다고 강조한다.
ㄹ. 공유제를 바탕으로 하되 중요한 부분은 사적 소유를 인정한다.

① ㄱ, ㄴ   ② ㄱ, ㄹ   ③ ㄴ, ㄷ
④ ㄴ, ㄹ   ⑤ ㄷ, ㄹ

HOW & WHY 정답   01. 보이지 않는 손 02. 시장 03. 개혁 04. 복지 05. ○ 06. × 07. × 08. × 09. ❶ ○ ❷ × ❸ ○ 10. ④

주제 1 근대 민주주의의 지향과 자유 민주주의

족집게 전략 | 갑, 을 사상가가 제시하는 사회 계약론의 의미와 이러한 사회 계약론이 근대 자유 민주주의를 확립하는데 어떤 역할을 했는지 이해하고 있어야 한다.

230 대표 문항 고난도
| 평가원 기출 |

서양 사상가 갑, 을의 입장에 대한 옳은 설명을 〈보기〉에서 고른 것은?

> 갑 : 국가의 단일한 최고 권력인 입법부는 사회에서 인민의 생명, 자유, 재산을 보존하는 업무를 수행한다. 행정권이 이러한 입법부의 업무를 무력에 의해서 방해할 때 인민은 그것을 무력에 의해서 제거할 권리뿐만 아니라 예방할 권리도 가진다.
>
> 을 : 우리 각자는 신체와 모든 힘을 공동의 것으로 삼아 일반 의지의 최고 지도 아래에 둔다. 다수의 사람들이 결합하여 스스로 일체를 형성한다고 생각하는 한, 그들은 '공동의 보전'과 '일반적 복지'에 대한 관심이라는 단 하나의 의지만을 갖는다.

보기
> ㄱ. 갑은 자연 상태에서는 분쟁을 해결해 줄 재판관이 없다고 본다.
> ㄴ. 을은 이상적인 국가는 절대 군주제가 시행되는 국가라고 본다.
> ㄷ. 을은 사유 재산 제도가 인간 불평등의 원인이 된다고 본다.
> ㄹ. 갑, 을은 사회 계약이 체결된 후에는 저항권이 상실된다고 본다.

① ㄱ, ㄴ ② ㄱ, ㄷ ③ ㄴ, ㄷ ④ ㄴ, ㄹ ⑤ ㄷ, ㄹ

✎ 한줄 Tip 로크와 루소의 사회 계약론을 정확하게 이해하는 것이 포인트이다.

231

다음 사상가가 부정의 대답을 할 질문으로 옳은 것은?

> 특정한 사회에 들어가겠다는 어떤 사람의 명시적 동의가 그를 그 사회의 완전한 구성원으로 만든다는 점에 대해서는 아무도 의심하지 않는다. 또한 어떤 정부의 영토 일부를 소유하거나 향유하는 자는 그럼으로써 묵시적 동의를 한 셈이며, 그러한 향유를 지속하는 동안, 그 정부하에 있는 사람들과 같은 정도로 그 정부의 법률에 복종할 의무를 진다. 그러나 어떤 사람이 어느 나라의 법률에 복종하며 살면서 그 법률이 제공하는 특권과 보호를 향유한다는 사실이 그 사람을 그 사회의 구성원으로 만드는 것은 아니다.

① 국가의 구성원은 모두 정치적 의무를 지니는가?
② 묵시적 동의만으로도 정치적 의무가 성립하는가?
③ 정치적 의무의 성립 근거는 개인의 동의에 있는가?
④ 국가의 보호를 받는 자는 모두 그 국가의 구성원인가?
⑤ 국가의 영토 일부를 소유하는 것 자체가 일종의 동의인가?

232
| 평가원 기출 |

근대 서양 사상가 갑, 을의 입장으로 가장 적절한 것은?

> 갑 : 입법권은 개인의 소유권을 보장하기 위해 위임된 권력이다. 절대 군주가 모든 권력을 독점하는 것보다 입법권과 행정권으로 국가 권력을 분할하는 것이 낫다.
>
> 을 : 입법권은 주권의 파생물에 불과한 것이므로 이 권력을 주권의 일부분으로 보아서는 안 된다. 또한 주권은 일반 의지의 행사이므로 결코 양도될 수도 없다.

① 갑 : 인간의 소유권은 절대 군주에 의해서도 침해되어서는 안 된다.
② 갑 : 시민은 계약의 목적을 위반한 입법부에 저항할 수 없다.
③ 을 : 통치자는 일반 의지를 대행하므로 법의 지배로부터 자유롭다.
④ 을 : 주권은 시민이 선출한 대의원을 통하여 대표되어야만 한다.
⑤ 갑, 을 : 사회 계약 이후에 국가는 계약 위반자에 대한 처벌권이 없다.

233
| 교육청 기출 |

(가), (나) 사상의 공통점으로 옳은 것을 〈보기〉에서 고른 것은?

> (가) 위민(爲民)과 애민(愛民)을 기본 정신으로 하는 정치사상으로 "백성은 나라의 근본이며, 근본이 견고해야 나라가 평 안하다."라는 『서경(書經)』의 구절에서 유래하였다.
> (나) 국민의 자유와 평등의 가치 실현을 중시하는 정치사상으로 민중을 뜻하는 '데모스(demos)'와 지배를 뜻하는 '크라토스(kratos)'가 합쳐져 구성되었다.

보기
> ㄱ. 국민을 위한 정치를 지향한다.
> ㄴ. 인간을 존엄한 존재로 간주한다.
> ㄷ. 통치의 정당성을 하늘이 부여하였다고 본다.
> ㄹ. 민의(民意) 반영을 위해 주기적인 권력교체를 강조한다.

① ㄱ, ㄴ ② ㄱ, ㄷ ③ ㄴ, ㄷ ④ ㄴ, ㄹ ⑤ ㄷ, ㄹ

234
| 교육청 기출 |

그림은 신문 칼럼이다. ㉠에 들어갈 제목으로 가장 적절한 것은?

제○○호	○○신문	○○○○년 ○월 ○일

㉠

> 시민들이 정치적 의사 표현을 할 수 있는 통로가 제한되어 있다는 것이 대의 민주주의의 문제점으로 지적되곤 한다. 오늘날 대의 민주주의의 수준은 이 점을 얼마나 잘 보완하느냐에 달려 있다. 그런데 최근 정보화의 진전에 따라 의사 표현의 통로가 다양화됨으로써 시민들은 자신의 정치적 의사를 쉽게 표현할 수 있게 되었다. 이러한 정보화의 장점을 잘 활용한다면 현대 민주주의의 수준을 한 단계 높일 수 있을 것이다.

① 전자 투표 활성화를 통해 대의 제도를 폐지하자
② 정책 집행의 효율성을 위해 의회의 권한을 강화하자
③ 전자 매체를 통해 시민의 정치 참여 기회를 확대하자
④ 보다 많은 시민의 의견 수렴을 위해 선거 연령을 낮추자
⑤ 각 영역의 전문가들이 참여하는 정책 심의 과정을 확대하자

235

다음 서양 사상가의 입장에 대한 설명으로 옳은 것은?

> 자연 상태에서 당면하는 폐단, 곧 모든 사람이 가진, 타인의 위반 행위를 처벌할 권한이 불규칙적이고 불확실하게 행사됨으로써 생기는 폐단으로 인해 사람들은 정부의 확립된 법이라는 성역으로 도망가며 거기서 그들 재산의 보존을 피한다. 입법부가 그들에게 맡겨진 신탁에 반해서 행동하는 것이 발견될 때 입법부를 폐지하거나 변경할 수 있는 최고의 권력은 여전히 인민에게 있다.

① 국민은 정치의 주체가 아니라 통치의 대상이라고 본다.
② 절대 군주를 옹호하며 권력의 교체가 불가능하다고 본다.
③ 개인은 계약을 맺어 정치 공동체의 구성원이 된다고 본다.
④ 사회 계급에 따라 정치적 권리와 의무가 달라져야 한다고 본다.
⑤ 통치자의 권력은 선을 지키기 위한 것이기 때문에 무조건 허용되어야 한다고 본다.

236

다음 사회 사상가의 입장에 대한 설명으로 옳은 것을 〈보기〉에서 고른 것은?

> 폭력과 폭력의 결과만 생각한다면 나는 이렇게 말할 것이다. 한 인민이 복종하지 않을 수 없어 복종하는 것은 잘하는 일이다. 그러나 그 굴레를 벗어버릴 수 있을 때 곧바로 벗어버리는 것은 더 잘하는 일이다. 왜냐하면 자신에게서 빼앗아 간 것과 똑같은 권리로 자기의 자유를 되찾는 것이기에, 그가 자유를 되찾을 충분한 근거가 있거나 아니면 타인이 그에게서 그것을 빼앗아 갈 충분한 근거가 없었기 때문이다. 그런데 사회 질서는 다른 모든 권리에 바탕이 되는 신성한 권리이다. 그렇지만 그 권리는 자연적으로 생기는 것이 아니라, 계약에 기초한다.

┌ 보기 ┐
ㄱ. 인간 불평등의 기원은 사유 재산이 발생했기 때문이라고 본다.
ㄴ. 국가는 인민의 의지를 대행하기 때문에 주권은 국가에게 있다고 본다.
ㄷ. 개인은 입법자가 되는 계약을 통해서만 시민적 자유를 회복할 수 있다고 본다.
ㄹ. 통치자의 권력을 절대적인 것으로 보고 국민의 저항을 인정하지 않는다.

① ㄱ, ㄴ ② ㄱ, ㄷ ③ ㄴ, ㄷ ④ ㄴ, ㄹ ⑤ ㄷ, ㄹ

237

㉠ 사회 사상에 대한 설명으로 옳지 <u>않은</u> 것은?

> ○ ☐ ㉠ ☐ 은/는 고대 그리스에서 기원을 찾을 수 있는 정도 제도이다. 어원으로 보면 '인민'을 뜻하는 '데모스(demos)'와 '통치'를 뜻하는 '크라토스(kratos)'의 합성어로 '인민에 의한 통치'를 의미한다.
> ○ 로크가 자연 상태를 '완전한 자유의 상태'로 보고 자연 상태에서 인간이 자연권, 곧 자연이 부여한 자유를 누린다고 주장한 점은 자유주의를 지향한 것이다. 또한 그가 자연 상태에서 자유로운 인간이 더 안전한 자유와 복지를 보장받으려고 구성원의 합의를 거쳐 사회 계약을 맺은 것이라고 주장한 것이나 왕권신수설에 맞서 국민 주권론을 주장한 점은 ☐ ㉠ ☐ 을/를 지향하는 것이다.

① 정치 공동체의 주권은 통치자에게만 있다.
② 모든 시민의 동등한 참여 권한과 기회를 부여한다.
③ 권력 구성과 집행에 대한 시민의 통제 원칙을 강조한다.
④ 모든 시민에게 공공의 일에 참여할 수 있는 기회를 부여한다.
⑤ 지배자와 피지배자가 동일한 정치적 지배 원리를 바탕으로 한다.

238

다음 서양 사상가의 입장에만 모두 '✓'를 표시한 학생은?

> 정치 권력을 올바로 이해하고 그 기원을 파악하려면 모든 인간이 자연적으로 처한 상태가 어떤 것인지 알아야 한다. 자연 상태란 완벽한 자유의 상태를 말한다. 누구나 다른 사람의 허가를 구하거나 남의 의지에 종속되지 않고 자연법의 테두리 안에서 스스로 자신의 행동을 규제할 수 있고 나름대로 자신의 재산과 신체를 처리할 수 있는 상태이다. 자연 상태란 또한 평등 상태이다. 인간은 모두 종(種)과 신분이 같은 채로 평등하게 태어나 자연의 같은 이점과 같은 기능을 이용하면서 살아가므로 누구도 남에게 예속되거나 종속되지 않고 동등해야 한다는 것은 지극히 자명한 사실이다.

입장 \ 학생	갑	을	병	정	무
절대 왕정을 강화시키는 정책을 펼쳐야 한다.	✓			✓	✓
통치 권력은 시민의 재산을 보호하기 위해 행사되어야 한다.		✓		✓	✓
법을 제정하는 입법권과 법을 집행하는 집행권을 분리해야 한다.			✓	✓	✓
정치 공동체는 시민들의 일반 의지에 근거하여 운영되어야 한다.	✓		✓		✓

① 갑 ② 을 ③ 병 ④ 정 ⑤ 무

주제 2 도덕적 자율성과 책임성 및 시민의 소통과 유대

족집게 전략 | 강연자는 심의 민주주가 필요한 사람들이라 볼 수 있다. 심의 민주주의의 주요한 특징을 이해하고 있어야 한다.

239 대표 문항
| 평가원 기출 |

그림의 강연자가 지지할 주장으로 가장 적절한 것은?

민주적 의사 결정에서는 경쟁적 이해관계의 타협이나 거래가 아니라 다양하고 풍부한 토의 과정을 통해 시민의 동의를 얻을 수 있는 합의가 중요합니다. 선거로 선출된 사람들에게만 정책에 대한 심의와 결정을 전적으로 맡겨서는 안 됩니다. 의사 결정 자체보다는 집단적 의사 결정 과정의 '질(質)'을 높이는 것이 더 중요하기 때문입니다. 시민들 간의 대화, 합의, 합의의 과정에서 전개되는 정치적 행위는 가장 적극적인 형태의 정치 참여이며, 순전히 사적인 이익을 표출할 수도 있는 투표 행위와는 대조적으로 공적인 성격이 강합니다.

① 신속한 의사 결정을 위해 시민의 참여를 최대한 배제해야 한다.
② 투표로 선출된 대표에 의해서만 정책이 심의되고 결정되어야 한다.
③ 정책 심의의 효율성을 위해 의사 표현의 기회에 제한을 두어야 한다.
④ 사적인 이익을 표출할 수 있는 투표로 시민의 정치 참여를 높여야 한다.
⑤ 시민들 간의 토론과 소통을 통해 정책 결정의 공공성을 강화해야 한다.

 **한줄 Tip** 심의 민주주의의 의미와 특징들에 대해 잘 파악하고 있는가?

240
| 평가원 기출 |

(가), (나)는 현대 민주주의 이론들이다. (가), (나)의 입장에 대한 설명으로 가장 적절한 것은?

(가) 현대 사회에서는 인구가 너무 많을 뿐만 아니라 시민의 전문성 부족으로 인해 시민 모두가 정책 과정에 직접 참여하는 것이 어렵다. 따라서 시민들은 자격 있는 대표를 뽑아 정책 결정을 일임해야 한다.
(나) 시민들의 선호는 변하기 때문에 대화와 토론을 통한 집단적 의사 형성이 중요하다. 민주적 정책 결정의 정당성은 시민의 참여로 이루어지는 심의를 통한 집단적 의사 형성에 기반을 두어야 한다.

① (가)는 대표를 견제하기 위해 시민의 심의를 강화해야 한다고 본다.
② (나)는 정책 결정에서 정당성보다 신속성이 중요하다고 본다.
③ (가)는 (나)보다 정책 결정에 시민 참여가 확대되어야 한다고 본다.
④ (나)는 (가)보다 정책에 대한 시민들 간의 소통이 중요하다고 본다.
⑤ (가), (나)는 합리적 공론보다 이미지 정치가 강화되어야 한다고 본다.

241
| 교육청 기출 |

그림은 서술형 평가 문제와 학생 답안이다. 학생 답안의 ㉠ ～ ㉤ 중 옳지 않은 것은?

서술형 평가

◎ 문제 : 갑, 을의 입장을 비교하여 서술하시오.

갑 : 법에 대한 존경심 때문에 선량한 사람이 불의의 하수인이 되어서는 안 된다. 내가 떠맡아야 할 유일한 책무는 내가 옳다고 생각하는 일을 행하는 것이다.
을 : 시민 불복종의 근거가 개인이나 집단의 이익에 기초해서는 안 된다. 시민 불복종은 정의로운 사회에서 공유되고 있는 정의관에 의거하여 이루어지는 것이다.

◎ 학생 답안

갑은 ㉠ 법에 대한 존경심보다는 정의에 대한 존경심을 가져야 한다고 보고, 을은 ㉡ 법에 대한 충실성의 한계 내에서 법에 대한 불복종을 전개할 수 있다고 본다. 갑과 달리 을은 ㉢ 시민 불복종의 근거를 다수의 정의관에서 찾는다. 한편, 갑, 을은 모두 ㉣ 시민 불복종을 정의롭지 못한 법을 의도적으로 위반하는 위법 행위라고 보며, ㉤ 양심에 어긋나는 모든 법에 대해 시민 불복종을 전개해야 한다고 본다.

① ㉠   ② ㉡   ③ ㉢   ④ ㉣   ⑤ ㉤

242
| 평가원 기출 |

갑, 을 사상가들의 입장만을 〈보기〉에서 있는 대로 고른 것은?

갑 : 시민은 한 순간이라도 자신의 양심을 입법자에게 맡겨야 하는가? 우리는 먼저 인간이어야 하고 그다음에 국민이어야 한다. 단 한 명의 사람이라도 부당하게 가두는 정부 밑에서 의로운 사람이 진정 있을 곳은 감옥이다.
을 : 시민들의 부정의한 법에 대한 불복종은 공유된 정의관에 의해 정당화된다. 이러한 불복종은 거의 정의로운 국가에서 체제의 합법성을 인정하는 시민들에 의해서만 생긴다. 특히 평등한 기본적 자유 원칙의 침해는 굴종이 아니면 반항을 부른다.

보기

ㄱ. 갑 : 개인은 법에 우선하여 양심과 정의에 따라 행동해야한다.
ㄴ. 을 : 시민 불복종은 법에 대한 충실성을 거부하는 정치 행위이다.
ㄷ. 을 : 시민 불복종의 대상은 일부의 부정의한 법이나 정책들에 한정된다.
ㄹ. 갑, 을 : 정의감에 호소하는 시민 불복종이 비폭력적일 필요는 없다.

① ㄱ, ㄷ   ② ㄱ, ㄹ   ③ ㄴ, ㄹ
④ ㄱ, ㄴ, ㄷ   ⑤ ㄴ, ㄷ, ㄹ

243

㉠에 들어갈 내용으로 적절하지 <u>않은</u> 것은?

> 현대 민주주의 사회에서는 인구가 너무 많아 시민 개개인이 정책 결정에 직접 참여하는 직접 민주주의를 시행하기가 어렵다. 직접 민주주의의 대안으로 등장한 대의제는 다수 시민들의 의사를 대표자가 간접적으로 표명하는 제도이다. 이런 대의 민주주의는 정당 정치를 허용하고 있다. 대의 민주주의는 직접 민주주의에 비해 비용이 적게 들고, 국가적인 문제가 발생했을 때 빠르게 해결할 수 있는 등의 장점을 갖지만, 한편으로는 ______㉠______ 등의 단점을 가진다.

① 시민들의 정치적 무관심이 발생할 수 있다는
② 시민들이 낮은 정치 참여 의식을 보일 수 있다는
③ 대표자가 다수의 의사를 온전히 대표하기 어려움이 있다는
④ 몇몇 소수자에 의해 국가의 정책이 좌우될 가능성이 있다는
⑤ 시민의 지배가 대표를 통해 간접적으로 이루어질 수 있다는

244

(가)와 (나)의 사회사상에 대한 설명으로 옳은 것을 〈보기〉에서 고른 것은?

> (가) 다수의 시민이 의사 결정 과정에 자발적으로 참여하는 민주주의를 포괄적으로 일컫는 말이다. 시민들은 공청회를 통해 자신들의 의견을 정부 정책에 반영하고, 잘못된 행정 활동을 감시할 수 있다.
> (나) 토론, 의사소통 등을 통해 시민이 직접 심의에 참여하는 것으로 정책 결정 방식의 과정을 일컫는 말이다. 따라서 어떤 정책에 대해 다양한 이해관계를 가진 시민들이 전문가 및 공직자들과 공적 심의를 진행하고 합의를 이끌어 내는 방식을 취하게 된다.

> ├ 보기 ┤
> ㄱ. (가)는 시민들의 정책 결정 참여를 불가능하게 한다.
> ㄴ. (가)는 자율성과 책임의 범위를 시민 전체에게 확대한다.
> ㄷ. (나)는 시민이 직접 공적 심의 과정에 참여해 정책을 결정할 수 있게 한다.
> ㄹ. (나)는 다양한 이해 관계의 조정을 위해 전문가 집단만이 심의에 참여하도록 한다.

① ㄱ, ㄴ ② ㄱ, ㄷ ③ ㄴ, ㄷ ④ ㄴ, ㄹ ⑤ ㄷ, ㄹ

245

다음 사상가의 입장만을 〈보기〉에서 있는 대로 고른 것은?

> 시민 불복종은 최후의 대책이기 때문에 우리는 그것이 필요한 것임을 확신해야 한다. 그런데 합법적인 수단이 더 이상 없다고 말하지 못할 수도 있다는 사실에 주의해야 한다. …… 그러나 만일 과거의 행동을 통해서 다수자가 마음이 움직이지 않거나 혹은 무감각함이 밝혀진다면, 합리적으로 생각할 때 더 이상의 시도는 효과가 없는 것이며 처음부터 합법적인 정치적 반대의 수단을 사용해야 할 의무가 없을 수도 있다.

> ├ 보기 ┤
> ㄱ. 시민 불복종의 대상이 되지 않는 부정의한 정책이 존재할 수 있다.
> ㄴ. 원초적 입장에서 합의한 원칙은 시민 불복종의 대상이 될 수 없다.
> ㄷ. 정치적 절차는 완전히 정의로운 법의 제정을 항상 보장할 수 있다.
> ㄹ. 시민 불복종은 부정의한 정치 체제에 항거하여 체제를 변혁시키는 것이다.

① ㄱ, ㄴ ② ㄱ, ㄷ ③ ㄷ, ㄹ
④ ㄱ, ㄴ, ㄹ ⑤ ㄴ, ㄷ, ㄹ

246 고난도↑

갑, 을 사상가의 입장에서 볼 때, 질문에 모두 바르게 대답한 것은?

> 갑 : 시민 불복종의 근거가 오직 개인이나 집단의 이익에만 기초할 수 없다는 것은 말할 필요도 없다. 그 대신 우리는 정치적 질서의 바탕에 깔려 있는 공유하고 있는 정의관에 의거하게 된다.
> 을 : 시민 불복종은 정당성과 합법성 사이에 위치해야만 하며, 그래야만 민주적 법치 국가가 정당화의 역할을 가진 헌법 원칙들과 더불어 실정법적으로 구체화된 자신의 모든 현상들 위에서 있다는 사실을 암시해 주는 기호로 작용할 수 있다. 이 국가는 결국 모두가 납득할 만한 법질서의 정당성 외의 다른 이유에서 비롯된 복종을 시민들에게 요구하지 않기 때문에 시민 불복종은 성숙한 정치 문화의 필수적 구성 요소에 속한다.

	질문	대답	
		갑	을
①	불복종을 할 경우 폭력적인 방법을 사용할 수 있는가?	예	아니요
②	불복종은 정의의 실현을 위한 합법적 행위인가?	예	아니요
③	법과 정책의 개선을 위한 불복종은 정당화 될 수 있는가?	예	예
④	법에 대한 충실성의 한계 내에서 불복종이 이루어져야 하는가?	아니요	예
⑤	때로는 부정의한 법도 따라야 하는가?	아니요	예

주제 3 자본주의의 규범적 특징과 기여

족집게 전략 | 자본주의 전개 과정에 대한 이해를 묻는 문항이다. 자본주의의 전개 과정에서 나타나는 특징과 현상에 대해 이해하고 있어야 한다.

247 대표 문항
| 평가원 기출 |

(가)의 갑, 을, 병 사상가들의 입장을 (나) 그림으로 탐구할 때, A~D에 들어갈 적절한 질문만을 〈보기〉에서 있는 대로 고른 것은?

(가)	갑 : 충분한 자유가 주어진 사회에서는 분업의 결과로 생기는 다양한 생산물의 대폭적인 증가가 '보이지 않는 손'의 인도로 최저 계층에까지 영향을 미쳐서 국부의 증대를 가져다준다. 을 : 경제 공황으로 인한 경제 위기를 극복하고 완전 고용에 가까운 상태를 만들기 위해, 정부는 민간 부문의 '유효 수요'를 확대하는 데 이용할 수 있는 모든 형태의 타협을 도모하고 제도적 장치를 동원해야 한다. 병 : 국가는 시장이 최대한 효율적으로 작동하도록 하는 일과, 경쟁이 유효하도록 하는 일을 해야 하나, 국가 주도로 경제 활동을 계획하면 시장은 '노예의 길'로 접어든다.
(나)	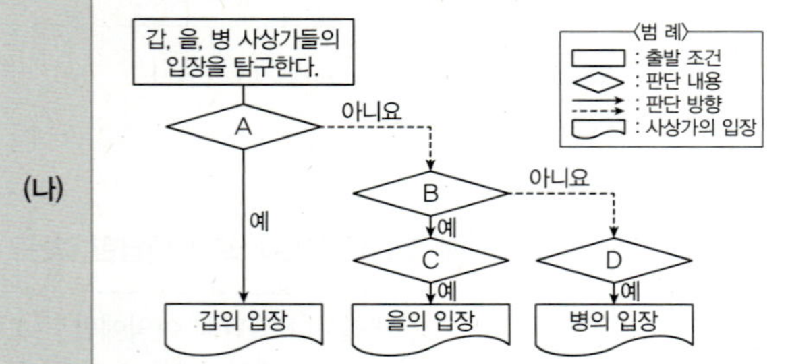

보기
- ㄱ. A : 재화의 사적인 소유와 이윤 추구 활동에 동의하는가?
- ㄴ. B : 정부 정책을 통한 사회 복지 서비스의 확대를 주장하는가?
- ㄷ. C : 청년 실업 문제 해결을 위한 국가 재정 투입에 찬성하는가?
- ㄹ. D : 개인의 자유로운 경제 활동과 시장의 효율성을 강조하는가?

① ㄱ, ㄷ 　② ㄱ, ㄹ 　③ ㄴ, ㄹ
④ ㄱ, ㄴ, ㄷ 　⑤ ㄴ, ㄷ, ㄹ

한줄 Tip 고전적 자본주의와 수정 자본주의, 그리고 신자유주의의 차이점에 대해 이해하고 있는가?

248
| 평가원 기출 |

갑, 을 사상가들의 공통된 입장에 대한 설명으로 가장 적절한 것은?

> 갑 : 정부가 병에 지폐를 넣어 폐광에 묻고, 개인 기업이 지폐를 다시 파내게 하자. 그러면 사회의 실질 소득과 부(富)가 늘고 더 이상의 실업은 없을 것이다.
> 을 : 정부는 불필요한 간섭을 그만두어야 한다. '보이지 않는 손'에 따른다면 국부(國富)의 낭비 없이 생산적인 근로자가 충분히 고용될 것이다.

① 사적 소유권을 인정하고 효율적인 자원 배분을 추구한다.
② 시장에서의 자유로운 경쟁을 통한 분배의 평등을 추구한다.
③ 정부의 적극적 개입을 통한 사회 복지의 극대화를 추구한다.
④ 기업의 국유화를 통한 자원 배분의 형평성 제고를 강조한다.
⑤ 정부의 경제 개입과 시장의 효율성이 양립 가능함을 주장한다.

249
| 평가원 기출 |

그림의 ㉠에 들어갈 내용으로 가장 적절한 것은?

① 이윤 추구 활동을 도덕적으로 정당화하였습니다.
② 사적 소유를 부정하고 공동 소유를 강조하였습니다.
③ 노동을 특정 계급만의 활동으로 인식하게 하였습니다.
④ 경제적 평등에 대한 종교적 신념을 확고히 하였습니다.
⑤ 절약보다 소비 활동을 중시하는 인식을 심어 주었습니다.

250

다음을 주장한 사상가가 긍정의 대답을 할 질문으로 가장 적절한 것은?

> 재무성이 몇 개의 낡은 병에 지폐를 채워 폐광에 적당한 깊이로 묻고 탄갱을 지면까지 쓰레기로 채워 놓은 후 개인과 기업들로 하여금 다시 파내게 한다면 실업은 사라질 것이다. 또한 그 파급 효과에 의해 한 사회의 실질 소득과 자본도 크게 늘어날 것이다.

① 경제 성장을 위해 큰 정부보다 작은 정부를 지향하는가?
② 복지 제도의 축소를 통해 국가 경제를 회복시켜야 하는가?
③ 정부의 적절한 시장 개입으로 시장 실패를 극복해야 하는가?
④ 시장의 가격 기구만으로 사익과 공익이 자동적으로 조화되는가?
⑤ 경제적 불평등 해소를 위해 모든 생산 수단을 공유화해야 하는가?

251

갑, 을 사상가 입장을 〈보기〉에서 골라 바르게 묶은 것은?

갑 : 인간은 늘 다른 사람으로부터 도움을 받아야만 한다. 그러나 남들의 호의에만 의존하는 것은 헛된 일이다. 남들의 이기심을 자기에게 유익한 방향으로 유도할 수 있고, 그가 원하는 것을 해주는 것이 그들에게도 이롭다는 사실을 보여줄 수 있다면, 그 사람은 보다 유리한 입장에 서게 될 것이다.

을 : 이자율과 투자 규모가 최적의 수준이 유지되도록 저절로 조정된다고 보는 자유 방임주의적 이론은 옳지 않다. 국가는 이자율을 조정하는 정책과 국내의 고용을 최적의 수준으로 유지할 수 있는 투자 계획을 통해 유효 수요를 창출해야 한다.

보기		시장에 대한 정부의 적극적 개입의 필요성을 강조하는가?	
		예	아니요
시장에서 작용하는 '보이지 않는 손'의 역할을 전적으로 신뢰하는가?	예	A	B
	아니요	C	D

	(갑)	(을)		(갑)	(을)
①	A	C	②	A	D
③	B	C	④	B	D
⑤	C	D			

252

(가), (나)는 사회사상이다. (나) 사상에 비해 (가) 사상이 갖는 상대적 특징을 그림의 ㉠~㉤ 중에서 고른 것은?

(가) 윤리, 언어와 함께 시장은 인위적 질서가 아닌 대표적인 자생적 질서이다. 이러한 질서에서의 분배는 개인의 능력이나 운에 따라 이루어지는 것이므로, 경제적 불평등을 완화하기 위한 국가 간섭은 정의롭지 못하다.

(나) 국가는 조세 체계, 금융 정책 등의 여러 경로를 통해 소비 향에 주요한 영향력을 행사해야 한다. 국가의 포괄적인 공적 지출은 시장 경제의 불가피한 속성인 빈부 격차를 완화하고 사회 통합에 기여하게 된다.

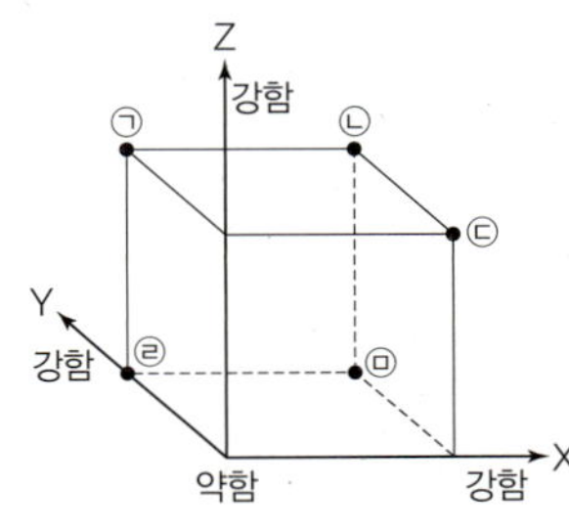

① ㉠ 　② ㉡ 　③ ㉢ 　④ ㉣ 　⑤ ㉤

253

갑, 을 사회 사상가의 입장에서 볼 때, 질문에 모두 바르게 대답한 것은?

갑 : 각 개인은 자신이 지배할 수 있는 자본이 가장 유리하게 사용될 수 있는 방법을 찾으려고 부단히 노력한다. 사실 그가 고려하는 것은 자기 자신의 이익이지 사회의 이익은 아니다.

을 : 생산 수준과 고용량을 결정하는 역할을 하는 것은 시장 메커니즘이 아니라 경제 전체의 유효 수요이다. 유효 수요의 관점에서 볼 때 기업의 불안정한 투자 활동이 경기 변동의 결정적 원인이다. 시장은 완전 고용을 이루는 균형을 달성하지 못한다. 시장은 국가의 지원을 필요로 한다.

	질 문	대답	
		갑	을
①	유효 수요의 창출은 불황의 극복에 도움을 주는가?	예	아니요
②	정부의 개입을 통해 시장 실패를 시정해야 하는가?	아니요	예
③	사회적 재화의 결과적 평등의 실현이 궁극적 목적인가?	아니요	예
④	사유 재산권을 인정하고 효율적인 자원 배분을 강조하는가?	예	아니요
⑤	생산 수단의 완전한 공유화를 통해 경제적 불평등을 해소하고자 하는가?	예	예

254 고난도↑

갑, 을의 공통된 입장만을 〈보기〉에서 있는 대로 고른 것은?

갑 : 각 개인이 공공의 이익을 증진할 의도를 가질 필요도 없고, 자신이 공공의 이익을 어느 정도 향상하는지 알 필요도 없다. 국내 산업을 최고의 가치만 생산하는 쪽으로 이끎으로써 자기 이득을 추구한다. 그럼에도 그는 보이지 않는 손에 이끌려 자기 의도에 없는 어떤 목적을 위해 노력하는 셈이다.

을 : 중앙 집권적 계획은 독재 정치 못지않게 개인의 자유를 파괴하고 사람들을 노예의 길로 이끈다. 우리의 역사적 경험은 경제적 자유 없이는 개인적·정치적 자유도 없다는 것을 증명하고 있다.

보기
ㄱ. 완전 고용을 실현하기 위해 국가가 개입해야 한다.
ㄴ. 시장 실패의 시정을 위해 정부에 전적으로 맡겨야 한다.
ㄷ. 이윤 추구를 위해 자유로운 경제 활동을 허용해야 한다.
ㄹ. 각 개인의 경제적 자율성과 사적 소유권을 보장해야 한다.

① ㄱ, ㄴ 　② ㄱ, ㄷ 　③ ㄴ, ㄷ 　④ ㄴ, ㄹ 　⑤ ㄷ, ㄹ

주제 4 | 자본주의에 대한 비판과 대안들

족집게 전략 | 자본주의 경제 체제에 대해 비판적인 사회사상을 묻는 문항이다. 마르크스주의나 민주 사회주의의 특징에 대해 이해하고 있어야 한다.

---

255 · 대표 문항 · 고난도↑
| 평가원 기출 |

(가), (나)는 사회사상이다. (가), (나) 모두 부정의 대답을 할 질문으로 가장 적절한 것은?

> (가) 사회주의의 계획은 자본주의적 계획이나 모든 전체주의적 계획과 선명히 대조된다. 국가는 대규모 생산 수단을 공유하고 민주적으로 관리하면서, 사적 소유자도 생산과 복지에 공헌할 수 있도록 해야 한다.
>
> (나) 독점의 심화로 자본가들은 감소하고, 노동자 계급의 조직화와 저항은 확대된다. 사적 소유와 사회적 노동 간 모순의 격화로 수탈 체제는 종말을 고한다. 소수에 의한 민중의 수탈이 민중에 의한 소수자의 수탈로 전환된다.

① 국가와 계급이 소멸함으로써 프롤레타리아 독재가 실현되는가?
② 다당제와 의회 민주주의 체제에서도 사회주의가 실현되는가?
③ 자본주의는 노동자 계급에 대한 착취와 소외를 조장하는가?
④ 이상 사회는 무산 계급의 폭력 혁명과 독재로 실현되는가?
⑤ 자본주의에서 이상 사회로의 이행은 필연적으로 실현되는가?

✏️ **한줄 Tip** 마르크스주의와 민주 사회주의의 차이점에 대해 이해하고 있는가?

256
| 평가원 기출 |

그림의 가상 편지를 쓴 사상가의 입장에 대한 설명으로 옳은 것은?

> 친애하는 ○○선생님께
>
> 선생님은 지난 편지에서 자본주의의 생산 관계를 개선하면 노동자 계급에 이익이 된다고 주장하면서 혁명 운동의 필요성을 부정했습니다. 하지만 저는 사회 혁명을 통해 자본가가 소유한 생산 수단을 사회에 환원시켜야 한다고 생각합니다. 자본은 본래 공동의 산물입니다. 부르주아는 그러한 자본을 독점하여 프롤레타리아에게 노예보다 못한 삶을 살게 합니다. 따라서 부르주아의 지배를 폭력으로 뒤엎는 혁명이 필요합니다. …(후략)…

① 사회주의 단계에서 사유 재산이 완전히 소멸된다고 본다.
② 국가 기능의 제한을 통해 진정한 자유가 실현된다고 본다.
③ 인간 해방을 위하여 계급 투쟁을 불가피한 과정으로 본다.
④ 의식의 변화에 따라 물질적 생산 관계가 변화한다고 본다.
⑤ 공산주의 단계에서 프롤레타리아 독재가 요청된다고 본다.

257
| 평가원 기출 |

(가), (나)는 사회사상이다. (가) 사상에 비해 (나) 사상이 갖는 상대적 특징을 그림의 ㉠~㉢ 중에서 고른 것은?

> (가) 자본주의에서 노동은 기계 장치의 확대와 분업으로 자립성을 상실했다. 노동자는 기계의 단순한 부품이 되었고, 그들의 임금은 노동이 혐오스러워질 정도로 줄어들었다. 이에 우리는 계급투쟁을 통해 낡은 생산관계를 폭력적으로 청산할 것을 촉구한다.
>
> (나) 자본주의의 거대한 생산력에 비해 노동자는 언제나 빈곤했다. 이에 우리는 노동 착취를 반대하고 빈부 격차를 축소하여 진정한 사회주의를 건설하고자 한다. 권위주의 체제를 동반하고 있는 공산주의 국가는 진정한 사회주의를 실현할 수 없다. 사회주의의 최고 형태는 민주주의이다.

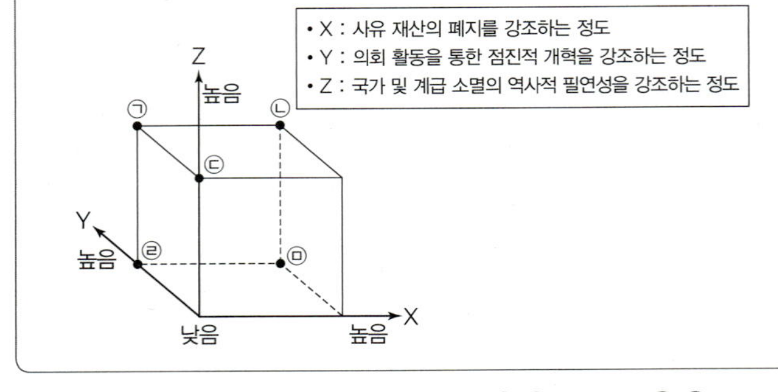

① ㉠ ② ㉡ ③ ㉢ ④ ㉣ ⑤ ㉤

258

다음 사회사상의 특징으로 옳은 것을 〈보기〉에서 고른 것은?

> 사회주의는 어떤 문제에 접근하는 데 있어서 경직된 획일성을 요구하지 않는 국제적 운동이다. 사회주의자들이 그들의 신념을 마르크스주의적 방법론에 기초하든지, 혹은 사회 분석의 다른 방법론에 기초하는지는 중요하지 않다. 진짜 중요한 것은 동일한 목표, 즉 사회 정의, 보다 나은 삶, 자유와 세계 평화가 실현되는 시스템을 향해 모두가 함께 노력하는 것이다. 사회주의는 민중 스스로의 철저하고도 적극적인 참여 없이는 결코 성공할 수 없다. 사회주의는 가장 높은 형태의 민주주의이다.

┌─ 보기 ─
ㄱ. 자본주의가 아닌 사회주의의 문제점을 시정
ㄴ. 평화적이고 민주적인 방법으로 사회주의 실현
ㄷ. 소득의 불균형을 해소하기 위한 정부의 정책의 강조
ㄹ. 경제적 평등의 실현을 위해 완전한 공유제 사회를 추구

① ㄱ, ㄴ ② ㄱ, ㄷ ③ ㄴ, ㄷ ④ ㄴ, ㄹ ⑤ ㄷ, ㄹ

259

| 평가원 기출 |

(가) 사상가의 입장을 (나) 그림으로 완성하고자 할 때, A와 B에 들어갈 질문으로 옳은 것만을 〈보기〉에서 있는 대로 고른 것은?

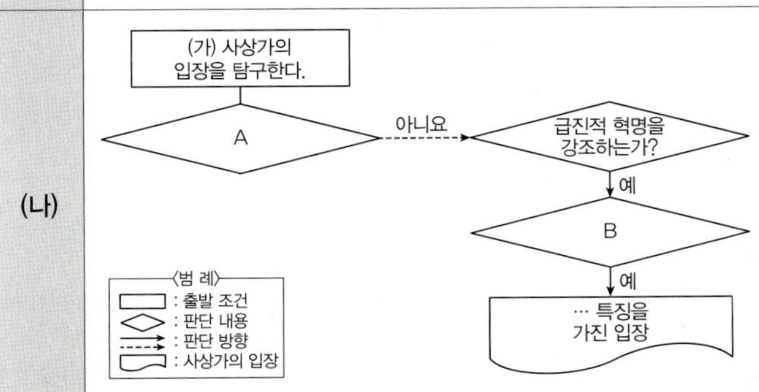

〈보기〉
ㄱ. A : 계급투쟁의 과정은 필연적으로 끝없이 순환되는가?
ㄴ. A : '프롤레타리아 독재'가 역사 발전의 최종 단계인가?
ㄷ. B : 인간의 문화와 철학이 물질적 생산 관계를 결정하는가?
ㄹ. B : 높은 생산력을 기반으로 '필요에 따른 분배'를 지향하는가?

① ㄱ, ㄴ ② ㄱ, ㄷ ③ ㄷ, ㄹ
④ ㄱ, ㄴ, ㄹ ⑤ ㄴ, ㄷ, ㄹ

260

(가) 사상에 비해 (나) 사상이 갖는 상대적 특징을 그림의 ㉠~㉤ 중에서 고른 것은?

(가) 노동자 계급의 해방은 노동자 계급 자신에 의해 쟁취되어야 한다. 노동자 계급의 해방을 위한 투쟁은 계급적 특권과 독점을 위한 투쟁이 아니라 권리와 의무상의 평등, 모든 계급 지배의 폐지를 위한 투쟁을 의미한다.
(나) 사회주의의 달성은 필연적인 것은 아니다. 그것은 사회주의를 추구하는 모든 사람들의 직접적 기여를 필요로 한다. 전체주의적 방법과 달리 사회주의는 민중들이 수동적인 역할에 머물게 하지 않는다.

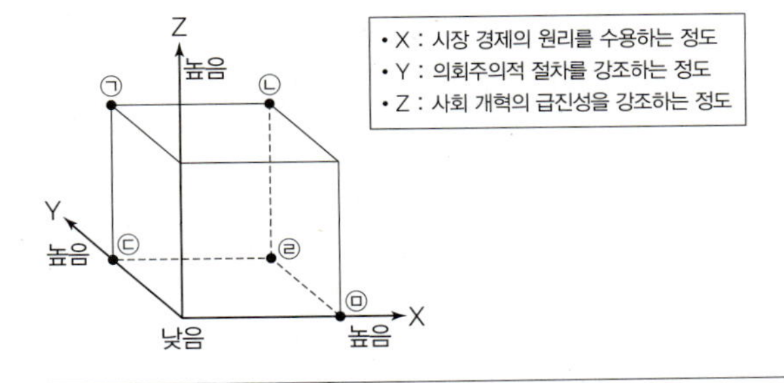

① ㉠ ② ㉡ ③ ㉢ ④ ㉣ ⑤ ㉤

261

(가), (나) 사회 사상의 입장을 〈보기〉에서 골라 바르게 묶은 것은?

(가) 지금까지 존재한 모든 사회의 역사는 계급투쟁의 역사이다. …(중략)… 모든 지배 계급을 혁명 앞에 떨게 하라. 프롤레타리아가 잃을 것은 쇠구슬밖에 없으며 얻을 것은 온 세상이다. 전 세계의 노동자여, 단결하라.
(나) 사회주의는 자유 속에서 그리고 민주주의적 방법을 통해서 새로운 사회를 건설하려고 노력한다. …(중략)… 국가는 계획 경제의 틀 속에서 사적 소유자들이 생산과 복지의 증진에 공헌할 수 있도록 그들을 도울 수 있고, 또 도와주어야만 한다.

〈보기〉

		생산 수단 공유의 필요성을 인정하는가?	
		예	아니요
공산 사회의 실현을 위해 폭력적인 혁명의 필요성을 인정하는가?	예	A	B
	아니요	C	D

	(가)	(나)		(가)	(나)
①	A	C	②	A	D
③	B	D	④	C	B
⑤	C	D			

262

(가), (나)의 사회사상 중 적어도 한 사상의 입장에서 긍정의 대답을 할 질문만을 〈보기〉에서 있는 대로 고른 것은?

(가) 생산을 경제적 자유주의의 놀음에 그대로 놓아두어서는 안 된다. 오히려 생산은 인간의 필요에 맞추어 체계적으로 계획되어야 한다. 이와 같은 계획은 개인의 개성적 권리를 존중하지 않으면 안 된다. 사회주의는 국내 및 국제 문제에 있어서 자유와 계획을 동시에 지지한다.
(나) 국가는 조세 체계, 이자율 결정 등의 여러 방식을 통해 소비 성향에 주된 영향력을 행사해야 한다. 국가의 포괄적인 공공 지출은 시장 경제의 불가피한 속성인 빈부 격차를 완화하고 사회 통합에 기여하게 된다.

〈보기〉
ㄱ. 경제 문제 해결을 위한 국가의 적극적 개입을 주장하는가?
ㄴ. 복지 제도의 축소를 통한 효율적 자원 배분을 강조하는가?
ㄷ. 분배 정의를 위해 생산 수단의 완전한 공유를 주장하는가?
ㄹ. 민주적인 의회 활동을 통한 사회주의 이상의 실현을 강조하는가?

① ㄱ, ㄴ ② ㄱ, ㄹ ③ ㄴ, ㄷ
④ ㄱ, ㄷ, ㄹ ⑤ ㄴ, ㄷ, ㄹ

16강 평화

1. 동양의 평화 사상

(1) 유교
① 인간의 도덕적 타락을 불화와 갈등의 원인으로 봄
② 도덕적인 인간관계를 바탕으로 하는 화평(和平)한 세계를 이루고자 함→수기이안백성(修己以安百姓)이나 수제치평(修齊治平)을 제시
③ 대동 사회 : 도덕성을 기반으로 모든 사람이 함께 조화롭게 어울려 사는 평화로운 사회

(2) 묵자
① 유교에서 강조하는 인(仁)이 존비친소를 분별하는 사랑으로서 사회 혼란을 초래
② 겸애(兼愛)와 비공(非攻) └→지위나 신분의 높고 낮음과 어떤 사람과 친함과 그렇지 않음을 의미한다.

겸애	• 의미 : 모든 사람을 똑같이 사랑한다. • 이유 : 서로 차별 없이 사랑하고 서로 이로움을 나누어야 전쟁과 같은 불의(不義)한 상황이 발생하지 않을 것이기 때문임
비공	• 의미 : 타국을 정복하거나 침략하기 위한 전쟁을 해서는 안 된다. • 이유 : 전쟁은 나라의 생산력을 떨어뜨리고 백성들의 생명을 희생시키기 때문에 전쟁에서 승리하더라도 자국에 이익이 되지 않기 때문임

(3) 불교와 도가

불교	• 번뇌, 탐욕, 원한에서 벗어나 마음이 흔들리지 않고 평화롭게 살아가는 태도를 중시 • 모든 생명체가 평등한 가치를 지니며 연기에 대한 자각은 무차별적인 사랑으로 이어졌음 • 생명을 지닌 존재를 죽이지 않는 불살생(不殺生)을 제시하면서 비폭력의 실천을 강조
도가	• 개인과 사회 그리고 자연이 조화를 이루며 살아갈 때 평화를 이룰 수 있음 • 무위의 다스림이 이루어지며 나라의 규모가 작고 백성이 자급자족할 때 평화를 이룰 수 있음

2. 서양의 평화 사상

(1) 갈퉁 →갈퉁은 소극적 평화만으로는 진정한 평화를 실현하기 어렵다고 보면서, 적극적 평화를 강조하였다.
① 평화를 모든 종류의 폭력의 부재나 감소라고 정의
② 소극적 평화와 적극적 평화

소극적 평화	• 전쟁, 테러, 폭행과 같은 직접적이고 물리적인 폭력이 없는 상태 • 빈곤이나 인권 침해 같은 다양한 차원의 폭력을 고려하지 않는다는 한계가 있음
적극적 평화	• 직접적이고 물리적인 폭력뿐만 아니라 사회 제도나 관습 등에 따른 억압이나 착취와 같은 구조적 폭력도 없는 상태 • 평화의 개념을 인간의 생명과 존엄을 중시하는 인간 안보 차원으로 확장

└→안보의 궁극적 대상을 인간으로 보는 관점이다. 전쟁의 위협과 같은 국가 안보는 물론 삶의 질, 자유와 인권 보장 등도 안보의 개념에 폭넓게 포함시켰다.

(2) 에라스뮈스
① 그리스도교의 사랑과 비폭력의 평화 사상을 계승
② 종교적·도덕적·경제적인 측면에서 전쟁은 본성상 선보다 악을 초래한다고 보았음

(3) 생피에르
① 평화를 위해 종교나 도덕성에 호소하는 대신 인간의 이기심과 합리적 이성에 따를 것을 주장
② 전쟁이 인간의 이기심 때문에 발생하지만, 오히려 이기심을 이용하면 평화로 이끌 수도 있다고 보았음
③ 공리적 관점을 바탕으로 군주들의 연합을 만들면 항구적인 평화를 실현할 수 있다고 보았음

(4) 칸트
① 평화란 전쟁이 일시적으로 중단된 상태가 아니라, 모든 적대감이 제거되고 보편적인 이성의 법이 실현된 상태에서만 이루어질 수 있는 영구 평화를 의미
② "영구 평화론"에서 공화정의 도입과 국가 간의 영구 평화를 보장하기 위해 국제 연맹의 창설과 세계 시민법 등을 제시하였음
└→영구 평화를 달성하기 위한 조건들을 제시한 칸트의 저서로, 6개의 예비 조항, 3개의 확정 조항, 그리고 부록으로 구성되어 있다.

공자의 정치에 대한 기본 사상으로 자신을 수양하고 덕행을 베풀어 모든 사람의 삶을 안정되고 평온하게 해 주어야 한다는 의미이다.

＊ **수제치평**
유교에서는 윤리적 실천의 단계를 자신으로부터 시작하여 가정, 사회, 국가로 확대했으며, 수제치평은 수신제가 치국평천하(修身齊家治國平天下)를 뜻한다.

＊ **비공(非攻)**

> 전쟁이란 국가와 백성에게 이롭지 않다. 전쟁으로 말미암아 국가는 제 본분을 잃고, 백성은 생업을 잃는다. 천하 민중이 전쟁을 반대하고 화목하여 단결함으로써 생산에 힘쓰고, 이로써 생산이 증대되면 백성에게 얼마나 이로울 것인가.
> – 묵자, "묵자" –

묵자는 침략 전쟁이 소수의 큰 나라에 이익이 된다고 하더라도 천하에 이익이 되지 않으므로 옳지 않다고 본다. 그래서 그는 서로 차별 없이 사랑하고 이익을 나누어야 세상의 혼란을 극복할 수 있다는 겸애교리(兼愛交利)를 주장한다.

＊ **갈퉁의 폭력 구분**

직접적 폭력	폭행, 구타, 고문, 테러, 전쟁 등 물리적이고 의도적인 폭력
구조적 폭력	사회 제도나 관습 등의 사회 구조가 폭력을 용인하거나 정당화함으로써 나타나는 형태의 폭력
문화적 폭력	종교, 사상, 언어, 예술, 과학 등의 문화적 영역이 직접적 폭력이나 구조적 폭력을 정당화하는데 이용되는 것

(5) 현실주의와 이상주의
① 현실주의 : 국가는 생존과 이익을 추구하는 공동체 → 평화는 세력 균형을 통해 실현됨
② 이상주의 : 평화는 이성에 근거한 보편적 도덕 원리에 따라 실현됨 ── 특정한 집단이 다른 집단을 압도할 만큼 강대해지지 않도록 견제하여 균형을 유지하는 것

(6) 정의 전쟁론
① 전쟁이 윤리적 범주에 기반하여 도덕적으로 정당화될 수 있다고 봄
② 아퀴나스 : 전쟁은 전쟁을 선포할 수 있는 권위를 지닌 사람에 의해 선포되어야 하며, 전쟁은 정당한 원인이 있어야 하며, 전쟁은 정당한 의도를 지니고 있어야 함
③ 왈처 : 전쟁의 개시는 정당한 이유, 올바른 의도, 적절한 권위와 공개적인 선언, 성공 가능성, 비례의 원칙을 따를 때 정당화될 수 있음

자료로 살펴보기

■ 왈처의 정의 전쟁론

정의로운 전쟁 이론은 무엇보다도 인간 행위로서의 전쟁이 가지는 도덕적 위상에 관한 논의이다. 그 논의는 크게 두 부분으로 나누어진다. 하나는 전쟁이 때로는 정당화될 수 있다는 것이며, 다른 하나는 전쟁의 수행은 언제나 도덕적 비판의 대상이 된다는 것이다. 앞의 명제는 전쟁이 범죄 행위라고 믿는 평화주의자들이 거부하고, 뒤의 명제는 "사랑과 전쟁에 있어서는 모든 것이 정당화될 수 있다."라고 생각하는 현실주의자들이 반대한다. 현실주의자들은 "전시에는 법률이 침묵해야 한다."라고 생각한다. — 왈처, "전쟁과 정의"

왈처는 평화주의자들의 입장을 비판하면서 때로는 전쟁이 도덕적으로 정당화될 수 있다고 주장하며, 다른 한편으로는 현실주의자들의 입장을 비판하면서 전쟁은 도덕적 비판의 대상이 될 수 있다고 주장한다.

주제 2 세계 시민주의와 세계 시민 윤리의 구상

1. 세계 시민주의
(1) 필요성과 특징

필요성	• 지구촌은 국가 간, 사람들 간의 관계가 밀접하게 연결되어 있기 때문 • 인류 공동체의 결속력을 높이고 인류가 평화롭게 공존할 수 있도록 하는데 기여하기 때문
특징	• 인류를 하나의 운명 공동체로 인식하여 지구상에 발생하고 있는 문제들에 관심을 가지며, 인류가 함께 문제를 해결하기 위해 노력함 • 인류의 구성원으로서 다른 사람들과 더불어 살아가기 위해서 다양성을 인정하고 관용을 베풀 것을 강조 • 인류애를 바탕으로 갈등이 발생하더라도 함부로 폭력을 행사하지 않고 대화와 타협을 통해 해결하려고 함

(2) 세계 시민 윤리 : 인간 존엄성, 인권 보장을 기본 가치로 삼아야 함, 전 지구적 문제와 그 해결에 관심을 가져야 함, 상호 존중과 관용의 자세를 지녀야 함

2. 지구적 협력과 해외 원조에 대한 입장
── 물질적인 도움이 아니라 사회 구조와 제도의 개선이 원조의 목적이다.

롤스	• 국제주의의 입장에서 고통 받는 사회를 질서 정연한 사회로 만드는 것이 해외 원조의 목적이라고 주장함 • 해외 원조는 인류의 복지 수준을 향상하기보다는 빈곤의 원인이 되는 잘못된 사회 구조를 개선하여 사회 정의를 실현하는 데 목적이 있다고 봄 • 각 사회마다 필요한 부의 수준이 다르기 때문에 물질적으로 평준화할 필요는 없음 → 차등의 원칙을 국제 사회에 적용하는 것에 반대
싱어	• 공리주의적 관점에서 세계 시민주의를 지향하는 싱어는 인류의 고통을 줄이고 복지를 향상하는 것이 해외 원조의 목적이라 봄 • 이익 평등 고려의 원칙에 따라, 도움이 필요한 사람과 나의 물리적 거리를 넘어서, 고통을 느낄 수 있는 모든 존재를 도와야 한다고 주장함 • 고통을 겪는 인간을 차별하지 말고 공평하게 원조해야 한다고 주장함
노직	• 해외 원조를 개인이나 국가의 자율적인 선택에 맡겨야 한다고 주장함→재산의 소유권은 전적으로 개인에게 있음 • 개인 혹은 국가 차원의 해외 원조는 선한 행위로 평가할 수 있지만, 의무는 아님

＊ 칸트의 영구 평화론

칸트의 "영구 평화론"에서 국가 간 평화를 위해 금지해야 할 내용을 담은 예비 조항이다.
① 장차 전쟁의 화근이 될 수 있는 내용을 유보한 채로 맺은 평화 조약은 불가능하다.
② 어떠한 독립 국가도 타국의 소유가 될 수 없다.
③ 상비군은 조만간 완전히 폐지되어야 한다.
④ 대외적 분쟁과 관련하여 어떠한 국채도 발행해서는 안 된다.
⑤ 타국의 체제와 통치에 폭력으로 간섭해서는 안 된다.
⑥ 전쟁 중 암살이나 독살, 항복 조약 파기 등의 신뢰를 배신하는 비열한 행위를 하지 않는다.

＊ 세계 시민주의

기원은 폴리스를 중심으로 한 고대 그리스이다. 폴리스를 넘어 세계(cosmos)를 하나의 폴리스(cosmopolis)로 여기고 살아야 한다는 입장이다. 도시 국가가 붕괴되기 시작한 시대의 스토아 학파 등에 의해 주장되었다. 한 개인이 속한 민족, 국민 국가 등의 특수한 가치나 편협함을 초월하여 세계의 전 인류를 하나의 동포로 생각하는 입장으로 사해 동포주의, 세계 만민주의라고도 한다.

＊ 국제주의

국제 사회에서 국가 간의 갈등과 전쟁보다 연대와 협력을 통해 국가가 더 많은 이익을 얻을 수 있다는 생각이나 이념을 뜻한다.

＊ 이익 평등 고려의 원칙

어떤 행위의 영향을 받게 될 모든 사람의 이익을 동등한 비중으로 다루어야 한다는 것으로, 이익을 가진다는 특성 외에 다른 어떤 사실에 근거해 이익을 고려해서는 안 된다는 생각을 담고 있다. 예를 들어 인간은 모두 평등하게 대우받아야 하는데, 사람마다 다른 능력, 재산 등에 의해 각자의 이익을 다르게 고려한다면 평등의 가치가 훼손된다. 그러므로 사람들의 이익을 고려할 때는 모두 평등하게 고려되어야 한다.

핵심 개념 CHECK!

• 정답 및 해설 63쪽

✍ 다음 확인 문제 중 옳은 것에 ○, 옳지 않은 것에 ✕를 표기하세요.

주제 1 동서양의 다양한 평화 사상

01 유교는 도덕적인 인간관계를 바탕으로 하는 평화로운 세상의 모습을 꿈꾸었다. ○ ✕

02 대동 사회는 도덕성을 기반으로 모든 사람이 함께 조화롭게 어울려 사는 평화로운 사회이다. ○ ✕

03 묵자는 존비친소를 분별하는 사랑을 주장하며 전쟁을 반대하였다. ○ ✕

04 묵자는 서로 차별 없이 사랑하고 서로 이로움을 나누어야 전쟁과 같은 불의(不義)한 상황이 발생하지 않을 것이라고 보았다. ○ ✕

05 묵자는 천하의 이익을 일으키기 위해 통치자는 경우에 따라 타국을 정복하기 위한 전쟁을 해야 한다고 보았다. ○ ✕

06 불교에서는 마음속의 탐욕, 화냄, 어리석음을 제거하고 연기에 대한 깨달음에 이를 것을 강조하였다. ○ ✕

07 불교에서는 모든 생명체가 평등한 가치를 지니며 연기에 대한 자각은 무차별적 사랑인 자비로 이어진다고 보았다. ○ ✕

08 에라스뮈스는 종교적 · 도덕적 · 경제적인 측면에서 전쟁은 본성상 선보다 악을 초래한다고 주장하였다. ○ ✕

09 에라스뮈스는 전쟁은 평화를 추구하는 종교 정신에 위배되는 것이라고 보았다. ○ ✕

10 생피에르는 인간의 이기심과 합리적 이성에 호소하는 대신 종교나 도덕성을 따를 것을 주장하였다. ○ ✕

11 생피에르는 전쟁이 비록 인간의 이기심 때문에 발생하지만, 오히려 이기심을 이용하면 평화로 이끌 수도 있다고 보았다. ○ ✕

12 생피에르는 의무론적 관점을 바탕으로 군주들의 연합을 만들면 항구적인 평화를 실현할 수 있다고 보았다. ○ ✕

13 칸트는 국가 간의 영구 평화를 보장하기 위해 국제 연맹의 창설과 세계 시민법의 조건 등을 담은 확정 조항을 제시하였다. ○ ✕

14 이상주의자들은 평화는 이성에 근거한 보편적 도덕 원리에 따라 국제적 갈등을 해결할 때 실현될 수 있다고 본다. ○ ✕

15 아퀴나스는 전쟁은 전쟁을 선포할 수 있는 권위를 지닌 사람에 의해 선포되어야 한다고 보았다. ○ ✕

16 왈처는 전쟁은 윤리적 범주에 기반하여 항상 도덕적으로 정당화되지 않다고 본다. ○ ✕

17 갈퉁은 인간다운 삶을 위해 소극적 평화 개념을 강조한다. ○ ✕

18 정의 전쟁론에서는 전쟁에 대한 도덕적 제한 조치를 수용하며 무력이 정의를 수행하기 위한 수단이 될 수 있다고 본다. ○ ✕

19 왈처는 전쟁은 합법적 권위, 정당한 이유, 전쟁 수행자의 정당한 의도, 이 세 가지를 근거로 수행할 수 있다고 주장하였다. ○ ✕

20 칸트는 평화는 저절로 주어지는 것이 아니라 스스로 만들어 가는 것이라고 주장하였다. ○ ✕

21 칸트는 "영구 평화론"을 통해 국내적으로는 공화정을 도입하고, 국제적으로는 보편적 우호 관계에 따라 국제법을 적용하는 세계 국가의 수립을 구상하였다. ○ ✕

주제 2 세계 시민주의와 세계 시민 윤리의 구상

22 세계 시민주의는 스토아 학파에서 발전해 온 사상으로 특정 민족이나 국가를 넘어서 인류를 하나라고 보는 입장이다. ○ ✕

23 세계 시민주의는 전 지구적인 문제의 해결과 발전에 관심을 가진다. ○ ✕

24 세계 시민주의는 갈등이 발생했을 때 대화와 타협이 아닌 전쟁의 방식을 따를 것을 강조한다. ○ ✕

25 국제주의는 개별 국가를 전제로 하면서도 국가 간의 연대와 협력을 지향한다. ○ ✕

26 롤스는 질서 정연한 사회의 만민은 불리한 여건으로 인해 고통을 겪는 사회를 원조해야 할 의무가 있다고 보았다. ○ ✕

27 롤스는 원조의 목적을 전 지구인의 복지 향상에 두고 있다고 본다. ○ ✕

28 싱어는 공리주의적 관점에서 세계의 가난한 사람을 원조의 대상으로 삼아야 한다고 주장하였다. ○ ✕

29 싱어는 원조의 의무는 모든 존재의 이익을 동등하게 고려해야 한다는 '이익 평등 고려의 원칙'을 전제로 하고 있다. ○ ✕

30 노직은 개인 혹은 국가 차원의 해외 원조는 선한 행위이기 때문에 의무로 이루어져야 한다고 본다. ○ ✕

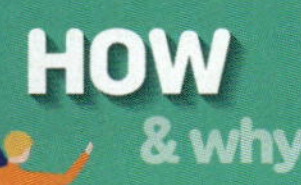

해외 원조에 대한 롤스와 싱어의 입장은 어떻게 다를까?

개념 자료로 확인

■ 해외 원조에 대한 롤스의 입장

> 질서 정연한 나라가 고통을 겪는 사회를 위해 원조의 의무를 수행할 경우 다음과 같은 목적으로 이루어져야 한다. 즉 원조의 목적은 고통을 겪는 사회가 자신의 문제들을 합당하게, 합리적으로 관리할 수 있도록 도와주어 결과적으로 그 사회가 질서 정연한 만민의 사회가 되도록 하는 것이다. 이러한 목표가 성취 후에는 비록 여전히 빈곤하다고 할지라도 더 이상 원조할 필요가 없다.
> – 롤스, "만민법"

롤스는 질서 정연한 사회의 만민은 불리한 여건으로 인해 고통을 겪는 사회를 원조해야 할 의무가 있다고 보았다. 원조의 목적은 고통받는 사회가 질서 정연한 사회가 되도록 하는 데 있다. 즉 해외 원조의 의무는 사회 구조와 제도의 개선에 있다는 것이다.

■ 해외 원조에 대한 싱어의 입장

> 풍족한 사회에서 그러하듯이 사치품과 부질 없는 것에 낭비할 만큼 돈을 충분히 가진 사람들은 넉넉한 양식과 깨끗한 식수, 비바람을 피할 보금자리, 기존적인 의료 혜택을 얻는 데 어려움을 겪는 사람들에게 자신의 소득 1달러당 적어도 1센트를 나누어 주어야 한다. 이런 기준을 충족시키지 못하는 사람들은 전 지구적인 의무를 공정하게 나누지 않는 것이며, 따라서 심각하게 도덕적으로 잘못된 일을 행하는 것으로 간주되어야 한다.
> – 싱어, "세계화의 윤리"

싱어는 공리주의적 관점에서 세계의 모든 가난한 사람을 원조의 대상으로 삼아야 한다고 주장하였다. 싱어에 따르면 우리가 커다란 희생 없이도 어려운 처지에 있는 사람을 도울 수 있다면 무조건 돕는 것이 우리의 의무이다. 원조의 의무는 모든 존재의 이익을 동등하게 고려해야 한다는 '이익 평등 고려의 원칙'을 전제로 하고 있으며, 싱어는 고통을 겪는 인간을 차별하지 말고 공평하게 원조해야 한다고 주장한다. 이처럼 롤스와 싱어는 해외 원조의 목적에 대해서 서로 다른 입장을 보인다. 롤스와 같은 국제주의의 입장에서는 개별 국가를 전제로 하면서도 국가 간의 연대와 협력을 지향한다. 싱어와 같은 세계 시민주의의 입장에서는 인종이나 국가 등과 상관없이 모든 인간의 이익을 평등하게 고려하며 보편적 인류애를 강조한다. 롤스와 싱어 모두 해외 원조를 도덕적 의무로 규정하고 지구적 문제에 대한 관심을 촉구한다는 점에서는 공통점을 가진다.

개념 빈칸 채우기로 확인

■ 롤스
Q1 시민의 기본적 정치 권리가 보장되는 사회는 (   ) 사회이다.

Q2 각 사회마다 필요한 부의 수준이 다르기 때문에 물질적으로 (   )할 필요는 없다.

■ 싱어
Q3 고통을 감소하고 쾌락을 증진해야 한다고 보는 (   )적 입장에서 해외 원조를 의무이다.

Q4 인류의 고통을 줄이고 (   )을/를 향상하는 것이 해외 원조의 목적이라 본다.

개념 O/X로 확인

Q5 롤스는 차등의 원칙을 국제 사회에 적용하는 것에 반대한다. (○ / ×)

Q6 싱어는 가까이 있는 사람부터 먼저 도와주고 그 다음으로 해외 원조를 해야 한다고 본다. (○ / ×)

Q7 롤스는 빈곤 문제의 해결에 있어서 사회 제도의 개선을 중시하였다. (○ / ×)

Q8 싱어는 가난한 사람들을 돕는 것은 세계 시민으로서의 의무라고 보았다. (○ / ×)

Q9 롤스와 싱어 모두 해외 원조는 자선의 관점에서 이루어져야 한다고 보았다. (○ / ×)

개념 문제에 적용

연습하기 Q10 다음을 주장한 사상가가 긍정할 질문에 ○를, 부정할 질문에 ×를 표시하시오.

> 사회들 간의 부와 복지의 수준들은 다양할 수 있고 그럴 것이라 추정된다. 그러나 이런 부와 복지 수준을 조정하는 것은 원조 의무의 목표가 아니다. 단지 고통을 겪는 사회들만 도움이 필요하다. 더구나 모든 질서 정연한 사회가 부유한 것이 아닌 것과 마찬가지로, 모든 사회가 가난한 것은 아니다. 천연자원과 부가 빈약한 사회라 할지라도 만약 그들의 종교적, 도덕적 신념들과 문화를 떠받쳐 주는 그 사회의 정치적 전통, 법, 재산, 계급 구조가 자유적 사회나 적정 수준의 사회를 유지하게 하는 것이라면 질서 정연해질 수 있다.

- 빈곤 문제의 해결에 있어서 사회 제도의 개선을 중시해야 하는가? ❶ (○ / ×)
- 해외 원조는 자선의 관점에서 이루어져야 하는가? ❷ (○ / ×)
- 세계의 모든 가난한 사람은 해외 원조의 대상인가? ❸ (○ / ×)

적용하기 Q11 다음 입장에 대한 설명으로 옳은 것을 〈보기〉에서 있는 대로 고른 것은?

> 부유한 나라의 약소국에 대한 원조 그 자체가 윤리적 의무이다. 약소국 사람들이 빈곤의 고통에서 벗어나 인간답고 행복한 삶을 누리도록 도와야 한다.

보기
ㄱ. 부유한 나라가 원조에 대해 자율적으로 선택할 수 있다고 본다.
ㄴ. 약소국에 대한 원조는 자유로운 선택이라기보다는 의무라고 본다.
ㄷ. 고통을 겪는 인간을 차별하지 말고 공평하게 원조해야 한다고 본다.
ㄹ. 모든 국가는 약소국이 빈곤을 극복하고 행복할 수 있도록 도울 의무가 있다고 본다.

① ㄱ, ㄴ 　② ㄱ, ㄷ 　③ ㄴ, ㄷ
④ ㄱ, ㄷ, ㄹ 　⑤ ㄴ, ㄷ, ㄹ

HOW & WHY 정답 01. 질서 정연한 02. 평준화 03. 공리주의 04. 복지 05. ○ 06. × 07. ○ 08. ○ 09. × 10. ❶ ○ ❷ × ❸ × 11. ③

주제 1　동서양의 다양한 평화 사상

족집게 전략 | 갑, 을 사상가가 제시하는 평화의 의미에 대해 파악하고 있어야 한다.

263 대표 문항　| 평가원 기출 |

그림은 서양 사상가 갑, 을의 가상 대화이다. 갑, 을의 입장으로 옳지 **않은** 것은?

① 갑 : 개별 국가의 주권을 인정하면서 영원한 평화를 실현해야 한다.
② 갑 : 국제법을 통해 국가 간 우호와 시민의 자유를 증진해야 한다.
③ 을 : 편견 극복을 위한 교육은 적극적 평화를 실현하는 방법이다.
④ 을 : 직접적 폭력을 제거함으로써 인간 존엄 실현의 조건이 완비된다.
⑤ 갑, 을 : 평화의 실현을 위해서는 정치 제도의 개선이 필수적이다.

한줄 Tip 칸트와 갈퉁의 평화와 전쟁에 대한 입장에 대해 정확하게 이해하는 것이 포인트이다.

264　| 평가원 기출 |

다음 서양 사상가의 입장으로 가장 적절한 것은?

> 전쟁은 신법(神法)을 지키고 공동선과 평화를 위한 것이다. 전쟁이 정의롭기 위해서는 적법한 권위를 지닌 군주에 의해서만 수행되어야 하며, 공격의 정당한 이유와 올바른 의도가 있어야 한다. 전쟁은 한 국가가 백성들에게 가한 나쁜 짓을 바로잡길 거부하거나, 부당하게 차지한 것을 돌려주길 거부할 경우 그 악을 징벌하는 것이어야 한다. 처음부터 적을 죽이려는 의도가 아니어야 하고 필요 이상의 폭력을 가해서도 안 되며, 개인의 적개심이 아닌 공공선을 위한 것이어야 한다. 교전 중 자기 생명을 지키려는 목적 이상의 많은 희생을 야기하는 행위는 신법을 거스르는 것이다.

① 무력은 평화와 정의를 지키는 정당한 수단이 될 수 없다.
② 개별 국가의 폭정은 전쟁 선포의 정당한 명분이 될 수 없다.
③ 공동선과 평화를 위해서는 일반인도 전쟁을 선포할 수 있다.
④ 방어 이외에 어떠한 선제공격도 도덕적 정당성을 갖지 못한다.
⑤ 전쟁 중이라 하더라도 모든 살상 행위가 정당화되는 것은 아니다.

265　| 평가원 기출 |

갑, 을, 병 사상가들의 입장으로 옳은 것은?

> 갑 : 전쟁이 끝난 후 잠시 평화가 찾아와도 국가들은 더욱 강화된 재무장과 적대 정책을 세운다. 이런 악순환을 막기 위해 국가 간의 항구적인 평화 조약이 요구된다.
> 을 : 전쟁은 정치적 목적을 위한 여러 수단 중 하나이며, 다른 수단에 의한 정책의 연속일 뿐이다. 불가능한 평화를 얻으려고 지금 얻을 수 있는 승리를 놓치는 것은 어리석다.
> 병 : 전쟁은 찬양되어서는 안 되지만, 도덕적 제약을 전제로 최고의 합법적 권위에 의해 선포되는 경우와 나를 지키기 위해 적을 죽이지 않으면 안 되는 경우에는 허용될 수 있다.

① 갑 : 항구적 평화는 국가 간의 세력 균형으로 실현되어야 한다.
② 을 : 전쟁은 항구적 평화를 이루기 위한 최후의 정치적 수단이다.
③ 병 : 자국의 방어를 위한 불가피한 전쟁은 도덕적으로 허용된다.
④ 갑, 을 : 전쟁은 인간의 생명과 자유권을 보장할 때 정의롭다.
⑤ 을, 병 : 전쟁은 국가 이익을 극대화하기 위한 정치적 행위이다.

266　| 평가원 기출 |

갑, 을 사상가들의 입장으로 가장 적절한 것은?

> 갑 : 전쟁이 없는 상태를 넘어 모든 종류의 폭력이 없거나 감소한 상태가 평화이다. 이러한 평화를 저해하는 직접적이고 구조적인 폭력과 이를 정당화하는 문화적 폭력은 평화적 수단으로 해소해야 한다.
> 을 : 전쟁이 정의롭기 위해서는 전쟁 개시, 전쟁 수행 과정, 전쟁 종식과 평화 정착에서 정당성을 갖추어야 한다. 비록 개전(開戰)의 측면에서 정당화될 수 없는 전쟁일지라도 그 수행 과정과 전후 처리는 정의로워야 한다.

① 갑 : 평화의 실현을 위한 폭력적 수단의 사용은 정당하다.
② 갑 : 모든 전쟁의 종식은 적극적 평화의 실현을 보장한다.
③ 을 : 전쟁 개시 이전에 평화적 수단을 동원할 필요는 없다.
④ 을 : 전쟁이 부당하게 개시되더라도 정당하게 종식될 수 있다.
⑤ 갑, 을 : 인명의 살상을 동반하는 어떠한 전쟁도 정의롭지 않다.

267　| 교육청 기출 |

(가) 사상가의 입장에서 볼 때, (나)의 ㉠에 들어갈 진술로 가장 적절한 것은?

(가)	국내법의 관점에서 각 국가의 시민적 체제는 공화적이어야 하며, 국제법의 관점에서 자유로운 국가들의 연합으로서의 국제 연맹이 요구된다. 그리고 세계 시민법의 입장에서 모든 나라의 국민들이 어디든지 자유롭게 방문할 수 있도록 해야 한다.
(나)	㉠　　　　. 그러면 국제 평화가 실현될 수 있을 것이다.

① 다른 나라의 내정에 적극적으로 개입하라
② 모든 국가의 주권을 국제 연맹에 양도하라
③ 민족 국가의 구성원이 아닌 세계 시민으로 살아가라
④ 군사력을 바탕으로 하는 세력 균형 정책을 추구하라
⑤ 각 국가의 주권을 존중하면서 상호 협력을 도모하라

268

갑은 긍정, 을은 부정의 대답을 할 질문으로 가장 적절한 것은?

> 갑 : 전쟁을 하는 것은 항상 죄악인가? 전쟁은 신법(神法)을 지키고 공동선과 평화를 위한 것이다. 전쟁이 정의롭기 위해서는 적법한 권위를 가진 군주에 의해서만 선포되어야 하며, 공격의 정당한 이유와 올바른 의도가 있어야 한다.
> 을 : 사회 계약에 기초하여 하나의 국가가 건립되듯이, 국제 관계도 국가들이 자발적으로 결성한 연맹체제에 기초한 국제법을 통해 평화 상태에 들어설 수 있다. 이 상태에서만 국민의 모든 권리나 국가들의 소유가 확정적인 것으로 인정되고 참된 평화 상태가 될 수 있다.

① 개별 국가의 상비군은 완전히 폐지되어야 하는가?
② 적법한 통치자에 의해 선포된 전쟁은 모두 정당한가?
③ 영구 평화의 실현을 위해 세계 정부가 구성해야 하는가?
④ 정당한 개전(開戰) 명분이 정의로운 전쟁의 유일한 기준인가?
⑤ 다른 나라의 부정의(不正義)에 대해 폭력으로 간섭할 수 있는가?

269 고난도

| 평가원 기출 |

다음 서양 사상가의 주장으로 옳은 것은?

> 세계 평화는 받는 것이 아니라 성취해야 하는 것이다. 평화란 모든 전쟁의 종결을 의미하므로 그 앞에 '영원한'이라는 수식어를 붙이는 것은 용어의 중복일 따름이다. 평화는 도덕적 입법의 최고 자리에 위치한 이성이 명령하는 보편적 의무이다. 국가들은 서로를 하나의 인격체로 대하고, 무력과 기만을 근절해 평화를 예비해야 한다. 공화국으로 전환한 계몽된 자유 국가들이 연방을 결성하고, 호혜적인 질서를 수립함으로써 평화를 확정해야 한다.

① 자유 국가들 간의 연방 단계에서 세계 정부를 수립해야 한다.
② 세계 시민법은 보편적 우호 조건을 규정하는 데 국한되어야 한다.
③ 도덕적 입법의 한계를 세계 정부의 강제력으로 보완해야 한다.
④ 세계 평화의 정착을 위해 개별 국가의 주권은 폐지되어야 한다.
⑤ 세계 평화는 실제로는 불가능하나 정치적 의무로 설정해야 한다.

족집게 전략 | 해외 원조에 대한 갑, 을, 병 사상가의 입장을 파악해야 한다.

270 대표 문항

| 평가원 기출 |

갑, 을, 병 사상가들의 입장에 대한 설명으로 옳은 것은?

> 갑 : 경제적 여유가 있는 사람이라면 고통에 빠진 사람들을 위해 소득 중 일부는 기부해야 한다. 원조함으로써 우리 자신에게 다른 더 큰 피해가 생기지 않는 한 마땅히 원조해야 한다.
> 을 : 개인이 정당하게 취득한 재산의 배타적 소유권을 타인의 삶과 행복을 명목으로 침해해서는 안 된다. 원조는 개인의 자유로운 선택의 영역이다.
> 병 : 인권이 보장되고 민주적 의사 결정이 제도화된 사회의 구성원이라면 해외 원조를 반대할 이유가 없다. 원조는 고통받는 사회의 자유와 평등 확립을 목적으로 삼아야 한다.

① 갑은 모든 개인의 원조 의무를 규정하는 보편 원리는 없다고 본다.
② 을은 해외 원조를 최소 국가가 강제해야 하는 의무라고 본다.
③ 병은 정의의 원칙이 확립된 자원 빈곤국은 원조 대상이 아니라고 본다.
④ 갑, 병은 국제 기구를 통한 원조만이 정당화될 수 있다고 본다.
⑤ 을, 병은 국가 간 부의 격차 해소 후에는 원조 의무가 없다고 본다.

 **한줄 Tip** 해외 원조에 대해 의무의 관점인지 자선의 관점인지를 파악하고 있는가?

271

| 평가원 기출 |

사상가 갑, 을의 입장으로 가장 적절한 것은?

> 갑 : 자원은 한정되어 있기에 최대의 이익이 산출될 수 있는 곳에 사용되는 것이 적절하다. 풍요한 사회의 시민들만 풍요로움을 누리는 것은 부당하다. 인류 전체의 이익 증진을 위해 절대빈곤으로 고통받는 사회의 사람들을 원조해야 한다.
> 을 : 자원이 부족하다고 해서 질서 정연한 사회가 될 수 없는 경우는 거의 없다. 어떤 사회가 질서 정연한 사회가 되는 결정적 요인은 자원의 수준보다는 정치 문화이다. 불리한 여건으로 고통받는 사회가 정치 문화를 바꾸도록 원조해야 한다.

① 갑 : 원조를 위해서 풍요한 사회의 자원을 활용해서는 안 된다.
② 갑 : 풍요한 사회의 시민들은 원조 대상에서 모두 제외되어야 한다.
③ 을 : 자원이 부족한 국가만을 원조 대상으로 간주해서는 안 된다.
④ 을 : 정의의 제2원칙에 따라 국가 간 자원을 재분배해야 한다.
⑤ 갑, 을 : 공리의 원리를 국제적 차원으로 확대 적용해서는 안 된다.

272

| 평가원 기출 |

(가)의 갑, 을 사상가들의 입장을 (나) 그림과 같이 탐구하고자 할 때, A~C에 들어갈 질문으로 옳지 **않은** 것은?

(가)	갑 : '이익 평등 고려의 원칙'을 바탕으로 인류의 고통 감소와 이익 증진을 위해 전 세계의 가난한 사람들에게 해외 원조를 해야 한다. 가난한 사람들이 어느 국가의 사람인지는 중요하지 않다. 을 : 고통받는 사회의 정치 체제를 '질서 정연한 사회'로 만들기 위해 해외 원조를 해야 한다. 빈곤의 문제는 주로 정치 체제의 결함에서 기인하기 때문이다. 각 사회의 고유한 문화나 역사에 따라 필요한 부의 수준은 다르다.

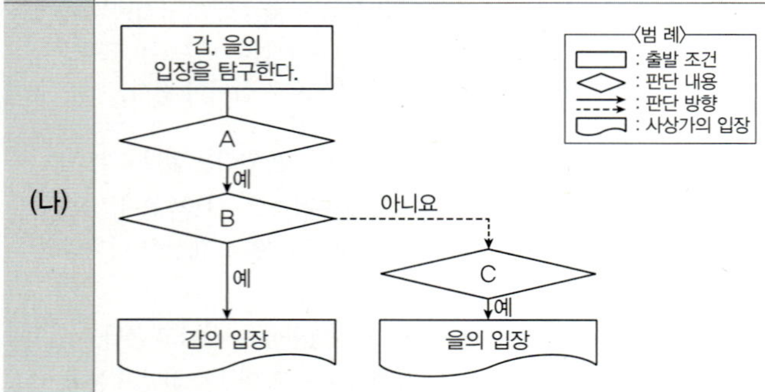

① A : 해외 원조는 의무의 차원에서 이루어져야 하는가?
② B : 국가보다 개개인에 초점을 맞춰 해외 원조를 해야 하는가?
③ B : 인류 전체 이익을 최대화하기 위해 해외 원조를 해야 하는가?
④ C : 빈곤 문제 해결에서 사회 제도의 개선이 중시되어야 하는가?
⑤ C : 가난한 국가들에 대한 해외 원조의 수준은 동일해야 하는가?

273

| 평가원 기출 |

갑 사상가에 비해 을 사상가가 갖는 해외 원조에 대한 입장의 상대적 특징을 그림의 ㉠~㉤ 중에서 고른 것은?

갑 : 만약 국제 사회에서 어떤 사회가 불리한 여건 때문에 고통을 겪고 있다면, 그 사회가 적정 수준의 문화를 형성하여 질서 정연한 사회가 될 수 있도록 도와야 한다. 을 : 만약 도덕적으로 상응하는 중요한 것을 희생하지 않고, 나쁜 일이 일어나는 것을 막을 수 있는 힘이 우리에게 있다면, 우리는 마땅히 그러한 나쁜 일을 막아야 한다.

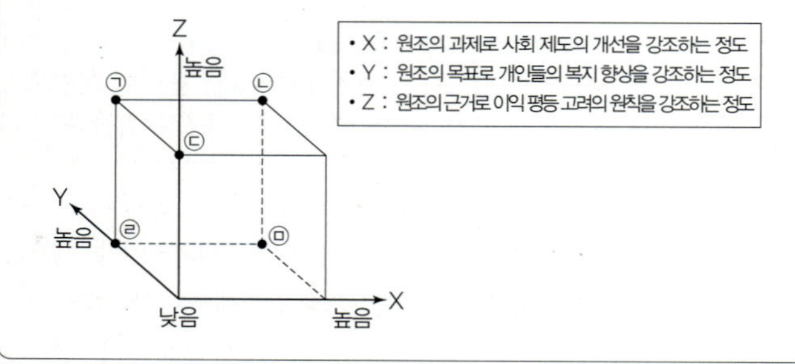

① ㉠　　② ㉡　　③ ㉢　　④ ㉣　　⑤ ㉤

274 고난도

갑, 을, 병 사상가가 서로에게 제기할 비판으로 옳은 것은?

갑 : 원조의 목적은 고통을 겪는 사회가 자신의 문제들을 합당하게, 합리적으로 관리할 수 있도록 도와주어 결과적으로 그 사회가 질서 정연한 만민의 사회가 되도록 하는 것이다. 을 : 원조 단체에 기부함으로써 우리 자신에게 도덕적으로 중요한 어떤 것을 희생하지 않고서도 아주 나쁜 일들이 생기는 것을 우리가 중지시킬 수 있는 한, 그러한 단체에 기부하는 것은 우리가 마땅히 해야 하는 일이다. 병 : 정당하게 취득한 재산은 개인이 배타적 소유권을 가지게 되며, 그 재산을 가지고 무엇을 할 것인지는 개인의 자유로운 선택에 달려 있다.

①	갑이 을에게	원조의 주목적은 정치 문화의 개선을 위한 것이라는 점을 모르고 있다.
②	갑이 병에게	원조는 국가보다는 개인에 초점을 맞춰 이루어져야 함을 모르고 있다.
③	을이 갑에게	원조는 의무의 차원에서 이루어져야 함을 모르고 있다.
④	병이 갑에게	원조는 국가적 차원에서 이루어져야 함을 모르고 있다.
⑤	병이 을에게	원조의 주목적이 인류의 복지 증진에 있음을 모르고 있다.

275

갑, 을의 입장에 대한 옳은 설명만을 〈보기〉에서 있는 대로 고른 것은?

갑 : 모든 사람의 고통을 줄여주는 대신 쾌락은 가능한 한 증대시키는 윤리적 행위에 따라 해외 원조를 해야 한다. 을 : 국제 원조는 "고통을 겪는 사회"라고 부르는 심각한 정치적, 경제적 어려움에 처한 국가들이 그러한 어려움에서 벗어나서 "스스로의 일을 적절하고 합리적으로 처리"할 수 있도록 하는 것이다.

〈보기〉

ㄱ. 갑은 큰 희생 없이 타국의 빈민을 도울 수 있다면 도와야 한다고 본다.
ㄴ. 갑은 해외 원조는 인류 전체의 공리 증진을 위해 이루어져야 한다고 본다.
ㄷ. 을은 해외 원조를 의무의 차원에서 실시해야 한다고 본다.
ㄹ. 갑, 을은 해외 원조의 목적은 사회 구조의 개선이라고 본다.

① ㄱ, ㄷ　　　② ㄱ, ㄹ　　　③ ㄴ, ㄹ
④ ㄱ, ㄴ, ㄷ　　　⑤ ㄴ, ㄷ, ㄹ

변화된
수능 출제 방향

난도별
분권형

2026
학년도

기출의
바이블

고1
영어

기출의
바이블
Bible of English
고1 / 영어

과목별
특별 부록

기출 EXTRACT 제공

기출 학습도
전략이 필요해!

기출문제학습 전략 교과서

기출의 바이블

고1
고2

기출의
바이블

기출의
바이블

국어

영어

고3

기출의
바이블

기출의
바이블

기출의
바이블

기출의
바이블

기출의
바이블

국어

수학

영어

사회탐구

과학탐구

수능형 핵심 개념을 정리한
너기출 개념코드 너코 제시

평가원 기출문제 모티브로 제작한
고퀄리티 100% 신출 문항

난이도순 / 출제년도순의 문항 배열로
기출의 진화 한눈에 파악

기출 학습 후 고난도 풀이 전
중간 난이도 훈련용으로 최적화

너코 와 결합한 친절하고 자세한 해설로
유기적 학습 가능

수능에 진짜 나오는 핵심 유형과
어려운 3점 쉬운 4점의 핵심 문제 구성

• 이투스북 도서는 전국 서점 및 온라인 서점에서 구매하실 수 있습니다. • 이투스북 온라인 서점 | www.etoosbook.com

이투스북

사회탐구 1등급을 위한 시험 유형 훈련서

BON. N제
본
윤리와 사상
정답 및 해설
이투스북

BON. N제

정답 및 해설

빠른 정답

I. 인간과 윤리 사상

본문 010쪽 01 ○ 02 × 03 × 04 ○ 05 ○ 06 ○ 07 ○ 08 × 09 ○ 10 ○ 11 ○
12 × 13 ○ 14 ○ 15 × 16 × 17 ○ 18 × 19 ○ 20 ○ 21 × 22 ○ 23 ○ 24 ○
25 ○ 26 ○ 27 ○

본문 012~015쪽 001 ① 002 ① 003 ② 004 ① 005 ② 006 ⑤ 007 ⑤ 008 ④ 009
④ 010 ② 011 ⑤ 012 ④ 013 ③ 014 ④ 015 ④ 016 ④ 017 ① 018 ②

II. 동양과 한국 윤리 사상

본문 020쪽 01 ○ 02 × 03 ○ 04 ○ 05 × 06 ○ 07 ○ 08 × 09 ○ 10 ○ 11 ○
12 × 13 ○ 14 × 15 ○ 16 ○ 17 ○ 18 ○ 19 ○ 20 × 21 ○ 22 ○ 23 ○ 24 ×
25 ○ 26 ○ 27 ○ 28 ○ 29 × 30 ○

본문 022~025쪽 019 ④ 020 ④ 021 ② 022 ③ 023 ⑤ 024 ⑤ 025 ⑤ 026 ③ 027
④ 028 ⑤ 029 ② 030 ④ 031 ③ 032 ④ 033 ⑤ 034 ④ 035 ① 036 ① 037 ② 038 ①

본문 028쪽 01 ○ 02 × 03 ○ 04 × 05 ○ 06 ○ 07 ○ 08 × 09 ○ 10 ○ 11 ×
12 × 13 ○ 14 ○ 15 ○ 16 ○ 17 ○ 18 ○ 19 ○ 20 ○ 21 × 22 ○ 23 ○ 24 ○
25 ○ 26 ○ 27 × 28 ○ 29 ○ 30 × 31 ○ 32 ○ 33 ○

본문 030~033쪽 039 ④ 040 ② 041 ② 042 ④ 043 ④ 044 ⑤ 045 ⑤ 046 ④
047 ① 048 ④ 049 ⑤ 050 ② 051 ② 052 ④ 053 ④ 054 ⑤ 055 ④

본문 036쪽 01 ○ 02 ○ 03 ○ 04 × 05 × 06 × 07 ○ 08 ○ 09 ○ 10 ○ 11 ○
12 ○ 13 ○ 14 ○ 15 ○ 16 ○ 17 × 18 × 19 ○ 20 ○ 21 ○ 22 ○ 23 ○ 24 ○ 25
× 26 ○ 27 ○ 28 × 29 ○ 30 × 31 ○ 32 × 33 ○ 34 ○ 35 ○ 36 × 37 ×

본문 038~041쪽 056 ③ 057 ⑤ 058 ④ 059 ④ 060 ② 061 ② 062 ④ 063 ⑤ 064
③ 065 ① 066 ⑤ 067 ⑤ 068 ④ 069 ② 070 ③ 071 ⑤ 072 ①

본문 044쪽 01 ○ 02 × 03 ○ 04 ○ 05 ○ 06 ○ 07 ○ 08 ○ 09 × 10 ○ 11 ×
12 ○ 13 × 14 ○ 15 × 16 ○ 17 × 18 ○ 19 ○ 20 × 21 ○ 22 ○ 23 ○ 24 × 25
○ 26 ○ 27 ○ 28 × 29 ○ 30 ○ 31 ○ 32 × 33 ○

본문 046~049쪽 073 ③ 074 ① 075 ④ 076 ① 077 ② 078 ⑤ 079 ① 080 ③ 081
④ 082 ② 083 ⑤ 084 ③ 085 ③ 086 ① 087 ④ 088 ③

본문 052쪽 01 ○ 02 × 03 ○ 04 ○ 05 ○ 06 × 07 ○ 08 ○ 09 ○ 10 × 11 ○
12 × 13 ○ 14 ○ 15 × 16 × 17 ○ 18 ○ 19 × 20 ○ 21 × 22 ○ 23 × 24 ○ 25
○ 26 ○ 27 ○ 28 × 29 ○ 30 ○ 31 ○ 32 × 33 ○

본문 054~057쪽 089 ② 090 ② 091 ⑤ 092 ② 093 ④ 094 ③ 095 ② 096 ⑤ 097
④ 098 ③ 099 ⑤ 100 ④ 101 ① 102 ⑤ 103 ④ 104 ⑤

Ⅲ. 서양 윤리 사상

본문 062쪽 01 ○ 02 × 03 ○ 04 ○ 05 ○ 06 × 07 × 08 ○ 09 ○ 10 ○ 11 × 12 ○ 13 ○ 14 × 15 ○ 16 ○ 17 × 18 ○ 19 × 20 ○ 21 × 22 × 23 ○ 24 × 25 ○ 26 ○ 27 ○ 28 × 29 ×

본문 064~067쪽 105 ⑤ 106 ② 107 ③ 108 ④ 109 ④ 110 ⑤ 111 ④ 112 ③ 113 ② 114 ③ 115 ① 116 ④ 117 ③ 118 ③ 119 ④ 120 ③

본문 070쪽 01 ○ 02 ○ 03 × 04 × 05 ○ 06 × 07 ○ 08 ○ 09 ○ 10 ○ 11 × 12 ○ 13 ○ 14 ○ 15 ○ 16 ○ 17 ○ 18 ○ 19 × 20 ○ 21 × 22 ○ 23 ○ 24 × 25 ○ 26 × 27 ○ 28 ○ 29 ○ 30 × 31 ○ 32 ○ 33 ×

본문 072~075쪽 121 ⑤ 122 ⑤ 123 ⑤ 124 ④ 125 ④ 126 ② 127 ⑤ 128 ① 129 ③ 130 ② 131 ① 132 ④ 133 ③ 134 ⑤ 135 ⑤ 136 ① 137 ④

본문 078쪽 01 ○ 02 × 03 × 04 ○ 05 ○ 06 × 07 × 08 ○ 09 ○ 10 × 11 ○ 12 × 13 ○ 14 ○ 15 ○ 16 ○ 17 ○ 18 ○ 19 ○ 20 ○ 21 ○ 22 × 23 ○ 24 ○ 25 ×

본문 080~083쪽 138 ③ 139 ⑤ 140 ④ 141 ⑤ 142 ⑤ 143 ③ 144 ⑤ 145 ③ 146 ④ 147 ① 148 ② 149 ④ 150 ④ 151 ④ 152 ⑤ 153 ②

본문 086쪽 01 ○ 02 × 03 ○ 04 ○ 05 ○ 06 ○ 07 ○ 08 ○ 09 ○ 10 × 11 ○ 12 × 13 ○ 14 × 15 ○ 16 × 17 ○ 18 ○ 19 ○ 20 ○ 21 × 22 × 23 ○ 24 ○ 25 × 26 ○ 27 ○

본문 088~091쪽 154 ② 155 ④ 156 ② 157 ⑤ 158 ④ 159 ① 160 ⑤ 161 ④ 162 ③ 163 ① 164 ② 165 ① 166 ⑤ 167 ① 168 ⑤ 169 ⑤

본문 094쪽 01 ○ 02 ○ 03 ○ 04 ○ 05 × 06 ○ 07 × 08 × 09 ○ 10 × 11 × 12 × 13 ○ 14 ○ 15 ○ 16 ○ 17 ○ 18 ○ 19 × 20 ○ 21 ○ 22 ○ 23 × 24 × 25 ○ 26 × 27 ○ 28 ○ 29 × 30 ○ 31 ○ 32 ○ 33 × 34 × 35 ○ 36 ×

본문 096~099쪽 170 ③ 171 ③ 172 ④ 173 ① 174 ② 175 ① 176 ④ 177 ③ 178 ④ 179 ⑤ 180 ② 181 ⑤ 182 ③ 183 ③ 184 ② 185 ③ 186 ① 187 ⑤

본문 102쪽 01 ○ 02 ○ 03 × 04 × 05 × 06 ○ 07 × 08 × 09 ○ 10 ○ 11 ○ 12 × 13 ○ 14 ○ 15 × 16 ○ 17 ○ 18 × 19 ○ 20 ○ 21 × 22 × 23 × 24 ○ 25 ○ 26 × 27 × 28 ○

본문 104~107쪽 188 ① 189 ③ 190 ⑤ 191 ① 192 ③ 193 ⑤ 194 ① 195 ② 196 ② 197 ⑤ 198 ② 199 ③ 200 ② 201 ③ 202 ⑤ 203 ③

Ⅳ. 사회사상

본문 112쪽 01 ○ 02 ○ 03 × 04 ○ 05 × 06 ○ 07 ○ 08 × 09 ○ 10 ○ 11 ○ 12 × 13 ○ 14 ○ 15 ○ 16 ○ 17 ○ 18 ○ 19 ○ 20 ○ 21 ○ 22 ○ 23 × 24 ○ 25 ○ 26 ○ 27 ○ 28 ○ 29 × 30 × 31 × 32 ○ 33 ×

본문 114~115쪽 204 ① 205 ③ 206 ④ 207 ⑤ 208 ② 209 ② 210 ⑤ 211 ④ 212 ① 213 ③

본문 118쪽 01 ○ 02 ○ 03 × 04 ○ 05 × 06 ○ 07 × 08 × 09 ○ 10 ○ 11 ○ 12 × 13 × 14 ○ 15 ○ 16 ○ 17 ○ 18 × 19 × 20 × 21 ○ 22 ○ 23 ○ 24 ○ 25 ○ 26 × 27 ○ 28 ○ 29 ○ 30 × 31 ○ 32 ○ 33 ×

본문 120~123쪽 214 ③ 215 ③ 216 ③ 217 ④ 218 ④ 219 ④ 220 ② 221 ① 222 ① 223 ④ 224 ③ 225 ③ 226 ⑤ 227 ② 228 ④ 229 ②

본문 128쪽 01 ○ 02 ○ 03 × 04 ○ 05 × 06 ○ 07 ○ 08 ○ 09 ○ 10 × 11 ○ 12 × 13 ○ 14 ○ 15 × 16 ○ 17 ○ 18 ○ 19 ○ 20 ○ 21 ○ 22 × 23 ○ 24 25 × 26 ○ 27 ○ 28 ○ 29 ○

본문 130~133쪽 230 ② 231 ④ 232 ① 233 ① 234 ③ 235 ③ 236 ② 237 ① 238 ② 239 ⑤ 240 ④ 241 ⑤ 242 ① 243 ⑤ 244 ③ 245 ① 246 ③ 247 ⑤ 248 ① 249 ① 250 ③ 251 ③ 252 ⑤ 253 ② 254 ⑤ 255 ① 256 ③ 257 ④ 258 ③ 259 ④ 260 ④ 261 ① 262 ②

본문 140쪽 01 ○ 02 ○ 03 × 04 ○ 05 × 06 ○ 07 ○ 08 ○ 09 ○ 10 × 11 ○ 12 × 13 ○ 14 ○ 15 ○ 16 × 17 × 18 ○ 19 × 20 ○ 21 × 22 ○ 23 ○ 24 × 25 ○ 26 ○ 27 × 28 ○ 29 ○ 30 ×

본문 142~144쪽 263 ④ 264 ⑤ 265 ③ 266 ④ 267 ⑤ 268 ⑤ 269 ② 270 ③ 271 ③ 272 ⑤ 273 ① 274 ① 275 ④

I. 인간과 윤리 사상

핵심 개념 CHECK!

▶ 본문 010쪽

01 ○	02 ×	03 ×	04 ○	05 ○	06 ○	07 ○	08 ×
09 ○	10 ○	11 ○	12 ○	13 ○	14 ○	15 ×	16 ×
17 ○	18 ×	19 ○	20 ○	21 ×	22 ○	23 ○	24 ○
25 ○	26 ○	27 ○					

○|× 문장 바로 알기

01 인간은 이성을 지니고 있으며 정신적 윤리적 가치를 추구하는 존재이다.

02 인간은 ~~동물과 동일하게~~ 사회를 구성하고 문화를 발전시키는 존재이다.
（동물과 달리）

03 ~~종교적 존재~~로서의 인간의 특성은 생존을 위한 활동이나 직업 이외에 삶의 재미와 즐거움을 추구하는 것에 잘 나타나 있다.
（유희적 존재）

04 인간은 언어, 지식, 기술, 예술, 가치관 등 인간 생활양식들을 창조하고 계승 발전시킨다는 점에서 문화적 존재이다.

05 인간은 공동체의 이야기를 통해 자신의 정체성 및 삶의 의미와 목적을 만들어 간다는 점에서 서사적 존재라고도 볼 수 있다.

06 인간은 자기중심적 사고에서 벗어나 다른 사람을 고려하고 배려할 수 있다는 점에서 윤리적 존재라고 할 수 있다.

07 맹자는 인간에게 선천적으로 네 가지 선한 마음인 사단(四端)을 지니고 있다고 보았다.

08 동양의 유교 사상가 맹자~~와 순자는 모두~~ 인간의 본성이 하늘로부터 부여받아 선하다고 보았다.
（는 순자와 달리）

09 고자는 인간의 본성이 선천적으로 선이나 악으로 고정되어 있지 않다는 성무선악설을 주장하였다.

10 순자와 고자는 모두 바람직한 인간이 되기 위해서는 후천적인 교육이 중요하다고 보았다.

11 윤리 사상은 인간의 행위 규범에 대한 체계적인 생각과 이론적인 생각을 뜻한다.

12 ~~윤리 사상~~은 바람직한 사회의 모습에, ~~사회사상~~은 바람직한 개인의 윤리적 행위에 더 중점을 둔다.
（사회사상은） （윤리 사상은）

13 윤리 사상은 바람직한 삶의 목적과 방향을 설정하는 데 도움을 준다.

14 사회사상은 다양한 사회의 제도나 구조, 정책의 문제점을 비판하고 개선할 수 있는 기준이나 판단 근거를 제공하는 역할을 한다.

15 ~~한국 및 동양 윤리 사상은 서양 윤리 사상~~에 비해 공동체의 가치보다는 개인의 자유와 권리라는 가치를 중시하였다.
（서양 윤리 사상은 한국 및 동양 윤리 사상에）

16 한국의 토속 신앙이나 풍류도와 같은 고유 사상은 외부로부터 유입된 유, 불, 도 사상과 ~~조화를 이루지 못하였다.~~
（조화를 이루었다.）

17 효(孝)를 중시하고 노인을 공경하는 한국 윤리 사상의 특징은 오늘날 가족 해체 현상을 해결하는 데 중심적 역할로 작용할 수 있다.

18 모든 만물이 상호 의존적인 관계에 있으며 이를 바탕으로 한 자비(慈悲)의 정신을 강조한 것은 ~~도가~~ 사상이다.
（불교）

19 유교 사상에서는 개인의 인격 수양과 공동체의 유대 관계를 중시하였다.

20 고대 그리스 윤리 사상에서는 행복은 참된 앎을 바탕으로 덕을 실현하는 삶이 중요함을 강조하였다.

21 헬레니즘 시대의 윤리 사상은 금욕적인 삶과 절제하는 삶이 참된 행복을 실현하는 데 ~~방해가 된다~~고 보았다.
（도움이 된다）

22 중세 그리스도교 사상에서는 신에 대한 사랑과 아울러 이웃에 대한 사랑 그리고 더 나아가 낯선 사람에 대한 사랑까지 힘쓸 것을 강조하였다.

23 근대 서양 사상에서는 이성과 의무를 중시하는 사상과 경험 및 결과의 유용성을 중시하는 사상이 모두 발전하였다.

24 현대 윤리 사상 중에서 실존주의는 인간의 구체적 문제 해결을 위해 개인이 스스로 결단하고 주체적인 선택이 필요함을 강조하였다.

25 공화주의에서는 공익 실현을 위한 정치 참여의 중요성을 강조하였다.

26 민주주의는 국가의 권력이 국민으로부터 비롯됨을, 자본주의는 사유 재산의 보장과 자유 시장 경제의 보장을 강조한다.

27 윤리 사상과 사회사상은 인간다움과 행복을 실현하고자 한다는 점에서 공통점을 지닌다.

기출+예상 문제로 주제 정복하기

▶ 본문 012~ 015쪽

001 ①	002 ①	003 ②	004 ①	005 ②	006 ⑤
007 ⑤	008 ④	009 ④	010 ②	011 ⑤	012 ④
013 ③	014 ④	015 ④	016 ④	017 ①	018 ②

001 정신적 · 윤리적 존재로서의 인간의 특성 정답 ①

문제 분석 제시문은 한 외국 작가가 우리나라 농부와의 대화를 통해, 동물인 소도 많은 짐을 짊어지면 힘들다는 것을 생각하고 소의 짐마저 덜어 주고자 배려한 농부의 마음에 감동을 받았다는 내용입니다.

정답 찾기 ① 농부의 말과 행동을 통해 인간뿐만 아니라 동물 및 다른 생명체들의 고통을 헤아리고 배려하는 마음을 나타나 있습니다. 이는 타인 및 다른 존재들의 입장을 헤아리는 정신적 · 윤리적 존재로서의 특성이 나타나 있습니다.

오답 피하기 ② 자연법칙에 따라 결정된 운명에 순응하는 모습은 제시문에 직접 나타나 있지 않습니다. 이는 서양 윤리 사상의 스토아학파나 스피노자가 강조할 내용입니다. ③ 유희적 존재로서의 인간의 특성은 제시문에서 강조되고 있지 않습니다. ④ 타인과의 상호 협력을 통해 정치적 질서를 만드는 것은 정치적 존재로서의 인간의 특성에 해당합니다. 이는 제시문에 직접적으로 나타나 있지 않습니다. ⑤ 세속에서 벗어나 정신적 자유를 추구하는 모습은 제시문에 나타나 있지 않습니다. 오히려 타인과 다른 생명체들의 입장을 헤아리는 배려의 모습이 나타나 있습니다.

002 맹자와 순자의 인간 본성에 대한 입장   정답 ①

고난도 평가원 기출				
❶	②	③	④ 함정	⑤
67%	3%	6%	20%	4%

🔍 눈으로 보는 해설

고대 동양 사상가 갑, 을의 입장에 대한 설명으로 옳은 것은?

> 갑 : 사람이 불선(不善)한 것은 타고난 재질[才]의 잘못이 아닙니다. 인의예지(仁義禮智)는 밖으로부터 내게 주어진 것이 아니라 내게 본디부터 있던 것들입니다. 그러므로 타고난 본성대로만 따른다면 누구나 선하게 될 수 있습니다. → 맹자
>
> 을 : 사람이 타고난 본성을 따르고 감정을 좇는다면 반드시 다투고 분수를 어기게 되며, 이치를 어지럽게 되어 난폭함이 일어난다. 그러므로 반드시 스승과 법도에 따른 교화(教化)와 예의에 의한 교도(教導)가 있어야 합니다. → 순자

① 갑은 측은하게 여기는 마음이 인의 실마리[端]라고 봅니다.
② 갑은 수양을 하지 않으면 양지(良知)가 소멸된다고 봅니다. ✕
③ 을은 타고난 인의를 확충한 사람을 대인(大人)이라고 봅니다. ✕ (맹자는)
④ 을은 인위적인 노력[僞]으로 본성을 회복해야 한다고 봅니다. ✕ (변화시켜야)
⑤ 갑, 을은 하늘이 인간에게 도덕성을 부여하는 존재라고 봅니다. ✕ (→ 맹자만의 입장)

문제 분석 갑은 맹자, 을은 순자입니다. 맹자는 인간이 선천적으로 인의예지(仁義禮智)라는 사덕과 측은, 수오, 사양, 시비의 마음인 사단을 가지고 태어난다고 보았습니다. 반면 순자는 인간의 본성이 악하므로 인위적인 노력으로 교화해야 한다고 주장하였습니다.

정답 찾기 ① 맹자는 측은하게 여기는 마음 즉, 측은지심은 인(仁)의 단(端)이라고 보았습니다. 또한 수오지심은 의의 단, 사양지심은 예의 단, 시비지심은 지의 단이라고 주장하였습니다.

오답 피하기 ② 맹자는 수양을 하지 않으면 이상적인 인간상인 성인이나 대인이 될 수 없다고 보았으나 선천적으로 타고난 양지는 소멸되지 않는다고 보았습니다. ③ 타고난 인의를 확충한 이상적 인간상을 대인(大人)이라고 본 것은 순자가 아니라 맹자입니다. ④ 맹자는 인위적인 노력을 통해 인간의 본성을 변화시켜야 한다고 보았습니다. 본성을 회복한다는 것은 본성이 선하다는 것을 전제하고 있는 것입니다. ⑤ 하늘이 인간에게 도덕성을 부여하는 존재라고 보는 것은 맹자에게는 해당될 수 있으나 순자에게는 해당되지 않습니다. 순자는 하늘을 물리적 자연 현상이며 인간에게 도덕성을 부여하는 존재가 아니라고 보았습니다.

💣 함정 피하기

④를 골랐다면 순자가 인위적인 노력을 강조하였다는 점은 알았지만, 인간의 본성을 변화시켜야 한다는 점을 정확하게 파악하지 못한 것입니다. 인간의 본성이 악하다고 보면 이는 변화시켜야 하는 대상이다. 하지만 인간의 본성이 선하다고 본다면 이는 확충하거나 회복해야 하는 대상이 되는 것입니다.

003 이성적 · 자율적 존재로서의 인간의 특성   정답 ②

문제 분석 제시문은 스스로 확신을 가지고 자유 의지를 발휘하여 주어진 환경을 적극적으로 극복해 나가는 인간의 특성을 소개하고 있습니다. 인

간은 자신이 처한 환경에 순응하거나 거기에만 머무르는 존재라기보다는 적극적으로 주어진 상황이나 환경을 개척하고 개발하며 변화시킬 수 있는 자유 의지를 가진 존재입니다. 그러한 자유 의지에 의해 스스로 결정을 내리고 자신이 설정한 목표를 이루어 가는 이성적 존재이자 자율적 존재이며 삶의 주체라고 볼 수 있습니다.

정답 찾기 ② 농부의 행동을 통해 자신이 처한 환경에 순응하지 않고 적극적으로 주어진 환경을 개척하고 개발하는 자유 의지를 가진 존재임을 알 수 있습니다. 이는 자유 의지에 의해 자신의 삶을 개척하는 이성적 · 자율적 존재로서의 특성이라고 할 수 있습니다.

오답 피하기 ① 종교적 존재로서의 인간의 특성에 대한 설명입니다. 제시문에는 '종교', '신앙', '내세' 등 종교와 관련된 내용이 구체적으로 나타나 있지 않습니다. ③ 사회적 존재로서의 인간의 특성에 대한 설명입니다. 타인과 정서적 유대를 통해 삶의 의미를 찾는 내용이라기보다는 스스로 확신을 가지고 자유 의지를 바탕으로 자신의 삶을 개척하고 주체적인 삶을 살아가는 모습이 주로 나타나 있습니다. ④ 동물의 특성에 대한 설명입니다. 제시문에서는 인간이 스스로 자유 의지를 발휘하여 주체적으로 자신의 삶을 개척하는 존재로서의 인간의 특성이 나타나 있습니다. ⑤ 제시문에 나타난 농부는 운명에 순응하는 삶이 아니라 자신의 삶을 적극적이고 능동적으로 개척하는 삶을 살아가는 모습을 보여주었습니다.

004 정신적 · 윤리적 존재로서의 인간의 특성   정답 ①

문제 분석 A에 들어갈 사상가는 '소크라테스'입니다. 소크라테스는 검토되지 않는 삶은 살아갈 가치가 없다는 말을 통해 자신의 삶을 매일매일 돌아보고 성찰하는 삶의 중요성을 강조하였습니다. 특히 그는 세속적 물질적 가치를 추구하는 데 열을 올리지 말고 선한 삶과 올바른 가치가 무엇인지 고민하면서 자신의 영혼을 돌보는 삶에 힘쓸 것을 강조하였습니다.

정답 찾기 ① 소크라테스의 강조한 무지의 자각, 성찰하는 삶, 정신적 가치와 선을 추구하는 삶은 정신적 윤리적 존재로서의 인간의 특성과 관련되어 있습니다.

오답 피하기 ② 소크라테스는 사회의 관습을 맹목적으로 따르기보다는 이성을 통해 참된 삶이 무엇인지 진리가 무엇인지 고민하고 이를 탐구하는 데 힘쓸 것을 강조하였습니다. ③ 소크라테스는 부와 명예 등 세속적 가치보다 정신적 가치를 중시하였습니다. ④ 소크라테스는 감각적 경험보다 이성을, 육체적 쾌락이 아닌 윤리적 성찰을 강조하였습니다. ⑤ 소크라테스는 선이 무엇인지 진리가 무엇인지 제대로 아는 사람은 선과 진리를 행하게 된다고 보았습니다. 선에 대한 지식 추구와 함께 실천 의지의 함양을 강조한 사상가는 아리스토텔레스입니다.

005 인간의 삶에서 윤리의 의미 파악   정답 ②

문제 분석 그림의 수업 장면에서 교사는 미래 세대에 대한 책임을 강조하면서 온실가스 배출량 감축에 대해 말하고 있으며 윤리적 관점이 갖는 특징에 대해 묻고 있습니다. 인간의 행위와 사회 현상을 바라보는 관점에서 윤리적 관점은 옳고 그름에 대한 가치 판단을 하고 이를 실천하는 것에 관심을 둡니다.

정답 찾기 ② 윤리는 사람이 다른 사람과 더불어 살아가면서 지켜야 할 도리나 이치이며, 윤리적 관점은 행위의 선악을 판단하고 인간다운 삶이 무엇인지를 탐구하고 이를 실천하려는 관점을 말합니다.

오답 피하기 ① 자연 현상을 가치 중립적으로 탐구하는 것은 윤리학보다는 자연과학입니다. ③ 사회의 변천 과정을 객관적으로 탐구하는 것은 윤리학보다는 일반적인 사회과학의 방법론입니다. ④ 윤리적 관점은 도덕적 가치를 배제하지 않습니다. ⑤ 지구상의 위치와 관련한 사회 현상을 설명하는 것은 지리적 관점과 관련이 깊으며, 윤리적 관점은 인간의 행위에 대한 시비선악 등의 가치 판단에 주목합니다.

006 윤리적 존재로서의 인간의 특성 　　　　　정답 ⑤

문제 분석 제시문은 괴테의 희곡 "파우스트"에서 신과 악마의 내기 내용을 통해 인간의 특성이 무엇인지 간접적으로 제시하고 있습니다. '착한 인간은 충동 속에서도 무엇이 올바른 길인지 잘 알고 있더군요.'라는 말을 통해 볼 때 인간은 올바름과 선의 가치를 추구하는 존재임을 파악할 수 있습니다.

정답 찾기 ⑤ 어두운 충동 속에서도 무엇이 올바른 길인지 알고 있다는 내용으로 통해 볼 때 인간은 욕망이나 욕심을 통제하고 옳고 그름을 구분하며 올바른 길을 따르고 선을 실천하는 윤리적 존재로서의 인간의 특징을 추론할 수 있습니다.

오답 피하기 ① 주어진 운명에 순응하며 자연의 법칙에 종속된 존재라기보다는 스스로 옳고 그름을 판단하고 선한 가치를 추구하는 인간의 특성이 나타나 있습니다. ② 종교적 존재로서의 인간의 특성은 제시문에 직접 나타나 있지 않습니다. ③ 유희적 존재로서의 인간의 특성은 제시문에서 강조하고 있지 않습니다. ④ 언어, 지식, 기술, 의식주 등은 문화입니다. 문화적 존재로서의 인간의 특성은 제시문에 직접 나타나 있지 않습니다.

007 윤리 사상과 사회사상의 특징 　　　　　정답 ⑤

문제 분석 ㉠은 '윤리 사상', ㉡은 '사회사상'입니다. 윤리 사상은 바람직한 인간의 삶이 무엇인지에 대해 관심을 갖고 도덕적 삶과 행위에 관한 생각을 체계화한 것입니다. 사회사상은 바람직한 사회의 모습이 무엇인지에 대해 관심을 갖고 사회 현상에 대한 해석과 아울러 바람직한 사회를 구현하고 운영하는 방법을 체계적으로 다른 생각을 의미합니다.

정답 찾기 ⑤ 윤리 사상과 사회사상은 상호 보완적 관계에 있습니다. 도덕적 인간이 많은 사회는 그만큼 도덕적 사회가 될 가능성이 높으며 바람직한 사회는 도덕적 개개인들이 모인 공동체일 가능성이 높습니다.

오답 피하기 ① 사회 제도나 정책을 판단하는 근거를 제시하고 다양한 사회 문제를 비판하고 개선할 수 있는 기준을 제공하는 것은 사회사상입니다. ② 자아를 발견하고 성찰할 수 있도록 해 주며 바람직한 삶의 목적과 방향을 설정하는 데 도움을 주는 것은 윤리 사상입니다. ③ 바람직한 사회와 공동체가 무엇인지에 대해 탐구하는 것은 윤리 사상보다 사회사상에서 더 강조할 내용입니다. ④ 바람직한 인간의 모습과 이상적 인간상에 대한 탐구는 사회사상보다는 윤리 사상에서 더 강조할 내용입니다.

008 고자와 맹자의 인간 본성에 대한 관점 비교 　　　　　정답 ④

문제 분석 갑은 고자, 을은 맹자입니다. 고자는 물의 동서의 구분이 없는 것처럼 인간의 본성은 선함이나 선하지 않음의 구분이 없다고 보면서 성무선악설을 지지하였습니다. 맹자는 이를 비판하면서 물이 위에서 아래로 흐르듯이 인간의 본성도 나면서부터 선하다고 보는 성선설을 지지하였습니다.

정답 찾기 ㄱ. 인간의 본성이 정해져 있지 않다는 것은 고자만의 입장입니다. ㄴ. 고자나 맹자, 순자 모두 이상적 인간이 되기 위해서는 부단한 수양이 필요하다고 보았습니다. ㄹ. 맹자는 인간이 나면서부터 사단과 사덕을 지니고 있다는 것을 통해 인간의 본성이 선하다고 주장하였습니다.

오답 피하기 ㄷ. 인간의 본성이 선하다는 것은 맹자만의 입장입니다.

009 고자, 맹자, 순자의 인간 본성에 대한 관점 비교 　　　　　정답 ④

문제 분석 갑은 성무선악설을 주장한 고자, 을은 성선설을 주장한 맹자, 병은 성악설을 주장한 순자입니다.

정답 찾기 ④ 맹자는 인간이 나면서부터 사단과 사덕을 가지고 태어난다고 보면서 성선설을 주장하였습니다. 한편 순자는 인간이 나면서부터 사악한 본성을 가지고 태어난다고 보았습니다.

오답 피하기 ① 고자는 인간의 본성이 선이나 악으로 정해져 있지 않다고 보았습니다. ② 맹자는 인간의 본성이 선하지만 사욕에 가려 악을 행할

가능성이 있다고 보면서 지속적인 수양이 필요하다고 보았습니다. ③ 순자는 성악설을 주장하면서 타고난 본성에 따라 살면 다툼과 분쟁이 일어나고 선을 이룰 수 없다고 보았습니다. ⑤ 고자, 맹자, 순자 모두 선하게 살아가기 위해 후천적 노력과 수양이 필요하다고 보았습니다.

010 윤리 사상의 특징 및 역할 파악 　　　　　정답 ②

문제 분석 제시문은 홍콩 A 기업의 회장이 고대 유교 사상가인 공자의 윤리 사상을 오늘날 기업 운영 철학에 반영하여 긍정적인 영향력을 미치고 더 나아가 자신, 기업, 그리고 사회에도 좋은 선례를 남긴 사례를 보여주고 있습니다. 이를 통해 윤리 사상이 개인의 삶, 기업의 경영 철학 그리고 더 나아가 사회에 긍정적인 영향력을 미칠 수 있음을 추론할 수 있습니다.

정답 찾기 ② 제시문을 통해 볼 때 윤리 사상은 개인의 삶뿐만 아니라 기업이나 소규모 집단, 더 나아가 사회 전체적으로도 긍정적 영향을 미칠 수 있음을 추론할 수 있습니다.

오답 피하기 ① 제시문의 기업 회장은 공자의 윤리 사상을 통해 개인의 어떻게 살아가는 것이 바람직한지를 생각하고 실천하게 되었습니다. ③ 제시문의 기업 회장은 공자의 윤리 사상을 기업 경영 철학으로 활용하여 기업인으로서 추구해야 할 정직, 신뢰, 부의 사회적 환원 등의 가치들을 추구할 수 있게 되었습니다. ④ 제시문의 사례를 통해 볼 때 고대 유교 윤리 사상은 오늘날에도 개인 및 기업, 사회 구성원들에게 윤리적 가치를 심어줄 수 있음을 알 수 있습니다. ⑤ 제시문의 사례를 통해 볼 때 윤리 사상은 개인뿐만 아니라 기업과 같은 공동체가 나아가야 할 방향을 제시해 줄 수 있다는 점을 알 수 있습니다.

011 사회사상의 역할 파악 　　　　　정답 ⑤

문제 분석 제시문은 동일한 가뭄을 겪은 두 나라가 서로 다른 결과를 가져온 것에 대한 원인의 차이로 두 나라의 사회사상이 서로 달랐다는 점을 강조하고 있습니다. 동일한 가뭄을 겪었지만 한 나라는 권위주의 독재 체제로 많은 사망자를 낸 반면, 한 나라는 민주주의 체제를 통한 운영으로 사망자 없이 위기를 넘겼습니다. 이를 통해 볼 때 민주주의와 같은 사회사상은 한 사회의 문제를 해결하고 구성원들의 안전과 복지, 자유 등의 기본적 가치를 실현하는데 기여할 수 있음을 파악할 수 있습니다.

정답 찾기 ⑤ 제시문을 통해 민주주의 사상은 권위주의 사상과는 달리 위기에 처했을 때 정치 지도자의 책임을 묻고 이에 따른 빠른 해결책을 모색하여 구성원들의 안전과 복지를 보장하는 데 기여할 수 있는 사회사상임을 파악할 수 있습니다.

오답 피하기 ① 제시문에서는 사회사상과 윤리 사상과의 관계에 대해 언급하고 있지 않습니다. 또한 사회사상은 윤리 사상과 밀접한 관련을 맺고 있습니다. ② 사회사상은 사회 전체 그리고 개인들의 삶에까지 많은 영향을 미칩니다. ③ 제시문에서는 사회사상에 따라 추구하는 가치들이 다르며 그에 따라 한 사회가 긍정적으로 발전할 수도 있으며 부정적으로 쇠퇴할 수도 있음을 보여주고 있습니다. ④ 제시문에서는 한 사회가 어떤 사회사상을 선택하느냐에 따라 사회가 크게 발전할 수도 혹은 쇠퇴하고 심각한 문제가 발생할 수도 있음을 알려 주고 있습니다.

012 플라톤의 사상을 통해 본 윤리 사상과 사회사상의 관계 파악 　정답 ④

문제 분석 제시문은 플라톤의 주장입니다. 그는 통치자가 철저하게 자신을 위해서 그리고 자신이 다스리는 공동체인 국가를 위해서 재산을 탐내서는 안 되며 희생하고 봉사하는 정신이 필요함을 강조하였습니다. 이렇게 할 때 자신도 구원하고 나라도 구원할 수 있다고 주장하였습니다. 플라톤의 주장을 통해 개인의 윤리 사상은 사회사상과 무관하지 않으며 상호 보완적인 관계임을 추론할 수 있습니다.

정답 찾기 ㄱ. 통치자가 지혜를 바탕으로 청렴한 삶을 살아가며 다스릴

때 정의로운 국가가 이룩될 수 있음을 통해 볼 때, 윤리 사상은 사회사상의 토대가 됨을 알 수 있습니다. ㄴ. 플라톤에 따르면, 통치자의 덕성 함양이 정의로운 국가를 실현하기 위해 반드시 필요합니다. ㄹ. 플라톤의 주장을 통해 볼 때 윤리 사상과 사회사상은 상보적 관계로 이해될 수 있습니다.

오답 피하기 ㄷ. 플라톤의 주장을 통해 볼 때 개인의 윤리 사상의 정립은 사회사상의 발전에 깊은 영향을 미칩니다.

013 가족 공동체 의식을 강조하는 한국 윤리 사상의 특징 파악   정답 ③

문제 분석 제시문에는 설이나 추석과 같은 명절에 어려운 여건에도 불구하고 부모와 친척을 방문하며 가족과 함께 시간을 보내며 조상에게 차례를 지내는 한국인의 효, 조상 공경 및 공동체 의식 등이 나타나 있습니다.

정답 찾기 ③ 제시문을 통해 한국 사람들이 여전히 효도 의식, 자신의 근본인 조상에 대한 감사, 가족 공동체 의식을 갖고 살아가고 있음을 파악할 수 있습니다.

오답 피하기 ① 경제적 효율성이나 신속성은 한국 윤리 사상으로 특징으로 보기 어려우며 이러한 내용은 제시문에도 나타나 있지 않습니다. ② 가족 공동체 의식보다 개인의 자유와 권리를 중시하는 것이 한국 윤리 사상의 특징이라고 규정하기 어렵습니다. ④ 제시문에는 인간과 자연의 관계에 대해 구체적으로 언급하고 있지 않습니다. ⑤ 다양한 외래 사상들을 배척하지 않고 수용하는 관용의 정신은 제시문에 나타나 있지 않습니다.

014 다양한 사회사상의 특징 파악   정답 ④

문제 분석 (가)는 민본주의, (나)는 민주주의 사상이 나타나 있습니다. 민본주의는 백성을 나라의 근본으로 삼는 정치사상이며 동양을 중심으로 발전되어 왔습니다. 민주주의는 주권이 국민에게 있다는 주권재민 사상을 바탕으로 한 정치사상입니다.

정답 찾기 ㄱ. 민본주의에서는 군주가 백성의 뜻을 경청하고 백성을 마음을 헤아릴 것을 강조합니다. ㄷ. 민주주의는 국가의 모든 구성원이 자유롭고 평등한 개인들이라고 보며 이는 자유주의의 기본 입장과도 상통합니다. ㄹ. 민본주의와 민주주의는 모두 백성의 뜻을 반영하고 백성을 위하는 정치를 펴야 한다고 봅니다.

오답 피하기 ㄴ. 피치자에 의한 통치자의 선출을 강조하는 것은 민본주의가 아니라 민주주의입니다.

015 동양 윤리 사상의 특징   정답 ④

문제 분석 (가)는 유교, (나)는 불교, (다)는 도가 사상입니다. 유교 사상은 인의예지의 덕목을, 불교 사상은 연기설과 자비를, 도가 사상은 무위자연의 삶을 강조합니다.

정답 찾기 ④ 생명체를 소중히 여기고 인간과 자연의 상생과 화해를 강조하는 것은 유교, 불교, 도가 모두의 공통된 특징입니다.

오답 피하기 ① 유교에서는 개인의 도덕적 수양과 함께 타인과의 관계 및 공동체적 유대 관계를 중시합니다. ② 불교에서는 모든 생명체가 불성이 있다고 보고 모든 생명체를 존중하고 배려해야 한다고 봅니다. ③ 도가 사상에서는 인간의 그릇된 인식과 가치관, 인위적의 규범과 사회 제도가 사회 혼란의 원인이라고 봅니다. ⑤ 유교 사상에서는 인의의 덕을, 불교 사상에서는 자비를 베풀어야 한다고 봅니다.

016 한국 윤리 사상의 특징   정답 ④

문제 분석 제시문은 단군 건국 신화에 나타난 천지의 합일, 인간과 자연의 조화, 그리고 풍류도에 나타난 유, 불, 도 삼교의 조화 등을 소개하고 있습니다.

정답 찾기 ④ 단군 건국 신화, 토속 신앙, 풍류도 등 고유 신앙을 바탕으로 유, 불, 도를 조화시킨 한국 윤리 사상은 인간과 자연의 조화, 천지의 조화, 다양한 외래 사상의 수용 및 통합 등을 추구하였습니다.

오답 피하기 ① 동양 및 한국 윤리 사상은 인간과 자연의 조화를 추구하였습니다. ② 서양에 비해 동양 및 한국 윤리 사상은 공동체적 삶을 중시하였습니다. ③ 한국 윤리 사상이 고유 사상보다 외래 사상에 초점을 두어 문화를 발전시키지는 않았습니다. ⑤ 한국 윤리 사상은 고유 사상과 유, 불, 도와 같은 외래 사상을 조화롭게 공존하고 화합시키려 하였습니다.

017 서양 윤리 사상의 특징   정답 ①

문제 분석 (가)는 소크라테스, 플라톤, 아리스토텔레스로 대표되는 고대 그리스 윤리 사상, (나)는 스토아학파와 에피쿠로스학파로 대표되는 헬레니즘 윤리 사상, (다)는 아우구스티누스와 아퀴나스로 대표되는 중세 그리스도교 윤리 사상, (라)는 경험주의와 이성주의, 칸트주의, 공리주의 등으로 대표되는 근대 윤리 사상, (마)는 실존주의, 실용주의로 대표되는 현대 윤리 사상입니다.

정답 찾기 ① 소크라테스, 플라톤, 아리스토텔레스는 행복한 삶이 참된 앎을 바탕으로 한 덕을 실천할 때 가능하다고 보았습니다.

오답 피하기 ② 유일신과 하나됨을 강조한 것은 중세 그리스도교 윤리 사상입니다. 스토아학파는 유일신이 아닌 무릇 자연만물이 신이라는 범신론을 강조하였습니다. ③ 중세를 포함하여 오늘날까지 그리스도교 윤리 사상은 신에 대한 사랑과 아울러 낯선 타인에게까지 조건 없는 사랑을 베풀어야 한다고 강조합니다. ④ 근대 윤리 사상에서는 이성과 사유를 중시하는 이성주의, 칸트주의뿐만 아니라 경험을 중시하는 경험주의, 공리주의 등이 모두 등장하였습니다. ⑤ 언제 어디서나 지켜야만 하는 보편적 도덕 법칙을 강조한 것은 근대 윤리 사상 중 칸트의 사상입니다. 실존주의나 실용주의는 절대적 도덕 법칙을 강조하지 않았습니다.

018 윤리 사상과 사회사상의 관계   정답 ②

문제 분석 제시문은 아리스토텔레스의 "정치학"의 내용 중 일부입니다. 제시문은 훌륭한 국가, 훌륭한 공동체가 되려면 시민들 즉 개인들이 탁월함을 가지고 훌륭한 시민이 될 필요가 있다고 강조합니다. 이는 개인과 공동체가 상호 연관성을 지니고 있으며 윤리 사상과 사회사상이 밀접한 관계에 있음을 알려 준다고 볼 수 있습니다.

정답 찾기 ② 제시문에서 좋은 개인들이 모여 좋은 공동체가 이루어진다는 내용, 훌륭한 국가는 훌륭한 시민들에 구성된다는 내용을 통해 윤리 사상과 사회사상이 상호 연관성을 지님을 추론할 수 있습니다.

오답 피하기 ① 윤리 사상은 사회사상과 서로 독립된 것이 아니라 서로 영향을 주고 받습니다. ③ 바람직한 사회와 공동체를 위해서는 윤리 사상과 사회사상이 모두 잘 정립된 사회입니다. ④ 윤리 사상이 정립된다고 해서 사회사상은 저절로 바람직한 방향으로 나아가는 것은 아닙니다. ⑤ 개인들의 바람직한 삶에 대한 체계적 사유인 윤리 사상은 사회사상에 영향을, 사회의 바람직한 모습에 대한 체계적 사유인 사회사상도 윤리 사상에 영향을 미칩니다.

Ⅱ. 동양과 한국 윤리 사상

02강 동양과 한국 윤리 사상의 연원

핵심 개념 CHECK!

▶ 본문 020쪽

01 ○	02 ×	03 ○	04 ○	05 ×	06 ×	07 ○	08 ×
09 ○	10 ○	11 ○	12 ×	13 ○	14 ×	15 ○	16 ○
17 ○	18 ○	19 ○	20 ×	21 ○	22 ○	23 ○	24 ×
25 ○	26 ○	27 ○	28 ○	29 ×	30 ○		

○× 문장 바로 알기

01 동양 윤리 사상이 발전하게 된 배경에 농경 문화의 특성이 존재한다.

02 동양의 농경 문화의 발전은 ~~공동체주의보다는 개인주의를~~ 발전시키는 데 기여하였다.
개인주의보다는 공동체주의를

03 동양의 농경 문화는 자연의 절대적 영향력을 인정하였으며 이로 인한 자연과의 조화를 이루는 데 기여하였다.

04 유교, 불교, 도가 사상은 모두 인격 수양과 올바른 사회 실현을 추구하였다.

05 유교는 인(仁)을 바탕으로 ~~이상적 사회 실현이 아닌 개인의 인격 수양에 치중하였다.~~
개인의 인격 수양을 바탕으로 한
이상적 사회 실현을 지향하였다.

06 불교 사상은 ~~인간만이 불성(佛性)을 지닌~~ 존재이며 수행하면 누구나 부처가 될 수 있다고 보았다.

07 불교는 현실의 고통이 소멸된 열반의 세계를 지향하였다.

08 도가 사상은 인위적인 사회 규범과 제도 때문에 사회가 혼란하다고 보고 ~~모든 인간이 모여 사는 공동체를 해체해야~~ 한다고 보았다.
문명의 발달이 없는 소국과민의 사회를 지향해야

09 유교 사상에서는 먼저 자신이 수양하고 동시에 타인에게 인(仁)을 베푸는 군자(君子)를 이상적 인간상으로 제시하였다.

10 불교에서는 세상의 모든 존재가 상호 연결되어 있다고 본다.

11 불교에서는 모든 중생이 번뇌와 괴로움에서 벗어나 해탈할 것을 강조한다.

12 도가 사상에서는 무위자연의 삶을 살아가는 ~~보살을~~ 이상적 인간상으로 제시하였다.
지인, 진인 등을

13 불교 사상에서는 자신은 진리 탐구에 힘쓰며 중생의 구제를 염원하고 이를 위해 힘쓰는 사람을 이상적 인간상으로 제시하였다.

14 유교에서는 모든 사람이 더불어 어울려 사는 ~~소국과민~~, 도가에서는
대동사회
욕심을 버리고 소박한 삶을 살아가는 ~~대동사회~~를 이상적인 사회로 제시하였다.
소국과민의 사회

15 고조선 건국 신화에는 인본주의, 현세 지향적 가치관, 화합과 조화의 정신이 모두 담겨 있다.

16 고조선 건국 신화나 무속 신앙에서는 인간과 자연이 별개가 아닌 서로 조화를 이루어야 하는 존재임을 인정한다.

17 홍익인간은 인간을 널리 복되게 한다는 고조선의 건국 이념이다.

18 고조선 건국 신화에는 하늘과 땅의 조화, 갈등이나 지배가 아닌 조화와 평화 애호 정신이 담겨 있다.

19 무속 신앙은 하늘에 제사를 지내며 복을 빌고 집단 굿의 형태를 통해 공동체 의식을 형성하는 데 기여하였다.

20 고조선 건국 신화는 ~~곰과 호랑이의 대립~~ 구도를 설정함으로써 평화
환웅과 웅녀의 결합
애호 정신을 ~~발휘하지 못했다~~는 평가를 받는다.
발휘하였다는

21 고조선 건국 신화에서 환웅과 웅녀의 결합을 통해 천지의 조화, 인간과 자연의 조화를 하였음을 알 수 있다.

22 한국 윤리 사상에는 인간을 중시하고 존중하는 인본주의 정신이 드러나 있다.

23 원효의 화쟁 사상, 의천과 지눌의 사상, 근대 신흥 종교 사상 등에서 화합과 조화의 정신을 찾아볼 수 있다.

24 무속신앙은 무당의 힘을 빌려 복을 기원하고 나쁜 기운을 물리쳐 ~~내세에서의~~ 행복한 삶을 기약하는 데 초점을 두었다.
현세에서의

25 민간 신앙이나 한국의 유교 사상에서는 현세 지향적 가치관을 찾아볼 수 있다.

26 한국 불교 사상은 깨달음을 위한 다양한 수행 방법을 제시하였다.

27 한국 불교는 대립보다는 조화의 정신을 강조하였다.

28 한국의 유교 사상은 인간 내면과 도덕적 가치의 문제를 깊이 탐구하였다.

29 한국 윤리 사상은 인간과 자연의 관계를 ~~이분법적으로~~ 이해한다.
일원론적, 유기체적 세계관으로

30 한국 윤리 사상은 유교, 불교, 도가 사상 모두 개인의 도덕적 삶의 실현 및 인격 완성의 방법을 꾸준히 탐구하였다고 볼 수 있다.

기출+예상 문제로 주제 정복하기

▶ 본문 022~025쪽

019 ④	020 ④	021 ②	022 ③	023 ⑤	024 ⑤
025 ⑤	026 ③	027 ④	028 ⑤	029 ②	030 ④
031 ③	032 ④	033 ⑤	034 ④	035 ①	036 ①
037 ②	038 ①				

019 유교 사상의 특징   정답 ④

문제 분석 제시문은 유교 사상가 공자의 주장입니다. 유교 사상가 공자는 내면적 도덕성인 인(仁)과 외면적 사회 규범인 예(禮)를 강조하였습니다.

정답 찾기 ㄱ. 공자는 사욕을 이겨내고 예를 회복하는 것이 바로 인(仁)이라고 하였습니다. ㄴ. 공자를 비롯한 유교 사상가들은 도덕과 예의로 백

성을 다스려야 한다고 보았습니다. ㄹ. 유교 사상가들은 어진 마음 즉 인(仁)을 바탕으로 타인의 마음을 헤아리는 서(恕)를 실천해야 한다고 보았습니다.

오답 피하기 ㄷ. 친소의 구별이 없는 사랑은 겸애(兼愛)입니다. 유교에서 강조하는 사랑인 인(仁)은 존비 친소를 구별하는 분별적 사랑입니다.

020 불교 사상의 특징 정답 ④

문제 분석 제시문은 석가모니의 주장입니다. 석가모니는 깨달음을 추구하는 출가자들이 피해야 할 두 가지 극단이 있는데 그것은 바로 감각적 욕망에 탐닉하는 것, 고행(苦行)에 몰두하는 것입니다. 불교 사상에서는 중도를 실천하여 열반에 이를 것을 강조하였습니다.

정답 찾기 첫 번째 입장. 불교에서는 쾌락과 고행의 양극단에서 벗어나 중도(中道)를 실천할 것을 강조하였습니다. 두 번째 입장. 불교에서는 세상의 모든 존재가 인과 연에 의해 생겨나고 소멸한다는 연기를 강조합니다. 또한 연기에 대한 자각으로부터 나오는 사랑이 바로 자비입니다. 세 번째 입장. 불교에서는 '나'라고 규정할 만한 고정된 실체는 존재하지 않는다는 무아(無我)를 자각해야 한다고 봅니다. 또한 탐욕과 집착을 버려야 한다고 강조합니다.

오답 피하기 네 번째 입장. 불교에서는 현실에서 벗어날 것을 강조하지 않습니다. 또한 불성은 후천적으로 형성하는 것이 아니라 타고난 것입니다.

021 불교 사상의 특징 정답 ②

문제 분석 제시문은 불교 사상의 연기설과 무아(無我), 고(苦)에 해당하는 내용입니다. 연기설은 모든 존재와 만물이 상호 의존적으로 연결되어 있다는 것이고, 무아(無我)는 고정된 실체로서의 자아가 존재하지 않는다는 것, 고(苦)는 모든 변화하는 것이 고통이라는 것입니다.

정답 찾기 ② 불교 사상에서는 모든 존재와 현상, 그리고 개인의 자아도 고정되어 있지 않고 끊임없이 변화한다고 봅니다.

오답 피하기 ① 불교 사상에서는 인간의 현실적 삶의 모습이 고통이며 대표적인 고통으로 생로병사(生老病死)을 들 수 있습니다. ③ 불교 사상에서는 진리를 깨달아 고통에서 벗어나 해탈에 이를 것을 강조합니다. ④ 불교의 연기설은 만물의 연계성과 상호 의존성을 강조합니다. ⑤ 불교의 연기설에 대한 내용입니다.

022 도가 사상의 특징 정답 ③

문제 분석 제시문은 우주 만물의 원리를 도(道)로 삼고 무위(無爲)와 무욕을 강조한 도가 사상에 관한 내용입니다.

정답 찾기 ③ 도가 사상에서는 백성들이 무지와 무욕의 상태에 있게 하고 자연의 순리에 따를 수 있도록 해야 한다고 봅니다.

오답 피하기 ① 형벌로 엄격히 다스릴 것을 강조한 것은 법가 사상입니다. ② 인의의 덕으로 이끌어야 한다는 것은 유교 사상에서 강조할 내용입니다. ④ 도가 사상에서는 예절과 법도 등이 인위적인 것으로 바람직하지 않다고 보았습니다. ⑤ 도가 사상에서는 문명의 발달이 사람들의 소박한 본성을 해친다고 보았습니다.

023 유교 사상의 이상적 인간상 정답 ⑤

문제 분석 제시문은 유교 사상가 공자의 주장이고, 유교에서 강조하는 이상적 인간상 ㉠은 '군자'입니다. 군자는 인의를 실천하고 의리에 밝으며 잘못의 원인을 자신에게서 찾는 사람입니다.

정답 찾기 ⑤ 유교 사상의 이상적 인간상인 군자는 인격을 수양하여 인의의 덕을 갖춘 사람입니다.

오답 피하기 ① 공자는 역성혁명을 강조하지 않았습니다. 또한 군자는 군주를 교체하는 사람이 아닙니다. ② 군자는 혈통에 따라 지위와 재산을 물려받은 귀족을 뜻하지 않습니다. ③ 군자는 보수를 받은 만큼 직무를

수행하는 공직자가 아니라 관직에 나가지 않더라도 인의의 덕을 실천하는 사람입니다. ④ 이기적 본성을 강조한 것은 공자가 아니라 순자입니다.

024 동양 윤리 사상의 특징 정답 ⑤

갑, 을 사상가의 입장을 다음의 그림으로 표현할 때, A~C에 해당하는 적절한 진술만을 〈보기〉에서 있는 대로 고른 것은?

> 갑 : 사회 혼란의 원인은 도덕적 타락에 있으며 타고난 내면적 도덕성인 인(仁)을 회복해야 한다. 하루라도 자기 사욕을 극복하고 예를 회복하는 것이 바로 인(仁)이다. → 유교 사상
> 을 : 세상의 모든 존재는 인(因)과 연(緣)에 의해 생겨나고 일어나며 소멸하고 사라진다. 타고난 불성(佛性)을 깨달아 부단한 수행을 통해 탐욕과 집착을 버릴 때 해탈할 수 있다. → 불교 사상

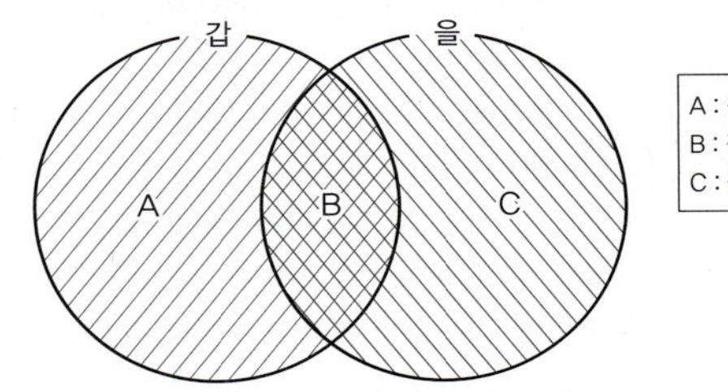

〈보기〉
ㄱ. A : 인의(仁義)를 버리고 무위(無爲)의 삶에 힘써야 한다. → 도가 사상
ㄴ. B : 세상 만물은 상호 의존적이고 보완적인 유기체이다. ○
ㄷ. B : 노력하지 않고 저절로 이상적 인간이 되는 것은 아니다. ○
ㄹ. C : 세상의 모든 것은 변화하며 인간의 삶 전체가 고통이다. ○

① ㄱ, ㄴ ② ㄱ, ㄷ ③ ㄷ, ㄹ
④ ㄱ, ㄴ, ㄹ ⑤ ㄴ, ㄷ, ㄹ

문제 분석 갑은 유교 사상가인 공자, 을은 불교 창시자인 석가모니입니다. 유교에서는 인의(仁義)의 덕을, 불교에서는 연기, 자비, 해탈을 강조합니다.

정답 찾기 ㄴ. 동양 윤리 사상인 유교, 불교, 도가 등은 우리가 사는 세상을 상호 의존적이고 상호 보완적인 관계로 이루러진 하나의 유기체로 이해합니다. ㄷ. 유교, 불교, 도가 사상은 모두 저절로 이상적 인간상이 되는 것이 아니라 부단한 자기 수양이 필요하다고 보았습니다. ㄹ. 세상의 모든 존재와 현상이 끊임없이 변화한다는 것은 불교의 연기설에서 강조하는 내용입니다. 인간의 삶 전체가 고통이라고 보는 것도 불교만의 입장입니다.

오답 피하기 ㄱ. 유교에서는 인의를 강조합니다. 무위의 삶을 강조하는 것은 도가 사상입니다.

함정 피하기

ㄱ을 골랐다면 (가) 제시문이 유교 사상에 대한 내용임을 몰랐기 때문입니다. 유교 사상은 인간의 타고난 내면적 도덕성인 인(仁)의 회복을 강조하였으며, 인의(仁義)를 통해 이를 실현하고자 하였습니다. 이러한 인의를 인간 본래의 본성을 그르치는 인위적 가치와 제도로 본 것은 도가 사상입니다. 이들은 우주와 자연의 질서에 순응하는 무위자연의 삶을 제시하였습니다.

025 불교 사상의 자연관 정답 ⑤

문제 분석 제시문은 불교 사상의 연기설에 대한 설명입니다. 연기설은 세상의 모든 존재가 원인과 조건에 의해 생겨나고 일어나며 소멸하고 사라진

다는 것입니다. 따라서 세상의 모든 존재는 상호 의존적이고 보완적인 관계를 맺고 있다고 봅니다.

정답 찾기 ⑤ 불교에서는 연기설에 따라 만물의 상호 의존성을 깨닫고 서로에게 감사하며 타인에게 자비를 베풀 것을 강조합니다.

오답 피하기 ① 불교에서는 자연과 인간이 상호 의존적인 관계에 있다고 봅니다. ② 불교에서는 인간과 자연의 공존 공생을 인정합니다. ③ 불교에서는 인간뿐만 아니라 모든 생명체가 불성을 지니고 있다고 봅니다. ④ 자연을 인간의 번영을 위한 수단적 가치로 인정하는 것은 서양의 인간 중심적 자연관에서 강조할 내용입니다.

026 동양 윤리 사상의 자연관　　　　　정답 ③

문제 분석 제시문은 유교, 불교, 도가의 자연관을 각각 소개하고 있습니다. 유교에서는 천인합일, 불교와 도가에서도 인간과 자연의 조화, 물아일체 등을 표현하고 있습니다.

정답 찾기 ③ 제시문은 모두 인간과 자연이 같은 뿌리이며 한 몸이고 하나임을 강조하고 있습니다.

오답 피하기 ① 동양 사상의 자연관에 대한 내용이지 개인의 인격 수양이나 이상 사회 실천에 대한 내용이 아닙니다. ② 사회 및 국가의 윤리 정립을 강조한 것이 아니라 인간과 자연의 조화 및 합일을 강조하고 있습니다. ④ 민본주의 정치의 실현이 아니라 인간과 자연의 관계에 대한 내용입니다. ⑤ 현세의 도덕적 실천과 내세에서의 행복 추구를 강조한 것이 아니라 인간이 자연과 하나되는 삶을 강조하고 있습니다.

027 동양 윤리 사상의 특징　　　　　정답 ④

문제 분석 제시문은 동양 윤리 사상이 개인주의나 자유주의적 관점보다는 공동체적 관점을 강조하고 있음을 강조하고 있습니다. 유교는 대동 사회, 불교는 불국정토, 도가는 소국과민 등을 제시하면서 공동체적 유대 관계의 중요성을 강조하였습니다.

정답 찾기 ④ 동양의 유교, 불교, 도가 사상들은 개인보다는 관계, 개인주의적 관점보다는 공동체주의적 관점을 지향하였습니다.

오답 피하기 ① 인간과 자연의 이분법적 관점을 강조한 것은 동양 윤리 사상이 아니라 일부 서양 윤리 사상입니다. ② 제시문은 개인의 인격 도야, 인격 완성보다는 공동체적 유대 관계를 강조하고 있습니다. ③ 인간에 의해 자연 지배는 베이컨과 같은 서양 윤리 사상에서 강조할 내용입니다. ⑤ 인간의 타고난 본성을 변화시켜야 한다는 것은 유교 사상가 순자만의 견해입니다. 불교나 도가 사상은 인간의 본성을 변화시켜야만 이상적 인간과 이상적 사회를 이루어야 한다고 보지 않았습니다.

028 동양 윤리 사상의 특징　　　　　정답 ⑤

문제 분석 제시문은 동양 사상에서 자연의 최고의 질서이며 자연을 지시하는 더 상위의 힘이 존재하지 않는다는 점을 강조하고 있습니다.

정답 찾기 ⑤ 제시문을 통해 동양 사상에서는 인간이 자연의 질서에 따르며 자연과의 조화를 추구한다는 점을 추론할 수 있습니다.

오답 피하기 ① 동양 사상에서 공동체적 삶을 중시한다는 내용은 제시문에서 강조되고 있지 않습니다. ② 자연을 지배하고 정복하는 것은 동양이 아니라 서양의 인간 중심주의에서 강조할 내용입니다. ③ 인격 완성, 자기수양, 이상적 인간상을 제시하는 내용이라기보다는 인간과 자연의 조화, 자연의 최고의 질서로 보는 특징을 제시하고 있습니다. ④ 동양 윤리 사상은 다른 종교와 사상과의 조화를 적절히 추구합니다.

029 한국 윤리 사상의 특징 파악　　　　　정답 ②

문제 분석 제시문에는 공통적으로 조화와 화합을 추구한 한국 윤리 사상의 특징이 나타나 있습니다. 첫 번째 제시문은 환웅이 웅녀와 결합한 것으로 이를 통해 천지의 조화, 인간과 자연의 조화를 모두 파악할 수 있습

다. 두 번째 제시문은 의천이 교종을 중심으로 선종을 통합하고자 한 것입니다. 세 번째 제시문은 동학을 창시한 최제우의 주장으로 유교와 불교와 도가의 합일을 추구하였다는 내용입니다.

정답 찾기 ② 제시문에는 천지의 조화, 인간과 자연의 조화, 교종과 선종의 조화, 유교와 불교와 도교의 조화가 제시되어 있습니다. 따라서 한국 윤리 사상이 조화와 화합, 통합을 추구하였음을 파악할 수 있습니다.

오답 피하기 ① 단군의 건국 신화나 동학 사상에는 경천사상이 담겨 있으나 제시문에서는 구체적으로 표현되어 있지 않습니다. ③ 생명 존중 사상은 구체적으로 나타나 있지 않습니다. ④ 공정성을 중시한 내용은 제시문에 나타나 있지 않습니다. ⑤ 자율성을 강조하기보다는 다양한 사상이나 종파들을 받아들이고 조화와 화합을 추구하였다는 내용이 제시되어 있습니다.

030 조화 정신을 추구한 한국 윤리 사상의 예시 파악　　　정답 ④

문제 분석 갑 제시문에는 오늘날 계층 간 대립, 종교 간 갈등, 집단 간 갈등, 국가 간 갈등 등이 여전히 남아 있음을 지적하면서 이러한 문제를 해결하는 데 도움을 주는 한국 윤리 사상의 예를 묻고 있습니다.

정답 찾기 ④ 위정척사 사상은 성리학적 질서를 지키고 다양한 사상들을 수용하지 않고 배척하면서 주체성을 지키고자 한 사상입니다. 이는 조화 정신을 추구한 한국 윤리 사상의 특징으로 적절하지 않습니다.

오답 피하기 ① 원효는 당시 다양한 종파들 간의 대립과 갈등을 화쟁의 논리를 통해 보다 높은 차원에서 하나로 통합하고자 하였습니다. ② 율곡 이이는 보편성을 지니는 이(理)는 두루 통하고 특수성을 지니는 기(氣)는 국한된다는 이통기국을 통해 이와 기가 조화를 이루고 있다고 보았습니다. ③ 의천은 교종을 중심으로 선종을 통합하고자 하였습니다. ⑤ 단군 신화 즉, 고조선 건국 신화에는 하늘과 땅의 조화, 인간과 자연의 조화가 잘 나타나 있습니다.

031 원효의 사상에 나타난 한국 윤리의 특징 파악　　　정답 ③

문제 분석 제시문은 원효의 주장입니다. 그는 크고 작음, 더러움과 깨끗함, 참과 거짓이 서로 다르지 않다고 보면서 부처의 마음으로 보면 모두 하나이고 모두 서로 통할 수 있다고 보면서 보다 높은 차원에서 하나로 통합할 것을 강조하였습니다.

정답 찾기 ③ 원효의 화쟁 또는 원융회통은 당시 갈등하고 대립하며 자신들의 주장이 옳다고 주장하는 다양한 종파들을 보다 높은 차원에서 하나로 통합하고자 하였습니다.

오답 피하기 ① 의천에 대한 설명입니다. ② 원효, 의천, 지눌은 모두 소승 불교가 아니라 대승 불교의 입장입니다. ④ 원효는 세속과 진리가 서로 다르지 않고 하나라고 보았습니다. ⑤ 원효는 왕실과 귀족 중심의 불교에서 벗어나 불교의 대중화를 위해 노력하였습니다.

032 동학에 나타난 한국 윤리 사상의 특징 파악　　　정답 ④

문제 분석 (가)에 들어갈 사상은 근대 한국 사상은 '동학'입니다. 동학은 사람이 곧 하늘이라는 내용을 통해 인간 존중 사상을, 보국안민을 강조함으로써 민본주의를, 삼교의 조화를 통한 조화와 화합을 정신을 보여 주었습니다.

정답 찾기 ④ 동학은 신분 질서에 의한 차별을 철폐하고자 하였으며 신분에 관계없이 모든 인간은 한울님을 모신 귀한 존재라고 보면서 인간 존중 사상을 피력하였습니다.

오답 피하기 ① 동학은 천주교나 서양 문물을 적극적으로 수용하지 않았다. ② 동학은 인간 존중 사상, 만민 평등을 강조하였으며 성리학적 신분 질서를 타파하고자 하였습니다. ③ 일원상의 진리를 수행의 표본으로 삼는 것은 원불교입니다. ⑤ 동학은 사람이 곧 하늘이라는 '인내천(人乃天)' 사상을 강조하였습니다.

문제 분석 그림은 한국 윤리 사상이 고유 사상의 기반 위에 유교, 불교, 도교 사상과 기타 사상이 어우러져 조화를 이루면서 형성되어 왔음을 제시하고 있습니다.

정답 찾기 ⑤ 한국 윤리 사상은 갈등이나 경쟁보다는 구성원들 간의 화합, 조화, 합일 등을 더 중시하였습니다.

오답 피하기 ① 단군의 건국 이야기 즉, 고조선 건국 신화는 고유 사상에 해당합니다. ② 유교 사상은 개인의 도덕적 수양과 실천을 통한 인격 완성을 강조합니다. ③ 불교 사상은 인간의 내면적 깨달음을 통한 해탈을 강조합니다. ④ 우리 고유 사상인 풍류도는 유교, 불교, 도교의 가르침을 이미 포함하고 있었습니다.

034 고조선 건국 신화에 나타난 한국 윤리의 특징　　정답 ④

문제 분석 제시문은 고조선 건국 신화 내용입니다. 이는 천인합일, 인간과 자연의 조화, 인본주의, 평화 애호 사상 등을 포함하는 있는 신화이며 우리 민족의 원형과 윤리 사상의 기반이 되었습니다.

정답 찾기 ㄱ. 환웅이 인간 세상에 내려와 살기를 원하였고 곰과 호랑이도 변하여 인간이 되기를 원하였다는 내용을 통해 인본주의가 강조되고 있음을 알 수 있습니다. ㄴ. 환웅과 웅녀의 결합은 천인의 합일, 인간과 자연의 조화를 나타냅니다. ㄹ. 고조선 건국 신화에는 하늘에 대한 숭배 사상과 천인합일 사상이 나타나 있습니다.

오답 피하기 ㄷ. 곰과 호랑이가 서로 경쟁하고 승리하여 사람이 된 것이 아니라 각자 자기에게 주어진 임무를 수행했는지의 여부에 따라 사람이 되는 것으로 표현되어 있습니다. 고조선 건국 신화에는 평화 애호 정신이 반영되어 있습니다.

035 한국 윤리 사상의 특징　　　　정답 ①

문제 분석 제시문은 고조선의 건국 신화와 무속 신앙을 통해 한국 윤리 사상이 현세 지향적 가치관을 지향하였음에 대해 소개하고 있습니다. 즉, 내세가 아닌 현세에서 복을 받고 행복을 추구하였던 모습을 소개하고 있습니다.

정답 찾기 ① 고조선 건국 신화의 홍익인간, 무속 신앙의 풍성한 수확과 공동체의 안녕 기원 등은 현세 지향적 가치관을 잘 표현한 것입니다.

오답 피하기 ② 인간과 자연의 조화보다는 현세 지향적 가치관을 강조하고 있습니다. ③ 개인의 인격 수양이나 이상적 인간상에 대한 내용이 아니라 현세에서 복을 기원하고 행복하게 살아가는 삶을 강조하고 있습니다. ④ 평화 애호 정신에 대한 내용이라기보다는 홍익인간, 풍성한 수확, 공동체의 안녕 등 현세 지향적 가치관에 대한 내용입니다. ⑤ 외래 사상을 개방적으로 수용하려는 삶의 태도는 제시문에서 직접적으로 강조되고 있지 않습니다.

036 난랑비 서문에 나타난 한국 윤리 사상의 특징　　정답 ①

문제 분석 제시문은 최치원의 난랑비 서문에 새겨져 있는 내용을 소개한 것입니다. 난랑비 서문에는 풍류도에 대한 내용이 적혀 있는데 풍류도는 우리의 고유 사상이면서도 유교, 불교, 도교적 요소를 이미 포함하고 있습니다.

정답 찾기 ① 풍류도는 유교, 불교, 도교 등 다양한 사상을 포용하고 포섭하는 조화 정신을 지녔음을 알려 줍니다.

오답 피하기 ② 자연의 절대적 영향력을 인정한 내용을 제시문에 나타나 있지 않습니다. ③ 민본주의 사상은 제시문에 나타나 있지 않습니다. ④ 한국 윤리 사상은 내세에서의 행복보다는 현세에서의 도덕적 실천을 강조하였습니다. ⑤ 자연 친화 사상은 제시문에서 구체적으로 강조하고 있지 않습니다.

037 한국 윤리 사상의 특징　　　　정답 ②

눈으로 보는 해설

다음은 한국 윤리 사상을 소개한 것이다. (가)~(마)에 대한 설명으로 옳은 것은?

> (가) 고조선의 건국 신화 : 환웅과 웅녀의 결합
> (나) 무속 신앙 : 무당을 통한 인간의 행복 기원
> (다) 풍류 사상 : 많은 사람들을 교화한 고유 사상
> (라) 동학 : 사람이 곧 하늘이라는 인내천 사상
> (마) 원효의 화쟁 사상, 의천과 지눌의 교종과 선종의 통합

① (가)는 인간이 자연보다 언제나 우위에 있어야 함을 강조하였다. ✕ 〔인간과 자연의 조화를〕
② (나)는 집단 굿의 형태로도 발전하여 공동체 의식 형성에 기여하였다.
③ (다)는 풍류 사상은 유, 불, 도 삼교의 내용이 포함되어 있지 않은 순수한 민족 고유 사상이다. ✕ 〔있는〕
④ (라)는 서양의 선진 문물과 민주주의 사상에 대한 개방적 수용을 강조하였다. ✕ 〔에 반대〕
⑤ (마)는 다양한 불교 종파들 간의 경계를 설정하고 독립적인 이론과 수양법 발전에 주력하였다. ✕ 〔조화를 강조하고〕

문제 분석 (가)는 고조선 건국 신화에서의 인간과 자연의 조화, 천지의 조화, (나)는 무속 신앙에서 무당이라는 매개자를 통한 인간과 자연의 조화, (다)는 유교, 불교, 도교의 요소를 모두 포함하는 고유 사상인 풍류 사상, (라)는 사람이 곧 하늘이라는 인내천 사상을 바탕으로 한 동학의 인본주의, (마)는 원효, 의천, 지눌의 다양한 종파들 간의 화합과 조화, 통합 등을 제시하고 있습니다.

정답 찾기 ② 무속 신앙은 고대 부족 국가 사회에서 집단 굿의 형태로 발전하였으며 풍성한 수확과 마을 공동체의 안녕을 기원하면서 공동체 의식 형성에 기여하였습니다.

오답 피하기 ① 환웅과 웅녀의 결합은 자연에 대한 인간의 우위가 아니라 인간과 자연의 조화를 뜻한다고 볼 수 있습니다. ③ 풍류도는 고유 신앙이지만 유교, 불교, 도교의 가르침을 이미 모두 포함하고 있습니다. ④ 동학은 서양의 문물 유입에 반대하면서 민족의 주체성을 강조하였으며 민주주의 사상을 받아들이지는 않았습니다. ⑤ 원효, 의천, 지눌은 대립하고 갈등하는 다양한 종파들 간의 갈등이나 논쟁을 불식시키고 조화와 통합을 강조하였습니다.

함정 피하기

④를 골랐다면 동학 사상에 대한 이해가 부족한 것입니다. 한국의 윤리 사상은 대부분 조화와 화합을 지향하지만 한국의 근대 신흥 종교 사상은 조선 후기로부터 근대 격변기를 거치면서 자주성과 독립성을 강조하는 성향을 가집니다. 이러한 노력은 자주적이고 주체적인 민족의식과 국권 수호 정신으로 계승되어 민족의 위기 극복을 위한 정신적 토대가 되었습니다.

038 한국 윤리 사상의 인본주의 정신　　　　정답 ①

문제 분석 제시문은 한국 윤리 사상이 평화, 인류애, 인본주의 등을 담고 있음을 알려 줍니다.

정답 찾기 ① 고조선 건국 신화에서의 홍익인간, 하늘과 땅 그리고 사람들 간의 조화를 추구한 것을 통해 평화와 인류애, 인본주의를 담고 있음을 파악할 수 있습니다.

오답 피하기 ② 한국 윤리 사상은 인간과 자연이 서로 독립된 개별적 실체가 아니라 서로 조화를 이룬다고 봅니다. ③ 제시문을 통해 한국 윤리 사상이 승자와 패자를 가르는 분열의 논리가 아니라 조화와 화합을 추구하고 있음을 파악할 수 있습니다. ④ 고조선 건국 신화를 비롯한 한국 윤리 사상은 천상이나 내세가 아니라 현세 지향적 가치관을 강조하고 있습니다. ⑤ 한국 윤리 사상은 외래 사상을 주체적으로 수용하였습니다.

핵심 개념 CHECK!

▶ 본문 028쪽

01 ○	02 ×	03 ○	04 ×	05 ○	06 ○	07 ○	08 ×
09 ○	10 ○	11 ×	12 ×	13 ○	14 ○	15 ○	16 ○
17 ○	18 ○	19 ○	20 ○	21 ×	22 ○	23 ○	24 ○
25 ○	26 ○	27 ×	28 ○	29 ○	30 ×	31 ○	32 ○
33 ○							

○|× 문장 바로 알기

01 제가백가 사상에는 유가, 법가, 명가, 도가 등이 있다.

02 공자는 사회 혼란의 원인이 인간의 ~~타고난 약한 본성과 이기적 욕심~~ 때문이라고 보았다.
　　도덕적 타락과 통치자의 잘못된 정치

03 공자에게 있어서 인(仁)은 사랑의 정신이자 사회적 존재로 완성된 인격체의 인간다움을 뜻한다.

04 공자에게 있어 ~~예는~~ 내면적 도덕성이며 ~~인(仁)~~은 이러한 ~~예(禮)~~를 사회적으로 표현한 외면적 사회 규범이다.
　　　　인은　　　　　　　　예는　　　　　　인을

05 공자의 "군군신신(君君臣臣) 부부자자(父父子子)"는 자신의 신분에 맞는 역할을 다하는 정명(正名) 정신을 잘 표현한 내용이다.

06 공자와 맹자는 모두 통치자가 먼저 군자다운 인격을 닦은 후 백성을 다스려야 한다는 수기안인(修己安人)을 강조하였다.

07 맹자는 불인인지심(不忍人之心)과 사단(四端)을 근거로 인간의 본성이 선함을 주장하였다.

08 ~~공자와~~ 맹자는 ~~모두~~ 백성을 위하지 않고 백성을 저버린 군주는 교체되어야 한다는 역성혁명을 주장하였다.

09 맹자는 항산(恒産)은 항심(恒心)을 유지하는 토대가 되기 때문에 군주가 백성의 항산 보장에 힘써야 한다고 주장하였다.

10 맹자가 말하는 왕도 정치는 도덕적 마음에 바탕을 두고 인(仁)에 기초한 정치이며 백성을 도덕적으로 교화하는 덕치(德治)이다.

11 순자는 ~~공자, 맹자와 마찬가지로~~ 자연과 인간의 일이 서로 독립되어
　　　공자, 맹자와 달리
있다는 천인분이(天人分二)를 주장하였다.

12 맹자는 인간의 본성이 ~~후천적인 노력을 통해 선해질 수 있음을 인정~~
　　　　　　　　　　　은 선천적으로 선하다고 주장
하였다.

13 맹자는 백성들의 경제적 안정을 도덕성 실현의 바탕으로 보았다.

14 순자는 능력에 따라 관직을 맡기며 재화를 공평하게 분배해야 한다고 주장하였다.

15 순자는 정치도 교육도 모두 예(禮)를 중심으로 해야 한다고 주장하였다.

16 순자는 인간의 본성을 변화시켜 인위를 일으켜야 한다는 화성기위(化性起僞)를 주장하였다.

17 성리학은 중국 송나라 때 주희가 불교, 도가 사상을 비판적으로 수용하여 선진 유학을 재해석하고 체계화한 학문이다.

18 성리학은 인간의 본성이 곧 이치라고, 양명학은 인간의 마음이 곧 이치라고 제시하였다.

19 성리학과 양명학은 모두 천리(天理)를 보존하고 인욕(人欲)을 제거해야 한다고 주장하였다.

20 성리학에서 이(理)는 사물의 근본 원리이며 기(氣)는 사물을 이루는 재료이다.

21 이와 기는 논리적으로는 ~~구분되지만 개념적으로는 구분되지 않는다.~~
　　　　　　　　　　　　　　도, 개념적으로도 구분된다.

22 주희는 마음이 성(性)과 정(情)을 통괄한다는 심통성정(心統性情)을 주장하였다.

23 주희는 이와 기는 서로 분리될 수도 없고 서로 뒤섞일 수도 없다는 '이기불상리', '이기불상잡'을 주장하였다.

24 주희는 모든 사물에 이치가 있다고 본다.

25 주희는 격물치지(格物致知)를 '사물에 나아가 그 이치를 궁리함으로써 나의 앎을 극진히 하는 것'으로 해석하였다.

26 왕수인은 육구연의 심학(心學)을 계승하여 주희의 성리학을 비판적으로 수용하면서 양명학을 체계화하였다.

27 왕수인은 격(格)을 ~~이르다(至)는~~ 의미로 이해한다.
　　　　　　　　　바로잡는다는

28 왕수인은 격물치지(格物致知)를 '마음의 바르지 못함을 제거하고 바로잡아 사물에서 양지를 실현하는 것'이라고 해석하였다.

29 왕수인은 사람은 누구나 천리로서의 양지를 지니고 있어 이 양지를 잘 발휘하기만 하면 성인(聖人)이 될 수 있다고 보았다.

30 왕수인은 ~~주희와 마찬가지로~~ 앎은 행함의 시작이요 행함은 앎의 완성
　　　　　　주희와 달리
이라는 '지행합일'을 주장하였다.

31 주희는 왕수인과 달리 앎과 행함에는 선후가 있다고 보았으며 앎과 행함이 함께 나아간다는 '지행병진(知行竝進)'을 주장하였다.

32 주희와 왕수인 모두 학문의 목적은 성인이 되는 데 있다고 보았다.

33 왕수인의 양명학은 한국 윤리 사상 중 강화학파의 형성에 영향을 미쳤다.

기출+예상 문제로 주제 정복하기

▶ 본문 030~033쪽

039 ④	040 ②	041 ②	042 ④	043 ④	044 ⑤
045 ⑤	046 ④	047 ①	048 ④	049 ⑤	050 ②
051 ②	052 ④	053 ④	054 ⑤	055 ④	

039 공자의 사상

정답 ④

문제 분석 제시문은 유교 사상가 공자의 주장입니다. 공자는 사치하는 것보다는 아끼는 것이 차라리 낫다고 하였으며, 형식적인 예에 얽매이지 말

고 진정으로 슬퍼함을 표현해야 한다고 보았습니다. 즉, 진정한 예의 회복을 강조한 것입니다.

정답 찾기 ④ 공자는 공경의 마음을 갖추면 예를 다한 것이라고 주장하지 않았습니다.

오답 피하기 ① 공자는 사치도 인색도 모두 예에 맞는 행동이 아니며 검소하면서도 남을 배려하고 베푸는 삶이 필요하다고 보았습니다. ② 공자는 자기의 사욕을 극복해야 진정한 예를 회복할 수 있다고 보았습니다. ③ 공자는 사회적 지위에 따라 예를 표현하는 방식이나 정도의 차이가 있을 수 있다고 보았습니다. ⑤ 공자는 인을 바탕으로 하지 않는 형식에 치우친 예는 허례일 뿐이라고 보았습니다.

040 순자와 맹자의 인성론과 통치론 비교   정답 ②

고난도 평가원 기출

①	❷	③ 함정	④	⑤
2%	74%	22%	0%	2%

🔍 눈으로 보는 해설

고대 동양 사상가 갑, 을의 입장에 대한 옳은 설명을 〈보기〉에서 고른 것은?

> 갑 : 사람들이 모두 본성[性情]을 따르게 되면 틀림없이 혼란한 상태[暴]에 이르게 된다. 이에 반드시 스승[師]과 법도[法]에 따른 교화가 있어야 하며 예의의 도리를 가르쳐야 한다. → 순자
>
> 을 : 사람들을 무력으로 복종시키려 하면서 인(仁)을 행하는 것처럼 꾸미는 것은 패도(覇道)이다. 덕으로써 인을 행하는 왕도(王道)를 실천하면 사람들이 진심으로 복종하게 된다. → 맹자

〈보기〉

ㄱ. 갑은 예를 기준으로 삼아 욕망[欲]을 충족시켜야 한다고 본다. ○
ㄴ. 을은 백성은 먼저 항심을 갖춰야 항산을 유지할 수 있다고 본다. ×
ㄷ. 을은 인의(仁義)를 해치는 군주는 추방될 수 있다고 본다. ○
ㄹ. 갑, 을은 법이나 예에 의한 정치를 모두 부정해야 한다고 본다. ×
→ 순자는 예치를 강조하였다.

① ㄱ, ㄴ   ② ㄱ, ㄷ   ③ ㄴ, ㄷ   ④ ㄴ, ㄹ   ⑤ ㄷ, ㄹ

문제 분석 갑은 순자, 을은 맹자입니다. 순자는 성악설을 주장하였으며 인간의 악한 본성을 통제하고 교화할 수 있는 예에 근거하여 통치해야 한다고 보았습니다. 맹자는 성선설을 주장하였으며 패도가 아닌 덕으로써 인을 행하는 왕도 정치의 구현을 강조하였습니다.

정답 찾기 ㄱ. 순자에 따르면 군주는 예에 따라 재화를 공정하게 분배하여 모든 사회 구성원들의 욕망을 충족시켜야 한다고 보았습니다. ㄷ. 맹자는 인의를 해치는 군주는 추방될 수 있다는 역성혁명을 주장하였습니다.

오답 피하기 ㄴ. 맹자는 백성의 항산을 먼저 보장해 주어야 백성들이 항심을 가질 수 있다고 보았습니다. ㄹ. 순자는 예에 의한 정치를 추구해야 한다고 보았습니다.

💣 함정 피하기

ㄴ을 골랐다면, 항심과 항산의 뜻을 잘 몰랐기 때문입니다. 항심은 도덕적인 마음, 항산은 의식주와 같은 경제적 안정을 말합니다. 맹자는 "백성은 항산(恒産)이 있어야 항심(恒心)이 있을 수 있다"라고 하여 백성의 경제적 안정을 강조하면서, 이는 백성들이 도덕적 마음을 유지하기 위한 토대가 된다고 주장하였습니다. 한편 맹자는 백성에 있어서만 항산의 중요성을 강조하였으며, 대장부나 대인은 항산 없이도 항심을 유지하는 사람이라고 보았습니다.

041 순자의 성악설   정답 ②

문제 분석 제시문은 순자의 주장입니다. 순자는 인간의 본성을 그대로 두면 혼란한 상태에서 벗어날 수 없고 선을 이룰 수 없으며 인위를 일으켜

야 비로소 선해진다고 보았습니다.

정답 찾기 ㄱ. 순자에 따르면 인위적인 노력을 통해 성인이 될 수 있고 이상적 인간이 될 수 있다고 보았습니다. ㄷ. 순자는 인의라는 것은 저절로 이루어지는 것이 아니라 배움을 통해 후천적으로 얻어지는 것이라고 보았습니다.

오답 피하기 ㄴ. 본성의 선한 단서를 확충하여 도덕적 덕을 실현해야 한다고 본 것은 순자가 아니라 맹자입니다. ㄹ. 순자에 따르면 예법은 혼란을 싫어하여 선왕들이 제정한 가르침입니다.

042 순자의 성악설   정답 ④

문제 분석 가상 편지를 쓴 사상가는 순자입니다. 순자는 인간의 본성이 악한 것이라고 주장하였습니다. 인간은 나면서부터 이익을 좋아하고, 이 때문에 서로 다투고 양보하는 마음이 없어진다고 보았습니다.

정답 찾기 ④ 순자는 본성을 변화시켜 예의와 법도에 충실하도록 노력해야 한다고 보았습니다.

오답 피하기 ① 순자는 인위적인 규범을 초월할 것이 아니라 인위적인 규범인 예가 필요하다고 보았습니다. ② 사단의 확충을 강조한 것은 순자가 아니라 맹자입니다. ③ 공을 깨달아 집착에서 벗어날 것을 강조한 것은 석가모니와 같은 불교 사상가들입니다. ⑤ 순자는 일체의 욕구 배제를 주장하지 않았습니다. 예를 통해 사람들의 욕망을 적절히 충족시켜 주어야 한다고 보았습니다.

043 공자와 맹자의 통치론 비교   정답 ④

문제 분석 갑은 공자, 을은 맹자입니다. 공자는 정명, 즉 이름을 바로잡는 것이 바로 정치라고 하였으며 각자 자신의 지위와 신분에 맞는 역할과 책임을 다해야 한다고 주장하였습니다. 맹자는 선비가 머물러야 할 곳이 인(仁)이며 선비가 가야할 길이 의(義)라고 보면서 대인(大人), 대장부(大丈夫)로서 살아갈 것을 강조하였습니다.

정답 찾기 ㄱ. 공자를 비롯한 유교 사상가들은 사적 이익보다 공적인 정의를 우선시합니다. ㄷ. 맹자는 왕도 정치가 백성의 안정된 삶을 보장하는 것에서부터 시작한다고 보았습니다. ㄹ. 공자와 맹자는 인, 의, 예, 지 등을 인간의 도덕적 삶과 바람직한 사회를 이룩하기 위해 필수적인 사회 규범으로 보았습니다.

오답 피하기 ㄴ. 선한 사람과 악한 사람을 분별없이 사랑하는 것은 묵가 사상가들이 강조한 겸애입니다. 유교의 사랑인 인(仁)은 존비친소를 구별하는 분별적 사랑입니다.

044 공자와 맹자의 입장 비교   정답 ⑤

문제 분석 (가)의 갑은 공자, 을은 맹자입니다. 공자는 극기복례가 인(仁)임을 강조하였으며, 맹자는 측은지심, 수오지심, 사양지심, 시비지심의 사단과 인의예지 사덕을 선천적으로 가지고 태어난다고 보았습니다.

정답 찾기 ㄴ. 공자와 맹자는 모두 군주가 먼저 군자다운 인격 수양에 힘써야 하며 도덕과 예의로써 백성을 다스려야 한다는 덕치를 주장하였습니다. ㄷ. 공자와 맹자는 부단한 인격 수양 그리고 인의(仁義)의 실현을 강조하였습니다. ㄹ. 공자와 달리 맹자는 백성을 위하지 않는 군주는 교체되어야 한다고 보았습니다.

오답 피하기 ㄱ. 맹자의 입장입니다. 따라서 공자만의 입장으로 볼 수 없습니다.

045 순자와 공자의 입장   정답 ⑤

문제 분석 갑은 순자, 을은 공자입니다. 순자는 사람의 본성이 교화를 거친 후에 선을 이룰 수 있다고 보았으며 현명한 임금이 군자를 등용하여 법도를 밝힌다고 보았습니다. 공자는 훌륭한 임금은 덕으로 정치를 행하며 군자는 도를 도모하고 신하는 도로써 임금을 섬긴다고 보았습니다.

 ⑤ 순자와 공자 모두 욕구 특히 사욕을 제어하고 인의와 예를 실천해야 한다고 보았습니다.

 ① 순자에 따르면 예는 혼란을 싫어해 선왕들이 제정한 사회 규범입니다. ② 순자는 인간의 악한 본성을 변화시켜 인위를 일으켜야 한다고 주장하였습니다. ③ 공자는 법과 형이 아니라 덕과 예로 백성을 다스려야 한다고 주장하였습니다. ④ 공자는 임금과 신하가 이해에 근거한 계약 관계임을 강조하지 않았습니다. 그보다는 믿음과 신의, 충 등으로 맺어진 관계라고 보았습니다.

046 맹자와 순자의 입장 비교　　　　　정답 ④

 갑은 맹자, 을은 순자입니다. 맹자는 인의를 타고난다고 본 반면 순자는 인간이 이기적 본성을 타고난다고 보았기 때문에 인위를 통해 선을 이루어야 한다고 보았습니다.

 ㄱ. 맹자는 집의를 통한 호연지기를 길러 이상적인 인간상이 대장부가 될 수 있다고 보았습니다. ㄷ. 성선설을 주장한 맹자는 순자와 달리 인간이 가지고 태어난 사단을 확충해야 한다고 주장하였습니다. ㄹ. 성악설을 주장한 순자는 사람이 선하게 되려면 인위를 일으켜 세워야 한다고 주장하였습니다.

 ㄴ. 순자는 인간의 이기적 본성을 극복하고 선왕들이 제정한 예에 따라 성정을 변화시키면 성인이 될 수 있다고 보았습니다.

047 맹자와 순자의 입장 비교　　　　　정답 ①

 갑은 맹자, 을은 순자입니다. 맹자는 성선설의 근거로 양지, 양능, 사단, 사덕 등을 제시하였으며 인, 의를 강조하였습니다. 순자는 성악설을 주장하면서 악한 본성을 변화시키기 위한 예를 강조하였습니다.

 ㄱ. 맹자는 불인인지심을 가지고 백성을 통치한다면 천하가 다스리기 쉬울 것이라고 강조하였습니다. 순자는 인간의 본성이 악하다고 보았습니다. ㄴ. 맹자는 사단을 확충할 때 성인이 될 수 있다고 보았으나 순자는 사단을 가지고 태어난다고 보지 않았습니다.

 ㄷ. 순자가 긍정의 대답을 할 질문입니다. 순자는 선왕들이 제정한 예에 따라 본성을 변화시킬 것을 강조하였습니다. ㄹ. 맹자가 부정의 대답을 할 질문입니다. 맹자는 백성을 저버린 군주는 사실상 임금이 아니라 일개 범부에 불과하므로 교체될 수 있다고 보았습니다.

048 주희와 왕수인의 입장 비교　　　　　정답 ④

 갑은 주희, 을은 왕수인입니다. 주희는 격물치지를 사물에 나아가 그 이치를 끝까지 탐구하여 나의 앎을 극진히 하는 것으로 해석하였습니다. 한편 왕수인은 이를 비판하면서 격물치지를 천리인 양지를 발휘하여 마음이 있는 곳의 일을 바로잡는 것으로 해석하였습니다.

 ④ 왕수인은 경전에 대한 학습을 통하여 양지가 획득되는 것이 아니라 태어나면서부터 타고난 것이라고 보았습니다.

 ① 주희는 경건한 태도로 사물의 이치를 끝까지 탐구하는 데 힘써야 한다고 보았습니다. ② 주희는 도덕적 수양을 통해 탁하고 치우친 기질을 바로잡을 것을 강조하였습니다. ③ 왕수인은 마음 밖에는 어떠한 이치도 없고 마음 밖에는 어떠한 사물도 없다는 심외무리(心外無理), 심외무물(心外無物)을 주장하였습니다. ⑤ 주희와 왕수인은 모두 천리를 보존하고 인간의 이기적 욕망을 제거해야 한다는 존천리거인욕(存天理去人欲)을 강조하였습니다.

049 주희와 왕수인의 입장 비교　　　　　정답 ⑤

 갑은 주희, 을은 왕수인입니다. 주희는 모든 만물에 이치가 들어 있다고 보았으며 이러한 사물의 이치를 탐구해야 한다고 주장하였습니다. 한편 왕수인은 마음 밖에 어떠한 이치도 어떠한 사물도 없다고 보았으며 천리로서의 양지를 개별 사물에서 실현해야 한다고 주장하였습니다.

 ⑤ 주희와 왕수인은 모두 하늘로부터 받은 이치가 바로 성(性)이라고 보았습니다.

 ① 주희는 사람에게도 사물에게도 모두 성(性)이 있다고 보았습니다. ② 왕수인은 효의 이치가 부모에게 있는 것이 아니라 마음에 있다고 보았습니다. ③ 왕수인은 성 또는 이치가 마음을 벗어나 있지 않다고 보았습니다. ④ 개별 사물들도 이치를 갖고 있다고 본 것은 주희입니다.

050 주희와 왕수인의 입장 비교　　　　　정답 ②

 서술형 평가 문제의 갑은 주희, 을은 왕수인입니다. 주희는 지와 행의 선후와 경중을 구분해야 한다고 보았습니다. 한편 왕수인은 지와 행이 원래부터 하나이고 서로 분리되어 설명할 수 없다고 보았습니다.

 ② 주희는 지와 행은 구분된다고 보았으나 지와 행이 함께 같이 나아간다는 지행병진을 주장하였습니다.

 ① 주희는 격물을 사물에 나아가 그 이치를 탐구하는 것으로 해석하였습니다. ③ 왕수인은 격물을 각각의 사물이 내 마음의 양지를 얻게 되는 것이라고 해석하였습니다. ④ 왕수인은 앎은 행함의 시작이고 행함은 앎의 완성이라고 보면서 앎과 행함으로 본래부터 하나라고 주장하였습니다. ⑤ 주희와 왕수인은 모두 앎과 행함이 일치되어야 한다고 보았습니다.

051 주희와 왕수인의 입장 비교　　　　　정답 ②

 갑은 왕수인, 을은 주희입니다. 왕수인은 마음이 곧 이치이며 천리로서의 양지를 잘 발휘하면 누구나 성인이 될 수 있다고 보았습니다. 주희는 성이 곧 이치이며 마음은 성과 정을 통괄한다고 보았습니다.

 ㄱ. 왕수인은 주희와 달리 마음이 없으면 이치도 없다고 보기 때문에 마음과 무관하게 존재하는 사물은 없다고 보았습니다. ㄷ. 왕수인은 주희와 달리 격물을 마음의 바르지 못함을 바로잡는 것이라고 해석하였습니다.

 ㄴ. 주희는 왕수인과 달리 수양에서 터득한 도덕적 지식을 현실 속에서 실천할 것을 강조하는 선지후행을 주장하였습니다. ㄹ. 주희와 왕수인은 모두 천리를 보존하고 사욕을 제거해야 한다는 존천리거인욕(存天理去人欲)을 주장하였습니다.

052 왕수인의 치지에 대한 해석 이해　　　　　정답 ④

 (가)를 주장한 사상가는 왕수인입니다. (나)의 퍼즐 속 가로 낱말 (A)는 '언행일치', (B)는 '지혜'이므로, 세로 낱말 (C)는 '치지'입니다. 왕수인의 '치지'는 '치양지'로 해석되며, 내 마음의 양지를 각각의 사물에 온전히 실현하는 것을 의미합니다.

 ④ 왕수인은 양지가 곧 천리라고 주장하였습니다. 왕수인에게 있어 '치지'는 내 마음의 양지인 천리를 각각의 사물에 온전히 실현하는 것을 의미합니다.

 ① 왕수인은 지(知)와 행(行)이 분리될 수 없다는 지행합일(知行合一)을 주장하였습니다. ② 왕수인은 양지의 확충을 위해 경전에 대한 학습에 의존해야 한다고 보지 않았습니다. ③ '격물치지'에 대한 주희의 해석입니다. ⑤ 주희의 '심통성정'과 관련된 진술입니다. 왕수인은 주희의 심통성정을 비판하였습니다.

053 주희와 왕수인의 입장 비교　　　　　정답 ④

 갑은 주희, 을은 왕수인입니다. 주희는 성즉리, 심통성정, 선지후행, 지행병진을 주장한 반면 왕수인은 심즉리, 치양지, 지행합일 등을 주장하였습니다.

 ㄱ. 주희는 사물에 이치가 들어 있으므로 격물치지를 사물에 나아가 사물의 이치를 탐구하여 나의 앎을 온전히 해야 한다고 해석하였습니다. ㄷ. 주희와 왕수인은 모두 앎과 행함이 궁극적으로 일치되어야 한다고 보았습니다. ㄹ. 주희와 왕수인은 모두 존천리거인욕(存天理去人

欲)을 주장하였습니다.

오답 피하기 ㄴ. 선지후행을 말하면서 앎보다는 행함이 중요함을 강조한 사상가는 주희입니다.

054 성리학의 '격물치지'에 대한 해석 이해　　　정답 ⑤

고난도 평가원 기출				
①	② 함정	③	④ 함정	❺
4%	20%	8%	41%	26%

눈으로 보는 해설

(가)를 주장한 사상가의 입장에서 볼 때, (나)의 ⊙에 들어갈 진술로 가장 적절한 것은? → 성리학자

(가)	○ 양지(良知)는 사람에게 본래 있는 것이지만, 궁리(窮理)를 하지 못하는 것은 이미 알고 있고 통달한 데 만족하여 아직 알지 못하고 통달하지 못한 것을 궁구하지 않기 때문이다. ○ 마음은 본래 한 몸을 주재하는 것이지만 그 체(體)는 허령(虛靈)하여 천하의 이치를 모두 아우를 수 있다. 이치는 비록 온갖 일에 흩어져 있지만 그 용(用)이 미묘하여 실로 한 사람의 마음 밖에 있지 않다.
(나)	⊙ 그러면 어느 날 갑자기 모든 이치를 훤히 깨닫게[豁然貫通] 될 것이다.

① 본성[性]이 선하게 변화될 수 있도록 사물의 이치를 탐구하라. ✕
② 참된 앎이 발휘될[致良知] 수 있도록 이기적 욕망을 제거하라. ✕
③ 헤아리지 않고도 알 수 있는 능력[良知]을 갖추도록 궁리를 하라. ✕
④ 앎과 행위가 본래 하나임을 자각하고 일상에서 항상 선행을 하라. ✕
⑤ 사물에 나아가 그 이치를 깊이 있게 탐구하여 앎을 극진히 하라. ○
→ 양명학의 입장

문제 분석 제시문은 성리학의 '격물치지'에 대한 내용입니다. '궁리'를 아직 알지 못하는 것을 궁구하는 것이라고 보는 해석과 '이치는 비록 온갖 일에 흩어져 있다'는 내용을 통해 성리학 사상에 해당함을 추론할 수 있어야 합니다.
정답 찾기 ⑤ 성리학의 격물치지에 대한 해석입니다.
오답 피하기 ① 성리학은 맹자의 성선설을 계승하여 인간의 본성을 선하게 보았습니다. ②, ④ 양명학의 입장입니다. ③ 헤아리지 않고도 알 수 있는 능력인 양지는 선천적인 능력입니다.

함정 피하기

② 또는 ④를 골랐다면 제시문의 내용을 양명학으로 이해했기 때문입니다. 제시문을 왕수인의 양명학 사상으로 착각하기 쉽지만, 양지와 양능은 맹자가 성선설의 근거로 제시한 것으로서 후대의 성리학, 양명학 사상에 공통적으로 해당되는 내용입니다. 제시문을 보다 꼼꼼하게 읽으면 궁리에 대한 해석과 '이치는 비록 온갖 일에 흩어져 있다'는 내용을 통해 성리학의 격물치지에 대한 내용임을 알 수 있습니다.

055 주희와 왕수인의 입장 비교　　　정답 ④

문제 분석 갑은 주희, 을은 왕수인입니다. 주희는 성즉리를 주장하면서 마음이 성과 정을 통괄하며 마음이 갖추고 있는 이가 성이며 마음의 작용이 정이라고 보았습니다. 왕수인은 심즉리를 주장하면서 천리로서의 양지가 사물에 도달했을 때 비로소 사물도 이치를 얻게 된다고 주장하였습니다.
정답 찾기 ㄱ. 주희는 앎과 행이 함께 나란히 나아간다는 차원에서 지행병진(知行竝進)을 주장하였습니다. ㄴ. 왕수인은 천지만물이 본래부터 이치를 가지고 있는 것이 아니라 마음의 이치는 양지가 사물에 도달하였을 때 비로소 만물이 이치를 갖게 되는 것이라고 주장하였습니다. ㄹ. 이론적 학습 과정과 탐구를 중시한 주희와는 달리 왕수인은 이러한 태도를 비판하면서 치양지만 잘 하면 누구나 성인이 될 수 있다고 주장하였습니다.
오답 피하기 ㄷ. 주희와 왕수인은 모두 존양성찰(存養省察) 즉, 양심을 보존하고 자신을 돌아보며 부단히 성찰하는 태도가 필요하다고 보았습니다.

04강　도덕적 심성

핵심 개념 CHECK!　　　▶ 본문 036쪽

01 ○	02 ○	03 ○	04 ✕	05 ✕	06 ✕	07 ○	08 ○
09 ○	10 ○	11 ○	12 ○	13 ○	14 ○	15 ○	16 ○
17 ✕	18 ✕	19 ○	20 ○	21 ○	22 ○	23 ○	24 ○
25 ✕	26 ○	27 ○	28 ✕	29 ○	30 ✕	31 ○	32 ✕
33 ○	34 ○	35 ○	36 ✕	37 ✕			

O|X 문장 바로 알기

01 유교 사상은 우리나라에서 정치 이념, 도덕규범, 교육 등에서 많이 활용되었다.

02 조선 시대 유교는 성리학을 바탕으로 도덕적 완성과 이상 사회 구현을 추구하였다.

03 이황은 이와 기의 능동성과 작용성을 모두 인정하였다.

04 ~~이황은~~ 보편적 이는 두루 통하고 특수한 기는 국한된다고 주장하였다.
　　이이는

05 이황은 사단을 ~~일반적~~ 감정, 칠정을 ~~도덕적~~ 감정이라고 보았다
　　　　　　　도덕적　　　　　　　일반적

06 이황은 사단과 칠정의 연원이 ~~다르지 않다고~~ 보았다.
　　　　　　　　　　다르다고

07 이황은 거경과 궁리는 새의 두 날개와 같다고 비유하면서 거경과 궁리의 병행을 강조하였다.

08 이황은 사단과 칠정을 개념적으로 분리할 수 있다고 보았다.

09 이황은 경(敬)의 실천을 통한 인격 수양을 강조하였다.

10 이이는 기가 발하고 이가 기를 타는 한 가지 길만 가능하다는 기발이승일도를 주장하였다.

11 이이는 이와 기가 하나이면서 둘이고 둘이면서 하나인 묘합의 관계를 맺고 있다고 보았다.

12 이이는 칠정은 사단을 포함할 수 있지만 사단은 칠정을 포함할 수 없다고 보았다.

13 이이는 기질을 바로잡음으로써 도덕적 본성으로서의 이(理)를 실현해야 한다고 보았다.

14 이이는 이황과 달리 사단과 칠정 모두 기가 발하고 이가 기를 탄 감정이라고 보았다.

15 이이는 이(理)는 무위하고 기(氣)는 유위하다고 보았다.

16 이이의 사상은 훗날 실학 사상에 영향을 주었다.

17 이이는 ~~이와 기의 운동성과 자발성을 모두~~ 인정하였다.
　　　　　　　　　　기의 운동성만을

18 ~~이이는~~ 이기불상리보다 이기불상잡을 강조하여 이와 기를 분리시켜 생각하려 하였다.
　　이황은

19 이이는 칠정과 사단을 부분과 전체의 관계로 인식하였다.

20 임진왜란과 병자호란으로 백성의 삶이 피폐해지면서 실생활에 도움이 되는 실용적 학문에 대한 요구가 증가하였다.

21 실학은 조선 시대 후기 기존의 성리학이 이론적 논쟁과 명분에만 치우치는 폐단을 낳는 상황에서 등장하였다.

22 실학의 형성에는 청나라 고증학의 영향과 서구 문물의 유입 등이 작용하였다.

23 성리학에 비해 실학은 현실적 사회 문제 해결을 중시하였다.

24 실학은 경세치용, 이용후생, 실사구시 등을 강조하였다.

25 정약용은 인간의 본성이 본래부터 선한 방향으로 ~~정해져 있다고~~ 보았다.
> 정약용은 자주지권을 강조하면서 인간 본성이 정해져 있지 않다고 주장하였음

26 정약용은 인간을 현실적이고 혈기적인 존재로 보았다.

27 정약용은 하늘이 인간에게 자주지권을 부여하였다고 보았다.

28 정약용은 인간의 본성이 곧 이치라는 기존의 성리학적 심성론을 ~~그대로 계승하여 더욱 심화 발전시켰다.~~
> 을 비판하고 독자적인 심성론을 발전시켰다.

29 정약용은 선을 좋아하고 악을 미워하는 경향을 영지의 기호라고 보았다.

30 정약용은 ~~형구의 기호는~~ 인간만이 지니는 기호라고 보았다.
> 영지의 기호

31 정약용은 사단은 심(心)이라고는 할 수 있으나 성(性)이 아니라고 주장하였다.

32 정약용에 따르면 사단은 ~~사덕이 내재함을 알려주는 실마리이다.~~
> 사덕을 실현하기 위한 시초이다.

33 정약용은 사덕은 인간 본성에 내재한 것이 아니라 후천적으로 형성되는 것이다.

34 정약용은 인간의 욕구를 생존과 더불어 도덕적인 삶을 살아가기 위한 추동력이라고 보았다.

35 정약용은 인간을 자율적이고 주체적인 존재로 보았다.

36 정약용은 사덕이 ~~선천적으로 내재되어 있다고~~ 본다.
> 후천적으로 획득된다고

37 정약용은 사단은 후천적으로 획득된다고 본다.
> 선천적으로 획득된다고

기출+예상 문제로 주제 정복하기　▶ 본문 038~041쪽

056 ③	057 ⑤	058 ④	059 ④	060 ②	061 ②
062 ④	063 ⑤	064 ③	065 ①	066 ⑤	067 ⑤
068 ④	069 ②	070 ③	071 ⑤	072 ①	

056 이이의 이기론에 대한 입장 파악　　정답 ③

문제 분석 제시문을 주장한 사상가는 이이입니다. 이이는 이는 형태와 작

용이 없고 기는 형태와 작용이 있다고 봅니다. 그에 따르면 그릇이 움직일 때 물이 움직이는 것, 즉 기가 발할 때 이가 타는 것만이 옳습니다.

정답 찾기 ③ 이이는 형태가 없는 이는 만물에 두루 통하고 형태가 있는 기는 국한된다는 이통기국론을 주장하였습니다.

오답 피하기 ① 이이는 이는 무형이고 무위라고 봅니다. ② 이이는 칠정을 선할 수도, 악할 수도 있는 감정이라고 봅니다. ④ 이이는 발하는 것은 기이고 발하는 소이(所以)는 이라고 봅니다. ⑤ 이이는 본연지성(本然之性)을 변화시킬 대상으로 간주하지 않습니다.

057 이황과 이이의 사단칠정론 이해　　정답 ⑤

고난도 평가원 기출				
①	② 함정	③	④	❺
11%	20%	5%	11%	51%

🔍 눈으로 보는 해설

한국 사상가 갑, 을의 입장에 대한 설명으로 가장 적절한 것은?

> 갑 : 이치[理]에 감정과 의지, 그리고 조작이 없다는 것은 그 본체가 그렇다는 것일 뿐, 그 쓰임[用]의 차원에서 보면 이치는 그 만나는 곳에 따라 발현하여 이르지 않음이 없다. 내가 사물의 이치를 알지 못하는 것이 걱정스러울 뿐, 이치가 스스로 이를[自到] 수 없음을 걱정하지는 않는다. → 이황
>
> 을 : 기(氣)가 치우치거나 온전하면 이치도 치우치거나 온전한데, 실제로 치우치거나 온전한 것은 기[氣局]뿐이고 이치는 그 두루 미치는 특성[理通] 때문에 손상되지 않는다. 기는 본래 깨끗하지만 그 깨끗함을 상실하기도 하는데, 이것은 기에 운동성이 있기 때문이다. → 이이

① 갑은 칠정이 ~~사단과 달리 선악 중 어느 하나로 정해져 있는~~ 것으로 본다. ✕
> 선할 수도 악할 수도 있는

② 을은 ~~기질지성이 교정되면 본연지성으로 변할 수 있다고~~ 본다. ✕

③ 갑은 을과 달리 이와 기가 결합한 ~~기질지성을~~ 인간의 본성으로 본다. ✕

④ ~~을은 갑과 달리~~ 이와 기가 개념적으로는 구분될 수 있다고 본다. ✕

⑤ 갑, 을은 모두 본성이 마음에서 발현된 결과를 사단이라고 본다.

문제 분석 갑은 이도 발할 수 있다고 보는 이황이며, 을은 기만 발할 수 있다고 보는 이이입니다.

정답 찾기 ⑤ 이황과 이이는 사단과 칠정이 모두 본성이 마음에서 발현된 정(情)에 해당한다고 봅니다.

오답 피하기 ① 갑, 을 모두 사단은 선으로 정해진 반면, 칠정은 선할 수도 악할 수도 있는 것으로 봅니다. ② 기질지성은 본연지성으로 변할 수 없는 것입니다. ③ 인간의 본성은 본연지성입니다. ④ 성리학에서는 개념적으로 이와 기를 구분합니다.

💣 함정 피하기

②를 골랐다면 기질지성의 의미를 잘 모르기 때문입니다. 성리학에서 본연지성은 인간의 순선한 본성을 말하며, 기질지성은 타고난 기질에 따라 결정되는 것으로 기질의 맑고 탁함에 따라 선 또는 악으로 흐를 수 있는 것입니다. 기질지성이 변화하여 본연지성이 되는 것이 아닌, 둘의 가리키는 바가 다른 것입니다. 따라서 성리학에서는 본연지성을 유지하고 기질지성이 악으로 흐르지 않도록 끊임없는 수양을 강조합니다.

058 이황과 정약용의 유교 사상 비교　　정답 ④

문제 분석 갑은 이황, 을은 정약용입니다. 이황은 사단은 이가 발하고 기가 이를 따른 것이라고 봅니다. 정약용은 인간의 성(性)은 선을 좋아하고 악을 싫어하는 마음의 경향성, 즉 기호라고 봅니다. 정약용은 기호를 인

간만이 가지고 있는 영지의 기호와 인간과 동물 모두가 가지고 있는 형구의 기호로 구분합니다.

정답 찾기 ④ 정약용에 따르면 영지의 기호는 인간만이 지닌 기호입니다.

오답 피하기 ① 이황은 사단이 인간의 마음에 사덕이 내재함을 알려주는 실마리, 즉 단서라고 보았습니다. ② 이황은 사욕을 제거하기 위한 수양으로 주일무적(主一無適)을 중시합니다. ③ 정약용은 인의예지의 사덕은 모두 실천을 통해 형성되는 덕이라고 봅니다. ⑤ 이황과 정약용 모두 사단을 인간이 태어날 때부터 가지고 있는 마음이라고 봅니다.

059 이황과 이이의 입장 비교 　　　　정답 ④

문제 분석 갑은 이이, 을은 이황입니다. 이이는 이는 발하는 까닭이며 발하는 것은 기라고 보았습니다. 이황은 본연지성과 기질지성을 구분하려 하였고 사단은 이가 발한 것, 칠정은 기가 발한 것으로 구분지어 설명하였습니다.

정답 찾기 ④ 이황은 이도 발할 수 있고 기도 발할 수 있다는 이기호발설을 주장하였습니다.

오답 피하기 ① 이이는 사단이나 칠정이나 모두 기가 발하고 이가 기를 탄 것이라고 보았습니다. ② 이이는 오직 기만이 발할 수 있다는 기발이승일도설을 주장하였습니다. ③ 사단을 칠정에 포함되는 것으로 본 것은 이황이 아니라 이이입니다. ⑤ 이황과 이이는 모두 사단과 칠정이 감정이라고 봅니다.

060 이황과 이이의 이기론 비교 　　　　정답 ②

문제 분석 갑은 이황, 을은 이이입니다. 이황에 따르면 사단은 이가 발한 것이고 칠정은 기가 발한 것입니다. 따라서 사단의 하나인 측은지심은 기가 발한 것이 아니라 이가 발한 것입니다.

정답 찾기 ② 이황은 측은지심, 수오지심, 사양지심, 시비지심 등 사단이 이가 발하고 기가 이를 탄 감정이라고 보았습니다.

오답 피하기 ① 이황은 이와 기가 모두 발할 수 있다고 보았습니다. ③ 이이에 따르면 이는 발하는 것이 아니라 발하는 까닭입니다. ④ 이이는 사단과 칠정은 모두 기가 발하여 이가 탄 것이라고 주장하였습니다. 다시 말해 사단과 칠정의 연원이 같다고 본 것입니다. ⑤ 이황과 이이는 모두 경(敬)의 태도를 유지할 것을 강조하였습니다.

061 이황의 입장 　　　　정답 ②

문제 분석 제시문은 이황의 주장입니다. 이황은 이도 발할 수 있고 기도 발할 수 있다는 이기호발을 주장하였는데, 사단은 이가 발하고 기가 이를 따른 정이고 칠정은 기가 발하고 이가 기를 탄 정(情)이라고 보았습니다.

정답 찾기 ㄱ. 이황은 기에 운동성과 작용성이 있듯이 이에도 운동성과 작용성이 있다고 보았습니다. ㄹ. 이황에 따르면 순선한 원리적 개념인 이는 존귀하고, 선악의 가능성을 함께 지니고 있는 현상적 개념으로서의 기는 비천한 것입니다.

오답 피하기 ㄴ. 이는 발하는 까닭이자 원인이고, 발하는 것은 기라고 본 사상가는 이이입니다. ㄷ. 이황과 이이는 모두 사단과 칠정을 정이라고 봅니다.

062 이황과 이이의 입장 비교 　　　　정답 ④

문제 분석 (가)의 갑은 이황, 을은 이이입니다. 이황은 이와 기가 구별되듯이 사단과 칠정도 구분된다고 보았습니다. 한편 이이는 이와 기를 구별하기보다는 이와 기가 함께 어우러져 있음을 강조하였으며 칠정이 사단을 포함하는 것으로 보았습니다.

정답 찾기 ㄱ. 이황은 사단은 이가 발한 것, 칠정은 기가 발한 것으로 보았습니다. ㄴ. 이황과 이이는 모두 칠정에 대해서는 기가 발하여 이가 기를 탄 것이라고 보았습니다. ㄹ. 이이는 이황과 달리 기만 발할 수 있다고 보는 기발이승일도를 주장하였습니다.

오답 피하기 ㄷ. 이황과 이이는 모두 성리학자이므로 사단과 사덕이 모두 선천적인 것이라고 보았습니다.

063 이황과 이이의 입장 비교 　　　　정답 ⑤

문제 분석 갑은 이황, 을은 이이입니다. 이황은 사단과 칠정이 각기 가리키는 것이 다르고 명칭이 서로 다르다는 점을 강조하였습니다. 이이는 사단은 칠정을 겸할 수 없으나 칠정은 사단을 겸할 수 있다고 보았습니다.

정답 찾기 ㄴ. 이황은 사단이 이가 발하고 기가 이를 따른 순선한 감정이라고 보았습니다. 이이는 사단도 칠정도 모두 기가 발한 것이라고 봅니다. ㄷ. 이황은 이이와 달리 사단이 이의 발, 칠정이 기의 발이라고 보았습니다. ㄹ. 이황은 이이와 달리 사단과 칠정의 연원이 각기 다르다고 보았습니다.

오답 피하기 ㄱ. 이이가 긍정, 이황이 부정의 대답을 할 질문입니다.

064 정약용의 인성론과 덕론 이해 　　　　정답 ③

	①	②	❸	④	⑤
	35%	4%	48%	4%	10%

고난도 평가원 기출 / 함정

🔍 눈으로 보는 해설

→ 정약용

다음 한국 사상가의 입장만을 〈보기〉에서 있는 대로 고른 것은?

> ○ 불효자도 효자라고 칭찬하면 기뻐한다. 사람은 본래 선을 좋아하고 악을 부끄러워하기 때문에 불효자도 실제로는 잘못인 줄 알면서도 기뻐하는 것이다.
> ○ 사람들이 선하고자 한다면 선을 행할 수 있고, 악하고자 한다면 악을 행할 수 있는 것은 하늘이 모든 사람들에게 자주지권(自主之權)을 부여했기 때문이다.

〈보기〉
ㄱ. 인간의 본성은 하늘의 이치[天理]여자 마음의 경향성이다. ✕
ㄴ. 인간은 자유로운 선택을 통해 선행이나 악행을 할 수 있다. ○
ㄷ. 선한 행위는 본성에 내재된 사덕(四德)을 실천하는 것이다. ✕
ㄹ. 형구(形軀)의 기호는 인간과 동물 모두에게 부여된 성이다. ○

① ㄱ, ㄴ　　　② ㄱ, ㄷ　　　③ ㄴ, ㄹ
④ ㄱ, ㄷ, ㄹ　　　⑤ ㄴ, ㄷ, ㄹ

문제 분석 제시문은 정약용의 주장입니다. 그에 따르면 성(性)이란 선을 좋아하고 악을 미워하는 마음의 기호(嗜好)이며, 이 기호에는 인간만이 지니고 있는 영지의 기호와 인간과 동물 모두가 지니고 있는 형구의 기호가 있습니다. 또한 정약용에 따르면 인간에게는 자주지권이 부여되어 있으므로 누구나 자유롭게 선이나 악을 선택해서 행할 수 있습니다.

정답 찾기 ㄴ. 정약용은 인간에게 자주지권이 있어 인간 스스로 선을 택할 수도 악을 택할 수도 있다고 보았습니다. ㄹ. 정약용은 인간과 동물이 함께 지닌 기호를 형구의 기호라고 하였습니다.

오답 피하기 ㄱ. 정약용에 따르면 인간의 본성은 마음의 기호입니다. 본성이 곧 하늘의 이치라는 것은 성리학자들의 입장입니다. ㄷ. 정약용에 따르면 사덕은 인간의 본성에 내재하는 것이 아니라 사단의 실천을 통해 형성되는 것입니다.

💣 함정 피하기

ㄱ을 골랐다면 정약용의 성기호설에 대한 이해가 부족한 것입니다. 정약용은 선을 좋아하고 악을 싫어하는 마음의 기호를 인간의 본성으로 보았습니다. 인간의 본성을 하늘의 이치[性卽理]로 본 것은 성리학의 입장입니다.

065 이이와 정약용의 사상 비교　　　　　　정답 ①

문제 분석 갑은 이이, 을은 정약용입니다. 이이는 인간의 본성은 선하지만 기(氣)의 불완전성으로 말미암아 인간의 도덕적 불완전성이 생긴다고 보았습니다. 즉, 탁하고 편벽된 기질 때문에 선하지 못함이 있게 된다는 것입니다. 따라서 이이는 기질을 바로잡아 이의 본연을 실현해야 한다고 주장하였습니다.

정답 찾기 ㄱ. 이이는 탁하고 편벽된 기질 때문에 선하지 못함이 발생하게 된다고 보았습니다. ㄴ. 정약용은 인간만이 선천적인 도의지성, 즉 도의의 성(性)을 지니고 있다고 보았습니다.

오답 피하기 ㄷ. 이이와 정약용의 공통점입니다. 이들은 모두 인간이 시비지심을 포함한 사단을 선천적으로 지니고 있다고 보았습니다. ㄹ. 정약용은 이이를 비롯한 성리학자들과 달리 인의(仁義)의 덕을 인간에게 선천적으로 부여되어 있는 것이 아니라 도덕적 행위를 실천함으로써 형성되는 것으로 보았습니다.

066 인의(仁義)에 대한 정약용의 입장 파악　　　　정답 ⑤

문제 분석 (가)를 주장한 사상가는 정약용입니다. (나)의 퍼즐 속 가로 낱말 (A)는 '왕수인(王守仁)', (C)는 '의천(義天)'이므로, 세로 낱말 (B)는 '인의(仁義)'입니다. 정약용은 인의예지라는 사덕을 인간에게 선천적으로 부여되어 있는 이치가 아니라 타고난 사단(四端)을 일상에서 부단히 실천함으로써 형성되는 덕으로 보았습니다.

정답 찾기 ⑤ 정약용은 인의를 측은지심과 수오지심을 일상생활에서 확충함으로써 얻어지게 되는 덕으로 보았습니다.

오답 피하기 ① 정약용에 따르면 인의는 모든 인간이 지니고 있는 것이 아니라 측은지심과 수오지심을 확충한 사람만이 지니고 있는 덕입니다. ② 주희의 예(禮)와 지(智)에 대한 설명입니다. 정약용에 따르면 예지는 선천적이 덕이 아니라 인의처럼 후천적으로 형성되는 덕입니다. ③ 정약용의 사단에 대한 설명입니다. ④ 정약용은 '이기적인 본성'을 주장하지 않았다. 그에 따르면 인간의 본성은 선을 좋아하고 악을 싫어하는 마음의 기호입니다.

067 정약용과 주희의 사상 비교　　　　　　정답 ⑤

문제 분석 갑은 정약용, 을은 주희입니다. 주희는 성이 곧 이이며 사덕은 성에 이미 부여되어 있는 것이라고 보았습니다. 그러나 정약용은 성이란 선을 좋아하고 악을 미워하는 마음의 기호이며, 사덕은 선을 좋아하는 기호에 따라 행동함으로써 후천적으로 형성되는 것이라고 주장하였습니다.

정답 찾기 ⑤ 정약용과 주희는 모두 사단에 대해서는 인간이 태어나면서부터 지니는 선한 감정이라고 보았습니다.

오답 피하기 ① 정약용만의 입장입니다. ② 예는 사양지심을 실천함으로써 비로소 형성되는 덕이라는 것은 정약용만의 입장입니다. ③ 인격 수양의 궁극적인 목적이 도덕적 사회를 실현하는 것이라고 본 것은 주희와 정약용의 공통점입니다. ④ 만물에 부여된 형이상의 본성에도 인의예지가 갖추어져 있다는 것은 주희만의 입장입니다.

068 이황과 정약용의 입장 비교　　　　　　정답 ④

문제 분석 갑은 이황, 을은 정약용입니다. 이황은 사단은 이가 발하고 기가 이를 따른 것, 칠정은 기가 발하고 이가 기를 탄 것이라고 보았습니다. 정약용은 사단은 마음이며 사덕은 인간 본성에 내재하는 덕이 아니라 후천적으로 실천을 통해 형성되는 덕이라고 보았습니다.

정답 찾기 ④ 정약용은 일상에서 사단을 확충하고 부단히 실천해 나갈 때 사덕이 형성된다고 보았습니다.

오답 피하기 ① 이황을 비롯한 성리학자들은 사덕이 선천적으로 본성에 내재해 있다고 보았습니다. ② 사단이 칠정의 선한 측면이라고 본 사상가는 이황이 아니라 이이입니다. ③ 정약용에 따르면 선을 좋아하고 악을

미워하는 마음의 기호가 바로 성입니다. 사덕은 기호를 확충하여 후천적으로 형성되는 것이라고 보았습니다. ⑤ 이황, 정약용 모두 본성을 변화시켜야 한다고 주장하지 않았으며, 선한 본성을 확충할 것을 강조하였습니다.

069 정약용의 심성론 이해　　　　　　　　정답 ②

문제 분석 제시문은 정약용의 주장입니다. 그는 성을 기질지성과 천명지성으로 나누어 설명하였습니다. 기질지성은 편안한 것을 좋아하는 것이며 천명지성은 선을 좋아하고 악을 미워하는 것입니다. 기질지성은 형구의 기호이며, 천명지성은 영지의 기호입니다.

정답 찾기 ㄱ. 정약용은 인간의 성이 고정된 것이 아니라 선을 좋아하고 악을 미워하는 마음의 기호 즉, 경향성이라고 보았습니다. ㄷ. 정약용은 욕구를 부정적인 것으로만 보지 않았고, 오히려 인간의 생존과 도덕적 삶을 위한 중요한 원동력으로 생각하였습니다.

오답 피하기 ㄴ. 천명으로 인의예지가 주어졌다고 보는 것은 성리학자들의 견해입니다. ㄹ. 정약용은 타고난 기질에 따라 선한 사람이나 악한 사람이 결정된다고 보는 것이 아니라 자신이 선을 택하느냐 악을 택하느냐에 달려 있다고 보았습니다.

070 정약용의 입장 파악　　　　　　　　　정답 ③

문제 분석 제시문은 정약용의 주장입니다. 정약용은 짐승과 달리 사람은 선이나 악으로 고정되어 있지 않고 자주지권을 지닌 존재이기 때문에 선을 택하거나 악을 택하게 되면 모두 자신의 책임이 된다고 주장하였습니다.

정답 찾기 ㄴ. 정약용은 성리학의 단서설을 비판하고 사단이 사덕을 실천하기 위한 시작점이라는 단시설을 주장하였습니다. ㄷ. 정약용은 사단을 지속적으로 확충해 나갈 때 비로소 형성되는 것이 바로 사덕이라고 보았습니다.

오답 피하기 ㄱ. 정약용은 인간의 본성이 선이나 악으로 고정되어 있는 것이 아니라고 보았습니다. ㄹ. 정약용은 사덕이 인간 본성에 내재하는 덕이 아니라 후천적으로 형성되는 덕이라고 보았습니다.

071 이황, 이이, 정약용의 입장 비교　　　　정답 ⑤

문제 분석 갑은 이이, 을은 이황, 병은 정약용입니다. 이황에 따르면 사단은 이가 발한 것이고 칠정은 기가 발한 것입니다. 이이에 따르면 사단과 칠정은 모두 기가 발한 것이며, 사단은 칠정의 선한 측면으로서 칠정에 포함되는 것입니다. 정약용에 따르면 사단은 사덕의 시작입니다. 사단은 심이라고는 할 수 있으나 성도 이치도 덕도 아닙니다.

정답 찾기 ⑤ 이황, 이이, 정약용 모두 부정의 대답을 할 질문입니다.

오답 피하기 ① 이황과 이이는 부정, 정약용은 긍정의 대답을 할 질문입니다. ② 이황과 이이는 긍정, 정약용은 부정의 대답을 할 질문입니다. ③ 이황과 이이는 긍정, 정약용은 부정의 대답을 할 질문입니다. ④ 이황과 이이는 부정, 정약용은 긍정의 대답을 할 질문입니다.

072 정약용의 입장 파악　　　　　　　　　정답 ①

문제 분석 제시문은 정약용의 주장입니다. 그는 요순 임금이 성현이 된 것이나 걸주 임금이 악인이 된 것이 기질의 탓이 아니라 진실로 자신들의 자율적 선택에 따른 것이라고 보았습니다. 즉, 인간은 자기의 선이나 악을 선택하는 주체라고 본 것입니다.

정답 찾기 ㄱ. 정약용은 사단을 심이라고는 할 수 있으나 본성도 이치도 덕도 아니라고 주장하였습니다. ㄴ. 정약용은 사덕인 인간 본성에 내재된 것이 아니라고 주장하였습니다.

오답 피하기 ㄷ. 정약용에 따르면 사단은 선천적인 것, 사덕은 후천적인 것입니다. ㄹ. 정약용에 따르면 사단을 지속적으로 확충할 때 사덕이 형성됩니다.

핵심 개념 CHECK!　▶ 본문 044쪽

01 ○	02 ×	03 ○	04 ○	05 ○	06 ○	07 ○	08 ○
09 ×	10 ○	11 ×	12 ○	13 ×	14 ○	15 ×	16 ○
17 ×	18 ○	19 ○	20 ○	21 ○	22 ○	23 ○	24 ×
25 ○	26 ○	27 ○	28 ×	29 ○	30 ○	31 ○	32 ×
33 ○							

○|× 문장 바로 알기

01 불교는 부처가 깨닫고 설법한 진리, 출가한 사람을 중심으로 한 수행 공동체 등을 토대로 종교 체제를 갖추기 시작했다.

02 불교 사상에서는 무명(無明)을 추구하여 윤회의 고통에서 벗어날 것을 강조하였다.
　무명에서 벗어날 것을

03 연기는 인연생기(因緣生起)의 준말로 모든 현상과 존재의 상호 연관성을 강조한다.

04 인간 삶 그 자체로 고통이라는 것은 '고성제'에 해당하는 내용이다.

05 탐욕과 집착 등은 불교에서 고통의 원인에 해당한다.

06 중도(中道)의 구체적 내용은 바로 팔정도(八正道)이다.

07 제법무아(諸法無我)는 '나'라고 주장할 만한 불변하는 실체는 존재하지 않는다는 것이다.

08 열반적정은 깨달음을 통해 이르게 되는 열반은 고요한 경지라는 뜻이다.

09 ~~부파 불교는 대승 불교에 비해~~ 중생과 함께 하는 대중적 측면을 강조하고 중생 제도를 목표로 한다.
　대승 불교는 부파 불교에 비해

10 보살은 위로는 진리를 구하고 아래로는 중생을 구제하는 데 힘쓰는 이상적 인간상이다.

11 부파 불교의 이상적 인간상은 보살, 대승 불교의 이상적 인간상은 ~~아라한~~이다.
　부파 불교의 이상적 인간상 : 아라한
　대승 불교의 이상적 인간상 : 보살

12 중관(中觀) 사상은 모든 것이 연기에 의해 존재하므로 사물의 독자적인 실체나 자성은 존재하지 않는다고 본다.

13 ~~교종은~~ 이심전심(以心傳心), 불립문자(不立文字), 교외별전(敎外別傳) 등을 핵심 종지(宗旨)로 삼는다.
　선종은

14 불교는 모든 존재의 상호 연관성을 강조하는 연기적 세계관, 모든 사람은 불성을 지닌 평등하고 존귀한 존재라는 평등적 세계관을 지닌다.

15 부처는 ~~불변하는 자아(自我)에 대한 인식을~~ 강조하였다.
　자아가 고정불변하지 않음을 알고 인연생기에 대한 인식을

16 제행무상은 모든 것이 변화한다는 진리를 담고 있다.

17 불교는 ~~초월적인 신과 하나되는 삶을 추구한다.~~
　진리를 깨달아 윤회의 고통에서 벗어난 해탈을

18 우리나라에서 불교는 왕권을 강화하고 민심을 안정시키는 차원에서 수용되었다.

19 통일신라 시대 말기에는 선종이 발달하여 우리나라에 교종과 선종이 양대 세력으로 성립되었다.

20 원효는 불교의 대중화는 물론 ~~교종과 선종의 통합에도~~ 기여하였다.
　교종과 선종의 통합에 기여한 것은 의천과 지눌임

21 원효는 일심을 깨끗함과 더러움 등의 상대적 구분에서 벗어난 절대적인 '어떤 것'으로서의 마음이라고 보았다.

22 원효는 모든 존재, 모든 종파, 모든 이론은 다르면서도 같은 것이기 때문에 서로 다툴 필요가 없으며 화합해야 한다고 주장하였다.

23 원효는 모든 종파와 사상을 분리시켜 고집하지 말고 보다 높은 차원에서 하나로 종합해야 한다는 원융회통의 논리를 폈다.

24 원효는 보살의 정신에 따라 ~~민중들도 출가 수행자의 엄격한 계율을 예외 없이 지키고 따를 것을~~ 강조하였다.
　원효는 민중들에게 엄격한 계율을 강조하지 않았음

25 의천은 천태종을 중심으로 선종을 통합하고자 하였다.

26 의천은 교학 공부와 지관 수행을 함께 해 나가는 교관겸수를 주장하였다.

27 의천은 마음 수양과 교리 공부를 함께 온전히 해야 한다는 내외겸전을 강조하였다.

28 지눌은 단박에 깨치고 ~~단박에 닦는다는 돈오돈수(頓悟頓修)를~~ 강조하였다.
　점진적으로 수행한다는 돈오점수를

29 지눌은 화두를 들고 수행하는 참선 방법인 간화선(看話禪)을 제시하였다.

30 지눌은 정(定)은 마음의 본체요, 혜(慧)는 마음의 작용이라고 하였다.

31 원효의 화쟁 사상, 의천의 교관겸수, 지눌의 정혜쌍수 등은 우리나라 불교가 조화 사상의 뛰어남을 알려주는 대표적 사례들이다.

32 원효는 ~~백성 중심의 불교를 귀족 중심의 불교로~~ 발전시켰다.
　귀족중심의 불교를 백성 중심의 불교로

33 원효는 여러 종파의 다양한 이론이 서로 다른 관점을 제시하고 있을 뿐 모두 진리를 담고 있다는 점에서 같은 것이라고 보았다.

기출+예상 문제로 주제 정복하기　▶ 본문 046~049쪽

073 ③	074 ①	075 ④	076 ①	077 ②	078 ⑤
079 ①	080 ③	081 ④	082 ②	083 ⑤	084 ③
085 ③	086 ①	087 ④	088 ③		

073 대승 불교의 기본 입장 파악　　　　　정답 ③

문제 분석 제시문은 공(空)과 중도(中道)를 중시하는 대승 불교의 기본 입장이 담겨 있습니다. 첫 번째 글에는 팔불중도(八不中道) 사상이 드러나 있습니다. 두 번째 글에서도 모든 상(相)을 상이 아닌 것으로 볼 수 있다면 여래를 보는 것이라는 표현을 통해 공(空) 사상에 대한 설명임을 파악할 수 있습니다.

정답 찾기 ㄷ. 대승 불교에서는 모든 존재의 실상이 공이라는 것, 즉 모든 존재에는 고정된 실체가 없음을 깨달아야 한다고 강조합니다. ㄹ. 불교에서는 연기의 법칙을 깨달아 자신에 대한 집착, 모든 사물에 대한 집착에서 벗어날 것을 강조하였습니다.

오답 피하기 ㄴ. 대승 불교에서는 분별적 인식을 강조하지 않았으며 분별적 인식을 통해서는 궁극적 깨달음에 도달할 수 없다고 봅니다. ㄷ. 대승 불교에서는 멸제(滅諦)에서 벗어날 것이 아니라 멸제(滅諦)를 추구할 것을 강조합니다. 멸제에서 멸(滅)은 고통의 원인이 모두 사라진 열반의 경지를 말합니다.

074 불교 사상의 기본 관점　　　　　정답 ①

문제 분석 제시문은 불교 사상의 오온(五蘊)에 대한 설명입니다. 불교의 창시자 석가모니는 인간을 다섯 가지 구성 요소들이 결합된 존재로 파악하였습니다. 즉, 물질의 무더기, 의식의 무더기 등으로 구분하고, 그 무더기들은 순식간에 생겨나고 순식간에 사라지는 특성이 있다고 본 것입니다. 그래서 모든 것이 무상하며, 인생이 고(苦)임을 주장하였습니다.

정답 찾기 ㄱ. 석가모니는 원인과 조건에 의해 생겨난 모든 것은 일시적인 현상일 뿐이기 때문에 곧바로 사라질 수밖에 없고, 그렇게 때문에 무상(無常)하다고 주장하였습니다. ㄴ. 불교에서 말하는 업(業)은 의도적인 행위를 말합니다. 이런 업은 반드시 과보(果報)를 받게 됩니다. 한 생(生)에서 다른 생으로 이어지게 되는 것도 결국은 업 때문이라고 봅니다.

오답 피하기 ㄷ. 무명(無明)은 진리에 도달하지 못한 어리석은 마음의 상태를 말합니다. 불교에서는 이런 무명을 제거해야 해탈에 이르게 된다고 봅니다. ㄹ. 불교에서는 인간의 자아는 오온으로 구성되어 있기 때문에, '자아'라고 부를 만한 실체가 없다고 봅니다. 그래서 인간의 자아는 무상한 것입니다.

075 불교에서 강조하는 삶의 태도　　　　　정답 ④

문제 분석 대화의 스승은 불교 사상가입니다. 불교에서는 연기(緣起)를 자각하고 중도(中道)를 실천할 것을 강조합니다. 또한 모든 것이 무상하고 무아이며 고통임을 알지 못하기 때문에 삼독에 빠지게 되며 깨달음에 도달하지 못한다고 봅니다.

정답 찾기 ④ 불교에서 깨달음을 얻으려면 세상 만물의 상호 의존성을 철저히 인식하고 쾌락과 고통이라는 양극단에 치우치지 않는 올바른 수행을 해야 합니다.

오답 피하기 ① 철학적, 예술적 논변을 즐기는 삶을 추구한 대표적 사상가들은 위진남북조 시대의 현학자들입니다. ② 차별 없는 사랑, 즉 겸애(兼愛)를 강조한 사상가는 묵자입니다. ③ 불교에서는 윤회의 굴레에서 벗어난 해탈을 추구합니다. ⑤ 불교에서는 만물에 고정된 실체가 없다고 봅니다.

076 불교의 '무명'의 개념 파악　　　　　정답 ①

고난도 평가원 기출				
❶	②	③ 함정	④ 함정	⑤
47%	3%	24%	20%	7%

문제 분석 (가)는 불교 사상의 내용이며, (나)의 가로 낱말 (A)는 무위(無爲), (B)는 물아(物我)이므로 세로 낱말 (A)는 무아(無我)입니다.

정답 찾기 ① 불교에서의 무아란 세상 만물이 모두 오온(五蘊)의 일시적 결합에 의해 잠시 그러한 상태로 머물러 있는 것일 뿐, '나'라는 객관적 실체가 존재하지 않음을 강조하는 것이지, 어떠한 '나'도 존재할 수 없으므로 아무것도 없다는 의미는 아닙니다.

오답 피하기 ②, ③, ④, ⑤ 무아에 대한 바른 설명입니다.

함정 피하기

③ 또는 ④를 골랐다면 불교의 삼법인 중 하나인 '제법무아(諸法無我)에 대한 이해가 부족하기 때문입니다. 제법무아는 고정된 실체가 없다는 의미로, 모든 존재는 인연에 따른 상대적이고 임시적인 존재일 뿐이며 자아[我] 역시 불변하는 존재가 아니라는 뜻입니다.

077 불교의 연기설 이해　　　　　정답 ②

문제 분석 제시문은 갈대의 비유이며 이는 만물의 상호 의존성을 강조한 것으로 불교의 연기설을 설명하고 있습니다. 연기설은 모든 존재와 현상은 원인과 조건에 의해 생겨나고 일어나며 소멸하고 사라진다는 불교의 대표적인 이론입니다.

정답 찾기 ㄱ. 불교 연기설의 핵심은 만물의 상호 의존성입니다. 만물과 만물, 인간과 만물, 인간과 인간이 모두 상조 의존적 관계에 있음을 알려 준다. ㄷ. 연기를 깨닫는 사람은 자타불이의 마음으로 자비를 실천하게 됩니다. 또한 연기에 대한 참된 자각을 통해 참된 깨달음에 이를 수 있습니다.

오답 피하기 ㄴ. 불교에서는 인간과 마찬가지로 모든 생명체가 불성을 지닌 존귀한 존재로 봅니다. ㄷ. 불교에서는 깨달음을 통해 열반에 이르면 더 이상 윤회하지 않는다고 봅니다.

078 불교의 삼학 이해 　　　　　정답 ⑤

문제 분석 제시문은 불교의 기본적인 입장이 삼학(三學)에 대한 내용입니다. 삼학은 계, 정, 혜를 가리키는 것으로 계학은 계율을 지키는 것을 뜻하고 정학은 마음을 한곳으로 모으는 삼매 수행을 말하고, 혜학은 사물의 실상을 있는 그대로 통찰하는 것을 말합니다.

정답 찾기 ⑤ 불교에서는 제행무상, 제법무아 등을 통해 만물뿐만 아니라 자아도 고정된 실체가 없으며 끊임없이 변화함을 깨달아야 한다고 보며 해탈에 이를 것을 강조합니다.

오답 피하기 ① 석가모니는 쾌락과 고통이라는 양극단에서 벗어나 중도의 수행을 해야 한다고 보았습니다. ② 불교에서는 윤회의 고통에서 벗어나 해탈에 이를 것을 강조합니다. ③ 하늘이 부여한 선한 본성의 확충은 유교 사상에서 강조할 내용입니다. ④ 불교에서 불성은 후천적으로 형성하는 것이 아니라 선천적인 것입니다.

079 불교의 기본 입장 파악 　　　　　정답 ①

문제 분석 제시문은 불교 사상의 기본 입장을 설명하고 있습니다. 특히 탐욕, 성냄, 어리석음에서 떠나기 위해 보시와 인욕과 선행을 쌓을 것을 강조하고 있습니다.

정답 찾기 ㄱ. 불교에서는 연기에 대한 자각으로부터 자타불이의 마음, 즉 자비의 마음이 생겨난다고 봅니다. ㄴ. 불교에서는 탐욕과 집착, 성냄, 어리석음 등에서 벗어날 것을 강조합니다.

오답 피하기 ㄷ. 불교에서는 인간뿐만 아니라 모든 생명체들도 불성을 지닌 소중한 존재라고 봅니다. ㄹ. 불교에서는 인간이 오온으로 구성된 존재임을 인정하지만 불변하는 정체성은 존재하지 않는다고 봅니다.

080 불교의 기본 입장 파악 　　　　　정답 ③

문제 분석 제시문은 불교 사상의 사성제와 팔정도에 대한 내용입니다. 사성제는 석가모니가 깨달은 네 가지 성스러운 진리이며 팔정도는 도제의 구체적 내용으로 열반에 이르기 위한 여덟 가지 올바른 수행 방법입니다.

정답 찾기 ㄴ. 불교에서는 도제의 구체적 내용으로 팔정도를 제시하고 있으며, 팔정도는 열반, 즉 해탈에 이르기 위해 필요한 여덟 가지 올바른 수행법입니다. ㄷ. 불교에서는 모든 존재가 끊임없이 변화한다는 제행무상, 나라고 할 만한 실체가 없다는 제법무아, 모든 변화하는 것은 고통이라는 일체개고를 합쳐 삼법인이라고 부릅니다.

오답 피하기 ㄱ. 불교에서 무명(無明)은 추구하거나 도달해야 할 대상이 아니라 제거의 대상입니다. ㄹ. 불교 사상은 초월자에게 의지하지 않고 인간 스스로의 힘으로 수행을 통해 열반에 이를 것을 강조합니다.

081 원효와 지눌의 입장 비교 　　　　　정답 ④

문제 분석 갑은 원효, 을은 지눌입니다. 원효는 일심 사상에 근거해 화쟁의 논리를 제시하였습니다. 일심의 입장에서 보면 진여와 생멸의 두 가지 문은 같으면서도 다른 것에 불과하다는 것입니다. 결국 모든 종파의 주장은 같으면서도 다르고 다르면서도 같은 것이므로 서로 다툴 필요가 없다는 것입니다. 지눌은 선종을 중심으로 교종을 통합하고자 하였습니다. 특히 그는 자성이 불성임을 단박에 깨친 뒤에도 점차 습기를 소멸시켜 나가는 점수가 필요하다고 강조하였습니다.

정답 찾기 ④ 지눌은 단박에 깨친 뒤에 습기를 점차 소멸시켜 나가는 점수를 주장하였습니다.

오답 피하기 ① 원효의 일심 사상에 따르면, 진여문과 생멸문은 결국 하나로 귀결될 수 있습니다. ② 원효는 화쟁의 논리를 통해 서로 다투고 갈등하고 있는 다양한 종파들의 논쟁이 사실상 근본적으로 차이가 없기 때문에 서로 조화를 이루고 화합할 수 있다고 보았습니다. ③ 지눌은 깨달음의 수행에 언제나 정과 혜가 함께 있어야 한다는 정혜쌍수(定慧雙修)를

강조하였습니다. ⑤ 원효나 지눌은 모두 무아(無我)를 철저히 인식해야 중생을 구제할 수 있다고 보았습니다.

082 의천과 지눌의 입장 비교 　　　　　정답 ②

①	❷	③	④	⑤
20%	66%	4%	6%	4%

눈으로 보는 해설

한국 불교 사상가 갑, 을의 입장에 대한 설명으로 옳은 것은?

갑 : 나의 스승은 "관(觀)도 배우지 않으면 안 되고, 경(經)도 전수하지 않으면 안 된다."라고 말씀하셨다. 내가 교관에 지극히 마음을 다하는 것은 이 말씀을 가슴속에 간직하고 있기 때문이니, 화엄을 전수하더라도 관문은 반드시 배워야 한다. → 의천

을 : 점수문에 속하는 열등한 수행이더라도 마음을 다스리는 데에는 필요하다. 망상이 들끓으면 우선 정(定)으로 그 마음을 다스려 본래의 고요함으로 되돌리고, 혜(慧)로 명한 상태를 다스리면 결국 대자유인이 될 것이다. → 지눌

① 갑은 내적인 교(敎)와 외적인 선(禪)을 함께 닦아야 한다고 본다. ✕ (선과 / 교를)
② 을은 정혜를 함께 닦는 것을 수심(修心)의 요체로 삼아야 한다고 본다. ○
③ 갑은 을과 달리 단박에 깨닫고 단박에 닦아야 한다고 본다. ✕ (→ 혜능의 주장)
④ 을은 갑과 달리 참선을 통해 악한 본성을 제거해야 한다고 본다. ✕
⑤ 갑, 을은 화두(話頭)를 들고 수행하는 간화선이 필요하다고 본다. ✕

문제 분석 갑은 의천, 을은 지눌입니다. 두 사상가는 모두 교종과 선종의 조화를 추구한 대표적인 고려 시대 불교 사상가입니다. 의천은 교관겸수, 지눌은 돈오점수를 강조하였습니다.

정답 찾기 ② 지눌은 점수의 구체적인 내용으로 정혜쌍수를 제시하였습니다.

오답 피하기 ① 선은 내적인 수행이고 교는 외적인 수행입니다. ③ 단박에 닦고 단박에 닦아야 한다는 것은 돈오돈수로 이는 혜능이 강조한 내용입니다. ④ 의천과 지눌은 모두 불교 사상가이며 불교에서는 인간의 본성을 악한 것으로 보지 않았습니다. ⑤ 화두를 들고 수행하는 간화선이 필요하다고 본 것은 지눌만의 입장입니다.

함정 피하기

①을 골랐다면 내외겸전(內外兼全)의 뜻을 정확하게 이해하지 못했기 때문입니다. 내외겸전이란 내와 외를 함께하여 완성한다는 의미입니다. 이때 내는 마음을 수양하는 선(禪)을 의미하며, 외는 교리와 같은 지식을 의미합니다.

083 혜능과 지눌의 입장 비교 　　　　　정답 ⑤

문제 분석 갑은 중국 불교 사상가 혜능, 을은 한국 불교 사상가 지눌입니다. 혜능은 돈오돈수를 강조한 반면 지눌은 돈오점수를 강조하였습니다.

정답 찾기 ㄷ. 지눌은 돈오 이후에 점수가 필요하다고 보았으며 점수의 구체적인 내용은 선정과 지혜를 함께 닦는 정혜쌍수라고 하였습니다. ㄹ. 혜능과 지눌은 모두 선종 사상가로 자신의 마음을 직관하여 자신의 본성이 불성임을 단박에 깨쳐야 한다는 돈오를 강조하였습니다.

오답 피하기 ㄱ. 혜능은 선종 사상가로 돈오를 위해 경전 공부에 매진해야 한다고 주장하지는 않았습니다. ㄴ. 지눌은 돈오 이후에도 점차 습기를 소멸시켜 나가는 점수가 필요하다고 보았습니다. 즉 보살행을 부정한 것이 아닙니다.

084 원효와 지눌의 입장 비교　　　　　　　　　정답 ③

문제 분석 갑은 일심이문을 강조한 원효, 을은 돈오점수를 강조한 지눌입니다. 원효는 일심(一心)과 이문(二門) 안에 일체의 진리, 법(法)이 포함되어 있다고 주장하였습니다. 지눌은 단박에 깨친 후에도 지속적으로 닦고 닦아서 온전한 부처의 경지에 이를 것을 강조하였습니다.

정답 찾기 ㄴ. 원효는 일심을 바탕으로 하나이면서 둘이고 둘이면서 하나이기 때문에 서로 달라 보이는 다양한 종파들도 결국 하나로 통합될 수 있다는 화쟁의 논리를 폈습니다. ㄷ. 지눌은 돈오한 이후에 점수가 필요하다고 보았습니다. 즉 단박에 깨친 후에도 오랜 습기를 제거해 나가는 점진적 수행이 필수적이라고 강조하였습니다.

오답 피하기 ㄱ. 원효는 모든 것이 마음에 달려 있다고 보았습니다. 그래서 마음과 별개인 현상이 있다고 보지 않았습니다. ㄹ. 지눌은 경전의 이해와 더불어 수행 즉 선 수행을 강조합니다. 또한 선종 사상가이므로 돈오를 강조합니다.

085 의천과 지눌의 입장 비교　　　　　　　　　정답 ③

문제 분석 (가)의 갑은 의천, 을은 지눌입니다. 의천은 천태종의 입장에서 선종을 조화시키려 하였고 지눌은 조계종의 입장에서 교종을 통합하고자 하였습니다. 의천은 교관겸수, 내외겸전 등을 강조하였으며 지눌은 돈오점수, 정혜쌍수, 선교일원 등을 강조하였습니다.

정답 찾기 ㄴ. 의천과 지눌은 교종과 선종의 조화, 화합이 가능하다고 보았습니다. ㄹ. 지눌은 선종의 입장에서 교종을 통합하고자 하였으며 선 수행의 한 부분으로서 교학을 받아들여야 한다고 주장하였습니다.

오답 피하기 ㄱ. 연기를 깨닫고 중생을 제도하는 일에 힘써야 한다는 것은 대승 불교의 일반적인 내용이므로 의천과 지눌의 공통점이라 볼 수 있습니다. ㄷ. 단박에 깨친 후에도 점진적 수행에 힘써야 한다는 돈오점수는 지눌만의 주장입니다.

086 지눌과 원효의 입장 비교　　　　　　　　　정답 ①

문제 분석 갑은 지눌, 을은 원효입니다. 지눌도 원효처럼 일심을 강조하였으며 선정과 지혜를 함께 닦는 결사(結社)를 통해 수행에 힘써야 한다고 강조하였습니다. 원효는 진여와 생멸이 서로 다르지 않고 하나임을 강조하였습니다.

정답 찾기 ① 지눌은 화두를 활용한 선 수행인 간화선을 수행법으로 제시하였습니다.

오답 피하기 ② 지눌에 따르면 마음의 본체는 정(定), 마음의 작용은 혜(慧)입니다. ③ 원효는 선종의 수행법인 돈오를 강조하지 않았으며 경전 공부를 버려야 한다고 주장하지도 않았습니다. ④ 원효는 교종과 선종의 통합을 주장하지 않았습니다. ⑤ 원효와 지눌은 모두 대승 불교 사상가이므로 중생 제도보다 개인의 종교성과 해탈에 집중했다고 볼 수 없습니다.

087 지눌의 입장 파악　　　　　　　　　　　　정답 ④

문제 분석 제시문은 지눌의 주장입니다. 지눌은 연못이 물이라는 사실을 알더라도 햇볕의 따뜻한 기운이 있어야 물로 만드는 것처럼 돈오한 것으로 끝나는 것이 아니라 점진적인 수행이 필요하다고 보았습니다.

정답 찾기 ㄱ. 지눌은 점수의 구체적인 내용이 바로 정혜쌍수라고 하였습니다. ㄴ. 지눌은 돈오한 이후에도 습기는 사라지지 않기 때문에 습기를 소멸시켜 나가는 수행이 필요하다고 주장하였습니다. ㄹ. 지눌은 미혹함에서 벗어나 깨달음을 얻기 위해 부지런히 수행해야 한다고 보았습니다.

오답 피하기 ㄷ. 돈오돈수를 주장한 것은 중국 불교 사상가 혜능입니다. 지눌은 돈오점수를 주장하였습니다.

088 원효의 입장 파악　　　　　　　　　　　　정답 ③

문제 분석 제시문은 원효의 주장입니다. 원효는 일심 사상을 바탕으로 모든 종파와 사상을 분리하여 고집하지 말고, 보다 높은 차원에서 하나로 종합해야 한다고 주장하였습니다.

정답 찾기 ㄴ. 원효는 나와 너, 깨끗함과 더러움 등의 상대적인 구분에서 벗어난 진리를 추구해야 한다고 주장하였습니다. ㄹ. 원효는 다양한 종파들의 주장이 원융회통의 논리를 통해 보다 높은 차원에서 원만하게 융화를 이루고 화합해야 한다고 주장하였습니다.

오답 피하기 ㄱ. 원효는 일반 신자들에게 경전이나 교리 공부에 매진할 것을 강조하지 않았습니다. ㄷ. 원효는 다양한 종파들이 다르면서도 하나이고 하나이면서도 다름을 인정하고 보다 높은 차원에서 하나로 조화를 이룰 것을 강조하였습니다.

핵심 개념 CHECK!

▶ 본문 052쪽

01 ○	02 ×	03 ○	04 ○	05 ○	06 ×	07 ○	08 ○
09 ○	10 ×	11 ○	12 ×	13 ○	14 ○	15 ×	16 ×
17 ○	18 ○	19 ×	20 ○	21 ×	22 ○	23 ×	24 ○
25 ○	26 ○	27 ○	28 ×	29 ○	30 ○	31 ○	32 ×
33 ○							

○|× 문장 바로 알기

01 노자가 볼 때 사회 혼란의 원인은 인간의 그릇된 인식과 인위적인 사회 제도이다.

02 도가 사상에서 도(道)는 천지 만물의 근본 원리이며 ~~부단한 지식과 지혜의 축적을 통해~~ 도달해야 하는 것이다.
도는 지식의 축적으로 도달할 수 있는 것이 아니라고 보았다.

03 노자는 최고의 삶은 물과 같이 살아가는 삶이라는 '상선약수'를 제시하였다.

04 노자는 인위를 행하지 않고 자연에 따르는 무위자연의 삶을 강조하였다.

05 노자는 문명의 발달이 없는 소박한 이상 사회인 소국과민을 제시하였다.

06 노자는 백성들이 무지와 무욕의 상태에 있게 해서는 ~~안 된다~~고 보았다.

07 장자는 외적 제약에서 벗어난 정신적 자유의 경지인 '소요유'를 강조하였다.

08 장자는 물아일체의 경지에 도달하기 위한 수양방법으로 '좌망'과 '심재'를 제시하였다.

09 도가 사상과 도교는 모두 도(道)와 자연의 질서에 따르는 삶을 추구하였다는 점에서 공통점을 지닌다.

10 황로학파는 전설상의 임금인 황제를 숭상하고 노자를 ~~비판~~하였다.
황제와 노자를 모두 숭상함

11 오두미교는 노자를 교조로 하고 도덕경을 경전으로 삼았다.

12 위진 시대의 현학자들은 철학적이고 예술적 가치보다 ~~세속적 가치와 현실적 문제 해결에 적극적인 태도를~~ 보였다.
현학자들은 세속적 가치와 현실적 문제 현안으로부터 멀리 떨어진 삶을 지향하였음

13 고려 시대에는 팔관회, 도관 건립 등을 통해 볼 때 국가적 차원에서 도교를 장려하였음을 알 수 있다.

14 도가 및 도교 사상은 인간과 자연의 구분에서 벗어나 자연과 하나되고 조화되는 삶을 강조하였다.

15 ~~노자는~~ 통치자가 백성들의 생계 수단 마련에 힘써야 한다고 주장하였다.
맹자는

16 장자는 도의 관점에서 보면 만물이 평등하므로 선악과 옳고 그름을 ~~철저히 구분할 것을~~ 강조하였다.
구별적 지식과 의식에 반대

17 실학은 성리학의 공리공론을 비판하고 실제 삶에 도움이 되는 학문을 추구해야 한다는 입장을 취하였다.

18 실학은 경세치용, 이용후생, 실사구시 등을 핵심적인 방향으로 제시하였다.

19 정제두는 ~~왕수인의 양명학을 비판하고 심즉리설, 치양지설을 거부하~~였다.
정제두는 왕수인의 양명학을 수용하였으며 심즉리설과 치양지설도 받아들였음

20 동도서기론은 유교적 질서를 지키는 가운데 서양의 과학 기술을 수용하자는 온건적 개화론의 성격을 지닌다.

21 위정척사 사상은 성리학과 ~~양명학, 불교와 도가 등~~ 동양의 정신문명을 지지하고 서양의 문물은 거부하였다.
위정척사사상은 양명학, 불교, 도교 등도 배척하였음

22 동학은 나랏일을 돕고 백성을 편안하게 해야 한다는 보국안민을 목표로 하였다.

23 동학은 ~~성리학적 신분 질서를 지키는~~ 가운데 모든 사람이 한울님을 모시고 있는 귀한 존재라고 주장하였다.
동학은 성리학적 신분 질서 타파를 주장함

24 동학은 성(誠), 경(敬), 신(信) 등의 수양에 힘쓸 것을 강조하였다.

25 증산교는 원한을 풀고 다른 사람들과 함께 살아가야 한다는 해원상생을 강조하였다.

26 원불교는 일원상의 진리를 우주 만물의 근원이라고 보았으며 생활 속의 불교 수행을 강조하였다.

27 원불교에서는 정신과 물질의 균형 있는 발전이 가능하다는 영육쌍전을 강조하였다.

28 유교의 군자는 자기를 위한 것이 아니라 다른 사람에게 인정받을 수 있는 ~~위인지학(爲人之學)을~~ 지향하였다.
유교의 군자는 위기지학을 지향함

29 불교의 보살은 중도를 실천하고 중생과 함께 깨달음을 지향하는 이상적 인간상이다.

30 화이부동을 추구한 군자, 중도의 깨달음을 주장한 보살의 모습을 통해 조화 정신을 찾아볼 수 있다.

31 근대 신흥 종교는 차별이 사라진 사회를 지향한다.

32 증산교는 ~~신분 질서를 바탕에 둔 이상 사회를 제시하였다.~~
신분 질서의 폐지를 주장하였다.

33 증산교는 작은 은혜에도 보답하는 보은(報恩)을 강조하였다.

기출+예상 문제로 주제 정복하기

▶ 본문 054~057쪽

089 ②	090 ②	091 ⑤	092 ②	093 ④	094 ③
095 ②	096 ⑤	097 ④	098 ③	099 ⑤	100 ④
101 ①	102 ⑤	103 ④	104 ⑤		

089 장자의 기본 사상 정답 ②

문제 분석 제시문은 장자의 주장입니다. 장자는 인간 중심적인 분별과 대립, 편견을 버리고 모든 것이 하나이며 평등하다는 관점을 가지고 살아가야 한다고 보았습니다. 또한 세속적 가치에서 벗어나 자연과 하나 된 정신적 자유를 실현할 사람인 지인, 진인, 신인, 천인을 이상적 인간상으로 보았습니다.

정답 찾기 ㄱ. 장자는 외물에 얽매이지 않은 정신적 자유의 경지, 제물을 통해 얻게 되는 절대 자유의 경지를 소요하고 하며, 이를 추구해야 한다고 보았습니다. ㄷ. 장자는 물아일체의 경지에 이르기 위해 욕심이나 분별지와 같은 선입견과 편견을 버려야 한다고 보았습니다.

오답 피하기 ㄴ. 시비선악을 엄격히 구별하고 정명을 실천해야 한다고 본 것은 도가 사상이 아니라 공자나 맹자를 비롯한 유교 사상가들입니다. ㄹ. 신독이란 홀로 있을 때에도 도리에 어긋나지 않고 삼갈 것을 말합니다. 이는 유교 경전 "대학"에 나오는 말입니다. 하늘을 도덕적 본성의 근원으로 보는 것은 유교 사상입니다.

090 순자와 노자의 사상 비교 정답 ②

함정 고난도 평가원 기출

①	❷	③	④	⑤
20%	72%	3%	1%	2%

눈으로 보는 해설

고대 동양 사상가 갑, 을의 입장에 대한 설명으로 옳은 것은?

갑 : 하늘과 땅이 합하여 만물이 생겨나고 본성과 작위[僞]가 합해져 천하가 다스려진다. 하늘은 만물을 생성하지만 분별하지 못하고 땅은 사람들을 살게 하지만 다스리지 못한다. 성인(聖人)은 성정(性情)을 바로잡아 만물을 분별하고 세상을 다스린다. → 순자

을 : 하늘과 땅이 오래도록 지속되는 것은 자기만을 위해 살지 않기 때문이다. 성인도 자신을 뒤에 세우지만 앞서게 되고 자기를 버리지만 자기를 보존하게 된다. 성인은 억지로 하지 않으니[無爲] 다스려지지 않는 것이 없다. → 노자

→ 공자, 맹자의 입장

① 갑은 하늘[天]을 인간에게 도덕적 성정을 부여하는 실체라고 본다. ○
② 갑은 효제(孝悌)를 인간이 타고난 것이 아니라 교육의 결과로 본다. ×
③ 을은 사물에 대한 지식의 축적만으로 도(道)를 체득할 수 있다고 본다. ×
④ 을은 인위적인 예(禮)의 실천을 위해 부쟁(不爭)의 덕이 필요하다고 본다. ×
⑤ 갑, 을은 인간의 본성[性]은 서로 다르지만 수양을 통해 같아진다고 본다. ×

문제 분석 갑은 순자, 을은 노자입니다. 순자는 하늘은 인간 세상과 아무런 상관이 없는 물리적인 현상이라고 보았으며 하늘과 인간은 서로 감응하지 않는 별개의 존재라고 보았습니다. 노자는 인간이 만든 규범적 가치를 버리고 자연의 소박함에 따라 살아가야 한다고 보았으며 사욕과 욕심을 버리고 무위자연의 삶을 추구해야 한다고 주장하였습니다.

정답 찾기 ② 순자는 타고난 악한 본성을 예법으로 교화하여 바로잡아야 한다고 주장하였습니다.

오답 피하기 ① 순자에게 있어서 하늘은 도덕적 성정을 부여하는 실체가 아니라 인간 세상과 관련 없는 물리적 현상입니다. ③ 노자에게 있어서 도는 우주 만물의 근본 원리이자 만물의 변화법칙이며 개념적 지식이 아니기 때문에 지식을 쌓아 올리는 방법으로 체득될 수 있는 것이 아닙니다. ④ 노자는 인위적인 규범인 인이나 예를 거부하였습니다. ⑤ 순자나 노자는 모두 인간들의 본성이 서로 같다고 보았습니다. 다만 순자는 인간

의 본성이 모두 악하다고 보았으며 노자는 인간이 소박한 본성을 지녔다고 보았습니다.

함정 피하기

①을 골랐다면 순자의 천관(天觀)에 대한 이해가 부족했기 때문입니다. 유교 윤리 사상에서 도덕의 근원을 하늘과 결부하여 파악했던 것과 달리, 순자는 자연과 인간의 일은 구분된다[天人分二]는 입장을 바탕으로, 인간의 능동적인 측면을 강조하였습니다. 순자는 하늘은 물리적인 자연 형상에 불과하며 자연 현상과 인간의 일은 독립적인 것으로 보았습니다.

091 노자가 강조하는 삶의 자세 정답 ⑤

문제 분석 대화의 스승은 도가 사상가 노자입니다. 노자는 으뜸이 되는 선은 물과 같다는 상선약수를 제시하였습니다. 물은 항상 낮은 곳으로 임하는 겸허, 남들과 다투지 않는 부쟁의 덕을 지녔다고 보았기 때문입니다.

정답 찾기 ⑤ 노자는 인위적으로나 억지로 일을 도모하지 말고 도와 자연의 흐름에 따라 살며 물이 지닌 겸허와 부쟁의 덕을 실현할 것을 강조하였습니다.

오답 피하기 ① 노자는 예(禮)를 자연적 도덕성이라고 하지 않았으며 예에 따르는 삶이 아니라 무위에 따르는 삶을 강조하였습니다. ② 노자는 분별지를 버리고 도를 실천해야 한다고 보았습니다. ③ 나와 남의 상호 연계성을 자각하고 남을 해탈을 위해 헌신하는 것은 불교 사상가가 강조할 삶의 자세입니다. ④ 타고난 인의(仁義)의 덕을 강조하는 것은 도가 사상이 아니라 유교 사상입니다.

092 노자와 장자의 사상 비교 정답 ②

문제 분석 갑은 노자, 을은 장자입니다. 노자는 으뜸가는 선은 물과 같다는 상선약수를 통해 물이 지닌 겸허와 부쟁의 덕을 실천해야 한다고 보았습니다. 장자는 좌망과 심재를 통해 제물, 만물제동, 소요유의 경지를 추구해야 한다고 보았습니다.

정답 찾기 ㄱ. 노자는 통치자가 무위지치를 실현해야 한다고 보았습니다. 이는 통치자가 인위적인 일을 도모하지 않고 백성들의 편안을 삶을 위해 백성들이 욕심을 갖지 않도록 하는 정치입니다. ㄹ. 노자와 장자는 모두 인위를 거부하고 자연의 흐름, 도의 흐름에 따라 살아가는 삶을 이상적인 삶으로 보았습니다.

오답 피하기 ㄴ. 노자는 분별적 지식이나 분별적 지혜를 버려야 한다고 보았습니다. ㄷ. 장자는 자연적 본성의 교화가 아니라 자연적 본성 즉, 타고난 소박하고 순수한 덕을 따라야 한다고 보았습니다.

093 공자와 장자의 사상 이해 정답 ④

문제 분석 갑은 공자, 을은 장자입니다. 공자는 진정한 사회 질서는 법률이나 형벌보다는 도덕과 예로 이루어진다고 강조하였습니다. 또한 통치자가 먼저 자기를 수양하고 백성을 편안하게 하는 정치를 해야 한다고 보았습니다. 장자는 천지가 만물을 양육할 때 모든 사물을 평등하게 대한다고 주장하며, 군자와 소인을 구분하지 말아야 한다고 보았습니다.

정답 찾기 ④ 장자는 인위적인 사회 제도가 사회 혼란의 원인이며 사람들의 타고난 소박한 본성에 따라 참된 정신적 자유를 추구해야 한다고 보았습니다.

오답 피하기 ① 공자는 통치자가 먼저 인격을 수양하고 도덕적인 모범을 보일 때 백성들이 저절로 따르고 백성들이 저절로 교화될 것이라고 보았습니다. ② 공자는 통치자가 재화를 부족함을 걱정할 것이 아니라 고르지 못함을 걱정해야 한다고 주장하였습니다. ③ 장자는 자유롭고 평등한 삶을 위해 문명의 발달이 없는 무위, 무욕의 사회가 이루어져야 한다고

보았습니다. ⑤ 공자와 장자는 이상적인 삶을 살아가기 위해 각각 덕을 지녀야 한다고 보았습니다. 공자가 주로 강조한 덕은 인의예지(仁義禮智), 장자가 주로 강조한 덕은 소박하고 순수한 자연의 덕이라 할 수 있습니다.

094 장자의 입장 파악   정답 ③

문제 분석 제시문은 장자의 주장입니다. 장자는 모든 사물이나 만물이 있는 그대로 태어난 그대로의 자연스러운 모습으로 살아가는 것이 최고라고 보면서 인간이 인위적으로 만들어낸 가치는 쓸데없는 혼란만을 가져다 주는 것이라고 비판하였습니다.

정답 찾기 ㄴ. 장자는 인위적으로 조작하거나 어떤 일을 도모하는 것이 자연의 흐름에 어긋나는 어리석은 일이라고 보았습니다. ㄷ. 장자는 인간의 관점에서 보지 말고 도와 자연의 관점에서 만물을 평등하게 바라볼 것을 강조하였습니다. 이렇게 할 때 인간 중심적 분별인 시비, 선악, 미추, 귀천의 분별이 사라진다고 보았습니다.

오답 피하기 ㄱ. 장자는 인간이 생각해 낸 인간 중심적 가치관은 올바른 시각이 아니라고 비판하였습니다. ㄹ. 노자나 장자는 지식의 축적과 같은 방법으로는 도를 체득할 수 없다고 보았습니다.

095 도가와 도교 사상의 비교   정답 ②

문제 분석 (가)는 노장 사상을 중심으로 한 도가, (나)는 노장 사상을 수용하여 발전시킨 도교 사상입니다.

정답 찾기 ㄱ. 노자와 장자는 모두 도를 말로 표현할 수 없으며 인간의 이론적 학습이나 감각적 경험, 지식의 축적 등으로 도달할 수 없는 원리라고 보았습니다. ㄷ. 도가와 도교는 모두 도와 자연의 흐름에 따라 살아가는 삶을 추구하였습니다.

오답 피하기 ㄴ. 도교 사상은 필요에 따라 유교의 인의나 충효, 불교의 인과응보 사상을 수용하기도 하였습니다. ㄹ. 중국이나 한국에서 모두 도교는 국가적으로 장려되었으며 도교를 반영한 국가 행사가 종종 치러졌습니다.

096 노자와 장자의 사상 비교   정답 ⑤

문제 분석 갑은 노자, 을은 장자입니다. 노자는 무위자연의 삶을 이상적인 삶으로 보고 최고의 선은 물과 같다는 상선약수를 강조하였습니다. 또한 인위적인 기교, 욕심, 이익, 지혜 등을 버릴 때 참된 자연스러움을 회복할 수 있다고 보았습니다. 장자는 참된 사람인 진인이 되기 위해 노력해야 한다고 보았습니다. 이러한 이상적 인간상인 진인은 성공에도 실패에도 연연하지 않고 항상 도의 관점에서 바라보기 때문에 참된 자유의 경지를 누리는 사람입니다.

정답 찾기 ㄴ. 노자는 인의, 예악과 같은 인위적 규범이나 제도를 버리면 도의 자연스러움이 회복될 수 있다고 보았습니다. ㄷ. 장자는 시비분별에서 벗어나 어떠한 외물에도 얽매이지 않는 절대 자유의 경지인 소요유, 제물, 물아일체의 경지를 지향하였습니다. ㄹ. 노자와 장자는 모두 인간 중심적 시각과 문명의 발달이 인간의 타고난 소박한 본성을 해치기 때문에 이것들을 경계해야 한다고 보았습니다.

오답 피하기 ㄱ. 억지로 함이 없는 다스림은 무위정치입니다. 따라서 노자의 입장에서 볼 때 억지로 함이 없는 다스림을 추구해야 합니다. 불교 사상은 초월자에게 의지하지 않고 인간 스스로의 힘으로 수행을 통해 열반에 이를 것을 강조합니다.

097 동학과 위정척사 사상 비교   정답 ④

고난도 평가원 기출

①	②	③	❹	⑤
20%	2%	4%	72%	0%

근대 한국 사상가 갑, 을의 입장을 〈보기〉에서 고른 것은?

갑 : 사람의 마음은 하늘의 마음[天心]이다. 서양의 학(學)은 제 몸만을 위하고 하늘을 위하지 않는다. 배우는 자는 마음을 지키고 기운을 바르게[守心正氣] 해야 하며, 나라를 돕고 백성을 편안하게[輔國安民] 해야 한다. → 동학 사상가 최제우

을 : 이(理)는 선함의 근본이고, 기(氣)는 과불급의 원인이다. 서양은 형기(形氣)를 중시하고 인륜을 저버린다. 유학은 이치를 숭상하고 도리를 중시한다. 올바른 것은 지키고[衛正], 그릇된 것은 배척[斥邪]해야 한다. → 위정척사 사상가 이항로

〈보기〉

ㄱ. 갑 : 신분 차별과 오륜(五倫)을 부정하고 평등 정신을 실천해야 한다. ×   동학은 성리학적 질서를 옹호한다.

ㄴ. 을 : 성리학적 가치를 기반으로 사회질서 유지를 도모해야 한다. ○

ㄷ. 을 : 민족 정체성을 자각하고 서양의 종교와 문물을 수용해야 한다. ×   위정척사 사상은 서양 문물을 배척한다.

ㄹ. 갑, 을 : 인간의 윤리 의식을 확립하고 도덕적 이상을 실현해야 한다. ○

① ㄱ, ㄴ   ② ㄱ, ㄷ   ③ ㄴ, ㄷ   ④ ㄴ, ㄹ   ⑤ ㄷ, ㄹ

문제 분석 갑은 동학 사상가 최제우, 을은 위정척사 사상가 이항로입니다. 동학은 인내천, 사인여천, 수심정기, 보국안민 등을 강조하였습니다. 위정척사 사상은 성리학적 질서와 가치를 올바른 것으로 보고 서양과 왜의 문물을 사악한 것으로 규정하였습니다.

정답 찾기 ㄴ. 위정척사 사상은 성리학적 신분 질서와 가치를 유지하는 가운데 사회질서를 유지하고 국난을 극복해야 한다고 보았습니다. ㄹ. 동학과 위정척사 사상은 모두 윤리 의식 확립을 강조하였으며 도덕적 이상을 제시하였습니다.

오답 피하기 ㄱ. 동학 사상은 신분 차별에 반대하고 평등 정신의 실천을 강조하였으나 오륜을 부정하지는 않았습니다. ㄷ. 위정척사 사상은 민족 정체성의 자각을 강조하였으나 서양의 종교와 문물에 대해서는 철저히 배척하려 하였습니다.

함정 피하기

①을 골랐다면 동학 사상을 정확하게 이해하지 못했기 때문입니다. 동학 사상은 보국안민을 목표로 경천(敬天)사상의 바탕 위에 유·불·도 사상을 융합하여 성립한 사상입니다. 따라서 유교 사상인 오륜을 부정하지 않습니다.

098 위정척사와 동학 사상 비교   정답 ③

문제 분석 갑은 위정척사 사상가, 을은 동학 사상가입니다. 위정척사 사상은 올바른 것은 지키고 사악한 것은 배척한다는 뜻으로 유교 질서의 고수와 서양 문물의 배척을 주요 핵심으로 삼습니다. 동학 사상은 경천 사상의 바탕에 유, 불, 도를 융합하였으며 인내천, 사인여천, 시천주 등의 사상을 강조하였습니다.

정답 찾기 ㄷ. 동학은 신분, 남녀, 노소 차별을 철폐하고 모든 사람이 귀하게 존중받는 만민 평등, 사해 평등주의를 주장하였습니다. ㄹ. 동학과 위정척사 사상은 모두 효와 제 같은 윤리적 실천을 강조하였으며 주체성을 지키는 가운데 국난을 극복해야 한다고 보았습니다.

오답 피하기 ㄱ. 위정척사 사상은 서양 종교를 배척해야 한다고 주장하였습니다. ㄴ. 위정척사 사상은 동양의 도와 서양의 기가 서로 완전히 다르며 섞일 수도, 조화를 이룰 수도 없다고 보았습니다.

099 증산교와 원불교 사상 비교 정답 ⑤

문제 분석 갑은 증산교 창시자 강일순, 을은 원불교 창시자 박중빈입니다. 증산교는 세상이 잘못된 것이 모두 원한이 쌓인 것 때문이라고 보면서 해원상생을 강조하였습니다. 원불교는 기존의 불교를 개혁하여 생활 속의 불교를 표방하였으며 일원상을 우주만물의 원리로 강조하였습니다.

정답 찾기 ㄷ. 원불교에서는 생활 속에서 수행 즉 보은, 평등, 불공의 실천을 강조합니다. ㄹ. 동학, 증산교, 원불교 등의 신흥 종교 사상은 모두 신분이나 남녀 차별에서 벗어나 평등한 세상을 건설해야 한다고 주장하였습니다.

오답 피하기 ㄱ. 증산교는 무속신앙과 도가를 수용하고 재해석하였으며 원한을 풀고 서로 살려주는 해원상생을 강조하였습니다. ㄴ. 원불교에서는 시대 변화에 맞춰 정신의 개벽이 필요하다고 보았습니다.

100 위정척사, 동학, 동도서기 사상 비교 정답 ④

문제 분석 갑은 위정척사 사상가, 을은 동학 사상가, 병은 동도서기 사상가입니다. 위정척사는 정학을 밝히고 사학을 배척해야 한다고 보면서 유교를 존중하는 가운데 서양 문물의 배척을 주장하였습니다. 동학은 한울님의 성품을 따르고 한울님의 가르침을 받으면 저절로 조화를 이룰 수 있다고 강조하였습니다. 동도서기론은 동양의 도와 서양의 기를 조화시켜야 한다는 뜻으로 유교적 가치나 질서를 지키는 가운데 필요한 서양의 과학 기술이나 군사력을 받아들여 한다고 주장하였습니다.

정답 찾기 ④ 새로운 세상의 도래 즉, 후천개벽은 동학, 원불교, 증산교와 같은 신흥 종교 사상에는 해당하나 위정척사 사상에는 해당하지 않습니다. 위정척사는 현실에서 유교적 가치와 신분 질서가 유지되어야 한다고 주장하였습니다.

오답 피하기 ① 위정척사 사상은 성리학 이외의 학문을 배척하였습니다. 서학이나 외국 문물에 대해 철저히 배척하였습니다. ② 동학에는 인간 존중 정신이 담겨 있으며 성, 경, 신 등의 수양을 강조하였습니다. ③ 동도서기론은 민생의 안정을 중시하였으며 이를 위해 필요하다면 서양의 과학 기술이나 군사력 등도 도입해야 한다고 주장하였습니다. ⑤ 위정척사, 동도서기는 모두 유교적 가치와 질서의 유지를 인정하였습니다. 따라서 유교의 기본 덕목인 효제충신의 실천을 강조하였습니다. .

101 동도서기와 위정척사 사상 비교 정답 ①

문제 분석 (가)의 갑은 동도서기 사상가, 을은 위정척사 사상가입니다. 동도서기는 동양의 정신문화에 서양의 물질문명을 조화시킬 수 있다고 보면서 서양의 군사력이나 과학 기술을 수용해야 한다고 주장하였습니다. 위정척사는 서양의 종교나 문물은 모두 사악한 것이며 혼란을 초래하여 국가를 망하게 한다고 보면서 서양 문물의 유입을 철저히 차단해야 한다고 주장하였습니다.

정답 찾기 ㄱ. 서양의 과학 기술과 군사력 도입은 위정척사가 아닌 동도서기만의 주장입니다. ㄴ. 동도서기와 위정척사 사상 모두 유교적 가치와 질서를 고수하는 가운데 혼란을 극복할 것을 강조하였습니다.

오답 피하기 ㄷ. 위정척사 사상은 성리학 이외 다른 학문을 배척하였습니다. 양명학에 대해서도 비판적 시각을 지녔습니다. ㄹ. 위정척사뿐만 아니라 동도서기에서도 인의예지의 덕목 실현, 경과 성의 실천 등을 인정하였습니다.

102 동학 사상, 증산교, 원불교 정답 ⑤

문제 분석 갑은 동학 사상가, 을은 증산교, 병은 원불교 사상가입니다. 동학은 모든 사람이 한울님을 모신 귀한 존재라고 보면서 오심즉여심, 사인여천, 시천주, 인내천 등을 주요 핵심 사상으로 제시하였습니다. 증산교는 모든 원한을 풀고 서로 살려주는 해원상생을 통해 세상을 바꾸어야 한다고 주장하였습니다. 원불교는 일원상을 우주 만유의 근본 원리로 보고

생활 속의 불교 수행에 힘쓸 것을 강조하였습니다.

정답 찾기 ⑤ 동학, 증산교, 원불교 등 근대 신흥 종교 사상은 후천개벽 즉, 새로운 세상이 열린다고 보았습니다. 또한 이를 원하는 백성들의 열망을 반영해야 한다고 보았습니다.

오답 피하기 ① 동학은 평등 사회 실현을 강조하였지만 서구 민주주의를 도입해야 한다고 주장하지는 않았습니다. ② 증산교에서는 현세에서 지상낙원의 실현이 가능하다고 보았습니다. ③ 원불교에서는 출가 수행보다 생활 속에서의 수행에 더 초점을 둡니다. ④ 증산교는 무속 신앙과 도가 사상을 재해석하고 수용하여 발전시킨 종교입니다.

103 정제두의 입장 파악 정답 ④

문제 분석 제시문은 정제두의 주장입니다. 조선 후기 양명학자 정제두는 양명학을 기본으로 불교와 도교까지 수용하는 개방적 학문 태도를 보였습니다. 또한 왕수인의 치양지설, 심즉리설, 지행합일설을 받아 들여 조선 양명학을 한층 더 발전시켰습니다.

정답 찾기 ㄱ. 정제두는 왕수인의 사상을 이어받아 양지의 실현을 강조하고 마음에서 이치를 찾아야 한다고 보았습니다. ㄴ. 정제두는 인간 모두가 도덕적 문제의 판단 기준이 되는 주체라고 보았습니다. ㄹ. 정제두는 양지에 따라 옳고 그름을 판단해야 한다고 보았습니다.

오답 피하기 ㄷ. 돈오돈수를 주장한 것은 중국 불교 사상가 혜능입니다. 지눌은 돈오점수를 주장하였습니다.

104 유교, 불교, 도가의 이상적 인간상 이해 정답 ⑤

문제 분석 (가)는 인간다움, 어진 사랑의 마음을 강조한 유교, (나)는 고통과 쾌락의 양극단에서 벗어나 중도의 실현을 강조한 불교, (다)는 타고난 소박한 본성대로 살아갈 것을 강조한 도가 사상입니다.

정답 찾기 ㄴ. 불교의 이상적 인간상인 보살은 위로는 진리를 구하고 아래로는 중생을 구제하며 바라밀을 실천하는 인간입니다. ㄷ. 도가의 이상적 인간상인 지인, 신인, 천인, 진인 등은 무위에 따라 타고난 소박한 본성대로 살아가며 자유의 경지를 추구하는 사람입니다. ㄹ. 유교의 군자나 성인, 불교의 보살, 도가의 지인, 신인, 천인, 진인 등은 모두 현실에서 타고난 본성을 실현하기 위해 부단한 자기 수양에 힘쓰며 이상적 인간이 되기 위해 노력하는 사람들입니다.

오답 피하기 ㄱ. 유교에서는 위인지학이 아니라 위기지학을 강조합니다.

07강 서양 윤리 사상의 연원

핵심 개념 CHECK!

▶ 본문 062쪽

01 ○	02 ×	03 ○	04 ○	05 ○	06 ×	07 ×	08 ○
09 ○	10 ○	11 ×	12 ○	13 ○	14 ×	15 ○	16 ○
17 ×	18 ○	19 ×	20 ○	21 ○	22 ×	23 ○	24 ×
25 ○	26 ○	27 ○	28 ×	29 ×			

○|× 문장 바로 알기

01 서양 윤리 사상의 뿌리는 고대 그리스 사상과 헤브라이즘에서 찾을 수 있다.

02 고대 그리스 아테네 시민은 ~~여성, 외국인을 포함하여~~ 누구나 민회
여성, 외국인을 제외하고
(民會)에 참여할 수 있었고, 평생에 적어도 한 번은 관직을 수행해야 할 의무를 지니고 있었다.

03 고대 그리스 아테네 시민들은 인간 삶과 사회에 있어 좋은 것이나 옳은 것에 관심을 갖고 이에 대한 토론을 즐겼다.

04 고대 그리스 자연 철학자들은 세계의 기원과 자연의 변화를 이성적이고 논리적인 방식으로 설명하기 위해 노력하였다.

05 고대 그리스 자연 철학자들은 변화무쌍한 세계에서 변하지 않는 본질적이고 보편적인 것에 눈을 뜨고 이를 탐구하였다.

06 헤브라이즘은 고대 유대 민족의 유대교로부터 이후 전개된 ~~이슬람교~~
그리스도교에
에 이르기까지 그 사상과 문화 및 전통을 아울러 이르는 말이다.

07 헤브라이즘의 가장 주요한 특징은 유일무이한 ~~절대자가 존재하지 않~~
절대자로서의 신(神)에 대한 믿음이다.
~~는다고 상정하는 것이다.~~

08 헤브라이즘의 영향으로 살인과 절도에 대한 금지, 부모에 대한 공경 등 보편적인 윤리적 행동 지침이 신의 명령이자 인간 삶의 규율로서 제시되었다.

09 헤브라이즘의 영향으로 인간과 세계의 근원으로서의 신, 신과 인간의 관계, 인간 삶의 본질과 원리 등에 대한 탐구가 서양 윤리 사상에서 주요한 과제로 다루어지게 되었다.

10 소피스트들은 철학적 관심을 자연과 우주의 질서에서 인간에 대한 탐구로 전환시켰다.

11 소피스트들은 도덕규범의 ~~보편성을~~ 강조하면서, 보편타당한 도덕 법
다양성을
칙이 ~~존재한다는 윤리적 보편주의를~~ 제시하였다.
존재하지 않는다는 윤리적 상대주의를

12 소피스트들이 제시한 윤리적 상대주의는 옳음의 보편적인 기준을 인정하지 않음으로써 가치관의 혼란을 가져올 수 있다.

13 소피스트들은 상대주의적 윤리관을 바탕으로 현실 삶에서의 세속적 성공을 추구하였다.

14 프로타고라스는 '인간은 만물의 척도이다.'라고 하는 인간 척도론을 주장하면서 ~~절대적~~ 진리관을 강조하였다.
상대적

15 프로타고라스는 각 개인의 경험만이 진리 판단 및 도덕 판단의 기준이 될 수 있다고 보았다.

16 프로타고라스는 각자가 속한 사회와 국가에서 요구하는 방식대로 사는 것을 바람직하고 윤리적인 삶이라고 보았다.

17 트라시마코스는 정의가 ~~더 약한 자 및 피통치자의 이익~~이라고 주장하
더 강한 자 및 통치자의 이익
였다.

18 고르기아스는 어떠한 진리도 존재하지 않으며 알 수도 없다는 회의주의 진리관을 주장하였다.

19 고르기아스는 ~~수사학보다 보편적 진리의 탐구를~~ 강조하였다.
보편적 진리의 탐구보다 수사학을

20 소크라테스는 이성 중심의 전통을 확립하였다.

21 소크라테스는 주지주의와 ~~주의주의~~ 입장이다.

22 소크라테스는 인간은 ~~감정을~~ 통해 보편적인 윤리를 파악할 수 있다는
이성을
윤리적 보편주의를 주장하였다.

23 소크라테스는 현실 삶에서의 세속적 성공보다는 선하고 도덕적인 삶을 추구할 것을 강조하였다.

24 소크라테스는 비도덕적인 행동의 원인을 ~~의지의 나약함~~이라고 보
무지(無知)
고, 사람들은 무엇이 옳고 그른지 ~~알면서도~~ 그릇된 삶을 살아간다
모르기 때문에
고 보았다.

25 소크라테스는 참된 앎을 지닌 사람은 덕 있는 사람이 되고, 덕이 있는 사람은 행복한 삶을 살게 된다는 지덕복 합일설(知德福合一說)을 주장하였다.

26 소크라테스는 상대가 제시하는 의견에 논리적이고 이성적인 물음을 계속 제기하는 문답법(산파술)을 사용하여 참된 앎에 다가서고자 하였다.

27 소크라테스는 이성을 바탕으로 성찰하며 살아가는 삶을 강조하였다.

28 소크라테스가 주장한 윤리적 보편주의는 ~~다양한 가치만을~~ 강조하여
단일한 가치만을
개인의 자유를 침해하고 사회를 획일화할 수 있다.

29 ~~소크라테스는~~ 의지가 나약하면 선한 것을 알아도 행동하기 어렵다고
아리스토텔레스는
보았다.

기출+예상 문제로 주제 정복하기

▶ 본문 064~067쪽

105 ⑤	106 ②	107 ③	108 ④	109 ④	110 ⑤
111 ④	112 ③	113 ②	114 ③	115 ①	116 ④
117 ③	118 ③	119 ④	120 ③		

105 자연 철학자들의 기본 입장 파악 정답 ⑤

문제 분석 제시문의 ㉠에 들어갈 말은 '자연 철학자'입니다. 이들은 세계의 기원이나 자연의 변화에 대해 신화(神話)에 의존하지 않고 이성적이고 논리적으로 설명하고자 노력하였습니다.

 ㄴ. 자연 철학자들은 세계의 기원과 자연의 변화에 대해 철학적이고 비종교적인 탐구를 중시하였습니다. ㄷ. 자연 철학자들은 자연의 변화에 대해 신화(神話)에 의존하지 않고 이성적이고 논리적인 방식으로 설명하기 위해 노력하였습니다. ㄹ. 자연 철학자들은 세계가 물, 불, 흙, 공기 등의 요소로 이루어졌다고 보았으며, 이를 논리적으로 설명하고자 노력하였습니다.

 ㄱ. 자연 철학자들은 신탁과 예언과 같은 신화적 세계관에서 벗어나 인간의 경험과 이성에 기초하여 세계의 기원을 탐구하였습니다.

106 자연 철학자들의 기본 입장 파악   정답 ②

 고대 그리스의 자연 철학자들은 신화적 세계관에서 벗어나 세계의 기원과 삶의 문제에 대해 이성적인 논의와 이성적인 판단으로 접근하고자 하였습니다.

 ② 자연 철학자들은 신탁과 예언을 중시하는 신화적 세계관에서 벗어나 인간의 이성과 경험을 중시하였습니다.

 ① 자연 철학자들은 세계의 기원을 이성적이고 논리적인 방식으로 설명하기 위해 노력하였습니다. ③ 자연 철학자들은 우주의 궁극 원리와 만물의 근원에 대해 탐구하면서 물, 불, 흙, 공기 등과 같은 요소를 제시하였습니다. ④ 자연 철학자들은 신화적 세계관에서 벗어나 합리적으로 세계를 탐구하고자 하였습니다. ⑤ 자연철학자들은 변화무쌍한 세계에서 변하지 않는 본질적이고 보편적인 것에 관심을 갖고 탐구하였습니다.

107 헤브라이즘의 사상적 입장 파악   정답 ③

 ㉠에 들어갈 말은 헤브라이즘입니다. 헤브라이즘은 유대교와 그리스도교의 사상과 문화를 일컫는 말입니다.

 ③ 헤브라이즘에 따르면 인간은 자신의 힘만으로 완전한 구원과 행복에 이를 수 없으므로 신에게 전적으로 자신을 맡겨야 합니다.

 ① 헤브라이즘은 보편적인 윤리적 행동 지침을 신의 명령이자 인간 삶의 규율이라고 봅니다. ② 헤브라이즘은 유일무이한 절대자로서의 신에 대한 믿음을 강조하고 신에 대한 절대적인 믿음은 누구나 지켜야 하는 규율이라고 보았습니다. ④ 헤브라이즘의 중심인 유대교는 신에게서 받은 계명에 따라 세속적 욕망에서 벗어난 경건한 삶을 강조하였습니다. ⑤ 그리스도교는 유대교의 전통을 계승하면서도 민족을 초월하는 사랑의 보편성을 강조하며, 신의 선택과 구원이 신의 뜻을 따르는 모든 사람에게 열려 있다고 주장하였습니다.

108 헤브라이즘과 자연 철학 비교   정답 ④

 헤브라이즘은 세상이 신에 의해 창조되었다고 보고, 신을 윤리의 궁극적 근거로 삼는 신 중심의 윤리 사상입니다. 이에 비해 고대 그리스의 자연 철학은 신화에 의존하지 않고 세상의 기원을 설명하고자 하였으며, 사물과 인간의 본질에 대해 이성적이고 논리적으로 설명하고자 하였습니다.

 ④ 자연 철학은 세계를 구성하는 본질적인 요소나 작동 원리는 이성을 통해 파악할 수 있다고 보고, 자연에 대한 철학적인 탐구를 추구하였습니다.

 ①, ②, ⑤ 헤브라이즘에서 강조할 내용입니다. ③ 중세 후기 스콜라 철학자인 아퀴나스의 입장입니다. 아퀴나스에 따르면 세계는 신의 영원한 법칙인 영원법에 의해 다스려지며, 인간은 이성을 통해 자연적 성향을 인식하고 따름으로써 영원법에 참여할 수 있습니다.

109 자연 철학자들의 기본 입장 파악   정답 ④

 제시문의 ㉠에 들어갈 말은 '자연 철학자'입니다. 이들은 자연 현상을 이성적이고 논리적으로 설명하고자 노력하였습니다. 자연 철학자들은 세계의 기원이나 자연의 변화에 대해 신화(神話)에 의존하지 않고 합리적으로 세계를 탐구하고자 하였습니다.

 ④ 자연 철학자들은 자연의 변화에 대해 이성적이고 논리적인 방식으로 설명하기 위해 노력하였습니다.

 ① 자연 철학자들은 인간의 본질이 존재한다고 보았습니다. 인간의 본질을 정해줄 신은 존재하지 않는다고 본 사상가는 현대 실존주의 철학자인 사르트르입니다. ② 인간을 포함한 모든 생산된 자연은 신의 양태라고 본 사상가는 근대 합리주의 사상가인 스피노자입니다. ③ 자연 철학자들은 세계의 기원과 자연의 변화에 대해 철학적이고 비종교적인 탐구를 중시하였습니다. ⑤ 자연 철학자들은 신탁과 예언과 같은 신화적 세계관에서 벗어나 인간의 경험과 이성에 기초하여 세계의 기원을 탐구하였습니다.

110 자연 철학자들의 기본 입장 파악   정답 ⑤

 고대 그리스의 자연 철학자들은 신화적 세계관에서 벗어나 세계를 구성하는 본질적인 요소나 작동 원리 등을 탐구하였습니다.

 ⑤ 아낙시메네스는 만물의 근원이 공기라고 주장하였습니다. 아낙시메네스는 공기가 차고 농후하게 되면 바람(風), 눈(雪), 물(水), 흙(土)으로 되고, 뜨겁고 희박해지면 불(火), 천체로 된다고 보고 번개나 지진도 공기에서 생긴다고 하면서, 만물의 다양성을 일원적으로 이해하려고 시도했다.

 ① 파르메니데스는 진리의 실체는 변화하지 않는다고 주장하였습니다. ② 헤라클레이토스는 불을 만물의 근원으로 파악하고 불이 만물로, 만물은 불로 전환한다고 주장하면서 생성과 변화야말로 세계의 진리라고 보았습니다. ③ 데모크리토스는 만물의 근원을 원자로 보고 원자론을 체계화하였으며 유물론의 형성에도 영향을 끼쳤습니다. ④ 탈레스는 만물의 근원을 물이라고 보고, 물은 경험적으로 파악된 물질적 질료이며 스스로의 변화에 의해 다양한 만물을 형성한다고 주장하였습니다.

111 헤브라이즘의 사상적 입장 파악   정답 ④

 ㉠에 들어갈 말은 헤브라이즘입니다. 헤브라이즘은 유대교와 그리스도교의 사상과 문화를 일컫는 말입니다.

 ④ 헤브라이즘에 따르면 인간은 도덕적 덕만으로 완전한 행복에 이를 수 없으며 오직 신의 은총을 통해서만 완전한 행복과 구원을 얻을 수 있습니다.

 ① 헤브라이즘은 유일무이한 절대자이자 언제나 도덕적인 존재인 신에 대한 믿음을 강조하였습니다. ② 헤브라이즘은 보편적인 윤리적 행동 지침을 신의 명령이자 인간 삶의 규율이라고 봅니다. ③ 헤브라이즘의 중심인 유대교는 신에게서 받은 계명에 따라 세속적 욕망에서 벗어난 경건한 삶을 강조하였습니다. ⑤ 헤브라이즘은 구약 성서에 기초한 유태인들의 세계관과 가치관에 기반을 두며, 유대교의 전통을 계승한 그리스도교도 포함합니다.

112 헤브라이즘과 헬레니즘 비교   정답 ③

 헤브라이즘은 세상이 신에 의해 창조되었다고 보고, 신을 윤리의 궁극적 근거로 삼는 신 중심의 윤리 사상입니다. 이에 비해 헬레니즘은 신화에 의존하지 않고 세상의 기원을 설명하고자 하였으며, 사물과 인간의 본질에 대해 이성적이고 논리적으로 설명하고자 하였습니다.

 ㄴ. 헤브라이즘은 유일무이한 절대자로서의 신에 대한 믿음을 강조하고 신에 대한 절대적인 믿음은 누구나 지켜야 하는 규율이라고 보았습니다. ㄹ. 헤브라이즘은 세상이 신에 의해 창조되었으며 만물은 모두 신의 피조물이라고 보았습니다.

 ㄱ. 헤브라이즘에 따르면 인간은 운명이나 필연에 의해 움직이는 것이 아니라 인간의 책임과 신의 인도에 의해 행동하는 것입니다. ㄷ. 헬레니즘에서 강조할 내용입니다.

113 **소피스트 사상에 대한 소크라테스의 비판적 견해** 　정답 ②

[문제 분석] 제시문은 소크라테스의 주장이고, '어떤 사람'은 대표적인 소피스트인 프로타고라스입니다. 프로타고라스는 각 개인의 판단 기준에 따라 상대적인 진리만이 존재하고, 윤리적 기준도 상대적이라고 보았습니다. 소크라테스는 소피스트의 상대주의 윤리를 비판하면서 보편적인 윤리가 존재할 뿐만 아니라 이성을 통해 이를 파악할 수 있다고 주장하였습니다.

[정답 찾기] ② 소크라테스의 입장에서 볼 때 소피스트의 가치 상대주의는 진리에 대한 객관적 판단을 부정함으로써 인식의 참과 거짓을 구별하지 못하게 만드는 것입니다.

[오답 피하기] ① 소크라테스가 비판할 소피스트의 입장이라고 보기 어렵다. 연역적 추론은 이성적 사유에 근거한 보편적 진리를 전제로 한 논리적 사유 체계로, 삼단논법이 대표적입니다. ③ 이성을 통하여 참된 진리를 깨닫게 된다고 본 사상가는 소크라테스입니다. ④ 프로타고라스는 진리의 상대성을 주장하였습니다. ⑤ 모든 악은 무지에 의한 것으로 본 사상가는 소크라테스입니다.

114 **소피스트와 소크라테스의 사상 비교** 　정답 ③

고난도 평가원 기출				
①	②	❸	④ 함정	⑤
5%	6%	66%	20%	3%

🔍 **눈으로 보는 해설**

고대 서양 사상가 갑, 을의 입장에 대한 설명으로 가장 적절한 것은?

갑: 참되게 살려는 자는 욕구를 억제해서는 안 됩니다. 용기와 지혜로써 이를 최대한 충족시켜야 합니다. 사람들은 그럴 능력이 없기 때문에 무절제를 부끄러운 것이라고 주장하며 절제와 정의를 칭송합니다. 사치, 무절제, 자유가 덕이자 행복입니다. → 소피스트

을: 참되게 살려는 자는 덕이 참된 지혜에서 나온다는 것을 알아야 합니다. 영혼의 모든 성질들은 지혜를 동반하느냐 무지를 동반하느냐에 따라 유익하게도 해롭게도 되기 때문입니다. 덕은 유익한 것이기 때문에 지혜의 일종이어야만 합니다. → 소크라테스

을은
① ~~갑은~~ 덕이 욕구 충족과 무관하게 그 자체로 가치 있다고 봅니다. ✕
② ~~갑은~~ 이성적 사유를 통해 보편적 진리를 추구해야 한다고 봅니다. ✕
을은
③ ~~을은~~ 정신의 탁월성이 지혜만으로도 실현 가능하다고 보다. ○
④ ~~을은~~ 나쁜 행동이 무지와 의지의 나약함에서 비롯된다고 봅니다. ✕
아리스토텔레스는
⑤ 갑, 을은 선이 주관적인 것이므로 공통된 정의를 내릴 수 없다고 봅니다. ✕

[문제 분석] 갑은 소피스트인 칼리클레스, 을은 소크라테스입니다. 칼리클레스는 욕구 충족을 강조하면서 세속적 가치를 중시한 반면, 소크라테스는 참된 지혜를 강조하면서 정신적 가치를 중시하였습니다.

[정답 찾기] ③ 소크라테스는 덕이 참된 지혜에서 나온다는 주장을 통해 정신의 탁월성이 지혜만으로도 실현 가능하다고 보았습니다.

[오답 피하기] ① 칼리클레스는 사치, 무절제, 자유가 덕이자 행복이라고 주장하면서 덕이 욕구 충족과 관련된다고 보았습니다. ② 칼리클레스는 욕구 충족과 사치와 무절제를 강조하였습니다. 이성적 사유를 통해 보편적 진리를 추구해야 한다고 본 사상가는 소크라테스입니다. ④ 소크라테스는 나쁜 행동이 무지에서 비롯된다고 보았습니다. 무지와 의지의 나약함이 악행의 근거라고 본 사상가는 아리스토텔레스입니다. ⑤ 칼리클레스가 선이 주관적인 것이라고 보는 데 비해, 소크라테스는 보편적인 도덕 원리가 존재하므로 선에 대한 보편적인 정의를 내릴 수 있다고 보았습니다.

🔴 **함정 피하기**

④를 골랐다면 소크라테스가 참된 앎을 가진 사람은 반드시 덕이 있는 행동을 한다고 본 점을 간과한 것입니다. 무지와 의지의 나약함이 악행의 근거라고 본 사상가는 아리스토텔레스임을 알아야 합니다.

115 **소피스트와 소크라테스의 사상 비교** 　정답 ①

[문제 분석] 갑은 소피스트인 프로타고라스, 을은 소크라테스입니다. 프로타고라스는 각자가 경험을 통해 지각하고 판단하는 그대로가 진리라고 주장함으로써 가치 상대주의를 표방하였습니다. 이에 비해 소크라테스는 보편적이고 객관적인 진리가 존재한다고 보았습니다.

[정답 찾기] ㄱ. 프로타고라스는 도덕 판단의 절대적 기준은 존재하지 않는다는 윤리적 상대주의를 주장하였습니다. ㄴ. 소크라테스는 참된 앎을 인식하면 누구나 악을 자발적으로 행하지 않고 도덕적 선을 실천한다고 보았습니다.

[오답 피하기] ㄷ. 프로타고라스는 경험을 기반으로 진리를 인식하고, 소크라테스는 이성을 기반으로 진리를 인식한다고 주장하였습니다. ㄹ. 프로타고라스는 행복한 삶이 세속적 가치의 실천으로 구현된다고 보았습니다. 이에 비해 소크라테스는 유덕한 삶과 행복한 삶이 일치한다고 보았습니다.

116 **소크라테스의 삶의 태도 파악** 　정답 ④

[문제 분석] 제시문은 아테네 법정에서 소크라테스가 자신을 변론하는 내용입니다. 소크라테스는 아테네 시민들이 자신의 무지를 깨닫고, 진리를 찾아 나설 수 있도록 자극하는 아테네의 등에 역할을 신이 자신에게 부여한 소명이라고 생각하였습니다.

[정답 찾기] ④ 소크라테스는 소피스트의 가치 주관주의와 상대주의를 비판하면서 도덕의 보편적이고 객관적 기준을 따라야 한다고 보았습니다.

[오답 피하기] ① 가치의 상대성을 바탕으로 개인의 판단을 존중해야 한다고 본 것은 소피스트의 입장입니다. ② 소크라테스는 보편적 진리가 이성에 근거하여 파악하는 것이지 대다수의 동의에 의해 결정되는 것이 아니라고 보았습니다. ③ 진리에 대한 주관적 인식과 해석을 허용해야 한다고 본 것은 소피스트의 입장입니다. ⑤ 공동체에서 통용되는 관습을 도덕 판단의 원리로 강조해야 한다고 본 것은 소피스트의 입장입니다.

117 **소피스트와 소크라테스의 사상 비교** 　정답 ③

[문제 분석] 갑은 소피스트인 프로타고라스, 을은 소크라테스입니다. 프로타고라스는 윤리적 상대주의를 주장한 데 비해 소크라테스는 윤리적 보편주의를 주장하였습니다.

[정답 찾기] ③ 소크라테스는 참된 앎을 모든 덕과 행복의 원천으로 간주하면서, 이성을 통해 보편적인 윤리를 파악하고, 도덕적으로 바람직한 삶을 위한 반성적 성찰을 중시할 것을 강조하였습니다.

[오답 피하기] ① 프로타고라스는 가치에 대한 판단이 상대적이며 주관적으로 이루어진다고 주장하였습니다. ② 프로타고라스는 개인의 감각과 경험이 지식과 도덕의 근원이라고 보았습니다. ④ 소크라테스는 이성을 지식과 가치 판단의 근원으로 보았습니다. ⑤ 소크라테스의 입장에만 해당되는 설명입니다. 프로타고라스를 비롯한 소피스트들은 도덕적 가치보다 부와 명예 등 세속적 가치를 중시하였습니다.

118 **소크라테스의 사상 이해** 　정답 ③

[문제 분석] 제시문을 주장한 사상가는 소크라테스입니다. 소크라테스는 진리 탐구를 위해서 무엇보다 먼저 자신의 무지를 자각해야 함을 강조하였습니다. 소크라테스에 따르면 모든 덕은 참된 앎에서 나오고 모든 악은 무지에서 비롯됩니다.

정답 찾기 ③ 소크라테스는 선이 무엇인지 알면서 고의로 악을 행하는 사람은 없다고 보았습니다. 악행을 의지의 결핍에서 비롯된 것으로 본 사상가는 아리스토텔레스입니다.

오답 피하기 ① 소크라테스는 시대와 사회에 따라 변하지 않는 절대적이고 보편타당한 진리가 존재한다고 보았습니다. ② 소크라테스에 따르면 진리 탐구를 위해서는 무엇보다 먼저 자신의 무지를 자각해야 합니다. ④ 소크라테스는 영혼의 수련을 통해서 얻어진 깨달음을 참된 앎이라고 보았습니다. ⑤ 소크라테스는 세속적인 가치보다 선하게 사는 것과 정신적인 가치를 중시하였습니다.

119 소피스트와 소크라테스의 입장 비교   정답 ④

문제 분석 갑은 소피스트 중의 한 사람인 트라시마코스, 을은 소크라테스입니다. 트라시마코스는 정의를 통치자와 더 강한 자의 이익이며, 통치자를 섬기는 자들에게는 해가 되는 것이라고 보았습니다. 이와 달리 소크라테스는 정의가 통치자의 이익이 아니라 오히려 피통치자들이나 더 약한 자들의 이익이라고 보면서 정의를 덕이자 지식이라고 보았습니다.

정답 찾기 ④ 소크라테스는 정의와 부정의를 구분하는 보편적인 가치 판단의 기준이 존재한다고 보았습니다.

오답 피하기 ① 트라시마코스는 정의를 통치자와 더 강한 자의 이익이라고 보고, 통치자를 섬기는 자들에게는 해가 된다고 보았습니다. ② 트라시마코스는 통치자에게 유리하게 제정된 법률을 피통치자가 이행하는 것이 정의롭다고 보았습니다. ③ 소크라테스는 정의가 통치자와 더 강한 자의 이익이 아니라 피통치자들이나 더 약한 자들의 이익이라고 보았습니다. ⑤ 트라시마코스와 소크라테스는 모두 통치자가 제정한 법률을 피통치자가 이행해야 한다고 보았습니다.

120 소피스트와 소크라테스의 사상 비교   정답 ③

문제 분석 갑은 소피스트인 프로타고라스, 을은 소크라테스입니다. 프로타고라스에 따르면 덕은 지식이 아니며, 인간의 감각적 경험이 지식과 도덕의 근원입니다. 이와 달리 소크라테스는 '덕은 곧 지식'이라는 입장에서, 지식을 모든 덕과 행복의 원천이라고 보았습니다.

정답 찾기 ㄴ. ㄹ. 프로타고라스는 덕은 지식이 아니며, 인간의 감각적 경험이 지식과 도덕의 근원이라고 보았습니다. 이와 달리 소크라테스는 지식을 모든 덕과 행복의 원천으로 간주하면서, 무지에 대한 자각을 통해 보편적인 진리를 추구할 것을 강조하였습니다.

오답 피하기 ㄱ. 프로타고라스는 긍정, 소크라테스는 부정의 대답을 할 질문입니다. 프로타고라스는 세상 모든 것에 대해 판단하는 주체가 개인이라고 보고, 각 개인이 도덕적 가치 판단의 기준이 되어야 한다고 보았습니다. 이와 달리 소크라테스는 보편적이고 객관적인 윤리가 존재한다고 보았습니다. ㄷ. 프로타고라스는 긍정, 소크라테스는 부정의 대답을 할 질문입니다. 프로타고라스는 지혜가 없더라도 뛰어난 용기를 가질 수 있다고 보았습니다. 이와 달리 소크라테스는 무서운 것과 무섭지 않은 것들에 대해 알게 됨으로써 용기의 덕을 지니게 된다고 보았습니다.

08강   덕 있는 삶과 행복

핵심 개념 CHECK!   ▶ 본문 070쪽

01 ○	02 ○	03 ×	04 ×	05 ○	06 ×	07 ○	08 ○
09 ○	10 ○	11 ×	12 ○	13 ○	14 ×	15 ○	16 ×
17 ×	18 ○	19 ○	20 ○	21 ×	22 ×	23 ○	24 ×
25 ○	26 ×	27 ○	28 ○	29 ○	30 ×	31 ○	32 ○
33 ×							

○|× 문장 바로 알기

01 플라톤은 세계를 현실 세계와 이데아 세계로 구분하였다.

02 플라톤에 따르면 이데아는 사물의 불변하는 본질이자 참된 실재로서 완전한 것이다.

03 플라톤에 따르면 현실에 존재하는 것들은 이데아를 모방한 것으로서 ~~불변하며 완전한 것이다.~~ 변화하며 불완전한 것이다.

04 플라톤은 현실 세계에 대한 지식은 ~~이성~~ 감성에 의해 얻을 수 있지만, 이데아에 대한 지식은 오직 ~~감각~~ 이성을 통해서만 얻을 수 있다고 보았다.

05 플라톤은 각각의 사물에 그것들의 이데아가 있으며, 최고의 이데아는 선(善)의 이데아라고 보았다.

06 플라톤의 이데아론은 ~~일원론적~~ 이원론적 세계관이다.

07 플라톤은 동굴의 비유를 통해 이데아 세계와 현상의 세계를 설명하였다.

08 플라톤의 동굴의 비유에서 그림자는 이데아를 어느 정도 반영하기는 하지만 그 자체는 아니다.

09 이데아의 세계를 상기한다는 것은 곧 철학한다는 것이다.

10 플라톤은 인간의 영혼을 욕구, 기개, 이성의 세 부분으로 구분하였다.

11 플라톤은 욕구는 ~~지혜~~ 절제, 기개는 용기, 이성은 ~~절제~~ 지혜의 덕을 갖추어야 한다고 주장하였다.

12 플라톤은 지혜의 덕, 용기의 덕, 절제의 덕이 조화를 이루는 상태를 정의의 덕이 실현된 상태로 보았다.

13 플라톤은 국가의 구성원을 생산자, 방위자, 통치자의 세 계급으로 구분하였다.

14 플라톤은 생산자는 절제, 수호자는 용기, 통치자는 지혜의 덕을 갖추어야 하며 특히 ~~지혜~~ 절제는 모든 계급에 요구되는 것이라고 주장하였다.

15 플라톤은 선의 이데아를 인식하여 지혜의 덕을 갖추고 인격과 실무적 경험을 갖춘 철학자가 나라를 통치해야 한다고 보았다.

16 플라톤은 영혼의 조화와 이상 국가의 실현 사이에는 ~~아무런 상관 관계가 없다고 보았다.~~ 같은 덕이 요구된다고 보았다.

17 플라톤의 철인 통치자는 이상적인 ~~민주주의~~를 실현하기 위한 지혜를 가지고 있다.
플라톤은 민주주의에 반대하였다.

18 아리스토텔레스는 세계가 개별적인 실체들로 이루어진 하나의 세계이며, 선(善)은 이데아의 세계가 아닌 현실 세계에 존재한다고 주장하였다.

19 아리스토텔레스는 플라톤의 영향을 받아 이성을 중시하는 사상과 ~~이상주의~~ 윤리를 주창하였다.
현실주의

20 아리스토텔레스는 세상의 모든 것에는 목적이 있으며, 따라서 인간의 모든 행위에도 목적이 있다고 보았다.

21 아리스토텔레스가 주창한 목적론적 세계관에 따르면 인간의 존재 목적은 ~~행복만이 아니다.~~
이다.

22 아리스토텔레스는 인간 행위의 최고선이 ~~정의(正義)~~라고 보았다.
행복

23 덕은 어떤 존재가 지닌 고유한 기능을 잘 발휘하는 상태이다.

24 아리스토텔레스에 따르면, 인간이 지닌 고유한 기능은 ~~감각~~이며, 이 기능을 잘 발휘하는 사람이 유덕한 사람이 된다.
이성

25 아리스토텔레스는 덕을 지성적 덕과 품성적 덕으로 구분하였다.

26 지성적 덕은 영혼의 순수하게 이성적인 기능이 탁월하게 작용할 때 얻을 수 있는 덕이다. 구체적으로 ~~용기, 절제, 친절~~ 등이 있다.
철학적 지혜, 실천적 지혜, 논리적 추론

27 품성적인 덕은 영혼의 감각과 욕구의 기능이 이성에 귀를 기울이고 이성의 명령에 따를 때 얻을 수 있는 덕이다.

28 품성적인 덕은 과도함과 부족함 사이의 적절한 상태, 즉 중용을 그 특징으로 한다.

29 아리스토텔레스는 품성적인 덕은 지성적인 덕을 요구한다 보았다.

30 아리스토텔레스는 품성적인 덕의 실천과 관련하여 의지의 중요성을 ~~간과~~하였다.
강조

31 아리스토텔레스는 품성적인 덕을 쌓는 방법으로 지속적인 도덕적 실천과 도덕적 행동의 습관화를 강조하였다.

32 아리스토텔레스는 진정한 행복은 탁월성으로서의 덕(德)을 갖춘 삶을 통해 얻을 수 있다고 주장하면서, 행복을 덕에 따른 영혼의 활동이라고 정의하였다.

33 중용은 산술적인 중간 상태와 ~~동일하며~~ 각자가 처한 상황마다 중용에 따른 적절한 선택과 행동도 달라진다.
다르며

기출+예상 **문제로 주제 정복하기** ▸본문 **072~075**쪽

121 ⑤	**122** ⑤	**123** ⑤	**124** ④	**125** ④	**126** ②
127 ⑤	**128** ①	**129** ③	**130** ②	**131** ①	**132** ④
133 ③	**134** ⑤	**135** ⑤	**136** ①	**137** ④	

---

121 플라톤의 사상적 입장 파악   정답 ⑤

문제 분석 (가)를 주장한 고대 서양 사상가는 플라톤입니다. (나)의 가로 낱말 (A)는 '절차(節次)'이고, (B)는 '공유제(共有制)'입니다. 따라서 세로 낱말 (A)는 '절제(節制)'입니다.

정답 찾기 ⑤ 플라톤은 절제의 덕이 영혼의 세 부분인 이성, 기개, 욕구에 공통적으로 요구되는 덕이자, 국가의 세 계층인 통치자, 방위자, 생산자 계층에게 공통적으로 요구되는 덕이라고 보았습니다.

오답 피하기 ① 플라톤의 4주덕 중 용기에 대한 설명입니다. ② 플라톤의 4주덕 중 정의에 대한 설명입니다. ③ 플라톤의 4주덕 중 용기에 대한 설명입니다. ④ 플라톤의 4주덕 중 지혜에 대한 설명입니다.

122 플라톤의 민주주의 비판   정답 ⑤

문제 분석 제시문을 주장한 사상가는 플라톤입니다. 플라톤은 스승인 소크라테스가 아테네의 민주적인 법정의 판결에 따라 사형을 언도 받은 것을 경험하고, 민주주의를 어리석은 대중[중우(衆愚)] 정치라고 비판하였습니다.

정답 찾기 ⑤ 플라톤은 인간이 이성의 명령에 따라 인간다운 삶을 영위하듯이 국가도 이성적 존재이자 참된 지식을 가진 철학자가 지배해야 한다고 보았습니다.

오답 피하기 ① 민주주의를 찬성하는 견해입니다. ②, ③, ④ 플라톤의 사상적 입장을 설명한 내용입니다.

123 플라톤의 이상 국가론 이해   정답 ⑤

고난도 평가원 기출

	① 함정	② 함정	③	④	❺
	20%	21%	9%	7%	43%

🔍 눈으로 보는 해설

다음 고대 서양 사상가의 주장에 대한 설명으로 옳은 것은?

> 각자는 저마다 타고난 성향에 따라 한 가지 일에 배치되어야만 합니다. 이는 각자가 자신의 일에 종사함으로써 자연스럽게 나라 전체가 조화로운 '한 나라'로 되도록 하기 위해서입니다. …(중략)… 이들 세 계층으로 분류된 사람들 사이의 역할의 교환은 나라에 대한 최대의 해악입니다. → 플라톤

① 감정과 욕구를 절제하는 ~~제거한~~ 이성적 삶을 정의로운 삶으로 봅니다. ✕
② 절제를 생산에 종사하는 자들만 지니고 있는 덕으로 봅니다. ✕
③ 현상의 세계 내에 변화하지 않는 참된 존재가 있다고 봅니다. ✕
④ 영혼과 관련된 덕은 국가에서 요청되는 덕과 다르다고 봅니다. ✕
⑤ 시민들의 동의와 관계없는 객관적인 도덕 기준이 있다고 봅니다. ○
→ 모든 계층이 갖추어야 하는 덕목

문제 분석 제시문을 주장한 사상가는 플라톤입니다. 플라톤은 국가의 구성원을 크게 세 가지 계층인 통치자, 방위자, 생산자로 구분하고, 각자는 저마다 타고난 바에 따라 자신에게 적합한 한 가지 일을 담당해야 한다고 보았습니다.

정답 찾기 ⑤ 플라톤은 선의 이데아를 객관적인 도덕의 근원으로 보았으며, 선의 이데아는 시민의 동의와 관계없이 존재한다고 보았습니다.

오답 피하기 ① 플라톤은 이성이 감정과 욕구를 잘 지배하고 조절해야 함을 강조하였습니다. ② 플라톤은 절제의 덕이 생산자 계층뿐만 아니라 통치자와 방위자 계층에게도 필요한 덕목이라고 보았습니다. ③ 플라톤은 참된 존재가 이데아의 세계에 있다고 보았습니다. ④ 플라톤은 개인의 영혼과 관련된 덕인 지혜, 용기, 절제의 덕은 국가 내의 특정 계급에 요구되는 덕과 같다고 보았습니다.

②를 골랐다면 지혜를 통치자만의 덕, 용기는 방위자만의 덕, 절제는 생산자만의 덕이라고 단순히 이해한 것이라 볼 수 있습니다. 플라톤이 국가의 모든 구성원들에게 필요한 덕목으로 절제를 강조했음을 알아야 합니다.

124 프로타고라스와 플라톤의 사상 비교 · · · · · · 정답 ④

문제 분석 갑은 프로타고라스, 을은 플라톤입니다. 프로타고라스는 사물에 대한 판단 기준은 각 개인의 감각 경험이라고 주장하면서 객관적이고 보편적인 진리는 존재하지 않는다고 보았습니다. 이에 비해 플라톤은 감각 경험은 모든 판단의 기준이 될 수 없다고 주장하면서 참된 세계인 이데아계가 존재하며, 이데아에 대한 앎은 이성을 통해서만 완벽하게 알 수 있다고 보았습니다.

정답 찾기 ④ 프로타고라스와 플라톤은 도덕과 앎의 근원에 대한 입장은 다르지만 공통적으로 인간 삶에 대한 도덕적 탐구의 필요성을 중시하였습니다.

오답 피하기 ① 모든 사람이 따라야 할 절대적 도덕 규범을 중시한 사상가는 플라톤입니다. ② 플라톤은 이상 국가의 수호자 중 통치자는 이데아에 대한 앎과 지혜의 덕이 필요하다고 보았습니다. ③ 프로타고라스는 개별적 존재로서의 인간 특성인 경험을, 플라톤은 보편적 존재로서의 인간 특성인 이성을 앎의 원천으로 보았습니다. ⑤ 도덕을 주관적이고 상대적인 것으로 본 사상가는 프로타고라스입니다.

125 플라톤의 사상적 입장 파악 · · · · · · 정답 ④

문제 분석 (가)를 주장한 사상가는 플라톤입니다. 플라톤은 인간 영혼의 세 부분인 이성, 기개, 욕구가 각각 제 일을 하고, 국가의 세 계층인 통치자, 방위자, 생산자 계층이 각자의 역할에 충실할 때 전체적으로 조화가 이루어져 정의롭게 된다고 보았습니다.

정답 찾기 ④ 플라톤은 이성으로 기개와 욕구를 다스려 전체적으로 조화를 이룰 때 정의로운 인간이 된다고 보았으며, 지혜의 덕을 가진 철학자가 통치할 때 정의로운 국가가 달성된다고 보았습니다.

오답 피하기 ① 나약한 의지의 극복을 강조한 사상가는 아리스토텔레스입니다. 그리고 플라톤은 '국민에 의한 통치', 즉 민주주의를 어리석은 대중의 정치라고 비판하였습니다. ② 모든 생산 수단의 공유화를 주장한 사상가는 마르크스입니다. ③ 주관적 가치 기준의 확립을 강조한 사상가는 프로타고라스이고, 사회의 계급 질서 철폐를 주장한 사상가는 마르크스입니다. ⑤ 플라톤에게 있어 참된 존재인 이데아는 오직 이성을 통해서만 파악할 수 있습니다.

126 플라톤의 이데아론 이해 · · · · · · 정답 ②

문제 분석 제시문을 주장한 사상가는 플라톤입니다. 플라톤은 '좋음의 이데아'를 최상의 이데아로서 다른 이데아들과 사물이 존재할 수 있게 해 주는 근원이자 인간이 추구해야 할 궁극적인 목표라고 보았습니다.

정답 찾기 ② 플라톤은 좋음의 이데아를 비롯하여 이데아계는 오직 이성에 의해서만 파악할 수 있다고 보았습니다. 그에 따르면 감각적 경험을 통해 파악할 수 있는 것은 현상계의 사물들입니다.

오답 피하기 ① 플라톤은 좋음의 이데아를 모방하고 실현하려는 삶을 이상적인 삶으로 보았습니다. ③ 이데아는 현상계의 개별 사물의 존재와 무관하게 존재합니다. ④, ⑤ 좋음의 이데아는 다른 이데아들의 존재 근원이며 최상의 이데아입니다.

127 플라톤의 이상 국가론 이해 · · · · · · 정답 ⑤

문제 분석 가상 대화의 사상가는 플라톤입니다. 플라톤은 통치자, 방위자, 생산자 계층의 사람들이 각자의 직분을 충실히 수행하여 전체적으로 조화를 이룬 국가를 이상 국가로 보았으며, 선의 이데아에 대한 인식과

인격을 겸비한 철학자가 국가를 통치해야 한다고 주장하였습니다.

정답 찾기 ⑤ 플라톤은 이성을 통해 사물의 완전하고 이상적인 원형인 이데아를 파악하기 위해 노력할 것을 강조하였습니다.

오답 피하기 ① 소피스트가 강조할 내용입니다. 플라톤은 이성을 지식과 도덕의 근원으로 보았습니다. ② 소피스트인 칼리클레스가 강조할 내용입니다. 플라톤은 이성으로 기개와 욕구를 잘 다스려야 한다고 보았습니다. ③ 플라톤은 이데아계가 완전한 세계이며, 현상계는 이데아계를 모방한 불완전한 세계라고 보았습니다. ④ 소피스트인 프로타고라스가 강조할 내용입니다. 플라톤은 보편적이고 절대적인 진리가 존재한다고 보았습니다.

128 플라톤의 덕론 이해 · · · · · · 정답 ①

문제 분석 제시문을 주장한 사상가는 플라톤입니다. 플라톤은 '좋음의 이데아'에 대한 지식과 인격을 겸비한 철학자가 국가를 통치해야 한다고 주장하였습니다. 플라톤은 통치자, 방위자, 생산자 계층의 사람들이 각각 다른 계층의 일에 간섭하지 않고 각자의 직분을 충실히 수행하여 전체적으로 조화를 이룬 국가를 이상 국가로 보았습니다.

정답 찾기 ㄱ. 플라톤은 사회 구성원들이 자신의 본분에 맞는 덕을 갖추고, 각자의 역할을 충실히 수행해야 바람직한 국가가 실현될 수 있다고 보았습니다. ㄷ. 플라톤은 인격과 지혜를 겸비한 철학자가 국가를 통치해야 한다고 주장하면서 철학과 정치권력의 결합을 강조하였습니다.

오답 피하기 ㄴ. 플라톤은 국가의 중요 정책이 다수결 원리가 아니라 철인 통치자에 의해 결정되어야 한다고 보았습니다. ㄹ. 플라톤은 민주주의를 중우 정치라고 비판하면서 민주정을 반대하였습니다.

129 플라톤의 덕에 대한 입장 파악 · · · · · · 정답 ③

문제 분석 제시문을 주장한 사상가는 플라톤입니다. 플라톤에 따르면 통치자는 지혜, 방위자는 용기, 생산자는 절제의 덕을 갖추어야 하며 특히 절제는 모든 계층에 요구되는 덕입니다.

정답 찾기 ㄴ. 플라톤은 인간의 영혼은 이성, 기개, 욕구 세 부분으로 이루어져 있으며, 이성은 지혜, 기개는 용기, 욕구는 절제의 덕을 갖추어야 한다고 보았습니다. ㄷ. 플라톤은 지혜, 용기, 절제의 덕이 조화를 이룰 때 정의의 덕을 실현하고 행복한 삶을 살 수 있다고 보았습니다.

오답 피하기 ㄱ. 플라톤은 통치자가 선의 이데아를 인식하고 지혜의 덕을 갖추어야 한다고 주장하였습니다. ㄹ. 플라톤에 따르면 생산자가 갖추어야 할 덕은 절제이며, 절제는 모든 계층에게 요구되는 덕입니다.

130 소크라테스와 아리스토텔레스의 사상 비교 · · · · · · 정답 ②

문제 분석 갑은 소크라테스, 을은 아리스토텔레스입니다. 소크라테스는 도덕적인 삶을 살기 위해서는 덕이 있는 사람이 되어야 하고, 이를 위해서는 덕이 무엇인지 정확히 알고 있어야 한다고 주장하였습니다. 이에 비해 아리스토텔레스는 덕을 지적인 덕과 도덕적인 덕으로 구분하고, 지적인 덕은 교육을 통해 길러지고, 도덕적인 덕은 중용의 반복적 실천을 통해 길러진다고 보았습니다.

정답 찾기 ② 아리스토텔레스가 지속적으로 습관화하여 형성해야 한다고 본 것은 도덕적인 덕입니다.

오답 피하기 ① 소크라테스와 아리스토텔레스의 공통된 입장입니다. ③ 의지의 나약함이 악행의 원인이 된다고 본 사상가는 아리스토텔레스입니다. ④ 소크라테스와 아리스토텔레스는 이성주의 윤리 사상가로 덕의 실천을 위해 이성의 역할이 중요하다고 보았습니다. ⑤ 소크라테스와 아리스토텔레스 모두 앎이 전제되어야 도덕적 덕의 실천이 가능하다고 보고, 인간의 무지로 인해 악을 행할 수 있다고 보았습니다.

131 아리스토텔레스의 중용의 덕 이해 · · · · · · 정답 ①

문제 분석 제시문을 주장한 사상가는 아리스토텔레스입니다. 아리스토텔

레스는 인간의 모든 행위는 목적이 있으며, 궁극적 삶의 목적은 행복이라고 보았습니다. 그리고 행복해지기 위해서는 덕을 쌓아야 하는데 덕에는 지성적 덕과 품성적 덕이 있다고 보았으며, 품성적 덕은 중용의 반복적 실천을 통해 형성된다고 주장하였습니다.

정답 찾기 ① 아리스토텔레스에 따르면 중용의 덕은 과도함과 부족함이라는 양극단에 치우치지 않는 적절한 상태를 의미합니다. 중용은 산술적인 중간이 아니라 처한 상황에 알맞은 행위를 뜻합니다.

오답 피하기 ② 아리스토텔레스는 지성적 덕과 품성적 덕(중용의 덕)이 행복을 얻는 데 반드시 필요하다고 보았습니다. ③ 아리스토텔레스는 중용이 무엇인지 알 수 있게 해 주는 실천적 지혜가 있어야 품성적 덕을 갖출 수 있게 된다고 보았습니다. ④ 아리스토텔레스는 중용의 덕을 갖추려면 옳은 행위를 반복적으로 실천하여 습관화해야 한다고 보았습니다. ⑤ 아리스토텔레스는 어떤 하나의 행위에서 최적의 상태인 중용의 덕은 하나이고 과도함과 부족함의 상태인 악덕은 여럿이라고 보았습니다.

132 아리스토텔레스와 소크라테스의 사상 비교　　정답 ④

문제 분석 갑은 아리스토텔레스, 을은 소크라테스입니다. 아리스토텔레스는 주지주의적 입장에 있으면서도 '의지의 나약함' 문제를 해결하고자 도덕적인 삶에 있어서 실천 의지의 중요성을 강조하였습니다. 소크라테스는 덕의 의미를 올바르게 알면 이를 실천하여 행복한 삶을 성취할 수 있다는 지덕복 합일설을 주장하였습니다.

정답 찾기 ㄱ. 아리스토텔레스는 그릇된 행위가 무지함, 의지의 나약함, 악의(惡意)에서 비롯된다고 보았습니다. ㄴ. 소크라테스는 부덕한 행위가 무지에서 비롯된다고 보았습니다. ㄹ. 아리스토텔레스와 소크라테스는 모두 이성을 통해 감정과 욕구를 적절히 지배하고 조절해야 선한 행위를 실천할 수 있다고 보았습니다.

오답 피하기 ㄷ. 아리스토텔레스는 도덕적 덕의 형성은 반복적 실천을 통해 후천적으로 이루어진다고 보았습니다.

133 소크라테스, 플라톤, 아리스토텔레스의 사상 비교　　정답 ③

함정	고난도 평가원 기출			함정
①	②	❸	④	⑤
24%	23%	33%	10%	10%

🔍 눈으로 보는 해설

갑, 을, 병 사상가들 모두가 부정의 대답을 할 질문으로 가장 적절한 것은?

> 갑: 영혼의 수련을 통해 참된 앎을 얻고, 자신의 삶을 성찰하여 도덕한 사람이 되어야 합니다. → 소크라테스
> 을: 각자는 자신의 본분에 맞는 덕을 잘 발휘해야 하며, 철학자인 통치자도 그에 맞는 덕을 잘 발휘해야 합니다. → 플라톤
> 병: 마땅히 화를 낼 만한 경우에, 화를 낼 만한 대상에게 마땅한 때와 방법으로 화를 내는 덕을 가진 사람이 되어야 합니다. → 아리스토텔레스

① 덕은 지식적인 측면과 도덕적인 측면으로 구분되는가? × / × / ○
② 개인의 가치 있는 삶은 공동체 안에서 의미를 갖는가? ○ / ○ / ○
③ 반복을 통한 습관화가 지적인 덕을 형성하는가? × / × / ×
④ 악은 의지의 나약함에 의해서 생겨나는가? × / × / ○
⑤ 현실 속에 참된 존재가 있다고 보는가? × / × / ○

문제 분석 갑은 소크라테스, 을은 플라톤, 병은 아리스토텔레스입니다. 소크라테스와 플라톤은 지덕복 합일설을 주장한 반면, 아리스토텔레스는 덕을 지성적 덕과 품성적 덕으로 구분하고, 앎을 실천하여 품성적 덕을 형성하기 위해서는 실천 의지와 반복을 통한 습관화가 필요하다고 보았습니다.

정답 찾기 ③ 세 사상가 모두 지적인 덕은 선천적으로 내재된 이성에 근거한다고 보았기 때문에 형성한다는 표현은 적절하지 않으므로 부정의 대답을 할 것입니다.

오답 피하기 ① 소크라테스와 플라톤은 부정, 아리스토텔레스는 긍정의 대답을 할 질문입니다. 아리스토텔레스는 덕을 지식적인 측면과 도덕적인 측면으로 구분한 반면, 소크라테스와 플라톤은 구분하지 않았습니다. ② 세 사상가 모두 긍정의 대답을 할 질문입니다. 세 사상가 모두 개인의 가치 있는 삶은 공동체 안에서 의미를 갖는다고 보았습니다. ④ 소크라테스와 플라톤은 부정, 아리스토텔레스는 긍정의 대답을 할 질문입니다. 소크라테스와 플라톤이 악행의 원인을 선행에 대한 무지함에서만 찾은 것과 달리 아리스토텔레스는 악행의 원인을 선행에 대한 무지함과 의지의 나약함에서 찾았습니다. ⑤ 소크라테스와 플라톤은 부정, 아리스토텔레스는 긍정의 대답을 할 질문입니다. 소크라테스의 영향을 받은 플라톤은 존재의 본질을 초월적인 이데아 세계에서 찾은 반면, 아리스토텔레스는 존재의 본질이 현실 속에 내재되어 있다고 보았습니다.

💣 함정 피하기

①를 골랐다면 소크라테스에 영향을 받은 플라톤이 지덕복 합일설과 주지주의 관점을 계승한 반면, 아리스토텔레스는 덕을 지성적 덕과 품성적 덕으로 구분하였다는 점을 제대로 알지 못한 것이라 볼 수 있습니다. 소크라테스, 플라톤, 아리스토텔레스의 사상을 비교하여 정확히 알아 두어야 합니다.

134 플라톤과 아리스토텔레스의 사상 비교　　정답 ⑤

문제 분석 갑은 아리스토텔레스, 을은 소크라테스입니다. 플라톤은 세계가 감각적으로 경험되는 현상계와 오직 이성에 의해서만 파악될 수 있는 이데아계로 구성되어 있다는 이원론적 세계관을 제시하였습니다. 이에 비해 아리스토텔레스는 유일한 세계인 현실 속에서 참다운 존재를 찾아야 한다는 일원론적 세계관을 제시하였습니다.

정답 찾기 ⑤ 아리스토텔레스의 입장에만 해당되는 설명입니다. 플라톤은 덕의 형성에 있어 이성의 역할은 강조했지만 실천 의지는 강조하지 않았습니다.

오답 피하기 ① 플라톤은 모든 사물마다 이데아가 있다고 보았습니다. ② 플라톤은 선(善)의 이데아를 최고의 이데아라고 보았습니다. ③ 아리스토텔레스는 존재하는 모든 것은 목적을 가지고 있으며, 인간 행위의 궁극적인 목적은 행복이라고 보았습니다. ④ 아리스토텔레스는 행복을 덕과 일치하는 영혼의 활동이라고 보았으며, 덕의 형성에 있어 이성의 역할과 실천 및 습관화의 의지를 중시하였습니다.

135 플라톤과 아리스토텔레스의 사상 비교　　정답 ⑤

문제 분석 갑은 플라톤, 을은 아리스토텔레스입니다. 플라톤은 국가를 인간의 영혼이 확대된 것으로 보았으며, 인격과 지혜를 겸비한 철학자가 나라를 다스려야 한다고 보았습니다. 아리스토텔레스는 무엇이 선인지 알면서도 의지의 나약함 때문에 악을 행할 수 있다고 보고, 옳은 행동을 습관화함으로써 품성적 덕을 쌓아야 한다고 보았습니다.

정답 찾기 ⑤ 플라톤은 덕을 지성적 덕과 품성적 덕으로 구분하지 않았으며, 아리스토텔레스는 지성적 덕의 경우 선천적으로 내재된 이성에 근거한다고 보았습니다.

오답 피하기 ① 플라톤은 국가를 인간의 영혼이 확대된 것으로 보면서, 지혜, 용기, 절제가 조화를 이룬 정의로운 인간이 이상적인 인간이듯이 지혜, 용기, 절제가 조화를 이룬 정의로운 국가가 이상적인 국가라고 보았습니다. ② 플라톤은 인격과 지혜를 겸비한 철학자가 통치해야 진정한 이상 국가가 실현된다고 주장하였습니다. ③ 아리스토텔레스는 품성적 덕

을 갖추기 위해서는 좋은 것과 나쁜 것이 무엇인지를 알 수 있게 하는 실천적 지혜, 즉 지성적 덕이 필요하다고 보았습니다. ④ 아리스토텔레스는 의지의 나약함 때문에 좋은 것을 알면서도 행하지 않거나 나쁜 것을 알면서도 행할 수 있다고 보았습니다.

136 아리스토텔레스의 중용 이해 　　　　　　　정답 ①

문제 분석 제시문을 주장한 사상가는 아리스토텔레스입니다. 아리스토텔레스가 말하는 중용은 지나침과 모자람의 중간 상태이면서 이성적으로 판단해서 가장 적합하고 올바른 상태를 말합니다. 악의, 파렴치함, 절도, 살인 등은 중용을 말할 수 없으며 그 자체로 나쁜 것입니다.

정답 찾기 ① 아리스토텔레스는 악의, 파렴치함, 절도, 살인 등은 그 자체로 나쁜 것이며, 이런 것들에서는 옳다고 할 수 있는 일이 없다고 봅니다. 즉, 그 자체로 나쁜 감정이나 행동에는 중용이 없다는 것입니다. 따라서 빈칸에는 '모든 행위와 모든 감정에 중용이 있는 것은 아닙니다.'는 내용이 들어가야 적절합니다.

오답 피하기 ② 아리스토텔레스에 따르면 중용의 반복적 실천을 통해서 형성되는 덕은 품성적 덕입니다. ③ 아리스토텔레스에 따르면 실천적 지혜는 지성적 덕에 해당합니다. ④ 아리스토테렐레스는 중용을 지나침과 모자람의 중간 상태로 보지만 산술적 평균을 의미하는 것은 아니라고 봅니다. ⑤ 아리스토텔레스에 따르면 중용은 이성적으로 판단해서 가장 적합하고 올바른 상태입니다.

137 고르기아스, 아리스토텔레스, 플라톤의 사상 비교 　　정답 ④

문제 분석 (가)의 갑은 소피스트인 고르기아스, 을은 아리스토텔레스, 병은 플라톤입니다. 고르기아스는 진리와 관련하여 회의주의적 입장을 보여주었습니다. 아리스토텔레스는 보편적 진리가 존재하며 인간은 이성을 통해 이를 발견할 수 있고 이로써 행복한 삶을 실현할 수 있다고 보았습니다. 플라톤은 사물의 완전하고 이상적인 원형을 이데아라고 보고, 좋음의 이데아를 모든 존재와 인식의 근거로 보았습니다.

정답 찾기 ㄱ. 고르기아스가 보편적인 진리를 파악하는 것은 불가능하다고 본 데 비해, 아리스토텔레스와 플라톤은 보편적인 진리를 파악할 수 있다고 보았습니다. ㄴ. 아리스토텔레스는 플라톤의 이데아론을 비판하면서 선(善)은 이데아의 세계가 아니라 현실 세계에 존재한다고 보았습니다. ㄷ. 아리스토텔레스는 행복을 덕과 일치하는 영혼의 활동으로 보고, 행복을 위해서는 반드시 덕을 갖추어야 한다고 보았습니다.

오답 피하기 ㄹ. 플라톤이 부정의 대답을 할 질문입니다. 플라톤은 이성을 통해 욕구를 제거하는 것이 아니라 욕구를 통제하고 조절할 때 행복할 수 있다고 보았습니다.

09강　행복 추구의 방법·신앙과 윤리

핵심 개념 CHECK! 　　　　　　　▸ 본문 078쪽

01 ○	02 ×	03 ×	04 ○	05 ○	06 ×	07 ×	08 ○
09 ○	10 ×	11 ○	12 ×	13 ○	14 ○	15 ○	16 ○
17 ×	18 ○	19 ○	20 ×	21 ○	22 ×	23 ○	24 ○
25 ×							

○× 문장 바로 알기

01 에피쿠로스는 쾌락은 유일한 선이며 고통은 유일한 악이라고 전제하고, 쾌락은 행복한 삶의 시작이자 끝이라고 보았다.

02 에피쿠로스는 ~~고통을 제거함으로써 주어지는 쾌락~~이 아니라 적극적인 욕망의 충족에 따른 쾌락을 추구하였다.
（고통을 제거함으로써 주어지는 쾌락 → 적극적인 욕망의 충족에 따른 쾌락）

03 에피쿠로스학파는 쾌락의 역설에 빠지지 않기 위해 '고통의 부재(不在)'를 추구하였는데, 이러한 쾌락을 ~~적극적~~ 쾌락이라 한다. （적극적 → 소극적）

04 에피쿠로스는 평정심에 이르기 위해 욕망을 절제하고 검소한 삶을 살아야 한다고 강조하였다.

05 에피쿠로스는 평정심에 이르기 위해 우주, 신, 죽음 등에 대한 잘못된 생각에서 벗어나야 한다고 강조하였다.

06 에피쿠로스는 평정심에 이르기 위해 ~~공적인 삶에 적극적으로 참여해야 한다고 보았다.~~ （공적인 삶을 멀리하는 대신 사적인 공간에서 친구들과 우정을 나누며 정의롭게 살아야 한다고 보았다.）

07 에피쿠로스는 몸의 고통과 마음의 불안이 모두 소멸한 상태인 평정심, 즉 ~~아파테이아(apatheia)~~를 참된 쾌락이라고 보았다. （아파테이아(apatheia) → 아타락시아(ataraxia)）

08 스토아학파는 정념에서 벗어나 부동심에 이르는 방법으로 만물의 본질이자 만물의 생성과 변화를 이끌어 가는 힘인 이성(logos)에 따르는 삶을 제시하였다.

09 스토아학파는 자연법의 구체적인 내용으로 가족, 친구, 동료 시민, 나아가 인류 전체에 대한 사랑을 제시하였는데, 그 밑바탕에는 이성을 가진 모든 이들은 누구나 평등하다는 세계 시민주의 사상이 깔려 있다.

10 스토아학파에서 주장하는 평온함이란 어떤 상황에서도 동요하지 않는 정신 상태, 즉 정념으로부터 해방된 상태를 의미하며, 이를 부동심, 즉 ~~아타락시아(ataraxia)~~라고 한다. （아타락시아(ataraxia) → 아파테이아(apatheia)）

11 자연법 사상에 기초하여 스토아학파는 각 개인은 사회적 역할을 수행해야 할 뿐만 아니라 인류의 공동선을 실현하기 위한 의무를 다해야 한다고 강조하였다.

12 ~~스토아학파는~~ 사회적 관계에서 오는 고통과 불안을 제거하기 위해 작은 공동체에서 가까운 친구와 우정을 나누며 지적인 교류와 토론에 만족하면서 정의롭게 살 것을 주장하였다. （스토아학파는 → 에피쿠로스학파는）

13 유대교는 유대 인만이 신에게 선택받았다는 선민 사상과 율법을 엄격하게 지켜야 한다는 율법주의를 특징으로 한다.

14 아우구스티누스에 의하면, 인간은 신이 인간에게 부여한 자유 의지를 남용하여 원죄를 짓게 되었다고 한다.

15 아우구스티누스는 플라톤의 사상을 수용하여 그리스도교 신앙과 사랑의 윤리를 체계화하였다.

16 아우구스티누스는 영원한 천상의 나라와 유한한 지상의 나라를 구분하였다.

17 아우구스티누스는 믿음, 소망, 사랑이라는 종교적 덕 중 믿음을[사랑] 최고의 덕으로 보았으며, 플라톤이 강조한 절제, 용기, 정의, 지혜도 모두 신에 대한 사랑의 다른 표현으로 해석하였다.

18 아우구스티누스는 신은 이성적 인식을 넘어서 실존적으로 만나야 할 인격적 존재이므로, 오직 신앙을 통해 신에게 귀의해야 한다고 주장하였다.

19 아우구스티누스는 신을 온전히 사랑하고 이웃을 진정으로 사랑할 수 있는 길은 오직 신앙을 통해 신과 하나가 되는 것이라고 보았다.

20 아퀴나스는 플라톤과[아리스토텔레스] 마찬가지로 인간 행위의 궁극적인 목적을 행복으로 보았으며, 이성을 탁월하게 발휘함으로써 행복한 삶을 살 수 있다고 보았다.

21 아퀴나스는 이성적 활동을 통해 지적인 덕과 품성적인 덕을 형성하는 것뿐만 아니라 신의 은총 아래 믿음, 소망, 사랑이라는 종교적 덕을 실천하여 신과 하나가 되어야 한다고 주장하였다.

22 아퀴나스에 따르면 세계는 신에 의해 창조되었고 신의 영원한 법칙인 자연법에[영원법] 의해 다스려진다.

23 아퀴나스에 따르면 인간은 이성을 통해 자연적 성향을 인식하고 따름으로써 영원법에 참여할 수 있다.

24 아퀴나스에 따르면 자연법은 인간의 자연적 성향, 즉 자기 생명을 보존하려는 성향, 종족을 보존하려는 성향, 신에 대하여 알고자 하는 성향, 사회적 삶을 영위하고자 하는 성향에 의해 구체화되고 정당화된다.

25 아퀴나스는 영원법이 자연법의 기초가 되듯 인간이 제정한 자연법은[실정법] 실정법에[자연법] 기초해야 한다고 강조하였다.

기출+예상 **문제로 주제 정복하기**　▶ 본문 080~083쪽

138 ③	139 ⑤	140 ④	141 ⑤	142 ⑤	143 ③
144 ⑤	145 ③	146 ④	147 ①	148 ②	149 ④
150 ④	151 ④	152 ③	153 ②		

138 에피쿠로스학파와 스토아학파의 사상 비교　　정답 ③

문제 분석 갑은 에피쿠로스, 을은 스토아학파 사상가인 에피텍토스입니다. 에피쿠로스는 쾌락을 행복한 삶의 시작이자 끝이라고 보면서, 정신적이고 지속적인 쾌락을 강조하였습니다. 에피텍토스는 정념에서 벗어나 이성에 따르는 삶을 중시하면서 신이 정한 우주와 세계의 질서에 순응하는 삶을 강조하였습니다.

정답 찾기 ㄴ. 스토아학파의 이상적 경지인 아파테이아에 대한 설명입니다. ㄷ. 에피쿠로스는 검소하고 절제하는 삶을, 에피텍토스는 이성에 따른 자유로운 삶을 중시하였습니다.

오답 피하기 ㄱ. 에피쿠로스는 육체적 쾌락을 멀리하고 정신적 쾌락을 추구하므로 쾌락과의 단절을 강조하지 않습니다. ㄹ. 자연 질서의 파악을 위해 보편적 이성을 강조한 사상가는 에피텍토스입니다.

139 에피쿠로스의 삶의 태도 파악　　정답 ⑤

문제 분석 편지를 쓴 사상가는 에피쿠로스입니다. 에피쿠로스는 어떤 쾌락을 적극적으로 추구하기보다는 고통과 근심을 제거하여 평온한 상태에 이르고자 하는 소극적 쾌락주의를 지향하였습니다.

정답 찾기 ⑤ 에피쿠로스는 육체적 고통이 없고 마음에 불안이 없는 평온한 상태인 평정심, 즉 아타락시아를 이상적인 경지로 제시하였습니다.

오답 피하기 ① 에피쿠로스는 절제하는 생활을 강조하면서 명예나 권력을 좇는 등의 헛된 욕망에 따르는 삶을 경계하였습니다. ② 에피쿠로스는 공적인 삶을 멀리하고, 개인적인 쾌락 추구를 중시하였습니다. ③ 에피쿠로스는 부의 축적, 사치와 같은 필수적이지 않은 욕망의 절제를 강조하였습니다. ④ 에피쿠로스는 정신적이고 지속적인 쾌락 추구를 강조하였습니다.

140 스토아학파와 에피쿠로스학파의 사상 비교　　정답 ④

고난도 평가원 기출

	①	②	③	❹	⑤
함정	43%	6%	4%	38%	9%

🔍 **눈으로 보는 해설**

고대 서양 사상가 갑, 을의 입장에 대한 옳은 설명만을 〈보기〉에서 있는 대로 고른 것은?

> 갑 : 앞으로 일어날 모든 것이 너와는 관계없으며 너에게는 아무 것도 아니다. 그러므로 현재 일어나고 있는 일들이 있는 그대로 일어나기만을 바라야 한다. 이것이 마음의 안정과 자유를 얻을 수 있는 방법이다.
>
> 을 : 쾌락은 선(善)이지만 모든 쾌락을 추구해야 하는 것은 아니며, 고통은 악이지만 모든 고통을 회피해야 하는 것도 아니다. 이 모두를 올바르게 숙고하고 평가할 수 있을 때 참된 쾌락에 이를 수 있다.

보기
ㄱ. 갑은 자연 질서에 순응하는 삶의 태도가 중요하다고 봅니다. ○
ㄴ. 을은 심신의 불안과 고통이 없는 상태를 쾌락이라고 봅니다. ○
ㄷ. 갑은[을과 달리] 정치 참여보다 내면의 안정이 중요하다고 봅니다. ×
ㄹ. 갑, 을은 행복에 이르기 위해 이성의 역할이 필요하다고 봅니다. ○

① ㄱ, ㄴ　　　② ㄴ, ㄷ　　　③ ㄷ, ㄹ
④ ㄱ, ㄴ, ㄹ　　⑤ ㄱ, ㄷ, ㄹ

문제 분석 갑은 스토아학파 사상가인 에피텍토스, 을은 에피쿠로스입니다. 스토아학파는 이성적 관조로 자연법칙을 이해하고 이에 따르는 삶을 윤리적이고 행복한 삶이라 보았습니다. 에피쿠로스는 육체적 쾌락을 멀리하고 정신적 쾌락을 추구해야 하며, 적극적 쾌락 추구보다 고통을 회피하는 삶을 이상적인 삶이라고 보았습니다.

정답 찾기 ㄱ. 에피텍토스는 이성으로 파악한 자연의 질서에 순응하는 삶을 강조하였습니다. ㄴ. 에피쿠로스는 몸에 고통이 없고 마음에 불안이 없는 상태인 평정심, 즉 아타락시아를 이상적인 경지라고 보았습니다. ㄹ. 에피텍토스와 에피쿠로스는 모두 행복에 이르는 데 있어서 이성의 역할이 중요하다고 보았습니다.

오답 피하기 ㄷ. 에피텍토스와 에피쿠로스는 공통적으로 부와 명예 등 외

적인 조건의 성취가 아니라 욕망의 절제를 통한 평온한 삶으로서의 행복을 추구하였습니다. 특히 에피쿠로스는 정치 참여와 같은 공적인 삶을 멀리하고 내면의 안정과 마음의 평온을 추구해야 한다고 보았습니다.

함정 피하기

①를 골랐다면 에피쿠로스가 쾌락주의를 주장했기 때문에 '이성'의 역할이 필요하지 않을 것이라고 생각해서 ㄹ이 틀린 것으로 간주했을 것입니다. 에피쿠로스는 욕구를 분별하고, 신과 운명, 죽음 등에 대한 잘못된 생각에서 벗어나는 데 있어서 이성의 역할을 강조했음을 알아야 합니다.

141 에피쿠로스학파와 스토아학파의 사상 비교 　　정답 ⑤

문제 분석 (가)의 갑은 에피쿠로스, 을은 스토아학파 사상가인 에픽테토스입니다. 에피쿠로스는 쾌락을 적극적으로 추구하기 보다는 고통과 근심을 제거하여 평온한 상태에 이르고자 하는 소극적 쾌락주의를 지향하였습니다. 에픽테토스는 외적으로 일어나는 모든 일은 그렇게 일어나도록 결정되어 있기 때문에 우리의 의지대로 변화시킬 수 없다고 보고, 세계의 필연적 질서에 순응하는 삶을 강조하였습니다.

정답 찾기 ⑤ 에픽테토스는 인간의 이성으로 자연의 필연적 질서를 파악해야 우주의 이성과 하나가 되어 정념으로부터 자유로워진다고 보았습니다.

오답 피하기 ① 에피쿠로스는 모든 종류의 고통을 악으로 간주하였습니다. ② 자기애를 넘어 인류 전체를 사랑하는 세계 시민으로서의 삶을 강조한 사상가는 에픽테토스입니다. ③ 에피쿠로스와 에픽테토스는 모두 평온한 마음을 누리기 위한 욕구의 분별과 절제를 강조하였습니다. ④ 에픽테토스는 은둔자적인 삶이 아니라 인류의 공동선을 실현하기 위한 의무를 다하는 세계시민으로서의 삶을 강조하였습니다.

142 에피쿠로스학파의 사상 이해 　　정답 ⑤

문제 분석 제시문은 에피쿠로스의 주장입니다. 에피쿠로스에 의하면 쾌락만이 유일하게 좋고 가치가 있으므로 고통을 멀리하고 쾌락을 추구하는 것이 바람직한 삶입니다.

정답 찾기 ⑤ 에피쿠로스의 쾌락주의는 소극적 쾌락주의로 쾌락을 적극적으로 추구하기보다 고통과 근심을 제거할 것을 강조합니다.

오답 피하기 ① 에피쿠로스는 공동체에서의 적극적인 활동은 육체적이고 정신적인 고통을 가져온다고 보았습니다. 그는 공적인 삶에서 벗어난 은둔자적인 삶을 바람직하다고 보았습니다. ② 에피쿠로스는 자연적이고 필수적인 욕구를 최소한으로 충족시킬 것을 강조하였습니다. ③ 에피쿠로스는 공적인 세상의 삶에서 철저하게 벗어나 자신만의 행복을 쾌락에서 추구하는 개인주의적 삶의 태도를 보여주었다. 세계 시민으로서의 삶을 강조한 것은 스토아학파 사상가들입니다. ④ 에피쿠로스학파는 욕구를 충족시키면서 참된 쾌락을 얻고자 하였습니다.

143 스토아학파의 사상 이해 　　정답 ③

문제 분석 제시문을 주장한 사상가는 스토아 사상가인 에픽테토스입니다. 에픽테토스는 외적으로 일어나는 모든 일은 그렇게 일어나도록 결정되어 있기 때문에 인간의 의지대로 변화시킬 수 없는 반면, 인간의 태도는 인간의 의지대로 변화시킬 수 있다고 보았습니다.

정답 찾기 ③ 두 번째 관점. 에픽테토스는 사회적 지위나 명예 등은 인간의 의지대로 얻을 수 있는 것이 아니므로 이러한 욕구에서 벗어나야 한다고 보았습니다. 세 번째 관점. 에픽테토스는 인간에게 바람직한 삶은 자연에 따르는 삶이며, 자연에 따르는 삶이란 이성에 따르는 삶이자 자연의 필연적 질서에 순응하는 삶이라고 보았습니다.

오답 피하기 첫 번째 관점. 에픽테토스는 질병, 죽음, 가난은 자연의 섭리에 따라 필연적으로 일어나는 일이라고 보았습니다. 네 번째 관점. 에픽테토스는 모든 정념의 제거가 아니라 정념에 초연한 태도를 중시하였습니다.

144 에피쿠로스학파와 스토아학파의 사상 비교 　　정답 ⑤

문제 분석 제시문의 갑은 에피쿠로스, 을은 스토아학파 사상가인 아우렐리우스입니다. 에피쿠로스는 고통을 피하고 쾌락을 추구하는 것이 참된 삶의 목적이라고 보았습니다. 아우렐리우스는 우주 또는 자연이 이성에 의해 지배되며, 모든 일은 자연의 섭리에 맞게 일어난다고 보고, 무슨 일이 일어나든 그것을 기꺼이 의무와 운명으로 받아들여야 한다고 보았습니다.

정답 찾기 ㄴ. 아우렐리우스는 우주는 신이고, 신은 곧 자연이며, 그 본성은 이성(理性, logos)이라고 보았습니다. ㄷ. 아우렐리우스는 무슨 일이 일어나든 그것을 의무와 운명으로 받아들이고 꿋꿋하게 참고 견뎌야 한다고 보았습니다. ㄹ. 에피쿠로스와 아우렐리우스는 모두 행복 실현을 위해 절제하며 살아가는 삶을 강조하였습니다.

오답 피하기 ㄱ. 에피쿠로스는 공적인 삶에서 벗어나 개인의 행복을 쾌락에서 추구하는 삶의 태도를 강조하였습니다.

145 스토아학파와 에피쿠로스학파의 사상 비교 　　정답 ③

문제 분석 (가)의 갑은 스토아학파 사상가인 아우렐리우스, 을은 에피쿠로스입니다. 아우렐리우스는 모든 일은 자연의 섭리에 의해 일어난다고 보고, 자신을 힘들게 하는 일이 일어나더라도 그것을 있는 그대로 받아들이고 꿋꿋하게 참고 견뎌야 한다고 보았습니다. 에피쿠로스는 쾌락을 인간 행위의 궁극적 목적이라고 보고, 쾌락을 행복한 삶의 시작이자 끝이라고 보았습니다.

정답 찾기 ③ 아우렐리우스는 이성의 명령에 따르는 삶을 덕 있는 삶으로 보고, 행위의 결과가 아니라 행위 자체가 이성에 일치하는지를 고려해야 한다고 보았습니다. 이에 비해 에피쿠로스는 쾌락의 증가나 고통의 감소와 같은 행위의 결과를 강조하였습니다.

오답 피하기 ① 아우렐리우스는 부정, 에피쿠로스는 긍정의 대답을 할 질문입니다. 아우렐리우스는 쾌락을 초월하여 자연의 섭리에 순응할 것을 강조하였습니다. 이에 비해 에피쿠로스는 쾌락을 인간 행위의 궁극적인 목적이자 도덕의 기준으로 보았습니다. ② 아우렐리우스가 부정의 대답을 할 질문입니다. 아우렐리우스는 주어진 운명에 순응하면서 사회적 역할과 의무를 충실히 수행할 것을 강조하였습니다. ④ 에피쿠로스가 부정의 대답을 할 질문입니다. 에피쿠로스는 쾌락을 적극적으로 추구하기보다 고통과 불안을 제거하는 소극적 쾌락주의를 강조하였습니다. ⑤ 에피쿠로스가 부정의 대답을 할 질문입니다. 에피쿠로스는 사회 구성원 전체의 쾌락과 행복이 아니라 개인의 쾌락과 행복을 강조하였습니다.

146 아우구스티누스와 아퀴나스의 사상 비교 　　정답 ④

문제 분석 갑은 아우구스티누스, 을은 아퀴나스입니다. 아우구스티누스는 이데아론에 맞추어 완전하고 영원한 천상의 나라와 불완전하고 유한한 지상의 나라를 구분하였습니다. 아퀴나스는 아리스토텔레스의 목적론적 세계관을 바탕으로 모든 사물은 신을 닮으려는 목적을 지니고 있고, 삶의 목적은 신을 진정으로 아는 데 있다고 보았습니다.

정답 찾기 ④ 아우구스티누스와 아퀴나스는 인간이 불완전한 존재이므로 현세적 행복은 영원한 행복이 아니며, 신의 은총을 통해서만 참된 행복에 도달할 수 있다고 보았습니다.

오답 피하기 ① 아우구스티누스는 신을 이성적 인식을 넘어서 실존적으로 만나야 할 인격적 존재로 보았습니다. ② 아퀴나스는 인간만의 노력으로는 참된 행복에 이를 수 없고, 신의 은총을 통해서만 가능하다고 보았습니다. ③ 아우구스티누스와 아퀴나스는 모두 신을 유일한 실체로 보았습니다. 신을 조화로운 자연 그 자체로 본 사상가는 스피노자입니다. ⑤ 아우구스티누스는 플라톤의 사주덕과 믿음, 소망, 사랑이라는 종교적 덕을 강조하였고, 아퀴나스는 도덕적인 덕과 종교적인 덕을 구분하여 강조하였습니다.

147 아퀴나스와 아우구스티누스의 사상 비교   정답 ①

문제 분석 갑은 아퀴나스, 을은 아우구스티누스입니다. 아퀴나스는 스콜라 철학의 대표자로 인간의 이성을 신앙과 조화시키고자 노력하였습니다. 아우구스티누스는 인간이 신의 사랑과 은총을 받을 때 원죄에서 벗어나 구원에 이를 수 있다고 보았습니다.

정답 찾기 ① 아퀴나스에 따르면 이성적 덕은 현세적이고 일시적인 행복만 가져다줄 수 있는 것으로, 영원한 행복을 위해서는 종교적 덕을 실천해야 합니다.

오답 피하기 ② 아우구스티누스는 사랑을 최고 단계의 종교적 덕이라고 보았습니다. 실천적 지혜를 강조한 사상가는 아리스토텔레스입니다. ③ 아퀴나스와 아우구스티누스는 모두 자연을 신의 창조물로 보았습니다. 자연 세계를 신 그 자체로 본 사상가는 스피노자입니다. ④ 아퀴나스와 아우구스티누스는 모두 이성을 통한 신 존재의 증명이 가능하다고 보았습니다. ⑤ 아퀴나스와 아우구스티누스는 모두 신의 은총을 통해서만 신과의 합일에 이를 수 있다고 보았습니다.

148 아우구스티누스와 아퀴나스의 사상 비교   정답 ②

문제 분석 갑은 아우구스티누스, 을은 아퀴나스입니다. 아우구스티누스는 플라톤의 이데아론을 수용하여 이데아계에 해당하는 신의 나라와 현상계에 해당하는 지상의 나라로 구분하였습니다. 아퀴나스는 신앙과 이성이 모두 신으로부터 나온 것이라고 주장하면서 신앙과 이성, 신학과 철학을 조화시키고자 하였습니다. 그리고 도덕적 덕은 일시적인 행복만을 가져다 줄 수 있으므로 영원한 행복을 위해서는 종교적 덕을 추구해야 한다고 보았습니다.

정답 찾기 ② 아퀴나스는 신을 이성적으로 논증하는 것이 가능하다고 보았습니다.

오답 피하기 ① 아우구스티누스는 신을 이성적 인식을 넘어서 실존적으로 만나야 할 인격적 존재라고 보았습니다. 신을 유일한 실체이자 조화로운 자연 그 자체라고 본 사상가는 스피노자입니다. ③ 아우구스티누스와 아퀴나스는 모두 최고선이 신의 계시로 실현된다고 보았습니다. ④ 아우구스티누스와 아퀴나스는 모두 인간은 신의 창조물이며, 인간보다 신이 우월하다고 보았습니다. ⑤ 아우구스티누스와 아퀴나스는 모두 오직 신앙을 통해서만 구원이 가능하다고 보았습니다.

149 아퀴나스의 사상 이해   정답 ④

함정 고난도 평가원 기출

①	②	③	❹	⑤
24%	14%	10%	**43%**	9%

눈으로 보는 해설

다음 중세 서양 사상가의 입장에 대한 설명으로 옳은 것은?

> 움직이는 모든 것은 항상 다른 것에 의해서 움직여지고 있습니다. 그러나 운동의 원인에 대한 소급이 무한히 진행되어올 수는 없습니다. 따라서 우리는 결국 그 자신은 움직여지지 않으면서 다른 모든 것을 움직이는 최초의 원인을 생각하게 됩니다. 우리는 이성적 논증을 통해 이 최초의 원인을 신으로 이해하고 있습니다. 이런 방식을 통해 철학은 신학과 조화를 이룰 수 있습니다. → 아퀴나스

① 신이 창조한 세계 안에서 인간의 자유의지는 ~~없다고~~ 봅니다. ✕
② 신의 존재는 오로지 신의 계시를 ~~통해서만~~ 증명된다고 봅니다. ✕
③ 인간 본성은 ~~도덕적~~ (종교적) 덕의 부단한 실천으로 완성된다고 봅니다. ✕
④ 인간의 궁극 목적을 절대선 그 자체에 이르는 것이라고 봅니다. ○
⑤ 영원한 행복은 ~~인간 스스로의 노력에 의해~~ 이루어진다고 봅니다. ✕

147 (우측)

문제 분석 제시문을 주장한 사상가는 아퀴나스입니다. 아퀴나스는 아리스토텔레스의 주요 개념들을 활용하여 신의 존재를 이성적으로 증명할 수 있다고 보고, 신앙과 이성, 신학과 철학의 조화를 강조하였습니다.

정답 찾기 ④ 아퀴나스는 인간 삶의 궁극적 목적을 신과 하나가 되는 것, 즉 절대선 그 자체에 이르는 것이라고 보았습니다.

오답 피하기 ① 아퀴나스는 신이 자연 세계와 인간의 창조주라고 보고, 인간에게 자유의지를 부여하였다고 보았습니다. ② 아퀴나스는 신의 존재를 이성적으로 증명할 수 있다고 보았습니다. ③ 아퀴나스는 인간 본성은 신의 뜻에 따르는 것이며, 종교적 덕을 실천함으로써 완성된다고 보았습니다. ⑤ 아퀴나스는 영원한 행복은 오직 신의 은총에 의해 내세에서 가능하다고 보았습니다.

함정 피하기

①를 골랐다면 신은 곧 자연이라고 보고 자연에서 일어나는 모든 일은 필연적으로 결정되어 있음을 강조하며 인간의 자유 의지를 부정한 스피노자의 사상과 아퀴나스의 사상을 혼동한 것으로 볼 수 있습니다. 즉 아퀴나스가 인간에게는 신이 부여한 자유 의지가 있다고 보았음을 제대로 알지 못한 것입니다. 아퀴나스와 스피노자의 사상을 비교하여 정확히 알아 두어야 합니다.

150 아우구스티누스와 아퀴나스의 사상 비교   정답 ④

문제 분석 갑은 아우구스티누스, 을은 아퀴나스입니다. 아우구스티누스는 플라톤의 철학을 수용하여 신을 이성적 인식을 넘어서 실존적으로 만나야 할 인격적 존재로 여겼습니다. 이에 비해 아퀴나스는 아리스토텔레스의 철학을 수용하여 신앙과 이성을 조화시키고 신의 존재를 증명하고자 하였습니다.

정답 찾기 ④ 아우구스티누스와 아퀴나스는 모두 신의 은총을 통해 영원한 존재인 신과 하나가 될 때 구원을 얻을 수 있다고 보았습니다.

오답 피하기 ① 아우구스티누스와 아퀴나스는 모두 인간이 불완전한 존재이기 때문에 스스로 참된 선을 실현할 수 없다고 보았습니다. ② 아우구스티누스와 아퀴나스가 신을 최고선으로 본 것은 맞지만, 자연 그 자체로 보지는 않았습니다. ③ 아퀴나스는 신학적 진리와 철학적 진리가 모순되지 않는다고 주장하면서 신학과 철학의 조화를 추구하였습니다. ⑤ 아퀴나스는 진정한 행복에 이르기 위해서는 지성적 덕과 품성적 덕을 갖추는 것만으로는 부족하며 종교적 덕을 실천해야 한다고 보았습니다.

151 아우구스티누스와 아퀴나스의 사상 비교   정답 ④

문제 분석 갑은 아우구스티누스, 을은 아퀴나스입니다. 아우구스티누스는 신을 이성적 인식의 대상이 아니라 실존을 통해 만나야 할 인격적 존재로 여겼습니다. 이에 비해 아퀴나스는 신앙과 이성, 신학과 철학은 조화될 수 있다고 보고, 그리스도교의 교리를 철학적으로 논증하고자 하였습니다.

정답 찾기 ④ 아퀴나스는 완전한 행복에 이르기 위해서는 지적인 덕과 품성적 덕을 갖추는 것만으로는 부족하며, 종교적 덕을 실천해야 한다고 보았습니다.

오답 피하기 ① 아우구스티누스는 만물의 궁극적인 존재 근거를 신이라고 보았습니다. ② 아우구스티누스는 신을 이성적 인식을 넘어 실존적으로 만나야 할 인격적 존재로 보았습니다. ③ 아퀴나스는 신학적 진리와 철학적 진리가 모순되지 않는다고 주장하면서 신학과 철학의 조화를 추구하였습니다. ⑤ 아우구스티누스와 아퀴나스는 신을 최고선으로 보았지만, 자연 그 자체로 보지는 않았습니다.

152 아우구스티누스와 아퀴나스의 사상 비교   정답 ③

문제 분석 (가)의 갑은 아우구스티누스, 을은 아퀴나스입니다. 아우구스티누스는 신을 이성적 인식의 대상이 아니라 실존을 통해 만나야 할 인격적 존재로 여기고, 신앙을 통해서만 진리를 인식할 수 있다고 보았습니

다. 이에 비해 아퀴나스는 신을 통해 계시된 진리를 수용하고, 이성을 통해 자연적 진리를 인식한다고 하였으며, 신앙과 이성, 계시된 진리와 자연적 진리가 서로 모순되지 않는다고 보았습니다.

정답 찾기 ③ 아우구스티누스와 아퀴나스는 모두 현세에서 인간 스스로의 노력만으로는 영원한 행복에 이를 수 없다고 보았으며, 신의 은총에 의해 내세에서 실현될 수 있다고 보았습니다.

오답 피하기 ①, ② 아우구스티누스와 아퀴나스 모두 신을 영원한 존재이자 완전한 선으로 보고, 신의 은총에 의해 구원이 가능하다고 보았습니다. ④, ⑤ 아퀴나스는 신앙과 이성은 대립하는 것이 아니라 상호 보완적 관계에 있다고 주장하면서, 신의 존재를 이론적으로 증명할 수 있다고 보았습니다.

153 루터의 프로테스탄티즘 이해　　　정답 ②

문제 분석 자료는 종교 개혁의 발단이 된 루터의 '95개조 반박문'의 일부입니다. 종교 개혁은 중세 유럽을 지배한 가톨릭교회와 로마 교황의 권위를 부정하고 성서와 신앙의 우위를 확립하려는 운동입니다.

정답 찾기 ㄱ. 루터는 교회의 형식적인 예배 의식보다 개인의 신앙이 더 중요하다는 신앙주의를 주장하였습니다.
ㄷ. 루터는 신앙을 교회 생활에서 구했던 중세의 신앙 태도에서 벗어나 신앙의 개인적인 면을 강조하면서 개인이 진정한 회개를 하면 신의 은총을 충분히 누릴 권리를 갖게 된다고 보았습니다.

오답 피하기 ㄴ. 루터는 신과 인간 사이의 중재자로서의 역할을 독점하려는 교회나 사제의 역할에 반대하고, 신앙인이라면 누구나 성직자를 통하지 않고서도 신을 만날 수 있다고 보았습니다. ㄹ. 루터는 그리스도교의 진리를 전해주는 최고의 권위는 교회나 교황이 아니라 성서에 있다는 성서주의를 주장하였습니다.

핵심 개념 CHECK!　　　▶ 본문 086쪽

01 ○	02 ×	03 ×	04 ○	05 ○	06 ○	07 ○	08 ○
09 ○	10 ×	11 ○	12 ×	13 ○	14 ×	15 ○	16 ×
17 ○	18 ○	19 ○	20 ○	21 ×	22 ×	23 ○	24 ○
25 ×	26 ○	27 ○					

○× 문장 바로 알기

01 서양은 르네상스와 종교 개혁, 자연 과학의 발달을 통해 중세에서 근대로 전환되었다.

02 합리론은 수학적 논리와 추론에 의해 얻은 지식을 중시하였고, 확실한 원리로부터 이성적 추론을 통해 지식을 얻어 내는 ~~귀납적~~ (연역적) 방법을 강조하였다.

03 이성주의는 참된 진리는 이성뿐만 ~~아니라 감각적 경험으로도~~ (만으로) 인식이 가능하다고 하였다.

04 데카르트는 감각적 경험은 단편적이고 우연한 지식으로 확실한 지식을 주지 못한다고 보았다.

05 데카르트는 이성적 추론의 토대가 되는 확실한 원리를 찾기 위하여 방법적 회의를 통해 모든 것을 의심해 보았다.

06 데카르트는 "나는 생각한다. 그러므로 나는 존재한다."를 철학의 제1원리로 삼아 확실한 지식을 연역하고자 하였다.

07 데카르트는 윤리학을 철학의 마지막 단계로 보았다.

08 스피노자는 이성적인 삶을 지향하였으며, 자연을 수학적 질서에 따라 움직이는 하나의 거대한 기계로 보았다.

09 스피노자는 자연에서 일어나는 모든 일은 원인과 결과의 필연적인 관계로 연결되어 있다고 주장하였다.

10 스피노자가 말하는 신은 ~~자연을 창조한 인격적 신을 의미한다.~~ (인격적 신이 아니라 스스로가 자신의 존재 원인인 자연 그 자체를 의미한다)

11 스피노자는 수동적인 감정을 정념이라고 부르고, 인간이 만약 슬픔, 마음의 동요, 불안 등과 같은 정념을 조절하고 통제하지 못하게 되면 정념에 예속된다고 보았다.

12 스피노자는 인간이 온갖 정념의 예속에서 벗어나 올바른 삶을 살려면 ~~감정을 제거하고~~ (감정을 절제하고) 이성을 온전히 사용하여 모든 사물의 궁극적인 원인과 질서를 인식해야 한다고 주장하였다.

13 스피노자에 따르면 인간은 자연의 인과적 필연성을 이성적 관조를 통해 인식함으로써 마음의 평정과 진정한 자유를 얻을 수 있다.

14 스피노자는 ~~기계론적 세계관에서 벗어나 자유 의지를 지닌 능동적 존재자로서 인간의 삶을 조명해야 한다고~~ 보았다. (자연의 필연적 질서를 인식하고 수동적인 감정인 정념을 올바르게 조정해야 한다고)

15 경험론은 사유와 지식의 원천을 감각적 경험에 두고, 관찰이나 실험에서 얻은 지식을 중시하였다.

16 경험론은 개별적 경험으로부터 일반적 원리를 얻어 내는 ~~연역적~~ 방법
　　 을 강조하였다.
　　 귀납적

17 귀납법은 관찰과 실험을 통해 일반 원리를 발견한다.

18 베이컨은 자연에 대한 과학적 지식을 중시하였다.

19 베이컨은 인간이 지닌 선입관과 편견을 우상(偶像)이라고 칭하며, 우
　　 상을 제거하고 자연을 있는 그대로 관찰할 때 올바른 지식을 획득할
　　 수 있다고 주장하였다.

20 베이컨은 우상을 제거하여 얻어 낸 올바른 지식을 이용함으로써 자연
　　 을 지배하고 생활 방식을 개선하여 사람들에게 행복을 가져다 줄 수
　　 있다고 보았다.

21 흄은 도덕의 가치를 ~~지적 판단~~의 대상으로 보았다.
　　 공감과 사회적 유용성

22 흄은 도덕에서 무엇보다 중요한 것이 실천인데, 도덕적 실천의 동기
　　 가 될 수 있는 것은 오직 어떤 대상에 대한 이성 적 판단이라고 보고,
　　 이성
　　 도덕에 있어 중요한 요인은 감정이 아니라 ~~이성~~이라고 주장하였다.
　　　　　　　　　　　　 감정

23 흄에 따르면 길가에 쓰러진 사람을 도우려는 도덕적 행동을 불러일으
　　 키는 동기는 그에 대한 동정이나 연민과 같은 감정이다.

24 흄은 어떤 행동이 그것을 바라보는 사람에게 시인(是認)의 즐거운
　　 감정을 가져다준다면 좋은 겟[善]으로, 부인(否認)의 불쾌한 감정
　　 을 가져다준다면 나쁜 것[惡]으로 규정하였다.

25 흄은 사회 전체의 이익이나 행복에 긍정적인 영향을 끼치는 행동은
　　 우리에게 ~~부인(否認)~~의 감정을 불러일으키고 도덕적 행동을 하도록
　　 시인(是認)
　　 이끈다고 보았다.

26 흄에 따르면 우리가 사회적이고 보편적으로 시인의 감정을 느끼는 이
　　 유는 공감 능력을 가졌기 때문이므로 도덕적인 삶을 살기 위해서는 공
　　 감을 통해 사람들에게 쾌감을 불러일으키는 행동을 실천해야 한다.

27 사회의 행복에 유용한 행위를 강조한 흄의 윤리 사상은 공리주의의
　　 사상적 뿌리가 되었다.

기출+예상 문제로 주제 정복하기　　　　　▶ 본문 088~091쪽

154 ②	**155** ④	**156** ②	**157** ⑤	**158** ④	**159** ①
160 ⑤	**161** ④	**162** ③	**163** ①	**164** ②	**165** ①
166 ⑤	**167** ①	**168** ⑤	**169** ⑤		

154 베이컨과 데카르트의 사상 비교　　　　　정답 ②

문제 분석 갑은 베이컨, 을은 데카르트입니다. 베이컨은 자연을 경험하고 귀납적 방법으로 축적한 진리를 기반으로 자연을 이용하여 인간 삶의 풍요와 편리를 도모해야 한다고 하였으며, 데카르트는 의심할 수 없는 확실한 진리를 기반으로 한 연역적 탐구 방법으로 인식의 오류에서 벗어날 것을 주장하였습니다.

정답 찾기 ② 데카르트는 "나는 생각한다. 그러므로 나는 존재한다."를 철학적 사유의 제1원리로 보았습니다.

오답 피하기 ① 베이컨은 위대한 사상가의 주장을 비판 없이 수용하는 것을 '극장의 우상'이라고 하여 비판하였습니다. ③ 베이컨은 귀납적으로, 데카르트는 연역적으로 진리를 얻을 수 있다고 보았습니다. ④ 베이컨은 후천적 경험을 통해 지식을 습득한다고 보았고, 데카르트는 이성에 내재되어 있다고 보았습니다. ⑤ 베이컨은 경험 사례들을 분류하고 분석하기 위해 이성의 역할이 필요하다고 보았고, 데카르트는 이성을 근거로 하여 연역 추론하여 진리를 확인해 나간다고 보았습니다.

155 데카르트와 흄의 사상 비교　　　　　정답 ④

문제 분석 갑은 데카르트, 을은 흄입니다. 데카르트는 확실한 진리에 도달하기 위해 모든 것을 의심하는 '방법적 회의'를 통해 결코 의심할 수 없는 '생각하는 나'가 있다는 확실한 진리를 얻었습니다. 흄은 도덕적 행위의 동기가 되는 것은 이성이 아니라 감정이라고 보았습니다. 이성은 도덕적 행위의 적절한 수단을 알려주는 역할을 할 뿐이라고 보았습니다.

정답 찾기 ④ 흄은 사회적으로 유용한 행위가 사회적 시인의 감정을 일으킨다고 주장하면서 사회적 유용성이 행위의 정당성을 판단하는 기준이 된다고 보았습니다.

오답 피하기 ① 데카르트는 방법적 회의를 통해 자명한 진리에 도달할 수 있다고 보았습니다. ② 인간의 공감 능력을 도덕의 토대로 본 사상가는 흄입니다. ③ 흄은 이성이 도덕적 행위의 적절한 수단을 알려주는 역할을 한다고 보았습니다. ⑤ 데카르트는 경험과 관찰을 통해서는 진리를 파악할 수 없다고 보았습니다.

156 아퀴나스와 스피노자의 사상 비교　　　　　정답 ②

함정 **고난도 평가원 기출**

①	**❷**	③	④	⑤
27%	50%	9%	9%	5%

눈으로 보는 해설

갑, 을 사상가들에 대한 설명으로 옳은 것은?

> 갑: 인간의 궁극적 목적은 가장 위대한 최고선인 신(神)입니다. 신은 무한한 선이므로 오직 신만이 우리의 의지를 넘칠 만큼 가득 채울 수 있습니다. 그러므로 종교적 덕의 실천과 신의 은총이 있어야 내세에 영원한 행복에 이를 수 있습니다. → 아퀴나스
> 을: 신 또는 자연이 세계이며, 모든 일은 자연의 법칙에 따라 필연적으로 일어난다. 그러므로 인간의 의지는 자유로운 원인이 아니라 필연적 원인입니다. → 스피노자

① 갑은 도덕적 덕과 종교적 덕을 ~~동일한 것~~으로 봅니다. ✕
② 갑은 신을 이성에 의해서 인식될 수 있는 존재로 봅니다. ○
③ 을은 신을 ~~아우구스티노스~~ 실존을 통해 만나야 할 인격적 존재로 봅니다. ✕
④ 을은 행복을 완전한 존재인 신에 귀의하는 것으로 봅니다. ✕
⑤ 갑, 을은 완전한 신과 현실 세계를 ~~분리된 것~~으로 봅니다. ✕
　　　　　　　　　　　　　　　　　 같은

문제 분석 갑은 아퀴나스, 을은 스피노자입니다. 아퀴나스는 지성적 덕과 품성적 덕을 넘어선 종교적 덕을 실천해야 영원한 행복에 이를 수 있다고 보았습니다. 스피노자는 우주를 수학적 질서에 따라 움직이는 하나의 거대한 기계로 보면서 세상의 모든 일은 필연적으로 일어난다고 보았습니다.

정답 찾기 ② 아퀴나스는 신을 이성적으로 인식할 수 있으며, 신의 존재를 이성적으로 논증할 수 있다고 보았습니다.

오답 피하기 ① 아퀴나스는 도덕적 덕을 넘어선 종교적 덕이 있다고 보았

습니다. ③ 신을 실존을 통해 만나야 할 인격적 존재로 본 사상가는 아우구스티누스입니다. ④ 행복을 완전한 존재인 신에 귀의하는 것으로 본 사상가는 아퀴나스입니다. ⑤ 아퀴나스는 현실 세계를 신의 창조물로 보았고, 스피노자는 현실 세계를 신 그 자체라고 보았습니다.

> **함정 피하기**
> ①를 골랐다면 아퀴나스가 아리스토텔레스의 철학을 수용했기 때문에 도덕적 덕과 종교적 덕을 동일한 것으로 보았다고 잘못 생각했을 가능성이 큽니다. 아퀴나스는 지성적 덕과 도덕적 덕을 넘어선 종교적 덕을 강조했음을 알아야 합니다.

157 스피노자의 사상 이해　　　　　정답 ⑤

문제 분석 (가)를 주장한 사상가는 스피노자입니다. (나)의 가로 열쇠 (A)는 '자민족(自民族)', (B)는 '본연(本然)'입니다. 따라서 세로 열쇠 (A)는 '자연(自然)'입니다.

정답 찾기 ⑤ 스피노자는 자연을 유일한 실체인 신이며, 인과 법칙에 따라 움직이는 거대한 기계와 같다고 보았습니다.

오답 피하기 ① 스피노자에 따르면 자연은 이성에 의해 파악되는 필연적 질서의 세계입니다. ② 스피노자에 따르면 자연은 이성적으로 관조하고 이해해야 하는 질서입니다. ③ 우주 만물을 창조한 완전한 신은 그리스도교 사상이 주장하는 '인격신'입니다. ④ 스피노자에 따르면 자연은 인간의 의지와 무관하게 운행되는 거대한 기계입니다.

158 데카르트의 사상 이해　　　　　정답 ④

문제 분석 제시문을 주장한 사상가는 데카르트입니다. 데카르트는 이성주의자로서 '방법적 회의'를 사용하여 더 이상 의심할 수 없는 확실한 명제를 찾고 이것을 철학의 제1원리로 삼아 다른 진리들을 연역하고자 하였습니다.

정답 찾기 ㄱ. 데카르트는 일반적인 원리로부터 논리적 추론을 통해 개별적인 이치를 알아내는 연역 추리를 통해 새로운 지식을 얻을 수 있다고 보았습니다. ㄴ. 데카르트는 정신과 물질을 독립된 실체로 여기면서 인간은 자연을 인식하는 주체이며 정신적 존재인데 반해 자연은 단순한 물질적 존재에 불과하다고 보았습니다. ㄹ. 데카르트는 방법적 회의를 통해 더 이상 의심할 수 없는 확실한 명제를 찾을 수 있다고 보았습니다.

오답 피하기 ㄷ. 데카르트는 감각적 경험을 통해 얻은 지식은 주관적이고 단편적이어서 명백한 진리로 믿을 수 없다고 보고, 지식의 원천이 이성에 있다고 보았습니다.

159 베이컨과 데카르트의 사상 비교　　　　　정답 ①

문제 분석 갑은 베이컨, 을은 데카르트입니다. 베이컨은 감각적 경험을 지식의 근원으로 보는 경험주의를 대표하는 사상가로서 이성적 추론보다는 과학의 실험 정신에 근거한 새로운 진리 탐구 방법인 귀납법을 강조하였습니다. 데카르트는 이성주의자로서 '방법적 회의'를 사용하여 더 이상 의심할 수 없는 확실한 명제를 찾고 이것을 철학의 제1원리로 삼아 다른 진리들을 연역하고자 하였습니다.

정답 찾기 ① 베이컨은 감각적 경험을 통해 새로운 지식을 습득할 수 있다고 보았습니다.

오답 피하기 ② 베이컨은 참된 지식에 이르기 위해 인간의 선입견과 편견을 제거할 것을 주장하였습니다. ③ 데카르트는 감각적 경험을 통해 얻은 지식을 비판하며 지식의 원천이 이성에 있다고 보았습니다. ④ 데카르트는 방법적 회의를 통해 더 이상 의심할 수 없는 확실한 명제를 찾을 수 있다고 보았습니다. ⑤ 참된 지식을 얻기 위한 학문적 방법으로 베이컨은 귀납법, 데카르트는 연역법을 중시하였습니다.

160 스피노자의 사상 이해　　　　　정답 ⑤

문제 분석 가상 대화의 사상가는 스피노자입니다. 스피노자는 신 또는 자연이 유일한 실체이며, 이 세상의 모든 일은 원인과 결과로써 필연적으로 맺어져 있다고 보았습니다.

정답 찾기 ⑤ 스피노자는 자연에 대한 이성적 관조를 통해 신과 신적 본성의 필연성에서 따라 나오는 활동을 인식하고, 모든 사물의 궁극적 원인과 발생의 질서를 인식함으로써 도달하게 되는 마음의 안정과 평화가 행복이며, 이것이 곧 인간에게 가능한 유일한 최고선이라고 보았습니다.

오답 피하기 ① 그리스도교 사상에서 강조할 내용입니다. 스피노자는 인격신이 아니라 신이 세계 자체이자 자연이라는 범신론을 주장하였습니다. ② 스피노자는 세상의 모든 일은 원인과 결과로 필연적으로 연결되어 있으므로 우연성이 들어설 곳은 없다고 보았습니다. ③ 스피노자는 자유의지를 부정하고, 자연의 필연적 질서에 순응할 것을 강조하였습니다. ④ 스피노자는 신 또는 자연이 유일한 실체이며, 인간은 실체(實體)가 변한 모습, 즉 양태(樣態)의 지위를 갖는다고 보았습니다.

161 스피노자의 사상 이해　　　　　정답 ④

문제 분석 (가)를 주장한 사상가는 스피노자입니다. 스피노자는 신 또는 자연이 유일한 실체이며, 이 세상의 모든 일은 원인과 결과로써 필연적으로 맺어져 있다고 보았습니다.

정답 찾기 ④ 스피노자는 자연을 기하학적 질서에 따라 움직이는 실체로 보았으며, 자연의 필연성을 이성적으로 관조하는 데서 오는 마음의 안정과 평화를 최고의 행복으로 보았습니다.

오답 피하기 ① 에피쿠로스학파에서 강조할 내용입니다. ② 범신론적 관점을 지닌 스피노자에 따르면 신은 초월적 원인이 아니라 내재적 원인입니다. 내재적 원인은 결과를 자신 안에서 산출하는 원인이고, 초월적 원인은 결과를 자신 밖에서 산출하는 원인입니다. ③ 스피노자는 자유의지를 부정하고, 자연의 필연적 질서에 순응할 것을 강조하였습니다. ⑤ 스피노자에 따르면 인간은 자연으로부터 독립된 실체가 아니라 신 또는 자연이라는 유일한 실체의 양태입니다.

162 베이컨과 듀이의 사상 비교　　　　　정답 ③

문제 분석 갑은 베이컨, 을은 듀이입니다. 베이컨은 경험과 관찰을 중시하는 귀납법을 통해 새로운 진리를 탐구할 수 있다고 보고, 자연 과학적 지식을 통해 자연을 지배하고 인간의 생활 방식을 개선할 수 있다고 믿었다. 듀이는 지식을 문제를 해결하는 유용한 수단이나 도구라고 보고, 도덕이나 윤리는 시대나 상황에 따라 변화하고 성장하는 것이라고 주장하였습니다.

정답 찾기 ③ 듀이는 도덕이나 윤리가 불변하는 것이 아니라 변화하고 성장한다고 보았습니다.

오답 피하기 ① 베이컨은 전통과 권위에 의존하여 생기게 되는 극장의 우상을 타파해야 한다고 보았습니다. ② 베이컨은 개별적인 사실들에 대한 관찰과 실험을 통해 일반적인 원리를 찾아내는 귀납법이 참된 진리 탐구 방법이라고 보았습니다. ④ 듀이는 가설이 문제 해결에 유용한 것으로 확인될 때 비로소 가치를 갖게 되며 진리로 간주된다고 보았습니다. ⑤ 베이컨과 듀이는 모두 과학적 발견을 통해 인류의 성장과 진보가 가능하다고 보았습니다.

163 흄의 윤리적 행위 이해　　　　　정답 ①

문제 분석 제시문의 갑은 흄입니다. 흄은 도덕적 판단과 행위에서 중요한 요인은 이성이 아니라 감정이라고 보았습니다. 그는 도덕적 선과 악은 이성에 의해 파악되는 것이 아니라 감정에 의해 느껴지는 것이라고 하면서 이성은 감정의 노예일 수밖에 없다고 보았습니다.

정답 찾기 ① 흄은 타인이 처한 상황에서 타인의 감정에 공감하여 행위할 것을 강조하였습니다.

오답 피하기 ② 개인의 행복 추구를 중시한 사상은 개인적 쾌락주의입니다. ③ 신의 계율에 따를 것을 중시한 사상은 그리스도교 사상입니다. ④ 정언 명법에 따라 행위할 것을 강조한 사상가는 칸트입니다. ⑤ 흄은 타인에 대한 공감 능력을 강조하였습니다.

164 흄의 이성에 대한 입장 파악　　　　정답 ②

문제 분석 (가)를 주장한 사상가는 흄입니다. (나)의 가로 열쇠 (A)는 '이통(理通)', (B)는 '불성(佛性)'입니다. 따라서 세로 열쇠 (A)는 '이성(理性)'입니다.

정답 찾기 ② 흄은 도덕적 실천을 유발하는 것은 감정이고, 이성은 감정의 노예와 같은 역할을 한다고 보았습니다. 이성은 경험한 것을 기억하고 인상과 관념으로 남기는 역할을 통해 감정이 행위로 이끄는 것을 도울 뿐이라고 본 것입니다.

오답 피하기 ① 흄은 도덕적 선과 악이 이성에 의해 인식되는 것이 아니라 감정에 의해 느껴지는 것이라고 보았습니다. ③ 흄에 따르면 타인의 행복이나 불행을 느낄 수 있는 능력을 공감입니다. ④ 어떤 상황에서도 동요하지 않는 정신 상태는 스토아학파에서 강조한 아파테이아입니다. ⑤ 흄에 따르면 행위의 동기를 유발하는 것은 감정입니다.

165 데카르트와 흄의 인식론 비교　　　　정답 ①

고난도 평가원 기출	함정			
❶	②	③	④	⑤
24%	59%	4%	9%	4%

🔍 눈으로 보는 해설

근대 서양 사상가 갑, 을의 입장에 대한 옳은 설명을 〈보기〉에서 고른 것은?

> 갑: 나는 오직 내가 생각하는 존재, 즉 정신이나 이성으로서의 존재라는 말의 뜻을 비로소 알게 되었다. 이에 따라 나는 이제 드디어 나의 존재에 대한 물음에 답할 수 있게 되었다. 나는 바로 생각하는 존재였다. → 데카르트
>
> 을: 나는 언제나 이른바 '나 자신'이라는 것의 심층에 들어가 보면 개별적 지각들, 즉 사랑과 미움, 고통과 쾌감을 경험하고 있는 나를 발견하였다. 여기서 이성은 나의 행동과 정념에 어떤 영향도 미칠 수 없었다. → 흄

〈보기〉
ㄱ. 갑은 경험과 관찰로는 확실한 지식을 얻을 수 없다고 봅니다. ○
ㄴ. 을은 인과 법칙이 심리적 성향과 습관에서 비롯된다고 봅니다. ○
ㄷ. 갑은 을과 달리 제1원리를 방법적 회의의 ~~출발점~~으로 봅니다. ×
ㄹ. ~~을은 갑과 달리~~ 사유하는 자아의 존재를 의심할 수 없다고 봅니다. ×
　　　갑은 을과 달리

① ㄱ, ㄴ　　② ㄱ, ㄷ　　③ ㄴ, ㄷ　　④ ㄴ, ㄹ　　⑤ ㄷ, ㄹ

문제 분석 갑은 데카르트, 을은 흄입니다. 데카르트는 감각 경험이 확실한 지식을 주지 못한다고 보고, 의심할 여지없이 확실한 지식을 찾기 위하여 방법적 회의를 통해 모든 것을 의심한 결과 "나는 생각한다. 그러므로 나는 존재한다.'라는 확고부동한 인식의 제1원리를 찾아냈습니다. 흄은 사물이나 현상에 대한 지식은 이성이 아니라 반복된 경험을 통해 인식된다고 보았습니다. 흄에 따르면, 형이상학의 주요 개념인 신, 정신, 실재, 본질 등은 경험적으로 확인할 수 없으므로, 이에 대해 어떠한 의미 있는 주장도 할 수 없으며, 인과 관계 역시 반복적으로 관찰함으로써 알게 된 것일 뿐, 원인과 결과의 실제적 결합은 알 수 없습니다. 그리고 자아에 대한 인식 역시 알 수 있는 것은 감각적 지각일 뿐, 자아 그 자체를 파악할 수는 없습니다.

정답 찾기 ㄱ. 데카르트는 경험과 관찰을 통해 얻은 지식은 주관적이고 단편적이어서 확실한 지식으로 믿을 수 없다고 보았습니다. ㄴ. 흄은 물리적 세계에 대한 인과 관계는 우리가 반복적으로 관찰함으로써 알게 된 것일 뿐, 인과의 실제적인 결합은 알 수 없다고 보았습니다.

오답 피하기 ㄷ. 데카르트는 방법적 회의의 결과 철학의 제1원리를 도출할 수 있다고 보았습니다. ㄹ. 사유하는 자아의 존재를 의심할 수 없다고 본 사상가는 데카르트이며, 흄은 자아의 존재조차 의심스럽다고 보았습니다.

💣 함정 피하기

②를 골랐다면 데카르트가 주장한 주요 용어인 '제1원리', '방법적 회의'라는 용어만 보고 데카르트의 입장에 대한 옳은 설명이라고 착각했을 가능성이 큽니다. 따라서 데카르트가 방법적 회의를 통해 의심할 수 없는 진리를 찾고자 하였고, 그 결과 철학의 제1원리를 도출했다는 인과 관계를 명확히 알아두어야 합니다.

166 베이컨과 데카르트의 사상 비교　　　　정답 ⑤

문제 분석 갑은 베이컨, 을은 데카르트입니다. 베이컨은 감각적 경험을 지식의 근원으로 보는 경험주의를 대표하는 사상가로서 이성적 추론보다는 과학의 실험 정신에 근거한 새로운 진리 탐구 방법인 귀납법을 강조하였습니다. 데카르트는 이성주의자로서 '방법적 회의'를 사용하여 더 이상 의심할 수 없는 확실한 명제를 찾고 이것을 철학의 제1원리로 삼아 다른 진리들을 연역하고자 하였습니다.

정답 찾기 ⑤ 베이컨과 데카르트는 모두 자연과 인간의 관계에 있어서 인간 중심주의를 대표하는 사상가로서 자연보다 인간이 우월한 존재라고 보았습니다.

오답 피하기 ① 베이컨은 과학적 실험과 경험을 통해 새로운 진리를 탐구할 수 있다고 보았습니다. ② 베이컨은 지식의 원천을 이성이 아니라 관찰과 경험이라고 보았습니다. ③ 데카르트는 감각적 경험을 통해 얻은 지식을 비판하며 지식의 원천이 이성에 있다고 보았습니다. ④ 데카르트는 연역 추리를 통해 새로운 진리를 찾을 수 있다고 보았습니다.

167 스피노자와 흄의 사상 비교　　　　정답 ①

문제 분석 갑은 스피노자, 을은 흄입니다. 스피노자에 의하면, 이성에 의해 신과 자연을 인식할 수 있으며 신을 지적으로 사랑할 수 있습니다. 흄에 의하면, 이성은 정념에게 정보를 제공할 뿐 도덕적 신념이나 도덕적 실천에 직접적인 영향을 주지 못합니다. 흄은 정념이 도덕적 판단과 실천의 동기로 작용한다고 주장하였습니다.

정답 찾기 ① 스피노자는 세계의 모든 일은 원인과 결과로 필연적으로 연결되어 있으며, 인간은 자연의 일부로서 자연 법칙의 지배를 받는다고 보았습니다.

오답 피하기 ② 흄은 이성이 경험한 것을 기억하고 인상과 관념으로 남기는 역할을 통해 감정이 행위로 이끄는 것을 돕는다고 보았습니다. ③ 스피노자는 이성을 통해 최고의 선인 신을 인식할 수 있다고 보고, 이성이 도덕적 실천의 근원이라고 보았습니다. ④ 모든 일이 필연적 인과 관계를 맺고 있다고 본 사상가는 스피노자입니다. ⑤ 스피노자는 정념에서 벗어난 삶을, 흄은 정념을 중시하는 삶을 강조하였습니다.

168 흄과 벤담의 사상 비교　　　　정답 ⑤

문제 분석 갑은 경험주의자인 흄, 을은 공리주의자인 벤담입니다. 흄은 도덕적 판단과 행위에서 중요한 것은 이성이 아니라 감정이라고 보면서, 선악을 개인의 주관적 감정이 아니라 사회적 시인과 부인의 감정을 표현한 것이라고 보았습니다.

정답 찾기 ⑤ 벤담은 인간이 쾌락을 추구하고 고통을 피하려는 존재라는

쾌락주의적 인간관을 바탕으로 고통의 부재 또는 쾌락, 즉 행복을 삶의
목적이라고 보았습니다.
오답 피하기 ① 흄과 벤담 모두 부정의 대답을 할 질문입니다. 특히 흄은
이성이 감정의 노예이고 노예이어야만 한다고 주장하였습니다. ② 흄과
벤담 모두 부정의 대답을 할 질문입니다. 흄과 벤담은 사회적 차원의 유
용성을 중시하였습니다. ③ 흄이 부정의 대답을 할 질문입니다. 흄은 선
악을 이성적으로 판단되는 것이 아니라 사회적 시인과 부인의 감정을 표
현한 것이라고 보았습니다. ④ 벤담은 사회가 개인들의 집합체이므로 개
개인의 행복이 사회 전체의 행복과 연결된다고 보았습니다.

169 흄과 칸트의 사상 비교 　　　　　　　　　　　　　정답 ⑤

문제 분석 갑은 흄, 을은 칸트입니다. 흄은 감정은 도덕적 행위의 동기가
될 수 있지만 이성은 그렇지 못하다고 주장하면서 공감을 통해 쾌감을 느
낄 때 그것이 바로 선(善)이라고 보았습니다. 이에 비해 칸트는 도덕적 행
위는 감정이 아니라 실천 이성의 명령에 따르는 것이며, 개인의 행복 추
구는 직접적 의무에서 벗어난 것으로 도덕적 가치가 없다고 보았습니다.
정답 찾기 ⑤ 칸트는 도덕이란 행복이나 다른 무엇을 실현하기 위한 수단
이 아니라 그 자체가 목적이라고 보았습니다.
오답 피하기 ① 흄은 사회적으로 유용한 행위를 도덕적 가치가 있다고 보
았습니다. ② 흄은 악덕과 덕의 차이를 구분할 수 있는 것은 그것들이 일
으키는 인상이나 감정에 의한 것이므로 선악은 판단되기보다는 느껴지는
것이라고 주장하였습니다. ③ 칸트는 도덕적 행위를 의무 의식이 동기가
된 행위라고 보았습니다. ④ 칸트에게 있어 도덕 법칙이란 실천 이성이
부과한 자율적인 명령입니다.

11강　옳고 그름의 기준

핵심 개념 CHECK! 　　　　　　　　　　　　　▸ 본문 094쪽

01 ○	02 ○	03 ○	04 ○	05 ×	06 ○	07 ×	08 ×
09 ○	10 ×	11 ×	12 ×	13 ○	14 ○	15 ○	16 ○
17 ○	18 ○	19 ○	20 ○	21 ○	22 ○	23 ○	24 ×
25 ○	26 ○	27 ○	28 ○	29 ×	30 ○	31 ○	32 ○
33 ×	34 ×	35 ○	36 ×				

○× 문장 바로 알기

01　의무론적 윤리는 결과에 상관없이 의무를 중시한다.

02　의무론적 윤리는 목적의 수단화를 반대한다.

03　아리스토텔레스는 습관의 도덕적 중요성을 인정하지만, 칸트는 부정
한다.

04　아리스토텔레스와 칸트는 모두 도덕적 행위에 있어서 의지를 중시
한다.

05　칸트는 ~~행위의 목적~~에 의해 도덕적 가치가 결정된다고 본다.
　　　　행위자의 순수한 의지나 동기

06　칸트에 따르면 도덕 원리에 대한 존경심에서 나온 행위만이 도덕적
행위가 된다.

07　칸트는 도덕 원리가 ~~행복을 추구하는 동기에 의해~~ 규정된다고
본다.
　　　　옳은 것을 옳다는 이유만으로 행하려는 의지 또는 보편적이고
　　　　절대적인 도덕 법칙에 대한 의무 의식에 의해

08　칸트는 이성만으로는 도덕 법칙을 ~~알기 어렵다고~~ 보았다.
　　　　　　　　　　　　　　파악할 수 있다고

09　칸트는 동기의 순수성이 결여된 행위는 도덕적으로 무가치하다고
본다.

10　칸트에 따르면 인간은 누구나 실천 이성을 가지므로 비도덕적 행위를
하지 ~~않는다.~~
　　　　않아야 한다.

11　칸트에 따르면 도덕 법칙은 절대적이고 보편타당한 실천 법칙으로 ~~가
언 명령~~의 형식으로 나타난다.
　　　정언 명령

12　정언 명령 제1정식은 ~~인간성의~~ 정식이다.
　　　　　　　　　　　보편성의

13　칸트에 따르면 인간을 수단으로 대할 때에도 언제나 동시에 목적으로
대우해야 한다.

14　칸트에 따르면 도덕적 행위와 행복의 추구는 양립할 수 ~~없다.~~
　　　　　　　　　　　　　　　　　　　있다.

15　로스에 따르면 모든 도덕 문제를 해결할 수 있는 일원론적 도덕 원리
는 없다.

16　로스에 따르면 절대적인 것처럼 보이는 도덕 법칙도 다른 도덕원칙에
의해 유보될 수 있다.

17　로스에 따르면 의무들이 상충하는 경우 실제적 의무는 직관에 의해
결정된다.

18 로스는 칸트주의가 지니는 비현실성을 해결하기 위해 절대적 의무 개념에서 탈피해 조건부 의무를 제시하였다.

19 공리주의는 사회 전체의 이익만을 추구한다.
과 개인의 이익을 함께

20 공리주의의 등장은 산업 혁명과는 관계가 없다.
관계가 깊다

21 결과론적 윤리는 도덕성의 평가를 결과로 한다.

22 벤담은 행복과 쾌락을 동일시하였다.

23 벤담은 개개인의 이익의 총합을 넘어선 사회의 이익이 있다고 본다.
없다고

24 벤담은 쾌락의 추구와 고통의 감내를 행위의 동기로 삼는다.
감소, 제거, 회피를

25 아리스토텔레스와 벤담은 인간이 삶의 목적으로서 행복을 추구해야 한다고 본다.

26 벤담과 칸트 모두는 행위의 도덕 원리를 준수하면 행복한 삶이 보장된다고 본다.
벤담은

27 벤담과 칸트 모두는 행위의 도덕성을 판단할 수 있는 객관적 원리가 있다고 본다.

28 벤담과 칸트 모두는 남을 이롭게 하는 행위라도 반드시 옳은 행위는 아니라고 본다.

29 에피쿠로스와 벤담 모두는 진정한 정신적 쾌락을 위해 모든 육체적 쾌락을 억제해야 한다고 본다.
필수적인 욕구가 최소한으로나마 충족되지 않으면 인간은 결코 행복해질 수 없다.

30 벤담이 생각하는 입법의 목적은 공동체 구성원인 개인들의 행복 총합의 증대이다.

31 질적 공리주의자인 밀은 쾌락의 우월성을 분별할 때 비교되는 두 쾌락을 모두 경험한 사람들이 공통적으로 선호하는 쾌락인지를 검토한다.

32 질적 공리주의자인 밀은 저급한 쾌락이 아닌 고상한 쾌락을 추구할 때 행복을 누릴 수 있다고 본다.

33 밀은 옳고 그름이 그 행위의 의지나 동기에 비추어 판단되어야 한다고 본다.
칸트는

34 행위 공리주의는 도덕 규칙들 간의 갈등을 해결할 수 있는 기준을 제시하지 못한다.
규칙 공리주의는

35 규칙 공리주의는 일상생활 속에서 행위의 결과, 특히 먼 미래에 일어날 일의 결과를 정확히 예측하기 어렵다는 문제점을 어느 정도 극복할 수 있다.

36 행위 공리주의는 ~~규칙 공리주의는~~ 상식적으로 비도덕적 행위라고 생각하는 행위들을 정당화할 수 있다는 위험성을 지니고 있다.

---

170 ③	**171** ③	**172** ④	**173** ①	**174** ②	**175** ①
176 ④	**177** ③	**178** ④	**179** ⑤	**180** ②	**181** ⑤
182 ③	**183** ③	**184** ②	**185** ③	**186** ①	**187** ⑤

170 칸트의 윤리 사상 이해　　정답 ③

문제 분석 제시문은 칸트의 주장입니다. 칸트는 선의지만이 무제한적으로 선하며 도덕적 행위의 유일한 근거라고 봅니다.

정답 찾기 ③ 칸트에 따르면 행복은 도덕의 목적이 될 수 없고, 선의지에 따른 행위에 부수적으로 따라오는 우연적 결과에 불과합니다. 따라서 선의지에 따른 행위가 그 행위의 결과로 행복을 보장할 수는 없습니다.

오답 피하기 ① 칸트에 따르면 자율적이지 않은 행위는 도덕적 행위가 될 수 없습니다. ② 칸트에 따르면 도덕 법칙은 자연적 경향성에 근거할 수 없습니다. ④ 칸트에 따르면 의무는 도덕 법칙에 대한 존경심으로 인해 그 법칙이 명령하는 행위를 하지 않을 수 없는 필연성이므로 자율성에 어긋나지 않습니다. ⑤ 칸트에 따르면 준칙이 도덕 법칙이 되려면 보편화가 가능해야 합니다.

171 흄과 칸트의 사상 비교　　정답 ③

문제 분석 갑은 흄, 을은 칸트입니다. 칸트는 절대적이고 보편타당한 실천 법칙인 도덕 법칙을 따를 것을 강조합니다. 이때의 도덕 법칙은 실천 이성이 부과한 자율적 명령으로서, 정언명령의 형태로 나타납니다.

정답 찾기 ③ 각 개인이 나름대로 정립한 행위의 규칙인 준칙은 보편화 가능성을 확보할 때 도덕 법칙이 될 수 있습니다.

오답 피하기 ① 흄에 따르면 이성은 도덕적 실천의 직접적인 동기는 될 수 없습니다. 그러나 이성은 상황의 분석이나 합리적인 대책의 수립 등과 관련해서 일정한 역할을 할 수 있습니다. ② 흄에 따르면 사람들이 함께 느끼는 정서적 반응이 선악의 구별 근거가 됩니다. ④ 칸트에 따르면 '의무에 맞는' 행위라고 해서 모두 도덕적 행위는 아닙니다. '의무로부터 나온' 행위만이 참된 도덕적 가치를 갖습니다. ⑤ 흄은 도덕의 목적을 모든 사람들의 행복 증진과 관련지었습니다. 그러나 칸트에 따르면 도덕은 다른 어떤 것의 수단이 될 수 없고 다른 무엇으로도 환원될 수 없습니다.

172 칸트의 사상 이해　　정답 ④

고난도 평가원 기출

	①	②	③	❹	⑤
함정	27%	10%	8%	46%	9%

🔍 눈으로 보는 해설

> 다음 근대 서양 사상가의 입장에 대한 설명으로 옳은 것은?
>
> 인간은 분명 신성하지 않으나, 그의 인격 속의 인간성은 그에게 신성한 것이 아닐 수 없습니다. 우리는 우리가 선택하고 힘을 행사할 수 있는 피조물들을 모두 수단으로만 사용할 수 있습니다. 오직 인간만이 목적 그 자체입니다. 그의 자유가 가지는 자율성 때문에 그는 신성한 도덕 법칙의 주체가 됩니다. → 칸트

① ~~모든~~ 준칙은 보편성을 가지며 도덕 법칙의 예외는 없다고 봅니다. ✕
② ~~인간의 자연적 경향성도~~ 도덕 법칙의 근원이 될 수 있다고 봅니다. ✕
③ 선한 의지와 무관한 인간의 도덕적 행위도 ~~존재할 수 있다고~~ 봅니다. ✕
④ 이성적인 사람은 누구나 보편적 도덕 법칙을 입법할 것이라고 봅니다. ○
⑤ 도덕 법칙의 보편성 여부는 ~~개인의 관점에 따라 달라져야~~ 한다고 봅니다. ✕

함정 피하기

①를 골랐다면 칸트가 강조한 도덕 법칙이 모든 준칙을 가리킨다고 잘못 생각했을 가능성이 큽니다. 칸트는 어떤 다른 목적을 달성하기 위한 수단으로서의 준칙은 도덕 법칙이 될 수 없다고 보았으므로 모든 준칙이 도덕 법칙이 되는 것이 아님을 알아야 합니다.

173 칸트와 로스의 사상 비교 　　　　　정답 ①

문제 분석 갑은 칸트이고, 을은 로스입니다. 로스는 칸트 윤리 사상의 한계라고 할 수 있는 도덕적 의무 간의 상충 문제를 해결하기 위해 정언 명령보다 느슨한 원칙인 조건부 의무를 제시하였습니다.

정답 찾기 ① 칸트에 따르면 '동정심에 근거한' 행위는 '의무로부터 비롯된' 행위가 아니므로 도덕적 가치를 가질 수 없습니다.

오답 피하기 ② 칸트에 따르면 보편화 가능하지 않은 행위의 준칙은 도덕 법칙이 될 수 없습니다. ③ 로스에 따르면 절대적 구속력을 지닌 하나의 도덕 원리는 존재하지 않습니다. ④ 로스에 따르면 조건부 의무들 간에도 갈등이 발생할 수 있으며, 그 경우에 실제적 의무는 직관에 의해 결정됩니다. ⑤ 칸트와 로스에 따르면 행위의 결과와 유용성보다 도덕적 의무가 언제나 우선합니다.

174 흄과 칸트의 사상 비교 　　　　　정답 ②

문제 분석 갑은 흄, 을은 칸트입니다. 흄은 도덕적 판단과 행위에 있어서 중요한 것은 이성이 아니라 감정이라고 주장하였습니다. 감정은 행위의 동기가 될 수 있지만 이성은 그렇지 못하기 때문이라는 것입니다. 이에 비해 칸트는 감정은 도덕의 원천이 될 수 없다고 보았습니다.

정답 찾기 ② 칸트에 따르면 이성이 도덕적 행위의 기반이며, 인간의 자연적 경향성을 극복하고 실천 이성의 명령을 따르는 것이 도덕적인 행위입니다.

오답 피하기 ① 흄은 도덕적 판단과 행위에 있어서 유용성이 중요하다고 보았습니다. ③ 흄에 따르면 인간은 선천적으로 타인의 행복과 불행을 함께 느끼는 공감의 능력을 지니고 있습니다. 칸트는 선의지를 어떤 행위가 옳다는 바로 그 이유 때문에 행위를 선택하는 의지를 선천적인 의지로 보았습니다. ④ 흄에 따르면 도덕적 행위의 원동력은 이성이 아니라 감정입니다. ⑤ 흄이 도덕적 가치를 객관적으로 실재하는 것으로 보았다고 하기는 어렵습니다. 그에 따르면 선악이라는 것은 우리가 어떤 행위를 바라볼 때 느끼는 쾌감이나 불쾌감을 표현한 것이기 때문입니다.

175 칸트의 사상 이해 　　　　　정답 ①

문제 분석 제시문을 주장한 사상가는 칸트입니다. 칸트는 인간을 고유한 도덕 법칙을 가지고 있는 존엄한 존재라고 강조하였습니다.

정답 찾기 첫 번째 관점. 칸트에 따르면 도덕적 행위는 인간이라면 누구나

어떤 상황에서도 예외 없이 따라야 하는 무조건적이고 절대적인 정언(定言) 명령으로 의무 의식이 동기가 된 행위입니다. 두 번째 관점. 칸트에게 있어 도덕 법칙이란 실천 이성이 부과한 자율적인 명령으로, 인간이라면 누구나 예외 없이 따라야 하는 절대적인 명령입니다.

오답 피하기 세 번째 관점. 칸트는 도덕을 행복이나 다른 무엇을 실현하기 위한 수단이 아니라 그 자체가 목적이라고 보았습니다.

네 번째 관점. 칸트는 인간을 철저하게 자연법칙의 지배를 받는 존재로 보는 당시의 인간관을 강하게 비판하면서, 인간은 고유한 도덕 법칙을 가지고 있는 존엄한 존재라는 것을 강조하였습니다.

176 흄과 칸트의 사상 비교 　　　　　정답 ④

문제 분석 갑은 흄, 을은 칸트입니다. 흄은 도덕적 판단과 행위에서 중요한 것은 이성이 아니라 감정이라고 보고, 공감을 통해 쾌감을 느낄 때 그것이 바로 선(善)이라고 보았습니다. 이에 비해 칸트는 행위의 결과보다는 행위 그 자체의 옳고 그름을 중시한 의무론적 윤리설을 제시하였습니다.

정답 찾기 ④ 칸트는 도덕적 행위는 행복을 증진하려는 경향성에서 비롯된 것이 아니라 실천 이성의 명령에 따르는 것이라고 보았습니다.

오답 피하기 ① 흄은 감정이 도덕적 실천의 동기라고 봅니다. ② 흄은 사회적 시인의 감정을 느끼게 하는 행위를 도덕적이라고 봅니다. ③ 칸트는 도덕적 행위를 실천 이성의 명령에 따르는 것이라고 봅니다. ⑤ 사회적으로 유용한 행위를 도덕적 가치가 있다고 본 사상가는 흄입니다. 칸트는 아무런 조건이나 제약 없이 그 자체만으로 선의지(善意志)의 지배를 받는 행위를 도덕적 가치가 있다고 봅니다.

177 칸트와 로스의 사상 비교 　　　　　정답 ③

문제 분석 갑은 칸트, 을은 로스입니다. 칸트는 도덕적 행위가 오직 그것이 의무이기 때문에 그것을 행하는 것임을 강조하였습니다. 그런데 이러한 칸트의 입장은 도덕적 의무들이 서로 상충할 경우 구체적 상황에서 어떤 의무가 더 우선하는지에 대한 답을 주기 어렵습니다. 이를 해결하고자 등장한 것이 로스의 조건부 의무론입니다.

정답 찾기 ㄷ. 로스는 칸트의 정언 명령보다 느슨한 원칙인 조건부적 의무를 제시하면서 절대적으로 보이는 도덕 원칙도 상식에 따라 유보될 수 있다고 보았습니다. ㄹ. 조건부적 의무란 두 가지 이상의 도덕적 의무가 상충할 때 우리의 직관에 따라 더 중요하고 강한 의무를 선택할 수 있다는 것입니다.

오답 피하기 ㄱ. 칸트와 로스 모두 부정의 대답을 할 질문입니다. 칸트와 로스는 자연적 경향성이나 동정심은 도덕성의 기반이 될 수 없다고 보았습니다. ㄴ. 칸트와 로스 모두 긍정의 대답을 할 질문입니다. 칸트와 로스는 행위의 결과와 유용성보다 도덕적 의무가 우선한다고 보았습니다.

178 칸트의 사상 이해 　　　　　정답 ④

문제 분석 제시문의 사상가는 칸트입니다. 그에게 있어 도덕적 행위는 선의지의 지배를 받는 행위, 실천 이성의 명령을 따르는 행위, 의무 의식이 동기가 된 행위, 도덕 법칙에 대한 자발적 존중에서 비롯된 행위 등입니다.

정답 찾기 ④ 칸트는 동정심과 같은 자연적 감정에서 비롯된 행위를 도덕적 행위로 보지 않습니다. 사례에서 A는 안타까운 마음에서 할머니를 도왔기 때문에 칸트의 관점에서는 그의 행위가 도덕적 가치를 가진다고 보기 어렵습니다.

오답 피하기 ① 칸트가 행위의 도덕성을 판단하는 기준은 행위의 결과가 아니라 행위의 동기에 있습니다. ② 사례 속 A는 의무감이 아니라 동정심이 들어 선행을 했습니다. ③ 사회 구성원의 행복 증진을 중시하는 입장은 공리주의입니다. ⑤ 칸트의 입장에서 자유 의지가 발휘되는 것은 도덕적 행위의 필요조건이라고 할 수 있습니다.

179 벤담과 칸트의 사상 비교 　　　　　정답 ⑤

문제 분석 갑은 벤담이고, 을은 칸트입니다. 벤담은 '최대 다수의 최대 행

복'을 도덕과 입법의 기본 원리로 보았습니다. 칸트는 도덕적 행위는 행복을 증진하려는 경향성에서 비롯된 것이 아니라 실천 이성의 명령에 따르는 것이라고 보았습니다.

정답 찾기 ㄷ. 칸트는 도덕과 행복은 양립 가능하지만 의무가 문제일 때에는 자신의 행복을 고려하지 말아야 한다고 주장하였습니다. ㄹ. 벤담과 칸트는 모두 보편적 도덕 원리를 따르는 행위를 도덕적 행위로 보았습니다.

오답 피하기 ㄱ. 벤담에 따르면 도덕은 행복한 삶을 실현하기 위한 수단이 될 수 있습니다. ㄴ. 칸트에 따르면 도덕은 다른 무엇의 수단이 아니라 그 자체가 목적입니다.

180 칸트와 벤담의 사상 비교　　　　　정답 ②

문제 분석 갑은 칸트이고, 을은 벤담입니다. 칸트는 선의지만이 무제한적으로 선하며 도덕적 행위의 유일한 근거라고 보았습니다. 벤담은 행복을 쾌락 또는 고통의 부재로 보고, 개개인의 행복이 사회 전체의 행복과 연결된다고 보아 '최대 다수의 최대 행복'을 도덕과 입법의 원리로 제시하였습니다.

정답 찾기 ② 칸트에게 있어 선의지는 이성을 통해 자명한 것으로 드러나는 도덕 법칙을 따르려는 의지로서, 이 세상에서나 세상 밖에서 조차도 그 자체로 선한 유일한 것입니다.

오답 피하기 ① 칸트에게 있어서 자연적 경향성은 도덕 법칙을 따르려는 선의지에 장애가 되는 것으로서 극복해야 할 대상입니다. ③ 벤담에 따르면 사회는 개인의 집합체이며, 개개인의 쾌락은 사회 전체의 행복과 연결됩니다. ④ 벤담은 모든 쾌락이 질적으로 동일하다고 주장하였습니다. 고급 쾌락과 저급 쾌락을 구분한 사상가는 밀입니다. ⑤ 행위자의 품성을 강조하는 사상은 근대 법칙 윤리를 비판하는 현대 덕 윤리입니다.

181 밀과 칸트의 사상 비교　　　　　정답 ⑤

고난도 평가원 기출				
①	②　함정	③	④	❺
6%	21%	20%	5%	48%

눈으로 보는 해설

(가)의 근대 서양 사상가 갑, 을의 입장을 (나) 그림으로 표현할 때, A~C에 들어갈 적절한 내용만을 〈보기〉에서 있는대로 고른 것은?

(가)	갑: 행복은 고통이 없는 것이며, 불행은 쾌락의 결핍이다. 어떤 종류의 쾌락은 다른 종류의 쾌락보다 더 바람직하기에 정신적 쾌락을 추구해야 한다. → 밀
	을: 행복을 추구하는 행위는 의무에서 행해질 때에만 도덕적으로 가치 있다. 경향성으로부터 행해진 행복 추구 행위는 도덕적으로 가치가 없다. → 칸트

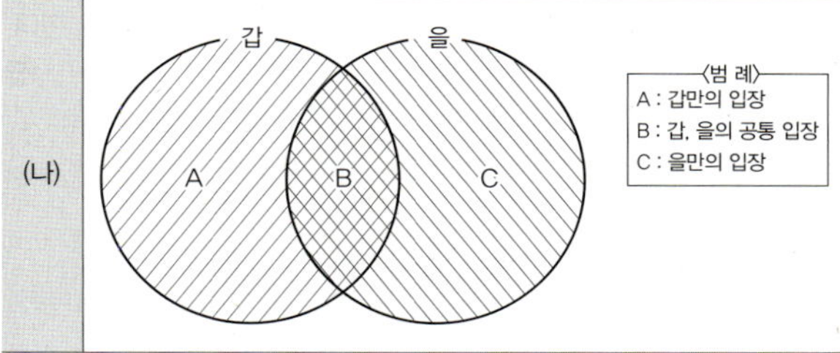

〔보기〕
ㄱ. A : 행위가 행복의 총량을 극대화해도 옳지 않을 수 있습니다. → C
ㄴ. B : 행위에 대한 도덕 판단의 기준이 되는 보편적 원칙이 있습니다. ○
ㄷ. B : 남을 이롭게 하는 행위라도 반드시 옳은 행위는 아닙니다. ○
ㄹ. C : 그 자체로 선한 것은 오로지 선의지 밖에 없습니다. ○

① ㄱ, ㄷ　　　② ㄱ, ㄹ　　　③ ㄴ, ㄹ
④ ㄱ, ㄴ, ㄷ　　　⑤ ㄴ, ㄷ, ㄹ

문제 분석 (가)의 갑은 밀이고, 을은 칸트입니다. 밀은 쾌락의 양만이 아니라 그 질적인 차이도 고려해야 한다는 질적 공리주의 사상을 제시하였습니다. 칸트는 행복주의에 대해 비판적인 자세를 취하였지만 행복의 추구 자체를 부정하지는 않았습니다.

정답 찾기 ㄴ. 밀은 최대 다수의 최대 행복, 칸트는 선의지에 따르는 행위를 보편적 도덕 원칙으로 제시하였습니다. ㄷ. 밀의 입장에서 볼 때 남에게 이로운 것일지라도 자신이나 나머지 다수에게 고통을 주는 것이라면 옳은 행위라고 볼 수 없습니다. 칸트의 입장에서 볼 때 남을 이롭게 하는 행위라고 하더라도 그것이 자연적 경향성을 따른 것이라면 옳은 행위가 아닙니다. ㄹ. 칸트는 그 자체로 선한 선의지에 따른 행위만을 도덕적 행위로 간주하였습니다.

오답 피하기 ㄱ. 칸트의 입장입니다. 칸트는 도덕적 행위의 결과를 고려하지 않습니다.

함정 피하기

②를 골랐다면 밀이 질적 공리주의자이므로 총량을 극대화하는 것을 항상 옳은 행위라 보지 않는다는 점과 칸트가 행복의 총량과 같은 도덕적 행위의 결과를 고려하지 않는다는 점을 제대로 알지 못했을 가능성이 큽니다. 밀과 칸트의 사상을 정확히 이해하고 비교할 줄 알아야 합니다.

182 칸트와 밀의 사상 비교　　　　　정답 ③

문제 분석 갑은 칸트이고, 을은 밀입니다. 칸트는 도덕적 행위는 감정이 아니라 실천 이성의 명령에 따르는 것이며, 개인의 행복 추구는 직접적 의무에서 벗어난 것으로 도덕적 가치가 없다고 보았습니다. 밀은 벤담과 마찬가지로 인생의 궁극적인 목적을 행복이라고 보고, 행위자 자신만의 행복이 아니라 관련된 모든 사람의 행복을 증진하는 행위가 옳은 행위라고 주장하였습니다.

정답 찾기 ㄴ. 칸트와 밀은 모두 타인을 배제한 개인적 행복을 도덕 원리로 삼을 수 없다고 보았습니다. ㄷ. 칸트는 보편적 도덕 법칙을, 밀은 공리의 원리를 행위 판단의 기준으로 삼았습니다.

오답 피하기 ㄱ. 칸트에 따르면 준칙에 따르는 모든 명령이 아니라 보편화 가능한 준칙, 즉 선의지로부터 나온 법칙에 따르는 명령이 무조건적 의무의 요구입니다. ㄹ. 도덕 원리가 개인의 행복과 항상 일치하지 않는다는 것은 두 사상가의 공통 입장입니다.

183 칸트와 벤담의 사상 비교　　　　　정답 ③

문제 분석 갑은 칸트이고, 을은 벤담입니다. 칸트는 실천 이성의 명령 또는 정언 명령을 따를 것을 강조하였습니다. 이러한 명령에 따르는 행위가 바로 의무 의식에서 비롯된 도덕적 행위입니다. 이에 비해 벤담은 '최대 다수의 최대 행복'이라는 도덕 원리를 따를 것을 강조하였습니다.

정답 찾기 ③ 벤담에 따르면 가급적 많은 사람들에게 가급적 많은 행복을 가져다주는 행위가 도덕적인 행위입니다.

오답 피하기 ① 칸트에 따르면 연민이나 동정심과 같은 감정에서 비롯된 행위는 결코 도덕적 행위가 될 수 없습니다. ② 칸트에 따르면 의무를 따라야 할 경우에는 자신의 행복을 고려해서는 안 됩니다. ④ 벤담은 감각적 쾌락의 배제를 주장하지 않았습니다. ⑤ 유용성을 도덕 판단의 유일한 근거로 본 사상가는 벤담입니다.

184 칸트와 벤담의 사상 비교　　　　　정답 ②

문제 분석 갑은 벤담, 을은 칸트입니다. 벤담은 그 결과가 다수에게 이익을 가져다 준 행위를 도덕적 행위로 보았습니다.

정답 찾기 ② 칸트는 도덕 법칙을 따르려는 동기에서 비롯된 행위를 도덕적인 행위로 봅니다. 그러므로 칸트는 도덕적 명령은 다른 어떤 목적을 달성하기 위한 수단이 아니라 그 자체가 목적이라고 보았습니다.

 ①, ⑤ 칸트에 따르면 도덕 법칙은 언제 어떤 상황에서건 누구나가 무조건적으로 지켜야 하는 절대적인 것입니다. ③ 벤담은 유용성의 원리에 부합하는 행위를 도덕적인 행위로 보았습니다. ④ 벤담은 개인의 행복과 사회 전체의 행복을 함께 고려하였습니다.

185 벤담과 칸트의 사상적 입장 파악   정답 ③

 〈문제 상황〉의 A는 쉬고 싶은 욕구와 할머니를 돕는 일 사이에서 갈등하고 있습니다.

 ㄴ. A에게 벤담은 '사회 구성원 전체의 행복'을 고려하라는 조언을 할 가능성이 큽니다. ㄷ. 칸트는 조건 없이 할머니를 도와드리라[정언명령]는 조언을 할 것입니다.

 ㄱ. 동정심을 중시한 흄이 제시할 수 있는 조언입니다. ㄹ. 벤담이나 칸트가 제시할 수 없는 조언입니다. 벤담은 사회적 이익을 중시하고 칸트는 누구나 조건 없이 따라야 할 도덕 법칙을 강조합니다.

186 밀의 공리주의 이해   정답 ①

 제시문은 밀입니다. 공리주의 사상가인 밀은 '최대 다수의 최대 행복'을 도덕의 기본 원리로 보고, 여러 가지 쾌락을 경험하는 사람이 더 선호하는 쾌락이 보다 바람직한 쾌락이라고 보았습니다.

 ㄱ. 밀은 쾌락주의의 전통을 계승한 사상가입니다. 쾌락주의에 따르면 행복이란 고통의 부재 또는 쾌락을 의미하며, 불행이란 쾌락의 결여 또는 고통을 뜻합니다. ㄴ. 밀의 입장에 따르면 최대 다수에게 최대의 행복을 가져다주는 행위가 참된 도덕적 행위입니다.

 ㄷ. 칸트의 입장입니다. 칸트는 인간의 자연적 경향성을 극복하고 무조건적이고 절대적인 명령인 정언 명령을 따르는 행위를 도덕적 행위로 보았습니다. ㄹ. 칸트의 입장입니다. 칸트에 의하면 정언 명령을 따르는 행위는 그 자체로서 유일하게 선한 선의지의 지배를 받는 행위이기도 합니다.

187 규칙 공리주의 이해   정답 ⑤

 (가)는 규칙 공리주의에 해당합니다. 규칙 공리주의는 공리의 원리를 개별 행위가 아닌 행위의 규칙에 적용합니다.

 ⑤ 규칙 공리주의의 입장에서는 사회적 유용성을 극대화할 가능성이 큰 규칙을 따를 것을 갑에게 조언할 것입니다.

 ① 규칙 공리주의는 개인의 선이 아닌 사회의 더 큰 선을 산출해야 함을 강조합니다. ② 칸트의 입장에서 제시할 수 있는 조언에 해당합니다. ③ 규칙 공리주의의 입장에서 제시할 조언이 아닙니다. ④ 자연법 윤리를 주장한 아퀴나스가 제시할 조언에 해당합니다.

12강 현대의 윤리적 삶

핵심 개념 CHECK!   ▶ 본문 102쪽

01 ○	02 ○	03 ×	04 ×	05 ×	06 ○	07 ×	08 ×
09 ○	10 ○	11 ○	12 ×	13 ○	14 ○	15 ×	16 ○
17 ○	18 ×	19 ○	20 ○	21 ○	22 ×	23 ×	24 ○
25 ○	26 ×	27 ×	28 ○				

○|× 문장 바로 알기

01 실존주의는 인간의 본질을 이성에서 찾던 기존의 사상과 달리 개인의 자유와 책임, 주체성 등을 강조하는 사상이다.

02 실존주의의 선구자인 키르케고르는 인간은 실존적 상황에서 피할 수 없는 선택에 대한 불안을 느끼고, 주체적 결단을 회피하면서 절망에 빠지게 되는데 이런 절망을 죽음에 이르는 병이라고 본다.

03 키르케고르는 윤리적 단계에(→종교적 단계에) 이르러서야 인간은 신 앞에 선 단독자로서 주체적 결단을 내림으로써 참된 실존에 이른다고 본다.

04 키르케고르는(→사르트르는) 실존이 본질에 앞선다고 주장하며 인간은 어떤 결정된 목적 없이 이 세계에 내던져진 존재로서 자신의 결단을 통해 자기 자신의 모습을 만들어 가야 한다고 본다.

05 키르케고르는 무신론적(→유신론적) 실존주의자로, 초기 실존 단계를 미적 실존으로 보았다.

06 야스퍼스는 인간은 한계 상황에서 경험하는 절망과 좌절을 발판 삼아 참된 자기 실존을 이해할 수 있다고 한다.

07 키르케고르의 영향을 받은 사르트르는(→야스퍼스는) 죽음, 고통, 전쟁, 책임 등과 같이 인간이 피할 수 없는 상황을 한계상황이라고 한다.

08 사르트르는 인간의 본질을 정해 줄 신이 존재하므로(→존재하지 않으므로) 인간에게는 마땅히 실현해야 할, 미리 결정된 본질이 없다고 본다.

09 사르트르는 자유로운 선택과 그에 따르는 책임을 강조하였다.

10 하이데거는 지금, 여기에 있는 현실적인 인간을 현존재라고 한다.

11 하이데거가 말하는 현존재의 본질은 그 실존 속에 숨어있는 것으로, 이 존재자가 무엇인가를 나타내는 것이 아니라, 존재를 나타내는 것이다.

12 실존주의는 인간의 개별성을 간과함으로써(→지나치게 강조함으로써) 보편적인 도덕규범을 부정할 우려가 있고, 개인의 주관적 의견이나 판단을 도덕의 기준으로 삼는 주관주의로 귀결될 가능성이 크다.

13 실존주의는 상호 존중과 연대의 의미를 일깨워 줄 뿐만 아니라 다른 사람도 나와 마찬가지로 존엄한 존재라는 사실을 깨닫게 해 준다.

14 실용주의에서는 어떤 것이 경험과 관찰을 통해 삶에 유용한 결과를 가져오는 것으로 검증되면, 그것은 진리로 수용된다.

15 실용주의는 지식과 규범을 우리가 변화하는 세계에 적응해서 살아가는 데 필요한 일종의 도구로 봄으로써 절대적 진리, 고정불변의 보편적인 도덕규범이나 원리, 궁극적인 목적 등을 ~~추구하고자 하는 사상이다.~~
존재하지 않는다고 주장한다.

16 실용주의는 도구적 가치만을 지나치게 강조한 나머지 본래적 가치를 인정하지 않는다는 비판을 받는다.

17 실용주의는 성과의 유무를 도덕적 판단의 기준으로 삼는다.

18 실용주의는 ~~진리가 실생활을 이롭게 한다고~~ 보았다.
실생활을 이롭게 하는 것을 진리라고

19 퍼스는 실용주의의 선구자로서 '실용주의 격률'이라는 개념을 통해 과학적 탐구의 방법을 거친 지식의 중요성을 강조하였다.

20 제임스는 '소의 발자국을 따라가면 집이 나온다.'라는 생각이 문제 해결에 도움을 주었다면 가치가 있다고 본다.

21 듀이는 지식이나 이론 등은 그 자체가 목적이 아니라 삶의 과정에서 끊임없이 부닥치는 문제 상황을 해결하기 위한 수단으로서 활용되고, 실천을 위해 유용하다고 평가될 때 가치를 지닌다고 본다는 점에서 도구주의로 불린다.

22 듀이는 도덕이나 윤리가 시대나 상황에 따라 변화하고 성장하기 때문에 고정적이고 절대적인 가치나 원리가 ~~존재해야 한다고 주장한다.~~
존재하지 않는다고 주장한다.

23 듀이는 지식과 관념의 본연의 가치를 ~~증시하였다.~~
부정하였다

24 듀이는 상황에 맞게 지식이나 이론을 수정하고 발전시킴으로써 삶의 개선과 사회의 진보를 이끌어 낼 수 있다고 본다.

25 듀이는 성장 자체를 도덕의 유일한 목적이라고 본다.

26 듀이는 어떤 절대적인 가치나 원리를 믿고 그것에 따라 ~~판단할 것을 주장한다.~~
판단할 것이 아니라고 주장한다.

27 실용주의는 지식 그 자체를 위한 지식과 지식의 본래적 가치를 ~~증시한다.~~
부정한다.

28 실용주의는 현실 문제 해결을 통한 개인의 삶과 사회의 개선을 도덕적이라고 본다.

기출+예상 문제로 주제 정복하기　▶ 본문 104~107쪽

188 ①	189 ③	190 ⑤	191 ①	192 ③	193 ⑤
194 ①	195 ②	196 ②	197 ⑤	198 ②	199 ③
200 ②	201 ③	202 ⑤	203 ③		

188 키르케고르와 하이데거의 사상 비교　　정답 ①

문제 분석 갑은 유신론적 실존주의자인 키르케고르이고, 을은 현존재를 강조하는 실존주의자 하이데거입니다.

정답 찾기 ① 키르케고르는 불안과 절망을 극복하고 참된 실존을 회복하기 위해서 '신 앞에 선 단독자'로서 생각하고 행동할 것을 강조하였습니다. 참된 실존을 회복하면 우리는 절망에서 벗어날 수 있습니다.

오답 피하기 ② 키르케고르에 따르면 심미적 실존 단계에서 우리는 감각적 쾌락을 추구합니다. ③ 하이데거에 따르면 현존재인 우리는 불안과 염려 속에서 살아갑니다. ④ 하이데거에 따르면 현존재는 불안을 통해 실존적 삶의 가능성을 깨닫는다. ⑤ 키르케고르와 하이데거에 따르면 인간은 독자적 결단을 통해 참된 실존을 깨달을 수 있습니다.

189 사르트르의 사상 이해　　정답 ③

문제 분석 강연자는 실존주의 사상가인 사르트르입니다. 그에 따르면 인간은 신에 의해 미리 계획되고 창조된 존재가 아니라, 이 세계에 던져진 존재입니다.

정답 찾기 ③ 사르트르에 따르면 인간은 스스로 자기 자신의 모든 것을 선택하여 자신의 삶을 창조하고 그에 대해 전적으로 책임을 져야 합니다.

오답 피하기 ① 사르트르에 따르면 인간에게는 타고난 본성이 존재하지 않습니다. ② 사르트르는 적극적인 사회 참여를 강조하였습니다. ④ 사르트르는 감정과 욕망을 배제하지 않았으며, 주체적인 선택과 결단을 강조하였습니다. ⑤ 사르트르는 절대자의 명령에 따르는 것이 아니라 주체적으로 판단하고 결단할 것을 강조하였습니다.

190 키르케고르와 야스퍼스의 사상 비교　　정답 ⑤

문제 분석 갑은 키르케고르이고, 을은 야스퍼스입니다. 키르케고르는 '신 앞에 선 단독자'로서의 결단을 통해 실존을 회복할 것을 강조하였으며, 야스퍼스는 '한계 상황'을 직시하고 타자와 연대하여 실존을 회복할 것을 강조하였습니다.

정답 찾기 ⑤ 키르케고르와 야스퍼스는 모두 자유로운 결단을 통해 개인의 참된 자아를 회복해야 한다고 보았습니다.

오답 피하기 ① 키르케고르는 합리적 사유나 객관성이 아니라 주체적 선택과 주관성을 강조하였습니다. 그에 따르면 주체성이 진리이며, 진리는 개별적이고 주관적인 것입니다. ② 키르케고르는 윤리적 단계에서는 절망을 온전히 극복할 수 없다고 보고, 종교적 단계에서 불안과 절망을 온전히 극복하고 참된 실존에 이를 수 있다고 주장하였습니다. ③ 야스퍼스는 참된 실존을 찾기 위해서는 타자와 연대해야 한다고 주장하였습니다. ④ 야스퍼스는 한계 상황을 직시하고 초월자에게로 나아가려는 것을 참된 실존 방식으로 보았습니다.

191 키르케고르와 하이데거의 사상 비교　　정답 ①

고난도 평가원 기출				
❶	②	③	④ 함정	⑤
47%	6%	4%	36%	9%

눈으로 보는 해설

갑, 을 사상가의 입장에서 모두 긍정의 대답을 할 질문으로 가장 적절한 것은?

> 갑: 인간은 자신의 선택을 통해 감각적 쾌락을 추구하는 단계로부터 윤리 규범에 순응하는 단계를 거쳐서 신에게 귀의하는 단계로 나아가게 됩니다. → 키르케고르
>
> 을: 인간은 '현존재'에 대한 물음을 통해서 존재의 의미를 묻는 존재자입니다. 인간은 자신이 죽음에 이르는 존재라는 것을 수용함으로써 자신의 본래적 모습을 만날 수 있게 됩니다. → 하이데거

① 인간은 불안을 계기로 참된 자기 자신을 찾아가게 되는가? ○/○
② 인간의 진정한 삶은 이성의 법칙에 충실히 따르는 것인가? ×/×
③ 삶에의 의지를 부정하여 주관적 진리를 극복하고자 하는가? ×/×
④ 인간의 보편적 본질을 추구해 주체적 삶을 실현해야 하는가? ×/×
⑤ 인간은 윤리 규범을 따름으로써 궁극적 행복을 얻을 수 있는가? ×/×

문제 분석 갑은 키르케고르이고, 을은 하이데거입니다. 키르케고르는 심미적 실존 단계로부터 윤리적 실존 단계를 거쳐 종교적 실존 단계로 나아가게 되면 참된 실존에 이를 수 있다고 보았습니다. 하이데거는 죽음에 직면할 때 실존에 다가선다고 하며 현존재를 강조하였습니다.

정답 찾기 ① 키르케고르와 하이데거와 같은 실존주의 사상가들은 공통적으로 현대 사회에서 인간이 불안과 절망에 가득 차 있으며, 불안을 통해 진정한 자신을 발견할 수 있게 된다고 보았습니다.

오답 피하기 ② 실존주의 사상가들은 반이성주의를 표방하였습니다. ③ 실존주의는 삶에 대한 의지를 부정하지 않았으며, 주관적 진리를 중시하였습니다. ④ 실존주의는 인간의 보편적 본질을 규정하지 않고, 스스로 형성해 나가야 한다고 보았습니다. ⑤ 실존주의에 따르면 인간은 주체적 삶의 결단을 통해 행복을 얻을 수 있습니다.

함정 피하기

④를 골랐다면 키르케고르와 하이데거와 같은 실존주의 사상들이 보편적 본질을 추구했다고 착각했을 가능성이 큽니다. 실존주의 사상가들은 인간의 존재 방식에 대해 이미 정해진 보편적 본질은 없으며, 본질을 스스로 구현해 가야 한다고 보았음을 알아야 합니다.

192 아우구스티누스와 키르케고르의 사상 비교 정답 ③

문제 분석 갑은 중세 교부철학자인 아우구스티누스, 을은 유신론적 실존주의자 키르케고르입니다.

정답 찾기 ㄴ. 아우구스티누스는 최고선의 실현이자 영원한 행복인 구원을 위해 절대자인 신과 하나가 되어야 함을 주장하였습니다. ㄹ. 키르케고르는 불안과 죽음의 문제를 극복하고 참된 실존을 회복하기 위해 주체적 결단을 강조하였습니다.

오답 피하기 ㄱ. 신을 유일한 실체이며 조화로운 자연이라는 본 사상가는 범신론자인 스피노자입니다. ㄷ. 키르케고르는 보편적이고 객관적인 진리가 아니라 주체적인 진리를 강조하였습니다.

193 데카르트와 키르케고르의 사상 비교 정답 ⑤

문제 분석 갑은 데카르트, 을은 키르케고르입니다. 데카르트는 방법적 회의를 통해 확고부동한 인식의 출발점을 찾고자 하였습니다. 키르케고르는 신 앞에 선 단독자로서의 결단을 강조하였습니다.

정답 찾기 ⑤ 데카르트가 이성적 사유를 통해 진리를 추구했다면 키르케고르는 주체적 삶을 통해 진리를 찾고자 하였습니다. 키르케고르에 따르면, 주체성이 진리입니다.

오답 피하기 ① 데카르트는 이성적 사유를 통해 얻어진 객관적 지식을 중시하였습니다. ② 키르케고르는 신과 대면한 단독자의 결단을 통해 삶의 모순을 해결하고자 하였습니다. ③ 생명에 대한 맹목적 의지를 중시한 사상가는 쇼펜하우어입니다. ④ 데카르트는 자아를 인식의 주체로 여겼지만, 키르케고르는 상대화할 수 없는 실존의 담지자로 보았습니다.

194 키르케고르와 사르트르의 사상 비교 정답 ①

문제 분석 갑은 키르케고르, 을은 사르트르입니다. 키르케고르는 우리가 스스로 신 앞에 단독자로 설 때 참된 실존을 회복할 수 있다고 보았습니다. 무신론적 실존주의자인 사르트르는 주체적 결단을 통해 스스로를 만들 것을 강조하였습니다.

정답 찾기 ① 키르케고르는 감각적 향락을 버리는 주체적 결단을 내려야 윤리적 단계로 나아갈 수 있다고 보았습니다.

오답 피하기 ② 키르케고르에 따르면 인간의 유한성은 윤리적 단계에서도 극복되지 않습니다. ③ 사르트르에 따르면 신은 존재하지 않습니다. ④ 키르케고르에 따르면 진리는 객관적이고 합리적인 것이 아니라 주체적이고 개별적인 것입니다. ⑤ 키르케고르와 사르트르는 합리주의에 대해 비판적인 입장을 취하였습니다. 특히 사르트르에 따르면 자유롭도록 선고받은 인간에게 있어서 무엇보다 중요한 것은 주체적으로 규범을 정해서 지켜가는 인격적 결단입니다.

195 에픽테토스와 하이데거의 사상 비교 정답 ②

문제 분석 갑은 스토아학파 사상가인 에픽테토스이고, 을은 현대 실존주의자 하이데거입니다.

정답 찾기 ② 스토아 사상가인 에픽테토스에 따르면 죽음을 두려운 것으로 만드는 유일한 것은 그것이 두렵다는 사람들의 판단입니다. 죽음을 자연의 한 가지 사건으로 담담히 받아들이고 이성에 따라 살아가면 우리는 죽음의 공포를 느끼지 않고 마음의 평화를 누릴 수 있습니다.

오답 피하기 ① 에픽테토스에 따르면 죽음은 주관적인 판단에서 비롯된 불필요한 정념입니다. ③ 하이데거에 따르면 인간만이 죽음을 예견하고 존재의 의미를 물을 수 있습니다. ④ 하이데거에 따르면 불안은 진정한 자신을 발견할 수 있는 계기가 될 수 있습니다. ⑤ 에픽테토스와 하이데거에 따르면 죽음은 인간이 삶에서 맞닥뜨릴 수밖에 없는 사건입니다.

196 듀이의 실용주의 이해 정답 ②

문제 분석 그림의 강연자는 듀이입니다. 듀이는 하나의 사물이나 생각에서 가장 중요한 것은 그것이 행동의 도구로서 갖는 가치이며, 어떤 생각이 진리인지 아닌지는 그것의 유용성 여부에 달려 있다고 봅니다.

정답 찾기 ② 듀이는 지식은 우리가 직면한 문제를 해결하는 유용한 수단이나 도구가 될 때 가치를 갖는다고 보며, 확실하고 절대적인 진리는 존재하지 않는다고 봅니다.

오답 피하기 ① 듀이는 과학과 도덕은 모두 삶을 개선할 때 가치를 지닌다고 봅니다. ③ 듀이는 지식은 인간이 환경에 대응할 수 있는 능력을 가지는 데 기여하는 도구적 역할을 할 때 가치를 지닌다고 봅니다. ④ 듀이는 이론과 지식은 그 자체로 가치가 있는 것이 아니라 삶과 세계를 개선하기 위한 도구가 될 때 가치가 있다고 봅니다. ⑤ 듀이는 지식은 오류를 거듭하면서 진화하며 진화를 거듭한 지식은 사회에 더 잘 기여하는 도구가 될 수 있다고 봅니다.

197 듀이의 실용주의 이해 정답 ⑤

문제 분석 제시문은 실용주의의 대표자라고 할 수 있는 듀이의 입장입니다.

정답 찾기 ⑤ 듀이는 유용성을 가치 판단의 기준으로 봅니다. 즉 삶은 문제 사태의 연속이며, 그 문제 사태를 해결하는데 유용한 것이 곧 선한 것입니다. 이에 따라 듀이는 이론이나 학문의 도구성을 강조합니다. 즉 이론이나 학문을 삶과 세계를 개선하기 위한 도구로 보는 것입니다. 이러한 듀이의 입장에 비추어 볼 때 문제 해결에 도움이 되지 않는 이론은 가치가 없는 것입니다.

오답 피하기 ① 듀이에 따르면 불변의 객관적 진리는 존재하지 않습니다. ② 듀이에 따르면 도덕규범은 유용성에 의해서 정당화됩니다. ③ 듀이는 귀납적 방법을 중시하는 경험주의 전통을 계승한 사상가입니다. ④ 듀이는 상대론자이기는 하지만 진리가 무엇인지 알 수 없다고 하는 회의주의자는 아닙니다.

198 듀이의 실용주의 이해 정답 ②

문제 분석 제시문은 실용주의의 대표자인 듀이의 주장입니다. 그에 따르면, 유용성이 선이고 가치 판단의 기준입니다. 어떤 명제를 진리나 선(善)으로 단정하기 위해서는 그 명제를 실천해 본 결과 유용성이 있다고 증명되어야 한다는 것입니다. 그리고 도덕은 사람과 사회 환경의 상호 작용에서 성립하는 것입니다.

정답 찾기 ② 듀이는 정적(靜的)이고 정체되어 있는 가치를 부정하며, 성장하고 진보하는 도덕적 가치가 최고선이라고 보았습니다. 다시 말해, 고정적이며 절대적인 가치는 존재하지 않으며, 도덕이나 진리도 변화하고 성장한다는 것입니다.

오답 피하기 ① 듀이는 감각적 경험과 귀납적 사유를 중시하는 경험주의의 전통을 계승한 사상가라고 할 수 있습니다. ③, ④ 듀이는 과학과 학문의 도구성 또는 유용성을 강조합니다. 즉 과학과 학문을 삶과 세계를 개선하기 위한 유용한 도구로 보는 것입니다. ⑤ 듀이는 도덕이나 윤리가 불변하는 것이 아니라 시대와 상황에 따라 변화하고 성장한다고 봅니다.

199 베이컨과 듀이의 사상 비교 정답 ③

문제 분석 갑은 베이컨, 을은 듀이입니다. 베이컨은 경험적 관찰과 실험을 통해 얻은 지식을 중시하였습니다. 듀이는 도구주의를 바탕으로 도덕이나 윤리도 고정된 것이 아니라 시대와 상황에 따라 변화하고 성장하는 것으로 보았습니다.

정답 찾기 ③ 듀이는 도덕은 불변하는 것이 아니라 변화하고 성장하는 것이라고 보았습니다.

오답 피하기 ① 베이컨은 전통이나 권위에의 맹신을 극장의 우상이라 하였습니다. ② 베이컨은 귀납법과 실험을 통해 참된 지식에 도달할 수 있다고 주장하였습니다. ④ 듀이는 문제 상황의 해결에 도움이 된 가설이 진리라고 보았습니다. ⑤ 베이컨과 듀이의 공통점에 해당합니다.

200 듀이의 사상 이해 정답 ②

문제 분석 제시문을 주장한 사상가는 듀이입니다. 듀이는 인간의 개념, 이론, 사고 체계 등은 오류 가능성이 있으므로 최종 목적이 아니라 하나의 가설이며 도구라고 강조하면서, 사용 결과의 유용성에 따라 그 가치가 판단되어야 한다고 보았습니다.

정답 찾기 첫 번째 관점. 듀이는 인간의 생각, 지식, 이론 등은 오류 가능성이 있다고 보았습니다. 네 번째 관점. 듀이는 지식이 그 자체가 목적이기보다 문제를 해결하는 유용한 수단이나 도구가 될 때 비로소 가치를 갖게 된다고 보았습니다.

오답 피하기 두 번째 관점. 듀이는 진리는 그 자체로 가치를 지니는 것이 아니라 유용성을 산출해야 가치를 지닌다고 보았습니다. 세 번째 관점. 듀이는 도덕이나 윤리도 시대나 상황에 따라 변화하고 성장한다고 보았습니다.

201 듀이와 흄의 사상 비교 정답 ③

문제 분석 (가)의 갑은 듀이이고, 을은 흄입니다. 듀이는 도덕이 성장하고 진보한다고 보았으며, 문제 해결에 유용한 것이 선이라고 주장하였습니다. 흄은 공감을 도덕성의 기초로 보았으며, 공감을 통해 쾌감을 주는 행위가 선한 행위라고 주장하였습니다.

정답 찾기 ㄷ. 듀이와 흄은 모두 사회적 유용성을 지닌 행위를 도덕적 가치가 있는 것으로 보았습니다. ㄹ. 흄은 듀이와 달리 감정을 도덕 판단과 도덕적 행위의 유일한 원천으로 보았습니다.

오답 피하기 ㄱ. 듀이에 따르면 도덕적 진리도 성장하고 진보합니다. 그러므로 도덕적 진리는 과학적 진리와 마찬가지로 오류 가능성을 지니고 있다고 할 수 있습니다. ㄴ. 흄과 듀이는 모두 행위의 동기보다 결과를 중시하는 사상가들이라고 할 수 있습니다.

202 듀이, 벤담, 흄의 사상 비교 정답 ⑤

문제 분석 갑은 듀이, 을은 벤담, 병은 흄입니다. 흄은 인간의 도덕적 판단과 행위의 직접적인 원천은 이성이 아니라 감정이라고 주장하였으며, 모든 사람에게는 타인의 행복과 불행을 함께 느끼는 공감의 능력이 있다고 보았습니다. 벤담은 쾌락은 선이고 고통은 악이라는 쾌락주의의 기본 입장을 수용하였으며, '최대 다수의 최대 행복'을 도덕과 입법의 기본 원리로 제시하였습니다. 실용주의의 대표자라고 할 수 있는 듀이는 유용성

을 가치 판단의 기준으로 보았으며, 이론이나 학문의 도구적 실용성을 강조하였습니다.

정답 찾기 ㄷ. 도덕 판단의 근거가 오직 감정인 사상가는 흄입니다. 도덕은 생각하는 것이 아니라 느껴지는 것이라고 강조하였습니다. ㄹ. 사회의 이익에 기여하는 행위가 도덕적 가치를 가지는 것은 흄, 벤담, 듀이의 공통점입니다. 참고로 흄은 공리주의의 원형입니다.

오답 피하기 ㄱ. 듀이는 선험적 지식이 아니라 경험적 지식을 중시합니다. ㄴ. 쾌락의 질적인 차이에 주목한 사상가는 밀입니다. 벤담에 따르면 쾌락들 간에는 질적인 차이가 없고 양적인 차이만 있습니다.

203 사르트르와 듀이의 사상 비교 정답 ③

문제 분석 제시문의 갑은 무신론적 실존주의자인 사르트르, 을은 실용주의 사상가인 듀이입니다. 사르트르는 인간을 주체적인 선택을 통해 스스로를 형성해 나가는 존재라고 보았습니다. 듀이는 도덕이나 윤리도 변화하고 성장한다고 주장하였으며, 도덕적 진리 역시 삶의 개선을 위한 수단적 가치를 지닌다고 보았습니다.

정답 찾기 ③ 듀이는 지식이나 관념, 도덕이나 윤리도 시대나 상황에 따라 변화하며 인간이 당면한 문제를 해결하기 위한 수단이라고 보았습니다.

오답 피하기 ① 유신론적 실존주의자인 키르케고르의 입장입니다. ② 칸트의 입장입니다. ④ 현대 공리주의자인 싱어의 입장입니다. ⑤ 공리주의의 입장입니다.

Ⅳ. 사회사상

13강 사회사상과 이상 사회

핵심 개념 CHECK!

▶ 본문 112쪽

01 ○	02 ○	03 ×	04 ○	05 ×	06 ○	07 ×	08 ×
09 ○	10 ○	11 ○	12 ×	13 ○	14 ○	15 ×	16 ○
17 ×	18 ○	19 ○	20 ○	21 ○	22 ○	23 ○	24 ○
25 ○	26 ○	27 ×	28 ○	29 ×	30 ×	31 ×	32 ○
33 ×							

○× 문장 바로 알기

01 사회사상은 인간의 사회적 삶에서 나타나는 현상에 대한 체계적인 사유와 해석을 담고 있다.

02 인간은 사회 속에서 다른 사람들과 교류하면서 생존에 필요한 것을 얻을 뿐만 아니라 더 나은 삶을 추구하며 살아간다.

03 사회사상은 ~~개인의 삶~~[사회를] 설명하고 평가할 수 있는 일정한 기준이나 체계적인 사상적 틀을 제공하는 것을 주요 과제로 삼는다.

04 사회사상은 타락한 정치 공동체를 개혁하여 구성원들이 도덕적으로 살아갈 수 있는 이상 사회를 제시한다.

05 사회사상은 시대의 흐름에 따라 지속해서 변화하는 '~~개인~~'[사회를] 탐구 대상으로 삼는다.

06 사회사상은 사회 현상을 분석하고 설명하는 데 그치지 않고 사회를 더 바람직하게 변화시키고자 한다.

07 이상 사회는 현실에서 이루어진 적이 없으므로 이상 사회를 추구하는 것은 ~~무의미하다.~~[의미있다.]

08 동서양 사상가들이 지향하는 이상 사회의 모습은 시대와 지역에 ~~상관없이 모두 동일하다.~~[따라 달라진다.]

09 이상 사회가 제시하는 기준과 목표는 더 나은 사회로 나아갈 수 있는 원동력으로 작용한다.

10 공자는 신분 차별이 없고, 재화가 고르게 분배되며, 약자를 보호하는 이상 사회를 추구하였다.

11 대동 사회란 성인이 다스리는 나라로서, 인(仁)이 모든 사람에게 확대된 도덕적 사회이다.

12 대동 사회는 현명하고 유능한 인재가 등용되는 신분적 차별이 ~~있는~~[없는] 사회이다.

13 대동 사회는 자기 부모나 자식을 구분하는 가족 이기주의에 얽매이지 않고 타인을 배려하는 도덕 공동체이다.

14 소국과민 사회는 작은 영토에 적은 수의 백성으로 구성되는 사회이다.

15 소국과민 사회는 인위적인 제도와 규범을 ~~바탕으로~~[벗어나서] 인간 본연의 본성에 따라 살아가고자 하는 사회이다.

16 소국과민 사회는 예(禮)와 같은 인간의 자유로운 삶을 제약하는 인위를 거부하고, 구성원이 인간의 본래 자연성에 따라 살아가는 사회이다.

17 플라톤은 선의 이데아에 관한 인식을 ~~못한 사람이라도~~[과 실현이 가능한 철인이] 국가를 다스릴 수 있다고 본다.

18 플라톤은 국가의 구성원을 통치자, 군인, 생산자 계층으로 구분하고 각자에게 합당한 덕이 있다고 본다.

19 플라톤은 각 계층의 사람이 자신의 역할과 본분에 해당하는 덕을 잘 발휘하여 조화를 이룰 때 정의로운 국가가 실현된다고 본다.

20 뉴 아틀란티스는 과학 기술이 발달하여 인간 생활이 풍요로워지고 복지가 증진되는 사회이다.

21 마르크스는 자본주의 사회의 모순과 부패를 비판하면서 공산 사회를 이상 사회로 주장한다.

22 공산 사회는 계급이 소멸되고 생산력이 고도로 발전되어 경제적으로 안정된 사회이다.

23 공산 사회는 자신의 능력에 따라 일하고 ~~성과~~[필요]에 따라 분배받는 평등한 사회이다.

24 마르크스는 물질 만능주의와 같은 도덕적 타락, 사기나 도둑질과 같은 범죄, 자본의 소유에 따른 차별 등과 같은 사회 문제들이 사유 재산 제도 때문에 발생한다고 보았다.

25 공산 사회는 사유 재산제와 국가가 철폐되어 모두가 정치의 주체가 되는 사회이다.

26 질서 정연한 사회는 각 성원의 선을 증진해 줄 뿐만 아니라 공적 정의관에 따라 효율적으로 규제되는 사회이다.

27 롤스는 사회 전체에 이익을 준다면 그로 말미암아 고통 받는 개인이나 집단이 존재한다고 해도 ~~정의롭다고~~[정의롭지 않다고] 본다.

28 모어가 추구한 이상 사회인 유토피아는 생산과 소유의 평등이 실현되고 도덕적으로 타락하지 않은 사회이다.

29 공자는 ~~경쟁을 통해서 사익을 최대한 추구할 것을~~[타인을 배려하는 도덕 공동체를] 주장하였다.

30 플라톤은 지도자는 ~~대중의 뜻을 모아 주요 정책을 결정해야~~[좋음의 이데아에 관한 인식과 실현이 가능해야] 한다고 보았다.

31 노자는 인간의 본래적 자연성에 따라 살면서 ~~성인의 가르침에 따라 예를 실천해야~~[자연의 순리에 따라 살아야] 한다고 주장하였다.

32 베이컨은 자연을 인간이 원하는 대로 변화시킬 수 있으며, 과학 기술의 발전으로 인간의 활동 영역이 넓어진다고 보았다.

33 베이컨과 모어는 물질적으로 ~~풍요로우면 곧 이상 사회가 된다고~~[롭고 도덕적으로 타락하지 않은 사회를 이상 사회로] 보았다.

204 ①	205 ③	206 ④	207 ⑤	208 ②	209 ②
210 ⑤	211 ④	212 ①	213 ③		

204 플라톤과 마르크스의 이상 사회론 비교   정답 ①

문제 분석 갑은 플라톤, 을은 마르크스입니다. 플라톤은 각 계층이 자신이 맡은 역할을 수행함으로써 각자의 덕을 함양할 때 정의로운 국가가 된다고 봅니다. 마르크스는 프롤레타리아의 혁명을 거쳐 궁극에는 계급과 국가가 소멸될 때 공산사회가 이루어진다고 주장합니다.

정답 찾기 ① 플라톤은 통치자는 지혜의 덕이 필요하다고 보았습니다.

오답 피하기 ② 플라톤은 모든 구성원들의 합의를 통해 정책을 결정하는 민주주의 제도를 비판하며 철학자가 통치하는 사회를 이상적으로 보았습니다. ③ 마르크스는 각자의 능력에 따라 일하고 필요에 따른 평등한 분배가 이루어져야 한다고 보았습니다. ④ 마르크스는 국가가 소멸된 공산 사회를 추구합니다. ⑤ 플라톤의 이상 국가는 생산과 소유의 절대적 평등을 주장하지 않습니다.

205 마르크스, 스미스, 롤스의 이상 사회론 비교   정답 ③

고난도 평가원 기출

①	②	❸	④	⑤ 함정
3%	6%	52%	11%	25%

눈으로 보는 해설

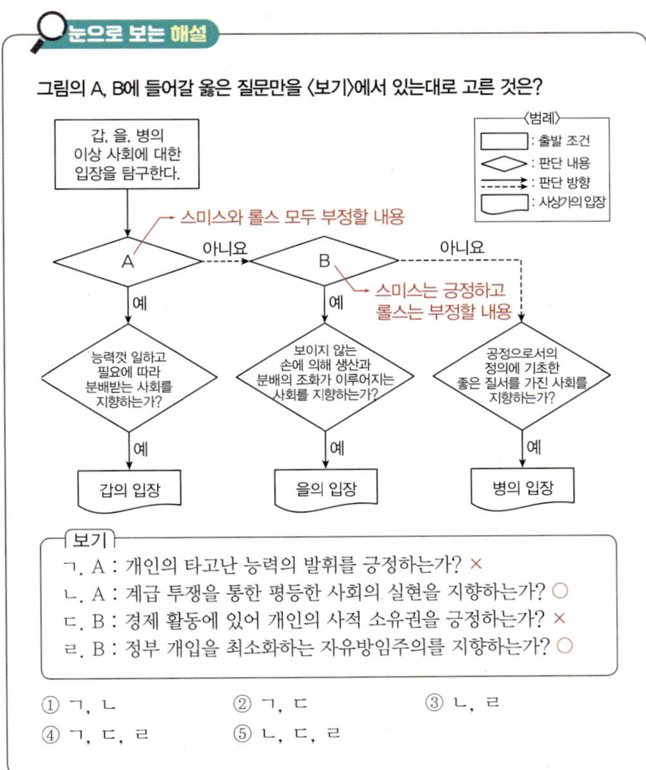

문제 분석 갑은 마르크스, 을은 아담 스미스, 병은 롤스입니다. 마르크스는 능력에 따라 일하고 필요에 따라 분배하는 사회인 공산 사회를 추구하였고, 아담 스미스는 '보이지 않는 손'에 의한 시장 경제의 질서를 강조하였습니다. 또한 롤스는 공정으로서의 정의 사회를 주장하였습니다.

정답 찾기 ㄴ. 마르크스는 계급 투쟁을 거쳐 평등한 공산 사회의 실현을 지향하였습니다. ㄹ. 아담 스미스는 시장에서의 자유로운 경제 활동을 보장 받는 자유 방임적 사회를 주장하였습니다.

오답 피하기 ㄱ. 아담 스미스는 개인의 타고난 능력의 발휘를 긍정할 것을

주장합니다. ㄷ. 롤스도 기본적으로 자본주의를 인정하기 때문에 개인의 사적 소유권을 긍정합니다.

함정 피하기

ㄱ, ㄷ을 골랐다면 기본적으로 아담 스미스와 롤스가 모두 자유주의적 경제관, 즉 자본주의적 질서를 인정한다는 점을 몰랐다는 것입니다. 자본주의를 인정한다면 누구나 시장의 질서나 개인의 사적 소유권, 개인의 자유로운 능력 발휘를 인정한다는 점을 기억해야 합니다.

206 모어와 플라톤의 이상 사회론 비교   정답 ④

고난도 평가원 기출

①	② 함정	③	❹	⑤
8%	23%	8%	49%	10%

눈으로 보는 해설

서양 사상가 갑, 을의 이상 사회에 대한 설명으로 옳은 것은?

갑 : 각 가족의 가장들은 마을 한복판에 있는 시장에서 가족이 사용할 물품들을 필요한 만큼 가져간다. 이러한 마을들이 모여 경제적으로 풍요롭고 도덕적으로 타락하지 않은 사회를 이룬다. → 모어

을 : 각 계층의 사람들은 저마다 타고난 성향에 따라 조화롭게 맡은 바 역할을 탁월하게 수행한다. 이 국가의 통치자 계층은 지혜의 덕을 지닌 철학자들로서 법률을 제정하여 국가를 다스린다. → 플라톤

① 갑 : 공동으로 노동하여 개인의 사유 재산이 풍족한 사회이다. ×
② 갑 : 경제적 풍요로 인해 사회 안에 규범이 존재하지 않는 사회이다. ×
③ 을 : 각 계층 간 자유로운 역할 교환으로 조화를 이룬 사회이다. ×
④ 을 : 수호자 중에 선발된 지혜로운 소수가 통치하는 사회이다. ○
⑤ 갑, 을 : 구성원 모두가 물질적 재화 생산에 참여하는 사회이다. ×

문제 분석 갑은 모어, 을은 플라톤입니다. 모어의 유토피아는 물질적 풍요를 이루는 가운데 생산과 소유의 평등이 실현되고, 모든 개인이 공동체의 구성원으로서 소외받지 않고 도덕적으로 살아가는 이상 사회입니다. 플라톤의 이상 사회는 철인의 통치 아래 국가의 각 계층이 각자의 역할을 다하며 조화를 이루는 정의로운 국가입니다.

정답 찾기 ④ 지혜로운 소수란 플라톤이 제시한 철인 통치자입니다. 통치자는 수호자 중에서 교육을 받고 통치자로서의 역량을 갖추면 국가를 통치하는 철인 통치자가 된다고 보았습니다.

오답 피하기 ① 모어의 이상 사회는 사적 소유가 아닌 공동 소유가 이루어지며 필요에 의한 분배가 이루어지는 사회입니다. ② 모어의 유토피아는 경제적으로 풍요롭지만 동시에 도덕적으로 타락하지 않는 사회입니다. ③ 플라톤은 타고난 능력에 따라 사회의 역할이 주어지며, 각자의 역할에 따른 사회적 분업을 강조하였습니다. ⑤ 모어의 이상 사회에만 해당이 되는 내용입니다. 플라톤의 이상 사회에서는 생산자 계층만이 생산 활동에 참여합니다.

함정 피하기

②를 골랐다면 모어의 유토피아에 대한 이해가 부족한 것입니다. 모어는 물질적인 풍요로우면서 도덕적인 사회를 유토피아로 보았습니다.

207 루소와 마르크스의 이상 사회론 이해   정답 ⑤

문제 분석 갑은 루소, 을은 마르크스입니다. 루소는 사람들이 사회 계약을 통해 구성된 일반의지를 따라야 한다고 보았습니다. 또한 마르크스는 생산 수단의 사적 소유가 폐지된 공산 사회를 추구하였습니다.

정답 찾기 ⑤ 루소와 마르크스 모두 사유 재산제가 경제적 불평등의 원인

이라고 보았습니다. **오답 피하기** ① 루소는 일반 의지에 복종하는 것이 개인의 사적 재산권을 침해하는 것이라고 보지 않았습니다. ② 루소는 주권은 공동선을 보장하는 의지의 행사이므로 절대 양도될 수 없는 것이라고 보았습니다. ③ 마르크스는 경쟁을 통한 자본의 축적에 따라 계급 갈등이 심화된다고 보았습니다. ④ 마르크스는 자본주의 사회에서 노동자는 자본에 예속된다고 보았습니다.

208 플라톤, 마르크스, 노자의 이상 사회론 비교　　　정답 ②

문제 분석 갑은 플라톤, 을은 마르크스, 병은 노자입니다. 플라톤은 철인 정치론을 주장하였고, 마르크스는 공산 사회, 노자는 소국과민 사회를 주장하였습니다.

정답 찾기 ② 마르크스가 추구한 공산 사회는 사적 소유와 계급이 사라지고 국가가 소멸된 사회입니다.

오답 피하기 ① 플라톤은 다수결에 의한 민주 정치를 중우 정치라고 비판하며, 소수의 철학자가 다스리는 사회를 이상 사회로 보았습니다. ③ 정명론을 바탕으로 한 대동 사회를 주장한 사상가는 공자입니다. ④ 플라톤은 모든 사람들이 재산을 공유해야 한다고 보지 않습니다. ⑤ 노자는 사회 제도와 규범을 자연적 본성에 어긋나는 인위적인 것으로 보고 거부하였습니다.

209 플라톤과 공자의 이상 사회론 비교　　　정답 ②

문제 분석 갑은 플라톤, 을은 공자입니다. 플라톤은 도덕적 선에 관한 절대적 지식을 성취한 철학자가 다스리는 사회를 이상 사회로 보았습니다. 공자는 큰 도가 실현된 대동 사회를 이상 사회로 보았습니다.

정답 찾기 ㄱ. 플라톤과 공자 모두 지혜와 도덕적인 덕을 갖춘 사람이 통치자가 되어야 한다고 보았습니다. ㄹ. 플라톤도 각 계급이 자신에게 필요한 덕을 잘 수행해야 하며, 공자도 각자 맡은 바 지위와 역할에 충실할 것을 강조하는 정명 사상을 주장하였습니다.

오답 피하기 ㄴ. 플라톤은 민주적인 사회가 아닌 소수의 철학자가 지배하는 엘리트 정치를 지향하였습니다. ㄷ. 플라톤은 통치자는 생산적 노동에 종사하지 않는다고 보았습니다.

210 모어의 유토피아 이해　　　정답 ⑤

문제 분석 제시문은 토머스 모어의 유토피아에 대한 내용입니다. 유토피아는 경제적으로 풍요롭고 소유와 생산에서 평등을 이루며, 도덕적으로 타락하지 않는 사회입니다.

정답 찾기 ㄷ. 유토피아는 경제적으로 풍요로워 걱정이 없고 도덕적인 구성원들 모인 사회입니다. ㄹ. 유토피아는 사유 재산을 인정하지 않으며 소유와 생산에 있어서 평등이 실현된 사회입니다.

오답 피하기 ㄱ. 유토피아는 성인 남녀는 누구나 생산적 노동에 종사해야 한다고 봅니다. ㄴ. 노자가 지향하는 소국과민 사회에 대한 설명입니다.

211 플라톤의 이상 사회 이해　　　정답 ④

문제 분석 제시문은 플라톤의 이상 사회에 대한 내용입니다. 플라톤의 이상 사회는 선의 이데아에 관한 인식과 실현이 가능한 철인이 다스리는 국가입니다.

정답 찾기 ④ 플라톤은 가장 지혜롭고 현명한 철학자가 통치자가 되어 나라를 다스려야 한다고 보았습니다.

오답 피하기 ①, ⑤ 노자의 소국과민 사회에 대한 설명입니다. ② 플라톤의 이상 사회는 민주적인 사회가 아닙니다. ③ 플라톤의 이상 사회는 구성원이 지도자를 직접 선출하지 않습니다.

212 대동 사회와 소국과민 사회 비교　　　정답 ①

문제 분석 (가)는 공자의 대동 사회, (나)는 노자의 소국과민 사회입니다. 대동 사회는 이상적인 성인이 다스리는 사회로, 인이 모든 사람에게 확대된 도덕 공동체입니다. 소국과민 사회는 인위적인 분별과 차별에서 벗어나 소박한 삶을 사는 사회입니다.

정답 찾기 ① 공자의 대동 사회는 인의의 덕이 실현된 사회입니다.

오답 피하기 ② 노자의 소국과민 사회에 대한 설명입니다. ③ 베이컨의 뉴 아틀란티스에 대한 설명입니다. ④ 노자의 소국과민 사회는 거대한 제국이 아니라 작은 나라를 지향합니다. ⑤ 공자는 문명을 거부하지 않습니다. 무위의 삶을 추구하는 사회는 노자의 소국과민 사회입니다.

213 마르크스의 공산 사회 이해　　　정답 ③

문제 분석 제시문은 마르크스의 공산 사회에 대한 설명입니다. 공산 사회는 능력에 따라 일하고 필요에 따라 분배받는 평등한 사회입니다.

정답 찾기 ㄴ. 마르크스의 공산 사회는 사유 재산제와 국가가 철폐되어 모두가 정치의 주체가 되는 사회입니다. ㄷ. 마르크스는 역사적 필연성에 의해 자본주의 사회가 붕괴되어 공산 사회가 도래할 것이라고 보았습니다.

오답 피하기 ㄱ. 마르크스는 역사 발전의 최종 단계를 공산 사회로 봅니다. ㄹ. 마르크스는 공산 사회를 이루기 위해 폭력 혁명론을 주장합니다.

핵심 개념 CHECK! ▶ 본문 118쪽

01 ○	02 ○	03 ×	04 ○	05 ×	06 ○	07 ×	08 ×
09 ○	10 ○	11 ○	12 ×	13 ×	14 ×	15 ○	16 ○
17 ○	18 ×	19 ○	20 ○	21 ○	22 ○	23 ○	24 ○
25 ○	26 ×	27 ○	28 ○	29 ○	30 ×	31 ○	32 ○
33 ×							

○× 문장 바로 알기

01 아리스토텔레스는 인간의 본성에 의해 생겨난 인간 간의 결합을 국가의 기원으로 보았다.

02 공화주의는 시민의 자유 보장을 위해 법에 의해 다스려지는 공동체가 바람직한 국가라고 보았다.

03 사회 계약론은 국가를 개인의 권익을 위한 수단이 ~~아니라 도덕 공동체 그 자체로 이해하였다.~~ 라고 보았다.

04 유교에서는 구성원 각자는 자신의 역할에 따른 사회적 책임에 충실해야 하고, 국가는 백성이 선(善)에 이르도록 교화해야 한다고 보았다.

05 아리스토텔레스는 국가는 구성원이 인간다운 삶을 실현할 수 있는 최선의 공동체~~가 아니라~~고 보았다. 라고

06 공화주의는 개인보다 공동체, 즉 공화국을 우선시하고 사적인 삶보다 공화국에 참여하는 공적인 삶을 더 가치 있다고 여긴다.

07 유교는 백성의 ~~도덕성 함양이 아니라 백성의 경제적 안정을~~ 군주의 의무로 보았다. 도덕성 함양을

08 ~~공화주의~~는 계급을 바탕으로 국가의 기원과 본질을 설명한다. 마르크스

09 마르크스는 국가는 소수의 지배 계급이 다수의 피지배 계급을 억압하고 착취하기 위한 수단으로 발생한 것이라고 보았다.

10 유교는 백성의 뜻은 곧 하늘의 뜻이므로 군주는 백성들을 위한 정치를 펼쳐야 한다고 보았다.

11 아리스토텔레스는 시민이 정치에 참여할 수 있는 제도를 마련해 영혼의 탁월성을 발휘할 수 있도록 할 때 국가는 정당성을 인정받을 수 있다고 보았다.

12 공화주의에서는 법치만 이루어진다면 시민의 참여는 ~~불필요~~하다고 보았다. 필요

13 아리스토텔레스는 국가의 기원을 ~~사람들 사이에서 이루어진 계약의~~ 산물로 본다. 인간의 본성에 의해 생겨난 결합의

14 공화주의는 국가의 기원을 ~~시민의 자유 보장을 위해 군주가 만든 것~~으로 본다. 법과 공동선에 기반한 시민들의 정치 결사체로

15 마르크스는 지배 계급이 피지배 계급을 억압하고 착취하는 수단으로 국가가 발생한 것이라고 본다.

16 현대의 국가는 민주주의를 바탕으로 복지 국가를 실현할 때 정당성을 인정받을 수 있다.

17 자유주의는 개인의 자유가 무엇보다 소중한 가치라고 보는 입장이다.

18 ~~자유주의~~는 정치 공동체의 일원으로서만 개인은 자아 정체성을 실현할 수 있다고 보았다. 공동체주의

19 자유주의에서의 관용이란 타인의 가치관을 존중하는 것이라고 보았다.

20 공화주의는 ~~공동선보다는 개인의 행복과 자아실현 등 개인선의 추구~~를 중시한다. 개인선보다는 공동선

21 ~~공화주의~~의 애국심은 혈연, 지연, 전통에 기초한 선천적 애착을 강조한다. 민족주의의

22 소극적 자유는 국가와 타인에게 구속당하지 않고 행동할 수 있는 사적 영역을 보장함으로써 실현될 수 있다.

23 공화주의는 인간의 상호 의존성을 중시하며, 시민을 개체적 존재가 아니라 사회적 존재로 보는 사상이다.

24 공화주의자들은 자유의 근거를 시민들 스스로가 심의하고 제정한 헌법에서 그 근거를 찾는다.

25 공화주의에서 말하는 자유는 권력자의 자의적 지배가 없는 상태이다.

26 자유주의는 ~~개인의 이익 추구를 위해 공익을 경시해야 한다고~~ 보았다. 개인의 자유와 권리를 보장하는 것이 곧 공동선이라고

27 공화주의는 공동체의 시민으로서 이행해야 할 의무와 공동체적 삶의 중요성을 강조한다.

28 자유주의에서는 시민이 동의한 법과 제도를 바탕으로 하는 법치(法治)도 중시한다.

29 자유주의는 자유와 권리의 근거를 자연권 사상에 두고 있다.

30 공화주의는 특정인의 지배로 인해 개인의 자유와 권리가 ~~침해되는~~ 공동체를 바람직한 공동체라고 보았다. 침해받지 않는

31 자유주의는 개인의 자유를 위협하는 체제와 제도를 반대한다.

32 자유주의는 다른 시민의 자유와 권리를 침해할 때 외에는 법이 개인의 행동을 제약할 수 없다고 본다.

33 공화주의는 시민적 자유와 권리가 ~~천부적으로 주어진다고~~ 본다. 시민에게만 인정되고 국가의 번영에 해를 끼치지 않는 한도 내에서만 허용되는 제한적인 것이라고

기출+예상 문제로 주제 정복하기 ▶ 본문 120~123쪽

214 ③	215 ③	216 ③	217 ④	218 ④	219 ④
220 ②	221 ①	222 ①	223 ④	224 ③	225 ③
226 ⑤	227 ②	228 ④	229 ②		

214 홉스와 로크의 국가의 역할과 기원에 대한 입장 비교   정답 ③

문제 분석 갑은 홉스, 을은 로크입니다. 홉스는 전쟁 상태인 자연 상태를 극복하기 위해 사람들이 계약을 통해 국가를 세운다고 보았습니다. 로크는 인간이 자연권의 안전한 보존을 위해 계약을 맺어 국가를 수립한다고 주장하였습니다.

정답 찾기 ③ 로크에 따르면 자연권은 인간이 제정한 법률에 의해 형성되는 것이 아니라 천부적인 것입니다.

오답 피하기 ① 홉스에 따르면 사람들의 자기 보존 욕구가 계약 체결의 동기가 됩니다. ② 홉스에 따르면 자연 상태에서는 사람들을 제어할 수 있는 공통의 권력이 존재하지 않습니다. ④ 로크에 따르면 시민들에게는 계약의 목적을 위배하여 정당성을 상실한 정치권력에 대해 저항할 수 있는 권리가 있습니다. ⑤ 홉스와 로크에 따르면 국가 권력의 정당성은 구성원들의 합의에서 비롯됩니다.

215 마르크스의 국가관 이해   정답 ③

문제 분석 제시문은 마르크스의 국가관에 대한 내용입니다. 마르크스는 국가를 지배 계급의 이익 증진을 위한 수단으로 보고 혁명을 통해 국가와 계급이 소멸된 공산 사회를 실현해야 한다고 보았습니다.

정답 찾기 ③ 마르크스는 국가를 지배 계급의 이익을 증진하기 위한 수단이라고 보았습니다.

오답 피하기 ① 사회 계약론의 국가관입니다. ② 마르크스는 국가를 개인의 존재와 이익 보존을 위한 결사체로 보지 않습니다. ④ 마르크스는 계급 간의 갈등이 사라지면 국가도 소멸된다고 보았습니다. ⑤ 아리스토텔레스의 국가관입니다.

216 홉스와 마르크스의 국가의 기원에 대한 입장 이해   정답 ③

문제 분석 갑은 홉스, 을은 마르크스입니다. 홉스는 자연 상태의 개인들이 자신들의 안전 보장을 위해 자발적인 상호 합의를 통해 형성된 절대 권력으로서의 리바이어던을 제시하였습니다. 마르크스는 노동자 계급의 투쟁에 의한 폭력 혁명을 통해 공산 사회를 건설할 것을 주장하였습니다.

정답 찾기 ③ 홉스가 긍정의 대답을 할 질문입니다. 자연 상태의 개인들은 혼란을 극복하고 삶의 안정을 추구하기 위하여 절대 권력인 리바이어던의 탄생에 합의하게 됩니다.

오답 피하기 ① 홉스와 마르크스가 모두 부정의 대답을 할 질문입니다. 홉스는 절대 군주가 통치의 주체가 되어야 한다고 보았고, 마르크스는 통치자와 피통치자의 관계 자체의 소멸을 주장하였습니다. ② 홉스가 부정의 대답을 할 질문입니다. ④ 마르크스가 부정의 대답을 할 질문입니다. 마르크스는 사적 소유권의 철폐보다 불평등의 해소를 주장하였습니다. ⑤ 마르크스가 부정의 대답을 할 질문입니다. 마르크스는 자본가와 노동자 간의 상호 협력의 불가능하다고 보았습니다.

217 루소와 홉스의 국가의 역할에 대한 입장 비교   정답 ④

문제 분석 갑은 루소, 을은 홉스입니다. 루소는 일반 의지를 중시하는 사회 계약론을 주장하였습니다. 홉스는 자연 상태를 극복하기 위해 구성원들이 계약을 맺어 국가를 형성한다고 보았습니다.

정답 찾기 ㄴ. 루소는 일반 의지에 대한 복종은 자기 자신에 대한 복종이라고 보았습니다. ㄹ. 루소와 홉스 모두 정치권력의 정당성은 구성원의 동의에 기초한다고 보았습니다.

오답 피하기 ㄱ. 루소는 주권은 공동선을 보장하는 의지의 행사이므로 절대로 양도될 수 없는 것이라고 보았습니다. ㄷ. 홉스는 자연 상태에서는 정의(正義)와 부정의 등과 같은 개념은 존재하지 않다고 보았습니다.

218 아리스토텔레스와 로크의 국가의 역할에 대한 입장 이해   정답 ④

문제 분석 갑은 아리스토텔레스이고, 을은 로크입니다. 아리스토텔레스는

정치적 의무가 인간의 본성에서 비롯된 자연스러운 것이라고 보았습니다. 이에 비해 로크는 정치적 의무의 근거를 시민들의 동의에서 찾았습니다.

정답 찾기 ④ 로크에 따르면 개인의 정치적 의무는 명시적 동의뿐만 아니라 묵시적 동의를 통해서도 발생할 수 있습니다.

오답 피하기 ① 아리스토텔레스는 국가를 최고의 공동체로 보았습니다. ② 아리스토텔레스는 정치적 의무의 근거를 개인의 자발적 선택이 아니라 인간의 본성에서 찾았습니다. ③ 로크는 정치권력을 입법권과 집행권으로 분립시킬 것을 주장하였습니다. ⑤ 아리스토텔레스와 로크는 정치적 의무를 자연적 의무의 하나로 보지 않았습니다.

219 공화주의와 홉스의 국가관에 대한 입장 비교   정답 ④

문제 분석 갑은 공화주의자 키케로, 을은 홉스입니다. 키케로는 공화국의 모습을 시민의 자유 보장을 위해 법과 공동선에 기반을 두고 주권자인 시민들이 만들어 낸 정치 공동체라고 보았습니다. 홉스는 자연 상태로부터 벗어나기 위해 사람들은 자신의 자연권을 안전하게 보호해주는 사회 계약을 맺고 국가를 형성한다고 보았습니다.

정답 찾기 ④ 키케로는 부정, 홉스는 긍정의 대답을 할 질문입니다. 키케로는 국가는 시민의 자유 보장을 위한 수단이라고 보았으며, 홉스는 시민들로부터 주권을 위임받은 국가는 계약의 목적을 실행해야 한다고 보았습니다.

오답 피하기 ① 키케로가 긍정의 대답을 할 질문입니다. ② 키케로가 긍정의 대답을 할 질문입니다. 키케로는 국가는 주권자인 시민이 만들어 낸 정치 공동체라고 보았습니다. ③ 키케로와 홉스가 모두 부정의 대답을 할 질문입니다. 국가의 소멸을 주장하는 것은 마르크스입니다. ⑤ 키케로가 긍정의 대답을 할 질문입니다. 키케로는 법치를 중시합니다.

220 홉스와 루소의 국가의 기원에 대한 입장 비교   정답 ②

🔍 눈으로 보는 해설

그림은 서술형 평가 문제와 학생 답안이다. 학생 답안의 ㉠~㉤ 중 옳지 <u>않은</u> 것은?

서술형 평가

◎ **문제** : 근대 서양 사상가 갑, 을의 사상적 특징에 대해 비교하여 서술하시오.

갑 : 모든 사람이 자신의 힘 이외에는 어떤 안전 대책도 존재하지 않는 전쟁 상태인 자연 상태에 있는 것보다 막강한 권력에 의해 지배받는 상태에 있는 것이 훨씬 낫다. 공공의 칼에 의해 이행이 보장되지 않는 계약은 단지 빈말과 허풍에 불과하다.

을 : 개인과 개인이 연합하여 공동의 힘으로 각자의 생명과 재산을 보호하고 보존하는 일종의 연합 형태를 발견하고, 일반 의지에 따라 각 개인은 전체와 결합하지만, 종전처럼 자신에게만 복종하고, 그전처럼 자유를 잃지 않는 연합 형태야말로 사회 계약으로 이루어야 할 근본적인 과제이다.

◎ **학생 답안**

없다고 보았다.

갑, 을의 사상적 특징을 비교하면, 갑은 ㉠ 국가가 강력한 권력을 가지려면 절대적인 군주가 필요하다고 보았으며, ㉡ 군주의 권력은 개인 생명의 보존권을 제한할 수 있다고 주장하였다. 을은 ㉢ 자연 상태는 평화롭고 평등하였지만, 사유 재산을 형성하면서 불평등이 시작되었다고 보았으며, ㉣ 주권은 항상 국민에게 속하며 양도될 수 없는 것이라고 주장하였다. 한편 갑, 을은 모두 ㉤ 국가를 개인들이 합의하여 인위적으로 만든 것으로 보았다.

① ㉠   ② ㉡   ③ ㉢   ④ ㉣   ⑤ ㉤

문제 분석 갑은 홉스, 을은 루소입니다. 홉스는 사회 계약을 통해 개인은 절대 군주에게 자신의 권리를 전면 양도해야 한다고 보았습니다. 루소는 주권은 항상 국민에게 속하며 양도될 수 없는 것이라고 보았습니다.

정답 찾기 ② 홉스는 개인들이 자기 생명을 보존할 권리는 가진다고 보았습니다.

오답 피하기 ① 홉스는 절대 군주의 필요성을 인정합니다. ③ 루소는 개인들은 선하고 자연 상태는 평화로웠지만, 사회를 이루고 사유 재산을 형성되면서 불평등이 발생하였다고 보았습니다. ④ 루소는 주권은 누구에게도 양도될 수 없는 것이라고 보았습니다. ⑤ 홉스와 루소는 모두 사회 계약론자이기 때문에 국가는 개인들의 합의에 의해 형성된 것이라고 보았습니다.

> **함정 피하기**
>
> ③을 선택했다면 루소의 사회 계약론에 대한 이해가 부족했기 때문입니다. 사회 계약론자들은 국가의 기원이 자신의 권리를 보장받기 위해 개인이 동의한 계약에 있다고 봅니다. 홉스는 자기 생명을 보존하고 평화를 획득하기 위해, 로크는 개인의 생명권뿐만 아니라 재산권 · 자유권과 같은 권리를 보장하기 위해 계약을 통해 국가를 만들었다고 보았습니다. 한편 루소는 자연 상태에서 누리던 자유를 보장받기 위해 국가를 형성했다고 보았습니다.

221 맹자의 국가관에 대한 이해 정답 ①

문제 분석 제시문은 유교 사상가인 맹자의 주장입니다. 유교에서는 군주는 백성을 위한 정치를 펼쳐야 한다는 천명 사상을 근거로 국가의 역할과 정당성을 주장합니다.

정답 찾기 ① 유교에서는 백성을 국정 운영의 주체로 보지는 않습니다.

오답 피하기 ② 유교에서는 민본주의 사상을 바탕으로 군주는 백성을 위한 정치를 펼쳐야 한다고 봅니다. ③ 유교 사상가인 맹자는 백성의 뜻을 저버린 군주는 교체해야 한다는 역성혁명론을 주장합니다. ④ 유교에서는 군주의 역할은 민본 정치를 통해 위민을 실현해야 한다고 봅니다. ⑤ 유교에서는 백성들이 도덕심을 유지하기 위해 일정한 생업이 필요하다고 봅니다.

222 자유주의와 공동체주의 사상 비교 정답 ①

문제 분석 (가)는 자유주의의 입장이고, (나)는 공동체주의의 입장입니다. 자유주의는 개인의 자유에 절대적 가치를 부여하며, 개인의 자율성을 강조합니다. 공동체주의는 개인에게 사회 구성원으로서의 역할 수행을 강조하며, 공동체를 그 자체의 목적으로 봅니다.

정답 찾기 공동체주의는 정치를 '자치에 필수적인 품성을 길러내는 것'으로 본다는 점에서, 개인들의 가치관에 대한 국가의 중립을 강조하는 정도(X)가 개인주의에 비해 낮다고 할 수 있으며, '시민들의 바람직한 품성 습득'의 목적이 자치 공유에 있다고 본다는 점에서, 개인적 선이 공동체를 토대로 형성됨을 강조하는 정도(Y)가 개인주의에 비해 높다고 할 수 있습니다. 또한 '공동선에 대해 동료 시민들과 숙고하는 것'을 강조한다는 점에서 개인들의 정치 참여 의무와 유대 의식을 강조하는 정도(Z)도 개인주의에 비해 높다고 볼 수 있습니다.

오답 피하기 ②, ③, ④, ⑤ 자유주의에 비해 공동체주의가 갖는 상대적 특징이라고 할 수 없습니다.

223 자유주의와 공동체주의 사상 이해 정답 ④

문제 분석 (가)는 자유주의의 입장이고, (나)는 공동체주의의 입장입니다. 자유주의에서는 개인에게 절대적 가치를 부여하고, 국가가 개인의 삶에 대해 개입하는 것을 부정합니다. 공동체주의에서는 개인과 사회가 분리될 수 없음을 강조하며 국가가 개인에게 좋은 삶의 방향을 제시하여 개인

의 삶에 적극적으로 개입할 것을 주장합니다.

정답 찾기 ④ 공동체주의는 개인의 정체성이 공동체로부터 분리될 수 없다고 봅니다.

오답 피하기 ① 자유주의에서 강조할 내용입니다. 자유주의는 개인의 독립성과 자율성을 강조합니다. ② 자유주의에서 강조할 내용입니다. 자유주의는 사회를 개인의 권리와 자유의 실현 수단으로 봅니다. ③ 자유주의에서 강조할 내용입니다. 자유주의에서는 개인에게 절대적 가치를 부여합니다. ⑤ 자유주의에서 강조할 내용입니다. 자유주의는 개인의 삶에 대해 국가가 개입해서는 안 된다고 봅니다.

224 자유주의와 공동체주의 사상 비교 정답 ③

문제 분석 (가)는 공동체주의의 입장이고, (나)는 자유주의의 입장입니다. 자유주의는 개인마다 좋은 삶에 대한 생각이 다르기 때문에 좋은 삶에 대한 설정을 개인의 선택에 맡겨놓아야 한다고 봅니다. 공동체주의는 공동체의 구성원들이 공유하고 있는 공동선이라는 덕목이 개인적 관리보다 우선해야 한다고 주장합니다.

정답 찾기 ③ 공동체주의에 비해 자유주의는 공동체 속에서 자신의 역할에 무관심할 가능성이 높아 사회 통합을 가로막을 수 있습니다.

오답 피하기 ① 공동체주의는 개인의 정체성이 공동체의 전통과 가치를 통해 형성된다고 봅니다. ② 자유주의는 공동체에 의해 부여된 역할보다 개인의 선택으로 이루어지는 자아 정체성을 중시합니다. ④ 공동체주의에 비해 자유주의는 개인의 자유를 지나치게 강조하여 방종으로 변질될 수 있습니다. ⑤ 공동체주의와 자유주의는 개인의 자유와 권리, 인간의 존엄성을 최대한 인정하는 동시에 사회 전체의 공익을 추구할 수 있다고 봅니다.

225 자유주의와 공동체주의 사상 이해 정답 ③

문제 분석 (가)는 공동체주의의 입장이고, (나)는 자유주의의 입장입니다. 공동체주의는 공동체의 선이 개인의 선보다 우선하며, 개인의 좋은 삶은 공동체의 가치에 의해 안내된다고 주장합니다. 이에 비해 자유주의는 개인의 자유와 권리를 최고의 가치로 보고 그것들을 최대한 잘 보호해 주는 사회 체제를 추구합니다.

정답 찾기 ③ 자유주의에서 최고의 가치는 개인의 자유 실현입니다.

오답 피하기 ① 공동체주의에서는 개인을 공동체와 분리해서 이해할 수 없는 존재로 봅니다. 개인은 공동체에서 태어나 공동체의 문화와 역사 그리고 도덕적 선의 영향을 받으면서 자신의 삶을 구성하는 존재라는 것입니다. ② 공동체주의에 따르면 공동선은 공동체를 구성하는 개인들의 선의 총합 이상의 것입니다. ④ 자유주의에서는 자유의 실현을 위해 시민이 희생해야 한다고 보지는 않습니다. ⑤ 필요에 따른 분배를 강조하는 것은 사회주의입니다.

226 자유주의 사상의 이해 정답 ⑤

문제 분석 그림의 강연자는 자유주의 사상가인 벌린입니다. 제시된 내용은 소극적 자유에 대한 설명입니다.

정답 찾기 ⑤ 자유주의자들이 말하는 소극적 자유는 외부의 부당한 압력이나 강제로부터 벗어난 상태를 뜻합니다.

오답 피하기 ① 자연권은 인간이 태어날 때 하늘로부터 부여받은 천부적인 권리입니다. ② 자유주의는 개인의 자유를 위협하는 체제와 제도에 반대합니다. ③ 자유주의는 법의 간섭을 최소화해야 한다고 봅니다. ④ 자유주의는 개인의 권리를 제약하기 위해서는 반드시 시민의 자발적 동의를 얻어야 한다고 봅니다.

227 자유주의 사상의 이해 정답 ②

문제 분석 제시문은 자유주의 사상에 대한 내용입니다. 따라서 ㉠은 자유

주의입니다. 자유주의는 자유를 최상의 정치적 · 사회적 가치로 봅니다.
정답 찾기 ㄱ. 자유주의에서는 개인의 권리를 부당하게 침해받아서는 안 된다고 봅니다. ㄷ. 자유주의에서는 개인의 권리를 중시하며, 이러한 개인의 권리 보호 여부를 통해 사회의 정당성을 평가합니다.
오답 피하기 ㄴ. 개인의 권리를 사회적 맥락 속에서 파악해야 한다고 보는 것은 공동체주의의 입장입니다. ㄹ. 개인의 권리와 정치적 의무가 충돌할 때, 정치적 의무를 중시해야 한다고 보는 입장은 공화주의입니다.

228 공화주의 사상의 이해 정답 ④

문제 분석 제시문은 공화주의 사상에 대한 내용입니다. 공화주의는 개인의 우선성을 강조했던 자유주의와 달리 인간의 상호 의존성을 중시하며, 시민을 개체적 존재가 아니라 사회적 존재로 보는 사상입니다.
정답 찾기 ④ 시민의 권리는 공동체 내의 시민이 만들어 내고 향유하는 정치적 · 사회적 권리입니다.
오답 피하기 ① 공화주의는 정치 참여는 시민의 책무이자 자유를 행사하는 것이라고 봅니다. ② 공화주의는 시민의 자유와 권리는 천부적인 것이 아니라 공동체의 법과 제도를 마련함으로써 실현되는 것이라고 봅니다. ③ 공동체가 개인의 자유와 권리를 보장하기 위한 수단이라고 보는 것은 자유주의입니다. ⑤ 공화주의에서는 자의적 지배의 부재를 자유의 조건으로 내세웁니다.

229 공화주의와 자유주의 사상 비교 정답 ②

사회사상 (가), (나)에 관한 설명으로 옳은 것을 〈보기〉에서 고른 것은?

(가) 우리는 개인의 권리를 존중해야 하지만 그들의 선을 증진할 필요는 없다. 어떤 사람들은 자유와 정치 참여는 서로 부수적인 관계에 불과하며 일치할 필요도 없고 연결되지도 않는다고 본다. 그러나 국가는 개인의 삶의 문제에 결코 중립적일 수 없다. 우리의 본성은 정치적 존재라는 데 있으며, 자유의 실현은 오직 공동선을 숙고하고, 국가의 공공 생활에 참여하는 우리 역량을 발휘하는 데서만 가능하다. → 공화주의

(나) 개인의 행동 중에 사회의 제제를 받아야 할 유일한 것은, 그것이 타인과 관련되는 경우뿐이다. 반대로 오로지 자신만 관련된 경우 그의 인격의 독립은 당연한 것이고 절대적인 것이다. 자신에 대해, 즉 자신의 신체와 정신에 대해 각자는 주권자이다. → 자유주의

〔보기〕
ㄱ. (가)는 국가는 도덕적 문제에 적극적으로 개입해야 한다고 본다.
ㄴ. (가)는 공동선은 ~~개개인의 선을 모아서 형성된 것일~~ 뿐이라고 본다. → 자유주의의 입장이다.
ㄷ. (나)는 공동체는 개인적 자유와 권리를 보장하기 위해 존재한다고 본다. ○
ㄹ. (나)는 개인의 자유는 ~~공동체의 전통과 관습에 따를 때만~~ 보장될 수 있다고 본다. → 개인의 자유를 천부적인 것으로 본다.

① ㄱ, ㄴ ② ㄱ, ㄷ ③ ㄴ, ㄷ ④ ㄴ, ㄹ ⑤ ㄷ, ㄹ

문제 분석 (가)는 공화주의의 입장이며, (나)는 자유주의의 입장입니다. 자유주의는 개인들 상호 간에 인권을 존중하고, 법을 공정하게 운용하며, 개인의 신념과 가치관을 관용하는 태도를 보일 것을 강조합니다. 공화주의는 공공의 가치와 공동선을 존중하고, 정치를 비롯한 공적 책무에 적극적으로 참여하는 의식과 태도인 시민적 덕성을 강조합니다.
정답 찾기 ㄱ. 공화주의는 국가가 개인의 도덕적 문제에 적극적으로 개입할 수 있다고 봅니다. ㄷ. 자유주의는 공동체는 개인의 자유와 권리를 보장하기 위해 존재하는 것이라고 봅니다.
오답 피하기 ㄴ. 공동선이 개개인의 선을 모아서 형성된 것이라고 보는 입

장은 자유주의입니다. ㄹ. 자유주의는 개인의 자유는 공동체의 전통과 관습을 따라야만 보장된다고 보지 않습니다.

함정 피하기
ㄴ을 골랐다면 개인선과 공동선에 대한 공화주의와 자유주의의 입장을 정확하게 숙지하지 못했기 때문입니다. 공화주의는 개인적 자유와 권리의 실현이 정치 공동체의 존재 없이는 불가능하다고 보기 때문에 개인선뿐만 아니라 정치 공동체에 참여함으로써 실현되는 공동선도 중시합니다. 하지만 자유주의에서는 정치 공동체가 개인의 자유와 권리를 보장하기 위해 존재하므로 공동선보다는 개인의 행복과 자아실현 등 개인선의 추구를 중시합니다.

핵심 개념 CHECK!

▶ 본문 128쪽

01 ○	02 ○	03 ×	04 ○	05 ×	06 ○	07 ×	08 ○
09 ○	10 ×	11 ○	12 ×	13 ○	14 ○	15 ×	16 ○
17 ○	18 ×	19 ○	20 ×	21 ○	22 ×	23 ○	24 ○
25 ×	26 ○	27 ×	28 ○	29 ○			

○|× 문장 바로 알기

01 민주주의는 인민 주권의 원리를 바탕으로 이루어지는 정치 형태이다.

02 민주주의는 사회에서 시민은 정치 지도자를 감시하고 결과에 대해 책임을 물을 수 있다.

03 자유 민주주의와 근대의 사회 계약론은 ~~무관한 것이다.~~
관련이 깊은 것이다.

04 로크는 정치 공동체의 권력의 남용을 막기 위해 법치주의와 권력 분립을 주장하였다.

05 루소는 정치 공동체는 공공의 이익을 ~~초월하여 개인의 사적 이익을~~ 만을 지향하는 ~~지향하는~~ 보편적인 의지를 일반 의지로 보았다.

06 민주주의는 고대 그리스의 민주 정치에 기원을 두고 있다.

07 근대의 사회 계약론은 인간의 존엄과 자유가 개인들 간의 계약으로 ~~형성된다고 보았다.~~
형성된다고 보지 않았다.

08 참여 민주주의는 다수의 시민이 의사 결정 과정에 자발적으로 참여하는 형태의 민주주의이다.

09 참여 민주주의는 시민 다수가 공동체의 의사 결정 과정에 참여할 기회를 부여하여 자율성과 책임성의 범위를 시민 전체에게로 확대한다.

10 직접
~~대의~~ 민주주의는 시민이 모든 정치적 의사 결정에 참여하는 정치 형태이다.

11 심의 민주주의는 시민이 직접 공적 심의 과정에 참여해 정책을 결정하는 형태의 민주주의를 뜻한다.

12 심의 민주주의는 정책 결정 과정에서 ~~전문가 집단의 의견만을 받아들~~ 시민, 대표자, 전문가 등의 의견을 여 정책을 결정한다.

13 롤스는 시민 불복종은 공공적이고 비폭력적이며 양심적이어야 한다고 보았다.

14 하버마스는 시민 불복종을 시민들이 합리적인 의사소통을 통해 합의한 원칙에 어긋나는 법이나 정책에 대한 저항으로 정의하였다.

15 심의 민주주의는 ~~개인의 고정된 선호가 변화하지 않도록~~ 심의를 진행 개인의 변화하는 선호를 반영할 수 있도록 해야 한다고 본다.

16 자본주의는 각 개인의 경제적 자율성과 사적 소유권을 최대한 보장한다.

17 프로테스탄티즘은 각 개인이 부를 축적하는 것을 도덕적으로 정당화함으로써, 건전한 직업의식과 소유권 개념이 형성되고 발달하는 데 기여한다.

18 고전적 자본주의는 정부가 경제 활동에 ~~적극적으로 개입해야 한다고~~ 개입해서는 안 된다고 보았다.

19 케인스는 정부의 적극적인 시장 개입을 통해 불황과 실업을 극복하고 복지를 확대해야 한다고 주장한다.

20 신자유주의는 사기업의 공기업화, 복지 ~~정책의 확대~~ 등을 주장한다. 축소

21 애덤 스미스는 정부의 무분별한 시장 개입을 비판하였다.

22 신자유주의는 ~~공정한 소득 분배가 이루어지지 못하는 시장 실패~~의 상 과도한 복지 정책 등의 정부 실패 황에 대한 비판으로 등장하였다.

23 자본주의는 빈부 격차를 심화시킬 수 있다.

24 빈부 격차의 심화는 사회의 양극화로 이어질 수 있으며, 사회 발전과 통합을 가로막는 원인이 되기도 한다.

25 케인스는 국가의 개입이 ~~향상 시장 경제의 효율성을 저해한다고 보았~~ 보지 않았다. ~~다.~~

26 인간 소외란 인간이 만들어 낸 물질에 의해 인간이 지배당하거나 물질적 가치만을 쫓으면서 인간성을 상실하는 현상을 말한다.

27 민주 사회주의는 농업, 수공업, 소매업, 중소 공업 등 중요한 부분의 사적 소유를 ~~인정하지 않는다.~~
인정한다.

28 기업은 공정한 경쟁을 통해 합리적으로 이윤을 추구하려는 자세를 가져야 하며, 경제 활동에서도 경제 질서를 준수해야 한다.

29 마르크스는 자본주의가 노동자 계급에 대한 착취와 소외를 조장한다고 보았다.

기출+예상 문제로 주제 정복하기

▶ 본문 130~133쪽

230 ②	231 ④	232 ①	233 ①	234 ③	235 ③
236 ②	237 ①	238 ②	239 ⑤	240 ④	241 ⑤
242 ①	243 ⑤	244 ③	245 ①	246 ③	247 ⑤
248 ①	249 ①	250 ③	251 ③	252 ⑤	253 ②
254 ⑤	255 ①	256 ③	257 ④	258 ③	259 ④
260 ④	261 ①	262 ②			

230 로크와 루소의 사회 계약론 비교

정답 ②

고난도 평가원 기출

함정	①	❷	③	④	⑤
	32%	57%	7%	2%	2%

서양 사상가 갑, 을의 입장에 대한 옳은 설명을 〈보기〉에서 고른 것은?

> 갑 : 국가의 단일한 최고 권력인 입법부는 사회에서 인민의 생명, 자유, 재산을 보존하는 업무를 수행합니다. 행정권이 이러한 입법부의 업무를 무력에 의해서 방해할 때 인민은 그것을 무력에 의해서 제거할 권리뿐만 아니라 예방할 권리도 가집니다. → 로크
> 을 : 우리 각자는 신체와 모든 힘을 공동의 것으로 삼아 일반 의지의 최고 지도 아래에 둔다. 다수의 사람들이 결합하여 스스로 일체를 형성한다고 생각하는 한, 그들은 '공동의 보전'과 '일반적 복지'에 대한 관심이라는 단 하나의 의지만을 갖는다. → 루소

보기
ㄱ. 갑은 자연 상태에서는 분쟁을 해결해 줄 재판관이 없다고 봅니다. ○
ㄴ. 을은 이상적인 국가는 절대 군주제가 시행되는 국가라고 봅니다. → 직접 민주주의
ㄷ. 을은 사유 재산 제도가 인간 불평등의 원인이 된다고 봅니다. ○
ㄹ. 갑, 을은 사회 계약이 체결된 후에는 저항권이 상실된다고 봅니다. → 로크는 저항권을 옹호하였다.

① ㄱ, ㄴ   ② ㄱ, ㄷ   ③ ㄴ, ㄷ   ④ ㄴ, ㄹ   ⑤ ㄷ, ㄹ

문제 분석 갑은 로크, 을은 루소입니다. 로크는 인간이 자연권의 안전한 보존을 위해 계약을 맺어 국가를 수립한다고 주장하였습니다. 루소는 자연 상태에서 인간은 자유롭고 평등하며 평화로운 삶을 누리지만 사회 상태로 옮겨 가면서 불평등과 예속의 상태에 처하게 된다고 주장하였습니다.

정답 찾기 ㄱ. 로크는 자연 상태에서 인간은 공통의 법률이나 재판관이 없기 때문에 개인의 생명과 자유, 재산을 보존할 수 있는 권리가 확실히 보장되지 못한다고 봅니다. ㄷ. 루소는 자연 상태에서 사회 상태로 옮겨 가면서 사유 재산의 발생과 함께 인간이 불평등과 예속의 불행한 상태에 처한다고 봅니다.

오답 피하기 ㄴ. 로크는 입헌 군주제에 기반을 둔 간접 민주주의를 추구하였습니다. ㄹ. 로크에 따르면 사회 계약 체결 이후 시민들은 계약의 목적을 위배하여 정당성을 상실한 정치권력에 대해 저항할 수 있는 권리를 갖습니다.

💣 함정 피하기
ㄴ을 골랐다면 루소의 사회 계약론의 내용을 정확하게 숙지하지 못한 것입니다. 루소는 직접 민주주의가 이루어지는 사회를 이상적인 사회로 보았습니다.

231 로크의 사회 계약론 이해   정답 ④

문제 분석 제시문은 로크의 주장입니다. 로크는 국가에 대한 시민의 정치적 의무는 그가 국가의 구성원이 되겠다는 동의로부터만 정당화될 수 있다고 보았습니다.

정답 찾기 ④ 로크가 부정의 대답을 할 질문입니다. 로크는 국가로부터 혜택을 받고 있다는 사실만으로 정치적 의무를 정당화할 수 없다고 보았습니다.

오답 피하기 ① 로크가 긍정의 대답을 할 질문입니다. 로크는 국가의 구성원은 동의에 의해 정치적 의무를 지닌다고 보았습니다. ② 로크가 긍정의 대답을 할 질문입니다. 로크는 명시적 동의 뿐만 아니라 묵시적 동의만으로도 정치적 의무가 성립된다고 보았습니다. ③ 로크가 긍정의 대답을 할 질문입니다. 로크는 정치적 의무의 성립 근거를 동의에 기초했다고 보았습니다. ⑤ 로크가 긍정의 대답을 할 질문입니다. 로크는 국가의 영토 일부를 소유하거나 향유하는 것이 묵시적 동의에 해당한다고 보았습니다.

232 로크와 루소의 사회 계약론 비교   정답 ①

문제 분석 갑은 로크, 을은 루소입니다. 로크는 인간은 자신의 권리를 보

호받기 위해 그들의 자연권 중 일부를 국가에 위임하고 국가와 계약을 맺는다고 보았습니다. 루소는 인간은 자신들의 일반 의지를 통해 공적으로 도달된 합의를 토대로 법과 규율, 제도를 만든다고 보았습니다.

정답 찾기 ① 로크는 인간의 소유권은 국가에 의해서 침해되어서는 안 되는 권리라고 보았습니다.

오답 피하기 ② 로크는 국가가 개인의 권리를 침해할 경우에는 시민들이 저항할 수 있다고 보았습니다. ③ 루소는 국가의 통치자도 시민들의 일반 의지인 법을 따라야 한다고 보았습니다. ④ 루소는 시민들은 직접 민주주의를 통해 자신의 주권을 행사한다고 보았습니다. ⑤ 로크와 루소는 국가와 시민이 계약을 맺은 후에도 계약을 위반하는 사람들을 국가가 처벌할 수 있다고 보았습니다.

233 민본주의와 민주주의 사상 비교   정답 ①

문제 분석 (가)는 유학의 민본주의 사상의 내용이며, (나)는 민주주의의 어원에 대한 내용입니다. 민본주의는 백성과 군주의 호혜성을 강조하며 군주에게 백성을 위한 정치를 펼칠 것을 강조합니다.

정답 찾기 ㄱ. 민본주의와 민주주의는 모두 국민을 위한 정치를 해야 한다고 봅니다. ㄴ. 민본주의와 민주주의는 모두 인간의 존엄성을 중시하는 인륜성을 지니고 있는 사상입니다.

오답 피하기 ㄷ. 민본주의에만 해당되는 내용입니다. ㄹ. 민주주의에만 해당될 수 있는 내용입니다. 민본주의에서는 주기적인 권력 교체를 요구하지 않습니다.

234 전자 민주주의에 대한 이해   정답 ③

문제 분석 제시된 그림의 칼럼은 전자 민주주의와 관련된 내용입니다. 정보화의 진전에 따라 시민들의 정치적 참여가 다양해지는 전자 민주주의가 등장하게 되었습니다.

정답 찾기 ③ 전자 민주주의는 전자 매체를 통해 시민이 직접 참여하는 민주주의를 말합니다. 최근 인터넷의 발달, 스마트폰 사용의 증가로 시민들이 자유롭게 적극적으로 정치에 참여할 수 있는 장이 열렸습니다.

오답 피하기 ① 전자 민주주의는 대의제를 보완하기 위한 것입니다. ② 전자 민주주의는 시민의 권한이 강화되고 다양한 의견이 수렴될 수 있어 대의 민주주의의 문제를 보완할 수 있습니다. ④, ⑤ 칼럼의 취지와 맞지 않는 제목입니다.

235 로크의 사회 계약론 이해   정답 ③

문제 분석 제시문은 로크의 주장입니다. 로크는 인간들은 사회 계약을 통해 자신의 생명과 자유, 재산을 보호받는다고 보았습니다.

정답 찾기 ③ 로크는 인간은 자연 상태에서는 개인의 권리가 확실히 보장될 수 없기 때문에 계약을 맺어 자신의 권리를 보장해 줄 정치 공동체의 구성원이 된다고 보았습니다.

오답 피하기 ① 로크는 국민이 정치의 주체가 되어야 한다고 보았습니다. ② 로크는 절대 군주를 옹호하지 않았습니다. ④ 로크는 사회 계급에 따라 정치적 권리와 의무가 달라진다고 보지 않았습니다. ⑤ 로크는 통치자의 권력이 무한하다고 보지 않으며 국민에 의해 제한될 수 있다고 보았습니다.

236 루소의 사회 계약론 이해   정답 ②

문제 분석 제시문은 사회 계약론자인 루소의 주장입니다. 루소에 따르면 국가는 공공의 이익을 추구하는 인민의 의지를 대행하는 것입니다.

정답 찾기 ㄱ. 루소는 사유 재산이 발생함에 따라 인간은 불평등한 상황에 놓이게 된다고 보았습니다. ㄷ. 루소는 개인은 주권자의 일원으로서 입법자가 되는 계약을 통해서만 시민적 자유를 회복할 수 있다고 보았습니다.

오답 피하기 ㄴ. 루소는 주권은 국가에 있는 것이 아니라 국민에게 있다고 보았습니다. ㄹ. 루소는 통치자의 권력을 절대적인 것으로 보지 않습니다.

237 민주주의에 대한 이해　　　　　　　　정답 ①

문제 분석 제시문의 ㉠은 민주주의입니다. 민주주의는 인민이 지배하는 통치 형태입니다.

정답 찾기 ① 민주주의는 정치 공동체의 주권이 인민에게 있고 인민을 위하여 정치를 행하는 제도입니다.

오답 피하기 ② 민주주의는 모든 시민이 동등한 참여의 권한과 기회를 가집니다. ③ 민주주의는 권력 구성과 집행에 대한 시민의 통제를 원칙으로 합니다. ④ 민주주의는 구성원 모두에게 공공의 일에 참여할 수 있는 기회를 부여합니다. ⑤ 민주주의는 지배자와 피지배자가 동일한 정치적 지배 원리를 바탕으로 하는 사상입니다.

238 로크의 사회 계약론 이해　　　　　　　정답 ②

문제 분석 제시문은 로크의 주장입니다. 로크는 자연 상태에서는 개인의 생명과 자유, 재산에 대한 권리가 확실히 보장될 수 없으므로 개인은 계약을 맺어 자신의 권리를 보장해 줄 수 있는 정치 공동체의 구성원이 된다고 보았습니다.

정답 찾기 두 번째 입장 : 통치자의 권력은 국민의 생명과 자유, 재산을 보호하기 위해 사용되어야 합니다.

세 번째 입장 : 로크는 입법권을 최고의 권력으로 보고, 권력을 독점하였을 때 발생할 수 있는 문제를 방지하고자 법을 제정하는 입법권과 제정된 법을 집행하는 집행권을 분리해야 한다고 보았습니다.

오답 피하기 첫 번째 입장 : 로크는 절대 왕정을 지지하지 않습니다.
네 번째 입장 : 정치 공동체가 시민들의 일반 의지에 근거하여 운영되어야 한다고 본 것은 루소입니다.

239 심의 민주주의의 특징 이해　　　　　　정답 ⑤

문제 분석 그림의 강연자는 심의 민주주의의 필요성과 특징에 대해 말하고 있습니다. 심의 민주주의는 시민들 간의 대화, 토론, 소통을 통해 개인들이 자신의 선호를 계속 변화시켜나가면서 공공성을 지향하고 집단적 의사를 도출하려는 민주주의를 가리킵니다.

정답 찾기 ⑤ 심의 민주주의는 시민들 간의 토론과 소통을 통해 정책 결정의 공공성을 강화할 것을 강조합니다.

오답 피하기 ① 심의 민주주의는 정책 심의 과정에 시민들이 적극적으로 참여할 것을 요청합니다. ② 심의 민주주의는 사회적 쟁점에 대한 시민들의 적극적인 참여를 강조합니다. ③ 심의 민주주의는 심의 참여자의 의사 표현의 자유를 제한해서는 안 된다고 봅니다. ④ 심의 민주주의에서 중시하는 심의는 순전히 사적인 이익을 표출할 수도 있는 투표 행위와는 대조적으로 공적인 성격이 강한 것입니다.

240 대의 민주주의와 심의 민주주의의 비교　　　정답 ④

문제 분석 (가)는 대의 민주주의의 기본 입장이고, (나)는 심의 민주주의 기본 관점입니다. 대의 민주주의는 선출된 시민들의 대표가 의정 활동을 통해 시민들의 의사를 대변하고 대표하는 민주주의입니다. 이에 비해 심의 민주주의는 사회적 쟁점에 대한 공적인 토론과 심의 과정을 중시하는 민주주의입니다.

정답 찾기 ④ 심의 민주주의는 대의 민주주의에 비해 정책에 대한 시민 간의 소통을 더 중시합니다.

오답 피하기 ① 시민의 심의를 강조하는 것은 심의 민주주의입니다. ② 심의 민주주의에서는 정책 결정의 신속성보다 정당성이 더 중요하다고 봅니다. ③ 시민 참여의 확대를 강조하는 것은 대의 민주주의가 아니라 심의 민주주의입니다. ⑤ 심의 민주주의는 합리적 공론을 중시합니다.

241 소로와 롤스의 시민 불복종 비교　　　　정답 ⑤

문제 분석 갑은 소로, 을은 롤스입니다. 소로는 법을 잘 지키는 것보다 정

의가 우선이라고 보았습니다. 롤스는 국가가 시행하는 일부 법이나 정책이 공유된 정의관에 어긋날 경우 그 법이나 정책에 불복종할 수 있다고 보았습니다.

정답 찾기 ⑤ 롤스는 개인의 양심이 아닌 사회적 다수에 의해 공유된 정의관이 저항의 기준이 되어야 한다고 보았습니다.

오답 피하기 ① 소로는 법을 잘 지키는 것보다 정의가 우선이라고 보아 양심에 어긋나는 불의한 법에 대해서는 불복종해야 한다고 보았습니다. ② 롤스는 시민 불복종은 법에 대한 충실성을 벗어나지 않아야 한다고 보았습니다. ③ 롤스는 사회적 다수에 의해 공유된 정의관이 시민 불복종의 근거라고 보았습니다. ④ 소로와 롤스는 시민 불복종이 정의롭지 못한 법이나 정부 정책을 변화시키려는 목적으로 행하는 의도적인 위법 행위라고 보았습니다.

242 소로와 롤스의 시민 불복종 비교　　　　정답 ①

문제 분석 갑은 소로, 을은 롤스입니다. 소로는 헌법을 넘어선 개인의 양심을 시민 불복종의 정당성을 판단하는 근거라고 보았습니다. 롤스는 개인의 양심이 아니라 사회적 다수에 의해 공유된 정의관이 시민 불복종의 정당성을 판단하는 근거라고 보았습니다.

정답 찾기 ㄱ. 소로는 양심과 정의에 기초해 시민 불복종해야 한다고 보았습니다. ㄷ. 롤스에 따르면 부정의한 모든 법이 시민 불복종의 대상은 아니라고 보았습니다.

오답 피하기 ㄴ. 롤스의 시민 불복종은 법에 대한 충실성의 한계 내에서의 법에 대한 불복종입니다. ㄹ. 롤스에 따르면 시민 불복종은 비폭력적이어야 합니다.

243 대의 민주주의의 문제점 파악　　　　　정답 ⑤

문제 분석 제시문은 대의 민주주의의 장단점에 대한 내용입니다. ㉠에 들어갈 내용은 대의 민주주의의 단점의 내용이 들어가야 합니다.

정답 찾기 ⑤ 시민의 지배가 대표를 통해 간접적으로 이루어질 수 있다는 내용은 대의 민주주의의 특징이지 단점이 아닙니다.

오답 피하기 ① 대의 민주주의는 시민들의 정치적 무관심을 초래할 수 있습니다. ② 대의 민주주의는 시민들이 낮은 정치 의식을 보일 수도 있습니다. ③ 대의 민주주의는 대표자들이 다수의 의사를 제대로 대표하기 어려울 수 있습니다. ④ 대의 민주주의는 시민들의 정치 참여가 저조하면 몇몇 대표자에 의해 국가 정책이 좌우될 수 있습니다.

244 참여 민주주의와 심의 민주주의의 비교　　정답 ③

문제 분석 (가)는 참여 민주주의의 내용이고, (나)는 심의 민주주의의 내용입니다. 참여 민주주의는 다수의 시민이 의사 결정 과정에 자발적으로 참여하는 형태의 민주주의입니다. 심의 민주주의는 공론의 장에서 시민이 사회적 쟁점을 깊이 있게 토론하고 심의하는 과정을 중시합니다.

정답 찾기 ㄴ. 참여 민주주의는 시민 다수가 참여할 기회를 부여하여 자율성과 책임의 범위를 시민 전체에게 확대합니다. ㄷ. 심의 민주주의는 시민이 직접 공적 심의 과정에 참여해 정책을 결정하는 형태의 민주주의입니다.

오답 피하기 ㄱ. 참여 민주주의는 시민들의 정책 결정 참여를 가능하게 합니다. ㄹ. 심의 민주주의는 다양한 이해관계와 정치적 견해를 지닌 시민, 대표자, 전문가 등이 모여 민주적인 심의를 진행합니다.

245 롤스의 시민 불복종 이해　　　　　　　정답 ①

문제 분석 제시문은 롤스의 시민 불복종에 대한 내용입니다. 롤스는 시민 불복종이 자유롭고 평등한 인간들 사이에서 정의의 원칙이 존중되고 있지 않음을 선언하고, 시민 다수의 정의감에 호소하는 행위라고 보았습니다.

정답 찾기 ㄱ. 롤스는 모든 부정의한 정책에 시민 불복종해야 한다고 보

지 않습니다. ㄴ. 롤스는 원초적 입장에서 합의한 원칙은 시민 불복종의 대상이 아니라고 보았습니다.

오답 피하기 ㄷ. 롤스는 정치적 절차가 항상 정의로운 법의 제정을 보장하는 것은 아니라고 보았습니다. ㄹ. 롤스는 시민 불복종의 정치 체제의 변혁을 목적으로 하는 것은 아니라고 보았습니다.

246 롤스와 하버마스의 시민 불복종 비교   정답 ③

🔍 눈으로 보는 해설

갑, 을 사상가의 입장에서 볼 때, 질문에 모두 바르게 대답한 것은?

> 갑 : 시민 불복종의 근거가 오직 개인이나 집단의 이익에만 기초할 수 없다는 것은 말할 필요도 없다. 그 대신 우리는 정치적 질서의 바탕에 깔려 있는 공유하고 있는 정의관에 의거하게 된다.→ 롤스
>
> 을 : 시민 불복종은 정당성과 합법성 사이에 위치해야만 하며, 그래야만 민주적 법치 국가가 정당화의 역할을 가진 헌법 원칙들과 더불어 실정법적으로 구체화된 자신의 모든 현상들 위에 서 있다는 사실을 암시해 주는 기호로 작용할 수 있다. 이 국가는 결국 모두가 납득할 만한 법질서의 정당성 외의 다른 이유에서 비롯된 복종을 시민들에게 요구하지 않기 때문에 시민 불복종은 성숙한 정치 문화의 필수적 구성 요소에 속한다.→ 하버마스

	질문	대답 갑	대답 을
①	불복종을 할 경우 폭력적인 방법을 사용할 수 있는가?	~~예~~ 아니요	아니요
②	불복종은 정의의 실현을 위한 합법적 행위인가?	~~예~~ 아니요	아니요
③	법과 정책의 개선을 위한 불복종은 정당화 될 수 있는가?	예	예
④	법에 대한 충실성의 한계 내에서 불복종이 이루어져야 하는가?	~~아니요~~ 예	예
⑤	때로는 부정의한 법도 따라야 하는가?	~~아니요~~ 예	예

문제 분석 갑은 롤스, 을은 하버마스입니다. 롤스는 시민 불복종은 공공의 정의관에 어긋나는 것에 대한 저항이라고 보았습니다. 하버마스는 시민 불복종은 시민들이 합리적인 의사소통을 통해 합의한 원칙에 어긋나는 법이나 정책에 대한 저항이라고 보았습니다.

정답 찾기 ③ 롤스와 하버마스가 모두 긍정의 대답을 할 질문입니다. 롤스와 하버마스는 시민 불복종을 통해 부정의한 법과 정책을 개선해야 한다고 보았습니다.

오답 피하기 ① 롤스와 하버마스가 모두 부정의 대답을 할 질문입니다. ② 롤스와 하버마스가 모두 부정의 대답을 할 질문입니다. 시민 불복종은 위법적 행위라고 보았습니다. ④ 롤스와 하버마스가 모두 긍정의 대답을 할 질문입니다. ⑤ 롤스가 긍정의 대답을 할 질문입니다. 롤스는 모든 부정의한 법에 대해 시민 불복종해야 한다고 보지 않습니다.

💣 함정 피하기

④를 골랐다면 롤스의 시민 불복종에 대한 이해가 부족하기 때문입니다. 롤스는 시민 불복종을 "법이나 정부의 정책에 변혁을 가져올 목적으로 행해지는, 공공적이고 비폭력적이며 양심적이긴 하지만 법에 반하는 정치적 행위"라고 정의하였습니다. 하버마스는 이러한 롤스의 입장을 수용하여 시민 불복종이 비폭력적이어야 하며, 규범을 위반한 것에 대한 처벌을 감수하는 전제하에서 행해져야 한다고 보았습니다.

247 스미스와 케인스, 하이에크의 사상 비교   정답 ⑤

문제 분석 갑은 스미스이고, 을은 케인스이며, 병은 하이에크입니다. 스미스는 부의 원천이 노동이며, 부의 증진은 노동 생산력의 개선을 통해 이루어지므로 생산의 기초를 기술적 분업에 두어야 한다고 주장합니다. 케인스는 시장의 실패를 시정하기 위해 경제 영역에 대한 국가 개입의 필요성을 주장합니다. 하이에크는 인간 사회에서 나타나는 여러 유용한 질서들, 즉 언어, 도덕, 시장 등이 모두 자생적 질서라고 주장합니다.

정답 찾기 ㄴ. 케인스는 정부 정책을 통한 사회 복지 서비스의 확대를 추구하였습니다. 그러나 신자유주의 사상가인 하이에크는 이를 반대하였습니다. ㄷ. 케인스는 청년 실업 문제 해결을 위한 국가 재정 투입에 찬성하였습니다. ㄹ. 하이에크는 정부의 시장 개입을 비판하면서 정부 기능을 축소하고 개인의 자유와 시장 경제의 확대를 주장하였습니다.

오답 피하기 ㄱ. 스미스와 마찬가지로 케인스와 하이에크도 자본주의 사상가들입니다. 그러므로 이들은 모두 재화의 사적 소유와 이윤 추구 활동을 인정합니다.

248 케인스와 스미스의 사상 비교   정답 ①

문제 분석 갑은 케인스, 을은 스미스입니다. 케인스는 정부의 사업을 통해 유효 수요를 창출하고 시장의 실패를 극복할 것을 주장합니다. 스미스는 정부의 불필요한 간섭을 거부합니다.

정답 찾기 ① 케인스와 스미스는 모두 사적 소유권을 인정하고 자원의 효율적인 배분을 추구하였습니다.

오답 피하기 ② 스미스와 케인스는 모두 '분배의 평등'을 추구하지 않았다. ③ 스미스는 정부의 적극적 시장 개입을 반대하였습니다. 그리고 케인스가 사회 복지의 극대화를 추구하였다고 보기는 어렵습니다. ④ 스미스와 케인스는 모두 기업의 국유화를 주장하지 않았습니다. ⑤ 케인스의 입장에만 해당되는 설명입니다.

249 프로테스탄티즘의 이해   정답 ①

문제 분석 제시된 그림에서 오른쪽 학자는 베버입니다. 베버는 자본주의를 분업의 활성화, 개인 권리의 신장, 정신적인 요소들의 선택적 결합으로 이루어졌다고 보았습니다.

정답 찾기 ① 베버는 칼뱅의 구원 예정설과 직업 소명설에 기반하여 자신의 직업적 능력을 성실히 수행하면서 부를 축적하는 것에 대한 도덕적 정당화를 이루게 한다고 보았습니다.

오답 피하기 ② 마르크스에 해당하는 내용입니다. ③ 칼뱅은 노동은 특정 계급만의 활동이 아니라 지상에서 신의 영광을 실현하는 수단이라고 보았습니다. ④ 절약과 근면을 통한 부의 축적은 신의 영광을 실현하기 위한 것이지 경제적 평등의 실현과는 관련이 없습니다. ⑤ 프로테스탄티즘에 근거한 자본주의 정신은 근검과 절약을 토대로 부의 축적을 정당화하였습니다.

250 케인스의 사상 이해   정답 ③

문제 분석 제시문은 케인스의 주장입니다. 케인스는 정부의 사업을 통해 유효 수요를 창출하고 시장의 실패를 극복할 것을 주장하였습니다.

정답 찾기 ③ 케인스가 긍정의 대답을 할 질문입니다. 케인스는 시장 실패를 시정하기 위해 정부가 시장에 적절히 개입해야 한다고 보았습니다.

오답 피하기 ① 케인스가 부정의 대답을 할 질문입니다. 케인스는 큰 정부를 지향합니다. ② 케인스가 부정의 대답을 할 질문입니다. 케인스는 복지 제도의 확대를 주장하였습니다. ④, ⑤ 케인스가 부정의 대답을 할 질문입니다.

251 스미스와 케인스의 사상 비교   정답 ③

문제 분석 갑은 스미스, 을은 케인스입니다. 스미스는 정부의 역할 축소를 주장하고, 케인스는 정부의 시장 개입을 주장하였습니다.

정답 찾기 ③ 스미스는 보이지 않는 손의 역할을 전적으로 신뢰하고, 시장에 대한 정부의 적극적 개입의 필요성을 강조하지 않습니다. 케인스는 보이지 않는 손의 역할을 전적으로 신뢰하지는 않으며, 시장에 대한 정부의 적극적 개입의 필요성을 강조합니다.

오답 피하기 ①, ②, ④, ⑤ 〈보기〉의 질문을 스미스와 케인스의 입장과 바르게 연결한 것이 아닙니다.

252 하이에크와 케인스의 사상 비교　　　정답 ⑤

문제 분석 (가)는 하이에크, (나)는 케인스입니다. 하이에크는 신자유주의 사상가로 시장에 대한 정부의 개입을 최소화할 것을 강조하였습니다. 케인스는 수정 자본주의 사상가로 정부가 시장에 적극적으로 개입할 것을 강조하였습니다.

정답 찾기 ⑤ 케인스는 경제적 불평등의 완화와 사회 복지를 위해 국가의 적극적 역할이 필요하다고 보았습니다. 이에 비해 하이에크는 정부의 시장 개입을 반대하고 복지 정책의 축소를 주장하며 작은 정부를 추구하였습니다. 그러므로 수정 자본주의 사상과 비교해 볼 때 신자유주의 사상은 '작은 정부 지향 정도'(X축)와 '시장의 자동 조절 기능에 대한 신뢰 정도'(Y축)가 강한 편이며, '사회적 약자를 위한 복지 정책 강조 정도'(Z축)는 약한 편이라고 할 수 있습니다. 그림의 ㉠~㉤ 중 이러한 특징을 나타내고 있는 것은 ㉤입니다.

오답 피하기 ①, ②, ③, ④ 교육과정 상 ㉠~㉣의 특징을 지닌 사상은 존재하지 않습니다.

253 스미스와 케인스의 사상 비교　　　정답 ②

문제 분석 갑은 스미스, 을은 케인스입니다. 스미스는 자유방임주의의 입장에서 국부를 증진시키는 최선의 방법은 개인이 자신의 이익을 자유롭게 추구하도록 두는 것이라고 보았습니다. 케인스는 사회를 유지하고 공동선을 실현하기 위해서는 정부가 시장에 적극 개입하여 유효 수요를 늘려야 한다고 보았습니다.

정답 찾기 ② 스미스는 부정, 케인스는 긍정의 대답을 할 질문입니다.

오답 피하기 ① 스미스가 부정, 케인스는 긍정의 대답을 할 질문입니다. ③ 스미스와 케인스 모두 부정의 대답을 할 질문입니다. 사회적 재화의 결과적 평등의 실현을 궁극적 목적으로 보는 것은 마르크스주의입니다. ④ 스미스와 케인스 모두 긍정의 대답을 할 질문입니다. ⑤ 스미스와 케인스 모두 부정의 대답을 할 질문입니다. 생산 수단의 완전한 공유화를 주장하는 것은 마르크스주의입니다.

254 스미스와 하이에크의 사상 비교　　　정답 ⑤

눈으로 보는 해설

갑, 을의 공통된 입장만을 〈보기〉에서 있는 대로 고른 것은?

> 갑 : 각 개인이 공공의 이익을 증진할 의도를 가질 필요도 없고, 자신이 공공의 이익을 어느 정도 향상하는지 알 필요도 없다. 국내 산업을 최고의 가치만 생산하는 쪽으로 이끎으로써 자기 이득을 추구한다. 그럼에도 그는 보이지 않는 손에 이끌려 자기 의도에 없는 어떤 목적을 위해 노력하는 셈이다. → 스미스
> 을 : 중앙 집권적 계획은 독재 정치 못지않게 개인의 자유를 파괴하고 사람들을 노예의 길로 이끈다. 우리의 역사적 경험은 경제적 자유 없이는 개인적·정치적 자유도 없다는 것을 증명하고 있다. → 하이에크

> [보기]
> ㄱ. 완전 고용을 실현하기 위해 <del>국가가 개입해야 한다.</del> ×
> ㄴ. 시장 실패의 시정을 위해 <del>정부에 전적으로 맡겨야 한다.</del> ×
> ㄷ. 이윤 추구를 위해 자유로운 경제 활동을 허용해야 한다. ○
> ㄹ. 각 개인의 경제적 자율성과 사적 소유권을 보장해야 한다. ○

문제 분석 갑은 스미스, 을은 하이에크입니다. 스미스는 사회 전체의 부를 증진하는 최선의 방법은 개인이 자신의 이익을 자유롭게 추구하는 것이라고 보았습니다. 하이에크는 정부의 시장 개입에 반대하며 정부의 기능을 축소하고 개인의 자유와 시장 경제를 확대할 것을 주장하였습니다.

정답 찾기 ㄷ. 스미스와 하이에크는 자본주의의 기본 정신을 인정하고 있기 때문에 이윤 추구를 위해 자유로운 경제 활동을 허용해야 한다고 보았습니다. ㄹ. 스미스와 하이에크는 각 개인의 경제적 자율성과 사적 소유권을 보장해야 한다고 보았습니다.

오답 피하기 ㄱ. 스미스와 하이에크는 국가의 개입을 주장하지 않습니다. ㄴ. 스미스와 하이에크는 시장 실패를 시정하기 위해 정부에 전적으로 맡겨야 한다고 보지 않습니다.

함정 피하기

ㄱ이나 ㄴ을 골랐다면 스미스와 하이에크의 자본주의에 대한 기본 입장에 대한 이해가 부족한 것입니다. 고전적 자본주의자인 스미스와 신자유주의자인 하이에크는 국가나 정부의 시장 개입에 원칙적으로 반대합니다. 고전적 자본주의자인 스미스는 '보이지 않는 손'의 기능을 신뢰하였고, 신자유주의자인 하이에크는 정부 실패를 이유로 정부의 시장 개입에 반대합니다. 정부의 시장 개입에 찬성한 자본주의 사상가는 케인스입니다.

255 민주 사회주의와 마르크스주의의 사상 비교　　　정답 ①

고난도 평가원 기출				
❶	②	③	④	⑤ 함정
43%	9%	13%	12%	20%

눈으로 보는 해설

(가), (나)는 사회사상이다. (가), (나) 모두 부정의 대답을 할 질문으로 가장 적절한 것은?

> (가) 사회주의의 계획은 자본주의적 계획이나 모든 전체주의적 계획과 선명히 대조됩니다. 국가는 대규모 생산 수단을 공유하고 민주적으로 관리하면서, 사적 소유자도 생산과 복지에 공헌할 수 있도록 해야 합니다. → 민주 사회주의
> (나) 독점의 심화로 자본가들은 감소하고, 노동자 계급의 조직화와 저항은 확대됩니다. 사적 소유와 사회적 노동 간 모순의 격화로 수탈 체제는 종말을 고합니다. 소수에 의한 민중의 수탈이 민중에 의한 소수자의 수탈로 전환됩니다. → 마르크스

① 국가와 계급이 소멸함으로써 프롤레타리아 독재가 실현되는가? ×/×
② 다당제와 의회 민주주의 체제에서도 사회주의가 실현되는가? ○/×
③ 자본주의는 노동자 계급에 대한 착취와 소외를 조장하는가? ×/○
④ 이상 사회는 무산 계급의 폭력 혁명과 독재로 실현되는가? ×/○
⑤ 자본주의에서 이상 사회로의 이행은 필연적으로 실현되는가? ×/○

문제 분석 (가)는 민주 사회주의, (나)는 마르크스주의의 기본 입장입니다. 민주 사회주의는 마르크스주의의 폭력 혁명론이나 프롤레타리아 독재론을 비판하면서 민주적인 방법에 의한 점진적인 사회 개혁을 추구하였습니다.

정답 찾기 ① 민주 사회주의와 마르크스주의의 입장에서 모두 부정의 대답을 할 질문입니다. 프롤레타리아 독재는 국가와 계급의 소멸 이전에 이루어져야 하는 것이기 때문입니다.

오답 피하기 ② 민주 사회주의에서 긍정의 대답을 할 질문입니다. ③, ④, ⑤ 모두 마르크스주의에서 긍정의 대답을 할 질문입니다.

⑤를 골랐다면, 민주 사회주의의 입장에 대해 정확하게 이해하지 못한 것
입니다. 민주 사회주의는 공산 사회의 필연적 도래를 부정한다는 점에서
마르크스주의와 차이가 있습니다.

256 마르크스주의 사상 이해　　　　　정답 ③

문제 분석 제시문은 마르크스의 관점입니다. 마르크스는 사회 혁명을 통
한 생산 수단의 공유화, 부르주아의 지배를 폭력으로 타파할 것을 주장하
였습니다.

정답 찾기 ③ 마르크스는 인류의 역사를 계급 투쟁의 역사로 규정하고, 진
정한 자유 실현을 위해 공산 사회로의 이행은 필연적이라고 보았습니다.

오답 피하기 ① 마르크스는 사유 재산 제도와 계급의 철폐가 완전히 이루
어지는 단계를 공산 사회로 보았습니다. ② 마르크스는 진정한 자유의 실
현을 위해서는 국가의 완전한 소멸이 필요함을 주장하였습니다. ④ 마르
크스는 물질의 변화가 의식의 변화를 이끈다고 보았습니다. ⑤ 마르크스
는 프롤레타리아 독재의 단계는 사회주의 국가의 단계라고 보았습니다.

257 마르크스와 민주 사회주의의 사상 비교　　　　　정답 ④

문제 분석 (가)는 마르크스주의, (나)는 민주 사회주의입니다. 마르크스는
프롤레타리아 독재를 거친 후 계급 없는 사회가 필연적으로 도래할 것이
라고 보았습니다. 민주 사회주의는 민주적 과정을 통해 사회주의를 건설
해야 한다고 보았습니다.

정답 찾기 ④ 사유 재산의 폐지를 강조하는 정도(X축)는 마르크스주의에
비해 민주 사회주의가 낮습니다. 의회 활동을 통한 점진적 개혁을 강조하
는 정도(Y축)는 민주 사회주의가 높습니다. 그리고 국가 및 계급 소멸의
역사적 필연성을 강조하는 정도(Z축)는 민주 사회주의가 낮습니다.

오답 피하기 ①, ②, ③, ⑤ 마르크스주의에 비해 민주 사회주의의 입장이
지닌 상대적 특징이라고 할 수 없습니다.

258 민주 사회주의 사상의 이해　　　　　정답 ③

문제 분석 제시문은 민주 사회주의의 입장입니다. 민주 사회주의는 사회
주의가 추구하는 공공 소유, 필요에 따른 분배라는 기본 관점에 민주적인
방법을 제시하였습니다.

정답 찾기 ㄴ. 민주 사회주의는 비폭력적 방식에 반대하고 평화적이고 민
주적인 방법으로 사회주의의 이상을 실현할 것을 주장하였습니다. ㄷ. 민
주 사회주의는 기존 사회 질서를 존중하는 가운데 소득의 불균형을 해소
하기 위한 정부의 정책 강화를 주장하였습니다.

오답 피하기 ㄱ. 민주 사회주의도 자본주의의 문제점을 시정할 것을 주장
하였습니다. ㄹ. 민주 사회주의는 완전한 공유제를 주장하지 않았습니다.

259 마르크스의 사상 이해　　　　　정답 ④

문제 분석 (가)는 마르크스의 입장입니다. 마르크스는 계급 간의 투쟁을
통해 자본주의 체제가 붕괴되고 공산 사회가 실현됨으로써 인간 소외 현
상이 극복되고 진정한 자유의 실현이 가능하다고 보았습니다.

정답 찾기 ㄱ. 마르크스가 부정의 대답을 할 질문입니다. 마르크스는 계
급 투쟁의 과정은 필연적으로 공산 사회의 실현으로 완성되며 그것으로
모든 계급 투쟁이 종식된다고 보았습니다. ㄴ. 마르크스가 부정의 대답을
할 질문입니다. 마르크스는 역사 발전의 최종 단계를 공산 사회로 보았습
니다. ㄹ. 마르크스가 긍정의 대답을 할 질문입니다. 마르크스는 사회주
의 국가 단계에서 생산력이 비약적으로 발전하게 되고 이를 바탕으로 필
요에 따른 분배를 실현할 수 있다고 보았습니다.

오답 피하기 ㄷ. 마르크스가 부정의 대답을 할 질문입니다. 마르크스는
물질의 변화가 의식의 변화를 이끈다고 보았습니다.

260 마르크스주의와 민주 사회주의의 사상 비교　　　　　정답 ④

문제 분석 (가)는 마르크스주의의 입장이며, (나)는 민주 사회주의의 입장
입니다. 스미스는 정부의 역할 축소를 주장하고, 케인스는 정부의 시장
개입을 주장하였습니다. 민주 사회주의는 급진적인 혁명과 국가의 소멸
을 주장하는 마르크스주의에 반대하면서, 민주 사회의 기본 질서를 존중
하는 가운데 점진적인 개혁을 이룰 것을 주장하였습니다.

정답 찾기 ④ 시장 경제의 원리를 수용하는 정도(X축)는 마르크스주의에
비해 민주 사회주의가 높습니다. 의회주의적 절차를 강조하는 정도(Y축)
도 민주 사회주의가 높습니다. 그리고 사회 개혁의 급진성을 강조하는 정
도(Z축)는 민주 사회주의가 낮습니다.

오답 피하기 ①, ②, ③, ⑤ 마르크스주의에 비해 민주 사회주의의 입장이
지닌 상대적 특징이라고 할 수 없습니다.

261 마르크스주의와 민주 사회주의의 사상 비교　　　　　정답 ①

문제 분석 (가)는 마르크스주의의 입장이며, (나)는 민주 사회주의의 입장
입니다.

정답 찾기 ① 마르크스주의는 공산 사회의 실현을 위해 폭력적인 혁명의
필요성을 인정합니다. 또한 생산 수단의 공유의 필요성도 인정합니다. 민
주 사회주의는 공산 사회의 실현을 위해 폭력적인 혁명의 필요성은 부정
하지만, 생산 수단의 공유의 필요성은 인정합니다.

오답 피하기 ②, ③, ④, ⑤ 〈보기〉의 질문을 마르크스주의와 민주 사회주
의의 입장과 바르게 연결된 것이 아닙니다.

262 민주 사회주의와 수정 자본주의의 사상 비교　　　　　정답 ②

문제 분석 (가)는 민주 사회주의의 입장이며, (나)는 수정 자본주의의 입
장입니다.

정답 찾기 ㄱ. 민주 사회주의와 수정 자본주의는 모두 긍정의 대답을 할
질문입니다. ㄹ. 민주 사회주의가 긍정의 대답을 할 질문입니다.

오답 피하기 ㄴ. 민주 사회주의와 수정 자본주의가 부정의 대답을 할 질문
입니다. 민주 사회주의와 수정 자본주의는 모두 복지 제도의 확대를 주장
합니다. ㄷ. 민주 사회주의와 수정 자본주의 모두 부정의 대답을 할 질문
입니다.

핵심 개념 CHECK!

▶ 본문 140쪽

01 ○	02 ○	03 ×	04 ○	05 ×	06 ○	07 ○	08 ○
09 ○	10 ×	11 ○	12 ×	13 ○	14 ○	15 ○	16 ×
17 ×	18 ○	19 ○	20 ○	21 ○	22 ○	23 ○	24 ×
25 ○	26 ○	27 ×	28 ○	29 ○	30 ×

○|× 문장 바로 알기

01 유교는 도덕적인 인간관계를 바탕으로 하는 평화로운 세상의 모습을 꿈꾸었다.

02 대동 사회는 도덕성을 기반으로 모든 사람이 함께 조화롭게 어울려 사는 평화로운 사회이다.

03 묵자는 존비친소를 ~~분별하는~~ 사랑을 주장하며 전쟁을 반대하였다.
→ 분별하지 않는

04 묵자는 서로 차별 없이 사랑하고 서로 이로움을 나누어야 전쟁과 같은 불의(不義)한 상황이 발생하지 않을 것이라고 보았다.

05 묵자는 천하의 이익을 일으키기 위해 통치자는 ~~경우에 따라 타국을 정복하기 위한 전쟁을 해야 한다고~~ 보았다.
→ 타국을 정복하기 위한 전쟁을 해서는 안 된다고

06 불교에서는 마음속의 탐욕, 화냄, 어리석음을 제거하고 연기에 대한 깨달음에 이를 것을 강조하였다.

07 불교에서는 모든 생명체가 평등한 가치를 지니며 연기에 대한 자각은 무차별적 사랑인 자비로 이어진다고 보았다.

08 에라스뮈스는 종교적 · 도덕적 · 경제적인 측면에서 전쟁은 본성상 선보다 악을 초래한다고 주장하였다.

09 에라스뮈스는 전쟁은 평화를 추구하는 종교 정신에 위배되는 것이라고 보았다.

10 생피에르는 ~~인간의 이기심과 합리적 이성에 호소하는 대신 종교나 도덕성을 따를 것을~~ 주장하였다.
→ 평화를 실현하기 위해 인간의 이기심과 합리적 이성을 따를 것

11 생피에르는 전쟁이 비록 인간의 이기심 때문에 발생하지만, 오히려 이기심을 이용하면 평화로 이끌 수도 있다고 보았다.

12 생피에르는 ~~의무론적 관점을~~ 바탕으로 군주들의 연합을 만들면 항구적인 평화를 실현할 수 있다고 보았다.
→ 공리적 관점을

13 칸트는 국가 간의 영구 평화를 보장하기 위해 국제 연맹의 창설과 세계 시민법의 조건 등을 담은 확정 조항을 제시하였다.

14 이상주의자들은 평화는 이성에 근거한 보편적 도덕 원리에 따라 국제적 갈등을 해결할 때 실현될 수 있다고 본다.

15 아퀴나스는 전쟁은 전쟁을 선포할 수 있는 권위를 지닌 사람에 의해 선포되어야 한다고 보았다.

16 왈처는 전쟁은 윤리적 범주에 기반하여 ~~항상 도덕적으로 정당화되지 않다고~~ 본다.
→ 때로는 도덕적으로 정당화될 수 있다고

17 갈퉁은 인간다운 삶을 위해 ~~소극적~~ 평화 개념을 강조한다.
→ 적극적

18 정의 전쟁론에서는 전쟁에 대한 도덕적 제한 조치를 수용하며 무력이 정의를 수행하기 위한 수단이 될 수 있다고 본다.

19 ~~왈처는~~ 전쟁은 합법적 권위, 정당한 이유, 전쟁 수행자의 정당한 의도, 이 세 가지를 근거로 수행할 수 있다고 주장하였다.
→ 아퀴나스는

20 칸트는 평화는 저절로 주어지는 것이 아니라 스스로 만들어 가는 것이라고 주장하였다.

21 칸트는 "영구 평화론"을 통해 국내적으로는 공화정을 도입하고, 국제적으로는 보편적 우호 관계에 따라 국제법을 적용하는 ~~세계 국가의 수립을~~ 구상하였다.
→ 국제 연맹의 수립을

22 세계 시민주의는 스토아 학파에서 발전해 온 사상으로 특정 민족이나 국가를 넘어서 인류를 하나라고 보는 입장이다.

23 세계 시민주의는 전 지구적인 문제의 해결과 발전에 관심을 가진다.

24 세계 시민주의는 갈등이 발생했을 때 ~~대화와 타협이 아닌 전쟁의 방식을 따를~~ 것을 강조한다.
→ 폭력을 행사하지 않고 대화와 타협을 통해 해결할 것을

25 국제주의는 개별 국가를 전제로 하면서도 국가 간의 연대와 협력을 지향한다.

26 롤스는 질서 정연한 사회의 만민은 불리한 여건으로 인해 고통을 겪는 사회를 원조해야 할 의무가 있다고 보았다.

27 ~~롤스는~~ 원조의 목적을 전 지구인의 복지 향상에 두고 있다고 본다.
→ 싱어

28 싱어는 공리주의적 관점에서 세계의 가난한 사람을 원조의 대상으로 삼아야 한다고 주장하였다.

29 싱어는 원조의 의무는 모든 존재의 이익을 동등하게 고려해야 한다는 '이익 평등 고려의 원칙'을 전제로 하고 있다.

30 노직은 개인 혹은 국가 차원의 해외 원조는 선한 행위이기 때문에 ~~의무로~~ 이루어져야 한다고 본다.
→ 자선

기출+예상 문제로 주제 정복하기

▶ 본문 142~144쪽

| 263 ④ | 264 ⑤ | 265 ③ | 266 ④ | 267 ⑤ | 268 ⑤ |
| 269 ② | 270 ③ | 271 ③ | 272 ⑤ | 273 ① | 274 ① |
| 275 ④ |

263 칸트와 갈퉁의 평화에 대한 입장
정답 ④

문제 분석 갑은 칸트, 을은 갈퉁입니다. 칸트는 모든 국가가 공화국으로 전환하고, 이러한 공화국들이 연방을 구성하여 평화 동맹을 맺으면 영구적인 평화가 유지될 수 있다고 보았습니다. 갈퉁은 직접적이고 물리적인 폭력이 제거된 소극적 평화뿐만 아니라 구조적 폭력과 문화적 폭력이 사라진 적극적 평화가 이루어져야 한다고 보았습니다.

정답 찾기 ④ 갈퉁은 진정한 평화는 적극적 평화로서 직접적 폭력뿐만 아니라 구조적, 문화적 폭력까지 제거될 때 실현된다고 보았습니다.

오답 피하기 ① 칸트는 개별 국가의 주권을 인정하면서 국가 간 연맹을 확대함으로써 영원한 평화를 실현해야 한다고 보았습니다. ② 칸트는 국제법을 통한 국가 간 우호와 시민의 자유 증진을 주장하였습니다. ③ 갈퉁은 폭력을 정당화하는 편견을 극복하기 위한 교육이 필요함을 주장하였습니다. ⑤ 칸트는 공화정과 국가 간 연맹이라는 정치 제도가, 갈퉁은 억압을 없애기 위한 정치 제도의 개선이 평화 실현을 위해 필요함을 주장하였습니다.

264 전쟁에 대한 아퀴나스의 입장 이해 　　　정답 ⑤

문제 분석 제시문은 토마스 아퀴나스가 주장하는 정의로운 전쟁에 관한 글입니다. 그는 정의로운 전쟁을 신법(神法)을 지키고 공동선과 평화를 위한 것이라고 주장합니다. 그리고 정의로운 전쟁의 조건으로 합법적 권위에 의한 명령, 정당한 근거, 그리고 정당한 의도를 제시합니다.

정답 찾기 ⑤ 아퀴나스는 전쟁 중이라고 하더라도 자기 생명을 지키려는 목적 이상의 많은 희생을 야기하는 살상 행위는 신법을 거스르는 것이라고 보았습니다.

오답 피하기 ① 무력이 신법을 지키고 공동선과 평화를 위한 것이라면 정당화될 수 있습니다. ② 개별 국가의 폭정은 정의로운 전쟁의 정당한 명분이 될 수 있습니다. ③ 정의로운 전쟁은 일반인이 아니라 적법한 권위를 지닌 군주에 의해 선포되어야 합니다. ④ 정의로운 전쟁에는 방어를 위한 전쟁은 물론이고 악의 징벌을 위해 선제공격을 하는 전쟁도 포함됩니다.

265 전쟁에 대한 칸트와 현실주의, 아퀴나스의 사상 비교 　정답 ③

문제 분석 제시문의 갑은 칸트의 '영구 평화론', 을은 전쟁에 관한 현실주의적 입장, 병은 정의의 전쟁에 관한 입장입니다.

정답 찾기 ③ 자국의 방어를 위해 불가피한 경우 도덕적 제약을 전제로 전쟁을 허용합니다.

오답 피하기 ① 국가 간 세력 균형을 중시하는 것은 현실주의적 입장입니다. ② 을은 전쟁을 최후의 수단이 아닌 국익 추구의 실현 수단으로 이해합니다. ④ 갑은 전쟁에 대해 비판적이며, 을은 현실주의적 입장에서 전쟁을 승인합니다. ⑤ 전쟁을 국익의 극대화를 위한 정치적 행위로 보는 것은 현실주의적 입장입니다.

266 전쟁에 대한 갈퉁과 왈처의 사상 비교 　　　정답 ④

문제 분석 갑은 갈퉁, 을은 왈처입니다. 갈퉁은 물리적 폭력은 물론 구조적 폭력과 문화적 폭력까지 제거된 적극적 평화의 실현을 중시하였습니다. 왈처는 전쟁이 정의롭기 위해서는 전쟁 시작, 전쟁 수행 과정, 전쟁 종식과 평화 정착에서 정당성을 갖추어야 한다고 보았습니다.

정답 찾기 ④ 왈처는 전쟁 개시에서의 정의의 영역과 전쟁 과정에서의 정의의 영역을 서로 독립적인 것으로 보고, 개전에 있어서 정당화될 수 없는 전쟁을 수행하는 경우라도 그 과정은 정의롭게 이끌어져야 한다고 주장하였습니다.

오답 피하기 ① 갈퉁에 따르면 평화를 위해서는 폭력이 제거되어야 하므로 평화 실현을 위한 폭력의 사용은 정당화될 수 없습니다. ② 갈퉁에 따르면 적극적 평화는 물리적 폭력만이 아니라 구조적 · 문화적 폭력까지 제거된 상태를 의미하므로 전쟁의 종식이 적극적 평화의 실현을 보장할 수는 없습니다. ③ 왈처에 따르면 전쟁 개시 이전이라도 가능하다면 전쟁이 아닌 다른 평화적 수단을 동원하여 갈등을 해결하기 위해 노력해야 합니다. ⑤ 왈처에 따르면 무고한 사람의 인권 보호 및 회복과 적국의 침입에 대한 방어 수단으로서의 전쟁은 허용될 수 있습니다.

267 전쟁에 대한 칸트의 사상 이해 　　　정답 ⑤

문제 분석 (가)는 칸트의 입장입니다. 칸트는 공화제를 실현한 국가들이 우호 관계에 기초하여 국제법이 적용되는 국제 연맹을 창설해야 한다고 주장하였습니다.

정답 찾기 ⑤ 칸트는 모든 국가가 서로의 주권을 존중하고 국제 연맹 속에서 상호 협력할 때 국제 평화가 실현될 수 있다고 보았습니다.

오답 피하기 ① 칸트는 타국에 대해 내정 간섭을 하지 말아야 한다고 보았습니다. ② 칸트는 세계 평화를 위해 국가들이 공화정체를 갖출 것을 주장하며, 개별 국가의 주권을 국제 연맹에 양도할 것을 주장하지 않습니다. ③ 칸트는 세계 평화를 위해 개별 국가들이 정체성을 유지하되, 보편적 우호관계를 맺어야 한다고 보았습니다. ④ 군사력을 바탕으로 국가 간의 세력 균형 정책을 추구해야 한다고 주장한 것은 현실주의입니다.

268 전쟁에 대한 아퀴나스와 칸트의 사상 비교 　　　정답 ⑤

문제 분석 갑은 아퀴나스, 을은 칸트입니다. 아퀴나스는 정당한 전쟁은 적법한 군주의 권한, 정당한 이유, 전쟁 수행자의 정당한 의도가 요구된다고 보았습니다. 칸트는 영구 평화론을 통해 전쟁과 평화의 근원적 문제는 국가 간 신뢰가 정착되어 있느냐가 중요하다고 보았습니다.

정답 찾기 ⑤ 아퀴나스와 같은 정의전쟁론을 주장하는 학자들은 다른 나라의 부정의에 대해 폭력으로 간섭할 수 있다고 보지만, 칸트는 다른 나라의 내정에 대해 간섭해서는 안 된다고 보았습니다.

오답 피하기 ① 칸트가 긍정의 대답을 할 질문입니다. ② 아퀴나스와 칸트가 모두 부정의 대답을 할 질문입니다. ③ 아퀴나스와 칸트가 모두 부정의 대답을 할 질문입니다. ④ 아퀴나스와 칸트가 모두 부정의 대답을 할 질문입니다.

269 칸트의 이상주의적 관점 　　　정답 ②

고난도 평가원 기출				
① 함정	❷	③	④	⑤
47%	30%	10%	3%	8%

눈으로 보는 해설

다음 서양 사상가의 주장으로 옳은 것은?

> 세계 평화는 받는 것이 아니라 성취해야 하는 것이다. 평화란 모든 전쟁의 종결을 의미하므로 그 앞에 '영원한'이라는 수식어를 붙이는 것은 용어의 중복일 따름이다. 평화는 도덕적 입법의 최고 자리에 위치한 이성이 명령하는 보편적 의무이다. 국가들은 서로를 하나의 인격체로 대하고, 무력과 기만을 근절해 평화를 예비해야 한다. 공화국으로 전환한 계몽된 자유 국가들이 연방을 결성하고, 호혜적인 질서를 수립함으로써 평화를 확정해야 한다. → 칸트

① 자유 국가들 간의 연방 단계에서 세계 정부를 수립해야 한다. ✕
② 세계 시민법은 보편적 우호 조건을 규정하는 데 국한되어야 한다. ○
③ 도덕적 입법의 한계를 세계 정부의 강제력으로 보완해야 한다.
④ 세계 평화의 정착을 위해 개별 국가의 주권은 폐지되어야 한다. ✕
⑤ 세계 평화는 실재로는 불가능하나 정치적 의무로 설정해야 한다. ✕

문제 분석 제시문은 칸트의 '영구 평화론'에 대한 내용입니다. 칸트는 서로의 주권을 존중하면서 국제 연맹 속에서 상호 협력할 때 국제 평화가 실현될 수 있다고 보았습니다.

정답 찾기 ② 칸트는 세계 평화를 위해서 개별 국가들이 정체성을 유지하되, 보편적 우호 관계를 맺어야 한다고 주장하였습니다.

오답 피하기 ①, ③, ④ 개별 국가를 통합하는 세계 정부 수립은 칸트와 관련이 없습니다. ⑤ 칸트는 공화정체의 개별 국가들이 연방을 결성하여

세계 평화를 실현할 수 있다고 보았습니다.

 **함정 피하기**

①을 골랐다면, 칸트의 영구 평화론에 대한 정확한 이해가 부족한 것입니다. 칸트가 말하는 연맹은 세계 정부가 아닌, 개별 국가의 주권을 인정하면서 국가 각 연맹을 구성하는 것입니다. 이러한 칸트의 아이디어는 국제 연맹(UN)의 창설에 영향을 주기도 하였습니다.

270 해외 원조에 대한 싱어와 노직, 롤스의 사상 비교 　정답 ③

문제 분석 갑은 싱어, 을은 노직, 병은 롤스입니다. 싱어는 공리주의적 관점에서 해외 원조를 해야 한다고 보았고, 노직은 자유 지상주의의 입장에서 해외 원조는 자율적 선택의 문제라고 보았습니다. 또한 롤스는 질서 정연한 사회로 만드는 것이 원조의 목적이라고 보았습니다.

정답 찾기 ③ 롤스는 자원 빈곤국은 원조의 대상이 아니며, 빈곤할지라도 정의의 원칙이 확립된 질서 정연한 국가 역시 원조의 대상이 아니라고 보았습니다.

오답 피하기 ① 싱어는 이익 평등 고려의 원칙이라는 보편적 원칙에 따라 해외 원조를 해야 한다고 보았습니다. ② 노직은 해외 원조는 의무의 관점이 아니라 자선의 관점이라고 보았습니다. ④ 싱어와 롤스는 국제 기구를 통한 원조만이 정당하다고 보지 않습니다. ⑤ 노직은 국가 간 부의 격차 해소를 위한 원조 의무는 없다고 보며, 롤스는 국가 간 부의 격차를 해소하는 것이 원조의 목적이 아니라고 보았습니다.

271 해외 원조에 대한 싱어와 롤스의 사상 비교 　정답 ③

문제 분석 갑은 싱어, 을은 롤스입니다. 싱어는 공리주의의 관점에서 해외 원조를 윤리적 의무라고 보았습니다. 롤스는 고통 받는 사회를 질서 정연한 사회가 되도록 하는 것이 원조의 목적이라고 보았습니다.

정답 찾기 ③ 롤스는 자원이 부족한 국가도 질서 정연한 사회가 될 수 있기 때문에, 자원이 부족하다는 이유만으로 원조를 하는 것은 적절하지 않다고 보았습니다.

오답 피하기 ① 싱어는 풍요한 사회의 시민들은 고통 받는 사람들을 원조해야 한다고 보았습니다. ② 싱어는 풍요한 사회의 시민도 고통을 받고 있다면 원조해야 한다고 보았습니다. ④ 롤스는 차등의 원칙을 국제적 분배 정의에 적용하지 않는다고 비판을 받는다. ⑤ 싱어는 고통을 감소시키고 쾌락을 증진하는 것은 인류의 의무라고 하면서 공리의 원리를 해외 원조에 적용해야 한다고 보았습니다.

272 해외 원조에 대한 싱어와 롤스의 사상 비교 　정답 ⑤

문제 분석 갑은 싱어, 을은 롤스입니다. 싱어는 모든 인간의 고통을 감소시키고 쾌락을 증진시키는 것이 인류의 의무라고 보았습니다. 롤스는 질서 정연한 사회에 살고 있는 국민들이 불리한 여건의 사회에서 사는 다른 국민들을 돕는 것은 윤리적 의무라고 보았습니다.

정답 찾기 ⑤ 롤스가 부정의 대답을 할 질문입니다. 롤스는 사회의 상황에 따라 원조의 규모도 달라야 한다고 보았습니다.

오답 피하기 ① 싱어와 롤스 모두 긍정의 대답을 할 질문입니다. ②, ③ 싱어는 긍정, 롤스는 부정의 대답을 할 질문입니다. ④ 롤스가 긍정의 대답을 할 질문입니다.

273 해외 원조에 대한 롤스와 싱어의 사상 비교 　정답 ①

문제 분석 갑은 롤스, 을은 싱어입니다. 롤스는 원조 받는 나라의 사회 구조 개선에 해외 원조의 목적이 있다고 보고, 싱어는 국가보다는 개개인에 초점을 맞춰 해외 원조를 해야 한다고 보았습니다.

정답 찾기 ① 롤스와 싱어는 국제 원조는 자선이 아니라 의무라고 보는 면에서는 공통됩니다. 하지만, 롤스는 불리한 여건으로 인해 고통받는 사

회를 질서 정연한 사회로 만들어야 한다는 국제주의적 관점, 싱어는 인종과 국적을 초월한 세계 시민주의의 관점에서 의무를 주장합니다. 싱어는 롤스에 비해 X는 낮음, Y는 높음, Z는 높음에 해당합니다.

오답 피하기 ②, ③, ④, ⑤ 적절하지 못한 위치에 있습니다.

274 해외 원조에 대한 롤스와 싱어, 노직의 사상 비교 　정답 ①

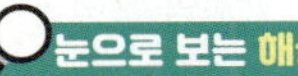 **눈으로 보는 해설**

갑, 을, 병 사상가가 서로에게 제기할 비판으로 옳은 것은?

> 갑 : 원조의 목적은 고통을 겪는 사회가 자신의 문제들을 합당하게, 합리적으로 관리할 수 있도록 도와주어 결과적으로 그 사회가 질서 정연한 만민의 사회가 되도록 하는 것이다. → 롤스
> 을 : 원조 단체에 기부함으로써 우리 자신에게 도덕적으로 중요한 어떤 것을 희생하지 않고서도 아주 나쁜 일들이 생기는 것을 우리가 중지시킬 수 있는 한, 그러한 단체에 기부하는 것은 우리가 마땅히 해야 하는 일이다. → 싱어
> 병 : 정당하게 취득한 재산은 개인이 배타적 소유권을 가지게 되며, 그 재산을 가지고 무엇을 할 것인지는 개인의 자유로운 선택에 달려 있다. → 노직

①	갑이 을에게	원조의 주목적은 정치 문화의 개선을 위한 것이라는 점을 모르고 있다.
②	~~갑이 병에게~~ 을이 갑에게	원조는 국가보다는 개인에 초점을 맞춰 이루어져야 함을 모르고 있다.
③	을이 ~~갑에게~~ 병에게	원조는 의무의 차원에서 이루어져야 함을 모르고 있다.
④	병이 ~~갑에게~~ 을에게	원조는 국가적 차원에서 이루어져야 함을 모르고 있다.
⑤	~~병이 을에게~~ 을이 갑에게	원조의 주목적이 인류의 복지 증진에 있음을 모르고 있다.

문제 분석 갑은 롤스, 을은 싱어, 병은 노직입니다. 노직은 해외 원조는 선한 행위로 평가할 수 있지만 도덕적 의무는 아니라고 보았습니다.

정답 찾기 ① 싱어는 해외 원조의 목적을 전 지구인의 복지를 향상시키는 것이라고 보았기 때문에 롤스의 입장에 싱어에게 제기할 비판입니다.

오답 피하기 ② 롤스가 해외 원조는 개인이 아니라 국가에 초점을 맞추어야 한다고 보았기 때문에 롤스가 제기할 비판이 아닙니다. ③ 롤스는 해외 원조가 의무의 차원에서 이루어져야 한다고 보기 때문에 싱어가 롤스에게 제기할 비판이 아닙니다. ④ 노직은 해외 원조가 국가적 차원에서 이루어져야 한다고 보지 않기 때문에 노직이 롤스에게 제기할 비판이 아닙니다. ⑤ 싱어는 원조의 주목적이 인류의 복지 증진에 있다고 보기 때문에 노직이 싱어에게 제기할 비판이 아닙니다.

함정 피하기

③을 골랐다면 롤스와 싱어의 해외 원조에 대한 입장의 공통점을 몰랐기 때문입니다. 롤스는 원조의 목적을 사회 제도와 구조의 개선에 두고 있고, 싱어는 원조의 목적을 전 지구인의 복지 향상에 두고 있다는 점에 있어서 두 사상가의 입장에 차이가 있으나, 롤스와 싱어 모두 해외 원조를 도덕적 의무로 규정하고 지구적 문제에 대한 관심을 촉구했다는 점에서는 공통점이 있습니다.

275 해외 원조에 대한 싱어와 롤스의 사상 비교 　정답 ④

문제 분석 갑은 싱어, 을은 롤스입니다. 싱어는 이익 평등 고려의 원칙을

해외 원조에 적용시켜야 한다고 보았습니다. 롤스는 시민들의 기본적 권리를 보장하기 위해서 해외원조가 이루어져야 한다고 보았습니다.

정답 찾기 ㄱ. 싱어는 공리주의적 관점에서 해외 원조를 해야 한다고 보았습니다. ㄴ. 싱어는 해외 원조는 인류 전체의 공리의 증진에 기여하기 위해 행해져야 한다고 보았습니다. ㄷ. 롤스와 싱어 모두 해외 원조는 의무의 차원에서 이루어져야 한다고 보았습니다.

오답 피하기 ㄹ. 롤스만의 입장입니다. 싱어는 해외 원조의 목적은 전 지구인의 복지를 향상시키는 것이라고 보았습니다.

memo

memo

memo

memo

BON. N제

BON.**N**제

수능·내신 영어의 모든 것을 마스터하세요!

MASTER
Series

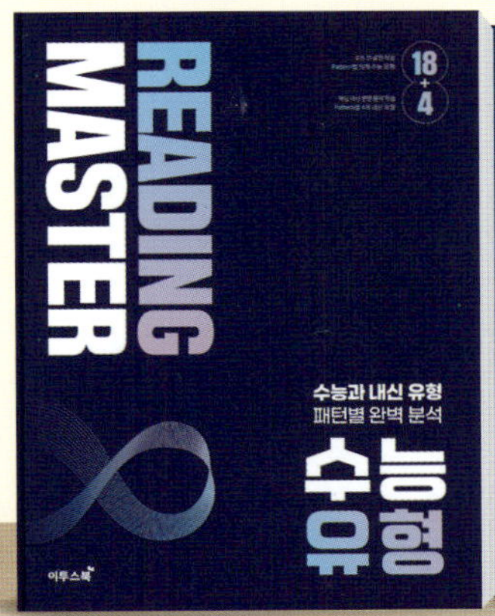

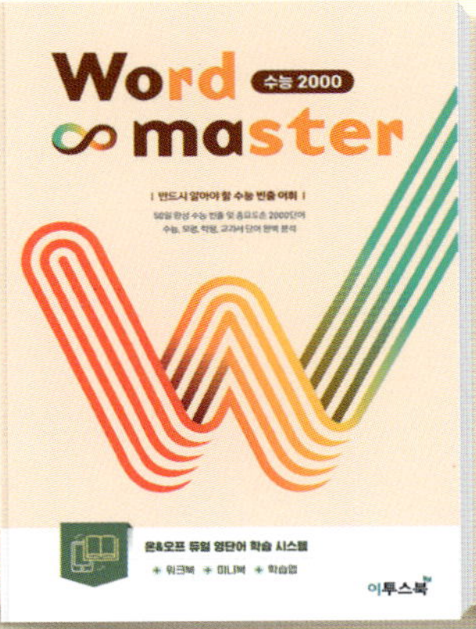

최신 수능 경향 반영!
수준별 독해서
"유형 - 실전 - 고난도"로
영어 독해 체계적 완성

1등급 목표!
수능 영어 듣기 훈련서
유형 학습부터 고난도까지
완벽한 3단계 난이도 구성

반드시 알아야 할
빈출 어휘 영단어장
학습앱&워크북, 미니북
온&오프 복습 시스템